Reich und Republik

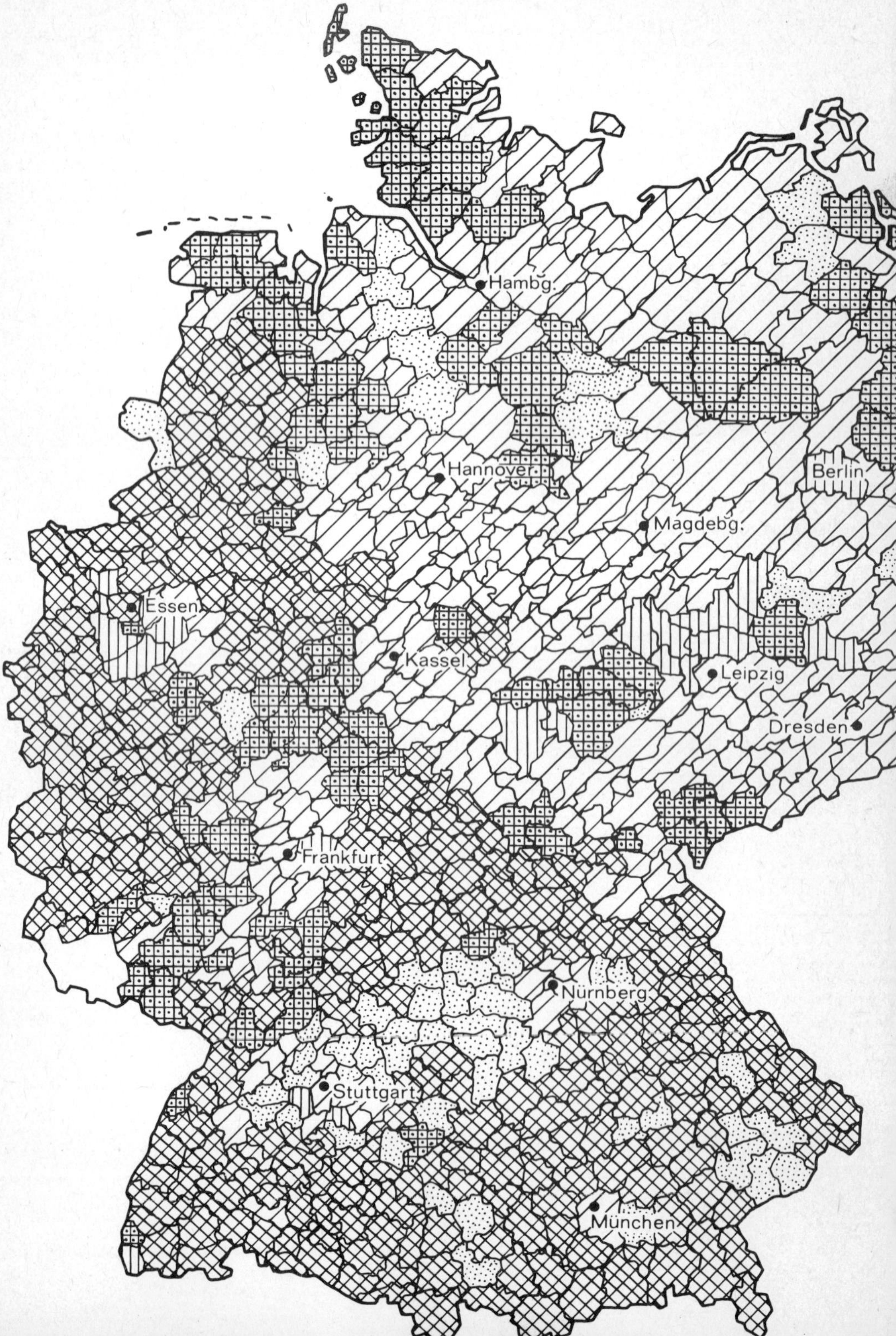
Hambg.
Hannover
Berlin
Magdebg.
Essen
Kassel
Leipzig
Dresden
Frankfurt
Nürnberg
Stuttgart
München

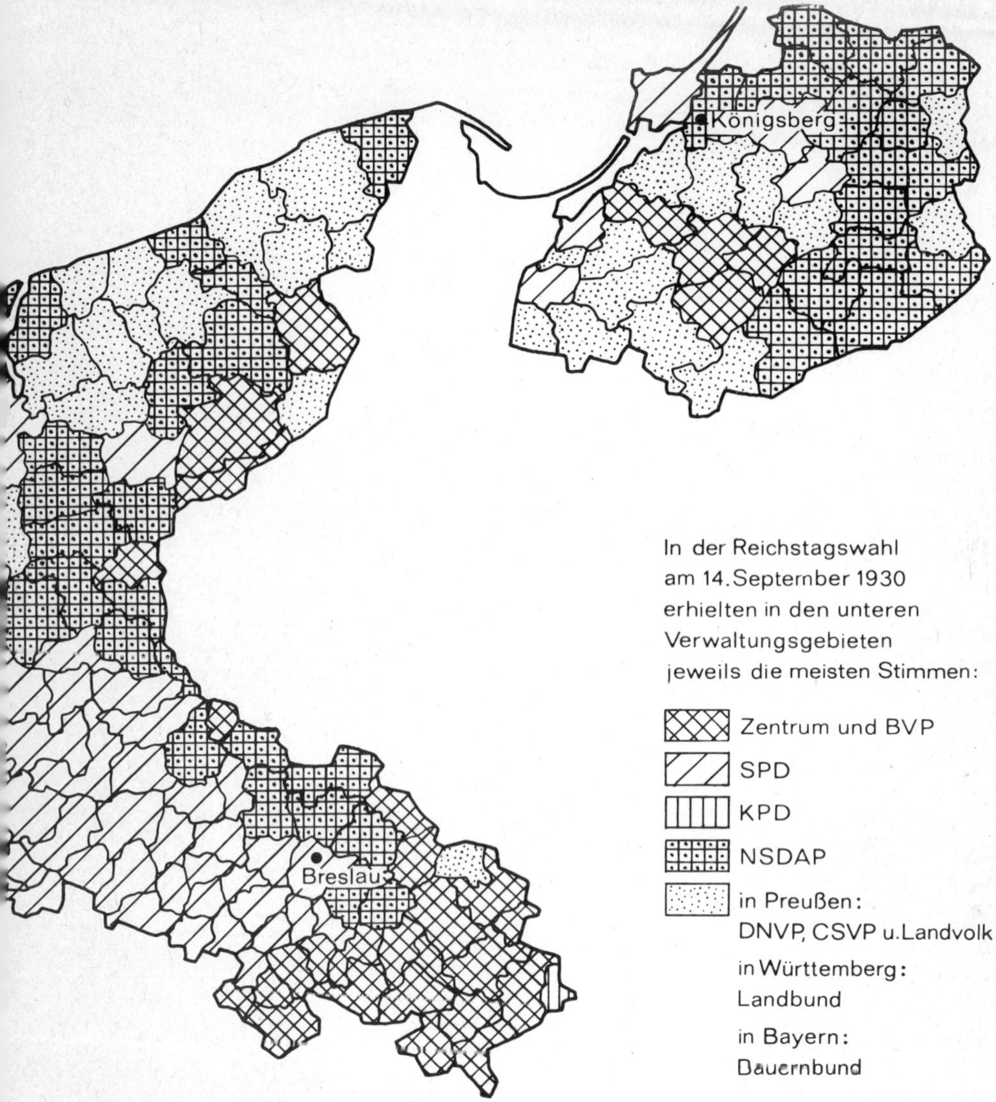

Die Reichstagswahl am 14. September 1930

Klett Studienbücher

Reich und Republik
Deutschland 1917 - 1933

Von Karlheinz Dederke
in Verbindung
mit dem Institut für Zeitgeschichte München

Klett—Cotta

CIP-Kurztitelaufnahme der Deutschen Bibliothek

Dederke, Karlheinz:

Reich und Republik Deutschland 1917—1933
[neunzehnhundertsiebzehn bis neunzehnhundert-
dreiunddreißig] / von Karlheinz Dederke. In
Verbindung mit d. Inst. für Zeitgeschichte, München. —
4. Aufl. — Stuttgart: Klett-Cotta, 1981.
Erscheint als: Klett-Studienbücher
ISBN 3-12-981120-6

Verlagsgemeinschaft Ernst Klett — J. G. Cotta'sche Buchhandlung
Nachf. GmbH Stuttgart

Druck: Druckhaus Dörr, Inhaber Adam Götz, Ludwigsburg

Geleitwort

Verschiedener Art sind die Gründe, weshalb sich das Institut für Zeitgeschichte entschloß, die Gestaltung eines Studienbuches zur Geschichte der Weimarer Republik in die Wege zu leiten. Die Einsicht, daß eine funktionsfähige Demokratie ein solides zeitgeschichtliches Grundwissen ihrer Bürger erfordert, ist nachgerade Allgemeingut geworden. Daraus ergibt sich die Notwendigkeit, zuverlässige zeitgeschichtliche Lehrbücher zu besitzen. Jahrelang mit der Begutachtung von Schulbuchmanuskripten befaßt, konnte das Institut feststellen, daß die vorgelegten Manuskripte oder Bücher auch bei korrekter Wiedergabe der Sachverhalte häufig nicht von überholten Grundeinstellungen loskamen. Eine weitgehende Häufung bloßer Fakten, die überdies von einem teilweise mißverstandenen „Primat der Außenpolitik" oder von einem einseitig „deutschen Interesse" bestimmt war, ließ die Berücksichtigung geistesgeschichtlicher und sozialer Entwicklungen unter universalem Aspekt zu kurz kommen. Es sollte daher ein in diesem Sinne modernes Buch geschaffen werden. Um den praktischen Bedürfnissen der staatsbürgerlichen Bildung zu genügen, mußten die Geschehnisse im deutschen Raum allerdings im Vordergrund stehen.

Wenn von zuverlässigen Lehrbüchern die Rede war, so heißt dies auch, daß sie geeignet sein sollen, die auf dem Gebiet der Zeitgeschichte noch bestehende Kluft zwischen Geschichtswissenschaft und Schule so weit wie möglich zu überbrücken. In Grundkonzeption wie Ausführung beruht das Werk daher auf einer Zusammenarbeit zwischen dem Autor aus der pädagogischen Praxis und dem einschlägigen Forschungsinstitut. So wurde ein direkter Kontakt zwischen Geschichtswissenschaft und Schule hergestellt. Um den gerade für manche Fragenkomplexe der Weimarer Zeit noch recht kontroversen Auffassungen gerecht zu werden, wurde die Arbeit auch unter den verschiedenen Sachbearbeitern des Instituts intensiv beraten. Schon die Frage der Periodisierung bedurfte der Diskussion, auch wenn das Jahr 1917 sich als Ausgangspunkt anbot: das Jahr nämlich, in dem einerseits der zwischen europäischen Nationalstaaten entstandene Krieg durch die Intervention der Vereinigten Staaten von Amerika sich zu einem Weltkonflikt weitete, andererseits die kommunistische Revolution in Rußland gesellschaftliche Veränderungen zu einem der wesentlichsten Faktoren der Politik machte; das Jahr also, dem diese großen Ereignisse epochale Bedeutung verliehen. Um jenem Wandel Rechnung zu tragen, wurden auch soziale und wirtschaftliche Entwicklungen der Weimarer Zeit in einem Maße berücksichtigt, wie es in deutschen Lehrbüchern bisher kaum üblich war.

Zum Schluß sei aufrichtiger Dank dem Senator für Schulwesen des Landes Berlin ausgesprochen, ohne dessen verständnisvolle und tatkräftige Unterstützung — in Form einer Beurlaubung des Autors vom Schuldienst — dieses Buch nicht hätte entstehen können.

München, im Juli 1968

Helmut Krausnick
Direktor des Instituts für Zeitgeschichte

Vorwort

Dieses Buch ist zu einem guten Teil durch Teamarbeit entstanden, für seine endgültige Fassung jedoch bin nur ich verantwortlich. In sie ist eine Fülle von Hinweisen, Hilfen, Berichtigungen, Ratschlägen eingegangen, für die zu danken bleibt: vorab selbstverständlich allen Mitarbeitern des Instituts für Zeitgeschichte, besonders aber seinem Leiter, Herrn Professor Dr. Krausnick, und den Herren Dr. Broszat, Graml, Dr. Petzina, Dr. Plum, Dr. Vogelsang, die viel Arbeit aufgewendet haben, um neben ihren wissenschaftlichen Verpflichtungen dieses Projekt zu betreuen. Mit großer Freude denke ich an die Zusammenarbeit mit Frau Dr. Noller zurück, die dieses Buch zu ihrer eigenen Sache gemacht hat und ohne deren andauernde Unterstützung und verständnisvolle Mitwirkung viele Schwierigkeiten bei seiner Entstehung nicht hätten überwunden werden können. Außerhalb des Instituts für Zeitgeschichte haben Frau Dr. Grebing und Herr Professor Geißler Teile des Manuskriptes durchgesehen; Herr Professor Herzfeld, mein früherer Lehrer, unterzog sich der Mühe, den gesamten Text zu lesen und zu kommentieren. Auch ihnen sei an dieser Stelle gedankt. Freundschaftlichen Rat, strenge Kritik, aber auch große Ermunterung hat mir mein Freund Dr. Loock gegeben. Gedenken möchte ich an dieser Stelle eines anderen Freundes, des verstorbenen Oberschulrats Scheedel, der mit großer Anteilnahme das Werden dieser Arbeit verfolgt hat. Hervorzuheben ist zum Schluß, daß der Plan des Instituts für Zeitgeschichte nicht hätte verwirklicht werden können, wenn mich nicht der Senator für Schulwesen des Landes Berlin, Herr Evers, für lange Zeit vom Schuldienst beurlaubt hätte.

Die Darstellung besteht aus verschiedenen Teilen, die sich formal, inhaltlich und stilistisch voneinander abheben. Ihr Kern ist der Bericht über Vorgänge und Zustände. An vielen Stellen wird er unterbrochen durch Zitate aus zeitgenössischen Quellen. Dann äußern sich die Menschen jener Zeit direkt, und es wird sich erweisen, daß manches an ihrer Sprech- und Denkweise nicht so vertraut ist, wie man es nach dem geringen Abstand von 40 bis 50 Jahren annehmen möchte. An passenden Stellen wurden Biographien von Männern eingefügt, die als repräsentativ für die ganze Epoche angesehen werden können. Dreimal, November 1918, November 1923, Januar 1933, verdichtet sich der Bericht zu einer Art Chronik der Tagesereignisse — ein Versuch, die Vielschichtigkeit, Verschlungenheit und Gleichzeitigkeit in geschichtlichen Abläufen vorzuführen und so das Feld politischer Entscheidungen zu markieren.

Weitere Hinweise für den Leser ergeben sich aus den verschiedenen drucktechnischen Mitteln. Betonungen sind kursiv gesetzt, Seitentitel und kursive „Spitzmarken" geben genauere Orientierung. Eine mannigfaltige Rolle spielt der Kleindruck: Keineswegs ist gemeint, daß er weniger Wichtiges kennzeichnen soll. Er macht lediglich die Zitate kenntlich, hebt einiges vom Kontext ab: alles, was einen Rückgriff auf die Zeit vor 1917 bedeutet, alles nur Referierende und schließlich die vorhin erwähnten Leitbiographien.

Dieses Buch kann auch als Nachschlagewerk benutzt werden; sein Sinn aber wäre erst erfüllt, wenn es ganz gelesen würde, möglichst in einem Zuge. Es will nämlich nicht nur Kenntnisse vermitteln, sondern zu einer selbständigen und kritischen Auseinander-

setzung mit der Epoche anregen. Der Leser hätte sich dabei etwa die Aufgabe zu setzen, die Gesamtkonzeption der Arbeit zu erkennen, die Funktion der Ereignisberichte oder der Strukturanalysen innerhalb des Gesamtaufbaus des Werkes zu sehen. Erleichtert wird diese Aufgabe dadurch, daß sich die Verweise innerhalb des Buches auf umfassendere Einheiten, nicht auf einzelne Seiten richten; denn auch Einzelprobleme sind ständig im Zusammenhang mit der Darstellung umfassenderer Bezüge (Ereignisse oder Situationen) zu sehen. Eine Hilfe dafür bietet das Register.
Zuletzt sei dem Leser die Auffassung des Autors bekannt, daß die Wirklichkeit und ihre Widerspiegelung in historischen Schriften etwas sehr Verschiedenes sind. Der Autor ist nicht so optimistisch, zu meinen, daß erfahren werden könne, „wie es eigentlich gewesen ist“ (Ranke); vielmehr stellt jede Zeit Fragen an ihre Vergangenheit, die möglichst umfassend beantwortet werden müssen. Im übrigen bedeutet das Bemühen um Sachgerechtheit nicht Verzicht auf Wertung. Zurückhaltung hat der Verfasser freilich geübt bei umfassenderen Deutungen und gedanklichen Verbindungen zur heutigen Situation. Der Leser ist aufgefordert, sich darin selbst zu versuchen.

Berlin, im August 1968 *Karlheinz Dederke*

Vorwort zur 2. Auflage

Bei den Korrekturen zur Neuauflage habe ich manche Vorschläge und kritischen Anmerkungen berücksichtigt, wobei die von Herrn Riedel, Saarlouis, ausdrücklich erwähnt seien. Der Text wurde an den Stellen umfänglicher verändert, wo näher an die Problemlage der Forschung herangeführt werden sollte. Außerdem konnte der Anhang um einige Tabellen und inzwischen erschienene Literatur vergrößert werden.

Berlin, im Januar 1973 *Karlheinz Dederke*

Vorwort zur 3. Auflage

Der in diesem Buch behandelte Abschnitt deutscher Geschichte ist seit dem Erscheinen vielfach diskutiert und eingehend erforscht worden. Auch das Interesse der Lernenden in Schule und Hochschule an der ersten deutschen Republik wächst; so daß „Reich und Republik“ seine Funktion gut erfüllt. In dieser Funktion hat es sich bewährt und kann, da es in Inhalt und Anlage immer noch fachwissenschaftlichen wie fachdidaktischen Anforderungen entspricht, in unveränderter Form neu aufgelegt werden.

Berlin, im September 1978 *Karlheinz Dederke*

Inhalt

Erster Teil: Krieg und Revolution

Zweiter Teil: Die Nachkriegszeit (1919 — 1923)

Fünfter Teil: Die Zerstörung der Republik (1930 — 1933)

Erster Teil
Krieg und Revolution

I. Das Jahr 1917

1. Der Kriegseintritt der Vereinigten Staaten und die Revolution in Rußland

Die entscheidenden Ereignisse des Jahres 1917 waren der Kriegseintritt der Vereinigten Staaten von Amerika und die Revolution in Rußland. Durch sie veränderte sich die Kriegslage von Grund auf, und es begann eine neue Epoche der Weltgeschichte.
Noch um die Jahreswende 1916/17 bestand zwischen den Kriegführenden ein annäherndes Gleichgewicht. Die Mittelmächte, an Menschenzahl und Materialreserven zwar im Nachteil, hatten ihre Fronten weit in das Feindesland vorschieben und gegen alle Offensiven halten können. Freilich war nicht daran zu denken, die Stellungen der Gegner im Westen zu durchbrechen, aber einige neue Verteidigungsvorkehrungen gegen die für 1917 zu erwartenden Vorstöße im Westen berechtigten zu der Hoffnung, die Angriffe auch weiterhin erfolgreich abwehren zu können. Nach den revolutionären Unruhen in Rußland Anfang 1917 und den militärischen Erfolgen der Mittelmächte im Osten drohte von den russischen Streitkräften keine ernsthafte Gefahr mehr. (s. I 1 b)

a) Der Weg der USA von der Isolation zur Intervention

Neutralität und Friedensvermittlung. Die Entscheidung über den Ausgang des Krieges fiel aber nicht durch einzelne Feldzüge. Während des ganzen Krieges hatten Politik und wirtschaftliche Kriegführung mehr bewirkt als die militärischen Siege und Niederlagen. Nachdem es den Alliierten gelungen war, Italien 1915 und Rumänien 1916 auf ihre Seite zu bringen, bemühten sie sich, die Vereinigten Staaten aus ihrer traditionellen Neutralität zu locken. Doch von einer Teilnahme am europäischen Krieg wollte die Mehrzahl der Amerikaner lange nichts wissen. Die amerikanische Geschäftswelt zumal war an der Aufrechterhaltung der Neutralität interessiert, in deren Schutz die amerikanische Wirtschaft durch Material- und Nahrungsmittellieferungen an die Alliierten sehr gut verdiente.
Nach Meinung des Präsidenten *Woodrow Wilson* rangen in Europa das demokratische und das autokratische Prinzip miteinander; und er sah seinen Beitrag für die Sache der Demokratie und für den Frieden darin, zu gegebener Zeit als Vermittler für einen gerechten Frieden aufzutreten. Nachdem er während der ersten Kriegsjahre bemüht gewesen war, das Recht der Neutralen auf freie Schiffahrt gegen alle Kriegführenden zu verteidigen, ließ er sich seit 1916 immer mehr in die europäischen Ange-

legenheiten ein, um die verfeindeten Mächte auf der Grundlage eines „Friedens ohne Sieg" zusammenzubringen.

Uneingeschränkter U-Boot-Krieg und Kriegseintritt. Die deutsche Politik hatte im Herbst 1916 eine amerikanische Friedensvermittlung angeregt. Die 3. Oberste Heeresleitung unter Paul von Hindenburg und Erich Ludendorff durchkreuzte diese Bestrebungen (zur OHL vgl. I 2 d). Obwohl sie annehmen mußte, daß die Zeit für die Feinde arbeitete, vertraute sie auf eine rechtzeitige Entscheidung durch die Unterseeboote, die man — wie 1915/16 — zum Blockadekrieg, auch gegen neutrale Handelsschiffe, einsetzen wollte. Reichskanzler Theobald von Bethmann Hollweg warnte zunächst vor diesem Schritt, meinte aber am 9. Januar 1917 im Kronrat:

Der U-Boot-Krieg ist „die letzte Karte." Ein sehr ernster Entschluß! „Wenn aber die militärischen Stellen den U-Boot-Krieg für notwendig halten, so bin ich nicht in der Lage zu widersprechen." (Urkunden der Obersten Heeresleitung über ihre Tätigkeit 1916/18, hrsg. v. Erich Ludendorff. Berlin [2]1921, S. 323)

Am 1. Februar 1917 wurde der uneingeschränkte U-Boot-Krieg wiederaufgenommen.

In Amerika faßte man den Schritt als Rechtsbruch und als offenen Angriff auf die Vereinigten Staaten auf. Die Empörung steigerte sich, als im März bei Versenkungen amerikanische Staatsbürger umkamen. Wilson zögerte, sein Land in den Krieg zu führen. Allmählich jedoch verfestigte sich bei ihm die Meinung, daß, solange Deutschland seine Machtpolitik trieb, kein Friede des Ausgleichs zu schließen sei, vielmehr Amerika selbst für den Frieden und die bedrohte Demokratie kämpfen müsse. Am 2. April 1917 erklärte der Präsident vor beiden Häusern des Kongresses den Kriegszustand, am 6. stimmte der Kongreß für den Krieg.

b) Der Weg Rußlands vom Zarismus zum Bolschewismus

Das russische Reich vor 1914 wurde von heftigen politischen und sozialen Spannungen beherrscht. Trotz sprunghafter Industrialisierung am Ende des 19. Jahrhunderts dominierte die Agrarwirtschaft; die rund 3 Millionen Industriearbeiter verschwanden statistisch gegenüber den 150 Millionen in der Landwirtschaft Tätigen. Die agrarische Bevölkerung (Bauern und Kleinbürger) lebte fast völlig im feudalen Zustand, fromm, unwissend und arm, in der Abhängigkeit von einer geringen Anzahl adliger Großgrundbesitzer; immer neue Bauernrevolten und Streiks waren ein Gradmesser für die Brüchigkeit dieser sozialen Struktur. Mit der Industrialiserung bildeten sich in einigen Bevölkerungszentren (St. Petersburg, Moskau, Donez-Gebiet) die Schichten des wirtschaftsliberalen Bürgertums und des Proletariats. Eine Welt trennte die autokratische Herrschaft des Zaren und ihr Instrument, die Bürokratie, von den beherrschten Gesellschaftsteilen: der dumpfen, von sozialen Unruhen geschüttelten, unpolitischen Agrarbevölkerung; der nach sozialen Reformen strebenden Arbeiterschaft; dem liberalen Bürgertum. Vornehmlich im landbesitzenden Hochadel fand der Staat eine Stütze. Die russische Intelligenz — herstammend aus Kleinbürgertum und verarmtem Adel — war von allen Teilen der Gesellschaft isoliert. Sie suchte nach Auswegen aus der wirtschaftlichen Misere und nach Lösungen des sozialen Spannungszustandes. Westliches Gedankengut, liberale und sozialistische Ideen waren ebenso verbreitet wie spezifisch russische, slawophile Sozialutopien (z. B. Wiederbelebung der Dorfgemeinschaft, des „mir"). Am Ende setzte sich beim großen Teil der Intelligenz die Überzeugung durch, daß einzig der Marxismus einen Ausweg biete. Er müsse nur auf die russischen

Zustände zugeschnitten werden, denn angesichts des sehr schwachen revolutionären Proletariats und der weit überwiegenden, unpolitischen Bauernbevölkerung müsse eine revolutionäre Elite die Revolution machen und dem Volk die neue Sozialordnung bringen.

Die Februar-Revolution. In der Belastungsprobe des Weltkrieges litt Rußland schwer unter dem Versagen von Heerführung und Bürokratie und besonders unter Versorgungsschwierigkeiten, die durch den kriegsbedingten Zusammenbruch des Eisenbahnwesens hervorgerufen wurden. So kam es in den Städten zu Hungerdemonstrationen, Streiks und Unruhen. Am 23. Februar 1917 (nach westlichem Kalender 8. März) demonstrierten in Petrograd Frauen und ausgesperrte Arbeiter. Die kriegsmüden Truppen der Petrograder Garnison weigerten sich, gegen die Demonstranten vorzugehen, schlossen sich ihnen vielmehr am 27. 2. an. Dieser Aufstand führte den Zusammenbruch des Zarentums herbei: Als sich die Meuterei auf immer weitere Teile der Armee ausdehnte, mußte der Zar, da nun seine letzte Stütze zusammengebrochen war, am 2. März (15. 3.) abdanken. Der Wunsch nach Frieden und Brot hatte die Autokratie hinweggefegt.

An ihrer Stelle etablierte sich eine Doppelherrschaft: die von liberalen Politikern gebildete „Provisorische Regierung" und die Sowjets (Arbeiter- und Soldatenräte), die am einflußreichsten in Petrograd waren. Aus ideologischen Gründen lehnten die Sozialisten der Arbeiter- und Soldatenräte eine Beteiligung an der Regierung ab, denn nach Marxscher Lehre hat die bürgerliche Revolution der sozialistischen voranzugehen. Sie beschränkten sich darauf, die Tätigkeit der Provisorischen Regierung zu überwachen und ihre Macht zu begrenzen. War so die Provisorische Regierung ohnehin nur eine schwache Autorität, so entfremdete sie sich der Masse des Volkes vollends durch die Weiterführung des Krieges, dessen Beendigung doch wesentliches Ziel der Revolution gewesen war.

Diesen Widerspruch konnte Lenin (Wladimir Iljitsch Uljanow) bei seiner Agitation nutzen. Er war der Führer der Bolschewiki, des Teils der russischen Sozialdemokraten, der weiter eine kleine Gruppe von Berufsrevolutionären blieb, als der andere Flügel, die Menschewiki, nach 1903 den Aufbau einer Massenpartei betrieb. Nach der Februar-Revolution hatte die deutsche Regierung Lenin und andere russische Revolutionäre von der Schweiz durch Deutschland fahren lassen und ihnen damit die Heimkehr über Schweden nach Rußland ermöglicht. Ihre Hoffnung, daß diese radikalen Politiker dazu beitragen würden, die Kampfkraft der russischen Armee zu zersetzen, trog nicht. Sofort nach seiner Ankunft in Petrograd am 3. April sagte Lenin der Provisorischen Regierung den Kampf an. Seine Parolen: „Brot", „Frieden" und „Land für die Bauern" fanden Widerhall im Volk, besonders unter den bäuerlichen Soldaten, die bereits im Sommer 1917 in Massen desertierten, um die Agrarreform selbst durchzuführen.

Oktober-Revolution und Waffenstillstand. Im Sommer zeigte sich, daß die Provisorische Regierung der Schwierigkeiten nicht mehr Herr zu werden vermochte. Um ihre Autorität durch militärische Erfolge zu stärken, befahl Ministerpräsident Alexander Kerenskij im Juli, an der galizischen Front die Offensive zu eröffnen. Sie endete jedoch mit der völligen Auflösung der russischen Front.

Im September versuchten General Kornilow und einige reaktionäre Offiziere einen

Putsch, gegen den sich Kerenskij nur durch einen Generalstreik der Arbeiter halten konnte. Die innenpolitische Entwicklung, die Fortdauer des Krieges und der Kornilow-Putsch erhöhten das Ansehen der Bolschewiki und steigerten die Zugkraft ihrer Friedensparolen erheblich. Im September errangen sie im Petrograder und Moskauer Sowjet die Mehrheit. Nach Lenins Ansicht war jetzt für die Bolschewiki der Zeitpunkt zum Handeln gekommen. In einer Reihe von Briefen, dem letzten vom 24. Oktober, drängte er:

Die Machtergreifung ist Sache des Aufstands; ihr politisches Ziel wird nach der Machtergreifung klarwerden ... Die Regierung schwankt. Man muß ihr den Rest geben, koste es, was es wolle! Eine Verzögerung der Aktion bedeutet den Tod. (Lenin an das Zentralkomitee. Lenin, W. J.: Ausgewählte Werke. Bd. II. Berlin 1952, S. 157)

Schließlich konnte er die zögernden Genossen überzeugen, und Leon D. Trotzkij (Bronstein) organisierte den Aufstand in Petrograd. Am 24. 10. (6. 11.), dem Beginn der Oktober-Revolution, schlugen die Bolschewiki dort los. Kleine Kommandos besetzten die strategischen Schlüsselpositionen (alle Brücken, Eisenbahnstationen, Postämter u. a.), während auf den Straßen das Leben weiterging. Nirgendwo stießen sie auf heftigen Widerstand. Die Bevölkerung ließ den Umsturz über sich ergehen oder begegnete den Bolschewiki mit Wohlwollen.
Nachdem die Industriezentren Petrograd und Moskau (2./15. 11.) erobert waren, fiel den Bolschewiki bald auch die Macht in allen wesentlichen Teilen des Landes zu.
Am 15. Dezember (2. 12.) machte Lenin eines seiner Versprechen wahr: Rußland schloß einen Waffenstillstand mit den Mittelmächten.

2. *Deutschland im dritten Kriegsjahr*

a) Die Kriegführung im Jahre 1917

Rußland war schon vor der Revolution militärisch zusammengebrochen, weil es als vorwiegend agrarisches Land den Krieg des technischen Zeitalters nicht mehr durchhalten konnte. Der Kampf an der Ostfront hatte sich gar nicht einmal in so modernen Formen abgespielt wie an der Westfront. Nur dort gab es die „Materialschlacht", und das hieß, daß die Menge der Vernichtungsmittel und der Maschinen, wie Maschinengewehr, Kanone, Flammenwerfer, Tank, Flugzeug, entschied, während der einzelne Soldat zum Objekt wurde.
In den alliierten Offensiven des Jahres 1917 erreichte die Materialschlacht des Stellungskrieges ihren Höhepunkt. Das ganze Jahr über waren die englischen und französischen Armeen im Angriff; die deutsche Front hielt im großen und ganzen der Belastung stand. Die gewaltigen Anstrengungen der Alliierten waren nahezu vergeblich gewesen.

b) Die deutsche Wirtschaft im Kriege

Im modernen Krieg leistete nicht nur der Soldat Kriegsdienste, sondern die gesamte erwachsene Bevölkerung. Da sich der Krieg wider Erwarten in die Länge zog, waren alle kriegführenden Staaten gezwungen, ihr Wirtschaftsleben den Erfordernissen des Krieges anzupassen. Nirgends aber gingen die Eingriffe des Staates so weit wie in Deutschland. Da die Mittelmächte von ihren Zufuhren an Rohstoffen und Nahrungsmitteln durch die britische Blockade fast völlig abgeschnitten waren, hatten sie die zur Verfügung stehenden Gütermengen einzuteilen.

Staatliche Lenkung und Planung. Erste Versuche zur teilweisen Umstellung der Wirtschaft auf die Erfordernisse des Krieges unternahm in amtlichem Auftrag 1914 Walther Rathenau, ein bekannter Großindustrieller. Dabei fand er die besten Stützen in Kartellen, die schon vor dem Kriege für einige Wirtschaftszweige, wie z. B. für Kohle und Stahl, eine zentral geleitete Zusammenarbeit in Produktion und Verteilung erprobt hatten. Schrittweise wurden auch Betriebe anderer Industriezweige zu kartellartigen Gebilden, den Kriegsgesellschaften, zusammengefaßt. Staatliche Kommissare waren ihnen zur Überwachung beigegeben. Nacheinander entstanden — anläßlich akuter Notstände und Engpässe — in Berlin eine Anzahl von Ämtern, z. B. Kriegsrohstoffamt, Waffen- und Munitionsbeschaffungsamt, Kriegsernährungsamt, die für ihren Sektor der Kriegswirtschaft einen verwickelten Apparat von größeren und kleineren Erfassungs-, Kontroll- und Verteilungsstellen handhabten. Erst im Jahre 1916 wurde das Kriegsamt geschaffen, dem die *zentrale Planung und Lenkung* aufgetragen wurde. General Wilhelm Groener wurde sein erster Leiter. Die notwendigen Einschränkungen an Lebensmitteln und Gebrauchsgütern ließen die gesamte Bevölkerung die Härte des modernen Krieges spüren.

Kriegsfinanzierung und Inflation. Ein anderes Problem der Kriegswirtschaft war die Finanzierung des Krieges. Von der Öffentlichkeit wurde wenig beachtet, wie der Krieg den Wert des Geldes veränderte. Er kostete so viel, daß die Einnahmen, die der Haushaltsplan vorsah — meist Steuern —, nicht im entferntesten hinreichten, um die Ausgaben zu decken.

Kriegsausgaben des Deutschen Reiches

	1. April bis 31. März	in Millionen Mark
	1914/15	6 936
	1915/16	23 909
	1916/17	24 739
	1917/18	42 188
	1918/19	33 928
Nach	1918 abgerechnet	32 599
	Insgesamt	164 300

(nach Stolper, G.: Deutsche Wirtschaft seit 1870. Tübingen 1964, S. 67).

Es lag nahe, die Kosten der Landesverteidigung sozusagen auf die Bürger umzulegen, d. h. die Steuern zu erhöhen. Aber das war kaum durchführbar. Daher mußte sich der Staat das Geld durch Anleihen von seinen Bürgern borgen. Einen dritten Weg, beide Möglichkeiten zugleich auszunutzen, wählte vor allem England. Die deutsche Regierung hingegen entschloß sich, den Krieg vollständig durch Anleihen zu finanzieren, denn Erhöhung der Steuern hätte die Kriegsentschlossenheit des Volkes beeinträchtigt.

Außerdem sicherte sich das Reich durch verschiedene finanzpolitische Manöver (u. a. Ausgabe von Darlehnskassenscheinen, Rediskontierung von Schatzscheinen in unbeschränkter Höhe durch die Reichsbank) die Möglichkeit, in unbegrenztem Umfange neues Geld zu drucken. Mit dem neugedruckten Geld bestritt die Regierung ihre laufenden Ausgaben für die Kriegführung. Zugleich bot sie der Bevölkerung Anleihen an, durch deren Kauf sich die Menge des umlaufenden Geldes wieder verringern mußte. Diese Anleihen wurden sehr gut untergebracht, denn die Deutschen wollten auf diese Weise helfen, den Krieg zu gewinnen, und durch die Zinsen an ihm verdienen. Zunächst ging also alles gut: Die zusätzliche Kaufkraft, die durch die Geldschöpfung entstehen mußte, konnte durch die Anleihen wieder absorbiert werden. Wie sollte aber der Staat nach Kriegsende die riesigen Beträge der Kriegsanleihen zurückzahlen? Auch in Deutschland dachte man, die Feinde würden für alles aufkommen. Obwohl bis in die letzten Jahre des Krieges die Anleihen in großem Umfang gezeichnet wurden, floß nicht alles zusätzlich gedruckte Geld durch die Anleihen in die Staatskassen zurück. Es blieb im Verkehr und verstärkte in unnatürlicher Weise die Kaufkraft, der keine vermehrte, sondern eine verminderte Warenproduktion gegenüberstand, denn die Produktionskapazität wurde von der unproduktiven Rüstung beansprucht. Infolgedessen stiegen die Preise. Die Menge des umlaufenden Geldes hatte sich 1917 gegenüber dem Stand zu Beginn des Krieges verachtfacht. Damit hielt Deutschland in der Papiergeldvermehrung von den großen kriegführenden Staaten die Spitze, wenn man von Rußland absieht, das bis November 1917 seinen Papiergeldumlauf verzehnfacht hatte.

Die Rückwirkung auf den Wechselkurs blieb nicht aus. Das Ausland merkte, daß Deutschland mit einem Geld bezahlte, das je nach Bedarf vermehrt wurde. Es bewertete das deutsche Geld entsprechend niedriger (Beispiel = 1914: 100 M = 122,60 sfr; 1918: 100 M = 68,50 sfr).

Ein solcher Vorgang wird in der Volkswirtschaftslehre als Inflation bezeichnet. Dem deutschen Volk waren damals weder Begriff noch Erscheinung vertraut. Man merkte lediglich das Ansteigen der Preise und sprach von Teuerung. Die letzte große Geldkrise hatte es im Gefolge der Napoleonischen Kriege gegeben. Wie unverständlich mußten einem Volk, das unbeschränktes Vertrauen zu seinem Geld gewohnt war, die Vorgänge bleiben, die den Verfall der alten Mark einleiteten!

c) Die deutsche Gesellschaft im Kriege

Der „Volkskrieg" und der „Geist von 1914". Bei der Anspannung aller Kräfte wurde zum erstenmal in einem Kriege die Stimmung der Völker zu einem kriegswichtigen Faktor, der Krieg zum „Volkskrieg". Wie alle Kriegführenden suchte die deutsche Führung dem Abflauen des Kampfwillens zu begegnen. Zensurierte Presse und amtliche Berichte täuschten ein gleichbleibend günstiges Bild der Kriegslage vor.

Ohnehin gaben sich in Deutschland, wo die Spannungen in der Gesellschaft besonders groß waren, alle Kreise der Bevölkerung begeistert dem Hochgefühl nationaler Einmütigkeit angesichts der äußeren Bedrohung des Vaterlandes hin. Welcher Jubel daher über das Wort des Kaisers am ersten Kriegstage:

> Ich kenne keine Parteien und auch keine Konfessionen mehr; wir sind heute alle deutsche Brüder und nur noch deutsche Brüder. (Das Wilhelminische Deutschland. Stimmen der Zeitgenossen. Hrsg. v. Kotowski, G., Pöls, W., Ritter, G. A. Frankfurt a. M. 1965, S. 146)

Klassenschranken, Parteigegensätze, Konfessionsvorurteile, Zugehörigkeit zu den Einzelstaaten schienen aufgehoben in einer alle umfassenden Schicksalsgemeinschaft. Dieser „Geist von 1914“ verflüchtigte sich allerdings im Alltag des Krieges und blieb nur eine Erinnerung, während der Krieg sichtbare Spuren in der deutschen Gesellschaft hinterließ.

Die Arbeiterfrage in der Vorkriegszeit. Ihre schwerste Belastung in der Vorkriegszeit war wohl der Konflikt gewesen, der sich aus der wirtschaftlichen und sozialen Benachteiligung der Arbeiterschaft ergab. Viele Industriearbeiter hatten sich der Sozialdemokratie und den Gewerkschaften angeschlossen, die für ihre Anerkennung als gleichberechtigte Mitglieder der Gesellschaft und für die Verbesserung ihrer Arbeits- und Lebensbedingungen kämpften. Die Mehrzahl von ihnen war, wenn auch vom Marxismus beeinflußt, keineswegs revolutionär eingestellt, sondern wollte in bürgerliche Lebensumstände gelangen. Die Sozialdemokratie konnte aber nicht mehr als etwa ein Drittel von ihnen an sich ziehen. So etwa war ihr Einfluß in katholischen Gegenden begrenzt. Die katholische Kirche stand durch ihre Arbeiter- und Gesellenvereine und den Volksverein für das katholische Deutschland mit allen Gesellschaftsschichten in Fühlung und fesselte große Teile der katholischen Arbeiter ans Zentrum (vgl. I 2 e).

Auch die Gewerkschaftsbewegung war gespalten. Doch gingen die sog. Christlichen Gewerkschaften — entgegen den Mahnungen der Kirchen zur Versöhnlichkeit — bei der Austragung von Arbeitsstreitigkeiten, bei Streiks und Aussperrungen, meist mit den Freien Gewerkschaften zusammen, die sozialistisch orientiert waren.

Die Unternehmer erkannten, daß sie ihren beherrschenden Platz im Wirtschaftsleben und ihren Anspruch auf ausschließliches Verfügungsrecht in ihren Betrieben („Herr-im-Hause-Standpunkt“) auf die Dauer nur behaupten konnten, wenn sie sich ebenfalls verbündeten. So waren aus Anti-Streikvereinen der „Centralverband Deutscher Industrieller“ für die Schwerindustrie und der „Bund der Industriellen“ für die mittlere, verarbeitende Industrie entstanden, die in Konfliktfällen solidarisch auftraten und durch ihre überlegene Macht die Durchsetzung gewerkschaftlicher Ziele außerordentlich erschwerten.

Wenn sich das Los der Arbeiter dennoch gebessert hatte, so war das vor allem dem Einwirken des Staates auf das Arbeitsleben zuzuschreiben. Nach der Aufhebung der Sozialistengesetze wurden die Gewerkschaften stillschweigend geduldet. Noch waren sie nicht rechtlich anerkannt und konnten von den Behörden wie politische Vereine behandelt, d. h. in ihrer Tätigkeit eingeschränkt werden. Polizei oder Militär durften auch gegen Streikende, immer aber gegen Streikposten vorgehen. Im Jahre 1900 jedoch gestand der preußische Staat den Arbeitern durch eine Änderung der Gewerbeordnung die Koalitionsfreiheit zu und erkannte damit die Gewerkschaften de facto als berufene Vertreter der Arbeiterschaft an. Auch begann die Reichsregierung, in der Sozialpolitik die Gewerkschaften als Partner heranzuziehen. In die Einrichtungen der Sozialgesetzgebung, wie z. B. die Schiedsgerichte der Unfall-, Invaliditäts- und Altersversorgung, konnten die Gewerkschaften Vertreter entsenden. Auch in staatlichen und kommunalen Kontrollinstanzen des Wirtschaftslebens, besonders den Gewerbegerichten und Gewerbeinspektionen, arbeiteten Beamte mit Gewerkschaftern eng und erfolgreich zur Beseitigung sozialer Mißstände zusammen.

Das bedeutete aber nicht, daß die Gewerkschaften auch von den Arbeitgebern als Verhandlungspartner anerkannt wurden. Noch bemühten sich die Gewerkschaften, die u. a. in der Lohnfestsetzung ganz ungleichen Arbeitsverträge der einzelnen Arbeiter mit ihren Arbeitgebern durch einheitliche Kollektivverträge zwischen ihnen und den jeweiligen Unternehmerverbänden zu ersetzen. Wenige Unternehmer, und zwar ausschließlich solche der mittleren Industrie, sahen allmählich ein, daß ihnen die Tarifgemeinschaft auch Vorteile bot, da sie — für die Laufzeit der Tarifverträge — vor Streiks sicher waren und besser kalkulieren konnten. Im allgemeinen aber suchte man auf seiten der Unternehmer vor 1914 das Bestehen von Gewerkschaften zu ignorieren. Man sah in ihnen ein Instrument des „Umsturzes“ und verurteilte aus den gleichen Gründen sogar die staatliche Sozialpolitik.

Die Lage der Arbeiter im Kriege veränderte sich nachhaltig. Einerseits sah sich der Staat auf den guten Willen der Arbeiter und der Gewerkschaften angewiesen, andererseits wollten die Gewerkschaften ihre Staatstreue bekunden, indem sie Streiks untersagten und gegenüber den Arbeitern als Übermittler staatlicher Anordnungen auftraten. Mit Unterstützung des Militärs erreichten sie aber auch, daß nun alle Beschränkungen ihrer Tätigkeit fielen und der Tarifvertrag nicht mehr die Ausnahme, sondern die Regel darstellen sollte. Unentbehrlich wurden sie, als 1916 nach dem „Hindenburg-Programm“ die Arbeitskraftreserven für den Krieg mobilisiert wurden. Nun erhielten die Gewerkschaften wichtige Stellungen in der Kriegswirtschaft. Sie entsandten z. B. Vertreter in alle Ausschüsse, denen die Handhabung des Kriegshilfsdienstgesetzes aufgetragen war, und erlangten Mitspracherecht bei der Schlichtung von Arbeitsstreitigkeiten. Außerdem wurde nach dem Muster des Bergbaus für Betriebe über 50 Beschäftigte vorgeschrieben, ständige Arbeiter- und Angestelltenausschüsse zu errichten, die „das gute Einvernehmen innerhalb der Arbeiterschaft des Betriebes und zwischen der Arbeiterschaft und dem Arbeitgeber zu fördern“ hatten.

Der Krieg brachte somit die Arbeiterschaft und die Gewerkschaften in eine weitaus einflußreichere Stellung, als sie sie bei Kriegsausbruch gehabt hatten. Zudem war der Übergang zur gelenkten Wirtschaft den Gewerkschaften und der Sozialdemokratie aus prinzipiellen Gründen willkommen. Von einem derartig ausgebauten Staatssozialismus erwarteten sie — noch unter dem Einfluß der Lehren Lassalles — die Lösung der sozialen Frage und hofften, daß wesentliche Einrichtungen im Frieden erhalten blieben. Nicht so die Unternehmer, die in allen staatlichen Maßnahmen nur zeitweilige Aushilfen für den augenblicklichen Notstand erblickten. Der Schwerindustrie gelang es sogar, ihr lästige Folgen des Kriegshilfsdienstgesetzes, wie z. B. die Arbeiterausschüsse, bis tief ins Jahr 1918 hinein zu umgehen. Diese Einstellung war in Arbeiterkreisen wohlbekannt und minderte den Eindruck des Erreichten erheblich. Man mißtraute einem Ausgleich, von dem ungewiß war, ob er im Frieden fortbestehen würde, wenn der gute Wille der Arbeiterschaft wieder entbehrlich sein würde.

d) Die Staatsspitze

Daß im Kriege im wirtschaftlich-sozialen Bereich dem militärisch geleiteten Kriegsamt die beherrschende Stellung eingeräumt wurde, war unter den vorwaltenden Umständen fast unausbleiblich. Daß es aber bei der Staatsführung zu einem ähnlichen Übergewicht der militärischen Instanzen kam, hing teils von verfassungsrechtlichen Bedingungen, noch mehr aber von der Eigenart der leitenden Persönlichkeiten des Reiches ab.

Kaiser und Kanzler vor 1914. Kaiser Wilhelm II. hatte bald nach seinem Regierungsantritt seinen Willen zu erkennen gegeben, Regierung und militärischen Oberbefehl selbst in die Hand zu nehmen. In der Praxis bestand das „persönliche Regiment“ allerdings nur aus gelegentlichen

Einmischungen in den Gang der Geschäfte. Im Grunde unsicher, ohne tiefere Kenntnisse, dabei sprunghaft und leicht beeinflußbar, übte er seine Macht nur in einem sehr äußerlichen Sinne aus. Darauf hatte jeder Kanzler Rücksicht zu nehmen, und der fuhr am besten, der unbequemen und unangenehmen Entscheidungen auswich. Darum blieb vieles in der Schwebe. Eine gewisse Wende stellte 1908 die Daily-Telegraph-Affäre dar, die den Kaiser zwar nicht in seinem Wesen veränderte, wohl aber zu größerer Zurückhaltung veranlaßte.

Seitdem hätte sich für einen entschlossenen Kanzler die Chance geboten, sich der realen Macht zu versichern. Aber Theobald von Bethmann Hollweg, dem letzten Vorkriegskanzler, kam es nicht in den Sinn, so zu handeln. Er war ein begabter preußischer Verwaltungsbeamter, einsichtig und ohne Illusion über die schwierige innen- und außenpolitische Lage des Reiches. Er stieß jedoch bei seinen Versuchen, diese Lage zu bessern, fast überall auf Unverständnis und Ablehnung. In der Innenpolitik ließ ihn der Kaiser uninteressiert gewähren, gab ihm bei seinen Reformplänen (z. B. Modifizierung des Dreiklassenwahlrechts in Preußen) aber auch keinen Rückhalt gegen den Widerstand der konservativen Kreise, an deren Verständnislosigkeit alle Bemühungen Bethmanns scheiterten. Auf dem Felde der Außenpolitik operierte Bethmann unter noch ungünstigeren Bedingungen. Er urteilte ganz richtig, daß die Wiederversöhnung mit England und damit die Sprengung der Einkreisung nur um den Preis des Verzichts auf forcierte Flottenrüstung zu haben war. Doch Wilhelm II. und Großadmiral von Tirpitz, der Staatssekretär im Reichsmarineamt, ließen sich nicht ganz auf diese politische Linie festlegen und sabotierten die diplomatischen Aktionen des Kanzlers.

Der Reichstag vor 1914. Der Reichskanzler hatte keine Möglichkeit, sich etwa durch ein Bündnis mit der Mehrheit des Reichstages zu behaupten. Der Reichstag konnte nur indirekt die Innenpolitik in seinem Sinne beeinflussen, indem er sein Budgetrecht als Hebel ansetzte. Der Reichskanzler mußte sich nämlich, damit der Reichshaushalt bewilligt wurde, eine Mehrheit der Stimmen sichern, und das konnte er nur, wenn er einigen Parteien Konzessionen, z. B. in der Sozial- oder Wirtschaftspolitik, machte. Dieses Verfahren vergrößerte allmählich den Einfluß des Parlaments, denn der Kaiser hätte sich sicher gescheut, einen Kanzler zu entlassen, der auf eine sichere Mehrheit im Reichstage rechnen konnte. Auf die Außenpolitik des Reiches einzuwirken, war jedoch dem Reichstag unmöglich.

Seit 1912 befand sich Bethmann gegenüber dem Reichstag in einer schwierigen Lage. Der sozialdemokratischen Stimmengewinne wegen (mit 110 von 397 Mandaten stärkste Fraktion) war es ihm nicht mehr möglich, sichere Mehrheiten zusammenzubringen (s. Tafel 1 im Anhang). Er erkannte, daß jetzt nicht mehr gegen die Sozialdemokratie regiert werden konnte, aber er durfte nicht daran denken, mit ihr zusammenzuarbeiten. Der Konstitutionalismus war in eine Sackgasse geraten. Die beiden Lösungsmöglichkeiten des Dilemmas: volle Parlamentarisierung oder Ausschaltung des Reichstages durch Verfassungsbruch, schienen nach Lage der Dinge gleich unmöglich. Es breitete sich das Gefühl einer allgemeinen Ratlosigkeit aus.

Kaiser und Oberste Heeresleitung nach 1914. Die Schwächen der Reichsführung machten sich im Kriege doppelt bemerkbar. Im Sinne der Verfassung hätte jetzt der Kaiser seinen Platz als beherrschender Vermittler zwischen politischer und militärischer Führung einnehmen müssen. Wilhelm II. war dazu unfähig. Da das Verhältnis von militärischer und ziviler Gewalt seit Bismarcks Zeiten ungeklärt geblieben war, bekam die Oberste Heeresleitung, ursprünglich nur das militärische Führungsinstrument des Obersten Kriegsherrn, das Übergewicht. Daher trugen die militärischen Gesichtspunkte regelmäßig über politische Erwägungen den Sieg davon; schon im Falle des Einmarsches in Belgien, dann bei dem Streit um den U-Boot-Krieg, bei den Diskussionen um die Kriegsziele, beim Friedensschluß mit Rußland, schließlich bei der Entscheidung zur letzten Offensive im Westen 1918.

Die ersten beiden Chefs der Obersten Heeresleitung beschränkten sich noch weitgehend auf ihre militärischen Pflichten. Das änderte sich 1916, als Generalfeldmarschall Paul von Hindenburg und General Erich Ludendorff die OHL übernahmen. Sie füllten den leeren Platz der obersten Autorität aus, den Kaiser und Kanzler nicht einzunehmen vermochten. Zu den beiden Männern, mit deren Namen sich die glänzendsten Siege des Krieges verbanden und die schon zu legendären Figuren geworden waren, hatte das Volk fast unbeschränktes Vertrauen.
Hindenburg, der neue Chef des Generalstabes des Feldheeres, wie seine Dienststellung offiziell hieß, erschien in seinem Nimbus von väterlicher Güte und unerschütterlicher Ruhe und Sicherheit als Führerfigur. Der eigentliche Kopf der OHL war aber Ludendorff, der Erste Generalquartiermeister. Der selbstbewußte und wenig umgängliche Mann war gewohnt, seinen Willen gegen jeden Widerstand durchzusetzen. Er war seiner Natur und Erziehung nach ganz einseitig Militär. Darum begriff er nicht, daß die Politik eigenen Gesetzen zu folgen hatte, und übertrug die ihm geläufigen Vorstellungen und Begriffe des Soldaten auf das Feld der Politik. Er meinte, daß Deutschland nur durch eine vollständige Niederlage des Gegners auf dem Schlachtfelde den Frieden erringen könne. So lange hätte die Gesamtpolitik im Dienste der Kriegführung zu stehen.
Die Stärke der OHL hatte zur Folge, daß Deutschland in den letzten Kriegsjahren in der Weise einer Militärdiktatur regiert wurde. Hindenburg und Ludendorff waren mit Rücksicht auf die Volksstimmung praktisch unabsetzbar.
Der Reichskanzler. Bethmann Hollweg, der sich bemühte, die Übergriffe auf die Regierungsgewalt abzuwehren, stand auf verlorenem Posten. Da er den Primat der Politik gegenüber den Militärs nicht hatte durchsetzen können, drohte ihm ständig die Gefahr, zum Handlanger der OHL herabzusinken.
Der Reichstag hatte sich mit dem Abschluß des Burgfriedens schon bei Kriegsbeginn seiner Kritik- und Kontrollmöglichkeit freiwillig begeben. Als pflichtschuldiger Beitrag zum Sieg wurde es aufgefaßt, wenn der Reichstag ohne Debatte die Haushaltspläne und Kreditvorlagen bewilligte, ohne Bedingungen zu stellen. Solche Vollsitzungen des Reichstages waren überdies selten. In den ersten Jahren des Krieges — etwa bis Ende 1916 — trat der Reichstag als politischer Faktor gar nicht in Erscheinung.

e) Die Parteien vor 1914

Daß sich der Reichstag im Kriege so einmütig zeigte, war keineswegs selbstverständlich. Die Zusammensetzung der Parteien, die verschiedenen wirtschaftlichen und sozialen Interessen, die sie vertraten, und ihre Einstellung zum Staat hatten im Frieden eine solche völlige Übereinstimmung als unwahrscheinlich erscheinen lassen.
Den rechten Flügel im Reichstage bildeten die Konservativen, die aus zwei Parteien bestanden: den Deutschkonservativen und der Reichspartei.
Die Deutschkonservative Partei hatte ihre Anhänger vorzugsweise in den östlichen Provinzen Preußens. Adlige und bürgerliche Großgrundbesitzer bildeten den Kern und die Führung der Partei, die von ihnen abhängigen Kleinbauern und Landarbeiter einen guten Teil des Anhangs. Die Wähler wurden ihr vor allem durch einen rührigen Interessenverband, den „Bund der

Landwirte", zugeführt. Mit dem Bismarckreich hatte sich die Deutschkonservative Partei schließlich ausgesöhnt, weil in ihm die Vorherrschaft Preußens erhalten blieb. Sie identifizierte sich mit dem Staat in seiner überlieferten monarchisch-autoritären Form und empfand allein diese Haltung als national. In diesem Staat, der in ihren Augen das Wohl der Allgemeinheit gegenüber den Sonderinteressen einzelner Gruppen verkörperte, hatte sie den leichtesten Zugang zur Macht. Ihr Ideal der gesellschaftlichen Ordnung trug noch viele Züge des aufgeklärten preußischen Absolutismus. In ihm war die Gottgewolltheit der ständischen Gliederung bewahrt: ein Volk von Untertanen, in dem jeder sich mit dem ihm von Natur vorgegebenen Rang und Stand begnügte; ein Volk, das die Führung denen überließ, die dazu geboren und erzogen waren. „Seinen Nächsten in wahrer Liebe dienen, indem man sich in der siegreichen Gewohnheit des Herrschens behauptet." (A. von Thadden-Trieglaff). Dieser Anspruch sollte auch unter den Verhältnissen der industriellen Welt verteidigt werden.

Die Reichspartei hatte keine Interessenorganisation wie den Bund der Landwirte, und darum blieb sie eine ausgesprochene Notabelnpartei, in der schlesische Magnaten, süddeutscher Hochadel und westdeutsche Großindustrielle mit feudalem Einschlag zueinander fanden. In den Grundauffassungen stimmte sie mit den Deutschkonservativen überein, nur fehlte ihr die preußisch-agrarische Färbung. Sie war von vornherein für Bismarcks Reichsgründung gewonnen und enthielt sich — anders als die Deutschkonservativen — jeglicher Opposition zur Reichsregierung.

Die Zentrumspartei umschloß mit dem Band der katholischen Konfession schlesische und westfälische Grundbesitzer, westfälische Bauern und rheinische Winzer, Industrielle, kleine Gewerbetreibende, Handwerker und Arbeiter. Je mehr der Druck des Kulturkampfes nachließ, der alle diese verschiedenen Gesellschaftsgruppen zueinander geführt hatte, desto stärker wurden die Spannungen in der Partei, die sich aus entgegengesetzten Interessenlagen ergaben. Der rechte Flügel, eine agrarisch-mittelbürgerliche Gruppe, zu der auch viele höhere Beamte und Geistliche gehörten, hatte unumstritten die Führung der Partei. Auch das Zentrum verfügte über Massenorganisationen (z. B. den Volksverein für das katholische Deutschland), durch die es so viele Wähler gewann, daß es ab 1881 zur stärksten Fraktion im Reichstag aufrücken konnte und 1912 zweitstärkste Fraktion nach der sozialdemokratischen blieb. Als für das Zentrum nach dem Kulturkampf die konfessionellen Belange gesichert waren, konnte es den deutschen Nationalstaat unterstützen, der Recht und Ordnung verbürgte. Indes war die Bindung an die bestehende Staatsform bei weitem nicht so eng wie etwa bei den Konservativen, denn über jeder staatlichen Autorität stand das göttliche Gebot. Das Zentrum war grundsätzlich antirevolutionär und lehnte die Umgestaltung der gesellschaftlichen Verhältnisse ab. Gleichwohl traten sozial Gesinnte gegen die Mißstände auf, die der Übergang zur industriellen Gesellschaft gebracht hatte. Man glaubte, durch die Aussöhnung der Klassen im Geiste des Christentums zu einer harmonischen Ordnung zu kommen, und bekämpfte eine Veränderung der materiellen Verhältnisse.

Der politische Liberalismus manifestierte sich vor dem Kriege in Deutschland in zwei Richtungen: der Nationalliberalen Partei und der Fortschrittlichen Volkspartei.

Die Nationalliberale Partei. Bei ihr gab immer weniger das Bildungsbürgertum, also etwa Gelehrte, höhere Beamte, den Ton an als zunehmend das neue Besitzbürgertum aus Industrie und Handel. Für die Nationalliberalen war vor dem Anspruch des nationalen Machtstaates die Freiheitsidee zurückgetreten. Ihnen genügte es, daß sie in einem Rechtsstaat lebten und unter wirtschaftlichen Schutzgesetzen arbeiteten. Sie waren betont national, nämlich stolz auf diesen starken Staat, auf die von Wilhelm II. eingeleitete „Weltpolitik". Bemüht, sich der herrschenden Schicht des Adels in Benehmen und Gesinnung anzugleichen, wurde das Bürgertum bis zu einem gewissen Grade „feudalisiert" (hohe Einschätzung des „Reserveoffiziers" und Drang zu waffentragenden Korporationen). Weil die bestehende Gesellschaftsordnung bereits durch die Un-

zufriedenheit des „Vierten Standes" in Frage gestellt wurde, glaubte das Bürgertum, das Bündnis mit den Konservativen nötig zu haben, um die Sozialdemokratie in Schranken zu halten.
Die Fortschrittliche Volkspartei, in der die Ideen des Liberalismus noch lebendiger waren, vereinte im allgemeinen der vorindustriellen Zeit entstammende Kreise des Bürgertums, etwa Handelspatrizier und Angehörige der freien Berufe. Die verhältnismäßig kleine Partei hatte in manchen Wandlungen unentwegt Opposition getrieben. Wie um die Mitte des 19. Jahrhunderts, als der Liberalismus in Blüte stand, kämpfte sie für die Verwirklichung parlamentarischer Regierungsweise. Für die Lösung der sozialen Frage jedoch hatte man nicht mehr anzubieten als Forderungen nach voller Koalitionsfreiheit. Immerhin war die Partei so unvoreingenommen, daß sie sich gelegentliche Wahlbündnisse mit den Sozialdemokraten erlaubte.
Die Sozialdemokratische Partei. Trotzdem wurde als Opposition allein die Sozialdemokratie empfunden. War sie doch von den übrigen Parteien in deren Sicht durch eine tiefe gesellschaftliche und politische Kluft getrennt. Ihre Mitgliederschaft bestand ganz überwiegend aus Industriearbeitern, sie fand aber auch Anhänger in kleinbürgerlichen und bürgerlichen Kreisen. Schon ein Jahrzehnt vor dem Weltkriege stand die Partei vor einem Scheideweg. Offiziell galt immer noch die marxistische Verdammung des bestehenden Staates und der bürgerlichen Gesellschaftsordnung. Aber da es sich herausgestellt hatte, daß entgegen der Marxschen Verelendungstheorie die Lebensverhältnisse der Arbeiterschaft sich langsam besserten, stellte sich die Partei auf weitere kleine Fortschritte ein und arbeitete vor allem bei der sozialpolitischen Gesetzgebung mit den anderen Parteien und Regierungsvertretern zusammen. Unterschiedliche Auffassungen über die weitere Entwicklung in der Arbeiterbewegung ließen drei Richtungen entstehen. Es gab die kleine Gruppe der Internationalisten, die eine Revolution des Proletariats auslösen wollte. Die große, von der Parteiführung repräsentierte Mitte fand für ihre Haltung die Formel: „Die Sozialdemokratie ist eine revolutionäre, nicht aber eine Revolution machende Partei" (Karl Kautsky). Bis zu einem möglichen Umsturz arbeitete man im bestehenden Staat auf die Reform der bestehenden Verhältnisse hin, wobei man als Sozialdemokrat sich zur internationalen Solidarität bekennen und trotzdem national empfinden konnte. Gegen den Widerspruch zwischen Theorie und Praxis erhob der rechte Flügel der Partei — eine Minderheit — Protest. Er meinte, daß Marx sich in seiner Voraussage der Zukunft getäuscht habe und daß die Sozialdemokratie sich unter Verzicht auf die revolutionäre Ideologie zu einer demokratischen und sozialen Reformpartei wandeln müsse. Der Revisionismus fand starken Anklang bei den Gewerkschaften, die eigentlich schon längst in seinem Sinne handelten (vgl. I 2 c).

f) Die Parteien nach 1914

Der Burgfrieden. Bei Kriegsausbruch war es nicht zweifelhaft, daß die konservativen und bürgerlichen Parteien aller kriegführenden Länder sich den jeweiligen Regierungen zur Verfügung stellten. Weithin aber wurde als überraschend empfunden, daß überall auch die Sozialisten ihren Beitrag zur Verteidigung des Vaterlandes leisteten. Die deutschen Sozialdemokraten gaben am 4. August 1914 ihre Zustimmung zu den Kriegskrediten. Damit war die Grundlage für einen „Burgfrieden" geschaffen. Während der Dauer des Kampfes mit dem äußeren Gegner sollte eine Kampfpause im Innern eintreten, die Sozialisten wollten sich einstweilen mit der bestehenden politischen und gesellschaftlichen Ordnung abfinden. Dies würdigend, stellte der Kanzler eine „Neuorientierung" der Politik in Aussicht und meinte damit die staatliche Anerkennung dieser Integration der sozialistischen Arbeiterschaft in den Staat, z. B. durch Änderung des preußischen Wahlrechts. Bethmann stand aber mit seinen Neuorientierungsplänen im Kreise der Maßgebenden immer noch ziemlich allein. Warum sollte noch besonders belohnt werden, was doch selbstverständliche Pflicht jedes deutschen Staatsbürgers war? So dachten die Anhänger der konservativen und nationalliberalen Parteien sowie des Zentrums.

Spaltung der SPD und Gründung der USPD. Im übrigen waren nicht alle Sozialdemokraten einverstanden mit der Schwenkung der Partei. Die Parteigenossen — und es gab sie in allen drei Richtungen —, die besonders stark in der internationalen und pazifistischen Tradition verwurzelt waren, beugten sich nur widerwillig der Parteidisziplin. Karl Liebknecht, der ganz links stand, brach als erster aus und stimmte schon gegen die zweite Kriegskreditvorlage, dann aber fügten sich immer mehr Abgeordnete nicht mehr den Beschlüssen der Mehrheit. Im Dezember 1915 kam es zum erstenmal zu einer offenen Demonstration: 20 Abgeordnete von 110 stimmten gegen die Bewilligung weiterer Kredite. Sie erklärten im Reichstag, Deutschland in seiner günstigen Kriegslage solle den ersten Schritt zum Frieden tun:

Unseren Friedenswillen und unsere Gegnerschaft gegen Eroberungspläne können wir nicht vereinbaren mit der Zustimmung zu den Kriegskrediten. (Verhandlungen des Reichstages. Stenographische Berichte, Bd. 306, S. 508)

Diese Gruppe hatte ihrerseits einen linken Flügel, der Liebknechts Auffassung übernahm, daß der Krieg nur für die Interessen der Bourgeoisie geführt werde, daß das Proletariat daher die Waffen nicht gegen seine ausländischen Klassenbrüder, sondern gegen die Ausbeuter im eigenen Lande richten solle. Mit den sogenannten „Spartakusbriefen“, die geheim verbreitet wurden, suchte die „Gruppe Internationale“, auch Spartakusbund genannt, die Soldaten und Arbeiter zur Revolution anzustacheln. Ihre Führer, Liebknecht, Rosa Luxemburg u. a., waren alle in Haft.

Von der Fraktion übertrug sich die Spaltung auf die gesamte Partei. Die Opposition, in der sich Angehörige aller früheren Richtungen zusammenfanden, wuchs an zu einer Protestbewegung gegen den Krieg, wie sie auch in den sozialistischen Parteien Frankreichs, Italiens und Englands entstand. Unter dem Eindruck der Februar-Revolution in Rußland, die als Massenstreik gegen den Krieg gedeutet wurde, kam es dann zum endgültigen Bruch zwischen Mehrheit und Minderheit. Am 7. April 1917 wurde die Unabhängige Sozialdemokratische Partei (USPD) gegründet. Sie erklärte:

Sie steht in grundsätzlicher Opposition zum herrschenden Regierungssystem, zur Kriegspolitik der Reichsregierung und zu der vom Parteivorstand im Regierungsfahrwasser geführten Politik der nominellen Partei. (Ursachen und Folgen, Bd. 1, S. 303)

3. *Die Krise des Jahres 1917 in Deutschland*

a) Die Kriegszieldiskussion

Die Annexionisten (der Alldeutsche Verband). Die USPD glaubte, der Friede sei sofort erreichbar, sofern Deutschland nur wolle, und verdächtigte zugleich die Regierung, den Gedanken des Eroberungskrieges aufgenommen zu haben, wie ihn etwa der Alldeutsche Verband verbreitete. Die Mitglieder dieser außerparlamentarischen Gruppe (1890 gegründet) waren vorwiegend Professoren, Lehrer, Geschäftsleute, Beamte und Offiziere. Schon aus Ton und Tendenz der ersten Kundgebung des Verbandes ging hervor, was er unter „energischer Machtpolitik" und „Hebung des nationalen Selbstbewußtseins" verstand:

Wir sind bereit, auf den Ruf unseres Kaisers in Reih' und Glied zu treten und uns stumm und gehorsam den feindlichen Geschossen entgegen führen zu lassen, aber wir können dafür auch verlangen, daß uns ein Preis zufalle, der des Opfers werth ist, und dieser Preis ist: einem Herrenvolk anzugehören, das seinen Antheil an der Welt sich selber nimmt und nicht von der Gnade und dem Wohlwollen eines anderen Volkes zu empfangen sucht. Deutschland wach auf! (Bonhard, O.: Geschichte des Alldeutschen Verbandes. Leipzig 1920, S. 237)

Die Alldeutschen trieben im Frieden, was sie selbst „nationale Opposition" nannten; sie fanden nämlich die deutsche Politik zu friedliebend und schwächlich. Zwar war die Zahl ihrer Mitglieder nie sehr groß (etwa zwischen 20 000 und 40 000), aber ihre Propaganda erreichte über die Universitäten, die studentischen Verbindungen, die Schulen und viele Filialgründungen weite Kreise des Volkes. Für diese militantesten deutschen Imperialisten konnte der Weltkrieg nur den Sinn haben: Errichtung des erträumten deutschen Weltreiches. Noch vor der amtlich genehmigten Freigabe der Diskussion über die Kriegsziele im November 1916 hatten die Alldeutschen es verstanden, ihre Vorstellungen von einem „deutschen Frieden" zu verbreiten (etwa Annexion Nordfrankreichs, Belgiens, Luxemburgs, Nordpolens, Litauens, Lettlands und Estlands; Etablierung eines großen Kolonialreichs in Mittelafrika auf Kosten Belgiens, Frankreichs und Englands).

War schon damit der Burgfriede praktisch gekündigt oder erst, als die USPD, sich gegen derartige Pläne wehrend, der Regierung den Kampf ansagte? Jedenfalls endete er, als sich über den Sinn des Krieges ein Streit erhob, der auch die alten Gegensätze wieder aufbrechen ließ. Früh wurde bekannt, daß Industrielle, alldeutschen Gedankengängen folgend, die Annexion Belgiens und von Teilen Nordfrankreichs (Erzbecken von Longwy und Briey), ebenso des östlich Oberschlesiens gelegenen Erz- und Kohlengebietes verlangten. Auch sollten die überseeischen Besitzungen Deutschlands erheblich erweitert werden. Den Blick nach dem Osten richteten besonders agrarische Kreise. Sie regten an, Ostpreußen und Schlesien zu vergrößern, und erwogen, die baltischen Provinzen und Polen von Rußland zu lösen und sie unter nomineller Selbständigkeit in irgendeine Form der Abhängigkeit von Deutschland zu bringen. Der einflußreiche Ostmarkenverein schlug der Regierung vor, die fremden Einwohner dieser Landstriche zu evakuieren und das Land mit deutschen Kolonisten aus Rußland (den Wolgadeutschen) zu besiedeln. Zum erstenmal in der modernen europäischen Geschichte taucht der Gedanke auf, Menschen in großer Zahl aus ihren Heimstätten zu vertreiben und sie ohne ihre Zustimmung zu verpflanzen.

Staatsspitze und Kriegsziele. Die Parteien von der Rechten bis einschließlich der Mitte hielten Annexionen zur Sicherung und zum Ausbau der deutschen Machtposition für selbstverständlich. Die Konservativen und Nationalliberalen gingen darin wohl am weitesten; bei Zentrum und Fortschritt waren die Vorstellungen etwas ungenauer. Die Mehrheitssozialdemokratie bekräftigte im großen und ganzen immer wieder ihre Erklärung vom 4. 8. 1914, in der sie jeden Eroberungskrieg verurteilt hatte. Im Gegensatz zur USPD nahm die Parteimehrheit nicht an, daß der Zeitpunkt zur Anknüpfung des Gesprächs über den Frieden schon gekommen sei.

Eine starke Stütze fand die annexionistische Kriegszielbewegung in der Obersten Heeresleitung. Ludendorffs Gedanken kreisten schon um den Krieg der Zukunft. Er überlegte, wie sich Deutschland aus seiner bisher so ungünstigen wehrpolitischen Lage befreien könnte. Die OHL forderte daher Gebiete im Westen und Osten, die gewissermaßen als strategisches Vorfeld dienen sollten.

Nicht eindeutig ist nach dem Stande der Forschung, ob Bethmann Hollweg zum Lager der Annexionisten gehörte. 1914 jedenfalls, unter dem Eindruck der großen Anfangserfolge, ließ er sich dazu bestimmen, Deutschlands Hegemonie in Europa ins Auge zu fassen. Im weiteren Verlauf des Krieges hat er sich davor gehütet, sich auf bestimmte Bedingungen festzulegen. Er wußte zu genau, daß im Falle eines Friedensschlusses — etwa eines Separatfriedens mit Rußland — die militärische und politische Gesamtkonstellation darüber entschied, welche Ziele sich durchsetzen ließen. Der Kanzler konnte jedoch Hindenburg und Ludendorff, die auch den Kaiser in dieser Frage für sich gewonnen hatten, nicht bekehren und mußte so zwischen beiden Seiten lavieren.

Die Kriegsziele der Entente waren im ganzen genommen darauf ausgerichtet, einen weiteren Ausbau der deutschen Machtstellung zu verhindern, wobei der alte englische Grundsatz des Gleichgewichts auf dem Kontinent eine Rolle spielte. Besonders die Konkurrenz der deutschen Hochseeflotte war den meisten Engländern ein Dorn im Auge, und auch der deutsche Kolonialbesitz gab Anlaß zu Befürchtungen. Für Frankreich war die Rückgabe von Elsaß-Lothringen das zentrale Thema, darüber hinaus wurde zeitweilig die Annexion des saarländischen Kohlebeckens und die Bildung von unabhängigen Staaten in den deutschen Gebieten links des Rheins gefordert.

b) Die Kriegsmüdigkeit des deutschen Volkes

Es war nicht mehr eindeutig zu erkennen, ob die deutsche Regierung noch zu dem Kaiserwort vom 4. August 1914 stand: „Uns treibt nicht Eroberungslust." Nach den ersten großen Siegen war zwar auch in der breiten Masse des Volkes die Lust erwacht, Beute zu machen. Aber diese Lust schwand in demselben Grade wie die Begeisterung am Kriege überhaupt. Der Abfall der Stimmung trat nicht nur in Deutschland ein. Bei den Alliierten allerdings besserte sich die Kampfmoral merklich, als die USA in den Krieg eintraten. Gerade dieses Ereignis verstärkte aber in Deutschland die Kriegsmüdigkeit.

Die seelischen und körperlichen Belastungen drückten die Menschen in der Heimat nieder. In diesem Zustand erbitterte nichts mehr als die Ungleichheit des persönlichen Schicksals. Wer genug Geld hatte, litt keine Not, denn er konnte es sich leisten, die überhöhten Preise für heimlich gehandelte Waren zu bezahlen. Neid und Feindseligkeit speicherten sich vor allem gegen jene, die durch Heereslieferungen und Schwarzhandel an den Leiden der übrigen verdienten, also gegen „Kriegsgewinnler" und „Schieber".

Die sozialistische, aber auch Teile der christlichen Arbeiterschaft waren enttäuscht darüber, daß von der versprochenen Neuorientierung noch nichts zu spüren war; so war in vielen deutschen Staaten ein Wahlrecht mit bestimmten Privilegien (in Preußen: Dreiklassenwahlrecht) noch immer nicht durch das allgemeine, für alle gleiche Wahlrecht ersetzt. Die Arbeiter merkten wohl, daß man nicht daran dachte, ihnen das Hineinwachsen in den Staat zu erleichtern. Der Krieg, der alle zu einer Schicksalsgemeinschaft zusammenschweißen sollte, verstärkte, als er sich so lange hinzog, die schon bestehenden sozialen Gegensätze.

Die Hungerstreiks und Matrosenunruhen. Bereits im Jahre 1917 war an einzelnen Anzeichen abzulesen, daß die Deutschen sich der Grenze ihrer Leistungsfähigkeit näherten. Im April legten Berliner Rüstungsarbeiter aus Protest gegen die sich schnell verschlechternden Ernährungsbedingungen die Arbeit nieder. Forderungen nach schleunigem Abschluß eines Friedens wurden laut.

Nicht weniger kriegsmüde als die zivile Bevölkerung war die Truppe. Das Millionenheer konnte überhaupt nicht als getrennt vom gesamten Volk gedacht werden. So machte die Truppe auf ähnliche Weise Erfahrungen wie die Heimat. Die vielfältigen sozialen Gegensätze reduzierten sich bei ihr auf die Spannungen zwischen Offizierskorps und Mannschaft, zwischen Front und Etappe beziehungsweise Garnison. Vor allem machten die Betonung des Abstandes und der Unterschied in der Verpflegung böses Blut.
Am bedenklichsten waren die Verhältnisse bei der Hochseeflotte. Die schwimmenden Festungen mit ihren Tausenden an Besatzungsmitgliedern ankerten seit Kriegsbeginn in „Bereitschaft“ und auch seit 1916 ohne Gefechtsaufgaben an den Reeden von Wilhelmshaven und Kiel. Matrosen, Maate und Offiziere lebten an Bord auf engstem Raum zusammen und waren doch durch die Rangordnung strikt voneinander getrennt. Einer der Matrosen schrieb damals über die Stimmung der Mannschaften in sein Tagebuch:

Hochgradige Erregung; hervorgerufen durch gänzlichen Mangel an Vertrauen zu den Vorgesetzten; Zustände der fixen Idee, daß der Krieg nur im Interesse der Offiziere geführt und verlängert wird, und heftige Zornesausbrüche infolge des Umstandes, daß die Mannschaft hungert und darbt, während die Offiziere schlemmen und im Gelde schwimmen. (Untersuchungsausschuß der Deutschen Nationalversammlung, 4. Reihe, Bd. X, 2. Berlin 1928, S. 250)

Im Juli und August 1917 kam es dann zu Zusammenstößen. Teile der Besatzungen verweigerten ungenießbares Essen, demonstrierten gegen Disziplinarstrafen mit eigenmächtigen Ausmärschen an Land und führten Befehle nicht aus. Die Aufsässigkeit der Matrosen wurde schnell durch Vollstreckung von Todesurteilen an zwei Rädelsführern, Heizer Albin Köbis und Obermatrosen Max Reichpietsch, unterdrückt.
Es ließ sich nachweisen, daß Streikende und Meuterer auch unter dem Einfluß von Agitatoren der radikalen Opposition, USPD und Spartkusbund, gehandelt hatten. Wenn aber die Vorgänge lediglich als Ergebnisse von Verhetzung eingeschätzt wurden, beruhte das auf einem Trugschluß. Viel eher bewies die Wirkung der Friedenspropaganda der Radikalen, wie sehr die Kräfte des Volkes überspannt waren.
Vor diesem Hintergrund und angesichts der Volksstimmung nahm sich der Streit um die Kriegsziele, der seit 1917 in aller Öffentlichkeit ausgetragen wurde, etwas eigentümlich aus. Wer wie die Mehrzahl nur noch wollte, der Krieg solle möglichst bald zu Ende gehen, brachte kein Verständnis auf für die Forderung nach einem Siegfrieden. Die Annexionisten dagegen warfen ihren Gegnern Mangel an Nationalgefühl vor. Der Riß, der durch das Volk ging, sollte sich auch nach dem Kriege nicht schließen.

c) Der Verlauf der Krise

Kriegsziele und Reformbewegung. Der Burgfrieden hatte die starken politischen und sozialen Spannungen der Vorkriegszeit nur mühsam verdecken können; jetzt lebten diese ungelösten Fragen wieder auf; sie hatten im Kriege noch stärkeres Gewicht erhalten. War z. B. das preußische oder sächsische Klassenwahlrecht noch Volksteilen zuzumuten, die so viele Opfer für die Verteidigung der Heimat auf sich genommen hatten? Mußte nicht der Reichstag als Vertreter des Volkswillens künftig die wichtigste Rolle im Staate spielen? Vor allem die Sozialdemokraten drängten auf Reformen, weil sie gegenüber der rücksichtslosen Agitation der Unabhängigen bei den Arbeitern an Boden zu verlieren fürchteten. Der Kanzler, dem die Reform des preußischen Wahlrechts am Herzen lag, konnte den Kaiser bestimmen, ein Versprechen abzugeben, daß etwas geschehen werde. Das tat Wilhelm II. in der sogenannten Osterbotschaft vom 7. April 1917, die er an Bethmann richtete. In ihr hieß es:

Ich beauftrage Sie nunmehr, Mir bestimmte Vorschläge des Staatsministeriums vorzulegen, damit bei der Rückkehr unserer Krieger diese für die innere Gestaltung Preußens grundlegende Arbeit schnell im Wege der Gesetzgebung durchgeführt werde. Nach den gewaltigen Leistungen des ganzen Volkes in diesem furchtbaren Kriege ist nach Meiner Überzeugung für das Klassenwahlrecht in Preußen kein Raum mehr. Der Gesetzentwurf wird ferner unmittelbare und geheime Wahl der Abgeordneten vorzusehen haben. (Ursachen und Folgen, Bd. I, S. 319)

Ungefähr gleichzeitig richtete der Reichstag auf Antrag von Nationalliberalen, Zentrum, Fortschritt und SPD einen Verfassungsausschuß ein, der sich damit beschäftigen sollte, Pläne zur Parlamentarisierung des Reiches auszuarbeiten. Schon diese geringfügigen Zugeständnisse, die offensichtlich unter dem Eindruck der russischen Februar-Revolution gemacht wurden, gingen den Konservativen, aber auch manchen Zentrumsanhängern und Nationalliberalen zu weit. Sie sorgten im Preußischen Landtag dafür, daß die Reformbemühungen steckenblieben. Damit war die kaiserliche Geste um ihre Wirkung gebracht.

Die Juli-Krise. Im Juli 1917 kam es zur krisenhaften Zuspitzung der Lage im Innern. Der Reichstag sollte wieder Kriegskredite bewilligen. Die SPD wollte diese Gelegenheit benutzen, um die Regierung eindeutig auf den Verständigungsfrieden und die Durchführung von Reformen schon im Kriege festzulegen, indem sie solche Bedingungen für ihre Zustimmung stellte. Der Zentrumsabgeordnete Matthias Erzberger, der Exponent des linken Flügels seiner Partei, erkannte, daß es galt, der SPD die Unterstützung der Regierung zu erleichtern. Er war als Chef des deutschen Nachrichtenbüros und wegen mehrerer Auslandsaufenthalte während des Krieges besser als die anderen Parlamentarier über die wirkliche Kriegslage unterrichtet. Ursprünglich Annexionist, hatte er aus eigener Anschauung einen Eindruck von der verzweifelten Lage der Bundesgenossen Deutschlands, besonders Österreich-Ungarns, bekommen und machte sich darum kaum noch Illusionen. In einer Sitzung des Hauptausschusses wenige Tage vor dem Zusammentreten des Reichstages hielt er eine lange Rede, in der er u. a. die Auffassung vertrat, daß der uneingeschränkte U-Boot-Krieg ein Fehlschlag sei, und voraussagte, daß Österreich-Ungarn kaum mehr fähig sein werde, noch einen Kriegswinter zu überstehen. Er schlug vor, der Reichstag solle die Initiative zum Frieden ergreifen, indem er durch eine Erklärung die Regierung auf einen Verständigungsfrieden festlegte. Der Eindruck seiner Ausführungen war ungemein stark. Es gelang Erzberger, seine Fraktion hinter sich zu bringen, die nun zusammen mit SPD und Fortschritt daranging, die vorgeschlagene Friedensresolution auszuarbeiten. Es bildete sich ein sogenannter Interfraktioneller Ausschuß dieser Parteien, der bei seinen Besprechungen sofort auch auf das Reformproblem stieß. Wie sollte der Reichstag die Regierung zwingen, die Friedensresolution als Grundlage der Politik anzuerkennen? Vor allem schien es unmöglich, daß Bethmann — er galt als schwankend — dafür die nötige Durchsetzungskraft aufbringen könne. Damit war des Kanzlers Stellung sehr erschüttert, denn auch von der OHL, vom Kronprinzen und von den Konservativen wurde gegen ihn beim Kaiser intrigiert. Alsbald drohten Hindenburg und Ludendorff mit ihrem Rücktritt; der Kanzler stand nun allein. So mußte er am 13. Juli zurücktreten. Sein Nachfolger, Georg Michaelis (Kanzler bis Oktober 1917), ein hoher Verwaltungsbeamter, war der Kandidat der OHL.

Die Friedensresolution. Kurz nach dem Kanzlerwechsel, am 19. Juli 1917, nahm der Reichstag mit den Stimmen des Zentrums, der Fortschrittspartei und der Mehrheitssozialdemokraten (MSPD) die Friedensresolution an, deren Kernsätze lauteten:

Der Reichstag erstrebt einen Frieden der Verständigung und der dauernden Versöhnung der Völker. Mit einem solchen Frieden sind erzwungene Gebietserwerbungen und politische, wirtschaftliche oder finanzielle Vergewaltigungen unvereinbar ... (Verhandlungen des Reichstages, Stenographische Berichte, Bd. 310, S. 3573)

Der Ausgang der Krise. Was hatte die Krise bewirkt? Es war erreicht worden, daß die SPD wiederum die Kriegskredite mitbewilligte. Der Reichstag hatte zum erstenmal die Initiative auf außenpolitischem Felde ergriffen. Die Einsetzung und Tätigkeit des Interfraktionellen Ausschusses leitete eine neue Phase in der deutschen Innenpolitik ein. Die in ihm vertretenen Parteien, und das war die Mehrheit des Reichstages, übten durch einheitliches Vorgehen von Fall zu Fall Einfluß auf die Politik der Reichsleitung (OHL und Kanzler) aus. Alles das waren Anzeichen für die wachsende Bedeutung des Parlaments und für eine Annäherung an Spielregeln des Parlamentarismus. Aber das eigentliche Anliegen der Reichstagsmehrheit, die Anbahnung von Friedensverhandlungen auf der Basis des Verständigungsfriedens, hatte sich nicht verwirklichen lassen. Die Friedensresolution wurde durch den neuen Kanzler im Reichstag zu einer für die Regierung unverbindlichen Kundgebung gestempelt. Michaelis schrieb darüber am 25. Juli 1917 an den Kronprinzen:

Die berüchtigte Resolution ist mit 212 gegen 126 Stimmen bei 17 Stimmenthaltungen angenommen. Durch meine Interpretation derselben habe ich ihr die größte Gefährlichkeit geraubt. Man kann schließlich mit der Resolution jeden Frieden machen, den man will. (Ursachen und Folgen, Bd. II, S. 46)

Es bestand keine Möglichkeit, den Kanzler auf das Friedensprogramm zu verpflichten. Hinzu kam, daß das feindliche Ausland sich in der Erwartung des Sieges wenig beeindruckt von der Friedensresolution zeigte. Alles in allem war daher für die großen Bevölkerungsteile, deren Hoffnungen auf Frieden und Demokratisierung sich im Sommer 1917 verstärkt hatten, der Ausgang der Krise enttäuschend und niederdrükkend.

Als Gewinner verließ die OHL den politischen Kampfplatz. Solange sie das Heft in der Hand hielt, wurde weitergekämpft für Annexionen und für die Beibehaltung des alten Herrschaftssystems. Diese Befestigung und Ausdehnung der Machtposition der OHL war begleitet von der Aufwertung ihres militärischen Prestiges. Die Offensive in Oberitalien, die die italienische Armee in die Katastrophe trieb und die Front weit vorzog, der Zusammenbruch der russischen Armee und später das Ausscheiden Rußlands aus dem Kriege weckten erneut Hoffnungen auf den allgemeinen Sieg der deutschen Waffen. Ungestört konnte Ludendorff seine Vorbereitungen für die Entscheidungsschlacht im Westen für das Jahr 1918 treffen, mit der er der zu erwartenden Offensive der Alliierten und der Amerikaner zuvorkommen wollte.

Darüber hinaus fand die OHL in der Heimat einen neuen Bundesgenossen: die Vaterlandspartei. Von Nationalisten wie von Tirpitz und Kapp gegründet, setzte sie sich zum Ziel, die gesunkene Kampfmoral wieder zu heben und die befürchtete demoralisierende Wirkung der Friedensresolution aufzufangen. Mit ihren bald 1,25 Millionen Mitgliedern war sie eine ausgesprochene Sammlungsbewegung und benutzte für ihre Ziele schon die Mittel der modernen Massenbeeinflussung wie Presse, Film, Schallplatten. In ihrem Gründungsaufruf hieß es:

Deutsche Freiheit steht himmelhoch über der unechten Demokratie mit allen ihren angeblichen Segnungen, welche englische Heuchelei und ein Wilson dem deutschen Volk aufschwatzen wollen, um so das in seinen Waffen unüberwindliche Deutschland zu vernichten ... Wir wissen, es geht um unseres Volkes Bestehen und Machtstellung in der Welt! Dem deutschen Volk geht es nicht, wie England, nur um das Geschäft! England, der Anstifter und beharrliche Schürer dieses Weltbrandes, ist in verzweifelter Lage. Zu Wasser und zu Lande sind wir die Sieger! Durch den U-Boot-Krieg in seinem Lebensnerv getroffen, hofft England noch in letzter Stunde auf deutsche Unzufriedenheit und Uneinigkeit. In nicht zu ferner Zeit wird sein Hochmut gebrochen sein, wenn wir nur ausharren und trügerischen Friedenslockungen widerstehen! (Ursachen und Folgen, Bd. II, S. 49)

II. 1918: Kriegsende und Revolution

1. *Die militärische Niederlage der Mittelmächte*

Die Friedensschlüsse von Brest-Litowsk und Bukarest. Im Dezember 1917 nahmen die Vertreter der Mittelmächte und die der bolschewistischen Revolutionsregierung in Brest-Litowsk Verhandlungen über einen Friedensschluß auf. Die OHL setzte gegen den Kanzler, Graf Georg von Hertling, den Nachfolger von Michaelis, durch, daß Rußland nur nach Erfüllung weitgehender deutscher Forderungen einen Friedensschluß erwarten dürfe. Als die Mittelmächte mit einer ukrainischen Regierung am 9. 2. 1918 einen Sonderfrieden („Brotfrieden") abschlossen, der Getreidelieferungen nach Deutschland vorsah, brach der russische Delegationsleiter Leon D. Trotzkij die Friedensverhandlungen ab, ohne allerdings den Waffenstillstand aufzukündigen. Darauf marschierten die Verbündeten tiefer nach Rußland hinein. Jetzt drohte Gefahr für die noch ungefestigte Herrschaft der Bolschewiki, und deshalb konnte Lenin das Zentralkomitee der Partei für den sofortigen Friedensschluß gewinnen. Am 3. 3. 1918 wurde der Vertrag, der nun noch härter ausfiel, unterzeichnet.

Rußland verlor Kurland, Litauen, Estland und Livland sowie an die Türkei einige Gebiete im Kaukasus. Es erkannte die staatliche Unabhängigkeit Finnlands, Polens und der Ukraine an. Alle diese Gebiete wurden in der einen oder anderen Form in Abhängigkeit von den Mittelmächten gehalten.

Rumänien mußte im Mai 1918 zu Bukarest Frieden schließen. Es räumte den Verbündeten wirtschaftliche Vorteile ein und trat einzelne Gebiete an Bulgarien ab.
Die Truppen der Mittelmächte hielten noch eine riesige Fläche Land besetzt. Eine Million Mann war dazu nötig, denn der neue Zustand im Osten konnte nur mit Waffengewalt gesichert werden.

Das Friedensprogramm (Vierzehn Punkte) der USA. Während in Brest-Litowsk verhandelt wurde, verkündete Präsident Wilson in „Vierzehn Punkten" das amerikanische Friedensprogramm, dessen wichtigste Forderungen lauteten:

1. Öffentliche Friedensverträge, öffentlich beschlossen, nach denen es keine privaten internationalen Abmachungen irgendwelcher Art geben darf...
2. Absolute Freiheit der Schiffahrt auf der See...
7. Belgien..., muß ohne jeden Versuch, die Souveränität, deren es sich gleich allen anderen freien Nationen erfreut, zu beschränken, geräumt und wiederhergestellt werden...
8. Das gesamte französische Gebiet muß befreit und die verwüsteten Teile wiederhergestellt werden. Ebenso müßte das Frankreich durch Preußen 1871 in Sachen Elsaß-Lothringens angetane Unrecht, das den Weltfrieden nahezu fünfzig Jahre bedroht hat, berichtigt werden, um dem Frieden im Interesse aller wieder Sicherheit zu verleihen...
10. Den Völkern Österreich-Ungarns, deren Platz unter den Nationen wir gefestigt und gesichert zu sehen wünschen, sollte die freieste Möglichkeit autonomer Entwicklung gewährt werder...
13. Ein unabhängiger polnischer Staat sollte errichtet werden, der die von unbestreitbar polnischer Bevölkerung bewohnten Gebiete umfassen soll, denen ein freier und sicherer Zugang zum Meere gewährleistet und dessen politische und ökonomische Unabhängigkeit sowie dessen territoriale Integrität durch internationalen Vertrag garantiert werden sollen.
14. Eine allgemeine Gesellschaft der Nationen muß auf Grund eines besonderen Bundesvertrages gebildet werden...

(Wilson, W.: Memoiren und Dokumente über den Vertrag zu Versailles anno MCMXIX, hrsg. v. R. S. Baker. Bd. II, Dokumente. Leipzig 1924, S. 40 f)

Die große Schlacht in Frankreich. In Deutschland machten die 14 Punkte zunächst wenig Eindruck. Gerade bereitete die OHL Front und Heimat auf die bevorstehende Entscheidungsschlacht im Westen vor. Ludendorff glaubte, mit den aus dem Osten herangeführten Verbänden genügend Kräfte für eine großangelegte Operation zu haben (Deutschland 4 Millionen: Alliierte 5 Millionen). Die Engländer sollten von der französischen Armee getrennt, geschlagen und bis an die Kanalküste, womöglich auf ihre Heimatinsel, zurückgedrängt werden, Frankreich und gewiß auch England würden dann, am Sieg verzweifelnd, um Frieden bitten. Ludendorff wußte wohl: Eigene Reserven fehlten, die Amerikaner mochten vielleicht früher als erwartet eingreifen, die Bundesgenossen standen vor ihrem Zusammenbruch. Er setzte aber alles auf eine Karte. Gefragt, was geschehen werde, wenn der Angriff mißglücken würde, antwortete er: „Dann muß Deutschland eben zugrunde gehen!"
Am 21. März 1918 begann die „Große Schlacht in Frankreich". Bei Amiens gelang es, die feindlichen Truppen um 60 km zurückzudrücken, aber die alliierten Armeen waren nicht getrennt, die Front war nicht durchbrochen. Der Angriff lief sich schließlich fest. Trotzdem setzte Ludendorff neue Angriffe an anderen Frontstellen an. Zwar wurde überall etwas Gelände gewonnen, doch den Ausschlag gab, daß die Alliierten ihre Verluste an Menschen und Material ersetzen konnten, die Deutschen aber nicht. In immer größerer Anzahl kamen amerikanische Truppen an die Front. Am 18. Juli führte dann der alliierte Oberkommandierende, General Ferdinand Foch, seinen Gegenschlag. Dem war die verbrauchte und erheblich zusammengeschmolzene deutsche Armee nicht mehr gewachsen. Wie es um die deutsche Truppe stand, erfuhren Feind und

OHL bei dem überraschenden Tankangriff am 8. August, der tief hinter die deutschen Linien vorgetragen werden konnte. Zum erstenmal verweigerten dabei ganze Verbände den Gehorsam, ließen sich Soldaten in Scharen gefangennehmen. Nach diesem „Schwarzen Tag" mehrten sich die Abnutzungs-, ja Auflösungserscheinungen. Jederzeit konnte jetzt die Front aufreißen und ein geordneter Rückzug vereitelt werden.

Der Entschluß der OHL zum Waffenstillstand. Ludendorff brachte es zunächst nicht über sich, öffentlich einzugestehen, daß das Heer geschlagen war. Erst Ende September zwangen ihn neue militärische Katastrophen dazu. Die Bundesgenossen, Österreich-Ungarn, Bulgarien und die Türkei, schon längst überlastet, hatten ausgehalten, weil sie auf einen Sieg an der Westfront hofften. Als sich dort die Niederlage abzeichnete, brachen sie nacheinander zusammen. Am 15. September griff die alliierte Saloniki-Armee an und überrannte die von den Bulgaren in Mazedonien gehaltene Front. Bulgarien bat am 28. um Waffenstillstand. Österreich-Ungarn hatte schon am 14. September gegen den Willen Deutschlands eine Friedensnote an die Alliierten gesandt. Nachdem nun die Südostflanke aufgerissen war, konnte es nicht mehr lange dauern, bis Wien um Waffenstillstand bitten würde. Um die Türkei stand es nicht besser. Die Palästinafront war zerschlagen, die Engländer stießen schnell von Syrien aus nach Norden vor, und auf dem Balkan fehlte nun der bulgarische Sperriegel für den Schutz Konstantinopels.

Die Lage an der Westfront war eindeutig. Der erheblichen Gefechtsverluste wegen (August/September 464.000, darunter 229.000 Vermißte!) waren selbst die Feldbefestigungen aus dem Jahre 1917 nicht mehr lange zu halten. Hindenburg und Ludendorff forderten angesichts dieser Lage am 29. September die Reichsleitung auf, unverzüglich einen Waffenstillstand auf der Grundlage der Vierzehn Punkte Wilsons anzubieten.

2. *Die Wirkung der Niederlage in Deutschland*

Waffenstillstandsangebot und innere Reformen. Mit dem Feinde zu verhandeln sollte auch nach Meinung der OHL Aufgabe einer neuen Regierung sein, an deren Spitze ein für Wilson vertrauenswürdiger Verhandlungspartner zu stellen war. Diesen glaubten Regierungsmitglieder und Parteien in dem Prinzen Max von Baden gefunden zu haben, der als liberal galt, aber in der breiten Öffentlichkeit so gut wie unbekannt war. Er fand sich von allen Seiten — mehrmals täglich vor allem von der OHL — gedrängt, unverzüglich ein Ersuchen um Waffenstillstand herausgehen zu lassen. Am 3. Oktober trat der Prinz sein Amt an und unterschrieb widerwillig die Note an Wilson.

Prinz Max mußte auch die Parlamentarisierung des Reiches verkünden. Nicht zuletzt mit Rücksicht auf Wilson empfahl es sich, diese Umwandlung schnell zu vollziehen. Damit war auch die OHL einverstanden. Prinz Max hatte in seine Regierung, die zur Hälfte weiter aus Reichsbeamten bestand, Vertreter von SPD, Zentrum und Fortschrittlicher Volkspartei, den Parteien der Reichstagsmehrheit, aufzunehmen. Die markantesten von diesen waren Philipp Scheidemann (SPD), Matthias Erzberger

(Zentrum) und Conrad Haußmann (Fortschritt), die Staatssekretäre ohne Geschäftsbereich wurden. Dieses Kabinett, schon nach parlamentarischen Regeln aufgestellt, schloß innerhalb von vier Wochen die notwendigen Arbeiten und Formalitäten zu Verfassungsänderungen ab. Die wichtigste von ihnen war die Einführung der Verantwortlichkeit des Kanzlers gegenüber dem Reichstag. Am 28. Oktober wurde das Deutsche Reich wenigstens formal durch Allerhöchsten Erlaß eine parlamentarische Demokratie. Fast unbemerkt inmitten all der großen Ereignisse ging auch die Umwandlung des preußischen Wahlrechts vonstatten: Am 24. Oktober stimmte der Preußische Landtag endlich der Regierungsvorlage von 1917 zu.

Waffenstillstand oder Verzweiflungskampf? Das erregendste Ereignis dieser Herbsttage war das deutsche Waffenstillstandsangebot. Aus ihm entspann sich zwischen der deutschen Regierung und dem amerikanischen Präsidenten ein ausgedehnter Notenwechsel, der sich bis Anfang November hinzog. Aus den drei Noten, die Wilson im Oktober absandte, ging hervor, daß den Alliierten vor allem daran lag, ihren Sieg durch deutsche Vorleistungen, wie Räumung der besetzten Gebiete und Einstellung des U-Boot-Krieges, zu sichern. Das deutsche Heer sollte durch den Waffenstillstand keine Atempause zu weiterem Widerstand erhalten, vielmehr als Kampfinstrument ausgeschaltet werden, was tatsächlich einer Kapitulation gleichkam. Dagegen bäumten sich Hindenburg und Ludendorff jetzt auf, weil sie die Lage an der Westfront wieder günstiger beurteilten; auch führende Politiker erwogen, Wilsons Forderungen mit der Entfesselung des Verzweiflungskampfes zu beantworten. Die OHL erließ am 24. Oktober einen Aufruf in diesem Sinne an das Heer. Sie tat dies in gewohnter Weise, also ohne die politische Führung zu unterrichten. Kanzler und Kabinett waren empört darüber, daß Ludendorff, der durch seine „Panikmache" die bedrohliche Situation heraufbeschworen hatte, jetzt wieder umschwenkte. Der Kanzler schrieb darum am 25. 10. an den Kaiser:

Ich habe dieses Amt übernommen, um dem deutschen Volk den Frieden, der nach dem Waffenstillstandsgesuch irgendwie kommen mußte, in einer erträglichen Form zu erwirken und um Euer Majestät die Krone zu erhalten, die durch jenen Schritt ins Wanken gekommen ist. Nach der letzten Note Wilsons ist beides nur möglich, wenn das Reich eine einheitliche parlamentarische Leitung erhält und wenn ein Personenwechsel in der Obersten Heeresleitung das Ende der Doppelregierung verbürgt... (Matthias, E. und Morsey, R. [hrsg.]: Die Regierung des Prinzen Max von Baden. Düsseldorf 1962, S. 359)

Diesmal siegte die politische Führung über die militärische, weil Ludendorff der Niederlage wegen an Autorität eingebüßt hatte. Die Verhandlungen mit Wilson gingen weiter. Ludendorff erhielt am 26. Oktober seinen Abschied, Hindenburg blieb. Erster Generalquartiermeister wurde General Wilhelm Groener.

Bei all den Auseinandersetzungen über Weiterverhandeln oder Weiterkämpfen war zweierlei ungewiß: Konnte das Heer und wollte die Heimat noch weiterkämpfen? Die Front hielt zur Überraschung der Generalität noch, aber das mochte sich schnell ändern, sofern die Alliierten wieder zu größeren Offensiven übergingen.

Die Stimmung 1918 in der Heimat und an der Front. Wie es um die Heimat stand, war schon im Januar 1918 nach dem Streik der Munitionsarbeiter in Berlin, im Ruhrgebiet, in Sachsen und in Hamburg sowie Kiel kaum noch zweifelhaft. Zum erstenmal hatten die Arbeiter auch politische Forderungen erhoben: Herbeiführung des Verstän-

Ernährungslage im Frühjahr 1918

Kartenversorgung für einen Normalverbraucher in einer Großstadt je Woche

Brot	1500 g	Graupen	125 g
Mehl	200 g	Kaffee	15 g
Butter		(oder 10 g Tee oder 10 g Schokolade)	
(ersatzweise anderes Fett)	62,5 g	Marmelade	500 g
Fleisch	250 g	Zucker	325 g
Käse	100 g	Kaffee-Ersatz	125 g
Ei	1/2 Stück	Kartoffeln	3000 g

(nach Nimtz, W.: Die Novemberrevolution 1918 in Deutschland. Berlin 1962, S. 142)

digungsfriedens und Reformen im Innern. Die Vorgänge in Rußland haben dabei sicherlich ermunternd gewirkt. Die Führung der SPD und der Gewerkschaft suchte die Bewegung einzudämmen, indem sie ihre Prominenz, darunter Ebert und Scheidemann, in die Streikkomitees schickte. Was der SPD nur unvollkommen gelang, besorgte schließlich die militärische Gewalt. Der Streik brach zusammen, als die OHL den verschärften Belagerungszustand erklären, einige Fabriken unter militärischen Schutz stellen und viele Streikende zur Truppe einberufen ließ.

Mit den Siegesmeldungen von der Westfront regte sich zwar wieder der Optimismus, aber in den Sommermonaten, als keine Fortschritte mehr erzielt wurden, begann die Stimmung beträchtlich zu sinken. In einem Feldpostbrief vom September 1918 meinte ein Gefreiter — und wie er dachten viele:

Es wird allgemein gehofft, daß unsere Führung zu der Einsicht kommt, daß es so nicht weitergehen kann. Gewinnen läßt sich der Krieg für uns nicht mehr, der Sieg ist unser, wenn wir bei Friedensschluß noch die Länder haben, die wir Juli 1914 besessen haben ... (Aus einer Sammlung von Frontbriefen in: Das Werk des Untersuchungsausschusses der Deutschen Verfassunggebenden Nationalversammlung und des Deutschen Reichstages, 4. Reihe, Bd. V. Berlin 1928, S. 262 ff)

Und am 17. September 1918 vermerkt ein Münchner in seinem Tagebuch:

Alles ist seelisch erschüttert. Erschüttert ist 1. der Arbeiter, 2. die Bauern, 3. (eigentlich hätte ich sagen sollen 1.) das Militär, 4. die Frauen, 5. alle Angestellten, 6. alle Beamten, 7. die Presse. Die Demobilisierung hat bei den Gemütern begonnen. Das ist schlimm, sehr schlimm. Die Stimmung ist früher da als die Ereignisse. Keine Hemmungen, keine Dämme, die Stimmung im Land ist furchtbar. Wer glaubt denn noch an einen guten Ausgang? ... (Hofmiller, J.: Revolutionstagebuch 1918/19. Aus den Tagen der Münchener Revolution. Leipzig 1939, S. 21)

Trotz der steigenden Mutlosigkeit kam die Nachricht über das deutsche Waffenstillstandsangebot für die Öffentlichkeit überraschend und wirkte wie ein Schock. Jetzt hatte auch die Regierung die Niederlage praktisch eingestanden, und niemand konnte sich füglich noch Illusionen machen: Der Krieg war verloren, alle Opfer umsonst, jedes Weiterkämpfen sinnlos. Von diesem 4. Oktober an breitete sich immer weiter und immer schneller im Volke der Wunsch aus: „Friede um jeden Preis! Friede so schnell wie möglich!" Das Bewußtsein der militärischen Niederlage erschütterte die Deutschen tief, wogegen die Meldungen über Verfassungsänderungen und Wahlrechtsreformen weniger Beachtung fanden. Verzweifelt und resigniert erfuhr das deutsche Volk den Inhalt der dritten Note Wilsons vom 23. Oktober, in der es u. a. hieß:

Es liegt auf der Hand, daß das deutsche Volk kein Mittel besitzt, die Unterwerfung der Militärbehörden des Reiches unter den Volkswillen zu erzwingen; daß die Macht des Königs von Preußen, die Politik des Reiches zu bestimmen und zu lenken, unvermindert ist, daß die entscheidende Initiative noch immer bei denen liegt, die bisher die Beherrscher Deutschlands waren ... (Zit. bei Prinz Max von Baden: Erinnerungen und Dokumente. Neu hrsg. von Mann, G. und Burckhardt, A. Stuttgart 1968, S. 464)

Mit diesen Andeutungen löste Wilson eine Bewegung in Deutschland aus, die sich bald auf die Abdankung des Kaisers richtete. Immer unverhohlener sprach die Presse von dem Opfer, das Wilhelm und der Kronprinz für ihr Volk bringen müßten. Sehr bald wurde der Kaiser als ein Haupthindernis für den Frieden angesehen, schien sich doch der Abschluß des Waffenstillstandes nur hinauszuzögern, weil Wilhelm II. seinem Thron nicht entsagte.

Der Abgang des Monarchen brauchte nicht das Ende der Monarchie zu sein. Die Mehrheitssozialdemokraten bekundeten durch ihre Beteiligung an der Regierung, daß sie das Kaiserreich nicht ablehnten. Die Unabhängigen Sozialisten, so lautstark sie zu Massenaktionen für den Frieden aufriefen, waren sich nicht einig darüber, ob die bestehende Staatsform zerschlagen werden sollte oder nicht. Ihre Führer glaubten, die Stärke des monarchischen Gefühls im Volke nicht unterschätzen zu dürfen. Die einzigen, die an die Beseitigung der Monarchie dachten, waren der Spartakusbund und die „Revolutionären Obleute“, eine kleine radikale Arbeitergruppe mit einem festen Kern in den Reihen der Berliner Metallarbeiter. Doch klafften Gedanken und Tat in diesen Gruppen noch weit auseinander. Der Spartakusbund war dabei, eine Organisation aufzubauen, aber, da seine Führer erst Ende Oktober aus der Haft entlassen wurden, sah er sich auf Agitation beschränkt. Auch die „Revolutionären Obleute“ kamen über das Stadium des Planens nicht hinaus. Wohl wünschte die radikale Linke, daß die Friedensbewegung im deutschen Volk in eine Revolution münde, und versuchte, dem durch Flugblätter und Mundpropaganda nachzuhelfen. Aber sie fand damit bei den Massen vor Herbst 1918 wenig Anklang. Ihr direkter Einfluß auf die Ereignisse blieb gering.

3. Der Zusammenbruch: Die entscheidenden zwölf Tage

29. Oktober 1918. Als die Debatte um die Abdankung des Kaisers ihren Höhepunkt erreichte, reiste Wilhelm II. am 29. Oktober, militärische Notwendigkeiten vorgebend, nach Spa ins Große Hauptquartier. Prinz Max, erst nach der Abfahrt verständigt, versuchte, ihn zur Rückkehr zu bewegen:

... wir können stündlich vor Entschlüsse gestellt werden, von denen das Schicksal Deutschlands abhängt und die nur im Zusammenwirken von Krone, Reichskanzler und Regierung gefaßt werden können. (Prinz Max von Baden: Erinnerungen und Dokumente. Neu hrsg. von Mann, G. und Burckhardt, A. Stuttgart 1968, S. 505)

Doch vergeblich; denn gerade um Entschlüssen auszuweichen, hatte der Kaiser Schutz und Rückhalt bei der OHL gesucht. Die Regierung ahnte auch nicht, was unterdessen die Seekriegsleitung geplant hatte. Bereits am 8. Oktober hatte Konteradmiral von Trotha dem Chef der Seekriegsleitung, Admiral Scheer, das Auslaufen der Hochseeflotte vorgeschlagen:

Der Flotte steht ein solcher Schlußkampf als höchstes Ziel vor Augen, um nicht diesen Krieg beschließen zu müssen, ohne daß die in ihr steckende nationale Kraft voll zur schlagenden Wirkung gekommen ist.
... Aus einem ehrenvollen Kampf der Flotte, auch wenn er ein Todeskampf wird in diesem Kriege, wird — wenn unser Volk nicht überhaupt national versagt — eine neue deutsche Zukunfts-Flotte hervorwachsen; einer durch schmachvollen Frieden gefesselten Flotte ist die Zukunft gebrochen. (Zit. nach Deist, W.: Die Politik der Seekriegsleitung und die Rebellion der Flotte Ende Oktober 1918. In: Vierteljahrshefte für Zeitgeschichte, 14. Jg., 1966, S. 352.)

Scheer war einverstanden, ließ die Flotte bei Schillig Reede, vor Wilhelmshaven, zusammenziehen und befahl schließlich für den 30. Oktober: „Hochseestreitkräfte sollen zu Angriff und Schlagen gegen englische Flotte angesetzt werden." Für die Mannschaften hatten in den Tagen vorher Gerüchte von der „Todesfahrt" die Ablehnung der Reichsregierung und ihrer Friedensbemühungen durch die Offiziere bestätigt. Die Matrosen und Heizer mußten befürchten, unmittelbar vor Kriegsschluß sinnlos geopfert zu werden; und diese Furcht lockerte die Bande der Disziplin. Auf verschiedenen Schiffen wurde am Abend des 29. die Arbeit niedergelegt und die Offiziere wütend beschimpft. Der Chef der Hochseestreitkräfte, Admiral Hipper, befahl darum in der Nacht: „Das geplante Gefechtsbild fällt aus!" Statt dessen wurde eine Übung in der Deutschen Bucht angesetzt.
30. Oktober 1918. Aber selbst diese Übung konnte nicht durchgeführt werden, weil die Mannschaften — weiter mißtrauisch — zur offenen Befehlsverweigerung übergingen: Heizer bedienten die Feuer nicht genügend, das elektrische Licht wurde gelöscht, Teile der Besatzungen verschanzten sich bewaffnet auf dem Vordeck. — Weder das Große Hauptquartier, das gerade unter dem Eindruck neuer alliierter Großangriffe stand, noch die Reichsregierung erfuhren von den Vorgängen.
Indessen galt die Besorgnis der Regierung der steigenden Unruhe in der öffentlichen Meinung über das undurchsichtige Verhalten des Kaisers. Der Kanzler, seit einer Woche wegen Grippe bettlägrig, rang sich jetzt zu der Ansicht durch, der Kaiser müsse zum Thronverzicht bestimmt werden. Er scheute sich aber, diese Aufgabe selber zu übernehmen.
31. Oktober 1918. Am 31. Oktober teilte Prinz Max dem Kabinett mit, er werde den Kaiser „über die Lage aufklären" lassen. Scheidemann war ganz damit einverstanden:

Die Welt sucht einen Sündenbock für das Unheil ... Er [der Kaiser] muß die Folgerung der Niederlage ziehen und freiwillig zurücktreten. (Prinz Max von Baden: Erinnerungen und Dokumente. Neu hrsg. von Mann, G. und Burckhardt, A. Stuttgart 1968, S. 509)

Andere Kabinettsmitglieder, besonders Erzberger, wandten sich heftig dagegen, den Kaiser zum Thronverzicht zu veranlassen. Prinz Max bat schließlich den preußischen Innenminister, Bill Drews, die Aufklärung des Kaisers zu übernehmen. Die Flottenleitung schickte an diesem Tage ein U-Boot und ein Torpedoboot gegen eines der Schlachtschiffe und zwang so die Meuterer, ihren Widerstand aufzugeben. Ungefähr 1000 Mann wurden verhaftet, und das III. Geschwader fuhr nach Kiel. Die Meuterer befanden sich auf den Schiffen in Gewahrsam und wurden nach dem Einlaufen in das Militärgefängnis gebracht. Ihre Kameraden nahmen nach den Erfahrungen von 1917 an, die Kriegsgerichte würden über die Verhafteten die Todesstrafe verhängen.

1. November 1918. Am nächsten Tag trafen sich im Kieler Gewerkschaftshaus einige Marineangehörige und schickten zu den einzelnen Kommandanten Abordnungen, die von ihnen verlangten, die Dienstverweigerer freizulassen. Die Delegierten wurden von den Offizieren abgewiesen. Darüber noch mehr empört, beschlossen die Matrosen, nicht abzulassen und sich wieder zu versammeln, um über neue Schritte zu beraten.

An diesem 1. November führte Minister Drews in Spa vor dem Kaiser seinen Auftrag aus. Sehr bestimmt erklärte darauf Wilhelm II.:

Nun, ich will Ihnen gleich erklären: ich danke nicht ab. Es würde dies mit den Pflichten, die ich als preußischer König und Nachfolger Friedrichs des Großen vor Gott, dem Volke und meinem Gewissen habe, unvereinbar sein. (Matthias, E. und Morsey, R. [hrsg.]: Die Regierung des Prinzen Max von Baden. Düsseldorf 1962, S. 461)

Hindenburg und Groener unterstützten ihren Obersten Kriegsherrn nachdrücklich. Drews konnte in Berlin über seine fehlgeschlagene Mission dem Kanzler nicht berichten, denn Prinz Max hatte einen Gripperückfall erlitten und war vom Abend des Tages an für 36 Stunden bewußtlos.

2. November 1918. Der Reichskanzler erfuhr daher zunächst auch nicht, daß Österreich-Ungarn am 3. 11. seinen Waffenstillstand abschließen werde. Das gab den Alliierten die Möglichkeit, in kürzester Frist von Süden oder Südosten ins Reich einzufallen. Plötzlich rückte den Deutschen, besonders den Süddeutschen, der Krieg ganz nahe, während sich gleichzeitig die Auffassung festsetzte, daß der Waffenstillstand für das eigene Land an der Einsichtslosigkeit des Kaisers zu scheitern drohte. Was mochte geschehen, wenn der amerikanische Präsident — unbefriedigt, weil der Thronverzicht ausblieb — die Unterhandlungen abbräche? Die Furcht, daß der Krieg noch ins eigene Land getragen werden würde, und das Warten auf das Wort des Kaisers steigerten die Erregung in der Bevölkerung. In Berlin traf sich am 2. der Vollzugsausschuß der Revolutionären Obleute, auch Hugo Haase, Vorsitzender der USPD, und Liebknecht waren anwesend. Man verhandelte über die Termine für eine revolutionäre Aktion. Der zunächst verabredete 4. November wurde mit 21 gegen 19 Stimmen wegen der geringen Bereitschaft der Arbeiter zum Losschlagen verworfen. Nur Liebknecht drängte zum Handeln. Schließlich einigten sich die Obleute auf den 11. November. Von den Vorkommnissen bei der Marine war freilich keinem von ihnen etwas bekannt. Erhielt doch erst jetzt die Regierung Kenntnis von den Meutereien! Sie erließ einen Aufruf, Disziplin zu halten, ohne Amnestie zu versprechen.

3. November 1918. Aber bevor der Aufruf veröffentlicht wurde, kam es in Kiel erneut zu Zwischenfällen. Etwa 3 000 Matrosen hatten auf einem Exerzierplatz eine Sympathiekundgebung für die Gefangenen abgehalten. Sie zogen dann unter lebhaftem Zulauf ins Innere der Stadt. Eine Militärpatrouille eröffnete das Feuer. Von den Demonstranten blieben neun tot und 29 verletzt liegen. Die Matrosen wichen noch einmal zurück, nunmehr auf das äußerste gereizt, denn jetzt war Blut geflossen. Obwohl die Vorgesetzten nach langem Zögern scharf vorgegangen waren, ließen sich insgesamt Unschlüssigkeit und Mangel an Selbstvertrauen erkennen, was die Matrosen zu offenem Aufruhr ermutigte. Das Generalkommando und der Gouverneur versäumten es jetzt, sich auf weitere Zusammenstöße vorzubereiten.

4. November 1918. Am Morgen des 4. November flammte in einzelnen Kasernen offener Aufstand auf: Matrosen beschafften sich Waffen, setzten Offiziere gefangen und zogen von einer Einheit zur anderen. Überall schlossen sich die Mannschaften ihnen an. Schnell wurden *Soldatenräte* gewählt, welche die Ziele der Aufrührer verkündeten. Sie enthielten alte Beschwerden, wie die nach gerechter Behandlung durch Vorgesetzte, neben neuen Losungen, wie Freilassung sämtlicher Inhaftierten und politischen Gefangenen. Redner an Straßenecken und auf Plätzen erhielten den größten Beifall, wenn sie die Abdankung des Kaisers und einen sofort abzuschließenden Waffenstillstand forderten. Mit dem geringen Widerstand wurden die Aufständischen schnell fertig. Schon am Mittag waren sie Herren der Lage. Der Gouverneur von Kiel mußte alle Forderungen bewilligen; gegen Abend standen die 40 000 Soldaten und Matrosen Kiels hinter dem Soldatenrat. Die Arbeiter hatten sich der Bewegung angeschlossen und ihrerseits *Arbeiterräte* gebildet. Für den nächsten Tag riefen sie den Generalstreik aus.

5. November 1918. Während der Aufruhr in Kiel die militärischen Kommandobehörden dort ausschaltete, reiste General Groener nach Berlin. Prinz Max hatte ihn eingeladen, um ihn in der Kaiserfrage umzustimmen und durch ihn und Hindenburg eine Sinnesänderung des Kaisers herbeizuführen. Groener stand aber nach wie vor zum Kaiser. Das sagte er am 5. den Kabinettsmitgliedern. Mit seinem Standpunkt vermochte er jedoch die Staatssekretäre nicht mehr zu überzeugen. Denn gerade in diesem Augenblick erfuhren die Versammelten, auch Groener, zum erstenmal von der Lage in Kiel. Nach einigem Schwanken zwischen Nachgiebigkeit und scharfem Vorgehen entschied man sich, den Herd des Aufruhrs militärisch abzuriegeln und den Aufstand dadurch zu lokalisieren.

Aber ein solches Vorgehen war schon undurchführbar geworden. Das bewiesen die Ereignisse des Tages: Acht Kriegsschiffe unter roten Fahnen fuhren von Kiel nach Lübeck, und am Abend hatte dort gleich ein Soldatenrat die Macht in der Hand. Auch in Hamburg trafen abends etwa zwanzig Matrosen ein, wo sie Werftarbeiter und Soldaten schon vorbereitet fanden, denn diese hatten längst gehört, was sich in Kiel zugetragen hatte. Gegenüber ihrem entschlossenen Vorgehen erwies sich auch hier der militärische Apparat als ohnmächtig.

6. November 1918. Am 6. regierte in Hamburg ein Arbeiter- und Soldatenrat, gleichzeitig brachten die Aufständischen dazu Bremen und Wilhelmshaven in ihre Gewalt.

Jetzt bewilligte die Reichsregierung die Forderungen nach Amnestie und Straffreiheit, aber die erhoffte Beruhigung stellte sich nicht mehr ein. Die Militärrevolte war in eine revolutionäre Bewegung umgeschlagen; unter der Losung „Fort mit dem Kaiser!" fanden sich die Matrosen und die kriegsmüden Massen zusammen.

War die Revolution überhaupt noch aufzuhalten? Die Mehrheitssozialdemokraten und die Gewerkschaften glaubten es, vorausgesetzt, der Kaiser dankte sofort ab. Um auch die OHL davon zu überzeugen, trafen sich ihre Führer mit General Groener in Berlin.

[Ebert] erklärte, noch sei nichts entschieden. Was die Frage der Monarchie anbeträfe, so seien er und Scheidemann im Gegensatz zu den übrigen Herren zwar überzeugte Republikaner, aber die Frage: Monarchie oder Republik habe vorläufig für sie nur eine theoretische Bedeutung. In

der Praxis würden auch sie sich mit der Monarchie mit parlamentarischem System abfinden. Er rate daher dem General Groener dringend, die letzte Gelegenheit zur Rettung der Monarchie zu ergreifen und die schleunige Beauftragung eines der kaiserlichen Prinzen mit der Regentschaft zu veranlassen ...
Hierauf erwiderte General Groener kurz und sehr bestimmt, fast scharf, der Vorschlag sei für ihn indiskutabel ...
Sofort nach dieser Erklärung erhob sich Ebert mit den Worten: „Unter diesen Umständen erübrigt sich jede weitere Erörterung, jetzt müssen die Dinge ihren Lauf nehmen." (Matthias, E. und Morsey, R. [hrsg.]: Die Regierung des Prinzen Max von Baden. Düsseldorf 1962, S. 561)

Groener, erheblich mehr beeindruckt, als er es zeigte, kehrte nach Spa in schwerer Sorge zurück. Er wußte, daß die Staatsordnung zerbrechen werde, wenn die SPD — zwischen Regierung und Revolution stehend — sich für die Revolution entscheiden müßte.

Am Nachmittag erfuhr man in Deutschland, daß Wilson geantwortet habe und die Waffenstillstandsverhandlungen alsbald beginnen würden. Die deutsche Delegation unter Leitung von Staatssekretär Erzberger war bereits nach Spa unterwegs. Aber auch durch diese Nachricht wurde die revolutionäre Bewegung nicht eingedämmt.

7. November 1918. In der Nacht zum 7. griff sie auf Hannover und andere Städte Nord- und Westdeutschlands über. Unabhängig davon erlebte am 7. auch München seinen Umsturz. Der USPD-Politiker Kurt Eisner rief — unbehelligt — die bayerische Republik aus. In der Nacht zum 8. gingen bereits Köln und Braunschweig für die Regierung verloren.

Prinz Max, im Begriff nach Spa zu fahren, erhielt eine weitere Alarmmeldung. Die SPD stellte ein Ultimatum: Wenn bis zum 8. mittags der Kaiser nicht abgedankt habe, müßte sie aus der Regierung ausscheiden. Die Parteiführung fürchtete, daß die Revolution über die SPD hinweggehen werde. Sie begann nun die Initiative in die Hand zu nehmen, eine Kontrolle der in Bewegung geratenen Kräfte anzustreben und auf den Kaiser jenen Druck auszuüben, zu welchem der Kanzler sich anscheinend nicht entschließen konnte. Sie wollte versuchen, die Monarchie zu retten, doch — wichtiger — zugleich ihren Einfluß auf die Massen wiederzugewinnen. Prinz Max fuhr daraufhin nicht ins Hauptquartier, sondern reichte seine Entlassung ein, die ihm der Kaiser jedoch nicht gewährte.

8. November 1918. Am 8. spitzte sich die Lage weiter zu: Arbeiter- und Soldatenräte in Düsseldorf, Magdeburg, Leipzig, Frankfurt a. M.! Thronverzicht des Königs von Bayern, des Herzogs von Braunschweig und des Großherzogs von Mecklenburg-Schwerin! Die deutsche Waffenstillstandskommission traf im Walde zu Compiègne zum erstenmal mit dem alliierten Generallissimus Foch zusammen. Er erklärte ihr, daß Deutschland die Bedingungen bis zum 11. annehmen oder ablehnen könne. In Spa entwickelte Wilhelm II. gegenüber Hindenburg und Groener seinen Plan, mit dem Feldheer gegen die Aufständischen im Reich vorzugehen. Groener und Hindenburg wußten, daß der Kaiser Unmögliches verlangte, aber sie teilten es ihm noch nicht mit.

Am Abend rief der Reichskanzler an und forderte zum erstenmal Wilhelm II. persönlich zur Abdankung auf. Der Kaiser wies diesen Vorschlag entrüstet zurück und erklärte, er werde an der Spitze seines Heeres die Ordnung in der Heimat wiederherstellen. Prinz Max schrieb später über die Stimmung in der Reichskanzlei an diesem Abend:

Schließlich legte sich das drückende Gefühl der Ohnmacht über uns: wir können jetzt nur dem Unheil freien Lauf lassen. (Prinz Max von Baden: Erinnerungen und Dokumente. Neu hrsg. von Mann, G. und Burckhardt, A. Stuttgart 1968, S. 594)

Dabei wußte er, was Berlin am nächsten Tage bevorstand. Die SPD hatte ihr Ultimatum noch einmal verlängert. Wenn am 9. die Abdankung in den Morgenblättern stehe, könne überall weitergearbeitet werden, wenn nicht, dann sollten nach der Frühstückspause die Demonstrationszüge zum Regierungsviertel marschieren. Der SPD-Vorstand wollte dann die Regierung auffordern, die Macht in seine Hand zu legen. Länger konnte die SPD nicht warten, denn man wußte, daß die Revolutionären Obleute ihren Aufstandstermin vorverlegt hatten und die Arbeiter am 9. auf jeden Fall auf die Straße bringen würden. — In Erwartung der Unruhen ließ das Oberkommando in Berlin abends die Innenstadt durch Truppen sperren.

9. November 1918. Bei der Lagebesprechung in Spa am nächsten Morgen redeten Hindenburg und Groener dem Kaiser den Gedanken des Rückmarsches in die Heimat aus, wobei sie sich auf das Urteil von 39 Generälen und Regimentskommandeuren stützen konnten. — Als sich in der Reichshauptstadt vor den Fabriken die Demonstrationszüge formierten, kam über die direkte Telefonleitung aus der Reichskanzlei die zweite, dringendere Aufforderung zur Abdankung. Aus Spa wurde jedoch ausweichend geantwortet, allerdings so, daß man in Berlin den Eindruck haben durfte, die Abdankung stehe bevor. Inzwischen hatten dort die Demonstranten den Sperrgürtel erreicht. Die Truppen, auch die als besonders zuverlässig geltenden, weigerten sich, gegen die Zivilbevölkerung vorzugehen, und traten sogar auf deren Seite über.

Gegen Mittag begann der Kaiser zu resignieren. Jetzt schlug ein General vor, Wilhelm II. solle nur als Deutscher Kaiser abdanken, dabei aber König von Preußen bleiben. Begierig nahm der Kaiser diesen Gedanken auf und befahl, einen entsprechenden Text zu entwerfen. Da ging Groener aus seiner bisher geübten Reserve heraus:

Das Heer wird unter seinen Führern und Kommandierenden Generalen in Ruhe und Ordnung in die Heimat zurückmarschieren, aber nicht unter dem Befehl Eurer Majestät, denn es steht nicht mehr hinter Eurer Majestät. (Groener, W.: Lebenserinnerungen. Göttingen 1957, S. 460)

Aber Wilhelm blieb bei seinem Entschluß.

Prinz Max und seine Umgebung hatten keine klare Vorstellung, was sich im Hauptquartier abspielte. Der Kanzler mußte aber befürchten, daß die siegreichen Demonstranten ihrerseits die Absetzung des Kaisers ausrufen würden. Sich über alle Bedenken hinwegsetzend, übergab er um 12.30 Uhr dem Wolffschen Nachrichtenbüro den Text einer in der Reichskanzlei entworfenen *Abdankungserklärung.* Eine Stunde später wurden auf den Straßen Berlins die ersten Extrablätter verteilt:

Der Kaiser und König hat sich entschlossen, dem Thron zu entsagen ... (Prinz Max von Baden: Erinnerungen und Dokumente. Neu hrsg. von Mann, G. und Burckhardt, A. Stuttgart 1968, S. 599)

Zu dieser Zeit befand sich eine SPD-Delegation beim Kanzler. Um die Staatsführung vor dem revolutionären Zugriff zu bewahren, übertrug Prinz Max unter Berufung auf die bisherige Zusammenarbeit dem sozialdemokratischen Parteiführer *Friedrich Ebert das Amt des Reichskanzlers.* Zu diesem Vorgehen war er weder vom Kaiser beauftragt noch nach der Verfassung befugt. Beim Abschied wandte er sich noch einmal zurück und sagte:

„Herr Ebert, ich lege Ihnen das Deutsche Reich ans Herz!" Er antwortete: „Ich habe zwei Söhne für dieses Reich verloren." (Prinz Max von Baden, a.a.O., S. 608)

Ebert hatte durchaus die Absicht, kaiserlicher Reichskanzler zu sein. Aber war die aufgebrachte Menge noch mit der Monarchie zu versöhnen? Während die SPD-Führer mit der USPD im Reichstagsgebäude über eine gemeinsame Regierung verhandelten, verbreitete sich das Gerücht, Liebknecht wolle die Sowjetrepublik ausrufen. Scheidemann, von der Menge vor dem Reichstag zum Sprechen aufgefordert, hielt um 2 Uhr mittags von einem Balkon eine Ansprache und beendete sie — halb um Liebknecht zuvorzukommen, halb von der Erregung der Stunde mitgerissen — mit dem Ruf:

Das deutsche Volk hat auf der ganzen Linie gesiegt. Das alte Morsche ist zusammengebrochen; der Militarismus ist erledigt! Die Hohenzollern haben abgedankt! Es lebe die deutsche Republik! (Zit. nach Jessen-Klingenberg, M.: Die Ausrufung der Republik durch Philipp Scheidemann am 9. November 1918. In: Geschichte in Wissenschaft und Unterricht. Jahrg. 6, Heft 11, 1968. S. 653)

Er erntete mit dieser *Ausrufung der Republik* brausenden Beifall. Als er aber ins Zimmer zurücktrat, überschüttete ihn Ebert mit Vorwürfen, mußte sich dennoch den vollzogenen Tatsachen fügen. Wenige Stunden später rief Liebknecht vom Balkon des Berliner Stadtschlosses die „freie, sozialistische Republik Deutschland" aus. Um die Zeit, da Scheidemann Deutschland zur Republik erklärte, erfuhr man im Hauptquartier von der Tat des Reichskanzlers. Der Kaiser wetterte gegen den „Verrat" des Prinzen. Seine Hoffnungen brachen zusammen. Unschlüssig und verzagt hörte er sich die Ratschläge seiner Umgebung an. Der Kaiser folgte schließlich dem Vorschlag Hindenburgs, in den Niederlanden um politisches Asyl nachzusuchen. Am nächsten Morgen um 5 Uhr früh setzte sich der kaiserliche Hofzug in Richtung auf die niederländische Grenze in Bewegung.

4. Der Abschluß des Waffenstillstandes

Die deutschen Unterhändler in Compiègne ahnten nicht, was unterdes in Deutschland vorging. Von den Alliierten konnten sie nur ungenaue Berichte über die Unruhen in Deutschland erhalten. Nachdem ein Kurier mit den Waffenstillstandsbedingungen durch die Linien geschickt worden war, mußten sie auf Anweisungen warten.

Die Bedingungen waren hart, denn Marschall Foch mußte den alliierten Sieg festhalten und mit militärischen Vorkehrungen absichern. Deshalb forderte er: Räumung aller besetzten Gebiete im Westen und Elsaß-Lothringens innerhalb von 15 Tagen; Besetzung des linksrheinischen Gebietes durch alliierte Truppen binnen 25 Tagen; dazu drei alliierte Brückenköpfe bei Köln, Mainz und Koblenz; Auslieferung eines großen Teils des Kriegsmaterials, der Unterseeboote und der Hochseeflotte; Beibehaltung

der Blockade; Rückführung der alliierten Kriegsgefangenen ohne Verpflichtung zur Gegenseitigkeit; Aufhebung der Friedensverträge von Brest-Litowsk und Bukarest; Räumung der besetzten Ostgebiete — jedoch erst nach Aufforderung.
Selbst unter dem Eindruck der Umwälzung im Deutschen Reich und auf die Warnungen Erzbergers vor Anarchie und bolschewistischer Gefahr hin verstanden sich die Alliierten nur zu geringfügigen Änderungen der Termine. Die Oberste Heeresleitung hatte der unhaltbaren militärischen Situation Rechnung getragen und der Delegation per Funkspruch geantwortet:

Gelingt Durchsetzung dieser Punkte [Milderung einzelner Klauseln] nicht, so wäre trotzdem abzuschließen. (Ursachen und Folgen, Bd. II, S. 480)

Am 11. erhielt Erzberger die Anweisung einer ihm noch nicht bekannten Regierung, das Dokument zu unterzeichnen. Als er wieder im Hauptquartier in Spa eintraf, gratulierten ihm Hindenburg und Groener zu den von ihm erzielten Milderungen der ursprünglichen Bedingungen. Der Feldmarschall meinte, Erzberger habe dem Vaterland ungemein wertvolle Dienste geleistet.
Um die Mittagszeit des 11. November schwiegen nach über vier Jahren an allen Fronten die Waffen. Erleichtert nahmen die Deutschen zur Kenntnis, daß der Krieg beendet war. Sie waren in ihrer Mehrzahl bereit, vieles hinzunehmen, nur um zu erleben, daß die Feindseligkeiten eingestellt wurden. Im Taumel der Revolutionswirren fehlte die Besinnung auf die Bedeutung der Ereignisse. Deutschland war eindeutig besiegt. Damit schienen sich im Augenblick die meisten Menschen abgefunden zu haben.

Gesamtverluste im Ersten Weltkrieg

	Gefallene	Verwundete	Gefangene
Deutschland	1 808 000	4 247 000	618 000
Frankreich	1 385 000	3 044 000	446 000
Großbritannien	947 000	2 122 000	192 000
Italien	460 000	947 000	530 000
Österreich-Ungarn	1 200 000	3 620 000	2 200 000
Rußland	1 700 000	4 950 000	2 500 000
Türkei	325 000	400 000	
USA	115 000	206 000	4 500

(nach Ploetz, K.: Auszug aus der Geschichte. Würzburg [26]1960, S. 1026)

Zweiter Teil
Die Nachkriegszeit (1919—1923)

III. 1919: Versailles und Weimar

1. Von der Revolution zur Nationalversammlung

a) Friedrich Ebert

Friedrich Ebert stand, als ihm Prinz Max von Baden das Reichskanzleramt übergab, im 48. Lebensjahr. Er war am 4. Februar 1871 in Heidelberg als viertes Kind eines Schneidermeisters zur Welt gekommen. Der junge Ebert wurde zu einem Sattler in die Lehre gegeben; aber noch vor ihrem Abschluß — als Siebzehnjähriger — ging er auf die Wanderschaft und schlug sich als Handwerker und Fabrikarbeiter durch. Geistige Beweglichkeit, die er in seinem Beruf nur unzureichend entfalten konnte, verband sich bei ihm mit einem ausgeprägten Selbstgefühl und einem unruhigen, leicht aufbrausenden Temperament. Die marxistische Lehre, mit der ihn ein Verwandter bekannt machte, gab ihm die Deutung für sein Schicksal, das Mißverhältnis zwischen Fähigkeit, Ansprüchen und der ihm zudiktierten sozialen Stellung. Überall, wo Ebert arbeitete, suchte er seine Arbeitskollegen gewerkschaftlich zu organisieren und ihnen die sozialdemokratische Politik nahezubringen, so daß er bei den Unternehmern bald als Unruhestifter galt und deshalb immer seltener Beschäftigung fand.
Politische Karriere. 1891 kam Ebert nach Bremen. Nach mehreren gescheiterten Versuchen, sich dort selbständig zu machen, gelang es ihm 1893 schließlich, einen Posten bei der Bremer Parteizeitung zu erhalten. Nach einem Polizeibericht galt er als „... der eifrigste sozialdemokratische Agitator hierselbst." Als er im nächsten Jahr durch die Pacht einer Gastwirtschaft eine ausreichende wirtschaftliche Grundlage bekam, gehörte er schon zum Vorstand der Bremer SPD. 1900 war eines der entscheidenden Jahre in Friedrich Eberts Leben: Er erhielt die Stellung eines Arbeiter-Sekretärs und wurde in die Bürgerschaft des Stadtstaates Bremen gewählt. So wandelte sich der rührige Parteiredner zum praktischen Sozialpolitiker und erfahrenen Kommunalpolitiker. Wie vielen anderen Gewerkschafts- und Parteifunktionären diente ihm das Amt des Arbeitersekretärs dazu, sich zum Fachmann für Wirtschafts- und Sozialfragen auszubilden. Als Abgeordneter übte er sich in der Taktik des parlamentarischen Kampfes.
Der Vorstand der Gesamtpartei, der eine tüchtige Kraft zur Entlastung von den immer mehr anwachsenden Organisations- und Büroarbeiten suchte, berief den erfolgreichen Lokalpolitiker im Jahr 1905 nach Berlin. Der neue Parteisekretär Ebert modernisierte und rationalisierte den Bürobetrieb, kümmerte sich um bisher unbeachtete Angelegenheiten wie z. B. den Entwurf eines Parteistatuts. Darüber hinaus bewährte er sich bei den Richtungskämpfen in der Partei und den Streitigkeiten zwischen Partei und Gewerkschaften als Vermittler.
1913, nach Bebels Tod, kam Ebert neben Hugo Haase auf den Posten des Vorsitzenden der Partei. Gegenüber Haase war und blieb Ebert überzeugter „Zentrist". Er fühlte sich als guter Marxist, interessierte sich aber weniger für die ideologischen Streitigkeiten als für die praktische

Tätigkeit, für Parteiorganisation, Sozialpolitik und Gewerkschaftsarbeit. Sein ganzes Bemühen richtete sich darauf, die ständig drohende Parteispaltung zu verhindern. Er versuchte, über den einzelnen Richtungen zu stehen, erlangte aber nie die Autorität des alten Bebel. Nach Ausbruch des Weltkrieges wurde er gezwungen, seine bisher gewahrte Neutralität gegenüber den auseinanderstrebenden Richtungen aufzugeben. Er wurde zum Führer eines Teils der Partei, und zwar des Teils, der den Schritt von der staatsfeindlichen zur staatstragenden Partei ausdrücklich und ohne Vorbehalte gemacht hatte. Ebert formulierte mit einem Satz das Kriegsprogramm der Mehrheit der Sozialdemokratischen Partei:

Entschlossen, unser Vaterland ... zu einem wohnlichen Hause für alle auszubauen, wehren wir jede Gefahr von außen mit allen Kräften ab. (Zit. nach Kotowski, G.: Friedrich Ebert. Eine politische Biographie, Bd. I. Wiesbaden 1963, S. 247)

Ebert in Parteispaltung und Revolution. Als Ebert wahrnahm, daß die scharfen Meinungsverschiedenheiten die Partei zu lähmen und zu desorganisieren drohten, zog er es vor, durch einen scharfen Schnitt — die Ausstoßung der Oppositionsgruppe aus der Partei — die Trennung zu beschleunigen. Noch war zu dieser Zeit Ebert außerhalb der Partei wenig bekannt. Im Reichstag trat er kaum hervor und überließ Scheidemann, dem glänzenden Redner, das Feld. Überhaupt hat der Parteivorsitzende von proletarischer Herkunft niemals ganz das Gefühl der Unsicherheit gegenüber intellektuellen Parteigrößen verloren.

Erst nach der Parteispaltung gelang es Ebert zunehmend, seinen Willen in der nun stärker gleichgerichteten Partei zur Geltung zu bringen. Seine Meinung gab auch den Ausschlag bei der Diskussion um den Eintritt der Partei in das Kabinett des Prinzen Max:

Falls nun alles zusammenbricht, außen und innen, wird man uns später nicht den Vorwurf machen, daß wir in einem Augenblick unsere Mitwirkung versagt hatten, in dem man uns dringend von allen Seiten gebeten hatte. (Scheidemann, P.: Der Zusammenbruch. Berlin 1921, S. 174)

Ebert glaubte, den Staat, das Deutsche Reich, über die Partei stellen zu müssen. Der Sozialdemokrat fühlte sich aufgerufen zum Schutz des Kaiserreiches. „Ich hasse die Revolution wie die Sünde", bekannte er dem Kanzler in den Novembertagen.

Die Revolution brachte dann Ebert an die Macht, die er nie erstrebt hatte. Nun wollte er diese Macht gegen die Revolution gebrauchen, deren Folgen, wie er fürchtete, ein Chaos in der Wirtschaft und damit Massenelend sein würden. Die Ernährungslage war bei Fortbestehen der Blockade ohnehin äußerst kritisch. Die SPD hatte zudem schon im Oktober 1918 alle ihre Ziele erreicht: die Demokratie und die volle Gleichberechtigung aller Volksklassen. Das weitere Wirken der Partei konnte sich der Vorsitzende nur im Rahmen einer liberal-demokratischen Verfassung vorstellen. Alles andere, das Weitertreiben der Revolution zur Umgestaltung der wirtschaftlichen und sozialen Ordnung, verabscheute Ebert als Bolschewismus. Deutschland konnte nach seiner Meinung vor dieser Gefahr nur gerettet werden, wenn die Begleiterscheinungen der Revolution, die Räte, wieder beseitigt und die revolutionäre sozialistische Linke besiegt waren.

b) Revolutionsbewegung und Revolutionsregierung

Die Revolution von 1918/1919 ist eines der in der gegenwärtigen Forschung umstrittensten Gebiete des Zeitraumes. Gegenüber der Annahme einer beinahe zwangsmäßigen Entwicklung zum Weiterwirken der alten Gewalten des Obrigkeitsstaates wird geltend gemacht, daß die Situation genügend offen gewesen sei, um Chancen für die Beseitigung des preußisch-deutschen Militär- und Beamtenstaates ohne Bolschewisierung zu bieten. Zum Beweis wurden viele Zeugnisse gesammelt für das Weiterbestehen einer Massenbewegung unter Führung der Räte, die bei den

Soldatenräten bis in das linksliberale Bürgertum reichte, mit den Zielen der Zerstörung des Militarismus, der Kontrolle und Ablösung der antidemokratischen und antirepublikanischen Beamtenschaft sowie der Sozialisierung der Schlüsselindustrien.

Die Leitung dieser *Arbeiter- und Soldatenräte* — im Augenblick des Umsturzes meist improvisierte Ausschüsse zur Lenkung der Massen — lag überwiegend in den Händen gemäßigter SPD- oder USPD-Funktionäre. Sie begannen, nachdem ihnen die Soldaten die Macht erobert hatten, in den Gemeinden, Provinzen und ehemaligen Bundesstaaten Ruhe und Ordnung aufrechtzuerhalten, die Versorgung zu sichern und mit der Demobilisierung der Streitkräfte zu beginnen.

Die Radikalen, also Spartakusanhänger und linke USPD-Leute, betrachteten die Räte als Instrumente im revolutionären Klassenkampf zur Errichtung der Diktatur des Proletariats. Sie bekamen jedoch nur in einigen isolierten Teilen Deutschlands (Bremen, Braunschweig, Mitteldeutschland, im Ruhrrevier) örtliche Räte in ihre Hand.

Bezeichnend für das Selbstverständnis der Rätebewegung in dieser ersten Phase der Revolution sind die Vorgänge auf dem *1. Reichskongreß der Arbeiter- und Soldatenräte* vom 16. bis 20. Dezember in Berlin. Mit Selbstverständlichkeit und bei den Mehrheitsverhältnissen auch nicht verwunderlich (Von 515 Delegierten etwa 300 SPD, etwa 100 USPD — darunter je 10 Spartakusleute und Internationale Kommunisten — die anderen bürgerlich oder parteilos) stimmte man mit 400:50 dafür, die Wahl zur Nationalversammlung am 19. Januar 1919 abzuhalten. Dieses Bekenntnis zur parlamentarischen Demokratie wurde begleitet von weiteren Beschlüssen: parlamentarische Überwachung der preußischen und Reichsexekutive und der höchsten Beamtenschaft, völliger Abbau der bisherigen Militärorganisation und statt dessen Kommandogewalt durch die politische Führung, Aufrechterhaltung der Disziplin durch die Soldatenräte, Wahl der Führer durch die Soldaten („Hamburger Punkte"), unverzüglicher Beginn der Sozialisierung aller hierzu reifen Industrien, insbesondere der des Bergbaus.

Die Realisierung aller dieser Forderungen hing von der Revolutionsregierung ab, dem *Rat der Volksbeauftragten*, denn der vom Rätekongreß gewählte Zentralrat aus 27 SPD-Mitgliedern folgte meist dem Kurse der SPD-Führung. Der Rat der Volksbeauftragten war am 10. November durch eine Koalition von SPD und USPD zustande gekommen und von einer Versammlung der Berliner Arbeiter- und Soldatenräte bestätigt worden. Die Zusammenarbeit entsprach den Wünschen der meisten Parteimitglieder nach Versöhnung aller sozialistischen Gruppen. Der Rat war paritätisch aus sechs Volksbeauftragten zusammengesetzt (Gemeinsamer Vorsitz: Ebert und Haase). Die USPD-Mitglieder in ihm sympathisierten zwar mit den Zielen der Räte, haben aber in entscheidenden Augenblicken die Linie der SPD-Mitglieder gehalten. Außerdem konnten sie sich im Gegensatz zu diesen nicht auf einen intakten und funktionierenden Partei- und Gewerkschaftsapparat stützen; zudem war der linke Flügel der USPD Gegner der Nationalversammlung und Anhänger der reinen Räteherrschaft.

Die Volksbeauftragten gedachten in den Wochen bis zum Zusammentreten der Nationalversammlung nur die laufenden Regierungsgeschäfte, vor allem die Durchführung des Waffenstillstandes, die Sicherung der Ernährung und die Demobilisierung, zu erledigen, alle grundlegenden Entscheidungen aber zu vertagen und sie der legitimierten Volksvertretung zu überlassen. Es herrschte Einverständnis in der Regierungskoalition,

aber auch bei den gemäßigten Räten, daß die Regierung zur Bewältigung der dringendsten Aufgaben auf die Mithilfe der bisherigen Militär- und Zivilverwaltung angewiesen war. Zudem hatten die Gewerkschaften durch ein Abkommen vom 15. November mit den Unternehmern, das bei Anerkennung des privatwirtschaftlichen Systems Erfüllung zentraler gewerkschaftlicher Forderungen brachte, die Sozialisierung hintangestellt und die Priorität des Übergangs zur Friedenswirtschaft betont. Bei diesem Prozeß der Normalisierung störten die Räte und ihre Versuche, Strukturveränderungen in Gesellschaft und Wirtschaft vor und außerhalb des parlamentarischen Rahmens vorzunehmen, und wurden deshalb Schritt für Schritt eingeengt und schließlich bekämpft — seit Frühjahr 1919 auch mit Waffengewalt. Die SPD-Führung schätzte die Gefahr der Bolschewisierung in Zusammenhang mit der Rätebewegung sehr hoch und die einer Gegenrevolution durch die Träger der alten Ordnung sehr niedrig ein.
Der staatliche Verwaltungsapparat funktionierte denn auch ziemlich reibungslos. Ebenso wie dieser hatte sich der militärtechnische Apparat durch die OHL schon am 10. November den neuen Machthabern zur Verfügung gestellt. Allerdings wagte es General Groener bald, Bedingungen für den ungestörten Ablauf der Räumungsbewegungen nach Berlin zu telegraphieren: Die Rechte des Offizierskorps sollten wiederhergestellt werden. Da die Volksbeauftragten ihre Zustimmung gaben und die Militärs auch später ziemlich selbständig schalteten, hat die OHL ein Machtzentrum aufbauen können, das wohl die Politik der Volksbeauftragten unterstützte, soweit sie sich auf die Entmachtung und schließliche Ausschaltung der Räte richtete, das aber in eigenem Interesse die militärische Sphäre gegenüber der politischen Leitung abschirmte. Die OHL konnte es verhindern, daß die Hamburger Punkte ausgeführt wurden und erreichte es, daß eine Verordnung vom 19. 1. 1919 Ausführungsbestimmungen in Kraft setzte, durch die die Befehlsgewalt der Offiziere wiederhergestellt wurde. Teile des Westheeres versagten freilich in inneren Kämpfen, wie sich z. B. beim Aufruhr der Volksmarinedivision um Weihnachten in Berlin erwies. Als die Truppe mit der Waffe auch gegen die Arbeiterbevölkerung vorgehen sollte, folgten viele Soldaten den Befehlen nicht. Über der Militärpolitik zerbrach schließlich Ende Dezember die Koalition mit der USPD, die ihre Mitglieder aus dem Rat der Volksbeauftragten zurückzog, in den an ihre Stelle von der SPD Rudolf Wissell und Gustav Noske einzogen.

c) Der Sieg über die Radikalen

Die Freiwilligenverbände der Regierung. Seit Dezember wurden jetzt auch diejenigen Frontsoldaten, die nicht von selbst nach Hause gegangen waren, in aller Eile entlassen und neue Verbände aufgestellt, die sich aus Freiwilligen — vorwiegend Berufssoldaten — zusammensetzten. Um die Jahreswende erkannte die Regierung auch privat gegründete Selbstschutzformationen, wie Einwohnerwehren und Freikorps, als reguläre Teile des Heeres an.
Die *Freikorps* waren bunt zusammengewürfelt: Neben Berufssoldaten reihten sich Schüler und Studenten ein, die Abenteuer suchten oder aus Idealismus der Aufforderung zum Schutz der Heimat folgten. Aber auch asozialen Raufbolden und ausgeprägten Landsknechtsnaturen paßte das ungebundene und halb gesetzlose Leben der

Korps. Manche lockte hauptsächlich die gute Verpflegung und der hohe Sold, denn Arbeitsplätze waren damals äußerst rar. Die Freikorps erreichten bald einen ziemlich hohen Gefechtswert. Der Zusammenhalt war gut und das Zusammengehörigkeitsgefühl stark, traf man doch auf eine ausgeprägte Geringschätzung der Umwelt und fühlte sich daher doppelt aufeinander angewiesen. Die Disziplin des alten Heeres wurde in den Korps durch persönliche Bindungen ersetzt: Treue zum Kommandeur, dem man freiwillig folgte, Hilfs- und Opferbereitschaft gegenüber den Kameraden. Weitere Verpflichtungen erkannten die Freikorpsleute nur selten an. Politisch zeigten die Freikorps zunächst keine bestimmte Einstellung. Es genügte für sie zu wissen, daß sie „zum Schutze des Vaterlandes", gegen die Bolschewisten, gebraucht wurden.

Der Spartakusbund und die Januarunruhen 1919. Wer waren die deutschen „Bolschewisten", die so viel Furcht einflößten? Die einzigen, auf die diese Bezeichnung zutraf, gehörten zum Spartakusbund. Der Bund zählte aber nur einige Tausend Mitglieder, viele Intellektuelle, jugendliche Utopisten, daneben auch Anarchisten, Deserteure und radikalisierte Arbeiter. Die Spartakisten waren in wenigen der Arbeiterräte vertreten, für deren Aufwertung sie so lautstark eintraten. Ihre lockere Vereinigung befand sich erst im Stadium der Organisation. Am 30. Dezember 1918 hatten sie sich von der USPD gelöst und die *Kommunistische Partei Deutschlands* (KPD) gegründet. Zur Eroberung und Bewahrung der Macht waren die Spartakisten noch unfähig. Im Gegensatz zu ihrem russischen Vorbild hatten sie auf die Heranbildung kleiner disziplinierter Kader von Berufsrevolutionären verzichtet. Ihre Führer, Rosa Luxemburg und Karl Liebknecht, vertrauten auf die schnelle Radikalisierung der Massen, die sie durch Straßendemonstrationen und wütende Agitation zu fördern glaubten. Tatsächlich kamen bei ihren Kundgebungen ansehnliche Menschenmassen zusammen, denn allmählich begann sich unter den Arbeitern, die weiter unter den Kriegsmängeln zu leiden hatten, Unzufriedenheit über die Politik der Regierung in der Militär- und Sozialisierungsfrage zu regen. Aber die Massenaufläufe selbst stellten noch keine Macht dar. Sie liefen wieder auseinander und waren für Aktionen nicht zu gebrauchen, weil sie nicht planvoll durch entschlossene und zielbewußte Gruppen gelenkt wurden.

Am 5. Januar 1919 benutzten die Radikalen wieder eine günstige Gelegenheit — die Absetzung des USPD-Polizeipräsidenten von Berlin —, um einen ihrer Massenaufläufe in Szene zu setzen. Im Aufruf zur Protestdemonstration hieß es:

> Marschiert in Massen auf! Es gilt Eure Freiheit, es gilt Eure Zukunft, es gilt das Schicksal der Revolution! Nieder mit der Gewaltherrschaft der Ebert — Scheidemann — Hirsch und Ernst! — Es lebe der revolutionäre internationale Sozialismus. (Ursachen und Folgen, Bd. III, S. 61)

Eine nach Hunderttausenden zählende Menschenmenge sammelte sich an diesem Tage an.

> Vom Roland bis zur Viktoria standen die Proletarier Kopf an Kopf, bis weit hinein in den Tiergarten standen sie. Sie hatten ihre Waffen mitgebracht, sie ließen ihre roten Banner wehen. Sie waren bereit, alles zu tun, alles zu geben, das Leben selbst.

So schrieb die „Rote Fahne" am 11. Januar 1920, und so schien es den Urhebern der Aktion. Gegen den Rat einiger Besonnener, die den Aufstand als verfrüht ansahen, wurde beschlossen, die Regierung zu stürzen. In der Nacht zum 6. gab ein schnell gebildeter Revolutionsausschuß eine Proklamation heraus:

Kameraden! Arbeiter! Die Regierung Ebert-Scheidemann hat sich unmöglich gemacht. Sie ist von dem unterzeichneten Revolutionsausschuß der Vertretung der revolutionären sozialistischen Arbeiter und Soldaten (Unabhängige sozialdemokratische Partei und kommunistische Partei) für abgesetzt erklärt... (Ursachen und Folgen, Bd. III, S. 63)

Weiteres unternahm der Ausschuß nicht. Niemand ordnete an, wie die abgesetzte Regierung beseitigt werden sollte, niemand sammelte die zur Verfügung stehenden bewaffneten Kräfte und gab an, welche wichtigen Gebäude zu besetzen seien. Am nächsten Tage handelten einige Trupps selbständig und ohne gegenseitige Abrede. Sie bemächtigten sich einiger Zeitungsverlage, Bahnhöfe und machten ein paar Stadtviertel unsicher. Die Regierung, die der Aufstand überrascht hatte, sah dies als sehr bedrohlich an. Entschlossen, den Kampf aufzunehmen, rief sie militärische Verbände und Freikorps aus der Umgebung Berlins herbei. Der Volksbeauftragte Gustav Noske übernahm den Oberbefehl. Er verkündete den Belagerungszustand. Die am 11. Januar in die Innenstadt vorrückenden Truppen fanden nur an einigen Stellen, wie beim Gebäude des „Vorwärts" und beim Polizeipräsidium, nachdrücklichen Widerstand. Die Soldaten ermordeten Rosa Luxemburg und Karl Liebknecht nach deren Verhaftung, weil sie in ihnen gemeine Verbrecher und Anstifter zum Bürgerkriege sahen.

Auch in anderen Teilen des Reiches, besonders in Mitteldeutschland, flackerten um dieselbe Zeit Aufstände auf, die mit Hilfe der Freikorps unterdrückt wurden. Als am 6. Februar 1919 die Nationalversammlung im streng bewachten Weimar zusammentrat, waren die nachrevolutionären Machtkämpfe zugunsten der Regierung entschieden.

Jetzt, nach der Einberufung der Nationalversammlung, nahm die Radikalisierung spürbar zu. Die Umstellung der Wirtschaft auf die Friedensproduktion führte zu Arbeitslosigkeit. Viele Arbeiter fühlten sich von der sozialistischen Regierung verraten, die auf die Klassengenossen schießen ließ. Auch die Morde an Karl Liebknecht und Rosa Luxemburg belasteten in den Augen vieler Arbeiter die Regierung. Wie stark die Entfremdung zwischen dem rechten Flügel der Arbeiterbewegung und dem linken war, auf dem jetzt neben der KPD auch die USPD und sogar ein Teil der SPD-Anhänger standen, zeigte die Sprache in dem Artikel „Zwei Welten" des USPD-Blattes „Die Freiheit":

Ebert, Scheidemann, Landsberg, Noske, die Zuhälter der Gegenrevolution, haben seit Wochen mit ihren Preßkosaken die Bevölkerung in eine panikartige Furcht vor dem „Spartakusschreck" versetzt, mit brutaler Gewalt haben sie jetzt die Auseinandersetzung innerhalb der Arbeiterschaft zum Austrag gebracht, haben den offenen blutigen Kampf gewollt. (Die Freiheit, Nr. 33, 18. Januar 1919)

Auf der anderen Seite glaubte die SPD-Regierung, sich noch mehr als bisher vorzugsweise auf Bürgertum, Beamte und Freikorps stützen zu müssen, die sich allein als unbedingt zuverlässig beim Kampf gegen die „bolschewistische Gefahr" erwiesen.

Die Frühjahrsunruhen. An den Machtverhältnissen, wie sie im Januar offenkundig geworden waren, ließ sich zugunsten derjenigen, die die Revolution weitertreiben

wollten, nichts mehr ändern. Das zeigten die im Frühjahr erneut ausbrechenden Unruhen, die auch Reaktionen auf das militärische Vorgehen gegen die Existenz der Räte waren.
In München begannen die Wirren am 21. Februar nach der Ermordung des Ministerpräsidenten Kurt Eisner durch einen adligen Offizier und einer Reihe anderer Attentate. *Bayern,* das auch schon auf dem Wege zu ruhigen Verhältnissen gewesen war, fiel nun unter radikal-sozialistische Herrschaft. Auch eine Rote Garde wurde aufgestellt. Bürgerliche Putschversuche trieben die Arbeiter immer weiter in das Lager der extremen Linken. Schließlich gelang den Kommunisten das, was ihnen in Berlin nicht gelungen war: Sie konnten im April die *Räterepublik* ausrufen. Die SPD-Regierung floh nach Bamberg. München wurde Anfang Mai in einem regelrechten Feldzug von der Herrschaft der Radikalen befreit, die sich zuletzt nur noch durch Terror in der Stadt zu behaupten wußten.
Zuvor hatten die Regierungstruppen in Sachsen und Thüringen und im Ruhrgebiet Aufstände, die aus Generalstreiks entstanden, bekämpft und die radikalisierte Rätebewegung niedergeworfen. Anfang März hatten die USPD und KPD zu einem Generalstreik aufgerufen, der die Sozialisierung und die Auflösung der Freikorps erzwingen sollte, und ausdrücklich vor bewaffneten Aktionen gewarnt, doch entglitt ihnen die Führung der Massen. Von Leipzig, Hamburg, Bremen sprang der Funke am 13. März nach Berlin über. Dort konnten die Regierungstruppen in den zehntägigen Straßenschlachten schon schwere Minenwerfer, Haubitzen, Tanks und Flugzeuge gegen die ihre Stützpunkte verbissen verteidigenden „Roten“ aufbieten. Noske ließ das Standrecht verkünden, das rücksichtslose Freikorpsleute durch wahllose Erschießungen mißbrauchten. Als sich die letzten Aufständischen ergaben, belief sich die Zahl ihrer Toten auf etwa 1500 Mann.

2. *Der Versailler Vertrag*

Die Freikorps verteidigten im Frühjahr 1919 nicht mehr die aus der Revolution entstandene Übergangsregierung des Rates der Volksbeauftragten. Seit dem 6. Februar tagte in Weimar die *Deutsche Nationalversammlung,* seit dem 11. Februar hatte die deutsche Republik einen *Präsidenten — Friedrich Ebert —,* seit dem 13. Februar gab es wieder eine *Reichsregierung (Reichsministerpräsident: Scheidemann).* (Vgl. Tafel 21 im Anhang.) Die Wahl hatte zwar den Sozialismus als stärkste politische Kraft ausgewiesen, aber die Hoffnungen und Erwartungen der Sozialisten auf die absolute Mehrheit in der verfassunggebenden Versammlung nicht erfüllt. (Vgl. Tafel 23 im Anhang.) Die SPD verband sich mit dem Zentrum und der Deutschen Demokratischen Partei (DDP), in der die Fortschrittliche Volkspartei fortlebte, zu einer bürgerlich-sozialistischen Koalition *(Weimarer Koalition).* Damit war die politische Konstellation aus der letzten Phase des Kaiserreiches wiederhergestellt.
Die Nationalversammlung hatte vor allem anderen die Verfassung auszuarbeiten und den Frieden mit den ehemaligen Kriegsgegnern zu schließen. Bis zur Übergabe der Friedensbedingungen an Deutschland am 7. Mai 1919 rechnete die Mehrzahl der Deutschen damit, einen milden Frieden zu bekommen. Man glaubte, ein Anrecht auf gute Behandlung zu haben, weil man sich dem Regierungssystem der Sieger angepaßt

hatte. Umso größer war die Enttäuschung, als die Friedensbedingungen bekannt wurden, die Wilsons Idee des Rechtsfriedens in vielem widersprachen.

Die Pariser Konferenz und der Völkerbund. Der Vertrag war zustande gekommen in monatelangen Beratungen (Januar bis April 1919) in den verschiedenen Gremien der Pariser Friedenskonferenz. Die wichtigsten Entscheidungen wurden im Kreis der *„Großen Drei"* getroffen, der die Vertreter der Großmächte, Woodrow Wilson, David Lloyd George und Georges Clemenceau, umfaßte. Wilson kämpfte für die Verwirklichung des Prinzips der Selbstbestimmung der Völker gegen Clemenceau, der für die künftige Sicherung Frankreichs gegenüber Deutschland eintrat. Lloyd George, der die weltweiten Interessen Großbritanniens zu berücksichtigen hatte, nahm oft eine vermittelnde, ja Deutschland begünstigende Stellung ein. Das Ergebnis mußte, auch angesichts der Größe der Aufgabe, nämlich der Neuordnung Europas und der Herstellung einer neuen Friedensordnung, notwendigerweise ein Kompromiß sein. Wilson hatte sich zu diesem Kompromiß bereit gefunden, weil durch den Völkerbund ein Instrument zur künftigen Revision des Vertrages geschaffen war. Die Satzung des Völkerbundes bildete einen Teil des Friedensvertrages.

Der Bund hatte die Aufgabe, Kriege durch Schiedsgerichtsbarkeit und durch gemeinsames Vorgehen der Mitgliedstaaten gegen einen Aggressor unmöglich zu machen. Die Organe des Bundes waren die Vollversammlung und der Rat, der aus fünf ständigen und vier, schließlich neun nichtständigen Mitgliedern bestand. Sowohl in der Bundesversammlung als auch im Völkerbundsrat war Einstimmigkeit Voraussetzung für das Zustandekommen eines Beschlusses. Art. 11, Abs. 2 bestimmte, daß jedes Bundesmitglied das Recht habe, auf solche internationalen Beziehungen aufmerksam zu machen, die eine Störung des Weltfriedens verursachen könnten. Das erstreckte sich auch auf die Bestimmungen des Friedensvertrages selbst.

Die Hauptbedingungen des Versailler Vertrages und ihre Aufnahme in Deutschland. Das deutsche Volk lehnte fast einmütig ab, was ihm auferlegt wurde. Immerhin verwand es einige Bedingungen leichter als andere. Daß z. B. Elsaß-Lothringen wieder an Frankreich fallen werde, war schon nach Punkt 8 der Vierzehn Punkte sicher. Auch die Gebietsentschädigungen Belgiens durch Eupen-Malmedy erregten nur wegen der verletzenden Form, in der sie vorgenommen wurden, Anstoß. Ebenso schickte man sich darein, daß die dänisch sprechende Bevölkerung Schleswigs nach Volksabstimmungen wieder zu Dänemark kommen sollte. Mehr Widerspruch erregte es, daß das Saargebiet Frankreich als Ersatz für seine durch den Krieg zerstörten Kohlengruben auf 15 Jahre zur wirtschaftlichen Nutzung überlassen wurde. Jedoch war die Trennung von Deutschland nicht endgültig, denn die Bevölkerung konnte nach dieser Zeit selbst über ihr weiteres Schicksal entscheiden. Viel schmerzlicher wurde empfunden, was mit dem Rheinland geschah:

Das linke Rheinufer und ein 50 km breiter Streifen auf dem rechten Rheinufer wurden „entmilitarisiert", d. h. daß in diesem Gebiet keine Truppen stationiert und keine Befestigungen unterhalten oder errichtet werden durften. Für eine Zeit von 15 Jahren blieben die genannten Gebiete sowie vier Brückenköpfe bei Köln, Koblenz, Mainz und Kehl von alliierten Truppen besetzt.

Unter den Nachwirkungen der Kriegsmüdigkeit erregte vorerst die Entwaffnung des Reiches die meisten Deutschen kaum.

Als Einleitung zu einer vorgesehenen allgemeinen Rüstungsbeschränkung aller Nationen verpflichtete sich Deutschland zu gewissen Beschränkungen seiner Streitkräfte und seiner Wehrhoheit. Das Heer durfte künftig eine Gesamtstärke von 100 000 Mann nicht überschreiten, die Marine eine solche von 15 000 Mann. Gewisse Waffen, wie z. B. Tanks, Flugzeuge, Unterseeboote, Giftstoffe, waren für das deutsche Heer verboten. Die allgemeine Wehrpflicht war abzuschaffen. Zur Überwachung dieser Bestimmungen wurde eine Interalliierte Kontrollkommission eingerichtet.

Wie gegen alle Gebietsabtretungen wurde in Deutschland auch gegen die Wegnahme der Kolonien protestiert, jedoch schien man sich damit recht leicht abzufinden.
Ganz anders stand es mit der sogenannten Kriegsschuldklausel (Art. 231), durch die Deutschland gezwungen wurde, zu bekennen:

daß Deutschland und seine Verbündeten als Urheber für alle Verluste und Schäden verantwortlich sind, die die alliierten und assoziierten Regierungen und ihre Staatsangehörigen infolge des Krieges, der ihnen durch den Angriff Deutschlands und seiner Verbündeten aufgezwungen wurde, erlitten haben. (Ursachen und Folgen, Bd. III, S. 405)

Dieses Schuldbekenntnis und die geforderte Auslieferung von Kriegsverbrechern, die in Deutschland als Kriegshelden gefeiert wurden, verstand man als moralische Ächtung des ganzes Volkes. Man war der Überzeugung, als Opfer der Einkreisungspolitik in einem Verteidigungskriege gestanden zu haben, und nun sollte es den Alleinschuldigen — den Siegern — gelingen, ihre Verantwortung auf den Besiegten abzuwälzen.
Durch die Kriegsschuldklausel wurde vor allem die Verpflichtung Deutschlands zur Wiedergutmachung der Schäden (Reparationen), die es seinen Gegnern zugefügt hatte, rechtlich begründet. Die Verpflichtung selbst hatte schon die kaiserliche Regierung anerkannt, als sie seinerzeit mit Wilson über den Abschluß des Waffenstillstandes verhandelte. Im Vertrag war aber die Wiedergutmachung auch auf die Pensionen für die militärischen Opfer des Krieges, auf die finanzielle Leistung der Alliierten für Kriegsgefangene und Demobilisierte ausgedehnt worden, wodurch die Höhe der Zahlungsverpflichtungen sehr anwachsen mußte. Die Reparationen schienen das Mittel zu sein, um die Wirtschaftskraft Deutschlands für immer zu brechen und das deutsche Volk der Verelendung preiszugeben.
Genauso zornig wie gegen die Reparationen begehrte das deutsche Volk gegen die Grenzziehung im Osten auf.

Deutschland sollte ohne Abstimmung der Betroffenen zugunsten eines souveränen polnischen Staates auf den größten Teil Westpreußens, fast die gesamte Provinz Posen, ein Stück von Ostpreußen und Hinterpommern verzichten. In Oberschlesien war eine Abstimmung vorgesehen; jedoch wurde von vornherein bestimmt, daß eine Teilung stattfinden sollte. Die Grenzlinie würde aufgrund der Volksabstimmung von den Hauptmächten festgesetzt werden. — Danzig wurde als „Freie Stadt“ aus dem Reichsverband gelöst und in enge wirtschaftliche Verbindung zu Polen gebracht. Nordostpreußen (Memelgebiet) mußte den alliierten Hauptmächten zur weiteren Verfügung abgetreten werden. Für Südostpreußen war eine Volksabstimmung vorgesehen. Ein kleines Gebiet (Hultschiner Ländchen) erwarb die neugegründete Tschechoslowakei.

In Deutschland empörte man sich über die Mißachtung des Selbstbestimmungsrechts der vor allem in den Städten lebenden deutschen Bevölkerung Posens und West-

preußens, ohne jedoch sagen zu können, wie bei einer anderen Regelung das Selbstbestimmungsrecht der überwiegend polnischen Landbevölkerung gewahrt bleiben sollte. Die Grenze im Osten mit dem sogenannten „polnischen Korridor" galt fortan als eine „offene Wunde"; die bestehenden Vorurteile gegen die Polen wurden zu offener Feindschaft.
Es mußte in Deutschland als Gipfel der Mißachtung des Selbstbestimmungsrechts erscheinen, wenn der Artikel 80 des Vertrages vorschrieb:

Deutschland erkennt die Unabhängigkeit Österreichs in den durch Vertrag zwischen diesem Staate und den alliierten und assoziierten Hauptmächten festzusetzenden Grenzen an und verpflichtet sich, sie unbedingt zu achten; Deutschland erkennt an, daß diese Unabhängigkeit unabänderlich ist, es sei denn, daß der Rat des Völkerbundes einer Abänderung zustimmt. (Ursachen und Folgen, Bd. III, S. 395 f)

Der Streit um die Unterzeichnung des Versailler Vertrags. Der Vertrag erschien allen politischen Richtungen in Deutschland als Gewaltfrieden, als Instrument der dauernden Knebelung. Er wurde wegen der Machtminderung als unzumutbar betrachtet, er galt wegen der schweren wirtschaftlichen Belastungen als undurchführbar. Ministerpräsident Scheidemann sagte am 12. 5. 1919 vor der Nationalversammlung:

Würde dieser Vertrag wirklich unterschrieben, so wäre es nicht Deutschlands Leiche allein, die auf dem Schlachtfelde von Versailles liegen bliebe. Daneben würden als ebenso edle Leichen liegen das Selbstbestimmungsrecht der Völker, die Unabhängigkeit freier Nationen, der Glaube an all die schönen Ideale, unter deren Banner die Entente zu fechten vorgab, und vor allem der Glaube an die Vertragstreue. (Verhandlungen der Verfassunggebenden Deutschen Nationalversammlung, Bd. 327, S. 1082 ff)

Damit sollten die alliierten Staatsmänner gezwungen werden, die Beratungen wiederaufzunehmen und ihren Vertrag zu revidieren. Verhandlungen zwischen der deutschen Delegation in Paris und den Vertretern der Kriegsgegner, die schriftlich geführt werden mußten, hatten in der Tat einigen Erfolg. Zum Beispiel wurde zugestanden, daß erst nach einer Abstimmung in Oberschlesien ein Teil des Gebietes für Polen abgetrennt werden sollte. Aber die Großen Drei waren nicht gesonnen, ihr ganzes Werk in Frage stellen zu lassen. Die deutsche Regierung wurde vor die Wahl gestellt, innerhalb von 6 Tagen den Vertrag, so wie er war, anzunehmen oder abzulehnen. Die Auseinandersetzung darüber wurde in der Nationalversammlung, in der Presse und im Volk mit höchster Leidenschaft geführt. Vertreter beider Standpunkte fanden sich in jeder Partei und in jeder gesellschaftlichen Gruppe.
Wer zur Verweigerung der Unterschrift aufrief, sprach der Mehrheit des Volkes aus dem Herzen. Nach dem Völkerrecht mußte dann wieder der Kriegszustand eintreten, deutsches Gebiet konnte besetzt werden. Doch rechneten die meisten Befürworter der Ablehnung mit einer viel günstigeren Entwicklung. Sie glaubten, daß die Staatsmänner in Paris und die feindlichen Regierungen unter dem Eindruck des Willens zum Widerstand sich über kurz oder lang bereitfinden würden, ihre Bedingungen zu mäßigen.
Denkbar war aber auch eine ganz andere Entwicklung: Die französische Regierung schien es gerade darauf angelegt zu haben, eine Verzweiflungstat des Reiches zu dessen Auflösung in einzelne Staaten auszunutzen. Der Einmarsch der Truppen war

auf jeden Fall unausbleiblich und militärischer Widerstand von deutscher Seite ohne Erfolgsaussichten.
Nach Abwägung der Folgen beider Möglichkeiten rangen sich SPD- und Zentrumsabgeordnete, voran Erzberger, dazu durch, die Annahme des Vertrages als das kleinere Übel anzusehen. Hinzu kam, daß General Groeners Gutachten über die Unsinnigkeit jedes bewaffneten Widerstandes, das Hindenburg guthieß, viele Heißsporne innerhalb und außerhalb der Armee abkühlte. Scheidemann und sein Kabinett traten zurück, die DDP schied aus der Regierung aus. Die neue *Koalitionsregierung von MSPD* und Zentrum unter Gustav Bauer (MSPD) (s. Tafel 22 im Anhang) tat dann, was sie als unvermeidlich ansah. Nachdem sich die Nationalversammlung mit einfacher Mehrheit für Annahme des Vertrages ausgesprochen hatte, unterzeichneten am 28. Juni 1919 die deutschen Beauftragten Hermann Müller (SPD) und Johannes Bell (Zentrum) in Versailles das Dokument.
Nach der Abstimmung in der Nationalversammlung hatte Präsident Fehrenbach gesagt:

> Ich stelle fest mit Genugtuung, daß von verschiedenen Seiten des Hauses anerkannt wurde, daß alle Teile des Hauses, ob ja, ob nein, nur aus vaterländischen Gründen sich bei ihren Abstimmungen leiten lassen, getragen von großen Gewissensbedenken, von der ernstesten Auffassung über die Lage unseres Vaterlandes. (Ursachen und Folgen, Bd. III, S. 388)

Das wurde schon sehr bald vergessen, und die Unterschriften des SPD- und des Zentrumspolitikers unter dem Vertrag wurden ihnen und ihren Parteien von der Rechten als „Verrat an Deutschland“ vorgeworfen.
Die erste wichtige Handlung der jungen Republik ging in das Gedächtnis der Deutschen als ein würdeloser, peinlicher Akt der Unterwerfung ein. Mit der Entstehung des Weimarer Staates verband sich ganz im Gegensatz zu der Gründung des Kaiserreiches im gleichen Spiegelsaal zu Versailles keine Freude, vielmehr war sie von Not und nationalem Unglück beschattet.

3. Die Weimarer Verfassung

Die Debatten in der Nationalversammlung über Annahme oder Ablehnung des Friedens zogen das Interesse der Öffentlichkeit von den Verhandlungen über die Verfassung ab. Dennoch erlitten indessen die Arbeiten des Verfassungsausschusses keinen Aufschub. Hugo Preuß, ein Lehrer des Staatsrechts, lieferte die Entwürfe, aus denen dann durch erhebliche Umänderungen, Einschübe und Ergänzungen, zu denen alle Koalitionspartner beitrugen, die endgültige Verfassung entstand. Reichspräsident Ebert unterschrieb sie am 11. August 1919 — von da an als Verfassungstag gesetzlicher Feiertag —, und drei Tage später trat sie in Kraft. (S. Tafel 2 im Anhang)
Das Reich und die Länder. Alle Versuche, mit der historisch gewordenen Einteilung Deutschlands zu brechen, scheiterten, und so blieb es prinzipiell bei der alten Gliederung. Die einzelnen Gebiete verloren aber mit ihren Dynastien auch ihre staatliche Souveränität: *Aus Staaten wurden Länder.* Ihren Regierungen und Länderparlamenten blieb neben der Ausführung von Reichsgesetzen wenig Spielraum zu eigener gesetzgeberischer Tätigkeit. Die Länder verloren sehr an Gewicht, vor allem weil das

Reich die Steuergesetzgebung und -verwaltung jetzt fast ganz an sich zog und nicht mehr auf Matrikularbeiträge und Zölle angewiesen war. Im gleichen Sinne wirkte, daß Württemberg und Bayern keine Reservatrechte mehr über Militär, Post und Verkehr hatten.

Noch größer war der Wandel vom Bundesrat (dem eigentlichen Souverän des Kaiserreiches und dem wichtigsten Teil der Gesetzgebungsmaschinerie des Kaiserreiches) zum *Reichsrat*, dem Organ der Länder. Dieser war wohl an der Legislative beteiligt, sein Einspruchsrecht konnte aber vom Reichstage übergangen werden, so daß er eigentlich auf eine beratende Funktion beschränkt blieb. Das Übergewicht des Bundesrates gegenüber dem Reichstag — und damit auch die Vormacht Preußens im Reich — bestand nicht mehr.

Volk, Parlament und Regierung. Das Kaiserreich war aus dem Zusammenschluß der deutschen Fürsten und Freien Städte zu einem „ewigen Bunde" hervorgegangen — die deutsche *Republik*, immer noch *Deutsches Reich* genannt, gründete sich auf die Volkssouveränität, repräsentiert durch die Nationalversammlung. Den Willen des Volkes sollte fortan vor allem der Reichstag verkörpern (Legislaturperiode: 4 Jahre). Seine Abgeordneten waren als unabhängig und nur dem gesamten Volk verantwortlich gedacht. Die Rolle der Parteien war als Vertretung von Sonderinteressen eine untergeordnete, weshalb die Parteien in der Verfassung keinen Platz fanden. Ihnen war nur eine Aufgabe bei der Organisation der Wahl zugedacht, die ein möglichst getreues Abbild der öffentlichen Meinung ergeben sollte. Darum hatte das *Verhältniswahlrecht*, bei dem der Wert der einzelnen Stimme bis zur Grenze des wahltechnischen Zählverfahrens erhalten blieb, das Mehrheitswahlrecht ersetzt. Ausdehnung des Wahlrechts auf die Frauen und die Herabsetzung des wahlfähigen Alters auf 20 Jahre sollten verbürgen, daß wirklich das ganze Volk seine Herrschaft ausüben konnte.

Der *Reichstag* war jetzt das zentrale Organ der Reichsgewalt und nicht mehr nur — wie vor 1918 — mitwirkendes. Er allein hatte die Gesetzgebung für das Reich und die Kontrolle der Reichsgewalt in der Hand. Das äußerte sich vor allem auch in der Ausdehnung seiner Zuständigkeit auf die Außenpolitik, die er durch seinen außenpolitischen Ausschuß überwachen konnte. Er allein und nicht lediglich — wie früher — Kaiser und Bundesrat erklärten gegebenenfalls den Krieg. Noch wichtiger war sein ständiger Einfluß auf die *Reichsregierung*. Der Reichskanzler und die Reichsminister bedurften des Vertrauens des Reichstages, d. h. seiner Mehrheit. Die frühere Exekutive, Kaiser, Kanzler und Bundesrat, benötigte vor der Reform vom Herbst 1918 für die Erfüllung ihrer Funktion nur die Zustimmung des Parlaments zu den jeweiligen Gesetzesvorlagen, war aber — wenigstens theoretisch — vom Vertrauen des Parlaments unabhängig.

Volk, Parlament und Staatsspitze. Der Reichstag war aber nicht das einzige Organ des souveränen Volkes. Auch der höchste Repräsentant des Staates, der *Reichspräsident*, begründete seine Autorität durch Wahlen direkt auf dem Willen des Volkes (Amtsdauer: 7 Jahre, unbeschränkte Wiederwahl). Gegenüber der alten Reichsverfassung, vor allem in der Form vom 28. Oktober 1918, war die Tatsache, daß an der Spitze des Reiches kein Mann stand, der seine Würde aus dem Erbrecht und letzten Endes immer noch aus dem Gottesgnadentum der Könige herleitete, die bedeutendste Veränderung. In seinen Befugnissen jedoch ähnelte das Amt des Reichspräsidenten sehr der Stellung eines Monarchen in einer konstitutionellen Monarchie. Der Präsident repräsentierte Volk und Staat nach außen und diente im Innern als notwendige höchste Instanz für Gesetzgebung, Regierung und Rechtsprechung. In seinem Namen wurden die Gesetze ausgefertigt, er ernannte und entließ die Reichsregierung und die Reichsbeamten und Offiziere, allerdings mit Zustimmung des Reichstages bzw. der entsprechenden Ressortminister. Der Reichspräsident war wie der Kaiser Oberbefehlshaber der Wehrmacht. Alle seine Anordnungen und Verfügungen bedurften — sollten sie rechtskräftig werden — der Gegenzeichnung des Kanzlers oder des verantwortlichen Reichsministers. Eine gleichsam absolutistische Gewalt war ihm also genauso versagt wie dem Kaiser, der sich allerdings für die Gegenzeichnung einen ihm willfährigen Kanzler hatte aussuchen können.

Die weitestgehenden Befugnisse hatte er, wenn ernsthafte Konflikte die verfassungsmäßige Ordnung bedrohten. Der Reichspräsident konnte sich dann in die Gesetzgebung einschalten und ihren normalen Gang durch *Auflösung des Reichstages* (nur einmal aus demselben Grunde) und Appell an das Volk *(Volksentscheid)* bei strittigen Gesetzen unterbrechen. Der Reichspräsident war also als ein Gegengewicht zu einem die Verfassung verletzenden oder mißachtenden Parlament gedacht. Wann dieser Zustand eintrat, blieb allerdings nicht allein seinem Urteil überlassen, da jedesmal die Gegenzeichnung des Kanzlers unerläßlich war.

Der Reichspräsident wurde zu einem Diktator auf Zeit, wenn ein *außerordentlicher Notstand* eintrat, sei es, daß ein Land die Verfassung verletzte, sei es, daß Unruhen ausbrachen. Das bestimmte der *Artikel 48* der Reichsverfassung.

Die Grundrechte. Hatte die Nationalversammlung, indem sie den Reichspräsidenten mit erheblichen Befugnissen ausstattete, gleichsam die Kontinuität zum Kaiserreich hergestellt, so griff sie auf die politische *Tradition des deutschen Liberalismus* zurück, als sie der Verfassung einen Katalog der Grundrechte anhängte. Die Grundrechte hatten das Kernstück der Verfassung von 1849 gebildet, waren aber seitdem zum größten Teil schon in die ordentliche Gesetzgebung der früheren deutschen Staaten eingegangen, weshalb die Verfassung von 1871 sie nicht ausdrücklich aufführte.

Zu den liberalen Grundrechten wie Freizügigkeit, Freiheit der Person, Unverletzlichkeit der Wohnung, Brief- und Postgeheimnis, Recht der freien Meinungsäußerung, Versammlungs- und Vereinsfreiheit, Glaubens- und Gewissensfreiheit, führte die Weimarer Verfassung aber neue auf, die sich auf das Wirtschaftsleben bezogen. Sie waren auf Betreiben der Sozialdemokratie aufgenommen worden und sollten den Übergang zur *Wirtschaftsdemokratie* erleichtern. Art. 153 und 156 schränkten das Recht auf Eigentum ein und bestimmten, daß Enteignungen sowie Übergang von Unternehmungen in Gemeineigentum gesetzlich möglich seien. Es konnte also jederzeit — wenn etwa die SPD die Mehrheit bekommen sollte und sie es dann noch wünschte — mit der Sozialisierung begonnen werden.

Außerdem wurde der Rahmen für eine neue Wirtschaftsverfassung gegeben, in der die Kontrolle der Wirtschaft unter den Sozialpartnern geteilt wurde. Allerdings wurden nur zwei Glieder dieser Organisation wirklich geschaffen: die *Betriebsräte* und der *Reichswirtschaftsrat*, und nur die Betriebsräte kamen zu einiger Bedeutung (vgl. XI 2).

Hervorragende Bedeutung für die Weiterentwicklung der staatlichen Sozialpolitik hatten von diesen neuen Rechten die verfassungsmäßige Anerkennung des *Koalitionsrechts* und die aus ihr entstehenden Organisationen der Arbeitgeber und Arbeitnehmer sowie die Verpflichtung des Staates, für den Unterhalt jedes Staatsbürgers zu sorgen, wenn ihm keine angemessene Arbeitsgelegenheit nachgewiesen werden konnte (*Arbeitslosenunterstützung*).

Der Geist der Verfassung. Die Schöpfer der Verfassung fühlten sich als Vollstrecker der politischen Absichten der deutschen *Nationalversammlung von 1848/49.* Bürgerliche wie sozialistische Politiker hingen mit fast sentimentaler Treue an den Theorien des Liberalismus und der Demokratie, wie sie sich unter dem Einfluß der französischen Revolutionen im Zeitalter der Vorherrschaft des Bürgertums ausgeformt hatten und in die Verfassung des kontinentalen Europas eingegangen waren. Im Zeichen der Ideen von Freiheit und Gleichheit sollten auch die Spuren des preußisch-deutschen Obrigkeitsstaates ausgetilgt werden.

Nun, so meinte man, sei auch das deutsche Volk — befreit von der halbabsolutistischen Herrschaft seiner monarchischen Souveräne und ihrer feudalen Helfer — mündig geworden und sein eigener Souverän. Sein Wille sollte vollstreckt werden, und dieser Wille würde als Ziel das allgemeine Beste haben. Dabei wurde vorausgesetzt, daß die Gesellschaft, obwohl wirtschaftlich, sozial und kulturell sehr differenziert, genug nationale Gleichartigkeit besitze und staatsbürgerlichen Gemeingeist entwickeln könne, um zu einem Ausgleich der widerstreitenden Interessen zu kommen. Der Ort, an dem das zu geschehen habe, sei das Parlament, der Reichstag. Hier würden die Volksvertreter — im Wortsinne — in freier Diskussion herausfinden, was dem Ganzen, dem Staate, dem Volke, nutze. Je mehr sie Vertreter von Sonderinteressen, Parteileute, blieben, desto weniger konnten sie ihre Aufgaben erfüllen. Die Parteien und noch mehr alle wirtschaftlichen Interessenvertretungen galten also als Fremdkörper im politischen Leben, wirken sie doch mit ihren „eigensüchtigen" Tendenzen der *Ausbildung eines Gemeinwillens* entgegen. Darum fanden sie in der Weimarer Verfassung auch keinen Platz.

Es war aber nicht nur Geist der 48er Revolution als der Geist der radikalen bürgerlichen Demokratie rousseauischer Prägung, der in den Schöpfern der Verfassung lebendig war. Sie alle hatten — bewußt oder unbewußt — teil an der deutschen Auffassung vom Staat, wie sie durch die preußische Verwaltungspraxis und durch die *Philosophie Hegels* den Deutschen aller sozialen Schichten gleichsam in Fleisch und Blut übergegangen war. Der Staat, eine Erscheinung von besonderem Rang, von höherer Ordnung, eigenen Gesetzen folgend, stand als reinste Verkörperung des allgemeinen Besten über den allzu menschlichen Strebungen der Gesellschaft. Darum trauten die Väter der Weimarer Verfassung dem Parlament, trotz seiner Legitimierung durch die Wahl des Volkes, nicht genug Selbstverleugnung zu, um im Konflikt zwischen allgemeinen und Sonderinteressen immer das notwendige Gleichgewicht zu halten. Darum statteten sie das Amt des Reichspräsidenten über das in kontinentalen Republiken übliche Maß mit Vollmachten und Vorrechten aus. Der Reichspräsident sollte als Vertrauensmann des Volkes (der er durch seine direkte Volkswahl war) als unparteiischer Wächter der Verfassung gegen das Parlament einschreiten, wenn es die

Interessen des Staates, d. h. der Allgemeinheit, erforderten. Max Weber, Professor der Soziologie, der großen Einfluß auf die Ausgestaltung der Weimarer Verfassung hatte, begründete das damals:

Das Parlament wird so eine Körperschaft werden, innerhalb derer solche Persönlichkeiten, denen die nationale Politik „Hekuba" ist, die vielmehr, der Sache nach, unter einem „imperativen" Mandat von ökonomischen Interessenten handeln, den Ton angeben: ein Banausenparlament, unfähig in irgendeinem Sinne eine Auslesestätte politischer Führer darzustellen.
...Man schränke die Macht des volksgewählten Präsidenten ein wie immer und sorge dafür, daß er nur in zeitweilig unlösbaren Krisenfällen (durch suspensives Veto und Berufung von Beamtenministerien), im übrigen nur durch Anrufung des Referendums in die Reichsmaschine eingreifen kann. Aber man gebe ihm durch die Volkswahl einen eigenen Boden unter die Füße. Sonst wankt in jedem Fall einer Parlamentskrise — und bei mindestens vier bis fünf Parteien wird eine solche nicht zu den Seltenheiten gehören — der ganze Reichsbau. (Weber, M.: Der Reichspräsident. In: Berliner Börsenzeitung vom 25. 2. 1919. Gesammelte politische Schriften. Tübingen 1958, S. 487 f)

Das Werk der Weimarer Nationalversammlung als Ganzes betrachtet, erscheint als ein Versuch, einen Verfassungsbau nach radikal-demokratischen Theorien zu errichten, weniger, die Verfassung den sozialen Verhältnissen anzupassen. Daß gerade das deutsche Volk nicht einmal in den Grundregeln demokratischer Denk- und Verhaltensweise geübt war, vergaß ein Mann wie Hugo Preuß zwar nicht. Er glaubte jedoch, so optimistisch sein zu können, um sagen zu dürfen:

Auf der gegenwärtigen Entwicklungsstufe kann ein großes Volk in der unübersehbaren Vielgestaltigkeit seiner Interessen, Schichten und Gliederungen das Werk seiner politischen Erziehung nur selbsttätig vollenden, es muß politisch Autodidakt sein. (Preuß, H.: Das deutsche Volk und die Politik. Jena 1915, S. 193)

Auch die Verfassung sollte erzieherisch im demokratischen Sinne wirken.

Kritik heutiger politischer Wissenschaftler. Allen diesen Gedanken gegenüber führen politische Wissenschaftler unserer Zeit ins Feld, daß es utopisch ist, einen Gemeinwillen anzunehmen. Die Verfassung muß sich nach den gesellschaftlichen Tatsachen richten, und diese zeigen unmißverständlich, daß in der modernen Gesellschaft grundsätzlich unterschiedliche und sich widersprechende Wertvorstellungen wirksam sind. In dieser notwendig heterogenen Gesellschaft, der sogenannten pluralistischen Gesellschaft, konkurrieren die Wertvorstellungen, und es setzen sich diejenigen Meinungen mit dem größten Gewicht, d. h. dem weitesten Massenanhang, durch. Das Parlament wird dann zum Repräsentanten der unterschiedlichen Interessen, und die jeweils siegreiche Partei oder im Kompromiß die miteinander koalierenden Parteien führen die Regierung. Die Partei wird zum beherrschenden Faktor der Politik, der Staat geradezu zum Parteienstaat, denn allein durch sie kommt es überhaupt zur Willensbildung. Der Wähler kann nicht zur Bildung eines fiktiven Allgemeinwillens beitragen, aber er kann entscheiden, welche Lösungen politischer Probleme seinen Interessen und seinen Anschauungen entsprechen. Diese Lösungsmöglichkeiten bieten ihm die Parteien an.
Es darf in der pluralistischen Gesellschaft und im Parteienstaat eine überparteiliche Instanz mit so entscheidenden Machtbefugnissen wie den Reichspräsidenten der Weimarer Verfassung nicht geben. Möglich und notwendig sind Institutionen, welche die Gesamtheit nur repräsentieren oder unabhängig von den Parteien gewisse Kontrollfunktionen ausüben (Bundespräsident, Bundesverfassungsgerichtshof). Betonte Überparteilichkeit erweckt in der pluralistischen Gesellschaft den Verdacht, die Maskierung eines Interessenstandpunktes zu sein, weil Staat und Gesellschaft identisch sind, und zwar in dem Sinne, daß die jeweils herrschende Partei

oder die Parteien mit ihrem wechselnden Mehrheitsanhang aus der Gesellschaft die Politik des Staates durch die Regierung bestimmen — bis zu dem Augenblick, in dem sich die Mehrheit der Gesellschaft für die Alternativlösung der Opposition entscheidet.

IV. Im Ringen um die Selbstbehauptung 1919—1922

A) Innenpolitik

1. *Die Formierung der Opposition auf der Rechten*

Meinungsumschwung nach Versailles. Die Verfassung wurde im August 1919 verkündet, aber es konnte noch nicht verfassungsmäßig regiert werden. Der seit 1914 geltende Belagerungszustand wurde für viele Gebiete des Reiches zeitweise durch den Ausnahmezustand nach Art. 48 der Verfassung abgelöst. Hier und da flammten Unruhen auf, kam es zu wilden Streiks, Ausschreitungen und Blutvergießen (z. B. in Leipzig, Berlin, Hamburg, Oberschlesien). Immer noch glaubten Arbeiter, jetzt nicht nur solche von der radikalen Linken, von sich aus den Anstoß zur Sozialisierung geben zu können. Die Wirtschaft stellte sich erst allmählich auf die Friedensproduktion um, die Arbeitslosigkeit war noch nicht beseitigt. Inzwischen schritt die Geldentwertung fort.
Der neue Staat, der sich in diesen Wirren behaupten mußte, hatte geringe Aussichten, die Sympathien seiner Bürger zu erwerben. Sehr schnell war vergessen, daß nicht ihm die Schuld für die Not zufiel, sondern dem Kaiserreich. Vor allem konnten weite Kreise, in ihrem Nationalstolz tief getroffen, nicht verwinden, daß eine deutsche Regierung den „Schmachfrieden" angenommen hatte. Für sie war die Republik deswegen ehrlos. Außerdem wollten sie die militärische Niederlage aus verletztem Selbstgefühl nicht anerkennen. Der verbreitete Irrtum, es habe bis zuletzt militärisch noch ganz gut gestanden, das deutsche Heer sei „im Felde unbesiegt" geblieben, bestärkte sie in der Meinung, die vermeintlich plötzliche Wendung des Krieges sei auf Verrat zurückzuführen. So entstand die *Legende vom Dolchstoß,* den die Heimat dem siegreichen Heer in den Rücken versetzt habe. Hindenburgs Aussage am 18. November 1919 vor dem parlamentarischen Untersuchungsausschuß, der die Ursachen des Zusammenbruchs klären sollte, machte den Begriff populär:

> In dieser Zeit setzte die heimliche planmäßige Zersetzung von Flotte und Heer als Fortsetzung ähnlicher Erscheinungen im Frieden ein ... So mußten unsere Operationen mißlingen, es mußte der Zusammenbruch kommen; die Revolution bildete nur den Schlußstein. Ein englischer General sagte mit Recht: „Die deutsche Armee ist von hinten erdolcht worden." (Stenographischer Bericht über die öffentlichen Verhandlungen des Untersuchungsausschusses. Zit. nach: Ursachen und Folgen, Bd. IV, S. 8)

Mit diesem einprägsamen Bild faßte Hindenburg die Meinung aller derjenigen zusammen, die sich, bewußt oder unbewußt, die militärische Niederlage Deutschlands nicht eingestehen wollten. Kaum jemand erfuhr, daß kein alliierter Offizier die von Hindenburg vorgebrachte Äußerung so getan hatte.

Konservativer und „Neuer Nationalismus“. Die Anhänger der alten Ordnung überwanden in dieser für sie günstigen Atmosphäre verhältnismäßig schnell die Lähmung und Verwirrung der Revolutionszeit. Die *Deutschnationale Volkspartei,* in der sich 1919 die Konservativen aller Schattierungen zusammenfanden, trat am Ende des Jahres nach anfänglicher Vorsicht mit ihrem Bekenntnis zur Monarchie hervor. Es hieß jetzt in ihrer Presse:

Das ganze fluchwürdige System muß von dem deutschen Volke gesteinigt werden. („A“ [= Adolf Stein]: Friedrich der Vorläufige, die Zietz und die Anderen. Berlin 1919, S. 322)

Daneben wurde versichert:

Aber selbstverständlich empfehlen auch wir keine Restauration „im Heugabelsinne der Gewalt“... Die Angst vor dem weißen Terror, vor der blutigen Gegenrevolution, die in Scheidemanns Träumen spukt, ist eitel. Eines Tages ziehen wir uns die weiße Weste aus, streifen die Ärmel hoch, und die Novemberleute verschwinden lautlos, weil sie — keine Gefolgschaft mehr haben... Und in das gereinigte und wieder wohnliche Haus wird das Volk im Triumphzug den deutschen Kaiser heimholen. (a.a.O.)

Doch gleichzeitig regten sich in der Partei Kräfte, welche bestrebt waren, die Revolution durch die Gegenrevolution zu ersticken. Ähnlich sah es bei der neugegründeten *Deutschen Volkspartei* aus, in der sich Teile der Nationalliberalen sammelten.
Neben diesen restaurativen Strömungen bildete sich ein „Neuer Nationalismus“ heraus. Dieser Nationalismus war eine vielgestaltige Erscheinung. Unter dem Erlebnis des Krieges und nach der Enttäuschung über das Verhalten des Trägers der Krone fanden solche Ideen Anklang, die als oberste Tugend Liebe zum eigenen Volk und nicht zur Dynastie oder zu bestimmten Staatsformen priesen. Dies war auch der Kern der sogenannten völkischen Weltanschauung, die vor dem Kriege die Sache kleiner politischer Sekten gewesen war. Die *Völkischen* sahen im Staat eine künstliche Schöpfung und den höchsten Wert im „Volk“, das sie für ein Stück Natur hielten.

Wir müssen uns gerade an die unbewußten Mächte erinnern, die, jenseits von Absicht und Verstand, die Einheit eines Volkes bedingen: an die unbewußten Mächte der Natur, die in dem Boden unserer Heimat uns umgeben und in der Stimme unseres Blutes zu uns reden, die ein so geheimnisvolles und doch jedem unverbildeten Sinne deutlich wahrnehmbares Band um uns schlingen;... (Wundt, M.: Was heißt völkisch? Langensalza 1924, S. 36)

Der Kern der völkischen Lehren war der auf pseudowissenschaftlichen Rasselehren gegründete Antisemitismus (vgl. dazu VII 4 b). Aus ihnen wurde gefolgert, daß die Deutschen nur erstarkten, wenn die undeutschen Bevölkerungsteile ausgeschieden und die Wirkungen undeutschen Geistes in allen Lebensgebieten beseitigt würden. Da dem deutschen Wesen die industrielle Zivilisation mit ihrer Mechanisierung, Vermassung und Verstädterung feindlich sei, wurde die Rückkehr zu mehr bäuerlichen Lebensformen gefordert. Dabei gab es die verschiedensten Meinungen über den Kapitalismus, den manche in Grund und Boden verdammten, andere jedoch in einen undeutschen Finanz-Kapitalismus und einen deutschen Industrie-Kapitalismus aufteilen („raffendes und schaffendes Kapital“). Ähnliche Unterscheidungen wurden getroffen bei der Kunst und besonders bei der christlichen Religion. Gemeinsam war allen Völkischen — lange vor Beginn des Weltkrieges — die Betonung des Kampfes:

> Das deutsche Volk ist das Erobern sozusagen seiner Gesundheit schuldig: Das deutsche Volk muß sich seiner Rasse gemäß entwickeln, sonst wird seine Entwicklung keine gesunde sein. Wir sind Arier — seien wir es ganz. Die Arier sind aber stets ein Volk von Kriegern, Eroberern und Herren gewesen, das müssen sie auch bleiben, denn sie können nicht anders werden, ohne ihre Natur zu vergewaltigen — und dadurch zu entarten und im Mischlingstum verloren zu gehen. (Heimdall, Monatsschrift für deutsche Art. 1903, S. 28)

Die Völkischen waren zersplittert in Hunderte von Gruppen und Bünden, die sich Namen wie Deutschvölkischer Schutz- und Trutzbund, Germanen-Orden, Thule-Gesellschaft, Ostara-Kreis, All-Arier-Bund, Wälsungen-Orden, Germanische Glaubensgemeinschaft u. ä. zulegten. Eine Partei der Völkischen gab es nicht und sollte es auch nicht geben, denn die Parteien wie überhaupt das gesamte parlamentarische System galten den Völkischen als undeutsch. Ihr Ziel war es, als „Bewegung“ die bestehenden Parteien mit völkischen Gedanken zu durchdringen. Bedeutsam für das Gesicht des „Neuen Nationalismus“ waren die Zeiterlebnisse, die großen Ereignisse Krieg und Revolution, die besonders die Kriegsteilnehmer, also die Zwanzig- bis Dreißigjährigen, tief bewegten (vgl. auch VII 3). Mehr Hoffnung als Programm war auch der Gedanke, daß aus dem „Geist von 1914“ und der Erfahrung der *Frontkameradschaft* ein neues Gemeinschaftsgefühl erwachsen werde.

Hatte nicht — so fragten die Völkischen — gerade der Krieg den Weg zu einer *Volksgemeinschaft*, zu einem echten Sozialismus, nicht zum internationalen, zum *deutschen Sozialismus* gewiesen? War nicht der Gegensatz von Nationalismus und Sozialismus der Vorkriegszeit ein unnötiges Mißverständnis gewesen? *Oswald Spengler*, der Autor des Bestsellers „Der Untergang des Abendlandes“, gab in seiner vielgelesenen Schrift „Preußentum und Sozialismus“ darauf Antwort:

> Der deutsche, genauer preußische Instinkt war: die Macht gehört dem Ganzen. Der Einzelne dient ihm. Das Ganze ist souverän. Der König ist nur der erste Diener seines Staates (Friedrich der Große). Jeder erhält seinen Platz. Es wird befohlen und gehorcht. Dies ist, seit dem 18. Jahrhundert, autoritativer Sozialismus, dem Wesen nach illiberal und antidemokratisch... (Spengler, a.a.O. München 1920, S. 15)

Zu dem alten Nationalismus gehörte der Kaiser, zu dem neuen ein Führer, der die Ideen der Volksgemeinschaft und des deutschen Sozialismus verwirklichte. In einer anderen Schrift heißt es dazu:

> In unserem Elend sehnen wir uns nach dem Führer. Er soll uns den Weg und die Tat zeigen, die unser Volk wieder ehrlich machen können. Dies Verlangen bricht aus unseren Tiefen... Der Führer ist verantwortlich, d. h. er tut den Willen Gottes, den er in sich verkörpert... Gott schenke uns Führer und helfe uns zu wirklicher Gefolgschaft. (Becker, K.: Führerschaft. In: Deutschlands Erneuerung, 4, 1920, S. 563 ff)

Der „Neue Nationalismus“ verstand sich gegenüber den schlicht restaurativen Bestrebungen als revolutionär und war darum in den Parteien, Verbänden und Zirkeln, aus denen sich die „Nationale Opposition“ zusammensetzte, in ganz verschiedenem Grade wirksam, er wollte in die Zukunft weisen und nichts gemein haben mit allem „Reaktionären“. Deshalb fand er auch weitaus mehr Anklang als die kritiklose Verherrlichung des kaiserlichen Deutschlands. Dem kämpferischen Geist der Frontkämpfer entsprach die Methode der Gewaltanwendung, der „direkten Aktion“.

2. *Der Kapp-Putsch*

Das Heer und die Republik. Im Winter 1919/20 verstärkte sich die Zuversicht in nationalen Kreisen, daß Deutschland in Kürze den Schluß des „republikanischen Zwischenspiels“ erleben werde, denn die Truppe, die das „System“ bisher gegen Umsturzversuche verteidigt hatte, wandte sich mehr und mehr von ihm ab. Unter den Offizieren, besonders unter den Generalstäblern, gab es zwar manche, die sich auf den Boden der Tatsachen gestellt hatten und mit den neuen staatstragenden Parteien loyal zusammenarbeiteten. Die meisten höheren Offiziere dagegen — im Herzen immer noch monarchistisch — konnten es schwer ertragen, Diener eines von ihnen verachteten Staates zu sein, den sie für den 9. November und für Versailles verantwortlich machten.

Zum eigentlichen Herd der militärischen Opposition gegen die Republik hatten sich die Freikorps (vgl. III 1 c) entwickelt. Isoliert von der Gesellschaft, gehaßt von der Arbeiterschaft, beargwöhnt von der Regierung, hatten die Korps, von denen es schließlich bis zu 150 gab, zu dem neuen Staat kein inneres Verhältnis gefunden. Sie trennten scharf zwischen der „Schandregierung“, die sie für die Niederlage und für Versailles verantwortlich machten, und dem Vaterland, das sie retten wollten. In den Freikorps, die Frontkameradschaft und Führertum kultivierten, gedieh auch der neue, kämpferische Nationalismus.

Die Unzufriedenheit in der Armee erreichte ihren Höhepunkt, als zur Durchführung der Versailler Vertragsbestimmungen das Heer von 400 000 Mann allmählich auf 100 000 reduziert werden mußte. Mit der Verminderung des Heeres wurde im Herbst und Winter 1919/20 begonnen. Die Angehörigen der Freikorps sahen sich dadurch in ihrer materiellen Existenz bedroht und warfen der Republik Undankbarkeit vor. Sie hätten „die Kastanien aus dem Feuer holen“ müssen, als in Berlin, in Hamburg, im Ruhrgebiet, in Sachsen, in Bayern die „Roten“ nach der Macht griffen, als im Baltikum die Bolschewisten vordrangen und als die Polen in Oberschlesien die Grenzen verletzten. Ungefähr wie die Klage eines einfachen Freikorpskämpfers klangen die Beschwerden aller:

Wir haben Lust zum Dienst. Mancher ist auch gekommen, weil er arbeitslos war. Und nun sagte die Regierung, wir sollen aufgelöst werden. Da kann man sich doch glatt aufhängen. Im Zivil kriegt keiner von uns Arbeit, da heißt es, raus mit dem Noskehund. Und schlimmer als Noskehund ist Baltikumer, da wird man einfach kaltgemacht. Wir können gar nicht anders, wir sind für immer auf den Kommiß überschrieben ... Wir haben gute Offiziere, und der stramme Dienst macht Spaß. Aber wir werden von jeder Regierung betrogen. (Schüddekopf, O.-E.: Das Heer und die Republik. Quellen zur Politik der Reichswehrführung 1918—1933. Hannover und Frankfurt/Main 1955, S. 109)

Während es beim Militär gärte, wurde auch die nationale Opposition aktiv. Einer der rührigsten Verschwörer gegen die Republik war *Wolfgang Kapp*, ehemals ostpreußischer Generallandschaftsdirektor, Mitbegründer der Vaterlandspartei und Mitglied des Alldeutschen Verbandes. Dieser streitbare Monarchist war geschäftig, die verschiedenen nationalen Kreise für einen Staatsstreich zu gewinnen. Bis zu einem festen Plan und zu bindenden Abreden für den Umsturz waren seine Bemühungen aber noch nicht gediehen, als die Militärs von sich aus losschlugen.

Die Ereignisse in Berlin (11.—17. März). Im Frühjahr sollten zwei der schlagkräftigsten Freikorps aufgelöst werden. Die *Marinebrigade Ehrhardt* mit ihren 5000 Mann war deshalb auf dem Truppenübungsplatz Döberitz bei Berlin zusammengezogen worden. Korvettenkapitän Hermann Ehrhardt kündigte an, daß er und seine Leute sich der Auflösung widersetzen würden. General von Lüttwitz, der Oberbefehlshaber der Truppen in und um Berlin, machte sich zum Fürsprecher ihrer Forderungen und verlangte die Einstellung weiterer Truppenentlassungen und auch den Rücktritt des Reichspräsidenten und der Reichsregierung. Lüttwitz begab sich nach Döberitz, wo sich die Marinebrigade zum Marsch auf Berlin bereit machte. Noch am 11. März wurde er entlassen. In der Nacht vom 12. zum 13. März fand im Reichswehrministerium eine erregte Beratung zwischen Noske und der Reichswehrführung statt. General Reinhardt, der damalige Chef der Heeresleitung, berichtete darüber:

Darauf gaben Gen. v. Oven und Gen. v. Oldershausen ein Bild der Stimmung bei den Truppen in Berlin, wie es ähnlich Major v. Hammerstein schon entworfen hatte. Sie waren der Ansicht, daß Reichswehrtruppen niemals auf andere Reichswehrtruppen schießen würden. Wenn auch die Mehrzahl der Offiziere, insbesondere Oberst von Taysen, dem der Schutz der Reichskanzlei mit seinem Regiment übertragen war, ohne Zweifel ihre Pflicht bis zum äußersten tun würden, so müsse man doch als sicher annehmen, daß die Truppe in ihrer Gesamtheit nicht von der Waffe Gebrauch machen würde. In der Sicherheitspolizei sei die Stimmung die gleiche. Gen. v. Oven bemerkte hierzu noch, daß er auf der Rückfahrt von Döberitz nach Berlin bei der Brücke in Pichelswerder eine größere Anzahl von Offizieren der Sicherheitspolizei getroffen habe, die sich der Marinebrigade anschließen wollten. Außerdem habe er auf der Fahrt gehört, daß die Garnison Potsdam sich bereits der Bewegung angeschlossen habe und auch gegen Berlin marschiere. Es sprachen sich darauf Gen. v. Seeckt, Oberstlt. Wetzel, Major v. Hammerstein dahin aus, daß eine Spaltung in der Reichswehr im Hinblick auf den dann zu erwartenden Aufstand aller linksradikalen Elemente unter allen Umständen vermieden werden müsse. Aus diesem Grunde müsse man die Forderung an die Berliner Truppen, gegen die Marinebrigade zu kämpfen, fallen lassen. ... Der Chef der HL blieb demgegenüber bei seinem Entschluß, der Truppe den Befehl zu erteilen, sich zu schlagen. Er selbst wolle sich zur Truppe begeben und seinen Einfluß in diesem Sinne geltend machen. (Ernst, F.: Aus dem Nachlaß des Generals Walther Reinhardt. In: Die Welt als Geschichte, XVIII. Jg., 1958, S. 102)

General von Seeckt, als Chef des Truppenamtes ohne Befehlsgewalt über Truppenteile, meinte zu Noske:

Eine Felddienstübung mit scharfen Patronen zwischen Berlin und Potsdam können wir nicht machen. (Zit. nach Meier-Welcker, H.: Seeckt. Frankfurt a. M. 1967, S. 260)

Da nur der Chef der Heeresleitung zum Widerstand bereit war, mußte Noske auf einen militärischen Entscheidungskampf in Berlin verzichten. Von der Armee praktisch verlassen, flohen der Reichspräsident und fast alle Mitglieder des Kabinetts am 13. aus der Reichshauptstadt, zuerst nach Dresden, dann nach Stuttgart. Kurz darauf marschierte die Brigade Ehrhardt mit Hakenkreuzen an den Stahlhelmen, mit wehenden schwarz-weiß-roten Fahnen und klingendem Spiel durch das Brandenburger Tor ein. Kapp war erst spät verständigt worden, fand sich aber zusammen mit Ludendorff zur Begrüßung der Soldaten ein. Berlin wurde ohne Blutvergießen besetzt. Kapp, der sich selbst zum Reichskanzler und von Lüttwitz zum Oberbefehlshaber der Reichswehr ernannte, gab viele Erlasse heraus, fand aber wenig Gehorsam und Hilfe. Das war die Folge des selbständigen Losschlagens des Militärs. Das Bürgertum und große

Teile der Armee verhielten sich insgesamt abwartend, die Beamten folgten den Anordnungen der illegalen Regierung nicht.
Das Unternehmen war zum Scheitern verurteilt, bevor die Gewerkschaften den Generalstreik ausriefen. Die Folge war, daß die Arbeiter und Angestellten keine Hand für Kapp und seine militärischen Helfer rührten. Vergebens drohte Kapp mit der Todesstrafe. Seine Regierung agierte im Leeren. Am 17. März sahen alle Beteiligten ein, daß der Putsch zusammengebrochen war. Kapp und Lüttwitz flüchteten, die Brigade Ehrhardt marschierte wieder nach Döberitz zurück. Sie wurde vorläufig nicht aufgelöst, sondern gleich in Mitteldeutschland verwendet.

3. Die Opposition der Linken und der Ruhraufstand

Mißstimmung in der Arbeiterschaft. Von der Sozialdemokratischen Partei erwartete man — und zwar nicht nur in der Arbeiterschaft — nach der Revolution, daß sie als stärkste Regierungspartei ihr Ziel einer Sozialisierung der Privatwirtschaft verwirklichen würde. Der sozialdemokratische Reichswirtschaftsminister Rudolf Wissell wollte auch mit den Gesetzen über die Kohlen- und Kaliwirtschaft vom März 1919 (vgl. VI 5) den Weg zur Planwirtschaft ebnen. Im Sommer 1919 mußte er jedoch erkennen, daß die Spitzenfunktionäre seiner Partei ihm dabei nicht folgten. Er trat deshalb am 12. Juli 1919 zurück. In seinem Rücktrittsgesuch meinte er:

> Ich bin in klarer Erkenntnis der gegenwärtigen Not und der Wege, die allein aus ihr herausführen können, der Parteipolitik vorangeeilt. Die gegenwärtigen Politiker lehnen mich ab, weil sie das Problem, das Deutschland lösen muß, noch nicht begreifen und innerlich noch nicht fertig sind mit dem Problem der sozialen Revolution, in der wir uns noch immer befinden. (Ursachen und Folgen, Bd. III, S. 273)

Wissells Nachfolger als Reichswirtschaftsminister wurde Robert Schmidt (MSDP), ein erklärter Gegner der Planwirtschaft.
Als die sozialistische Arbeiterschaft erkannte, daß damit die Sozialisierung auf unbestimmte Zeit vertagt war, als sie wahrnahm, daß die Arbeiterräte durch die einflußlosen Betriebsräte ersetzt wurden (Betriebsrätegesetz vom 20. Februar 1920), kam es auch in ihr zu einer schleichenden Vertrauenskrise gegenüber dem neuen Staat. Immer schwerer wurde es Arbeitern, den Kurs der SPD-Parteiführung und der Gewerkschaften zu verstehen, die die sozialistischen Ziele opferten, um zusammen mit den bürgerlichen Koalitionspartnern eine nur liberal-demokratische Verfassungsordnung aufzubauen. Besonders erbitterte es, daß die Regierung, zu der viele Sozialisten gehörten, mit den als reaktionär bekannten Freikorps alle Versuche unterdrückte, die Entwicklung in sozialistischem Sinne zu korrigieren. Ein großer Teil der Arbeiter begann also den neuen Staat genauso radikal abzulehnen, wie — aus anderen Gründen — das nationale Bürgertum.
KPD und USPD konnten zu jener Zeit die Arbeitermassen nicht genügend lenken, denn die KPD hatte nur wenige Anhänger, und beide standen — ähnlich wie die Rechtsparteien — in schweren inneren Auseinandersetzungen über die Frage, ob ihre Ziele auf parlamentarischem oder außerparlamentarischem Wege verfolgt werden sollten. Dabei spaltete sich die KPD — die halbanarchistischen Elemente verlie-

ßen die Partei und gründeten die Kommunistische Arbeiter-Partei Deutschlands (KAPD) —; und die Flügel der USPD hielt auch nicht mehr als der Parteiname zusammen.

Gegenaktionen zum Kapp-Putsch. Der Kapp-Putsch bedeutete für große Teile der Arbeiterschaft eine Herausforderung. Die Arbeiter, oft unter der Führung ihrer Gewerkschaften, setzten sich entschlossen zur Wehr und ließen es in einigen Gegenden nicht beim Generalstreik bewenden. Angesichts des undurchsichtigen und an manchen Orten hochverräterischen Verhaltens der Truppen bewaffneten sie ihre Anhänger, bereit, die Republik und ihre Rechte zu verteidigen. Der Ausgang des Generalstreiks hob ihr Selbstbewußtsein außerordentlich. Verschiedentlich wurde verlangt, die amtierende Regierung durch eine reine Arbeiterregierung zu ersetzen und, als die Erregung stieg, die Räte wieder einzuführen und die Diktatur des Proletariats zu errichten. Im Ruhrgebiet, in Sachsen und Thüringen gingen die Selbstschutzgruppen der Arbeiter im März ihrerseits zum Angriff auf die Freikorps vor. Aus Zusammenstößen entwickelten sich regelrechte Bürgerkriegskämpfe. Im Ruhrgebiet bildete sich eine *Rote Armee,* die zum großen Teil aus ehemaligen Frontkämpfern und nicht nur aus Angehörigen von KPD und USPD bestand. Der Aufruf des Zentralrats der Vollzugsräte im Ruhrgebiet vom 28. März mußte unter diesen Umständen viel Anklang finden:

Arbeiter! Beamte! Angestellte!
Wir haben gekämpft für unsere Freiheit. Wir haben die Regierung Kapp durch unsere Geschlossenheit, durch unsere Entschlossenheit hinweggefegt. Die Gefahr ist nicht beseitigt. Der weiße Schrecken, der in Sachsen und anderen Landesteilen wütet, zeigt, wohin das Ziel der reaktionären Offiziere geht. Die Kappleute haben ihre Hoffnung noch nicht aufgegeben. Der 13. März wird sich in einigen Tagen wiederholen ...
Das Industriegebiet droht eine Hölle zu werden.
Arbeiter! Die Offizierskaste will Blut. Es sind ja nur Proleten, hüben wie drüben, die sterben. Bürger! Sollen unsere Toten umsonst den Tod gefunden haben? Sollen Eure Besten, die Führer hingemordet werden? Das wollt Ihr nicht! ...
(Zit. nach Spethmann, H.: Zwölf Jahre Ruhrbergbau, Bd. II. Berlin 1928, S. 191)

Der Regierung gelang es nur in beschränktem Maße, durch Amnestieversprechen und Zusagen über Auflösung der Freikorps die gemäßigten Elemente von den radikalen zu trennen. Der größte Teil der Roten Armee legte die Waffen nicht nieder, einzelne Banden begannen, durch Plünderung und Terrorjustiz die Bevölkerung zu drangsalieren. Darauf gab die Regierung im April den Befehl, den Widerstand mit der Waffe zu brechen. Freikorps, auch solche, die während des Kapp-Putsches gemeutert hatten, rückten in das Aufstandsgebiet ein. Sie übertrafen mit ihrem „weißen Terror" den „roten Terror" an Grausamkeit. Bis Anfang Mai war im Ruhrgebiet und in Mitteldeutschland jede Regung des Widerstandes erstickt.

4. Die Ergebnisse der Revolten

Das Strafgericht der Republik über ihre Feinde von rechts blieb aus. Lüttwitz, Kapp und Ehrhardt befanden sich im Ausland, die meisten anderen Putschisten wurden amnestiert. Nur der Prozeß gegen den früheren Polizeipräsidenten von Berlin en-

dete mit einer Verurteilung. Die Stellung Noskes war in seiner eigenen Partei ganz unhaltbar geworden. Zur Last gelegt wurde ihm seine Vertrauensseligkeit gegenüber den Offizieren, besonders aber das kraß unterschiedliche Vorgehen gegen die Kapp-Leute und die Arbeiter an der Ruhr und in Mitteldeutschland. Noske nahm gegen den Wunsch Eberts seinen Abschied und wurde durch Otto Geßler (DDP) ersetzt. Mit ihm ging auch der Chef der Heeresleitung, General Reinhardt, einer der wenigen regierungstreuen Offiziere; er wurde ersetzt durch General Hans von Seeckt.
Noch unter dem Eindruck des Kapp-Putsches und der Arbeiteraufstände wurden im Juni 1920 die Wahlen zum ersten Reichstag der Republik abgehalten. Ihr Ergebnis zeigte, wie sehr sich die politische Atmosphäre seit der Wahl zur Nationalversammlung verändert hatte (s. Tabelle 8 im Anhang). Die Rechte gewann außerordentlich viele Stimmen, ein Protest der bürgerlichen Wähler gegen die Republik. Die SPD mußte für ihre Koalitionstaktik bezahlen und verlor einen guten Teil ihrer Anhänger an die radikaleren Parteien (Totalverlust: 5 404 700 Stimmen). Demzufolge blieben die Stützen der Republik, die Parteien der Weimarer Koalition, in der Minderheit; sie errangen im Reichstag nie mehr eine Mehrheit. All die undankbaren Geschäfte, wie Abschluß des Waffenstillstandes, Liquidierung der Revolution, Entwurf einer neuen Verfassung und Unterzeichnung des Friedensvertrages, hatten ihrer Popularität sehr geschadet.
Unter den bestehenden Mehrheitsverhältnissen kamen nur noch Minderheitenkabinette zustande; zuerst eines der bürgerlichen Parteien (DDP, DVP, Zentrum), dann zwei der Weimarer Koalition unter dem Reichskanzler Joseph Wirth (Zentrum) (s. Tabelle 18 im Anhang). Diese Regierungen mußten die schwierigen Auseinandersetzungen mit den Siegermächten führen, sich um stabile wirtschaftliche Verhältnisse bemühen (vgl. IV B) und waren dabei immer noch bedroht vom Ausbruch des Bürgerkrieges. Auch nach dem Kapp-Putsch wurde allgemein in Deutschland am meisten der Angriff der Linksradikalen auf Ruhe und Ordnung befürchtet.

5. Die radikale Linke zwischen Resignation und Revolution

Spaltung und Untergang der USPD. Als böses Zeichen galt es, besonders im Bürgertum, daß so viele Arbeiter zur USPD umschwenkten. Der Radikalismus dieser Massenpartei bestand jedoch, genau besehen, nur im Protest gegen den „Verrat" der SPD an den Prinzipien des Sozialismus; die parlamentarische Tradition der Sozialdemokratie wurde nicht verworfen. Vergeblich aber suchte die USPD zwischen Revisionismus und bolschewistischer Revolution einen dritten Weg zum Sozialismus (vgl. III 1 b). 1920 kam es über dem Streit um den Beitritt zur Dritten — kommunistischen — Internationale zur Spaltung. Der linke Flügel trat gleich zur Kommunistischen Partei über, die Mehrheit näherte sich allmählich der MSPD, mit der sie sich im September 1922 wieder vereinigte.
Die revolutionäre Taktik der KPD. Die Kommunistische Partei war durch die Aufnahme der ehemaligen Unabhängigen aus einer politischen Sekte im Oktober 1920 unvermittelt zu einer Massenpartei mit etwa 360 000 Mitgliedern geworden. Zunächst setzte sich die „Ultralinke" durch, die nach bolschewistischem Beispiel durch

gewaltsame Aktion die Arbeiterklasse auf die Bahn der Revolution zwingen wollte. Vertrauend auf die Mißstimmung der Arbeiter und mit der inneren und äußeren Schwäche der Republik rechnend, beschloß die kommunistische Parteizentrale — ermutigt auch durch die Komintern — im März 1921, durch eine bewaffnete Aktion das Signal zur Revolution zu geben.
Der preußischen und der Reichsregierung waren die Vorbereitungen zu dieser Aktion nicht verborgen geblieben. Der preußische Innenminister Carl Severing ließ am 19. März die bekannten kommunistischen Unruheherde im Industriegebiet von Mansfeld und Merseburg durch schwerbewaffnete Polizeistreitkräfte besetzen. Dadurch hatten die Kommunisten einen einleuchtenden Grund für die Auslösung ihrer Aktion gefunden. Am 20. riefen sie den Generalstreik aus, der im übrigen Deutschland kaum beachtet wurde. Selbst die Arbeiterschaft im sächsischen Industriegebiet mußte, wie die Führer der KPD bedauernd feststellten, erst durch Agitation „hochgebracht" werden. Planlose Angriffe, Gewalttaten und Plünderungszüge — diese meist unter der Führung des von der Partei ausgeschlossenen Bandenchefs Max Hölz — kennzeichneten die „Aktion". Nur in Hamburg noch griffen kommunistische Werftarbeiter unter Thälmann zu den Waffen. Bis Ende März gewann die Polizei überall die Oberhand.
Die Kommunisten hatten eine schwere Niederlage erlitten. Ihr revolutionärer Elan war vertan, viele der tatkräftigsten Genossen hatten den Tod gefunden. Tausende von ihnen blieben für lange Jahre in Gefängnissen, die übrigen entmutigte die Passivität und Feindschaft ihrer proletarischen Klassengenossen.
Die Parteiführung suchte mit Hilfe der Komintern, auf die sie fortan angewiesen blieb, die Verantwortung für das Märzabenteuer zu verschleiern, indem sie es als Verteidigungsaktion des Proletariats darstellte. Immerhin zog man die Lehre, daß die deutsche Arbeiterschaft noch nicht reif für die Revolution sei, und gab als neue Parole aus: „Hinein in die Massen!"

6. Der Krieg der nationalen Geheimorganisationen gegen die Republik

Tarn- und Geheimorganisationen. Während die radikale Linke gemeint hatte, die Bedrängnis der Republik zu Konspiration und Revolution ausnützen zu müssen, bereiteten sich auch die Radikalen auf der Rechten auf weitere Umsturzversuche vor. Die Freikorps, nur offiziell aufgelöst, lebten unter verschiedenen Tarnbezeichnungen — Wehrverbände, Soldatenvereine, Sportklubs, Arbeitsgemeinschaften — fort. Alle warteten auf neuen Kampf, manche führten schon eine Art privaten Krieg gegen die „Judenrepublik". Der bekannteste und berüchtigste dieser Geheimbünde war die sogenannte „Organisation Consul" (O. C.), die Korvettenkapitän Ehrhardt — seit dem Kapp-Putsch formell steckbrieflich gesucht — aufbaute.
Diese Männer waren für jedes normale Leben untauglich geworden. Für sie hatte der Krieg nie aufgehört und sollte auch nie aufhören. Sie litten aber nicht an diesem Schicksal, sie genossen es. Der Schriftsteller Ernst Jünger gab ihrem Empfinden Stimme:

Der Krieg, aller Dinge Vater, ist auch der unsere, er hat uns gehämmert, gemeißelt und gehärtet zu dem, was wir sind. Und immer, solange des Lebens schwingendes Rad noch in uns kreist, wird dieser Krieg die Achse sein, um die es schwirrt. Er hat uns erzogen zum Kampf, und Kämpfer werden wir bleiben, solange wir sind. Wohl ist er gestorben, sind seine Schlachtfelder verlassen und verrufen wie Folterkammer und Galgenberg, doch sein Geist ist in seine Fronknechte gezogen und läßt sie nie aus seinem Dienst. Und ist er in uns, so ist er überall, denn wir formen die Welt, nicht anders, Anschauende im schöpferischsten Sinne. (Jünger, E.: Der Kampf als inneres Erlebnis. Berlin 1922, S. 2)

Jede höhere Autorität als die des Vaterlandes leugnend, fühlten sie sich als Vollstrekker des Willens der Nation, als Werkzeuge der Geschichte selbst. Sie gaben vor, einem „inneren Befehl" zu gehorchen, und fühlten sich befugt, im Namen des Volkes sich über alle Gesetze, staatliche wie moralische, hinwegzusetzen. Der Sinn des Handelns erschien ihnen weniger wichtig als die Tat an sich. Handeln, in Bewegung sein, „Aufbruch" war diesen ewig Unruhigen zum Selbstzweck geworden.

Die Taten der Geheimbünde. Welcher Taten konnten sich diese jungen Aktivisten rühmen? Tat — das war für sie gleichbedeutend mit Gewalttat. Für Jahre wurden also Mord, Sprengstoffanschlag, Körperverletzung — die Mittel zur Bekämpfung des Gegners im Kriege — gebräuchliche Formen der Auseinandersetzung mit politisch Andersdenkenden. Die Verschwörer entwickelten auch eine besondere Art der Selbstjustiz, die Feme. Ihr, d. h. dem unter Geheimbündlern abgesprochenen „Todesurteil", verfielen Abtrünnige aus den eigenen Reihen und Menschen — oft nur auf Verdacht —, die den Gesetzen gehorchten, indem sie den Behörden z. B. Waffenverstecke meldeten, denn das war für die Fememörder ein Vergehen gegen die Nation.

Bezeichnend für die Veränderung der Wertvorstellungen, die sich angebahnt hatte, war die Tatsache, daß diese Verbrecher auf die Sympathie und die Unterstützung des nationalgesinnten Bürgertums rechnen konnten. Kreuz- und Querverbindungen zu Justiz- und Verwaltungsbehörden bewährten sich, wenn es darum ging, Verbrechen zu vertuschen, die Flucht zu begünstigen oder Gefangene zu befreien. Wenn aber ein junger Pistolenschütze oder Bombenwerfer vor Gericht stand, dann konnte er hoffen, daß die Richter Verständnis für seine „nationale Tat" aufbrachten und ihm mildernde Umstände zubilligten. Vom Ende des Jahres 1920 an setzte eine Welle von Attentaten gegen Exponenten der Republik ein. Hier einige „Fälle" dieser Mordserie:

In München wurde der USPD-Politiker Gareis im Juni 1921 erschossen. Er wußte zuviel von der Untergrundtätigkeit der vaterländischen Verbände.

Auf Philipp Scheidemann und Maximilian Harden, einen journalistischen Kritiker des Wilhelminischen Staates, wurden Anschläge ausgeführt. Beide blieben jedoch am Leben, Harden mit bleibenden körperlichen und geistigen Schäden.

Am 26. 8. 1921 brachten zwei Angehörige der „Organisation Consul" Matthias Erzberger um.

Matthias Erzberger wurde 1875 in Buttenhausen (Württemberg) geboren. Die große Familie des Schneidermeisters Erzberger gehörte zu den wenigen Katholiken im Dorfe. Matthias bot wie vielen begabten Jungen aus bescheidenen Verhältnissen der Beruf des Volksschullehrers die Möglichkeit, sozial aufzusteigen. Den jungen Lehrer zog es aber zur Politik. 1895 fiel einem Priester bei einer Versammlung der eifrige Debattierer auf, und er bot ihm an, in die Redaktion einer katholischen Zeitung einzutreten.

Der Weg zum Berufspolitiker. Während seiner politischen Lehrjahre war Erzberger Agitator, Organisator und Schriftsteller für die Zentrumspartei und den Volksverein für das katholische Deutschland. Mit ungemeinem Fleiß nahm er jede Gelegenheit wahr, Ersatz für die ihm fehlende wissenschaftliche Ausbildung zu finden. Er trieb volkswirtschaftliche Studien, lernte alles Nötige über Sozial- und Finanzpolitik. Diesen talentierten jungen Mann schickte die Zentrumspartei schon 1903 in den Reichstag, wo er bald von sich reden machte.

Den meisten Abgeordneten seiner Fraktion hatte Erzberger voraus, daß er keine Sitzung wegen anderweitiger Tätigkeit zu versäumen brauchte. Er gehörte zu dem neuen Typ des Nur-Politikers, des Berufspolitikers. In kurzer Zeit hatte sich der vielgeschäftige Mann in die vorderste Linie der Zentrumspolitiker des linken Flügels gedrängt, und bald war Erzberger ein Begriff für alle an der sozialen Gesetzgebung interessierten Kreise. Er kümmerte sich besonders um die Belange benachteiligter Gesellschaftsgruppen. Großes Aufsehen erregte der Zentrumspolitiker 1906/07, als er auf eigene Faust die Mißstände bei der Verwaltung der deutschen Kolonien aufdeckte. Zum erstenmal traf ihn dabei der Haß der „Überpatriotischen". Erzberger hatte Erfolg, und diesen Erfolg verdankte er vor allem seinen Fähigkeiten. Er hatte einen scharfen, klaren Verstand und ein fabelhaftes Gedächtnis. Dazu kamen eine unermüdliche Arbeitsfreude, starkes Selbstvertrauen und ein impulsives Temperament, das ihn gelegentlich in Schwierigkeiten brachte. Dieser Mann, von großer, schwerer Gestalt, mit einem verschmitzten Ausdruck im runden, rosigen Gesicht, war von mächtiger Vitalität. Ein guter Freund charakterisierte ihn einmal:

Das Leben schmeckte ihm, das sah man ihm an, er hatte Lust zu seinen Tätigkeiten, Lust an der Politik, Lust an der Macht, Lust an der Förderung seiner Freunde, Lust an Wein, Braten und eine gut katholische Lust an Gott. (Zit. nach Epstein, K.: Matthias Erzberger und das Dilemma der deutschen Demokratie. Berlin 1962, S. 21)

Eine andere Seite seines Wesens, seine Beweglichkeit und Anpassungsfähigkeit, hat man ihm zu Unrecht als Opportunismus ausgelegt. Festhalten an Irrtümern als Überzeugungstreue auszugeben, hielt er für lächerlich. Doch er hatte Grundsätze, von denen er sein ganzes Leben nicht abging. Das Christentum streng katholischer Prägung vor allem war ihm das unverrückbare Fundament seines Daseins. Auch wenn es um die soziale Gerechtigkeit ging, ließ er nicht mit sich markten.

Erzberger als Sündenbock der Rechten. Erzberger fiel es — im Unterschied zu vielen anderen Politikern — leichter, sich von den Anschauungen der Vorkriegsepoche zu lösen und sich im Kriege von einem radikalen Annexionisten zum Vertreter des Verständigungsfriedens zu wandeln. Seine Initiative zur Reichstagsresolution, seine Tätigkeit als Vorsitzender der Waffenstillstandskommission in Compiègne — eine Rolle, die ihm von den Militärs zugeschoben worden war —, sein Eintreten für die Unterzeichnung des Versailler Friedens waren dabei von starkem Patriotismus getragen. Aber gerade das glaubten seine Gegner nicht. Vielmehr unterstellten sie Erzberger für sein Handeln die niedrigsten Motive, Verrat an seinem Volk, Handlangertätigkeit im Dienste fremder Interessen. Das überlegene und selbstbewußte Auftreten des Politikers reizte besonders zu Angriffen.

Im Kabinett Bauer wurde er Vizekanzler und Finanzminister. Jedermann wußte, daß er der „heimliche Kanzler" war. Auch seine bedeutsamste Maßnahme, die große Reichsfinanzreform, brachte ihm neue Gegner im Bürgertum. Allmählich wurde er geradezu mit dem neuen Staat identifiziert, und wer den Staat haßte, haßte Erzberger. In immer wiederholten Artikeln wurde der Minister der gemeinsten privaten und öffentlichen Verbrechen, von der Korruption bis zum Landesverrat, beschuldigt. Eine dieser Erklärungen endete:

Das ist Herr Erzberger, dessen Name trotzdem für alle Zeit mit Deutschlands Not und Deutschlands Schmach unlösbar verbunden sein wird!

Das ist Herr Erzberger, der das deutsche Volk mit dem geringen moralischen, politischen und

wirtschaftlichen Kapital, das es aus dem Zusammenbruch noch gerettet hat, zur gänzlichen Vernichtung führen wird, wenn ihm nicht endlich das Handwerk gelegt wird!
Deshalb gibt es für das deutsche Volk nur eine Rettung. Überall im Lande muß mit unwiderstehlicher Gewalt der Ruf ertönen:
Fort mit Erzberger!
(Helfferich, K.: Fort mit Erzberger! Berlin 1919, S. 83)

Dadurch aufgehetzt, verübte ein ehemaliger Fähnrich ein Attentat auf den Minister, das mißlang. In dem Gerichtsverfahren, das Erzberger 1920 gegen seinen Verleumder anstrengte, bestätigte das Gericht, offensichtlich voreingenommen, in seinem Urteil einige der gegen ihn vorgebrachten Anschuldigungen als wahr. Die Feinde der Republik jubelten über den Verlauf des Prozesses und den Rücktritt Erzbergers von seinem Amt.
Die Ermordung. Erzberger benutzte die ihm auferzwungene Muße, um sich vor der Öffentlichkeit zu rechtfertigen und durch sehr detaillierte Verteidigungsschriften seinen guten Ruf wiederherzustellen. Als im Sommer 1921 die Meldung lanciert wurde, seine Rückkehr in die Politik stehe unmittelbar bevor, wurde er bei einem Spaziergang an seinem Urlaubsort im Schwarzwald am 26. 8. von zwei ehemaligen Offizieren erschossen.
Für die freudige Stimmung in nationalen Kreisen hier nur eine von vielen Stimmen. In einer ostpreußischen Zeitung vom 27. 8. hieß es:

Erzberger, den „Vielgeschmähten", hat das Schicksal ereilt, das ihm wohl die meisten national denkenden Deutschen gegönnt haben ... Ein Mann, der wie Erzberger wohl die Hauptschuld am Unglück unseres Vaterlandes hatte, mußte, solange er am Leben war, eine stete Gefahr für Deutschland bleiben. Es mag roh und herzlos klingen, solche Worte einem Toten nachzurufen, aber durch Gefühlsduselei kommen wir nicht weiter. Haß müssen wir säen! ... (Zit. nach Epstein, K.: Matthias Erzberger und das Dilemma der deutschen Demokratie. Berlin/Frankfurt a. M. 1962, S. 433)

Schließlich wagte die O. C. einen Hauptschlag: Der damalige Außenminister *Walther Rathenau* wurde am 24. 6. 1922 in Berlin auf der Fahrt ins Auswärtige Amt ermordet. Schon vorher hatte ein bezeichnender Vers Verbreitung gefunden:

Schlagt tot den Walther Rathenau, die gottverdammte Judensau!

Die Mörder, ehemalige Offiziere, haßten ihn nicht nur — wie besonders die Völkischen — als den „undeutschen", rassefremden Bourgeois, sie fürchteten ihn wegen seiner großen Fähigkeiten. Sein Mörder soll vor seiner Tat gesagt haben:

Aber wenn dieser Mann dem Volke noch einmal Glauben schenkte, wenn er es noch einmal emporrisse zu einem Willen, zu einer Form, die Willen und Form sind einer Zeit, die im Kriege starb, die tot ist, dreimal tot, das ertrüge ich nicht. (Salomon, E. v.: Die Geächteten. Reinbek 1962, S. 213)

Die Haupttäter endeten, von der Polizei einige Tage später gestellt, durch fremde bzw. eigene Waffe. Der Mord an Rathenau vermochte erstmals die gesamte deutsche Öffentlichkeit tief aufzuwühlen, denn Rathenau war, anders als die übrigen Opfer, in weiten Kreisen des Bürgertums beliebt gewesen. Reichskanzler Wirth rief im Reichstag aus, indem er auf die rechte Seite des Hauses wies: „... dieser Feind steht rechts!"
Das Gesetz zum Schutz der Republik. Am 21. 7. 1922 nahmen daraufhin alle Fraktionen des Reichstages mit Ausnahme der DNVP, der Bayerischen Volkspartei und der KPD das Gesetz zum Schutze der Republik an, in dessen § 1 es heißt:

Wer an einer Vereinigung oder Verabredung teilnimmt, zu deren Bestrebung es gehört, Mitglieder einer republikanischen Regierung des Reiches oder eines Landes durch den Tod zu beseitigen, wird mit Zuchthaus nicht unter fünf Jahren oder mit lebenslangem Zuchthaus bestraft. (Ursachen und Folgen, Bd. IV, S. 234)

Mit diesem Gesetz war es möglich, die Nachfolgeorganisationen der Freikorps zu verbieten und das Treiben der Mordaktivisten einzudämmen.

B) Außenpolitik

1. Die zwischenstaatlichen Beziehungen

Zu einer Überwindung des übersteigerten Nationalismus bei Siegern und Besiegten, zu einer neuen Ära in den zwischenstaatlichen Beziehungen hätte der Völkerbund führen können. Allerdings fehlte vorerst die wichtigste Voraussetzung dafür, daß nämlich die USA die ihr zugefallene Führungsrolle in der Welt und besonders in Europa weiterspielte und durch ihre Macht und Autorität jeden Versuch des Rückfalls in die früheren Machtkämpfe entmutigte. Europa war wegen des amerikanischen Rückzugs in die Isolation wieder sich selbst überlassen, und die europäischen Großmächte hielten sich weiter an die Mittel, mit denen sie vor dem Kriege ihre Machtstellungen aufrechterhalten hatten. England versuchte es noch einmal mit der „balance of power“ und Frankreich mit einem Allianzsystem.

2. Die Deutschlandpolitik der Alliierten

Fast zwangsläufig ergaben sich daraus für die Mächte verschiedene Ausgangspunkte für ihre Politik gegenüber Deutschland. Clemenceau hatte gesagt, daß die Seele des Friedensvertrages die Solidarität der Alliierten sei; aber gerade diese Solidarität verlor sich im Laufe der Jahre, als es um die Ausführung des Friedensvertrages ging.
England wünschte zwar, daß die territoriale Ordnung, wie sie in den Pariser Verträgen festgelegt war, möglichst erhalten bleiben sollte, war aber nicht bereit, die Westgrenzen Polens mit allen Mitteln zu verteidigen. Es lag ihm vor allem nicht daran, in Mitteleuropa ein Machtvakuum bestehen zu lassen, das einerseits die Expansion Rußlands herausfordern und die Ausbreitung des Bolschewismus begünstigen mochte, andererseits den französischen Alliierten verleitete, seine zeitweilige Vormachtstellung zu mißbrauchen. Man fühlte sich nach wie vor sicher auf der Insel im Schutz der Flotte und neigte daher zur Mäßigung. Die englische Politik, an deutschen Wiedergutmachungsleistungen weniger als am Handel mit einem wirtschaftlich stabilen Partner interessiert, strebte danach, die Weimarer Republik allmählich in den Kreis der westeuropäischen Mächte einzubeziehen.
Frankreich dagegen fürchtete die Rache des Besiegten, der sich nicht mit der Entscheidung von 1918 abgefunden hatte. Es wußte sich in der Bevölkerungszahl und in der Kapazität seiner wirtschaftlichen Produktion Deutschland unterlegen. Sicherheit vor der Gefahr schien nur die Fortdauer des Zustandes zu bieten, wie ihn der Versailler Vertrag festgelegt hatte. Sicherheit gaben vor allem die vertraglich verbürgten Zusagen amerikanischer und englischer Hilfe für den Fall eines erneuten deutschen

Angriffs. Da aber die Parlamente in den USA und England die Ratifizierung der Friedensverträge verweigerten, sah sich Frankreich gezwungen, auf andere Weise für seine Sicherheit zu sorgen. Es mußte sein Heer in einer für Friedenszeiten unverhältnismäßigen Stärke belassen. Es begann mit Erfolg, sich des Völkerbundes als Garanten und Schützers des Status quo zu bedienen. Außerdem baute es, da es die Allianzen mit den Hauptmächten nicht bekommen konnte, ein Bündnissystem in Form von zweiseitigen Militärpakten mit Polen und der sogenannten „Kleinen Entente" auf (Tschechoslowakei, Rumänien, Jugoslawien), um Deutschland vom Westen wie vom Osten in Schach halten zu können. Jede französische Regierung mußte darauf bestehen, daß Deutschland den Vertrag genau erfüllte, schon weil es im eigenen Lande eine ultranationalistische Opposition gab, der die Versailler Regelung, die Frankreich die Rheingrenze versagte und Deutschland als Einheitsstaat bestehen ließ, nur Stückwerk bedeutete. Sehr groß war auch die Zahl der Franzosen, die Anspruch auf Schadenersatz hatte. Die Ungeduld, mit der die Geschädigten auf den Zustrom der deutschen Reparationen warteten, übertrug sich auf die französische Außenpolitik.

3. Deutschland und die Siegermächte

Die Erfüllungspolitik. Deutschland war in der Nachkriegsepoche nicht in der Lage, aktive Außenpolitik zu treiben. Was sich Außenpolitik nannte, bestand eigentlich nur in Unterhandlungen über die Erfüllung des Friedensvertrages; die „Erfüllungspolitik" sollte nur beweisen, daß selbst bei gutem Willen der Vertrag unerfüllbar sei. Daß der Beweis guten Willens kaum zu erbringen war, zeigte schon der *Streit um die Entwaffnung.* Die Alliierte Kontrollkommission sah sich 1920 zu ernsten Beschwerden veranlaßt, weil der Abbau des deutschen Heeres und die Auflösung der halbmilitärischen Verbände nur sehr langsam vor sich gingen. Der Hinweis der deutschen Regierung, daß das Reich seinen Verpflichtungen wegen der unsicheren Lage im Innern und an der bedrohten Ostgrenze nicht nachgekommen sei, daß es auch weiterhin eine starke bewaffnete Macht zur Abwehr des Kommunismus brauche, fand keinen vollen Glauben. Unter Androhung von Vergeltungsmaßnahmen (Sanktionen), d. h. Besetzung weiterer deutscher Gebiete, erreichten die Alliierten im Jahre 1920 schließlich die Herabsetzung der Heeresstärke am 1. 1. 1921 auf 100 000 Mann. Deutschland war jedoch nicht mehr in der Lage, den Frieden Europas zu gefährden. Im Jahre 1927 beendete die Alliierte Kontrollkommission ihre Tätigkeit (vgl. X 4).

Die Frage der Reparationen. Unter Erfüllung des Friedensvertrages verstanden Sieger wie Besiegte neben der Entwaffnung die Zahlung der Reparationen. Weil der Vertrag keinen von Deutschland aufzubringenden Gesamtbetrag nannte, wurde in den Jahren 1919 bis 1921 auf vielen Konferenzen versucht, seine Höhe endgültig festzulegen. Inzwischen erhielten die Alliierten von Deutschland erhebliche Vorleistungen in Form von Goldmarkzahlungen und Sachlieferungen, die auf die Reparationssumme angerechnet werden sollten.

Im Jahre 1921 einigten sich die Alliierten, die Einzelansprüche ungefähr zusammenzählend, auf den Gesamtbetrag von 269 Milliarden Goldmark. Da sich die deutsche Regierung weigerte, dem Zahlungsplan zuzustimmen, wurden als Sanktion Düsseldorf, Duisburg und Ruhrort militärisch besetzt. Schließlich stellten die Alliierten den Deutschen ein auf sechs Tage befristetes Ultimatum. Entweder erkannte das Reich den inzwischen auf 132 Milliarden Goldmark ermäßigten Reparationsbetrag an, oder die Alliierten besetzten das Ruhrgebiet *(Londoner Ultimatum vom 5. 5. 1921).* Unter diesem schweren Druck fügte sich die Reichsregierung (Reichskanzler Wirth) dem Verlangen.

Deutschland zahlte die ersten Raten der ihm auferlegten Summe (jährlich etwa 3 1/2 Milliarden Goldmark), erklärte sich aber schon am 14. Dezember 1921 für zahlungsunfähig. Hatte es — wie auf alliierter Seite vermutet wurde — übertrieben, oder war es nach so kurzer Zeit wirklich schon an der Grenze seiner Leistungsfähigkeit angekommen? Konnten Summen in solcher Höhe überhaupt einer Volkswirtschaft fortlaufend entzogen werden, ohne daß sie ernsthaft Schaden nahm? Niemand wußte das damals genau, niemand hatte vorher Erfahrungen mit ähnlichen Transaktionen gemacht.

4. Die wirtschaftliche Seite des Reparationsproblems

Zu wenig achtete man in jener Zeit, als die Reparationssumme und die Zahlungsweise vorwiegend die Bedürfnisse der Gläubiger berücksichtigte, darauf, daß einige grundlegende Voraussetzungen erfüllt sein mußten, damit Wiedergutmachungen ihren Sinn erfüllten.

Die erste Voraussetzung war, daß der deutsche Staat die ihm auferlegte Schuld von seinen Bürgern als Steuer einzog und zugleich einen ausgeglichenen Staatshaushalt führte, d. h. keine Schulden machte. Weiter mußte der Export derartig gesteigert werden, daß er den Wert der abfließenden Reparationssummen mehr als ersetzte, so daß sie direkt wohl in Geld, indirekt aber in Waren bezahlt werden konnten. Auf der Seite der Gläubiger mußte die Bereitschaft bestehen, deutsche Importe aufzunehmen. — Wie sah es nun damals in der Wirklichkeit aus?

Die Wirtschaftspolitik der Siegermächte. Das Reparationsproblem wurde nicht als eine gemeinsame Aufgabe der Weltwirtschaft gesehen, sondern nur als Angelegenheit des nationalen, d. h. egoistischen Interesses. Die Gläubiger z. B. dachten, es sei lediglich Deutschlands Sache, sie zufriedenzustellen. Noch unüberlegter: Dem auf Exporte angewiesenen Land wurde es sogar durch kollektive Vorurteile (stiller Boykott), einflußreiche Gruppeninteressen — z. B. die der französischen und englischen Schwerindustrie gegen unterbietende Konkurrenz — und staatliche Schutzzollpolitik erschwert, seine Güter im Ausland abzusetzen. So blieben etwa die USA wegen ihrer hohen Zollmauern den deutschen Waren fast ganz verschlossen. Aber noch schwerer fiel ins Gewicht, daß sich in den Gläubigerländern die Kaufkraft durch den Geldzufluß gar nicht verstärkte, denn alle diese Länder waren gegenseitig, vor allem aber an die USA vom Kriege her hoch verschuldet; ein großer Teil der Reparationen floß daher in die USA.

Die Finanzpolitik Deutschlands. In Deutschland blieb man bei der Finanzpolitik der Kriegszeit (vgl. I 2 b). Das war auf weite Sicht gefährlich, im Augenblick aber wegen der Kriegsfolgelasten schwer zu vermeiden: Ausgaben für die Demobilisierung der Truppen, für die Kriegsopferversorgung, für Erwerbslosenfürsorge, Wohnungsbeschaffung, Wohlfahrtspflege, Flüchtlingsfürsorge, für den Einkauf von Lebensmitteln im Ausland, für die Kriegsanleiheschulden, dazu Zahlungen im Rahmen der Waffenstillstandsbedingungen, Kosten für die Besatzungstruppen usw. Verhängnisvoll war es auch, daß sich die Reichsregierungen nicht mehr an eine ordentliche Haushaltswirtschaft gewöhnten. Allerdings wurden Steuern ausgeschrieben, z. T. sogar sehr hohe, um auch die Kriegsgewinne zu erfassen. Aber die Finanzgesetze und Steuerreformen berücksichtigten die fortschreitende Geldentwertung zu wenig. Die Steuer reichte, wenn sie einkam, nicht aus, weil sie schon wieder entwertet war. Der Staat bediente sich darum des alten „bewährten" Mittels: Er setzte die Notenpresse in noch schnellere Bewegung. Mit anderen Worten: Die Regierungen arbeiteten mit einem ständig größer werdenden *Defizit* und trugen damit entscheidend zum *Verfall der Währung* bei. Das Defizit vergrößerte sich weiter durch die Reparationszahlungen. Jetzt mußte Deutschland Devisen kaufen, um seine Schuld zu bezahlen, und es warf dafür große Papiergeldmengen auf den Markt. Sofort merkte die internationale Finanzwelt, daß die Mark nicht mehr zu retten war, und die Wechselkurse sanken schnell. Der Beginn der Reparationszahlungen beschleunigte das Tempo der Markentwertung, hat sie aber nicht hervorgerufen.

Die Reichsfinanzen 1920 bis 1923
(in Millionen „Kaufkraft-Mark")

1. April bis 31. März	Einnahmen	Ausgaben	Ausgaben-Überschuß
1920/21	4 091	11 266	7 175
1921/22	5 236	11 964	6 728
1922/23	3 529	9 665	6 136
1923/24	1 245	12 977	11 732

(nach Stolper, G.: Deutsche Wirtschaft seit 1870. Tübingen 1964, S. 96)

Für und wider eine Währungsreform. In diesem Stadium, also etwa in den Jahren 1921 bis 1922, war der Budgetausgleich schon nicht mehr auf konventionelle Weise durchzuführen. Mit einschneidenden Maßnahmen zur Ausbalancierung des Haushalts mußte eine gleichzeitige und drastische Währungsreform verbunden werden, d. h. eine Art Staatsbankrott erklärt werden.

Der deutschen Regierung und der Reichsbank wurden in dieser Zeit oftmals Vorschläge in dieser Richtung gemacht. Aber viele Politiker sahen damals nicht den Zusammenhang zwischen Währungsverfall und fehlendem Budgetausgleich. Man glaubte, daß das Fallen der Mark im Überwiegen der Importe über die Exporte begründet war. Also verhielt man sich passiv und ließ das Übel sich verstärken. Es bestand häufig genug die Meinung, daß es keinen Zweck habe, die Währung zu sanieren, solange die hohen Reparationsleistungen auf dem Budget lasteten. Die meisten Deutschen glaubten, daß die Entwertung der Markt, die Teuerung, allein auf die Reparationforderungen zurückzuführen sei. Je schlimmer die Folgen der Inflation für den einzelnen wurden, desto mehr wurden die Alliierten und ihr Friede verwünscht, der anscheinend Deutschland ins wirtschaftliche Chaos riß.

Die Regierungen ihrerseits bedienten sich bei ihren Verhandlungen mit den Alliierten der Inflation als eines Druckmittels, um Erleichterungen der Reparationslasten herauszuschlagen. Sie erreichten auch gewisse Zahlungsaufschübe, weil die Inflation

Deutschland tatsächlich zahlungsunfähig gemacht hatte. Die Reparationen mußten in Gold geleistet werden und konnten nicht wie die anderen Staatsschulden in Papiergeld gezahlt werden.

5. Der Streit um Deutschlands Zahlungsfähigkeit

Rathenau, der seit 1921 Minister für den Wiederaufbau und seit Januar 1922 Außenminister war, beschwor auf mehreren Konferenzen seine Verhandlungspartner David Lloyd George und Aristide Briand, um für Deutschland ein Moratorium und eine Ermäßigung der Geldzahlungen zu erlangen. Die Alliierten waren von Rathenaus Argumenten — soweit sie die Kausalkette Reparationen-Inflation betrafen — wenig beeindruckt. Sie verlangten kategorisch, daß Deutschland zuerst seine Währung stabilisieren und sein Budget ausgleichen solle. Die Alliierten fanden, daß die Deutschen die Inflation als Vorwand benutzten, weil die deutsche Regierung und die deutschen Finanzexperten alles treiben ließen und immer wieder von den Alliierten Entgegenkommen forderten.

Die Krise der Erfüllungspolitik. Die Aussichten für Deutschland verschlechterten sich noch mehr, als 1922 Raymond Poincaré wieder Ministerpräsident wurde. Ein Abweichen vom Buchstaben des Vertrages wäre ihm wie ein Verrat an den Gefallenen Frankreichs vorgekommen. Poincaré war entschlossen, die Reparationsfrage nicht weiter durch Zahlungsaufschübe und Anleiheforderungen für die Deutschen verschleppen zu lassen.

Die deutsche Erfüllungspolitik konnte ihr letztes Ziel, die Revision der Vertragsbestimmungen, nicht erreichen, solange Poincaré die Politik Frankreichs bestimmte.

6. Deutschland und die Oststaaten

Deutsch-polnische Grenzprobleme. Zu dieser Enttäuschung kam noch eine andere. Als das Londoner Zahlungsabkommen angenommen wurde, hofften die Deutschen, daß durch ein Entgegenkommen in der Reparationsfrage Oberschlesien für das Reich zurückgewonnen werden könnte. Das Abstimmungsergebnis vom 20. März 1921 war für Deutschland sehr günstig gewesen. 707 000 Oberschlesier hatten sich für Deutschland entschieden und 479 000 für Polen. In der Freude über den Abstimmungserfolg übersahen die Deutschen, daß im Versailler Vertrag eine Teilung des Gebietes auf alle Fälle ins Auge gefaßt war. Als die Polen, enttäuscht über den Ausgang des Plebiszits, durch einen Aufstand sogleich vollendete Tatsachen herbeiführen wollten, nahm Deutschland den Kampf mit den polnischen Insurgenten auf. Die Freikorps waren wieder zur Stelle, verstärkt durch jugendliche Freiwillige aus dem ganzen Reich. In einem Feldzug, der von beiden Seiten gegen die Regeln des Völkerrechts mit äußerster Brutalität geführt wurde, siegten die deutschen Freischärler. Den Alliierten gelang es allmählich, wieder geordnete Verhältnisse herzustellen. Als aber der Völkerbundsrat am 12. Oktober 1921 beschloß, das Industriegebiet dennoch zu teilen, fühlten sich die Deutschen erneut betrogen. So konnten die Nationalisten aus der allgemeinen Empörung Kapital schlagen, indem sie den Staat verächtlich machten, der ohnmächtig solche Demütigungen erduldete.

Deutschland und die Sowjet-Union. Nur kurz dagegen war die Genugtuung über die erste selbständige Handlung der deutschen Außenpolitik, den *Vertrag mit der Sowjet-Union von Rapallo* vom 16. 4. 1922. Er war vorbereitet durch eine begrenzte Zusammenarbeit der Reichswehr und der Roten Armee seit 1920 (Austausch von Offizieren zur kriegstechnischen Fortbildung, Entsendung deutscher Reichswehrangehöriger zu Lehrgängen auf sowjetischen Panzer- und Fliegerschulen). Weitergehende Absichten im Sinne eines deutsch-sowjetischen Bündnisses, wie sie etwa General von Seeckt verfolgte, wurden im Auswärtigen Amt und von Reichspräsident Ebert nicht sehr geschätzt. Immerhin war — auch durch einen Handelsvertrag — das Terrain für ein Übereinkommen schon so vorbereitet, daß man sich bei Gelegenheit der Konferenz zu Genua leicht einigen konnte. In Rapallo verzichteten beide Seiten ausdrücklich auf den Ersatz der Kriegskosten und Kriegsschäden. Ein weiterer Artikel des Vertrages räumte für die beiderseitigen Handels- und Wirtschaftsbeziehungen die Meistbegünstigung ein. Deutschland war damit als erste der Mächte in ein normales Verhältnis zu der jungen Sowjet-Union getreten.

Als die Nachricht von der deutsch-russischen Verständigung in der Weltöffentlichkeit bekannt wurde, entrüstete man sich allenthalben über die Treulosigkeit und Hinterhältigkeit der Deutschen. Es wurde vermutet, daß noch andere, geheime Abmachungen über Waffenhilfe getroffen worden seien. Im Westen dachten viele wie Poincaré:

> Es liegt auf der Hand, daß ganz Deutschland den Bestimmungen des Vertrages von Rapallo viel weniger Wirklichkeit beilegt als seiner allgemeinen Bedeutung; daß es darin den ersten Schritt zu einer engen Annäherung an Rußland sieht, die ihm helfen soll, die Westmächte in Schach zu halten und seine Revanche vorzubereiten. (Schreiben Poincarés an den französischen Botschafter in London, 2. 5. 1922. Ursachen und Folgen, Bd. VI, S. 586)

Stellte der Vertrag von Rapallo tatsächlich eine Wendemarke der deutschen Außenpolitik dar, trat nun die Ostorientierung an die Stelle der Westorientierung, wie die nationalen Kreise in Deutschland erwarteten? Wohl gab es in deutschen Regierungsstellen damals wie später Befürworter eines solchen Kurses. Es ging ihnen aber wie zu jener Zeit Wirth und Seeckt: Sie konnten sich nicht durchsetzen gegen vorsichtige und zurückhaltende Männer wie Ebert und Rathenau, die dafür sorgten, daß sich Deutschlands außenpolitische Linie nicht grundlegend änderte. Alle Außenminister der Weimarer Republik hüteten sich, den russischen Partner, der machtpolitisch noch wenig Gewicht hatte, allzu direkt gegen die Westmächte auszuspielen.

7. Das Scheitern der Erfüllungspolitik

Ablehnung der deutschen Wünsche in der Reparationsfrage. In der Situation, in der sich das Reich 1922 befand, hat ihm der Rapallo-Vertrag jedenfalls mehr geschadet als genutzt. Ein Mißtrauen in die Motive Deutschlands blieb bei den Westmächten zurück, was auch seine Rückwirkungen auf deren Haltung in der Reparationsfrage hatte. Gewiß wurden noch für Teilsummen Zahlungsaufschübe bewilligt und Geldzahlungen in Sachleistungen umgewandelt, aber die von Deutschland geforderte Zahlungseinstellung von mehreren Jahren und die große Anleihe wurden abgelehnt. Überdies

war die deutsche Außenpolitik nach der Ermordung Rathenaus für längere Zeit gelähmt. Wirth wußte keinen Ausweg; seine letzte Hoffnung bestand in einer amerikanischen Vermittlung. Als auch darauf kein Verlaß mehr war, gab der Kanzler — an der von ihm früher verteidigten Erfüllungspolitik verzweifelnd — die Parole aus: „Erst Brot, dann Reparationen". Bevor er aber entsprechende außenpolitische Aktionen einleiten konnte, wurde er — vorwiegend aus innenpolitischen Gründen — im November 1922 gestürzt. (S. Tafel 21 im Anhang)
In den Augen der Deutschen war die Erfüllungspolitik gründlich diskreditiert. Man sah in ihrem Gefolge nur weitere Demütigungen, neue wirtschaftliche Not. Es wuchs in allen Schichten der Bevölkerung der Drang, sich zu wehren gegen weitere Zumutungen, „Nein" zu sagen zur Anerkennung der Niederlage. Meist vermied man dabei geflissentlich, zu untersuchen, ob sich dieses „Nein" auch durchsetzen ließe.
Frankreichs Sanktionspläne. Der deutschen Abwendung von der Erfüllungspolitik stand in Frankreich die äußerste Entschlossenheit der Regierung Poincaré gegenüber, alle Rechte, die der Friedensvertrag gab, zu beanspruchen. Die Franzosen betrachteten Deutschland als einen zahlungsfähigen, aber nicht zahlungsbereiten Schuldner. Poincaré drohte diesen Schuldner durch die Wegnahme eines Pfandes — des Ruhrgebietes — zur Zahlung zu zwingen.

V. Die große Krise — das Jahr 1923

1. Der Ruhrkampf

Die Situation in Europa 1922/23. Bis zum Ende des Jahres 1922 war es nicht gelungen, die durch den Krieg gestörten internationalen Beziehungen in Politik und Wirtschaft einigermaßen zu normalisieren. Im Gegenteil: Der Ausführung der Friedensverträge wegen entstanden neue Spannungen. Außerdem belastete der Übergang von der Kriegs- zur Friedenswirtschaft Gesellschaft und Wirtschaft aller ehemaligen Kriegführenden schwer; Geldentwertung und Massenarbeitslosigkeit waren verbreitete Übel. Teils in der Abwehr oder im Abfangen sozialer Protestbewegungen, teils zur Behauptung oder Durchsetzung staatlicher Macht- und Prestigebedürfnisse hatten sich in einigen europäischen Hauptstaaten erzkonservative oder ultranationalistische Strömungen durchgesetzt. Sie hatten Poincaré in Frankreich an die Regierung gebracht, in Italien den Sieg Benito Mussolinis und der Faschisten begünstigt.
Deutschlands Abkehr von der Erfüllungspolitik. Auf die Weimarer Koalition unter Joseph Wirth folgte die bürgerliche Minderheitsregierung Cuno (DVP, Zentrum, DDP und BVP). (S. Tafel 21 im Anhang) Das Kabinett, das Wilhelm Cuno, ehemaliger Generaldirektor der größten deutschen Reederei, HAPAG, bildete, war genügend rechts orientiert, um sich der Unterstützung der Deutschnationalen erfreuen zu können. Für Cuno war eine Rückkehr zur Erfüllungspolitik undenkbar. Er glaubte als Chef einer „Regierung mit diskontfähiger Unterschrift" — also als Vertrauensmann der Unternehmerschaft — eher als sein Vorgänger Zahlungsaufschübe und Anleihen aushandeln zu können. Dabei wußte man im Außenministerium in der Wilhelmstraße gut, daß Poincaré nicht von seiner Maxime abging: „Keine Moratorien

ohne Pfänder!" Man wußte aber auch, daß Frankreich nicht mehr in allzu gutem Einvernehmen mit England stand. England befürchtete eine Vorherrschaft Frankreichs in Europa und mißbilligte die französische Politik der produktiven Pfänder. Es tat jedoch nichts, um Frankreich zurückzuhalten, unter der Devise „Wait and see!" Cuno glaubte jedoch, im Falle französischer Gewaltmaßnahmen auf Englands Beistand rechnen zu können.

Besetzung des Ruhrgebiets. Frankreich, das sich der Unterstützung Belgiens und Italiens versichert hatte, fand schließlich den Vorwand, den es als juristische Handhabe für sein eigenmächtiges Vorgehen brauchte. Die Reparationskommission konnte im Januar feststellen, daß sich Deutschland mit seinen Sachleistungen (Holz und Kohlen) geringfügig im Rückstand befand, was als absichtliche Verfehlung ausgelegt wurde. Darauf teilte Poincaré am 10. Januar 1923 der deutschen Regierung mit:

Die Französische Regierung legt Wert darauf, zu erklären, daß sie gegenwärtig nicht daran denkt, zu einer militärischen Operation oder zu einer Besetzung politischer Art zu schreiten. Sie entsendet einfach ins Ruhrgebiet eine Mission von Ingenieuren und Beamten, deren Zweck deutlich umschrieben ist. Sie muß dafür sorgen, daß Deutschland die im Vertrag von Versailles enthaltenen Verpflichtungen achtet. Sie läßt ins Ruhrgebiet nur die zum Schutze der Mission und zur Sicherstellung der Ausführung ihres Auftrages erforderlichen Truppen einrücken ... (Aktenstücke zur Reparationsfrage vom 26. Dezember 1922 bis 7. Juni 1923. Zit. nach: Ursachen und Folgen, Bd. V, S. 17)

Am nächsten Tage zogen gegen 60 000 Mann französischer und belgischer Truppen ins Ruhrgebiet ein.

Das französische Vorgehen erweckte überall in der Welt ein starkes Echo. Die Besetzung des Ruhrgebietes wurde fast allgemein als ein Rechtsbruch und eine Störung des Friedens angesehen. War die französische Politik womöglich darauf gerichtet, sich beim Zerfall des Reiches endlich doch die Rheingrenze zu sichern? Mit solchen und ähnlichen Vermutungen rückte besonders die englische Presse deutlich vom Verhalten des Verbündeten ab.

Der deutsche Widerstand. Die Empörung war natürlich am stärksten in Deutschland, wo sich jetzt zugleich der lange aufgestaute Unmut über die Erfüllungspolitik entlud. Wieder, wie 1914, fühlte sich das deutsche Volk unschuldig angegriffen und zeigte sich zur Abwehr entschlossen, koste es, was es wolle. Keine deutsche Regierung hätte angesichts dieses Ausbruchs patriotischen Widerstandswillen dem „Erbfeind" nachgeben können. Die Regierung Cuno riskierte, im Vertrauen auf die moralische Überlegenheit der deutschen Position und auf die Hilfe Englands, die Machtprobe.

Deutschland wollte den Eindringlingen beweisen, daß sie kein produktives Pfand in die Hand bekommen hatten. Die Regierung stellte sofort alle Reparationslieferungen ein und verbot ihren Beamten im Ruhrgebiet, irgendwelchen Anordnungen fremder Behörden nachzukommen. Ein Generalstreik der Grubenarbeiter ereignete sich nicht, weil die Zechen offengehalten wurden. Erst wenn Dienstleistungen für die Besatzungsmächte verlangt wurden, folgten der Aufforderung zum passiven Widerstand auch die Angestellten und Arbeiter der Gruben und Hütten. Tatsächlich hatten die Gläubiger zunächst viel mehr Schaden als Nutzen von der Pfänderpolitik, denn nun erhielten sie fast gar nichts mehr, weil die Kohle nicht mehr mit der Eisenbahn abgefahren wurde.

Schon ging es Frankreich nicht mehr allein um Kohlelieferungen und Reparationen, sondern um eine Machtprobe. Poincaré erklärte:

Die siegreiche Nation will nicht auf ihren Sieg verzichten, sie wird ihren Willen dem Besiegten aufzwingen, der seine Niederlage nicht anerkennen will ... Wenn Deutschland das nicht versteht, umso schlimmer für Deutschland! Wir werden ein so kostbares Pfand wie das Ruhrgebiet nicht aufgeben, ehe wir bezahlt sind. Wenn wir es freigeben würden, würde Deutschland glauben, daß es seine Revanche erlangt und es uns eine Erniedrigung zugefügt hat ... Unsere Soldaten werden das Werk der Gerechtigkeit und des Friedens vollenden. Noch einmal werden sie sich dadurch um das Vaterland verdient machen. (Schultheß' Europäischer Geschichtskalender. 1923, S. 312 f)

Die Bevölkerung des Ruhrgebiets hielt den passiven Widerstand trotz großer Leiden durch. Der Belagerungszustand engte ihre Bewegungsfreiheit ein, und der reichliche Gebrauch der Militärgerichtsbarkeit machte die Einwohner so gut wie vogelfrei. Rund 145 000 Beamte und Angestellte mit ihren Angehörigen mußten es sich gefallen lassen, ins unbesetzte Gebiet abgeschoben zu werden. Zuweilen kam es zu blutigen Zusammenstößen, wie am 31. März, als in Essen 13 Arbeiter erschossen wurden.

Einige Deutsche, unter ihnen ehemalige Freikorpskämpfer, Studenten und Schüler, führten eine Art Kleinkrieg. Sie sprengten Brücken und Eisenbahngeleise, ließen Züge entgleisen, überfielen Soldaten, die sie mißhandelten und in einigen Fällen ermordeten. Femegerichte sprachen wieder Todesurteile gegen Landsleute. Die Besatzungsmacht antwortete auf diesen aktiven Widerstand mit Vergeltungsmaßnahmen, verhängte hohe Gefängnisstrafen, ließ Geiseln verhaften und vollstreckte ein Todesurteil an einem jungen Saboteur (Schlageter).

Die Reichswehr richtete sich unterdessen auf einen bewaffneten Zusammenstoß ein. Zur Abwehr möglicher Angriffe, auch von Polen, setzte man sich über die Entwaffnungsbestimmungen hinweg, erhöhte den Mannschaftsbestand und öffnete die Waffenverstecke. Über ausgebildete und kampferfahrene Leute verfügten damals nur die verschiedenen Vaterländischen Kampfverbände, deren Kern die ehemaligen Freikorps darstellten. Es bildete sich also um die reguläre Truppe ein Kranz von irregulären Verbänden, Zeitfreiwilligenformationen, als Arbeitskommandos getarnt, halbselbständig bleibende Wehrverbände, das Ganze damals *„Schwarze Reichswehr“* genannt. Es war so, wenn auch verschleiert, eine Art von allgemeiner Mobilmachung im Gange.

2. *Die Hochinflation*

Die Folgen des Ruhrkampfes für Finanzen und Währung. Die Politik des passiven Widerstandes war vor allem aus wirtschaftlichen Gründen ein großes Wagnis. Der Staat schleppte schon vom Kriege her eine riesige Schuldenlast mit (vgl. I 2 b), die sich in den Nachkriegsjahren durch die Kriegsfolgelasten beträchtlich vergrößerte (vgl. IV B 4). Auch im Frieden hatten sich alle Regierungen mit einer inflationistischen Finanzpolitik beholfen. Die Alternative dazu: rigorose Beschränkung der öffentlichen Ausgaben wäre in der unruhigen Nachkriegszeit und während der Umstellung auf die Friedenswirtschaft höchst gefährlich gewesen; denn sie hätte binnen kurzem die

Anzahl der Arbeitslosen um mehrere Millionen anwachsen lassen und eine noch stärkere Radikalisierung der Massen bewirkt. 1923, beim Ruhrkampf, stellte Deutschland die Reparationsleistungen zwar ein, lud sich dafür aber noch größere Lasten auf: die Unterstützung der Millionen Menschen in den besetzten Gebieten, den Ankauf von Kohle für das von der Zufuhr von der Ruhr abgeriegelte übrige Reichsgebiet. Neue Ausgaben, aber weniger Einnahmen waren die Folge, denn der Ausfall an Steuern, Zöllen und anderen Einkünften aus dem Industriezentrum war erheblich.
Für eine kurze Frist — Cuno rechnete mit drei Monaten Ruhrkampf — mußte die Notenpresse weiterhin den steigenden Bedarf des Staates decken, denn durch reguläre Einnahmen ließ sich schon im April nur noch der siebente Teil der Staatsausgaben bestreiten. Die Reichsbank stellte einen Teil ihrer Devisen- und Goldreserven zur Verfügung, um den Wert der Mark durch große Papiermarkkäufe an den internationalen Devisenbörsen zu halten. Bis Mitte April gelang es, den Wechselkurs auf 1 Dollar = ca. 20 000 Mark einzupendeln. Aber weil immer noch kein Ende des Ruhrkampfes abzusehen war, brachen bald alle Dämme, und keine Stützungsaktion half mehr. Zu Beginn des Monats August notierte der *Dollar = 1 Million Mark;* der Banknotenumlauf erreichte schon *663 Billionen Mark,* die schwebende Schuld des Reiches betrug über *eine Trillion Mark.* (S. Tafel 13 im Anhang)
Diese astronomischen Zahlen sprechen für sich. Es gab keine deutsche Währung mehr. Das Geld hatte seine Funktion als Wertmesser eingebüßt. Viele Kaufleute gingen dazu über, die Preise in Dollar auszuzeichnen und ihre Ware nur gegen harte Währung oder gegen Ware abzugeben. Eine moderne Industriegesellschaft mußte sich mit dem primitiven Mittel des Tauschverkehrs behelfen. Währenddessen druckte die Reichsdruckerei in Tag- und Nachtschichten neue Scheine, die schon während des Drucks ihren Wert verloren und die kaum noch jemand annahm.

Index der Geldentwertung

	gemessen an den Devisenkursen	Großhandelspreisen		gemessen an den Devisenkursen	Großhandelspreisen
Januar 1913	1.0	1.0	Januar 1923	4 279.0	2 785.0
Januar 1920	15.4	12.6	Juli 1923	84 150.0	74 787.0
Juli 1920	9.4	13.7	August 1923	1 100 100.0	944 041.0
Januar 1921	15.4	14.4	September 1923	23 540 000.0	23 949 000.0
Juli 1921	18.3	14.3	Oktober 1923	6 014 300 000.0	7 095 800 000.0
Januar 1922	45.7	36.7	15. Nov. 1923	1 000 000 000 000.0	750 000 000 000.0
Juli 1922	117.0	101.0			

Nach Stolper, G.: Deutsche Wirtschaft seit 1870. Tübingen 1964, S. 99

Die Lebensbedingungen während der Hochinflation. Die Preise liefen den Löhnen und Gehältern geradezu davon. Es kam schließlich so weit, daß der Lohn z. B. eines Facharbeiters für eine volle Arbeitswoche gerade ausreichte, um einen Zentner Kartoffeln zu kaufen. Für ein Pfund Butter hätte der Arbeiter zwei volle Tage arbeiten müssen. Ein Paar einfache Stiefel erforderten den Lohn von sechs Wochen. Den Arbeitslosen und Rentnern ging es noch viel schlimmer. Aber auch die Bemittelten wurden schwer getroffen, alle, die Ersparnisse zurückgelegt hatten und die von ihrem Vermögen lebten. Kapital, das einzelne und Generationen mit ihrer Lebensarbeit angesammelt hatten, wurde in kürzester Zeit „aufgegessen".
Die Folge solcher Zustände war ein größeres Elend als in den schlimmsten Zeiten des Krieges. Als sich immer mehr Verkäufer, vor allem Bauern, weigerten, Papiermark

entgegenzunehmen, standen die Städter vor der Gefahr der Lebensmittelblockade durch das Land. In diesem Spätsommer 1923 war die Bevölkerung an der Grenze der Leidensfähigkeit angelangt. Es kam nun in einer Reihe von Städten zum Sturm auf Lebensmittelgeschäfte.

3. *Der Höhepunkt der Krise*

a) Die Einstellung des passiven Widerstandes

Der Mißerfolg des Ruhrkampfes. Im Taumel der Hochinflation dauerte der Ruhrkampf im Frühjahr und Sommer 1923 an, ohne Aussicht auf Erfolg für Deutschland. Für die Franzosen aber arbeitete die Zeit. Sie hatten im März die deutsche Eisenbahnverwaltung abgeschafft; französische und belgische Eisenbahner und Ingenieure brachten den Verkehr langsam wieder in Gang. Der Zeitpunkt war abzusehen, an dem das Ruhrgebiet von den Besatzungsmächten wirklich produktiv ausgebeutet werden konnte. England leistete keine Hilfe, es riet vielmehr Deutschland, den Ruhrkampf bedingungslos einzustellen.

Es war hohe Zeit für Reichskanzler Cuno, den Bankrott seiner Politik einzugestehen. Aber noch im August beteuerte er:

> Als im Herbst 1918 der Krieg verloren gegeben wurde, gingen Glaube und Hoffnung vieler auf einen Verständigungsfrieden. Die Hoffnungen wurden enttäuscht. Heute sehen wir keine Möglichkeit eines Verständigungsfriedens; wir sehen nur die Forderung nach der Kapitulation. Es geht der Kampf weiter. (Aus der Rede Cunos vor dem Reichstag v. 8. 8. 1923. Verhandlungen des Reichstags, Stenographische Berichte, Band 361, S. 11750 ff)

Beifällig hörten das die „vaterländischen Kreise". Aber der Versuch einer solchen Katastrophenpolitik wurde wieder nicht gemacht.

Die Große Koalition. Das Kabinett Cuno stürzte über einen Mißtrauensantrag der Sozialdemokraten. Eine Regierung der „nationalen Sammlung" aus DVP, Zentrum, DDP und SPD konnte am 13. August zustande gebracht werden. (S. Tafel 21 im Anhang) Reichskanzler wurde Gustav Stresemann, der Vorsitzende der DVP. Er sollte durch Verhandlungen Deutschland die bedingungslose Kapitulation ersparen. Aber Poincaré ließ sich nicht umstimmen. Das Kabinett Stresemann hatte daher die Pflicht, dem deutschen Volke am 26. September folgendes mitzuteilen:

> Das Wirtschaftsleben im besetzten und unbesetzten Deutschland ist zerrüttet. Mit furchtbarem Ernst droht die Gefahr, daß bei Festhalten an dem bisherigen Verfahren die Schaffung einer geordneten Währung, die Aufrechterhaltung des Wirtschaftslebens und damit die Sicherung der nackten Existenz für unser Volk unmöglich wird. ... Um das Leben von Volk und Staat zu erhalten, stehen wir heute vor der bitteren Notwendigkeit, den Kampf abzubrechen. (Aus dem Aufruf der Reichsregierung in: Deutsche Allgemeine Zeitung, Nr. 446, 26. 9. 1923. Zit. nach: Ursachen und Folgen, Bd. V, S. 204)

Ende September war der Dollarkurs auf 98 Milliarden Mark geklettert, und er schnellte noch immer weiter in die Höhe. Die Krise hatte mit dem Abbruch des passiven Widerstandes ihren Höhepunkt noch nicht erreicht. Viele Gefahren drohten:

das völlige Chaos der Wirtschaft, revolutionäre Erhebungen durch Rechts- und Linksextremisten und der Abfall von Teilen des Reiches.

b) Die Gefahr des Separatismus

Die Bevölkerung an Rhein und Ruhr stand nach der Aufgabe des passiven Widerstandes an einem Scheidewege. Die Franzosen lockten mit wirtschaftlichen Vorteilen, wenn das Rheinland seine Verbindung mit dem Reich lockern und sich enger an Frankreich anschließen würde. Aber trotz Not und Ungewißheit wollten sich nur wenige Rheinländer von Deutschland lösen. Die Separatisten entrissen in vielen Teilen des Rheinlandes und der Pfalz im Oktober durch bewaffnete Handstreiche den deutschen Behörden die Zügel der Verwaltung. Das französische Militär unterstützte offen oder versteckt das Vorgehen dieser terroristischen Minderheiten. Im November wurden eine Rheinische Republik und eine Republik der Autonomen Pfalz ausgerufen, die sich allerdings nur auf die Bajonette der Besatzungsmächte stützen konnten.

c) Die Gefahren der Revolution von rechts

Die Chance der Nationalen Opposition. Separatisten und Franzosen blickten mit Zuversicht über den Rhein, wo sich der Bürgerkrieg ankündigte. Die Stunde für die „Nationale Opposition“ war gekommen, als die fast allgemeine patriotische Hochstimmung bei den einen in Verzweiflung, bei anderen in Zorn umschlug. Wieder, so hieß es nun, hatten die „Novemberverbrecher“, die Sozialdemokraten, Deutschland verraten, und Stresemann, ein „ehemals nationaler Mann“ im Sinne der Rechten, und seine Partei halfen dabei! Jetzt sollte abgerechnet werden für 1918 und 1923! Bei den Parteien der Rechten, bei den völkischen Bünden und Vaterländischen Wehrverbänden rüstete man sich, der Schwäche der Gegner gewiß, zum Sturm auf die Republik. Ein „starker Mann“ müsse „die Geschicke Deutschlands“ wieder in die Hand nehmen — darüber war man sich in den eben genannten „nationalen“ Kreisen einig. „Ja, der Ruf nach Diktatur geht durch das ganze Volk!“ behauptete triumphierend der Fraktionsvorsitzende der deutschnationalen Reichstagsfraktion, Graf Westarp, gegenüber dem Reichskanzler Stresemann. Zwar rief nicht das ganze Volk nach dem Diktator, wohl aber konnte sich das verwirrte und bedrängte Bürgertum nicht vorstellen, daß es anders vor dem wirtschaftlichen Ruin und vor der kommunistischen Revolution bewahrt werden würde. Hugo Stinnes z. B., einer der einflußreichsten Männer der Schwerindustrie, freute sich geradezu auf die für ihn und die Unternehmer segensreichen Folgen einer diktatorischen Regierung:

> Von da ab wird die parlamentarische Regierung zu Ende sein ... Der Sozialismus wird nach diesen Erwartungen als eine politische Daseinsform in Deutschland für immer beseitigt und die Gesetze und Verordnungen, die die Produktion hindern und keinem nützlichen Zweck dienen, werden unverzüglich widerrufen werden ... (US-Botschafter Houghton über eine Unterredung mit Stinnes v. 21. 9. 1923. Zit. bei Hallgarten, G. W. F.: Hitler, Reichswehr und Industrie. Zur Geschichte der Jahre 1918—1933. Frankfurt a. M. 1962, S. 66)

Bayern und die Republik. Einige „Anwärter“ für eine Diktatur lebten in Bayern: z. B. Ludendorff, Kahr und Hitler. Auf Bayern hoffte darum das nationale Lager.

Dort saßen die vaterländischen Gruppen und Verbände so dicht zusammen wie nirgends sonst im Reich. Wie war München zu einem Eldorado für alle Feinde der Republik geworden?

Der Staat von Weimar war bis 1923 in Bayern nie sehr beliebt, weil die Verfassung dem Lande nicht mehr die Stellung einräumte, die Bismarck dem Königreich gelassen hatte. Das Erlebnis des Frühjahres 1919, als man in München alle Stufen der sozialistischen Radikalisierung bis zur kommunistischen Rätediktatur durchlebt hatte, wirkte nach. Das Bürgertum fürchtete nichts so sehr wie die Wiederkehr der Herrschaft der „Roten", zu denen man sowohl Kommunisten als auch Sozialdemokraten rechnete. Hinzu kam noch ein gut Teil Anhänglichkeit an die Dynastie der Wittelsbacher. Alles zusammen bewirkte eine beträchtliche Unzufriedenheit, eine wachsende Entfremdung von Norddeutschland, von Preußen, wo die Sozialdemokratie mitregierte, und eine merkwürdige Anverwandlung des bisher von Preußen ausstrahlenden deutschen Nationalismus. Berlin hielt man in Bayern für das Sündenbabel, wo die Schieber und Neureichen, die Novemberverräter und Gottlosen herrschten; es konnte nicht mehr für Deutschland sprechen.

Die politische Sonderentwicklung Bayerns deutete sich in der Gründung der streng monarchischen *Bayerischen Volkspartei* an (vgl. VIII 4c), unter deren Einfluß Bayern zur Hochburg der Gegenrevolution wurde. Vielsagendes Beispiel dafür war, wie die bayerischen Gerichte, denen das Reich eine gewisse Selbständigkeit zugestanden hatte, das Gesetz zum Schutze der Republik handhabten. Dieses Gesetz wurde ausschließlich dazu gebraucht, um die Linke im Zaum zu halten. Daher fanden die illegalen und legalen Kampfgruppen, Korps und Bünde mit ihrem Stammpersonal aus ehemaligen Freikorpskämpfern in Bayern ihre Heimstatt. In diesem Milieu hatte General Ludendorff als Schirmherr der *Vaterländischen Verbände* ein neues Betätigungsfeld gefunden. Zu diesen Verbänden zählten neben den Kriegervereinen, den „völkischen" Bünden, dem Alldeutschen Verband vor allem die paramilitärischen Nachfolgeorganisationen der Freikorps und Einwohnerwehren (z. B. „Bund Oberland", „Reichskriegsflagge", „Bayern und Reich", „Wiking").

Unter den „völkisch-vaterländischen" Gruppen wurde eine in der Zeit von 1920 bis 1923 in München besonders bekannt, nämlich die *Nationalsozialistische Deutsche Arbeiterpartei.* Was sie bekannt machte, waren nicht ihre Ziele, denn die unterschieden sich nicht von den übrigen völkischen Programmen. Nur die Art ihres Auftretens war bald das Tagesgespräch Münchens. Ihre Redner ergingen sich in besonders gehässigem, rüdem Ton über die Republik und ihre Anhänger, hetzten vor allem gegen die Juden. Ihre Versammlungen — meist Massenveranstaltungen trotz der Kleinheit der Partei — trugen den Charakter von Volksfesten: lärmender Trubel um Fahnen, Uniformen, Militärmusik, Gesänge, Sprechchöre, hoher Bierkonsum, dazu handgreifliche Auseinandersetzungen mit Gegnern. Irgend etwas passierte immer, wenn die „Nazis" auftraten: meist in Demonstrationszügen auf der Straße und in Versammlungen der Gegner, die sie durch Krawalle zu sprengen suchten. Daß sie in zwei Jahren vom Winkeldasein eines Biertischvereins zu einer Massenpartei anwuchsen, hatten sie nur einem Mann zu verdanken: Adolf Hitler (vgl. XIII 1). Der Zusammenbruch des Reiches 1918 und die nachfolgenden Wirren hatten Hitler die Chancen geboten, eine Rolle in der Politik zu spielen. Zuerst unter dem Schutze der Reichswehr, dann immer selbständiger erprobte er sein Talent zur Massenbeeinflussung. Seine Redegabe führte der winzigen völkisch-alldeutschen Splittergruppe einen starken Anhang zu.

Der Ausnahmezustand in Bayern. Nach dem Ausbruch des Ruhrkampfes erwarteten die nationalen Parteien und Verbände in Bayern mit steigender Nervosität, daß irgend etwas geschehe, daß es nun „losgehe". Am 26. September, als Stresemann den passiven Widerstand einstellen ließ, wurde sich das bayerische Staatsministerium schlüssig, daß das Ansehen der Regierung nicht mehr ausreiche, um den Unternehmungsgeist der nationalen Kräfte zu bändigen. Deshalb verkündete man den Ausnahmezustand und berief einen Generalstaatskommissar als zeitweiligen Diktator: den Regierungspräsidenten von Oberbayern, Gustav Ritter von Kahr. Kahr war ein treuer Anhänger der Monarchie und wollte Bayern als „Ordnungszelle" Deutschlands ausgestalten. Er hatte sich stets mit den Vaterländischen Verbänden identifiziert. Lediglich die radikalen Gruppen, wie die NSDAP, standen zu ihm in Opposition, weil sie seinen blauweißen Monarchismus ablehnten. Kahrs Berufung zum Generalstaatskommissar bedeutete somit den Übergang der Macht an die Verbände. Sein Programm als Diktator in Bayern lautete: Zähmung der radikalen Nationalisten durch ihre Bindung an seine Person und durch entschlossenes Auftreten gegen Berlin.

d) Die Gefahren der Revolution von links

Die Einheitsfronttaktik der KPD. Die „Ordnungszelle Bayern" sollte zugleich ein Bollwerk gegen die kommunistische Revolution sein. Wie groß war aber die „rote Gefahr", vor der so viele bangten?
Die Kommunisten hatten die Besetzung des Ruhrgebiets durch Frankreich als „imperialistisches Abenteuer" verurteilt. Bis zum Sturz Cunos schätzten sie die Chancen einer Revolution ziemlich gering ein und versuchten, wie schon oft seit Kriegsende, die Sozialdemokraten und Gewerkschaften zu einem Zusammenschluß in einer „Arbeiterregierung" zu bewegen.
Als das Fieber der Inflation stieg und die Not zunahm, schienen sich gute Gelegenheiten für den Umsturz zu bieten. Hungerunruhen, Streiks an vielen Orten des Reiches ließen vermuten, daß sich die Stimmung der Arbeiterschaft revolutionärer Erregung näherte. Besonders günstig war, daß in Sachsen und Thüringen unter den Ministerpräsidenten Erich Zeigner und August Frölich reine SPD-Regierungen mit starker Linkstendenz bestanden, die an einem starken Arbeiterblock mit Einschluß der KPD die nationale Gegenrevolution zerschellen lassen wollten.
Die Vorbereitung auf die Revolution. Die Entscheidung über das Vorgehen der KPD wurde in Moskau getroffen. Die Führer des Weltkommunismus lebten in der Hoffnung auf einen „deutschen Oktober". Über das Exekutiv-Komitee der Kommunistischen Internationale schickten sie am 1. Oktober ein Telegramm an die Zentrale der KPD:

> Da wir die Lage so einschätzen, daß der entscheidende Moment nicht später als in vier, fünf, sechs Wochen kommt, so halten wir es für notwendig, jede Position, die unmittelbar nützen kann, sofort zu besetzen. Auf Grund der Lage glauben wir, bei gegebener Lage muß man die Frage unseres Eintretens in die sächsische Regierung praktisch einstellen. Unter der Bedingung, daß die Zeigner-Leute bereit sind, Sachsen wirklich gegen Bayern und Faschisten zu verteidigen, müssen wir eintreten, sofort Bewaffnung von 50 000 bis 60 000 wirklich durchführen, den General Müller ignorieren. Dasselbe in Thüringen. (Zit. nach: Die Internationale. Zeitschrift für Praxis und Theorie des Marxismus. Band 6 [1924], S. 34)

Als ungefährer Termin für die Entfesselung der Revolution war der 9. November gesetzt worden, und die Kommunisten begannen nun, Vorbereitungen für den Aufstand zu treffen. In Sachsen und Thüringen wurden gemeinsam mit den Sozialdemokraten *„Proletarische Hundertschaften"* aufgestellt, militärisch organisierte Formationen von Arbeitern, die die Länder vor nationalistischen Aktionen von Bayern aus schützen sollten. Diese Hundertschaften, die bald etwa 100 000 Mann in ihren Reihen hatten, konnte die Sturmtruppe des Proletariats im Kampf um die Macht sein.

e) Der Versuch der Abwehr durch die Berliner Regierung

Umsturzversuche von rechts oder von links waren zu erwarten. Man konnte jedoch kaum abschätzen, ob das Verhängnis überhaupt abzuwenden war. Die Regierung versprach sich alles von der Einführung eines neuen Zahlungsmittels. Schon die erste Mitteilung über die Grundzüge der Währungsreform hatten in der Öffentlichkeit beruhigend gewirkt. Noch aber stritten sich die Finanzexperten um die beste Lösung.
Ausnahmezustand im ganzen Reich. Daher sorgte man sich am 26. September in Berlin sehr und fürchtete, die Machthaber in Bayern hätten schon das Signal zur nationalen Erhebung gegeben. Um zu warnen, beantwortete die Reichsregierung den Schritt der bayerischen Regierung mit der Verhängung des Ausnahmezustandes über das ganze Reich:
Die Reichswehr war damit zum ausschlaggebenden Faktor in der großen Krise geworden. Nach einem Wort ihres Chefs stand sie hinter ihm. Auf welcher Seite stand aber er selber? Seeckt hatte sich überzeugen lassen, daß die große Krise nur mit außergewöhnlichen Mitteln zu bestehen sei. Ihm schwebte als Inhaber der unbeschränkten Gewalt ein Direktorium von etwa drei Männern vor, das personell so zusammengesetzt sein müsse, daß es Rückhalt an den nationalen Kreisen fand. Der General hielt sich bereit, in ein solches Direktorium einzutreten und für eine Diktatur dieser Art den Machtfaktor der Reichswehr in die Waagschale zu werfen. Es widerstrebte ihm — der ganz in der preußischen Gehorsamkeitstradition stand — einen Umsturz ins Werk zu setzen. Deshalb wollte er, daß Reichspräsident Ebert ihm die Macht legal — d. h. in weiter Auslegung des Artikels 48 — übergab.
Die Reichsexekution gegen Thüringen und Sachsen. Nach Verhängung des Ausnahmezustandes für das Reich war die ausführende Gewalt auch in Sachsen und Thüringen auf den Wehrkreisbefehlshaber als Vertreter des Reichswehrministers übergegangen. Darum kümmerten sich aber die Landesregierungen nicht und erließen weiter Anordnungen. Der Gegensatz zwischen ihnen und der Reichsregierung verschärfte sich noch mehr, als am 12. und 13. Oktober Kommunisten in die Regierungen von Sachsen und Thüringen eintraten. Der Wehrkreisbefehlshaber erklärte die Proletarischen Hundertschaften für aufgelöst, aber Ministerpräsident Zeigner behauptete, daß diese Verbände durchaus legale Organe einer verfassungsmäßigen Regierung seien. Die Hundertschaften bestanden also weiter, und die Kommunisten verlangten schließlich die allgemeine Bewaffnung des Proletariats. Darauf ließ Geßler am 23. Oktober die Reichswehr einmarschieren. In Thüringen folgten jetzt die Hundertschaften dem Auflösungsbefehl, und die kommunistischen Minister traten zurück. In Sachsen kam es zu einigen Schießereien. Zeigner erklärte sich nicht bereit, die Regierung umzubilden. Stresemann setzte daraufhin einen Reichskommissar ein, der die Regierung am 29. Oktober verhaften und absetzen ließ. Anschließend bildete sich wieder eine rein sozialdemokratische Regierung. Im November wurde die Kommunistische Partei verboten. Die Kommunisten, die mit ihrer Generalstreikparole keinen Anklang bei ihren SPD-Genossen und Gewerkschaften gefunden hatten, fanden, daß unter diesen

Umständen kein Aufstand großen Ausmaßes riskiert werden konnte. Nur in Hamburg schlug man, von diesem Beschluß zu spät unterrichtet, am 22. Oktober los und erhielt eine blutige Abfuhr. Die geplante „große Revolution“ hatte „ein Begräbnis dritter Klasse“ bekommen, wie führende Kommunisten spotteten. Der „deutsche Oktober“ fand nicht statt.

f) Der Konflikt zwischen Bayern und dem Reich

Bayerns Bruch der Reichsverfassung. Das Vorgehen der Reichsregierung in Mitteldeutschland war auch ein Schachzug in der inzwischen ausgebrochenen Auseinandersetzung mit Bayern. München hatte bisher sein eigenmächtiges Vorgehen stets mit dem Hinweis auf die „bolschewistische Revolution“, die an Bayerns nördlicher Grenze lauere, entschuldigt. Jetzt zeigte Berlin, daß es durchaus in der Lage war, den Kommunismus im Zaume zu halten, ohne auf die Hilfe Bayerns angewiesen zu sein. Aber angesichts der Haltung der bayerischen Machthaber war der Zusammenstoß trotzdem unvermeidlich. Kahr behauptete, daß der bayerische Ausnahmezustand neben dem allgemeinen einhergehe, was in der Praxis nur bedeuten konnte, daß Berliner Anordnungen in Bayern nur galten, wenn er sie billigte. Das wurde klar, als General Otto Hermann von Lossow, der Wehrkreisbefehlshaber für Bayern, einen Befehl Seeckts nicht ausführte und der entgegengesetzten Anweisung Kahrs folgte. Das war Befehlsverweigerung. Der Gegensatz verschärfte sich derart, daß die 7. Reichswehrdivision vom Lande Bayern „in Pflicht genommen“, d. h. der Reichsgewalt entzogen wurde. In ganz Deutschland faßte man das bayerische Vorgehen als eine Parallele zum Separatismus im Rheinland auf.

Kahr, Lossow und ihr nationaler und völkischer Anhang trafen Vorbereitungen zum „Marsch auf Berlin“, um den „marxistischen Pfuhl“ in der Reichshauptstadt zu säubern. Am 24. Oktober sagte General von Lossow zu den Führern der Vaterländischen Verbände:

Meine Herren! Es gibt drei Möglichkeiten: 1. Einmarsch nach Berlin und Ausrufung der Errichtung der nationalen Diktatur. 2. Weiterwursteln und „Bayern bei der Stange bleiben“. 3. Trennung Bayerns vom Reich. — Für uns in Bayern kommt nur die erste Möglichkeit in Betracht ... Länger als 14 Tage oder drei Wochen warten dürfte den zweiten Punkt hervorrufen! ... Wir haben alle ein Ziel, Deutschland vom Marxismus zu befreien unter dem Banner der schwarz-weiß-roten Fahne. (Deuerlein, E. [hrsg.]: Der Hitler-Putsch. Bayerische Dokumente zum 8./9. Nov. 1923. Stuttgart 1962, S. 258)

Seeckts Streben nach der Macht. Die Auflehnung Bayerns schuf der Regierung und der Reichswehrführung nicht geringe Verlegenheit. Ebert wollte sofort das durchaus angemessene Vorgehen wählen und die Reichsexekution, die gewaltsame Wiederherstellung der Autorität des Reiches, anordnen. Aber Seeckt riet ab, weil „... wir dazu nicht in der Lage seien, sowohl nach Zahl und Stimmung unserer Truppen“. Den Zusammenstoß mit den nationalen Kräften in Bayern wollte er unbedingt vermeiden, denn er brauchte ihre Unterstützung bei der Ausübung der Diktatur, die er für sich erlangen wollte. Am 3. November bedrängte er den Reichspräsidenten mit seinen Diktaturplänen. Aber Ebert war mißtrauischer gegenüber den nationalen Gruppen, als Seeckt es erwartet hatte. Er erklärte kurz und bestimmt:

Verständigung mit der Rechten bedeutet, daß ich mich den Bedingungen unterwerfen muß, die mir die Rechte stellt. Das lehne ich ab. Wenn Sie der Auffassung sind, daß die Reichswehr nicht imstande ist, verfassungsmäßige Zustände im Reich zu schützen, ... müssen Sie das jetzt erklären. Dann werde ich dieses Haus verlassen. (Geßler, O.: Reichswehrpolitik in der Weimarer Zeit. Stuttgart 1958, S. 299)

Seeckt wagte nicht zu drohen. Er ließ aber Stresemann, um ihn zum Rücktritt zu bewegen, sagen, daß er das Vertrauen der Truppe verloren habe.
Stresemann hätte nach diesen Vorgängen eigentlich die Entlassung des Chefs der Heeresleitung fordern müssen. Er tat es nicht, denn sonst hätte er vielleicht den General, der offenbar immer noch mit seinem „preußischen Gewissen" kämpfte, gedrängt, den Rubikon zu überschreiten. Ebert und Stresemann konnten im Augenblick gar nicht mehr tun, als auf ihren Posten zu bleiben und damit die Entscheidung Seeckts zu erschweren.
Trotz der Abfuhr durch Ebert hätte Seeckt keineswegs aufgegeben. Am 4. November gab er einen Erlaß an alle Kommandeure heraus, in dem es hieß:

Die staatlichen Notwendigkeiten zu erkennen und durchzusetzen ist aber allein Sache der obersten Führung. Die Ehre des Soldaten liegt nicht im Besserwissen und Besserwollen, sondern im Gehorsam. ... Eine Reichswehr, die in sich einig und in Gehorsam bleibt, ist unüberwindlich und der stärkste Faktor im Staate ... (Rabenau, F. v.: Seeckt. Aus seinem Leben. 1918—36. Leipzig 1941, S. 371)

Aber niemand in der Reichsregierung wußte, daß er am selben Tage an den Botschafter in Washington, Wiedfeldt, — angeblich im Auftrage des Reichspräsidenten — schrieb und ihn aufforderte, sich bereitzuhalten, nach Berlin zu kommen, um in ein „kleines Kabinett mit Direktoriums-Charakter und Ausnahmevollmachten" einzutreten. Außerdem schrieb er noch an Kahr einen langen Brief, in dem er seine Karten aufdeckte:

Die Reichswehr darf ... nicht in die Lage gebracht werden, sich gegen Gesinnungsgenossen für eine ihr wesensfremde Regierung einzusetzen. Andererseits kann sie nicht dulden, daß von unverantwortlicher und unberufener Seite mit Gewalt eine Änderung herbeizuführen unternommen wird. ... Hier müssen Unbedachtsamkeiten, die unberechenbare Folgen haben müssen, verhindert werden. Ich bitte Sie, Ihren ganzen Einfluß dafür einzusetzen ... (Zit. nach Schüddekopf, O.-E.: Das Heer und die Republik. Quellen zur Politik der Reichswehrführung 1918 bis 1933. Hannover und Frankfurt am Main 1955, S. 189)

4. *Der Hitler-Putsch*

a) Die Rolle der Nationalsozialisten in der bayerischen Politik

Kahr und Lossow verstanden den Wink aus Berlin. Seeckt erklärte sich mit ihren Zielen im Grunde einverstanden. Er wollte, wie er schrieb, nur „im Falle äußerster Not" von den „verfassungsmäßigen Formen" abweichen. Die bayerischen Machthaber wußten nun, woran sie waren: Wenn sie selbst das Signal zum Losschlagen gaben, riskierten sie den Kampf mit den übrigen Teilen der Reichswehr. Nun kam alles darauf an, daß Kahr und Lossow die bayerischen Vaterländischen Verbände daran hinderten, zu putschen. Den größten Teil der Verbände hatte Kahr als ihr Schutzherr gut in der

Hand, nicht aber die Gruppen, die sich unter nationalsozialistischer Führung im sogenannten Kampfbund zusammengeschlossen hatten. Die Nationalsozialisten waren trotz allem wertvolle Bundesgenossen, denn die Partei warb anscheinend mit Erfolg für die nationale Idee in der Arbeiterschaft. Auf einen so fähigen Propagandisten wie Hitler wollten Kahr und Lossow auf keinen Fall verzichten, aber mehr als der „Trommler", als der er sich selbst bezeichnete, sollte er auch nicht sein. Ihm und seiner Bewegung, aber auch Ludendorff, dem militärischen Paten des Kampfbundes, sollte nach der nationalen Erhebung kein bestimmender Einfluß auf die Politik eingeräumt werden.

Waren Hitler und Ludendorff mit einer derartigen Rollenverteilung einverstanden? Obwohl Hitler und seine Unterführer nach der Macht gierten, wußten sie doch, daß die Kraft der nationalsozialistischen Bewegung zum Staatsstreich nicht ausreichte. Nur mit den anderen nationalen Verbänden konnte Hitler zur Macht kommen, und nur einen Anteil an der Macht konnte er fordern. Der vierunddreißigjährige Hitler vermutete, daß ihm nur die Rolle des Zutreibers zugedacht gewesen war.

b) Die Ereignisse vom 6. bis zum 9. November 1923

6. November 1923. Hitler wurde seine Ahnung, daß er bei der Verteilung der Beute leer ausgehen sollte, beinahe zur Gewißheit, als er erfuhr, was Kahr und Lossow am 6. November den Vertretern der Vaterländischen Verbände eröffnet hatten:

> Kahr sagte zu Einleitung der Besprechung: Das vordringlichste ist die Schaffung einer nationalen Regierung. Darüber sind wir uns einig. ... Er warne vor selbständigem Losschlagen. ... Dann kam er [darauf] zu sprechen, welche Männer eigentlich nun in das Direktorium hineinkommen sollten. Da erwarte er stündlich definitive Nachrichten aus Berlin. Die Unterhandlungen seien bereits im Gange. Es seien verschiedene Persönlichkeiten in Aussicht genommen, und die abschließenden Nachrichten erwarte er jetzt ... Daraufhin kam Lossow, der sagte unter anderem: Ich bin vollkommen einverstanden mit dem, was Herr von Kahr eben vorgetragen hat. Die bayerische Division ist bereit. Sie wird jede Reichstruppe unterstützen, wenn die Sache einigermaßen Aussicht auf Erfolg hat. (Aussage Gademann im Hitler-Prozeß. Zitiert nach Deuerlein, E. [hrsg.]: Der Hitler-Putsch. Bayerische Dokumente zum 8./9. Nov. 1923. Stuttgart 1962, S. 95)

Nun schien es klar, daß Kahr und Lossow es nicht wagen würden, von selbst „den Absprung zu finden". Wenn dann auch noch Berlin, d. h. vor allem Seeckt „die Sache" in die Hand nahm, dann hatte Hitler keine Chance, einen Platz im Direktorium zu finden. Darum beschloß der Kampfbund am Abend des 6. November, jede günstige Gelegenheit zum Losschlagen zu benutzen. Hitler, nicht Seeckt oder Kahr, sollte das Zeichen geben. Dann konnten die bayerischen Machthaber — einmal in die „nationale Revolution" hineingestoßen — den Urheber des Aufstandes nicht mehr abschütteln und von der Macht ausschließen.

7. November 1923. Am 7. November verkündete die Reichsregierung, daß der 15. November als erster Tag für die Ausgabe der neuen Rentenbankscheine festgelegt worden sei. Die Zeit arbeitete nun für die Republik; denn nach der Währungsreform war mit einem spürbaren Nachlassen der Hochspannung zu rechnen.

Während Lossow und Hans Ritter von Seisser, der Kommandeur der bayerischen Polizei, die Reichswehrtruppen und die Landespolizei in Erwartung eines Putsches der Kampfbundleute in Bereitschaft setzten, bestimmte die Führung des Kampfbundes den 11. November zum Termin für die nationale Erhebung. Am Nachmittag erhielt Hitler die Nachricht, daß am 8. November Kahr im Bürgerbräukeller vor einem Publikum sprechen sollte, in dem alles vertreten war, was in Bayern Rang und Namen hatte. An diesem Abend hätten die Nationalsozialisten sie alle in der Hand, den Generalkommissar, den Wehrkreisbefehlshaber, den Polizeikommandeur, die Regierung. Die Befehle für die Revolte wurden eilig abgeändert, sie sollte am nächsten Tage beginnen.

8. November 1923. In vierundzwanzig Stunden ließ sich nicht mehr sehr viel vorbereiten. Alles hing davon ab, ob Kahr und Lossow sich mitreißen ließen und ob dann die Reichswehr mit Hitler ging. Die *Versammlung im Bürgerbräukeller* wurde gegen 20.30 Uhr eröffnet. Währenddessen umstellten einige Kompanien der Sturmabteilungen (SA) der Nationalsozialisten das Gebäude. Kaum hatte Kahr seine Rede begonnen, flogen die Türen auf, und ein Maschinengewehr wurde in den Saal geschoben. Hitler drängte nach vorn, kam aber in dem Tumult nicht weiter. Er verschaffte sich mit einem Pistolenschuß in die Decke Ruhe. Vor Erregung überschlug sich seine Stimme, als er erklärte:

Die nationale Revolution ist ausgebrochen. Der Saal ist von 600 Schwerbewaffneten besetzt. Niemand darf den Saal verlassen. Wenn nicht sofort Ruhe ist, werde ich ein Maschinengewehr auf die Galerie stellen lassen. Die bayerische Regierung ist abgesetzt. Die Reichsregierung ist abgesetzt. Eine provisorische Reichsregierung wird gebildet. Die Kasernen der Reichswehr und Landespolizei sind besetzt. Reichswehr und Landespolizei rücken bereits unter den Hakenkreuzfahnen heran. (Nach: Der Hitler-Ludendorff-Prozeß vor dem Münchener Volksgericht, hrsg. v. Robert Breuer. Berlin 1924, S. 15)

Mit den Schwerbewaffneten mag es seine Richtigkeit gehabt haben, sonst aber war das alles erfunden. Kahr, Lossow und Seisser wurden in ein Nebenzimmer gedrängt, wo Hitler auf sie einredete, um sie zu seinen Komplicen zu machen:

Sie müssen mit mir kämpfen, mit mir siegen oder mit mir sterben. Wenn die Sache schief geht, vier Schüsse habe ich in der Pistole, drei für meine Mitarbeiter, wenn sie mich verlassen, die letzte Kugel für mich. (Deuerlein, E. [hrsg.]: Der Hitler-Putsch. Bayerische Dokumente zum 8./9. Nov. 1923. Stuttgart 1962, S. 496)

Den Ausschlag gab das Erscheinen Ludendorffs, der von Hitlers Vorgehen ebenso überrascht war wie die bayerischen Machthaber. Ihrem Weltkriegshelden, der sofort bereit war, die Sache in die Hand zu nehmen, versprachen Kahr, Lossow und Seisser, sich an der nationalen Revolution zu beteiligen. Hitler war vor Freude außer sich. Unter dem Jubel der Versammlung wurde dann die provisorische Regierung ausgerufen: „Regierung: Hitler, Armee: Ludendorff, Reichswehrminister: Lossow, Reichspolizeiminister: Seisser, bayerischer Landesverweser: Kahr."

Die Verschwörer trennten sich dann, Hitler und Ludendorff blieben im Bürgerbräusaal, die anderen begaben sich zu ihren Dienststellen. In der Nacht zum 9. geschah außer der Besetzung des Wehrkreiskommandos und einiger Ausschreitungen der SA nichts mehr. In der gleichen Nacht kamen Kahr, Lossow und Seisser zu dem Entschluß, ihre Zusagen nicht zu halten und den nationalsozialistischen Putsch niederzuwerfen.

9. November 1923. Am nächsten Morgen sahen Ludendorff und Hitler, daß sie überspielt worden waren. Auf Widerstand waren die „Revolutionäre" nicht eingestellt. Doch Ludendorff gab noch nicht auf. Er schlug vor, einen Demonstrationszug zu bilden, um Kahr und Lossow zur Entscheidung zu zwingen, ob sie auf ihre ehemaligen Verbündeten schießen lassen oder sich wieder einreihen wollten.
Der lange Zug bewegte sich in Richtung auf die Innenstadt. Die Führer marschierten an der Spitze. Die Volksmenge, die die Straßen füllte und nur obenhin von den neuen Ereignissen unterrichtet war, begrüßte die Kolonne stürmisch. Erst bei der *Feldherrnhalle* stockte der Zug, als Landespolizisten ihn anzuhalten suchten. Nach kurzem Feuergefecht lagen Tote und Verwundete auf dem Pflaster. Im Nu stoben die Demonstranten und Zuschauer davon. Hitler, der sich beim Sturz den Arm ausgekugelt hatte, floh in einem Sanitätsauto und entkam. Ludendorff wurde von der Polizei verhaftet.
Die Reichsregierung — mitten in der Nacht zum 9. November von den Vorgängen in München unterrichtet — erlebte bange Stunden, da sie annehmen mußte, die bayerischen Nationalisten handelten in voller gegenseitiger Übereinstimmung. Erst als im Laufe des Tages bekannt wurde, daß die Reichswehr Front gegen Hitler machte, wußten Ebert, Stresemann und Seeckt, daß nichts mehr zu befürchten war.
Der Chef der Heeresleitung war in dieser Nacht noch schweigsamer als sonst. Der unzeitige Aufstand im Süden zerriß alle seine feinen Dispositionen. Er hatte zu lange geschwankt. Nun ließ sich keine Einheitsfront der nationalen Kräfte mehr herstellen. In dieser Nacht übergab ihm Ebert die vollziehende Gewalt im Reich mit den Worten: „Ich habe keinen Anlaß, dem General von Seeckt diesen Beweis meines Vertrauens zu versagen." Damit war Seeckt tatsächlich Diktator. Die Erfahrungen dieser Tage ernüchterten ihn aber vollkommen. Er besann sich auf seine Pflicht als Soldat und übte seine Macht fortan nur streng innerhalb des gesetzlich vorgesteckten Rahmens aus. Er, der Verächter der Republik, war ausersehen, entscheidend zu ihrer Rettung aus der großen Krise beizutragen.

5. *Die Überwindung der Krise*

a) Die Stabilisierung der Währung

Die Rentenmark. Unter dem Schutze des militärischen Ausnahmezustandes, d. h. unter einer zeitweiligen Militärdiktatur, konnte die Reichsregierung eine neue Währung einführen. Am 16. November begann die Ausgabe der neuen Rentenbanknoten. Bis zum November 1924 (Ablösung durch die Reichsmark) zirkulierten diese Noten neben der Papiermark. Der Kurs wurde zwangsweise auf *1 Billion Papiermark = 1 Goldmark* festgelegt. Die Deckung der Rentenmark bestand in einer Grundschuld (Hypothek) von Grundbesitz, Handel, Industrie und Banken an das Reich in Höhe von 3,2 Milliarden Mark (Gold). Eine neugeschaffene Rentenbank durfte als Höchstbetrag 2,4 Milliarden Rentenmark in Noten ausgeben, zur Hälfte als Darlehen an die Reichsregierung, zur anderen Hälfte als Kredite an die Wirtschaft. Die Deckung war eigentlich eine Fiktion, da sie im Grunde doch keine Sicherheit für die

Beständigkeit der Währung bot. Was geschah, war, daß der Staat neues Geld herausgab, seinen Bürgern erklärte, das neue Geld habe nun wieder Wert. Daß das neue Zahlungsmittel anerkannt wurde, hing nicht von der Deckung ab, sondern vom Verhalten der Regierung und vom Verhalten des Volkes.

Das Reich und die Länder mußten jetzt ihre uferlose Schuldenwirtschaft einstellen und ihre Haushaltspläne nach den tatsächlichen Einnahmen einrichten. Die Notenpresse war stillgelegt, die Erlaubnis zur Geldschöpfung dem Staate genommen und der Reichsbank übertragen. Ihr neuer Präsident, Hjalmar Schacht, hielt trotz großer Belastungen und Schwierigkeiten bei der folgenden Geldverknappung daran fest, das umlaufende Geld nicht weiter zu vermehren. Aber noch entscheidender war, daß die Deutschen Vertrauen zu dem neuen Geld faßten, das ihnen angeboten wurde. Der Versuch gelang. Das Volk — in der Mehrzahl aus finanzpolitischen Laien bestehend — ließ sich von der fiktiven Deckung, die in immensen Sachwerten zu bestehen schien, beeindrucken. Es war auch der Zahlenakrobatik derart müde geworden, daß die Rechnung mit kleinen Zahlen mithalf, die Überzeugung hervorzurufen, daß man nun wieder wirkliches, wertbeständiges Geld in den Händen habe.

Die Folgen der Inflation. Erst jetzt offenbarte sich, welche Verheerungen die Währungskatastrophe angerichtet hatte. Es waren nicht wie in früheren Notzeiten nur einzelne geschädigt oder ruiniert worden, sondern diesmal traf das Unglück eine ganze Gesellschaftsschicht. Die Inflation beraubte, indem sie eine andere Verteilung des Volksvermögens besorgte, das mittlere Bürgertum seiner materiellen Unabhängigkeit und Sicherheit, soweit diese in Geld und Geldeswert bestanden. Dazu hatte der frühere Grundsatz der Reichsbank „Mark gleich Mark" entscheidend beigetragen; denn „Mark gleich Mark" bedeutete die Enteignung des Gläubigers und die Beschenkung des Schuldners.

Als viele verarmten, konnten sich aber auch manche bereichern. Die Kunst des Geldverdienens in der Inflation bestand darin, Papiermarkkredite zu bekommen, die in großem Umfange und in beliebiger Höhe gegeben wurden, vor allem von der Reichsbank. Sodann galt es, ungesäumt das geborgte Geld in „Sachwerten", in Grundstücken, Geschäften, Kunstwerken, Schmuck, Möbeln und dergleichen anzulegen. Diese Werte wurden beim Ausverkauf der Mittelschicht angeboten. Die ganz großen Inflationsgewinner waren einige Großindustrielle. Sie konnten Firmen und Konzerne mit geliehenem Gelde aufkaufen. Sie stellten ihre Waren billig her, weil ihre Arbeiter und Angestellten für immer niedrigere Reallöhne arbeiteten. Sie zahlten ihre Steuern sozusagen aus der Westentasche. Das Exportgeschäft blühte, weil die Unternehmer mit ihren niedrigen Gestehungskosten ihre ausländischen Konkurrenten unterboten. Durch die Inflation war es einigen Großindustriellen gelungen, nicht nur ihre Schulden abzutragen, sondern auch die Zahl ihrer Betriebe und Produktionsstätten zu vervielfachen. Manche, wie z. B. Hugo Stinnes, hatten sich eine Art Wirtschaftsimperium zusammengerafft, in dem sie über eine Menge der unterschiedlichsten Herstellungs-, Bearbeitungs- und Dienstleistungsbetriebe verfügten. Die Konzentration des Kapitals war durch die Inflation außerordentlich gefördert worden.

Gewinner bei der Währungszerrüttung waren nicht zuletzt das Reich, die Länder und Gemeinden. Die riesige Kriegsschuld löste sich im Laufe der Zeit in nichts auf.

Alle Anleihscheine, sowohl die aus der Friedens- wie die aus der Kriegszeit, waren wertlos geworden. Die Inflation wirkte wie eine große Vermögensabgabe, wie eine Art Steuer, mit der der Krieg bezahlt wurde — aber auf eine sehr ungleiche Weise. Die Inflation hatte also die Frage der deutschen Kriegskosten „gelöst".

b) Die Wandlungen in der Innenpolitik

Das Ende der Großen Koalition. Die Währungsreform war von der Großen Koalition vorbereitet und verwirklicht worden. Allein schon seit Ende Oktober hielt sie nicht mehr recht zusammen. Die Sozialdemokraten beschwerten sich über das Doppelgesicht der Innenpolitik: Die bayerischen Rebellen blieben von Zwangsmaßnahmen verschont, aber die linkssozialistischen Bündnisse in Thüringen und Sachsen wurden schnell und rücksichtslos zerschlagen. Im November sprengte die SPD die Koalition, indem sie ihre Mitglieder aus der Regierung zurückzog. Reichskanzler Stresemann stürzte am 23. November, als er die Vertrauensfrage im Reichstage stellte. Die extreme Rechte und die gesamte Linke stimmten zusammen gegen ihn. Der Rechten war er durch seine Einstellung des Ruhrkampfes zum Verräter an der nationalen Sache geworden, der Linken schien er zu weich gegenüber antirepublikanischen Tendenzen der Rechten und seiner Partei. Ebert schalt seine Parteifreunde:

Was Euch veranlaßt, den Kanzler zu stürzen, ist in sechs Wochen vergessen, aber die Folgen Eurer Dummheit werdet Ihr noch in zehn Jahren spüren. (Zit. nach Besson, W.: Friedrich Ebert. Verdienst und Grenze. Göttingen 1963, S. 89)

Neuer Reichskanzler wurde Wilhelm Marx (Zentrum); das Kabinett blieb weitgehend das gleiche. Ihm gehörte Stresemann als Außenminister an. (S. Tafel 21 im Anhang)

Beilegung des Konflikts Bayern-Reich und der Hitlerprozeß. Nachdem keine Gefahr mehr bestand, wurden auch die schwebenden Gegensätze zwischen Bayern und dem Reich unauffällig aus der Welt geschafft. An einem großen Strafgericht mit genauen Untersuchungen der Schuldfrage war beiden Seiten nicht gelegen. Das hätte viele prominente Leute bloßgestellt. Lossow trat ohne viel Aufhebens in den Ruhestand, Kahr gab sein Amt als Generalstaatskommissar Anfang 1924 zurück und verschwand für immer von der politischen Bühne.

Nur Ludendorff und Hitler sowie ihren Helfern wurde 1924 in Bayern der Prozeß wegen Hochverrats gemacht. Die NSDAP war inzwischen von Seeckt im ganzen Reich verboten worden. Der bayerische Volksgerichtshof war eifrig bestrebt, die für die bayerische Politik peinlichen Zusammenhänge im dunkeln zu lassen. Er rechnete — wie gewöhnlich — allen die nationalen Motive an. Das Urteil war dementsprechend milde: Hitler erhielt wegen Hochverrats fünf Jahre Festungshaft, mit Bewährungsfrist nach sechs Monaten Haft. Ludendorff wurde freigesprochen.

Das Ende der Separatistenherrschaft. Auch gegenüber dem Rheinland und der Pfalz konnte das Reich seine Oberhoheit behaupten. Das Separatistenregime hatte den Widerstand der Bevölkerung immer mehr herausgefordert. Wo die Separatisten nicht von der Besatzungsmacht geschützt waren, verjagten Arbeiter und Bauern ihre Unterdrücker. Das entmutigte viele Anhänger der „Autonomen Regierungen".

Frankreich wurde in seiner Rheinlandpolitik fortwährend von der englischen Regierung gestört. Als das englische Parlament im Januar 1924 die Separatistenregierungen für unrechtmäßig erklärte und keine Zweifel ließ, daß England nie mit der endgültigen Festsetzung Frankreichs am Rhein einverstanden sein würde, gestattete Paris, daß im Februar die verfassungsmäßige Ordnung im Rheinland und in der Pfalz wiederhergestellt wurde.

c) Der Beginn der neuen Ära in der Außenpolitik

Frankreich konnte überhaupt seines Sieges im Ruhrkampf nicht recht froh werden. Zwar hatte Deutschland zu spüren bekommen, daß es noch der Unterlegene war. Die Genugtuung darüber half etwas über die Enttäuschung hinweg, daß der materielle Gewinn der Aktion nicht ganz den Erwartungen entsprach. Das mochte die Zukunft ausgleichen, denn Frankreich konnte nun nach seinem Belieben im Ruhrgebiet schalten. Die Kritik der Linken lenkte jedoch die Aufmerksamkeit auf die empfindliche Reaktion der Weltöffentlichkeit und fand damit starken Anklang. Poincaré wurde zur Last gelegt, daß er durch seine rücksichtslose Politik das Land in die fast vollständige Isolierung geführt habe.
Englands Haltung war von Monat zu Monat unfreundlicher geworden. Bei der Frage der Beendigung des Ruhrkonflikts hatte es noch einmal zugunsten Frankreichs vermittelt. Danach ließ es aber keinen Zweifel, daß es die Ausdehnung Frankreichs bis zum Rhein und seine langfristige Festsetzung im Ruhrgebiet unter keinen Umständen zu dulden gewillt war. Als Deutschland seine Finanzen ordnete, war London bereit, einen neuen Anfang in der leidigen Reparationsfrage zu machen. Man nahm einen Vorschlag der Amerikaner auf und setzte sich für die Einrichtung von Sachverständigenausschüssen ein, die von rein wirtschaftlichen Erwägungen aus die Leistungsfähigkeit Deutschlands feststellen und danach einen realisierbaren Zahlungsplan aufstellen sollten. Die Vereinigten Staaten erklärten sich bereit, an dieser Arbeit teilzunehmen.
Nun konnte auch Frankreich sich nicht länger widersetzen. Poincaré nahm den Umschwung der Stimmung im Inlande und bei den Verbündeten wahr und paßte sich der neuen Lage an. Er gab nach und sandte die französischen Sachverständigen zu der am 14. Januar 1924 zum erstenmal — auch mit deutscher Beteiligung — tagenden Sitzung des Ausschusses (vgl. X 2).

Dritter Teil
Das Deutschland der zwanziger Jahre

VI. Wirtschaft

1. *Die wirtschaftlichen Tendenzen der Zeit*

Wissenschaft, Technik und Wirtschaft. Die umwälzenden Entdeckungen und Erfindungen auf dem Gebiet der Naturwissenschaften im 19. Jahrhundert beschleunigten wie nie zuvor das Tempo des technischen Fortschritts. Im Verlaufe eines Menschenalters, etwa von 1850 bis 1920, veränderte sich die Umwelt für die Mitlebenden so radikal wie früher kaum in Jahrhunderten. Wer in seiner Jugend noch Petroleumlampe und Gaslicht, Dampfmaschine, Eisenbahn und Telegraph als unerhörte Neuerungen erlebt hatte, mußte sich im Alter an Glühlampe, Dieselmotor, Automobil, Flugzeug, Radio, Kino, Röntgenstrahlen und Kunstseide gewöhnen. Der Prozeß der Industrialisierung, in dem sich der größte Teile der Alten und Neuen Welt befand, beruhte auf Wissenschaft und Technik, die auch die älteren Erwerbsarten – Landwirtschaft, Handel, Handwerk – beeinflußten.

Formen der Rationalisierung. In den ersten Jahrzehnten des 20. Jahrhunderts begann der Einfluß wissenschaftlich-technischer Verfahrensweisen, die Wirtschaft noch allgemeiner und noch stärker zu durchdringen. Mit Hilfe sorgfältig durchdachter und aufeinander abgestimmter organisatorischer und technischer Verbesserungen, durch sinnvolle Anwendung aller zur Verfügung stehenden mechanischen Hilfsmittel gewann man ein viel höheres Maß an Produktivität aus der menschlichen Arbeitsleistung. Es war dies nur eine neue Weise des Strebens nach Wirtschaftlichkeit, also des Bemühens, durch den geringeren Aufwand an Kosten, Weg, Zeit und Kraft den höchsten Gewinn zu erreichen. Im Unterschied zu früher, als man sich noch weitgehend nach überlieferten Methoden und mehr zufälligen Erfahrungen richtete, sollte nun alles nicht rein dem Zweck Förderliche ausgeschieden und nichts dem Ermessen überlassen werden. Wegen der beherrschenden Rolle der planenden Vernunft dabei nannte man dieses Vorgehen Rationalisierung.

Die Industrialisierung verlangte erhebliche Kapitalmengen. Das Ausnutzen mächtiger Energiequellen, Verarbeiten neuer Werkstoffe, Bewältigen immer umfassenderer Vorhaben und Erproben verfeinerter Herstellungsverfahren überstieg die Finanzkraft selbst von Großbetrieben, sogar von Aktiengesellschaften. Es vollzogen sich darum Zusammenschlüsse von Großunternehmen gleicher oder verschiedener Produktionsstufen (horizontale und vertikale Gliederung), die – zuerst in den USA – zu riesigen Kombinationen führten. Bei dieser *Konzentrationsbewegung* gab es neben dem vollständigen Aufgehen zu einem Ganzen (Fusion) eine ganze Anzahl von Formen der Zusammenarbeit unter gemeinsamer Leitung, bei denen die einzelnen Unternehmen ihre rechtliche und produktionsmäßige Selbständigkeit bewahrten (Trusts, Konzerne, Interessengemeinschaften). Die Zahl der mittleren und kleinen Unternehmen verringerte sich dennoch nicht sehr, nur eroberten die Großen den überwiegenden Anteil am Markt.

Ein Zusammenspiel anderer Art zielte auf die Ausschaltung des Mechanismus des freien Wettbewerbs, der ersetzt wurde durch vertragliche Zusagen der Konkurrenten (Kartell), ein bestimmtes Preisniveau zu halten oder nicht mehr als eine bestimmte Menge (Quote) herzustellen. Bis auf die vertragliche Verpflichtung gegenüber ihren Partnern blieben die Unternehmen im Unterschied zu den Trusts und Konzernen sonst völlig selbständig. Die erstrebte monopolartige *Organisation des Marktes* – d. h. der Zusammenschluß nahezu aller Unternehmen eines Gewerbezweiges zu einem Kartell und evtl. die Übernahme der Funktionen des Großhandels in eigene Hand (Syndikat-Verkaufskartell) – gelang am besten bei Massengütern, die wenig Qualitätsunterschiede aufwiesen (Stahl, Eisen, Kohle, Holz, Papier, Ziegel u. ä.).

Zunehmender Einfluß des Staates. Der Hochkapitalismus trug mithin ein eigenartiges Doppelantlitz: Einerseits löste der schöpferische Impuls der privaten Initiative eine ungeahnte Expansion der Wirtschaftskräfte aus; andererseits wurde freiwillig das einst ungebundene Spiel der Kräfte äußerst wirkungsvoll beschränkt und planvoll geregelt. In zunehmendem Maße beanspruchten auch außerwirtschaftliche Instanzen Kontroll- und Lenkungsrechte über die Wirtschaft, namentlich der Staat. Indessen war das Verhältnis von Staat und Wirtschaft und der Einfluß der staatlichen Bürokratie auf die Wirtschaft je nach den Traditionen und dem Charakter des Regierungssystems verschieden.

Die Weltkonjunktur. Die zentrale Stellung, die der Staat während des Krieges im Wirtschaftsleben eingenommen hatte, verlor er überall – wenn auch in mancherlei Abstufungen – im Frieden wieder. Die Weltwirtschaft kehrte ebenfalls allmählich zu ihren Grundsätzen der Verflechtung und gegenseitigen Abhängigkeit zurück, ohne daß bedeutsame Hemmungen – besonders im Zahlungsverkehr – je überwunden werden konnten.

Nach der durch die Anomalien der Kriegs- und Nachkriegszeit bedingten Not setzte mit überraschender Plötzlichkeit ein überaus kräftiger Aufschwung der Weltwirtschaft ein. Die Hochkonjunktur erreichte ihren Gipfel in den Vereinigten Staaten, in denen sich ein Wohlstand ausbreitete, wie er bisher von so vielen noch nicht erlebt worden war.

2. *Die Entwicklung der deutschen Wirtschaft nach dem Kriege*

Unglaublich schnell erholte sich auch die deutsche Wirtschaft nach dem verlorenen Kriege und nach der Währungskatastrophe wieder (s. Tabelle 10 im Anhang). Alle günstigen Voraussetzungen, die Vielzahl der leistungsfähigen Produktionsstätten, eine arbeitswillige Bevölkerung, die durch den Krieg aufgestaute Nachfrage im In- und Ausland, ja selbst die verläßliche Finanzpolitik der Regierung und die Regelung der Reparationsfrage nach wirtschaftlichen Gesichtspunkten wären wertlos geblieben, wenn man nicht dem Mangel an Kapital abgeholfen hätte. Die günstige Wende trat nach dem Inkrafttreten des Dawes-Abkommens ein (vgl. X 2). Sobald der amerikanische Reparationsagent in Berlin gleichsam über die Gesundheit der deutschen Wirtschaft wachte, kehrte das Vertrauen ausländischer Geldgeber, besonders amerikanischer, zurück, und ein Kapitalstrom floß nach Deutschland, der wie der Regen nach der Dürre wirkte. Der Anreiz, deutschen Unternehmern Geld zu leihen, bestand in dem gegenüber den USA höheren Zinssatz. (S. Tafel 6 im Anhang)

Nach der Initialzündung durch die Auslandskredite fand die deutsche Wirtschaft rasch Anschluß an die Weltkonjunktur. Innerhalb von drei Jahren – 1925 bis 1928 – gelang es, in vielen Produktionszweigen die verlorene Vorrangstellung in der Welt wiederzuerobern. Das Produktionsvolumen erweiterte sich sprunghaft, von 1924 bis 1929 um 50 %. Allerdings war das wirtschaftliche Wachstum nicht mehr so stürmisch

wie vor dem Kriege. Von 1871 bis 1913 hatte sich das Volkseinkommen mehr als verdreifacht; 1929 lag es bloß etwa 9 % über dem Durchschnitt von 1913, und die wirtschaftliche Produktion erhöhte sich von 1925 bis 1929 nur um 5 % über den Stand von 1913. – Gleichwohl war die Konjunktur begleitet von einer fühlbaren Verbesserung des Lebensstandards für den größten Teil der Deutschen. Das Einkommen der arbeitenden Bevölkerung erhöhte sich schnell, der durchschnittliche reale Wochenlohn stieg von 1924 bis 1927 um 37 %. Den Realwochenlohn von 1913 übertraf er 1929 aber nur um 3 %. Die Zahl der Arbeitslosen sank jedoch in den besten Jahren niemals unter eine Million. (S. Tabelle 12 im Anhang)
Trotz des erstaunlichen Aufschwungs war Deutschlands Situation in mancher Hinsicht nicht mehr so glänzend wie vor dem Kriege. Es hatte sich von einem Gläubigerland in ein Schuldnerland verwandelt, es war durch den verlorenen Krieg ärmer an landwirtschaftlichen und mineralischen Naturschätzen geworden, denn mit den abgetretenen Gebieten hatte es 14,6 % der anbaufähigen Fläche, 74,5 % der Eisenerze, 68,1 % der Zinkerze, 26 % der Kohlenförderung und 50 % des Kalibesitzes eingebüßt. Bedenklich war auch, daß nicht alle Wirtschaftszweige gleichmäßig am Aufstieg teilnahmen. Besonders die Landwirtschaft erreichte niemals wieder ihren Wohlstand der Vorkriegszeit und geriet in schwere Bedrängnis (vgl. VI 3 c).

3. Strukturwandlungen in der deutschen Wirtschaft

a) Veränderungen im Export und in der Gütererzeugung

Die Kriegsfolgen für den Außenhandel. Nach dem Kriege war Deutschland mehr als früher auf den Export seiner Waren angewiesen, mußte es doch wegen der verlorenen Nahrungsmittel- und Rohstoffquellen mehr als bisher einführen. Außerdem hatte das Reich einen Überschuß (aktive Handelsbilanz) für die Abgeltung der Reparationen herauszuwirtschaften.
Als die Deutschen nach jahrelanger Unterbrechung wieder ihre Handelsbeziehungen im Auslande anzuknüpfen begannen, spürten sie, daß sie weit ungünstigeren Bedingungen als früher unterlagen. Inzwischen hatte gerade in den außereuropäischen Gebieten die Industrialisierung Fortschritte gemacht, und Deutschlands faktisches Herstellungsmonopol – z. B. für elektrotechnische und chemische Erzeugnisse – war gebrochen. Alte Abnehmer hatten sich mittlerweile von Konkurrenten versorgen lassen.
Die Umstellung in der Produktion. Erfahrungen dieser Art zwangen zu einer Neuorientierung des Exports und zu einer Umstellung im Charakter der anzubietenden Waren. Nicht mehr Rohstoffe (z. B. Kohle, Stahl, Eisen, Kali usw.) und Halbfabrikate wurden verlangt, sondern Maschinen, Apparate, ganze Fabrikausstattungen. Noch stärker gefragt waren Qualitätserzeugnisse der Chemie, der Feinmechanik, der Optik und der Elektroindustrie. So spezialisierte sich die deutsche Industrie auf die Erzeugung hochwertiger und komplizierter Güter für die hochindustrialisierten Zweige des modernen Produktionsapparates.
Dadurch verlor die Schwerindustrie ihre Schlüsselstellung, die sie früher auch wegen ihrer Bedeutung für die Rüstung innegehabt hatte. Der Vorrang – sowohl beim Wert

der Ausfuhr wie der Gesamtproduktion – gehörte von nun an eindeutig der Fertigwarenindustrie.
Wie vor 1913 hatte Deutschland stets eine passive Handelsbilanz, erzielte nur 1929 einen Überschuß von 36 Millionen RM.

b) Industrie, Handwerk, Handel
   (s. Tabelle 9 im Anhang)

Die Rationalisierung in Deutschland. Gerade wegen der Notwendigkeit, die Ausfuhr zu steigern, mußte für den deutschen Unternehmer äußerste Wirtschaftlichkeit oberstes Gesetz sein. Wie aber sollte man billiger als die Konkurrenz produzieren bei den ungleich höheren Kosten, den hohen Zinsen für die Kredite, den vermehrten Soziallasten, den gestiegenen Löhnen bei verkürzter Arbeitszeit? Die deutsche Industrie machte aus der Not eine Tugend, indem sie ihren veralteten und verschlissenen Produktionsapparat durch einen modernen, d. h. durchrationalisierten, ersetzte.
Die 1925 einsetzende Rationalisierungsbewegung war intensiver und geballter als die weitaus langsamere im bewunderten und nachgeahmten Amerika. Von all den zahlreichen Rationalisierungsmaßnahmen berührte den weitesten Kreis der Beschäftigten die volle Ausnutzung der menschlichen und maschinellen Arbeitskraft durch vervielfältigte Arbeitsteilung, Verkürzung des Transportweges, sinnvolle Bestimmung der Arbeitsplätze und Lager, Untersuchung und Festlegung der maximalen Arbeitsgeschwindigkeit (Beispiel: Fließband). Weitere Überlegungen führten zur Vereinheitlichung der Einzelteile *(Normung)* und der zusammengesetzten Teile *(Typisierung)*. Beim Fertigfabrikat ersetzte die *Serie* das nur individuellen Bedürfnissen angepaßte Einzelstück. Auch die Verwaltung, also die Büroarbeit, wurde vielfach dem Gesichtspunkt der Rationalisierung unterworfen.
Die Umstellung auf die modernen Produktions- und Organisationsmethoden lohnte sich freilich meist nur für die Großunternehmen der Industrie und des Handels. Die industriellen Mittel- und Kleinbetriebe, das Handwerk und der Einzelhandel hätten ihre Finanzkraft unnötig überanstrengen müssen, um z. B. teure Maschinen zu kaufen, die sie doch nicht bis zur Grenze ihres Leistungsvermögens ausnutzen konnten.
Der Charakter der Arbeit änderte sich für die in rationalisierten Betrieben Beschäftigten erheblich. Ihre Tätigkeit wurde gemeinhin einfacher und leichter, aber zugleich auch einförmiger und einseitiger. In Streitschriften wurde beklagt, daß die neuen Arbeitsweisen „entgeistigt" und „entpersönlicht" seien und darum äußerst schädliche Folgen für Körper und Seele haben müßten. Etwas leichter ließ sich eine andere unerfreuliche Nebenwirkung der Rationalisierung nachweisen: Weil sie überstürzt und planlos durchgeführt wurde, setzte sie Arbeitskräfte frei, deren Wiedereinfügen in den Wirtschaftsprozeß selbst unter den Bedingungen der Konjunktur nie ganz gelingen wollte.

Die Konzentrationsbewegung und Kartellisierung vor dem Kriege. Als Rationalisierung auf höchster Ebene konnte der Zug zur Konzentration angesehen werden. Im Unterschied zu Westeuropa bestimmte dieser Zug in Deutschland schon die ersten Phasen der Industrialisierung. Erst verhältnismäßig spät war Deutschland in die Reihe der Industrienationen eingetreten, hatte die Vorstufen zur Ausbildung von Großunternehmen übersprungen und erlebte auch nur ganz kurze Zeit uneingeschränkte Konkurrenz und Freihandel. Die Kriegswirtschaft und die Inflation hatten die Konzentration allerdings dann ungemein gefördert und beschleunigt (vgl. I 2 b und V 5 a). Die modernen Industriekartelle waren geradezu eine deutsche Schöpfung. Im Gegensatz zum Auslande, wo der freie Wettbewerb durch gesetzliche Verbote von Preisbindungen u. ä. verteidigt wurde, hatten in Deutschland von jeher Kartellvereinbarungen unangefochten Rechtscharakter; ihr Bruch war Vertragsbruch und konnte gerichtlich verfolgt werden.

Die Kartellbewegung nach dem Kriege. Sowohl in der Zeit der Depression als auch der Konjunktur nahm die Zahl der Kartelle beständig zu. 1914 waren etwa 500–600 solcher Unternehmerverbindungen vorhanden, um 1925 gab es schon etwa 3000, und ihre Zahl vermehrte sich von Jahr zu Jahr. Die Kartellidee setzte sich auch in Geschäftszweigen durch, die bisher als ungeeignet für sie erachtet worden waren, so vor allem in der verarbeitenden Industrie und im Handel. Die Haltung des Staates blieb – auch in seiner 1923 einsetzenden Kartellgesetzgebung - unverändert positiv (vgl. VI 5). An die Stelle des Kampfes der einzelnen Unternehmer untereinander um die Kunden war für weite Bereiche der Wirtschaft der Kampf der von dem Mechanismus Angebot–Nachfrage unabhängigen Kartelle mit den Kunden getreten. Weiterverbraucher und Abnehmer konnten sich nicht gegen überhöhte Preise und Preissteigerungen wehren, wenn sie nicht das seltene Glück hatten, daß kartellgebundene Außenseiter bestanden oder entstanden, die die Kartellpreise zu unterbieten in der Lage waren.
In der Zeit der steigenden Konjunktur wurde jedoch allgemein viel zum Lobe der Kartelle gesagt:

Das Zeitalter der Laissez-faire-Maxime, des unbeschränkten Individualismus, ist vorüber. Man hat erkannt, daß höhere Gesamtleistungen eines Betriebes und der gesamten Volkswirtschaft in einer durchorganisierten Wirtschaft vollbracht werden können. (Bucher, H. [Reichsverband der Deutschen Industrie] Zit. in: Die Arbeit, 1928, Heft 1, S. 2)

Wenn aber nur eine Flaute einsetzte und dabei die Kartellpreise – wie zu erwarten – auf einem nicht mehr gerechtfertigt hohen Niveau blieben, dann wurden damit Absatz und Nachfrage gedrosselt, und die Flaute konnte leicht in eine Krise übergehen.
Die Industrie-Konzerne nach dem Kriege. Auch durch Zusammenfassung von Unternehmen konnte man den Markt beeinflussen. In einem Konzern – der in Deutschland häufigsten Kombination – traten die Glieder wohl noch wie früher unter ihrer alten Firmenbezeichnung auf, gaben aber ihre wirtschaftliche Unabhängigkeit weitgehend auf und unterstellten sich einer Leitung, die manchmal zugleich, manchmal allein in produktions- und verwaltungstechnischer, in kommerzieller und finanzieller Hinsicht wirksam wurde. Die eindrucksvollen Konzerngründungen vor dem Kriege waren nur Vorstufen für weitere, noch umfassendere Sammlungen von konzentrierter Kapital- und Wirtschaftsmacht gewesen. In zwei Schüben vollzog sich in Deutschland eine Umstrukturierung der Wirtschaft ohnegleichen – mitunter „Sozialisierung durch den Industriellen selber“ genannt, als deren Ergebnis sich marktbeherrschende Riesenunternehmen an der Spitze der Wirtschaftszweige etablierten. Der Zwang zur Rationalisierung gab dazu die Argumente:

Aber wirtschaftliche Freiheit im Sinne einer unsystematischen, unorganischen und damit im höchsten Maße Arbeit, Material und Geld verschwendenden Zersplitterung – den Luxus werden wir uns auch nicht mehr leisten können. (Silverberg, P.: Reden und Schriften. Köln 1951, S. 57)

Die erste Neugruppierung ging mit der Inflation einher. Nicht alle Konzerngründer konnten für ihre Gelegenheitsschöpfungen eine konstruktive Idee angeben, wie sie etwa Hugo Stinnes vorbrachte:

Ich teile nicht die Ansicht der Schöpfer der großen amerikanischen Trusts, daß jeder Industriezweig von dem anderen getrennt sein und für sich gedeihen muß, mit dem einzigen Zweck eines möglichst großen Ertrages. Sie sind solidarisch. So beginne ich mit der Kohle als Grundlage jeder Produktion. Ich gehe einerseits zum Hüttenwesen über, dann zu den Konstruktionsindustrien, um zu Schiffen, zu Schiffahrt und Handel zu gelangen. Andererseits gehe ich von der Kohle zur Braunkohle, dann zum Holz, dann zum Papier, dann zu den Zeitungen. (Zit. bei Raphael, G.: Hugo Stinnes. Berlin 1925, S. 56)

Viele der Mammutgründungen überlebten die Stabilisierung der Währung nicht; auch Stinnes' Konzern zerfiel 1924 nach seinem Tode.
Die bald danach einsetzende Konjunktur löste dann eine zweite Welle der Konzentration aus. Ende 1926 zählte Deutschland 12 392 Aktiengesellschaften mit einem Nominalkapital von 20,354 Milliarden RM; von diesen Gesellschaften waren 1927 (= 15,9 %) mit einem Kapital von 13,242 Milliarden RM (= 65,1 %) in Konzernen vereinigt. Nach den Banken und der Schwerindustrie formierte sich jetzt vor allem die Elektro- und Chemoindustrie in Konzernen. Unter allen Konzernen gab es einige, die den absolut beherrschenden Platz in ihrer Industrie einnahmen; so vor allem die Vereinigten Stahlwerke AG mit einem Anteil von 2/5 an der gesamten deutschen Kohle-, Eisen- und Stahlerzeugung und die IG-Farben AG, in der etwa 9/10 aller chemischen Unternehmen zu einer Fusion aufgingen (beide gegründet 1926). Bei den IG-Farben handelte es sich übrigens um das größte europäische Industrieunternehmen.

Am 31. Dezember 1928 gab es im Deutschen Reich folgende Aktiengesellschaften:

	Nominalkapital in Mill. RM					
	weniger als 1		1 bis unter 20		20 und darüber	
	Zahl	Kapital	Zahl	Kapital	Zahl	Kapital
Industrieunternehmungen	4 704	1 275	1 974	6 574	116	7 922
Banken	433	95	196	786	22	1 030
Versicherungsgesellschaften	119	16	187	521	3	105
Verkehrsunternehmungen	229	77	217	792	10	1 018
sonstige Gesellschaften	3 050	445	410	1 230	20	999
Zusammen	8 535	1 908	2 984	9 903	171	11 074

Man sieht also, daß auf rund ein Viertel der Gesellschaften (27,0 v. H. der Gesamtzahl) der weitaus größte Teil (91,7 v. H.) des Nominalkapitals entfällt, daß fast die Hälfte des Kapitals (84,4 v. H.) in Händen von nur 1,5 v. H. der Gesellschaften ist. (nach: Deutsche Wirtschaftskunde. Ein Abriß der deutschen Reichsstatistik. Berlin 1930, S. 121)

Mit der Konzentration wurde große wirtschaftliche Macht für wenige Menschen geschaffen. Ihnen gegenüber stand der überwiegende Teil der Bevölkerung in offener oder verschleierter Abhängigkeit. Daß beim Erlangen und Ausüben dieser Macht zugleich aufgebaut, aber auch zerstört wurde, war nach Meinung derer, die den Konzentrationsprozeß vorantrieben, unvermeidlich und im Gesamtinteresse wünschenswert. Nicht alle haben sich so schroff ausgedrückt wie Hugo Stinnes:

Um es klar zu sagen, sie [die kleinen Unternehmungen] müssen kaputt gehen ... [Man] kann ... sie nur ruhig krepieren lassen ... Die Leitung der großorganisierten, gutorganisierten Betriebe muß absolut souverän sein, sie darf in dieser Beziehung keinen Hemmungen unterworfen sein, sonst kann sie für die allgemeine Wirtschaft nichts Gutes leisten. (Raphael, G.: Hugo Stinnes. Berlin 1925, S. 44)

Die Lage beim Handel. Außerhalb der Industrie war die Konzentrationsbewegung weit weniger siegreich. Beim Handel hatten die Warenhäuser, die Massenfilialbetriebe und Konsumvereine, die schon vor dem Kriege entstanden waren, mit Erfolg versucht, neue Wege zu gehen, um den Umsatz zu vergrößern und zu beschleunigen (z. B. Kauf vom Hersteller oder eigene Fertigung, Preisrabatte durch Großeinkäufe u. dgl.). Nach dem Kriege schlossen sich die größten Warenhäuser zu Konzernen zusammen (Wertheim, Tietz, Karstadt), um ihre Einkaufskraft zu verstärken. Indes waren die Warenhäuser nur mit 5 % am Umsatz der gesamten Branche beteiligt, der Rest verteilte sich auf den damals außerordentlich überbesetzten Einzelhandel. Arbeitslosigkeit in der Zeit der Umstellung auf Friedensproduktion und leichte Gewinnchancen während der Inflation hatten auch viele Branchefremde zu Geschäftsgründungen verlockt. Die Gewinne waren daher sehr niedrig. Der durchschnittliche Geschäftsmann machte dafür die Konkurrenz der Warenhäuser verantwortlich, deren Verkaufs- und Werbungsmethoden er als „unreell" verurteilte. Er wollte aber unbedingt selbständig bleiben und suchte sich zu behaupten, indem er z. B. die unbezahlte Arbeitskraft der Familienmitglieder ausnutzte. Im Grunde lohnte vom wirtschaftlichen Standpunkt die Führung der meisten Einzelhandelsgeschäfte nicht mehr, blieb doch das tatsächliche Einkommen in der Mehrzahl der Fälle unter dem angestellter Verkaufskräfte der Großbetriebe.

Betriebsgrößen und Beschäftigte im Handel

Es entfielen im Jahre 1925:

	auf die Betriebsgrößen bis 5 Personen		6 bis 50 Personen		51 u. mehr Personen	
	Betriebe					
	Zahl	v. H.	Zahl	v. H.	Zahl	v. H.
im Großhandel	141 000	79,3	35 400	19,9	1 393	0,8
Einzelhandel	642 500	95,6	29 100	4,3	871	0,1
Verlagsgewerbe und Buchhandel	12 500	82,8	2 500	16,3	137	0,9
Hausier- und Straßenhandel	94 200	99,9	55	0,1	—	—
	Personen					
	Zahl	v. H.	Zahl	v. H.	Zahl	v. H.
im Großhandel	261 100	30,6	454 100	53,3	137 400	16,1
Einzelhandel	1 078 500	70,9	307 100	20,2	135 400	8,9
Verlagsgewerbe und Buchhandel	23 200	32,5	33 200	46,4	15 100	21,1
Hausier- und Straßenhandel	111 000	99,6	399	0,4	—	—

(nach: Deutsche Wirtschaftskunde. Ein Abriß der deutschen Reichsstatistik. Berlin 1930, S. 189)

Die Lage im Handwerk. Das Handwerk war – trotz gegenteiliger Voraussagen – in der hochindustrialisierten Wirtschaft noch nicht untergegangen. Wo es nötig und möglich war, stellte es sich um, etwa auf Qualitätsarbeit, auf Reparatur und Ausbesserung. Die eigenständige und wirtschaftlich bedeutsame Funktion hatte das Handwerk aber verloren. Der selbständige Meister war kleinkapitalistischer Unternehmer, zumal nach der Einführung von Maschinen das einst bestimmende Merkmal, die durch Lehre angeeignete Handfertigkeit, nicht mehr zutraf. Erstaunlich konstant hoch blieb die Zahl der Beschäftigten, noch verwunderlicher war die Zunahme der Zahl der Handwerksbetriebe, vor allem der sogenannten Ein-Mann-Betriebe. Viele ehemalige Handwerker fanden nach dem Kriege keine Beschäftigung in der Industrie und machten sich selbständig. Auch im Handwerk suchten die kleinen Meister – trotz sehr ungünstiger Erwerbslage – unter allen Umständen ihre selbständige Existenz zu halten. Weit verbreitet war es, Lehrlinge, die nur ein Taschengeld bezogen, als volle Kräfte zu beschäftigen. Der Lebensstandard des größten Teils der selbständigen Handwerker konnte nur sehr bescheiden sein. Viele Inhaber von Kleinbetrieben erreichten kaum das Lohnniveau eines Industriearbeiters.

Grundtendenzen in Industrie, Handel und Handwerk. Aus all den einzelnen Wandlungen im Bereich der gewerblichen Wirtschaft im Jahrzehnt nach dem Kriege heben sich zwei Tendenzen heraus, eine dynamische und eine statische. Die Richtung der dynamischen Tendenz wurde bestimmt von den Großbetrieben, den Konzernen und Kartellen. Sie erstrebte eine weitgehende Ersetzung des Prinzips des freien Wettbewerbs durch das Prinzip der Zusammenarbeit, der gemeinsamen Ordnung und Regulierung der Produktion und des Marktes, also der Kooperation. In den wichtigsten Industriezweigen war nicht mehr allein das Gewinnstreben individueller Unternehmer und Unternehmungen maßgebend, es hatte sich vielmehr abzustimmen mit dem Gesamtinteresse eines größeren Kreises. Die persönliche Initiative fand ihre Grenze an kollektiven Vereinbarungen, der Herr-im-Hause-Standpunkt war unvereinbar geworden mit den vielgestaltigen Kontrollrechten übergeordneter Kartell- oder Konzerninstanzen. Die Basis dieses neuen Wirtschaftsstils war immer noch der Privatkapitalismus, der Antrieb zu wirtschaftlicher Betätigung immer noch das Ertrags- und Gewinnstreben. Doch bediente sich die private Wirtschaft in steigendem Maße der planenden Gestaltung nicht nur in der Sphäre des einzelnen Betriebes, sondern dehnte sie auf größere Einheiten, mitunter sogar auf einzelne und mehrere Wirtschaftszweige aus.

Demgegenüber bildeten die Mittel- und Kleinbetriebe das beharrende Gegengewicht (statische Tendenz). Obwohl sie im Ganzen der Volkswirtschaft durch den Rückgang ihres Marktanteils allmählich an Bedeutung verloren, beschäftigten sie doch weitaus mehr Menschen als die Großunternehmen. Für sie galten noch die Regeln des freien Wettbewerbs, ihre Geschäftspraktiken trugen noch das Gepräge des Individualismus. Die meisten der kleineren Unternehmer bestritten überhaupt, daß Kartellen und Konzernen die Zukunft gehöre, hielten sie vielmehr für vorübergehende Entartungserscheinungen des Wirtschaftslebens. (S. Tafel 3 im Anhang)

c) Die Landwirtschaft

Regionale Besonderheiten. Unterschiede in Boden und Klima sowie in der geschichtlichen Entwicklung hatten der deutschen Landwirtschaft eine durchaus ungleichartige Gestalt gegeben. In den östlichen Landesteilen — etwa von der Elbe-Saale-Linie (ohne Kursachsen) an — hinterließ die Gutsherrschaft ihre Spuren bis ins 20. Jahrhundert. Großgrundbesitzer bewirtschafteten ihre Güter mit Hilfe besitzloser Landarbeiter. Karger Boden, rauhes Klima und dünne Besiedlung begünstigten die Form des Großbetriebes. Angebaut wurden fast ausschließlich Roggen, Kartoffeln und Zuckerrüben. Im übrigen Deutschland verteilte sich der Landbesitz zum überwiegenden Teil auf Bauernanwesen mittleren und kleineren Umfangs. In der Regel wurde sowohl Ackerbau betrieben als auch Nutzvieh gehalten, und zwar ohne

Beschränkung auf Getreide- oder Tierarten. Die Größe des Bauernhofes richtete sich oft auch nach der jeweiligen Regelung der Erbfolge. In manchen Gebieten (am Oberrhein, in Württemberg, in Thüringen) entstanden durch fortgesetzte Unterteilungen viele Zwergwirtschaften. Dort und in ganz ungünstigen Wald- und Berggegenden (z. B. im Bayerischen Wald) war Landwirtschaft schon seit langer Zeit höchst mühselig und unrentabel geworden. Die Not dieser in altertümlichen Produktionstechniken steckengebliebenen Bauernfamilien wurde durch Heimarbeit oder zeitweilige Beschäftigung in der einheimischen Industrie nur unzureichend gemildert.

Konjunkturelle und strukturelle Gründe der Landwirtschaftskrise. Bis auf solche dürftigen Existenzen hatte die deutsche Landwirtschaft im Frieden ihr gutes Auskommen gehabt. Die Preisschere, der Unterschied zwischen den Preisen der landwirtschaftlichen Produkte und den höheren Preisen der von der Landwirtschaft benötigten Industriewaren, war — nicht zuletzt wegen des staatlichen Zollschutzes — wenig geöffnet. Als in Kriegs- und Nachkriegszeit die ausländische Konkurrenz vom Binnenmarkt verschwand, stellte sich sogar eine Konjunktur ein. Willkommen war die Inflation, brachte sie doch weitgehende Tilgung der Schulden und praktische Befreiung von den Steuern. Sofort nach der Stabilisierung setzte ein jäher Umschlag ein, der die deutsche Landwirtschaft von der künstlichen Konjunktur in eine lange Krise stürzte. Das hing damit zusammen, daß die Auswirkungen der seit etwa 1920 andauernden Weltagrarkrise auch in Deutschland spürbar wurden. Die großen Agrarexportländer, namentlich die USA und Argentinien, hatten während des Krieges ihre Erzeugung gewaltig ausgedehnt; später konnten sie bei der verminderten Kaufkraft des erschöpften Europas bei weitem nicht mehr so viel absetzen. Das Überangebot drückte auf die Weltmarktpreise, die Preisschere öffnete sich weit. Um die Mitte der zwanziger Jahre besserte sich die Lage auf dem Weltmarkt, weil sich die europäische Wirtschaft erholte, aber die Krise der deutschen Landwirtschaft dauerte fort. Ihre Ursachen mußten zum guten Teil in ihr selbst liegen.

Die Inflationsgewinne hatten der Landwirtschaft wenig genützt, waren sie doch selten für Betriebsmittel, sondern eher als Geldkapital bei Banken und Sparkassen angelegt, oft auch bei aufwendiger Lebenshaltung verbraucht worden. Nach der Stabilisierung der Währung wurden die gestiegenen Steuern und Löhne zum erstenmal fühlbar. Wenn auch die Rücklagen fehlten, so machte man sich doch Hoffnung, durch großzügige Aufnahme von Krediten und Hypothekenschulden, ungeachtet der ungünstigen Verzinsung, das mangelnde Betriebskapital zu bilden. Es schien nur darauf anzukommen, mit erneuerten und verbesserten Produktionsmitteln die Erzeugung zu vervielfachen. Aber die Landwirte mußten erfahren, daß dieses an den Autarkiebestrebungen der Kriegswirtschaft orientierte Rezept unter den Bedingungen einer verwikkelten, durch die Weltagrarkrise erschwerten Lage nicht wirkte.

Die Krise, in die die deutsche Landwirtschaft geriet, hatte je nach Landschaft und vorherrschender Betriebsart ein unterschiedliches Aussehen. Die erntesten Verfallserscheinungen zeigten sich bei den *Großbetrieben Nord- und Ostdeutschlands.* Ausschließlich auf eine einzige Weise der Bodennutzung eingestellt, wurden sie von den Preisschwankungen am empfindlichsten getroffen. Gewöhnlich waren die Großgrundbesitzer hoch verschuldet, hatten auch erhebliche Kosten durch Löhne und Sozialabgaben. Oft aber standen einer vernünftigen Geschäftsführung die Bestimmungen der Rechtsform des Fideikommiß' im Wege, die es verboten, Teile des Besitzes abzustoßen, und daher die Erben zwangen, für die Abfindung der anderen Familienmitglieder die Schuldenlast zu erhöhen. Die Besitzer und Verwalter der großen Güter zeigten sich darüber hinaus den Anforderungen ihres Berufes nicht immer gewachsen, weil sie häufig aus anderen Lebensbereichen, vorzugsweise dem militärischen, ohne besondere Neigung und Ausbildung zur Landwirtschaft überwechselten. So kam es, daß eine ganze Anzahl der großen Güter mit Verlust arbeitete, schließlich unter der Schuldenlast zusammenbrach und unter den Hammer kam.

Die *Mittel- und Kleinbetriebe,* deren Anteil am Verkaufserlös der Landwirtschaft mindestens doppelt so groß war wie der der Großbetriebe, hielten sich weitaus besser. Sie hatten ihrer Vielseitigkeit wegen bei schlechter Ernte oder fallenden Getreidepreisen einen gewissen Ersatz durch ihre anderen Erzeugnisse. Doch erkannten nur wenige Bauern, daß ein erfolgreicher Landwirt auch ein guter Kaufmann sein und dazu sich von den überlieferten Arbeitsweisen trennen, die Erkenntnisse der Wissenschaft bei der Kultivierung und der Zucht verwerten mußte. Es hieß bei der Veredelung von Gemüse, Fleisch und Molkereiprodukten mit den modernen Verfahren der ausländischen Konkurrenten Schritt halten. Freilich wollte die Mehrzahl der Bauern von allem „neumodischen Kram" nichts wissen und befreite sich nicht von den hemmenden Bindungen an „Altbewährtes". Deshalb half alle Zähigkeit, mit der die Bauern den Besitz ihres Bodens verteidigten, nicht weiter als bis zur Sicherung der eigenen Versorgung. Gewinne ließen sich so schwerlich erzielen; man arbeitete für die fälligen Zinsen, und auch das gelang mitunter nicht einmal.

4. Die Interessenverbände

a) Die Unternehmerverbände

Der Spitzenverband der Industrie. Am Vorbild der Gewerkschaften lernten die Unternehmer, daß gemeinsame Interessen am besten durch Solidarität und Zusammenschluß zu fördern seien. Auch der Gedanke der Stärke durch Einigkeit, also der zentralistischen Großorganisation, wurde vom Gegner übernommen. Im und nach dem Weltkriege entstanden die meisten Spitzenverbände, die der gespaltenen Gewerkschaftsbewegung in geschlossener Front gegenübertraten.

Einen großen Einfluß sowohl auf die Wirtschafts- wie auf die Sozialpolitik (für diese vgl. XI 2) übte der *Reichsverband der Deutschen Industrie* aus (gegründet 1919 durch Zusammenschluß des Centralverbandes deutscher Industrieller und des Bundes der Industriellen). Sein 1. Vorsitzender war bis 1925 der Krupp-Direktor Ernst Oskar Sorge; sein Nachfolger Carl Duisberg, Vorsitzender des Aufsichtsrates der IG-Farben AG. Duisberg bezeichnete einmal als Ziel des Verbandes:

> Was nun den Reichsverband betrifft, so will er nicht das tun, was ihm vielfach untergeschoben wird, nämlich im Nebenamt das Deutsche Reich regieren. Der Reichsverband hat überhaupt keine politischen, sondern er hat rein wirtschaftliche Ziele. Wir haben die Interessen der industriellen Unternehmen zu fördern. (Zit. nach Flechtner, H.-J.: Carl Duisberg. Vom Chemiker zum Wirtschaftsführer. Düsseldorf 1959, S. 361)

Der Reichsverband der Deutschen Industrie setzte dabei wie selbstverständlich das Interesse der industriellen Unternehmen mit dem der Großindustriellen – Ausbau und Behauptung ihrer Machtposition – gleich, was aus seiner Einstellung zum Strukturwandel der Wirtschaft hervorging:

Die Rationalisierung durch eine Konzentration der Industrie ist zu fördern ... Der Konzentration entgegenstehende Steuergesetze sind zu beseitigen. Unter der Voraussetzung einer gesunden und verantwortlichen Kartelltätigkeit hält der Reichsverband der Deutschen Industrie Kartelle für unentbehrlich. Auflösung der Kartelle würde vielleicht vorübergehend die Preise ermäßigen, aber Produktionsmittel vernichten und Arbeitslosigkeit herbeiführen. (Aus dem Wirtschaftsprogramm des Reichsverbandes von 1925. Zit. nach Pritzkoleit, K.: Das kommandierte Wunder. Wien, München, Basel 1959, S. 613)

Die Großindustrie sprach aber nicht nur für die Industrie, sie sprach für die gesamte Wirtschaft. Es war auch allgemein üblich geworden, „die Wirtschaft" zu sagen und dabei die industriellen Unternehmer zu meinen. Auch daß „die Wirtschaft das Schicksal" sei, hörte man beim Reichsverband der Deutschen Industrie gern.

Wir sind uns unserer Verantwortung bewußt und vertreten nicht egoistische und auch nicht persönliche Interessen, sondern im höchsten Maße gesamtwirtschaftliche Interessen des deutschen Volkes, und davon bringen Sie uns nicht ab. (Paul Silverberg vor dem Reichskohlenrat 1920. Zit. nach Silverberg, P.: Reden und Schriften. Köln 1951, S. 17)

Wenn sich der Verband für die Belange seiner Mitglieder verwandte, verlangte er, daß sich alle anderen Interessen der „wirtschaftlichen Vernunft" unterzuordnen hätten. Wirtschaftliche Vernunft gebot, die Grenzen der Sozialpolitik möglichst eng zu ziehen, die Steuern herabzusetzen und überhaupt „die Wirtschaft" sich selber zu überlassen, damit sie sich nach ihren eigenen Gesetzen regieren konnte.

Die Privatwirtschaft, die individualistische, kapitalistische Wirtschaft kann nicht mit Erfolg betrieben werden, wenn der Staat eine sozialistische kollektivistische Wirtschaft und insbesondere eine sozialistische kollektivistische Steuer- und Finanzpolitik betreibt. (Silverberg, a. a. O., S. 107)

Industrie und Politik. Der Weg zur Verwirklichung solcher Wünsche führte über die Parteien und das Parlament, aber auch die Regierungen. Enge Verbindungen bestanden besonders zu den bürgerlichen Parteien, zur Deutschen Volkspartei und zum Zentrum, die – besonders zu Wahlkampfzeiten – erhebliche finanzielle Zuwendungen erhielten. Über Verständnislosigkeit und mangelndes Entgegenkommen von seiten der vielen bürgerlichen Koalitionen der Jahre 1920 bis 1928 in den Fragen der Kartell- und Finanzgesetzgebung brauchte sich die Industrie eigentlich nicht zu beklagen. Aber auch nach der Erleichterung der Gewinn- und Kapitalbildung durch großzügige Steuervergünstigungen (1926) hörte der Reichsverband nicht auf, sich über „untragbare Lasten" zu beschweren.

Die Unternehmer hatten also auch unter den veränderten politischen Verhältnissen ihre Macht behaupten können. Ein Teil von ihnen, vorwiegend der Fertigwarenindustrie zugehörend, betrachtete die Beziehungen zu den Arbeitnehmerorganisationen im Sinne einer Partnerschaft und hielt das System der sich ausbalancierenden Kräfte von Kapital und Arbeit für notwendig. Auch an den Parlamentarismus und die Demokratie als eine Weise, Interessengegensätze auszutragen, hatten sich diese Unternehmer gewöhnt.

Andere Unternehmer, namentlich solche der Schwerindustrie, Männer wie Friedrich Flick, Gustav Krupp von Bohlen und Halbach, Paul Reusch, Fritz Thyssen, Emil Kirdorf, Albert Voegler, konnten sich nicht damit abfinden, die Herrschaft im Wirtschaftsleben, die ihnen einmal ganz gehört hatte, zu teilen. In der Weimarer Republik – für diese Kreise nur der „Ohnmachts-“ und „Gewerkschaftsstaat“ – sahen sie ein Hindernis für die volle Entfaltung ihrer Macht, die sie vor dem Kriege gehabt hatten. Deshalb unterstützte die Schwerindustrie vorzugsweise die politischen Parteien und Verbände, die eine Wiederkehr autoritärer Regierungsformen und die Bändigung der ihnen immer noch gefährlich erscheinenden Arbeiterschaft verhießen (DNVP, Stahlhelm, NSDAP), mit Spenden und publizistischer Macht (vgl. IX 7 c).

Die Verbände des Handwerks und des Handels. Handwerker und Kleinhändler betrachteten das Wirtschaftsleben von einem anderen Standort als die industriellen Unternehmer. Sie hingen z. T. noch an vorindustriellen Denkweisen und Wirtschaftsstilen und waren außerdem durch die Wandlungen in der modernen Wirtschaft benachteiligt. Ihre Verbände traten deshalb für eine Ordnung der Wirtschaft ein, die auch anderen als rein ökonomischen Gesetzen unterworfen war:

Schutz der berechtigten wirtschaftlichen Interessen des eigenen Standes, Schutz gegen jede Bedrohung, von welcher Seite sie auch kommen möge, und über diese starke wirtschaftliche Vertretung hinaus eine vermittelnde Tätigkeit durch Einsetzung der sittlichen Kräfte, die auch heute noch im Handwerk zahlreich genug vorhanden sind, um den Gedanken einer befriedeten und geordneten Berufsstandswirtschaft an Stelle einer brutal-egoistischen freien Wirtschaft und an Stelle des Klassenkampfes zu setzen. (Das Deutsche Handwerksblatt, 17. Jg., 1923, Heft 20, S. 270)

Sowohl in einer vollständig nach rational-kapitalistischen wie nach sozialistischen Gesichtspunkten durchorganisierten und konzentrierten Wirtschaft wäre kein Platz mehr für die mittleren und kleinen Selbständigen geblieben. Sie hielten sich jedoch für unentbehrlich:

Um seines Verhältnisses zur gesamten Wirtschaft willen, um seines Verhältnisses zum einzelnen Wirtschaftswesen ist der Einzelhandel der Kern der Volksgemeinschaft. Er vermittelt zu allen Kreisen, kommt mit allen Kreisen in persönliche Berührung, und daraus ergibt sich eine tiefe Verbundenheit mit dem ganzen Volke. (Der deutsche Einzelhandel in Staat und Wirtschaft. Düsseldorf 1926, S. 44)

Für die „Neuordnung der Wirtschaft“ durch die „berufsständische Zusammenarbeit von Unternehmern und Arbeitnehmern“, d. h. für eine Garantie ihrer Existenz von Staats wegen, wirkten die Vertreter des Mittel- und Kleingewerbes in den gleichen politischen Parteien wie die industriellen Unternehmer. Sie hatten damit weit weniger Erfolg als diese; auch schienen ihnen die Parteien und der Staat zu wenig zu ihrer Rettung zu tun. Immer wieder mußten sie auf ihre Rechte hinweisen, die in der Verfassung niedergelegt waren:

Artikel 164: Der selbständige Mittelstand in Landwirtschaft, Gewerbe und Handel ist in Gesetzgebung und Verwaltung zu fördern und gegen Überlastung und Aufsaugung zu schützen.

Infolgedessen breitete sich Unzufriedenheit aus, die sich über die Kritik an einzelnen Parteien zur Ablehnung der Parteien und des „Parteienstaates“ überhaupt steigerte:

Zwischen dem Staatsbau und dem Bau des Volkskörpers besteht ein Mißverhältnis. Die beruflich-lebendige Volkskraft findet in der Verfassung keinen Platz, sich geltend zu machen, und wird dazu gedrängt, ihre Macht gegen den Staat wirken zu lassen, statt in ihm mitzuarbeiten. (Das Deutsche Handwerksblatt, 18. Jg., 1924, Heft 13, S. 197)

Die Verbände der Landwirtschaft. Ständische Gedanken waren auch in den Interessenverbänden der Landwirtschaft lebendig. Dabei erwiesen sich in der Bauernschaft die religiösen Bindungen sowie eine starke Neigung, sich nach Landschaften und Landsmannschaften abzusondern, stärker als die wirtschaftlichen Belange; manche Versuche einer Einigung scheiterten daran.

In den zahlreichen *Bauernbünden und -vereinen* standen also die Pflege religiösen und bäuerlichen Brauchtums, die Geselligkeit und die gegenseitige Hilfe im Mittelpunkt.

Ein ganz anderer Verbandstyp war der *Reichslandbund,* in dem der Bund der Landwirte und einige regionale Landbünde aufgegangen waren. Er wollte in erster Linie Interessenpolitik betreiben, wobei er die Solidarität aller in der Landwirtschaft Tätigen voraussetzte:

Der Landbundgedanke hat zum wesentlichen Inhalt den Zusammenschluß aller Angehörigen des Landvolks, die als Bearbeiter der deutschen Scholle eine unlösbare Lebens-, Arbeits- und Schicksalsgemeinschaft bilden und auf Gedeih und Verderb miteinander verbunden sind. (Reichslandbund, 7. Jg., 1927, Nr. 13, S. 183)

Waren nun aber tatsächlich alle Landwirte und alle Landarbeiter auf Gedeih und Verderb verbunden? Nutzte z. B. die Erhöhung der Zollsätze für Roggen und Futtergetreide, die finanzielle Sanierung der ostdeutschen Güter – Hauptanliegen des Reichslandbundes – auch allen Verbandsmitgliedern? Mit Recht wandte man von seiten der Bauernvereine ein:

Die Regierung und der Landbund stellen die Roggenfrage in den Mittelpunkt der ganzen Zollpolitik. Gegen die Roggenstützungsmaßnahmen wenden wir uns insoweit, als sie auf maßlose Verteuerung der Futtergerste, des Maises und der Kleie und damit auf rücksichtslose Schädigung der bäuerlichen Vieh- und Veredelungswirtschaft hinauslaufen... Merkt nicht jeder jetzt in Nordwestdeutschland, daß er die Kosten der Sanierung des Großgrundbesitzers im Osten tragen soll? (Der Bauer im Kampf gegen den Landbund. Bauernarbeit in Nordwestdeutschland. Bremen o. J., S. 5 f)

Der Reichslandbund war praktisch wie vor dem Kriege der Bund der Landwirte das Instrument und das Sprachrohr der adligen und bürgerlichen Rittergutsbesitzer Ostelbiens. Der Anhänglichkeit und Unterstützung der Bauern, von denen die meisten sich der Führung der Großgrundbesitzer anvertrauten, versicherte man sich auf mannigfache Weise. Scheinbar war allen Landwirten geholfen, wenn der Landbund seine Forderung – geäußert von Eberhard Graf Kalckreuth (Präsident des Reichslandbundes 1930) – durchsetzte:

Das deutsche Volk muß gezwungen werden, nur deutsche Lebensmittel zu gebrauchen! (Zit. bei Topf, E.: Die grüne Front. Der Kampf um den deutschen Acker. Berlin 1933, S. 185).

Auf alle Bauern wirkte auch die Lobpreisung ihres Berufes:

Dieses deutsche Bauerntum war die Keimzelle der Kraft, die die Kultur und die Rasse der Deutschen erhielt. Die Reinheit des Bauernblutes, das in artgleichen Ehen langer Geschlechter immer gesund blieb, gab den Ständen des Landes, die durch den Verkehr und den Handel mit anderen Völkern oft fremdes Geblüt in sich aufnahmen, immer wieder einen Tropfen echt deutschen Blutes. Jeder kernige Deutsche war ein Sproß deutscher Bauernschaft. (Dr. Boetticher: Vom wahren Bauerntum. In: Reichslandbund, 7. Jg., 1927, Nr. 13, S. 183)

Wenn das Bauerntum über alle anderen Bevölkerungsschichten herausgehoben wurde, gab das den realen wirtschaftlichen Interessen geradezu eine höhere Weihe. Wen aber die Beschwörung der mystischen Kräfte von Blut und Boden nicht genügend beeindruckte, dem kam man mit anderen „Werbemethoden" bei:

Gegnern des Landbundes darf keine Nachbarschaftshilfe geleistet werden! Es dürfen ihnen keine Aushilfsgeräte geliehen werden, und es darf im Schadensfalle keinerlei Unterstützung zuteil werden! Gegner des Landbundes müssen von sämtlichen Genossenschaften ausgeschlossen werden: die Spar- und Darlehenskassen dürfen ihnen keinerlei Kredit geben ... (Hannoverscher Landbund, 1924, Nr. 12)

Der Reichslandbund entwickelte sich in den zwanziger Jahren zur wohl streitbarsten aller Interessenvertretungen. Er gab niemals vor, nur unpolitisch zu sein, und berücksichtigte, daß die Landwirte von ihrem Verband nicht allein Rat in Wirtschaftsangelegenheiten, sondern auch eine politische Wahlparole erwarteten. Während die christlichen Bauernvereine das Zentrum und die Bayerische Volkspartei unterstützten und nur wenige Bünde von den mittelbürgerlichen Parteien die Durchsetzung ihrer Wünsche erwarteten, erklärte sich der Reichslandbund als Träger des nationalen Gedankens. Er stellte oft eigene Listen auf und schloß sich im Reichstag der DNVP-Fraktion an. Aus seiner antirepublikanischen und antidemokratischen Einstellung machte er nie ein Hehl:

Gegenüber der mechanischen Herrschaft der Zahl muß in unserem gesamten öffentlichen Leben die verantwortliche Führerpersönlichkeit eingeschaltet werden. (Aus der Entschließung des RLB von 1925. Zit. in: Reichslandbund, 7. Jg., 1927, Nr. 1, S. 1)
Gerade in diesen Tagen dürfte die Überzeugung allgemein sein, daß das gegenwärtige parlamentarische System unfähig ist, uns zu beständigen Verhältnissen im Sinne einer zielbewußten nationalen Wirtschaft zu führen. (Der Pommersche Landbund, 7. Jg., 1925, Nr. 2, S. 18)

Es ergab sich die paradoxe Situation, daß der Reichslandbund die staatsfeindliche Opposition stützte, vom gleichen Staat aber schroff die Erfüllung seiner wirtschaftlichen Forderungen verlangte. Wieviel er erreichte, läßt sich daraus erkennen, daß er seit 1923 in fast allen bürgerlichen Kabinetten den Reichsernährungsminister stellte: 1923—25 Gerhard von Kanitz, 1927—28 und 1930—32 Martin Schiele, der Vorsitzende des Reichslandbundes bis 1930.

b) Die Arbeitnehmerverbände

Den Arbeitnehmerverbänden strömten bis 1922 Millionen neuer Mitglieder zu, erfüllt von großen, aber unbestimmten Erwartungen von der ausschlaggebenden Rolle der Gewerkschaften im neuen Staat und in einer sozialisierten Wirtschaft. Aber die Welle ebbte wieder ab, als es offenbar wurde, daß die Verbände in der Wirtschaftspolitik passiv blieben und sich weiter auf die Sozialpolitik beschränkten. 1923 dann, als sich die Gewerkschaftsvermögen in der Inflation aufgelöst hatten, sank ihr Einfluß auf den tiefsten Punkt, stieg jedoch in der Zeit des Wirtschaftsaufschwungs wieder (vgl. XI 2). Nie mehr hatten sie aber wie vor 1923 über die Hälfte der Beschäftigten in ihren Reihen. 1929 waren es immerhin schon wieder 34,6 %. Das Wachstum der Arbeitnehmerverbände hing zusammen mit einer bedeutsamen Wandlung: Jeder der großen Gewerkschaftsrichtungen schlossen sich früher selbständige Gruppen, insbesondere die Standesvertretungen der Angestellten und Beamten, an. Eine einheitliche, alle umfassende Spitzenorganisation wie bei den Unternehmern konnte nicht geschaffen werden, weil die Trennung in drei großen Richtungen bestehenblieb.

Die freiheitlich-nationale Richtung. Die Hirsch-Dunkerschen Gewerkschaften, die bei den Arbeitern immer mehr an Boden verloren, veränderten durch die Angliederung von Angestellten- und Beamtenverbänden ihren Charakter, weil diese mit etwa 70 % der Mitglieder im Gesamtverband (*Gewerkschaftsring deutscher Arbeiter-, Angestellten- und Beamtenverbände* – 1929: 584 525 Mitglieder) das Übergewicht bekamen. Ihre Anziehung auf kaufmännische — vor allem weibliche — Angestellte lag darin, daß sie weder sozialistisch noch betont christlich und schon gar nicht antikapitalistisch eingestellt waren.

Die christlich-nationale Richtung. Die christlichen Gewerkschaften behaupteten ihre Hochburgen in den katholischen rheinisch-westfälischen und saarländischen Industriegebieten. Nach wie vor versuchten sie, ihren sozialpolitischen Kampf in christlichem Geiste zu führen:

Die Wirtschaft kann nach dieser unserer Auffassung – die von den Grundanschauungen des Christentums ausgeht – niemals einer sogenannten Eigengesetzlichkeit unterworfen, d. h. losgelöst sein von Sitte und Moral ... Die materialistische Geisteshaltung unserer Zeit ist es, die die soziale Unordnung verursacht. Wir müssen die neue sittliche Ordnung anstreben, die die Menschenwürde in jedem Menschen achtet, die Lebensraum und Lebensfreude jedem bringt, der guten Willens ist, die ihre stärkste und ihre letzte Verantwortung im Jenseits hat. (Niederschrift der Verhandlungen des 12. Kongresses der christlichen Gewerkschaften Deutschlands. Berlin o. J. [1929], S. 231)

Es sollte eine Besserung vom Boden des Gegebenen aus angestrebt werden. Arbeitgeber und Arbeitnehmer sollten Hand in Hand arbeiten.

Es bedarf keiner großen Beweisführung, daß eine Arbeitnehmerbewegung, die in Wahrheit christlich und national ist, trotz ihrer vornehmlich sozialen Zielsetzung auch die Volksgemeinschaft wollen muß (Imbusch, W., zit. nach Wiedfeld, W.: Der Deutsche Gewerkschaftsbund. Leipzig 1933, S. 121)

Die zunehmend nationale Tonart, die der Gesamtverband (*Deutscher Gewerkschaftsbund* — 1929: 1 350 247 Mitglieder — Vorsitzender bis 1929: Adam Stegerwald, ab 1929: Heinrich Imbusch) anschlug, war gewiß auch Einfluß der angeschlossenen Angestelltenorganisationen, besonders des *Deutschnationalen Handlungsgehilfenverbandes* (Anteil der Angestellten im DGB: 51 %). Die Handlungsgehilfen betonten die Standesschranken gegenüber den Arbeitern und nahmen nur männliche und nichtjüdische Mitglieder auf. Sie wollten sich ausdrücklich nicht auf die Vertretung wirtschaftlicher und sozialer Interessen beschränken, sondern eine Bewegung sein, „die den ganzen Menschen, auch das Seelische und Geistige in ihm, erfaßt und gestaltet". Erfassen und gestalten wollte man die Mitglieder im Sinne deutschvölkischer Ideen, die auch die Einstellung zum Wirtschaftsleben bestimmten:

Kapital und Sozialdemokratie hängen geistig eng zusammen ... Gelingt es aber nicht, der internationalen Kapitalmacht eine nationale Kapitalmacht entgegenzustellen, ist alle Mühe auf die Dauer umsonst. (Bechly, H.: Eine nationale Berufsgewerkschaft. Hamburg o. J., S. 9)

Dieser Verband, der „auch den letzten deutschen Arbeitnehmer wieder für seines Volkes Schicksal zu begeistern" beabsichtigte, der sich zum „Frontgeist", zum „machtvollen deutschen Volksstaat" bekannte und gegen „den feigen und verächtlichen Pazi-

fismus" auftrat, hatte unter den Angestellten die stärkste Werbekraft, gehörten ihm doch von allen Einzelorganisationen des Berufs die meisten Mitglieder an.
Die christlich-nationalen Gewerkschaften bildeten die Arbeitnehmerflügel beim Zentrum und bei den Deutschnationalen. Sie sorgten in diesen Parteien für ein nicht zu unterschätzendes Gegengewicht gegen die in ihnen stark vertretenen Arbeitgeberinteressen.
Die freie sozialistische Richtung. Gewerkschaftsring und DGB betonten ihren ideellen Gegensatz zu den Freien Gewerkschaften, die ihre Funktion in der Durchsetzung von Klasseninteressen gegen Klasseninteressen verstanden. Die Freien Gewerkschaften vereinigten 1929 auf sich 64,1 % aller organisierten Arbeitnehmer. Von ihnen gehörten um 5 Millionen den Arbeitergewerkschaften *(Allgemeiner Deutscher Gewerkschaftsbund)*, 433 000 dem *Allgemeinen freien Angestelltenbund* und 64 000 dem *Allgemeinen Deutschen Beamtenbund* an. Die Freien Gewerkschaften beurteilten den Strukturwandel der deutschen Wirtschaft weitaus positiver als die nichtsozialistischen Verbände:

Nicht darum kann es sich heute handeln, die Organisation der Industrie zu beseitigen, sondern nur darum, an die Stelle der kapitalistischen Organisationen der Industrie eine solche zu setzen, die den Bedürfnissen der Volksgesamtheit dient. (Grünfeld, J.: Kapitalistische Planwirtschaft. In: Die Arbeit, 27, S. 156)

Die Weise, in der das kapitalistische Gewinnstreben allmählich den „Bedürfnissen der Volksgesamtheit" unterzuordnen sein könnte, versuchten die Freien Gewerkschaften in ihrem Reformprogramm zu zeigen, mit dem sie Mitte der zwanziger Jahre hervortraten. „Wirtschaftsdemokratie" hieß nun die Parole und nicht mehr „Sozialismus" um jeden Preis.

Der Weg führt über die Übernahme der lebenswichtigen Betriebe durch die öffentliche Hand, über die Erweiterung des Bereichs der öffentlichen Wirtschaft, über die Durchsetzung der planwirtschaftlichen Regelung und über die Wandlung des Eigentumsrechtes mit dem Ziel, das Privileg des Besitzes aufzuheben. Das Prinzip der Wirtschaftsdemokratie ist die Unterordnung jeder wirtschaftlichen Tätigkeit unter die Interessen der Allgemeinheit, und der Kampf der Arbeiterschaft für die Demokratisierung der Wirtschaft als Weg zum Sozialismus ist ebensosehr ein Kampf für das Wohl der Allgemeinheit, wie ihr politischer Kampf nicht nur der Eroberung des Wahlrechts für die Arbeiterschaft, sondern der Eroberung des allgemeinen Wahlrechts und der politischen Demokratie galt. (Wirtschaftsdemokratie, ihr Wesen, Weg und Ziel. Hrsg. im Auftrag des ADGB von F. Naphtali. Berlin 1928, S. 17)

Wirtschaftsdemokratie war zwar kein Aktionsprogramm, sondern nur eine Art Ersatz für das inzwischen verblaßte Zukunftsbild einer sozialistischen Gesellschaft. Trotzdem glaubten die Unternehmer, noch genug Grund zu Mißtrauen und zu ernsten Befürchtungen haben zu müssen. Klang doch die Losung „Durch Demokratie zum Sozialismus!" für sie sehr herausfordernd. War denn Demokratisierung überhaupt etwas anderes als die Vorbereitung zum Umsturz oder der Umsturz auf kaltem Wege? Dann aber waren die Gewerkschaften doch die ärgsten Feinde und keine Partner. So dachte die Mehrzahl der Unternehmer und betrachtete es als größtes Unglück für sie und die Allgemeinheit, wenn die Freien Gewerkschaften über die mit ihnen liierten Sozialdemokraten Gelegenheit erhielten, ihr Wirtschaftsprogramm in die Wirklichkeit umzusetzen.

5. Staat und Wirtschaft

Die Interessenverbände in der Politik. Ob die Interessenverbände sich als unpolitisch bezeichneten oder ob sie sich offen zu gewissen politischen Auffassungen bekannten, ihre Tätigkeit bestand fast durchweg im Ringen mit dem gegnerischen Lager um größeren Einfluß auf die Gesetzgebung des Staates. Die großen Wirtschaftsverbände steuerten praktisch von außen her die parlamentarische Diskussion über die Wirtschafts- und Sozialfragen, die doch eng verknüpft waren mit der gesamten Innen- und Außenpolitik. Die Entscheidungen wurden herbeigeführt durch die mannigfachen Querverbindungen, die Arbeitgeber wie Arbeitnehmer, Gewerbe und Landwirtschaft durch die verschiedenen Parteien hatten. In der Zeit der Wirtschaftsblüte hatte sich ein gewisses Gleichgewicht der Kräfte ergeben, bei dem alle Seiten auf ihre Kosten kamen. Zugeständnisse des Staates an die Unternehmer auf steuerlichem, betriebspolitischem und kartellpolitischem Gebiet waren nicht unvereinbar mit Lohnerhöhungen und heraufgesetzten Sozialleistungen.

Staat und Wirtschaft vor dem Kriege. Anders als in den meisten Industrieländern war man in Deutschland schon lange gewohnt, daß der Staat in das Wirtschaftsleben eingriff und sich sogar an ihm beteiligte. Reich, Bundesstaaten und Gemeinden vermehrten ihr Eigentum bis zum Ende des Weltkrieges fortlaufend. Es umfaßte: Post, Telefon, Telegraf, Eisenbahnen und Straßenbahnen, Banken, Gruben, Forsten, Domänen, Gas-, Wasser- und Elektrizitätswerke. Der Staat hatte aber auch durch seine Zollgesetzgebung den Schutz der heimischen Industrie und Landwirtschaft, durch seine Sozialgesetzgebung den der Industriearbeiter übernommen.

Verstärkte staatliche Intervention. Nach der Revolution schien es ausgemacht, daß vom System der Kriegswirtschaft der Übergang zur völligen Ausschaltung privater Kontrolle und privaten Eigentums – zur Sozialisierung – vollzogen werden würde. An Plänen fehlte es nicht, aber es fehlten die politischen Kräfte, sie entschlossen durchzuführen. Die bürgerlichen Parteien der Weimarer Koalition wehrten sich gegen die Sozialisierung, und die Führung der SPD und der Gewerkschaften teilten den Enthusiasmus ihrer Anhänger durchaus nicht:

Es wäre für die Erhaltung der Massen des Volkes geradezu verhängnisvoll, wollte man jetzt die Zeit mit sozialistischen Experimenten verlieren, während die Bevölkerung nach Arbeit und Brot ruft, die in diesem Augenblick wahre Freiheit bedeuten! (Correspondenzblatt Nov. 1918. Zit. nach Varain, H. J.: Freie Gewerkschaften, Sozialdemokratie und Staat. Düsseldorf 1956, S. 137)

Im März 1919 sollten die ungeduldigen Arbeitermassen mit der Meldung beruhigt werden: „Die Sozialisierung hat schon begonnen!" Der verheißene Beginn bestand in der gesetzlich verfügten Bewirtschaftung des Kohlen- und Kalibergbaus, aus dem sich Zwangskartelle entwickelten, deren Preispolitik von der Regierung kontrolliert wurde. Über diesen ersten zaghaften Schritt kam die Sozialisierung nie hinaus.

Es blieb bei der *gemischten privat-öffentlichen Wirtschaftsverfassung*, wie sie das Kaiserreich hinterlassen hatte. Aber der Sektor, der in „öffentlicher Hand" lag, wuchs in der Weimarer Republik so an, daß er an Bedeutung dem privaten mindestens ebenbürtig wurde. Der Wohnungsbau z. B. wurde nahezu vollständig aus öffentlichen Mitteln finanziert und unterstützt. Im Bankwesen hatte der Staat die beherrschende

Stellung inne. Die staatlichen und kommunalen Betriebe wuchsen an Zahl und Umfang. Die staatlichen Eisenbahnen, jetzt als Reichsbahn Reichseigentum, stellten den größten einheitlichen Eisenbahnbetrieb der Welt dar. Private Straßenbahnen, Omnibusse oder Untergrundbahnen gab es nicht mehr, die Versorgung mit Strom, Gas und Wasser hatte die öffentliche Hand ausschließlich übernommen.

Die fühlbarsten Eingriffe des Staates in den Bereich der Privatwirtschaft waren mit der *Finanz- und Sozialpolitik* verbunden. Immerhin wurde der Steuerdruck nach 1926/27 fühlbar ermäßigt, um die Gewinn- und Kapitalbildung zu erleichtern. Die Sozialpolitik war und blieb der größte Stein des Anstoßes für Unternehmer und Arbeitnehmer. Von der einen Seite lautete das Urteil „Zu viel", von der anderen „Zu wenig" (vgl. XI 2). Die Konzentrationsbewegung wurde vom Staate nicht behindert, es gab also keine mit England oder den USA vergleichbare Anti-Trust-Gesetzgebung, nur der „Mißbrauch der Monopolgewalt" sollte durch die 1923 beginnende Kartellgesetzgebung verhindert werden. Unter Mißbrauch verstand man vor allem die Benachteiligung von nichtkartellisierten Firmen und wirtschaftliche Straf- und Zwangsmaßnahmen gegen unfügsame Kartellmitglieder.

Die Krise der Landwirtschaft veranlaßte den Staat zu umfassenden Hilfsmaßnahmen. Das Reich entlastete die Landwirtschaft fast völlig von den Reichssteuern. Die Einfuhrzölle auf Getreide, die nach dem Kriege aufgehoben waren, wurden 1925 mit einigen Abänderungen wieder in Kraft gesetzt. Darüber hinaus taten die republikanischen Regierungen etwas, was die kaiserlichen nicht unternommen hatten: Sie suchten, durch beträchtliche finanzielle Beihilfen den Bestand des Großgrundbesitzes im Osten vor dem Ruin zu bewahren. Zuerst wurden 1929 für Ostpreußen Mittel in Höhe von 50 Millionen RM bereitgestellt, die zur sogenannten Umschuldung (Umwandlung von kurzfristigen in langfristige Kredite) und als Vor- und Zuschüsse dienten. Später erweiterte sich das Programm zur sogenannten *Osthilfe,* die allen Ostprovinzen zugute kommen sollte. Für die Osthilfe sind in den folgenden Jahren insgesamt 1,5 Milliarden RM für die Entschuldung und 400 Millionen für Lastensenkung, für gewerbliche Kreditbedürfnisse u. a. vom Reich gegeben worden.

Schon 1919 hatte der Staat ein anderes Projekt in seine Agrarpolitik aufgenommen: die *Förderung der bäuerlichen Siedlung.* Der Sinn war, vor allem im Osten eine „gesunde Mischung der Betriebsgrößen" herzustellen, die Landflucht und Arbeitslosigkeit zu bekämpfen und den Anteil der als höherwertig eingeschätzten Landbevölkerung zu erhöhen. Mitunter wurden auch andere Überlegungen angestellt:

Die Siedlung [bei den östlichen Nachbarn Deutschlands] geht in einem Tempo voran, daß die Länder sehr bald nach ihrer sozialen Verfassung als fast reine Bauerndemokratien bezeichnet werden können. Diese Bauerndemokratien bilden aber durch ihre Wehrkraft und ihren Expansionsdrang für die sich entleerenden und wehrlos gemachten Ostbezirke eine schwere politische Gefahr. (Sering in: Archiv für innere Kolonisation. Band XXII, S. 148)

An eine radikale Strukturveränderung der ostdeutschen Landbesitzverhältnisse, an eine Bodenreform, war nicht gedacht, denn nur ein Drittel der landwirtschaftlichen Nutzfläche in Gebieten, in denen 10 % aus Gütern über 100 ha entfielen, sollten in Siedlerparzellen umgewandelt werden. Von den Enteignungsbefugnissen des Gesetzes brauchte zunächst kaum Gebrauch gemacht zu werden: Gern verkauften Großgrundbesitzer – stets in Geldnöten – Siedlungsland. Aber seit dem Einsetzen der Agrarkrise fehlte es an Siedlern. Wen konnte es schon reizen, gerade den Beruf zu wählen, der am wenigsten an der Wirtschaftsblüte teilnahm? Auch in den Kreisen der Landbevölkerung war die Anziehungskraft der Großstädte mit ihren leichteren Verdienstmöglichkeiten größer als das der risikoreichen Kleinsiedlung. So blieben bis 1929 die Ergebnisse der Siedlung weit hinter den Erwartungen zurück.

VII. Gesellschaft

1. Veränderungen der Sozialstruktur

Industrialisierung und gesellschaftlicher Wandel. Zugleich mit der industriellen Revolution hatte sich im 19. Jahrhundert eine gesellschaftliche Umwälzung vollzogen, in der sich die ständische Ordnung vollständig auflöste. Vor allem durch die neue Industriearbeiterschaft und die seit etwa 1890 ungemein schnell anwachsende Angestelltenschaft – immer unentbehrlicher für die komplizierte Verwaltung der Großunternehmen – war der Charakter der bürgerlichen Gesellschaft grundlegend verändert worden. Hinter dem Tempo der Industrialisierung, die in Deutschland erst spät eingesetzt, sich dann aber unvergleichlich schnell und umfassend ausgebreitet hatte, waren aber das gesellschaftliche und politische Bewußtsein und die politischen Institutionen zurückgeblieben. Bis zum Ende des Weltkrieges herrschten in Deutschland Wertvorstellungen und Lebensanschauungen des vorindustriellen Zeitalters vor. Der Obrigkeitsstaat mit seinen feudalen und autoritären Elementen verdeckte den gesellschaftlichen Umbruch. Erst die Revolution von 1918 holte die politische Demokratisierung nach, auf die der gesellschaftliche Entwicklungsstand längst hingedrängt hatte. Durch die Machtzusammenballungen in der Wirtschaft, später durch die Kriegsfolgen, vor allem die Inflation, wurden indessen weitere Veränderungen des gesellschaftlichen Gefüges angebahnt.

Aus den Statistiken geht hervor: Die Deutschen der zwanziger Jahre lebten in einer überwiegend industriellen Gesellschaft. Von 1907 bis 1925 nahm die Bevölkerung in Deutschland – trotz der Kriegsverluste und der Verkleinerung des Staatsgebietes – um 13,5 % zu. Im selben Zeitraum erhöhte sich der Anteil der Erwerbstätigen um 27,2 %, besonders die Zahl der beruflich arbeitenden Frauen hatte sich seit der Vorkriegszeit sehr vergrößert (um 35 %). Industrie und Handwerk beschäftigten 41,4 % aller Erwerbstätigen; der Handel 16,5 %, die Landwirtschaft 30,5 % (s. Tabelle 14 im Anhang). Die fortschreitende Industrialisierung läßt sich noch besser daran messen, daß die anstelle der Handarbeit im Gewerbe installierte Motorkraft sich seit 1907 verdreifacht hatte. Mit der Industrialisierung war der Prozeß der Verstädterung verstärkt worden, besonders der Zustrom aus dem Osten und Süden in drei Großstadt-Siedlungsräume des Nordens: das Ruhrgebiet, Groß-Berlin und Sachsen (Chemnitz, Leipzig). (S. Tafel 4 im Anhang)

2. *Das Ergebnis der gesellschaftlichen Umschichtung*

Nach den Ergebnissen der Berufszählung 1925 verteilen sich die *hauptberuflich Erwerbstätigen:*

auf	insgesamt		männlich		weiblich	
	Zahl	v. H.	Zahl	v. H.	Zahl	v. H.
Selbständige	5 538 500	17,3	4 445 400	21,7	1 093 100	9,6
Angestellte und Beamte	5 274 200	16,5	3 836 600	18,7	1 437 700	12,5
Arbeiter	14 433 800	45,1	10 929 900	53,2	3 503 800	30,5
Mithelfende Familienangehörige	5 437 200	17,0	1 304 300	6,3	4 133 000	36,0
Hausangestellte	1 325 600	4,1	15 100	0,1	1 310 400	11,4
Zusammen	32 009 300	100,0	20 531 300	100,0	11 478 000	100,0

Zählt man zu den Erwerbstätigen auch die Angehörigen ohne eigenen Hauptberuf hinzu, so ergibt sich die folgende Verteilung. Von den Berufszugehörigen (Erwerbstätige und Angehörige ohne eigenen Hauptberuf) entfallen:

	Zahl	v. H.
auf Selbständige	13 034 300	20,9
Angestellte und Beamte	10 185 300	16,3
Arbeiter	26 573 800	42,6
Mithelfende Familienangehörige	5 565 500	8,9
Hausangestellte	1 389 300	2,2
Berufslose Selbständige	5 662 400	9,1
Gesamtbevölkerung	62 410 600	100,0

(nach: Deutsche Wirtschaftskunde. Ein Abriß der deutschen Reichsstatistik. Berlin 1930, S. 52 f)

a) Die Oberschicht

Die alte Oberschicht nach der Revolution. Die deutsche Revolution von 1918 war nicht wie die russische eine soziale Revolution. Die alten Oberschichten des *Grundbesitz-Adels* und *Großbürgertums* blieben im Genuß ihres Einkommens und Besitzes, auch über die Inflation hinweg. Die Parlamentarisierung und Demokratisierung hatte lediglich den privilegierten Zugang zur politischen Macht aufgehoben. Am meisten getroffen wurde davon der Adel; mit der Beseitigung der Monarchie büßte er seinen ausschlaggebenden Anteil an der Lenkung des Staates ein. Im Zuge fortschreitender Industrialisierung und der Liberalisierung des Außenhandels wurde aber auch sein wirtschaftlicher Rückhalt, soweit er ausschließlich in Grundbesitz bestand, geschmälert. Immer schwieriger wurde es, Erträgnisse aus der Landwirtschaft herauszuwirtschaften, von denen sich „standesgemäß" leben ließ.

Die frühere Oberschicht vermochte aber auch in der Weimarer Republik bedeutsame politische Machtpositionen zu behaupten. Die *höhere Beamtenschaft* (Ministerialbürokratie, Regierungspräsidenten, Landräte usw.) stammte noch vorwiegend aus großbürgerlichen und adligen Kreisen und ergänzte sich zu einem guten Teil weiter aus ihnen. Noch weniger als in der Verwaltung hatte sich im Personal des diplomatischen Dienstes und im *Offizierskorps* geändert. In diesen traditionellen Domänen blieb der Adel unverhältnismäßig stark vertreten. Allerdings war der Offizier nicht mehr der „erste Mann im Staate", die Armee nicht mehr „Schule der Nation". Das Offizierskorps, einst die von der Monarchie über die gesamte Bevölkerung herausgehobene und bevorzugte Elite, bestimmte nicht mehr in gleichem Maße als Vorbild die Denkgewohnheiten, Verhaltensweisen und Umgangsformen des Zivils.

Verteilung der Vermögen in Deutschland 1913 und 1923

	1913		1923	
Vermögen in Mark	Prozentsatz der Steuerpflichtigen	Prozentsatz der Vermögen	Prozentsatz der Steuerpflichtigen	Prozentsatz der Vermögen
10 000– 50 000	43,21	11,26	82,57	38,62
50 000–100 000	32,06	17,79	10,59	16,09
100 0000–1 Mill.	23,46	44,68	6,58	33,01
über 1 Mill.	1,27	26,27	0,25	12,28

(nach: Zapf, W.: Wandlungen der deutschen Elite. München 1965, S. 49)

Die wirtschaftliche Oberschicht. In dieser alten Oberschicht fehlt es deshalb nicht an Ressentiments und dem Bestreben, weitere Einbrüche in die von ihr noch gehaltenen Positionen abzuwehren. Am ehesten gelang das noch im Bereich der gewerblichen Wirtschaft, obschon sich gerade hier eine neue Elite herauszubilden begann. Bis an die Schwelle des 20. Jahrhunderts war der Unternehmer in der Regel zugleich Besitzer und Leiter seines Betriebes gewesen. Bei den Großbetrieben, die meist die Unternehmensform der Aktiengesellschaft hatten, bildete das mittlerweile die Ausnahme; Besitz und tatsächliche Leitung lagen hier nicht mehr in derselben Hand. Die für die Produktion und Organisation des Betriebes entscheidende Verfügungsgewalt lag weniger bei den Aktionären oder beim Aufsichtsrat als beim Vorstand und beim Generaldirektor. Neben den Unternehmer alten Stils, der sich vor allem in den mittleren Betrieben und den Privatbanken hielt, traten die Unternehmer neuen Typs: die *Direktoren*, die *Kartelleiter*, die *Vorsitzenden und Syndici der Interessenverbände* u. a. m. Für sie bürgerte sich der amerikanische Begriff des „Managers" ein. Sie alle waren Angestellte mit festem Gehalt und hatten meist einen geringen privaten Nutzen vom Gewinn des Unternehmens. Ihre wirtschaftliche und soziale Position war nicht wie in den Familienbetrieben vererbbar. Auch Männer aus dem Mittelstand, ja vereinzelt sogar aus dem Kleinbürgertum konnten aufgrund von persönlichen Leistungen in den Kreis der Fünfzehntausend bis Zwanzigtausend aufrücken, die mit altem oder neuem Reichtum oder mit ihrer Schlüsselstellung die wirtschaftliche Oberschicht ausmachten. Die meisten Manager kamen jedoch aus dem Milieu der Großbourgeoisie und übertrugen den Geist dieses Milieus, ihre Anschauungen von Menschen und Dingen auch auf die wenigen Selfmademen, die in anderen gesellschaftlichen Schichten zu Hause waren. Es gehört zur Tradition des deutschen Großunternehmers, daß er seine Aktivität auf seinen Machtbereich, die Wirtschaft, beschränkte. Mochten sich die Manager auch notgedrungen in der Weimarer Republik stärker um die Politik kümmern, weil diese den wirtschaftlichen Bereich bestimmte, so war es doch bezeichnend, daß sie keinen eigenen politischen Gestaltungswillen hatten und ihren politischen Einfluß indirekt ausübten (z. B. durch Geldspenden an bürgerliche Parteien und Gruppen).

Die neue politische Oberschicht. Adel und Bürgertum mußten nach der Revolution erleben, daß die Plätze an der Spitze des Staates von Leuten eingenommen wurden, die nicht zu ihnen gehörten. Die Kanzler hießen nicht mehr von Caprivi, Fürst Hohenlohe, von Bülow, von Bethmann-Hollweg, Graf Hertling, Prinz von Baden, sondern Scheidemann, Bauer, Wirth, Stresemann, Marx, Müller, waren Söhne von Handwerkern, kleinen Gewerbetreibenden, Schankwirten usw. Ähnlich sah die Zusammensetzung der Reichs- und Länderregierungen sowie des Reichstages und der Länderparlamente aus. Sie stellte ein getreueres Abbild der sozialen Schichtung des deutschen Volkes dar, als das je der Fall gewesen war. Die Mehrzahl derer, die politische Führungspositionen innehatten, stammten aus der Mittelschicht, einige waren durch Partei- und Gewerkschaftsämter, durch die Tätigkeit in der Parteipresse aus dem Kleinbürgertum oder aus der Arbeiterschaft aufgestiegen. Der ehemalige Beruf bedeutete aber nicht mehr sehr viel für diese Männer, die als Kandidaten von Parteien, als Exponenten konfessioneller Richtungen, als Vertreter wirtschaftlicher Interessen ihre Laufbahn angetreten hatten. Allen war die Politik zum Beruf geworden. Das Entstehen einer großen Gruppe von *Berufspolitikern* schuf ein ganz neues Element in der deutschen Oberschicht. Die problematische Stellung dieser neuen Gruppe zeigte sich daran, daß sie von den alten Führungskreisen oft nicht als ebenbürtig anerkannt wurde, daß man ihr die Fähigkeit zu regieren bestritt, daß sich die Minister oder Dienststellenleiter einem Korps von Fachleuten und altgedienten Berufsbeamten gegenübersahen, das — meist selbst aus Adel oder Großbürgertum hervorgegangen — in den Berufspolitikern die sozialen Emporkömmlinge erblickte. Der Mangel privaten, wirtschaftlichen Vermögens, auf das kein Berufspolitiker ausweichen konnte, schmälerte auch die persönliche Unabhängigkeit, machte verletzlicher bei politischen Angriffen und stärkte seine Abhängigkeit von der jeweiligen Partei. Dabei zeigte sich der größte Teil dieser neuen Gruppe den Aufgaben ebenso gewachsen wie die staatlichen Hoheitsträger des Kaiserreiches.

Die wichtigsten Aufstiegswege der mittleren und unteren Schichten 1910—1920

Beruf des Vaters		erreichen am häufigsten		nächsthäufigsten		an dritter Stelle	
Niedere Beamte, Volksschullehrer	977	Wissenschaftler Hochschullehrer	203	Schriftsteller Journalisten	164	Lehrer mit akad. Ausbildung	127
Landwirte	417	Politiker	158	Wissenschaftler Hochschullehrer	69	Höhere Beamte	34
Kleingewerbetreibende	1019	Schriftsteller Journalisten	175	Politiker	165	Wissenschaftler Hochschullehrer	146
Angestellte	110	Politiker	17	Schriftsteller Journalisten	17	Wissenschaftler Hochschullehrer	12
Arbeiter	299	Politiker	162	Wissenschaftler Hochschullehrer	27	Schriftsteller Journalisten	19
insgesamt	2822	Politiker	569	Wissenschaftler Hochschullehrer	452	Schriftsteller Journalisten	46

(nach Zapf, W.: Wandlungen der deutschen Elite. München 1965, S. 408)

b) Die Unterschicht

Die Gliederung der Unterschicht. „Unten" bedeutet in der modernen Industriegesellschaft nicht weniger wertvoll, sondern nur: geringes Einkommen, wenig Besitz, keine Macht; und diese Merkmale trafen für den größten Teil des deutschen Volkes zu. Industrie- und Landarbeiter, Handwerksgesellen, Knechte und Mägde, Hausangestellte, Arbeitslose, Rentner und Invaliden, sie stellten zusammen mit ihren Familienangehörigen den Kern der Bevölkerung dar (49,2 % der Erwerbstätigen).

Bei aller Einebnung wirtschaftlicher Unterschiede war es doch nicht dahin gekommen, daß allmählich die Angehörigen der eben genannten Berufsgruppen zu einer Proletarierklasse verschmolzen, die – einheitlich in Denken, Fühlen und Handeln – der immer schmaler werdenden Bourgeoisie entgegentrat. Selbst die Industrialisierung hatte dieser Schicht keine Uniformität aufzwingen können. Noch war in Handwerkskreisen, in einzelnen Gewerben, ja, auch bei Arbeitern, zünftlerisches, ständisches Bewußtsein lebendig, das sich nicht nur in Äußerlichkeiten wie Berufstrachten (Bergleute, Zimmerleute) und -bräuchen kundtat. Besonders fest saßen vorindustrielles Gehaben und Selbstverständnis in der Landbevölkerung. Die bäuerliche Familie war noch als Arbeits- und Lebensgemeinschaft bewahrt geblieben und kannte, weil sie die Dienstmägde und Knechte einschloß, nicht die volle Schärfe der Klassenunterschiede. Auch auf die *Landarbeiter* der großen Güter übertrug sich noch etwas von den patriarchalischen Bindungen der früheren Guts-Gemeinschaft. Zur wirtschaftlichen Abhängigkeit kamen bei ihnen soziale Unterwürfigkeit und selbstverständliche Hinnahme politischer und rechtlicher Bevormundung. Dazu trug bei, daß die Privilegien des Grundbesitzers und Reste der Feudalherrschaft nur stufenweise abgebaut wurden: Die Gesindeordnungen waren wohl seit 1918 aufgehoben und durch den freien Arbeitsvertrag ersetzt worden, aber die Gutsbezirke, in denen der Gutsbesitzer noch politische Befugnisse hatte, wurden erst im Jahre 1928 abgeschafft.

Demgegenüber blieben in der *Industriearbeiterschaft* kaum noch Spuren der Normen und Werte erhalten, die in der vorindustriellen Gesellschaft galten. Ohne Überlieferungen hatte sich aus der gemeinsamen Erfahrung und Schutzlosigkeit derjenigen, die über nichts verfügten als ihre Arbeitskraft, eine neue Art der Solidarität entwickelt. Vor allem in den Gewerkschaften und in der Sozialdemokratischen Partei fanden die meist auch der Religion entfremdeten Arbeiter eine neue geistige Heimat, einen Ersatz für die fehlende soziale Geltung. Die Zugehörigkeit zur Arbeiterklasse und ihrer Bewegung kompensierte das Gefühl, als Persönlichkeit sonst nicht geachtet zu sein. Die Einheit dieses proletarischen Klassenbewußtseins wurde jedoch schwächer oder löste sich auf, als mit der fortschreitenden Technisierung zwischen dem hochqualifizierten *Facharbeiter* und dem *ungelernten Handarbeiter* eine weite Staffelung der beruflichen Möglichkeiten und des sozialen Prestiges innerhalb der Industriearbeiterschaft entstand. Nicht mehr die Ungelernten wie in der ersten Phase der Industrialisierung, sondern die *Angelernten* (Betriebsarbeiter) stellten nun die Masse der Arbeiter. In gleichem Maße, in dem innerhalb der Arbeiterschaft erhebliche Unterschiede der Qualifikation und Ausbildung entstanden, ergaben sich hier neue soziale Stufungen, während ihre Abgrenzung gegenüber den Angestellten und dem bürgerlichen Mittelstand fließend wurde.

Prozeß der Verbürgerlichung. Die Masse der Arbeiter hatte teil an der Verbesserung der Lebensbedingungen. Die Löhne stiegen, und Ende der zwanziger Jahre standen sich die Arbeiter sogar etwas besser als vor dem Kriege. Es schien so, als ob ihre materielle Lage stetig günstiger werden würde. Dabei war es das Lebensziel der durchschnittlichen Arbeiterfamilie, sich mehr von den Gütern leisten zu können, deren sich das Bürgertum erfreute: Einrichtung für eine „gute" Stube, ordentliche Feiertagskleidung, vielleicht sogar der Umzug vom Hinterhof in das Vorderhaus. Dem Verhaltensmuster bürgerlicher Anständigkeit nacheifernd, sah man auf ehrbaren Lebenswandel aller Familienmitglieder und sorgte vor allem dafür, daß die Kinder „etwas Besseres" werden konnten. Die Nachkommen ungelernter Arbeiter wurden in der Regel Betriebsarbeiter, der Angelernte schickte seinen Sohn in die Handwerkslehre und der

Vorarbeiter schränkte sich ein, um für seine Söhne eine längere Ausbildung bestreiten zu können. Eine seltene Ausnahme aber blieb es immer noch, daß ein Arbeiterkind an einer Hochschule studierte. (Lohnbewegungen s. Tabelle 17 im Anhang.)

c) Die Mittelschicht

Alter und neuer Mittelstand. Zwischen der dünnen Ober- und der starken Unterschicht stand eine breite, in sich sehr uneinheitliche Gruppe der Gesellschaft, der Menschen sehr unterschiedlicher wirtschaftlicher Lage und sehr verschiedener Interessen angehörten. Ihre Gemeinsamkeit lag nur darin, daß sie weder zu den unselbständigen Armen noch zur Oberschicht der Reichen gehörten, sondern zwischen ihnen den „Mittelstand" bildeten. Dieser Begriff war zu einer Zeit geprägt worden, als das Bürgertum sich noch als Teil einer ständisch gegliederten Ordnung betrachtete. Zum Mittelstand durfte sich rechnen, wer wirtschaftlich selbständig war und über gewissen Besitz verfügte. Bildung glich fehlende Selbständigkeit aus. Es waren also vornehmlich mittlere und kleine *Unternehmer, Handwerker, Bauern,* Angehörige der *freien Berufe* (Ärzte, Anwälte, Apotheker) sowie *Beamte,* die den Mittelstand bildeten. Mit der gesellschaftlichen Entwicklung verschob sich allmählich die Bedeutung des Begriffs.

Schon vor dem Weltkriege unterschied man von dem alten Mittelstand einen neuen und meinte damit vor allem die schnell wachsende Gruppe der *Angestelltenschaft,* während bestimmte Gruppen des alten Mittelstandes, so die Handwerker, infolge der billigen mechanischen Massenproduktion von Konsumgütern zahlenmäßig zusammenschmolzen und eine starke Einbuße ihres Einkommens und sozialen Ansehens erlitten. Die Umgestaltung der alten Mittelschicht wurde – vielfach auf katastrophale Weise – von Krieg und Inflation beschleunigt, da in wenigen Jahren die in Generationen angesammelten Vermögenswerte des alten Mittelstandes dahinschmolzen. Zahlreiche Angehörige des Mittelstandes mußten ihre selbständige Existenz aufgeben, nicht wenige lernten die Armut kennen. Darin bestand in den zwanziger Jahren die tiefe Bewußtseinskrise des Mittelstandes, daß viele ihm, nach Besitz und Selbständigkeit, nicht mehr angehörten, durch Bildung und Lebensstil sich aber weiter dazu rechneten und diese Veränderungen als Panik erlebten.

Die Mentalität des Mittelstandes. Der neue Mittelstand aber wuchs in die Wertvorstellungen des alten hinein, zumal die Angestellten zu einem großen Teil aus den Familien ehemals Selbständiger hervorgegangen waren. Das frühere Selbstbewußtsein des Mittelstandes, der sich als produktivster Bestandteil der Gesellschaft empfunden hatte, war aber infolge der Einbuße an Bedeutung im Wirtschaftsleben, durch die zunehmende Kluft gegenüber der bürgerlichen Geld-Aristokratie der „Kapitalisten" und infolge der fortschreitenden Emanzipation der Arbeiterklasse geschwunden und damit auch das Gefühl der Sicherheit und Zuversicht. Deklassiert zu werden, stand als ständige Drohung über den einen, deklassiert zu sein, schämten sich die anderen. Die Verwirrung wuchs, weil auch die ideellen Werte in die große Inflation mit einbezogen schienen. Galten noch bürgerlicher Anstand, Ehrlichkeit, Sauberkeit? Verlangte nicht das Vorwärtskommen gerade die Verleugnung dieser Tugenden? Waren nicht Gehorsam und Pflichttreue veraltet, wurde nicht die anerzogene Bereitschaft zur Hingabe für „Höheres", für Glauben, Herrscher und Vaterland, verhöhnt? So wurde der Mittelstand nun besonders anfällig für Utopien und politische Bewegungen, die ihm die Wiederherstellung alter Ordnungen und Werte versprachen oder zu verheißen schienen. Unrecht und Not, das war auch das Los der Nation. Da der bürgerliche Mittelstand der Hauptträger des Nationalgedankens war, lag es ihm besonders nahe, das eigene Unglück mit dem umfassenderen nationalen Unglück zu identifizieren. Die Kränkungen und Demütigungen, denen die deutsche Nation nach dem Krieg ausgesetzt war, wurden als persönliches Schicksal empfunden und in eins gesetzt mit der geschwundenen wirtschaftlich-sozialen Sicherheit. Es grub sich die Meinung ein, daß es für den Mittelstand nicht eher besser werden könne, ehe nicht die Machtstellung Deutschlands erneuert sei. Der Erbitterung des Mittelstandes gegen die äußeren Feinde stand die gegen die inneren um nichts nach. Dabei richtete sich der Haß weniger gegen das Großkapital als gegen den sozialistisch orientierten Teil der Arbeiterschaft, weil der Marxismus unaufhörlich der Mittelschicht das prophezeite, was sie am meisten fürchtete: die Proletarisierung. Man erwartete das Heil nicht von einer klassenlosen Gesellschaft, sondern von einer Gemeinschaft ohne gesellschaftliche Spannungen, die aber doch einen rangweisen Aufbau bewahrte. „Berufsstände“ und „Volksgemeinschaft“ waren die Worte, die eine solche ideale Ordnung kennzeichnen sollten.

Das Kleinbürgertum. Unsicherheit und Unzufriedenheit waren am stärksten innerhalb der unteren Lagen der Mittelschicht (Kleinbürgertum). *Kleinbauern, Handwerksmeister, Einzelhändler mit Ein-Mann-Betrieben, Büroangestellte und untere Beamte, Rentner* und *Kleinpensionäre* konnten nur mit großer Mühe „standesgemäß“ leben. Viele von ihnen waren früher selbständig gewesen oder stammten aus ehemals wohlhabenden Familien, andere waren proletarischer Herkunft und wehrten sich, wieder in ihr früheres Milieu zurückzusinken. Besondere Verbitterung herrschte unter den verabschiedeten *Subalternoffizieren,* die aus der Karriere des meistgeachteten Standes geworfen waren und sich in der veränderten zivilen Umwelt nicht zurechtfinden konnten. Die gedrückte wirtschaftliche Existenz, die Erinnerung an „bessere Zeiten“, die geringen Chancen anderweitigen beruflichen Fortkommens erzeugten das Gefühl der unverdienten Kränkung und Wertminderung.

Mittelschicht und Politik. Vor dem Kriege hatte es für den gesamten Mittelstand — und besonders für das beengte und bedeutungsarme Dasein des Kleinbürgertums — viel geboten, Teil eines großen und mächtigen Ganzen zu sein: des in der Welt gefürchteten und geachteten Deutschen Reiches. Dieser Befriedigung waren alle in der Weimarer Republik beraubt. Ihr Patriotismus fand kein Ziel. Politischen Denkens ungewohnt, verstand das Bürgertum die Anforderungen einer Demokratie nicht. Gänzlich unbefriedigt in seinen Wünschen, verletzt in seinen nationalen Gemütsregungen, wurde die Schicht des Bürgertums zum Herd politischer Unruhe, auch in der sich stabilisierenden Republik. Sein Verlangen nach Änderung, ja nach einem völligen Umschwung, sein Protest gegen die zu unersprießliche Gegenwart zogen es von den bürgerlichen Mittelparteien fort zu den Richtungen — ganz vorwiegend der Rechten —, die sich im Gegensatz zum Bestehenden befanden. Schon vor der Inflation begann — abzulesen an den Wahlergebnissen — die Wanderung sehr vieler Wähler der Mittelschicht, etwa von DDP und DVP zur Wirtschaftspartei und zur DNVP und zu den völkischen Gruppen. Überall wurden sie schließlich enttäuscht, weil ihre Erwartungen noch größer waren, ihre Sehnsüchte noch drängender als auch die Möglichkeiten der Rechtspartei, sie zu erfüllen. Große Teile der Mittelschicht glichen daher politischem Treibholz, nach dem leichter fischen konnte, wer glauben machte, die Welt radikal ändern zu können, als derjenige, der sachliche Reformprogramme vorwies. Die Kommunisten allerdings, die sich dessen anheischig machten, hatten dabei die geringsten Aussichten.

Soziale Schichtung des deutschen Volkes um 1925

[Oberschicht]	
Kapitalisten	0,92 %
[Mittelschicht]	
Alter Mittelstand	17,77 %
Neuer Mittelstand	17,95 %
[Kleinbürgertum]	
Proletaroide	12,65 %
[Unterschicht]	
Proletariat	50,71 %

(nach Geiger, T.: Die soziale Schichtung des deutschen Volkes. Soziographischer Versuch auf statistischer Grundlage. Stuttgart 1932, S. 73)

3. *Die Lage der Jugend*

Das Erscheinungsbild der jungen Generation. Aus der Bahn geworfen und der Tradition entfremdet, fanden sich große Teile der Jugend und der jugendlichen Kriegsteilnehmergeneration. Die Erlebnisse des Krieges, der Revolution, des politischen und sozialen Umsturzes und Kampfes in der Nachkriegszeit prägten ihr Bewußtsein, ihre Lage und ihr Verhalten weit mehr als das der älteren Generation. Die Jugend der zwanziger Jahre ist deshalb als besondere Gruppe innerhalb der Gesellschaft zu betrachten.

Nicht nur das vielberufene *Fronterlebnis* bestimmte als erste und vielfach entscheidende Erfahrung das Bewußtsein dieser Jugend. Sie spürte auch besonders die Folgen der zeitweiligen Arbeitslosigkeit und der verschlechterten Berufschancen sowie der Verarmung des Mittelstandes. Im entscheidenden, eindrucksfähigsten Alter durch solche Erschütterungen gegangen, verlor sie nie mehr ganz das Gefühl, auf schwankendem Boden zu stehen. Nichts war gültig und selbstverständlich geblieben, alles konnte in Frage gestellt werden. Mit der Vergangenheit, die den Eltern kostbar war, verband sie nicht viel. Sie hatte zuviel an Tradition und Konvention zu Bruch gehen sehen, und das meiste schien ihr morsch zu sein.

Die deutsche Gesellschaft ist ebenso wie überhaupt die Gesellschaft der westlichen Länder seit der Zeit des Materialismus und Rationalismus zersetzt. Mit ihr ist Sittlichkeit, Rechtlichkeit und Glauben und schließlich auch der Staat aufgehoben worden. (Glatzel, F., in: Die neue Front. 1922, S. 182)

Diese Haltung war für die Jugend der Mittelschicht schon vorgeformt worden durch die *Jugendbewegung* (vgl. IX A 2). An ihrem Anfang, bei der Gründung des „Wandervogel“, hatte der Versuch junger Menschen gestanden, durch Wandern und naturnahe Lebensweise, durch Pflege von Freundschaften im kleinen Kreise, durch Hinwendung zum Einfachen und Volkstümlichen eine jugendgemäße Lebensform jenseits der großstädtischen Zivilisation zu finden. Immer weitere Bünde hatten dann den Protest gegen die als verlogen und muffig empfundene bürgerliche Welt und die „seelenlose“ Industriekultur aufgenommen. In den zwanziger Jahren wurden das Gedankengut und die Lebensform der Jugendbewegung (Fahrt, Heimabend, Reigen usw.) in alle Schichten der Jugend hineingetragen. Was bisher die Sache weniger Gymnasiasten und Studenten gewesen war, die sich als Auserlesene verstanden hatten, nahmen alle Jugendverbände, die konfessionellen wie die politischen, auf. Jetzt konnten etwa die Jungsozialisten beteuern:

Die sozialistische Jugend erst hat die freideutsche Lebensform mit einem starken, einfachen, zukunftssicheren Inhalt erfüllt: Sozialismus auf jugendliche Weise zu leben, das ist der gemeinsame Sinn von Jungsozialismus und Arbeiterjugend. Dieser gelebte Sozialismus schließt in sich ein neues Gemeinschaftsgefühl, ein neues Kulturgefühl, ein neues Lebens- und Weltgefühl. (Radbruch, G.: Jungsozialistische Leitsätze. Festschrift zur Bielefelder Jungsozialistentagung 1921. Zit. in Kindt, W. [Hrsg.]: Grundschriften der deutschen Jugendbewegung. Düsseldorf/Köln 1963, S. 429)

Die Jugend und die Politik. Diese erfahrene und aufgerüttelte Jugend mochte nicht mehr – wie es die ältere Jugendbewegung getan hatte – abseits und geschützt von der Erwachsenenwelt sich ihr „Jugendreich“ aufbauen. Sie war von vornherein hineingezogen worden in den Strudel der Ereignisse und wollte sich den Fragen der Zeit stellen.

Aktive Menschen sind wir. Wohl, andere mögen sich damit begnügen, der Welt gegenüber betrachtend zu verharren, noch andere, die uns schon näher stehen, sind wenigstens aktiv-erzieherisch; sie wollen zunächst den Menschen bessern. Gut, mögen sie es tun. Es gibt viele Dinge in der Welt zu tun, aber auch viele Talente und manche Wege. Wir wollen politisch handeln: Rechtszustände ändern, in die Wirtschaft eingreifen, kultureller Arbeit ihren politischen Rahmen schaffen. (Schultz-Henkel, H.: Die Überwindung der Parteien durch die Jugend. Gotha 1921. Zit. in: Kindt, W. [Hrsg.]: Grundschriften der deutschen Jugendbewegung. Düsseldorf/Köln 1963, S. 353)

Großen Beifall fand damals das Wort von der *Sendung der jungen Generation.* In der Gewißheit, einen Auftrag zu erfüllen, wurde das Alte abgelehnt, und das Alte war nicht nur der falsche Glanz des Wilhelminismus:

Die kritische Einstellung gegen den entarteten Parlamentarismus der letzten Jahre, gegen das herrschende Regierungssystem, gegen diesen Staatsbetrieb, gegen den Klüngel der Parteien und Fraktionen, gegen die Mechanik der Wahlen zu den Volksvertretungen ist allgemein. Die Jugend setzt auf dieses System keine Hoffnung mehr. (Die politische Haltung der katholischen Jugend. Wille und Werk, Heft 7, 1930, S. 54)

Diese Jugend spottete über Verbesserungen und Reformen, sie neigte zur Auflehnung, sie gab sich revolutionär. Aus der allgemeinen Gärung sollte *ganz Neues* erstehen, und im Suchen nach diesem mehr geahnten als gewußten Neuen verzehrte sich die Jugend, hungerte nach Ideen. Beherrschend war die Überzeugung, daß es um allgemeine Erneuerung gehe: den neuen Menschen, ein neues Volk, einen neuen Staat, einen neuen Glauben. Kühne Zukunftsentwürfe überflogen die realen Bedingungen des Möglichen.

Die *Unbedingtheit* war das Gemeinsame der gegensätzlichsten Einstellungen von Links und Rechts. Ob religiöse, nationale oder sozialistische Gruppen Erneuerung proklamierten: Stets war eine allumfassende neue Ordnung der Dinge gemeint; ein neuer Geist sollte alle Lebensbereiche durchdringen („. . . gemeinsame Ideen, einheitliche Kunst, Weltanschauung und politische Auffassung“). Allgemeingut war die *Abwendung vom Individualismus.*

Wir haben hinübergefunden auf jene andere Seite des Lebens, von deren Wirklichkeit das vergangene Jahrhundert des Materialismus nichts mehr gewußt hat. Und wir haben zueinander gefunden. Dem „Ich" des Individualismus setzen wir ein „Wir" entgegen, das wir tausendfältig erlebt haben. Unser Lebensgefühl ist also religiös und sozial. (Prinz Rohan, K. A.: Inventar der politischen Grundhaltungen im modernen Europa. In: Soziologische Studien zur Politik, Wirtschaft und Kultur der Gegenwart. Potsdam 1930, S. 244)

Dienst an der Gesamtheit – dem konnten alle zustimmen, obwohl die einen damit das Volk, andere die Menschheit oder eine klassenlose Gesellschaft meinten. Von der Einordnung aber war es nicht weit zur Unterordnung, zur Unterordnung unter eine mitreißende Bewegung, unter eine als unfehlbar gedachte Partei oder unter einen heilbringenden *Führer*.

Die verantwortliche Regierung soll führen, sich durchsetzen, zur Gefolgschaft zwingen. Nicht der „Vertreter", der Funktionär, der Taktiker aus Grundsatz gilt, sondern der politische Führer, der sich persönlich hinstellt und einsetzt, der wagt, der führt und fordert, aus der sorgenden Verantwortung für die Gesamtheit des Volkes und der Gesellschaft, aus der Verwurzelung in ihren Nöten und dem Willen zu ihrer Heilung, aus der Hingabe an das Interesse der Gemeinschaft, letztens aus der Gewissensverantwortung vor den Gesetzen des Herrn und aus den Kräften des Glaubens. (Stimmen der Jugend. [kath.] Heft 5, Mai 1930, Zit. nach: Wille und Weg, 5. Jg., Heft 7, 1920, S. 54)

Ein großer Teil der Jugend wandte sich zu den *extremen politischen Richtungen* hin, in denen er die eigene Unbedingtheit bestätigt fand.

Ihrer innersten Gesinnung nach steht die Jugend entweder national oder sozialistisch. Die kalte Politik der Mitte, die vernunftbestimmten Kompromisse, zu denen sie gezwungen ist, stößt die jungen Menschen ab. (Prinz Rohan, a. a. O., S. 245)

Zahlreiche Jugendliche der Mittelschicht fühlten sich zu den nationalen Bünden und völkischen Gruppen hingezogen, die als neue, junge Kräfte in der Politik galten und an deren Spitze meist jüngere Männer standen. Andere, darunter nicht wenige Söhne von Akademikern, aber vor allem weite Kreise der Arbeiterjugend, wurden von der revolutionären kommunistischen Lehre und dem Aufbau einer neuen Gesellschaft in der Sowjetunion in den Bann gezogen. Noch hielt ein großer Teil der Arbeiterjugend zu „ihrer Partei", der SPD, aber viele vermißten hier die jugendgemäße Form und die große Zukunftsidee.

Auch im jungen Proletariat wuchs die Erkenntnis, daß ihm im Strom der sozialistischen Arbeiterbewegung eine besondere Mission zufalle und es dafür die Verantwortung vor sich selbst trüge. Ihm fiel die Aufgabe zu, die jungen Arbeiter und Arbeiterinnen zu sammeln und zu bilden, aus sich selbst den Typus eines neuen Menschen herauszustellen, dessen Umrisse es nur dunkel ahnte und den es den „sozialistischen Menschen" nannte. (Lepinski, F.: Die jungsozialistische Bewegung, ihre Geschichte und ihre Aufgaben. Berlin 1927. Zit. in Kindt, W. [Hrsg.]: Grundschriften der deutschen Jugendbewegung. Köln/Düsseldorf 1963, S. 470)

4. *Die Stellung des Judentums und der Antisemitismus*

a) Die Juden in der deutschen Gesellschaft

Nachdem die Emanzipation den Juden in Deutschland im 19. Jahrhundert ihre staatsbürgerliche Gleichberechtigung gebracht hatte, waren sie in ihrer Mehrheit in die deutsche Nation und Gesellschaft hineingewachsen und fühlten sich als Deutsche. Da sie zahlenmäßig nur einen geringen Teil der Gesamtbevölkerung ausmachten, waren sie auf dem besten Wege, in der Nation aufzugehen, ein erheblicher Teil war auch zum christlichen Glauben übergetreten. Die Angleichung *(Assimilation)* wurde aber durch die christliche Bevölkerung selbst erschwert, welche die Emanzipation der Juden innerlich vielfach nicht bejahte und daran festhielt, die Juden als andersartige Minderheit zu betrachten. Vor allem die Umwelt war es, die die Juden daran erinnerte, daß sie weiterhin eine besondere Gruppe darstellten.

Die Stellung der Juden im Wirtschaftsleben. Manches äußere Merkmal kam dem zustatten: Fremdheit und Andersartigkeit der äußeren Erscheinung, die Konzentration der Juden in den Großstädten und in bestimmten Berufen. Nur wenige machten sich klar, daß die starke Stellung der Juden in einzelnen Wirtschaftszweigen bestimmte, von der christlichen Bevölkerung einst selbst veranlaßte historische Ursachen hatte. Vom Mittelalter bis in die Neuzeit waren den Juden die „christlichen" Berufe des Handwerks und Landbesitzes versperrt gewesen, sie blieben fast ausschließlich auf die Betätigung in Handel und Geldwesen angewiesen und hatten deshalb hier besondere Fertigkeiten entwickelt. Mit dem modernen Kapitalismus und beim Einsetzen der Industrialisierung waren sie zum Teil mit dem Stadtbürgertum zu Wohlstand und Reichtum gelangt. Es gab vor dem Ersten Weltkrieg kein jüdisches Proletariat, weil es keine jüdischen Landarbeiter und Bauern gegeben hatte, und es gab in Deutschland – im Gegensatz zu Osteuropa – auch nur verhältnismäßig wenig Juden im Kleinbürgertum, weil sie zum Handwerk erst nach der Emanzipation zugelassen worden waren.

Juden waren stark vertreten in der *Hochfinanz und an der Börse,* hatten ihre Position in *Groß- und Einzelhandel* behauptet und sich hier durch Übergang zum Warenhaus-Betrieb schneller dem Zug der Zeit angepaßt. Überhaupt zeigte es sich, daß es wegen des jahrhundertelang geübten Zwanges zur Anpassung Juden leichter fiel, sich auf neue Geschäftsmethoden und Branchen umzustellen. Beispiele dafür waren die Film- und Reklameindustrie.

Nach der Emanzipation wurden die Söhne aus gutbürgerlichen jüdischen Familien und aufstrebende jüdische Einwanderer aus dem Osten vor allem auch von den *freien Berufen* angezogen, die ihnen jetzt offenstanden. Teilnahme am geistig-kulturellen Leben erschien als die vollkommenste Form der Assimilation und der Befreiung aus dem jüdischen Ghetto. Daraus ergab sich eine besondere Wertschätzung des Intellekts und der akademischen und geistigen Berufe. Bis zur Novemberrevolution konnten die Juden bestimmte Schranken noch kaum übersteigen: Verwaltung, Justiz, Offizierskorps und die Universitäten hatten Möglichkeiten, sich gegen das „Eindringen" jüdischer Anwärter abzuschirmen: Anwärter für die höhere Beamtenlaufbahn blieben beim Assessor stehen, Abiturienten ohne „christliche Gesittung" wurden nicht als Offiziersanwärter angenommen, Privatdozenten erhielten selten einen Lehrstuhl. Um so stärker konzentrierten sich die Juden auf die Berufe des Anwalts, Arztes, Schriftstellers, Journalisten und Künstlers.

Die Juden in der Politik. Im politischen Leben waren Juden in allen Lagern und Parteien vertreten. So intensiv war die Hinwendung zum deutschen Rechts- und Kulturstaat gewesen, daß deutsche Juden auch als Wortführer des preußischen Konservativismus oder der deutschnationalen Richtung auftraten. Näher lag für viele allerdings die Sympathie für die „fortschrittlichen" politischen Richtungen, von denen sie sich weitere gesellschaftliche Emanzipation und den Abbau noch bestehender Schranken versprachen. Deshalb waren prominente jüdische Politiker und Publizisten bei den Liberalen, der Sozialdemokratie und auch bei den Kommunisten tätig. Daraus entstand die falsche und irreführende Vorstellung und Propaganda, als seien die Juden die „Drahtzieher" des Liberalismus und Marxismus.

Gesamtzahl der Juden nach Erdteilen 1928/31 und 1959

	1928/31		1959	
	Zahl	%	Zahl	%
Europa (einschl. UdSSR u. Türkei)	10 046 350	66,8	3 451 850	28,2
Nord- und Südamerika	3 985 500	26,4	6 176 600	50,5
Asien	510 900	3,4	1 975 650	16,2
Afrika	500 660	3,3	561 180	4,6
Australien und Neuseeland	26 000	0,1	64 500	0,5
Insgesamt	15 069 710	100,0	12 229 780	100,0

Gesamtzahl der Juden in ausgewählten Ländern (abgerundete Zahlen, z. T. nach amtlichen Schätzungen)

	1928/31	1959
Deutschland	564 379	30 000
Frankreich	150 000	350 000
Österreich	300 000	11 500
Polen	3 500 000	41 000
Schweden	6 500	13 000
Schweiz	21 000	19 000
UdSSR	2 725 000	2 000 000
Ungarn	500 000	100 000
USA	3 600 000	5 250 000

(nach Thieme, K. [hrsg.]: Judenfeindschaft. Fischer Bücherei 524, Frankfurt/Main 1963, S. 89).

Das Schicksal der Juden nach dem Weltkrieg. Nach dem Zusammenbruch des Kaiserreiches schienen die Voraussetzungen für eine beschleunigte Fortsetzung der jüdischen Assimilation gegeben. Viele Juden hatten *als Frontkämpfer im Weltkrieg* gestanden. Die wirtschaftlichen Folgen des Krieges hatten auch zahlreiche Juden betroffen. Zum erstenmal entstand so etwas wie ein *jüdisches Kleinbürgertum und Proletariat.*
Dazu trug der 1918 einsetzende *Zustrom von Juden aus dem Osten,* besonders aus Polen, wesentlich bei. Er hatte seine Ursache in einer Welle von Pogromen in Osteuropa, die das Leben und die Existenz vieler Juden bedrohten. Zahlreiche meist arme „Ostjuden" flüchteten nach dem Westen in Länder, die als Garanten des Rechtsstaates und staatsbürgerlicher Gleichberechtigung galten, so auch nach Deutschland, wo sie vor allem in den ost- und mitteldeutschen Großstädten, besonders in Berlin, Aufnahme fanden. Der Zuzug dieser kulturell meist rückständigen, noch stark der Ghetto-Mentalität und der orthodoxen Glaubenswelt des Talmuds verhafteten, auch äußerlich durch Kleidung (Kaftan) und Barttracht fremdartig wirkenden Juden wurde vielfach auch von den alteingesessenen deutschen assimilierten Juden höchst ungern gesehen. Man fürchtete mit Recht, daß sie eine willkommene Zielscheibe für einen neuen Antisemitismus abgeben würden. Tatsächlich entstand jetzt das – zahlenmäßig gesehen – weit übertriebene und ungerechtfertigte Schlagwort von der „Verjudung" Deutschlands. Die mit großen Hoffnungen nach Deutschland als einem Land der Freiheit und des Rechtes gekommenen Juden wurden als Feinde Deutschlands hingestellt. Einzelne Fälle unlauterer Geschäftspraktik in der Zeit der Inflation und der Arbeitslosigkeit wurden schnell verallgemeinert. Nationale Erregung, sozialer Neid und Fremdenhaß verbanden sich zu einem starken Antisemitismus.

b) Der Antisemitismus

Das Bild vom „Judentum". Auf diese Weise war auch der Boden bereitet für ideologische und scheinwissenschaftliche „Aufklärung" über den wahren Charakter der Juden, die nun in der populären Literatur und völkisch-nationalen Presse weit mehr Anklang fand als vor dem Kriege.

Für die antisemitischen Ideologen existierten nicht die vielen verschiedenen Juden, sondern nur „der Jude", dessen Wesen hinter tausend Masken verborgen sei. Der Jude wurde zum Gegenbild eines idealisierten Deutschen. Der Jude, so lauteten die stereotyp wiederholten Schlagworte, sei unerschöpferisch, aber gerissen und anpassungsfähig, arbeitsscheu und nur erfolgreich im „Schachern" und „Raffen"; er verführe und zersetze die „Wirtsvölker", bilde aber mit seinesgleichen eine verschworene geheime Gemeinschaft, er sei Verächter und Vernichter aller Tradition und Sitte und zugleich eifrigster Wahrer und Wächter seiner eigenen Überlieferungen und Riten, sklavischer Vollstrecker uralter Gesetze.

Die Juden bilden unter dem Deckmantel der „Religion" in Wahrheit eine politische, sociale und geschäftliche Genossenschaft, die, im heimlichen Einverständniß unter sich, auf die Ausbeutung und Unterjochung der nichtjüdischen Völker hinarbeitet ... Die Juden aller Länder und aller Sprachen sind in diesem Ziele einig und arbeiten einander zu diesem Zwecke in die Hände ... Auf Grund der talmudischen Lebens-Anschauung, die nur dem Juden den Namen „Mensch" zugesteht und die übrigen Völker unter die Thiere rechnet, ist der Jude jedes Pflicht-Gefühls und jedes Gewissens den übrigen Menschen gegenüber enthoben. (Fritsch, T.: Antisemiten-Katechismus. Leipzig 1891, S. 13 f)

In den verschiedensten Abwandlungen füllte das antisemitische Schrifttum die Schilderung, mit welchen Mitteln das Judentum seine Herrschaft über die Völker errichtete und aufrechterhielt:

Unaufhörlich sind sie bei der Arbeit, jene urarischen Ideale von Gott, Freiheit, Unsterblichkeit, Fürst und Vaterland zu vernichten, um Gottlosigkeit, Lügenfreiheit, Stoffsucht, Massenwahn und Vaterlandslosigkeit an ihre Stelle zu setzen. Da sie die Presse der ganzen Welt beherrschen, haben sie leichtes Spiel ... Durch Vernichtung des Handwerks- und Mittelstandes, durch Errichtung von Kaufhäusern und Dirnenpalästen, durch die schamloseste, schmutzigste Reklame verstehen sie es, unnatürliche und widernatürliche Bedürfnisse in den Volksmassen künstlich zu wecken und zu nähren, um Geld und immer wieder Geld zu „machen". Planmäßig werden gesunde, frohe Menschen in kranke, verzweifelte, mit sich selbst, mit Gott und der Welt zerfallene Geschöpfe verwandelt, die nun leicht gegen die bestehende Ordnung aufzuhetzen sind. Wo immer Massen unter der Lügenparole „Freiheit und Fortschritt" aufgehetzt werden, da sind es Angehörige dieser Rasse, die diese Wühlarbeit vollziehen. Der Erfinder des Marxismus war ein Jude, und jüdisch geleitet, mit dem großjüdischen Ausbeutekapital aufs engste verschwistert, ist dieser Lügensozialismus bis auf den heutigen Tag. „Freiheit", dem Germanen selbstgewollte Pflicht, nennen sie die Zügellosigkeit, womit sie die Massen verseuchen, „Fortschritt" das Chaos, das heraufzuführen ihr Vorteil ist. Denn nur im Chaos kann der Weizen dieser chaotischen Rassen blühen, da wo Ordnung, Zucht und Sitte herrscht, vermag er nicht zu gedeihen. (Dinter, A.: Die Sünde wider das Blut. Leipzig 1934, S. 207)

Das deutsche Volk, so wurde befürchtet, sei der Gefahr der Auslöschung seines Volkstums schon beinahe erlegen.

Wir haben etwas über eine halbe Million Juden in Deutschland, diese halbe Million genügt, um in hundert Jahren das Deutsche Volk rassisch so zu verderben, daß von einem *Deutschen* Volke nicht mehr gesprochen werden kann. Es ist hohe und höchste Zeit, daß endlich Gesetze geschaffen werden, die der rassischen Verseuchung des Deutschen Volkes durch jüdisches Blut Einhalt gebieten! (Dinter, a. a. O., S. 274)

Antisemitismus und Rassenlehre. Neu waren Warnungen vor der jüdischen Gefahr nicht, neu war jedoch, daß die Begriffe „Rasse“ und „Blut“ jetzt im Antisemitismus eine wesentliche Rolle spielten, neu war das ideologisch-nationale Gewand des Judenhasses. Judenfeindschaft hatte den Weg der Juden von Anbeginn ihrer Zerstreuung über die Erde begleitet. Ihre Wurzeln lagen tief in Religion und Aberglauben. Immer und überall waren die Juden verfolgt worden: als Mörder Christi, als Widersacher des Christentums, als Teufelsknechte, als Giftmischer und Zauberer. Erst als der Geist des Rationalismus und der Aufklärung den Glaubenseifer abflauen ließ und die Vernunft Wahn und Wirklichkeit zu trennen unternahm, als scheinbar Übernatürliches auf Naturgesetze zurückgeführt werden konnte, begann man in Europa, im Zeichen der Humanität gegenüber den Juden Toleranz zu üben. Gegen Ende des 19. Jahrhunderts aber mußte ausgerechnet die Naturwissenschaft dazu herhalten, das alte Vorurteil neu und diesmal „wissenschaftlich“ zu begründen. Das zuerst in der Zoologie, dann aber auch in der Anthropologie verwendete Einteilungsprinzip der „Rasse“ wurde unversehens zu einer Waffe gegen das Judentum. Die Einteilung in höhere und niedere Rassen wurde auf die Menschheitsgeschichte und -kultur angewandt und mit Werturteilen verbunden. Den Rasseneinfluß machte man zum Erklärungsprinzip für Aufstieg und Verfall von Kulturen und Völkern. „Wissenschaftlich“ klingende Begriffe bildeten die Grundlage eines neuen Mythos: Der Lichtgestalt des Ariers und Germanen wurde von deutschen und außerdeutschen Schriftstellern der jüdische Finsterling entgegengestellt. Erst durch solche Ideologien wurde die „Judenfrage“ zu einer schwerwiegenden nationalen Kernfrage hochgespielt. Ging man von der unveränderlichen und verderblichen jüdischen Rasse aus, dann war die „Judenfrage“ durch Assimilation nicht zu lösen. Im Gegenteil, die Assimilation erschien als Todsünde, durch welche die „höheren“ Rassen verdorben wurden. Dann blieb nur eine radikale Ausschaltung des jüdischen „Parasiten“ möglich; die starke Rasse mußte sich „rein“ erhalten. Ein Mitglied des Deutsch-Völkischen-Schutz- und Trutzbundes skizzierte:

Über Endziel und Aufgabe der deutschvölkischen Bewegung gegenüber dem Judentum machen sich verschiedene Auffassungen geltend. Der eine glaubt, mit sogenannter Aufklärungsarbeit sei alles getan, der andere will nur auf „kulturellem“ Gebiete den jüdischen Geist „ausschalten“, der dritte nur auf wirtschaftlichem, der vierte strebt wieder nach anderen Zielen, und so gehen die Meinungen durcheinander ... [Dagegen] halten wir es für viel vordringlicher und notwendiger, daß die einzelnen Ortsgruppen danach streben, zunächst in ihrer näheren Heimat ... das ostjüdische und jüdische Ungeziefer überhaupt mit eisernen Besen auszufegen ... Es muß ganze Arbeit gemacht werden. Die Ostjuden müssen unverzüglich hinausgeschafft werden, gegen alle übrigen Juden muß sofort mit rücksichtslosen Maßnahmen vorgegangen werden. Solche Maßnahmen wären z. B. Einführung von Judenlisten in jeder Stadt bzw. in jeder Gemeinde, sofortige Entfernung der Juden aus allen Staatsämtern, Zeitungsbetrieben, Schaubühnen, Lichtspieltheatern usw. — kurz gesagt — es muß dem Juden jede Möglichkeit genommen werden, weiterhin seinen unheilvollen Einfluß zu üben. Damit die beschäftigungslosen Semiten nicht insgeheim wühlen und hetzen können, wären sie in Sammellager zu verbringen. (Aus dem Leitartikel „Macht ganze Arbeit mit den Juden!“ im Völkischen Beobachter Nr. 20/34 vom 10. 3. 1920)

Antisemitismus als Ideologie der Mittelschicht. Die neuen ideologischen Judenhasser kamen vor allem aus den Städten, nicht vom Land; sie waren keine christlichen Eiferer, sondern Nationalisten, die vielfach selbst mit dem Christentum zerfallen waren; sie entstammten meist der Mittelschicht. Am wenigsten Erfolg hatte die antisemitische Agitation bei den Industriearbeitern. Wer nicht im Christentum festblieb, hatte im Marxismus eine Lehre gefunden, die ihm die Welt und seinen eigenen Standort in ihr zureichend erklärte. Die Sozialdemokratische Partei leistete außerdem frühzeitig Aufklärungsarbeit über die antisemitische Bewegung, die sie zutreffend als soziales Phänomen erkannte:

Der Antisemitismus entspringt der Mißstimmung gewisser bürgerlicher Schichten, die sich durch die kapitalistische Entwicklung bedrückt finden und zum Theil durch diese Entwicklung dem wirtschaftlichen Untergang geweiht sind, aber in Verkennung der eigentlichen Ursache ihrer Lage den Kampf nicht gegen das kapitalistische Wirtschaftssystem, sondern gegen eine in demselben hervortretende Erscheinung richten, die ihnen im Konkurrenzkampf unbequem wird: gegen das jüdische Ausbeutertum. (Bebel, A.: Die Sozialdemokratische Partei und der Antisemitismus. In: Protokoll über die Verhandlungen des Parteitages der Sozialdemokratischen Partei Deutschlands, Köln 22.—29. Okt. 1893, Berlin 1893, S. 224)

Tatsächlich hatte die Mittelschicht, und besonders das Kleinbürgertum, im Antisemitismus so etwas wie einen Ersatz für den Sozialismus gefunden. Statt einer rationalen Deutung der Wandlungen und Umbrüche in der industriellen Gesellschaft suchte man nach schuldigen Personen und verschworenen Feinden. Alle „Übel der Zeit“, unter denen gerade der „Mittelstand“ litt, der Verlust des gesellschaftlichen Prestiges, die Auflösung der alten Ordnung, die Veränderung der geläufigen moralischen und bürgerlichen Werte, konnten den Juden zur Last gelegt werden. Diese Erklärung hatte nicht nur den Vorzug, daß sie die komplizierten Zusammenhänge der modernen Gesellschaftsentwicklung auf ein einfaches Prinzip zurückführte. Sie erlaubte es auch, an den alten Werten und Begriffen festzuhalten und den Konsequenzen der modernen Entwicklung auszuweichen, die „Flucht in den Haß“ anzutreten.
Schon gegen Ende des Krieges ahnte man in jüdischen Kreisen, was bevorstand:

Man bereitet für jeden Fall einen Sündenbock vor, den das Volk anstelle der wirklich Schuldigen in die Wüste jagen mag... Es handelt sich um die edle Absicht, die Juden und ihre „Presse“, für die man auch alle Juden verantwortlich macht, für einen etwaigen unbefriedigenden Ausgang des Krieges haftbar zu machen, die Volkswut auf sie abzulenken. (Oppenheimer, F.: Der Antisemitismus. In: Neue Jüdische Monatshefte, 2. Jg., 10. Juli 1918)

Diese Voraussicht trog nicht. Die Juden wurden auch für den verlorenen Krieg und für Not und Unglück der Nachkriegszeit verantwortlich gemacht. Der Antisemitismus war ein wesentliches Instrument in den politischen Auseinandersetzungen der Weimarer Zeit. Keine Rechtspartei, keine nationalistische Gruppe oder Vereinigung konnte und wollte die Zugkraft dieses Mittels zur Gewinnung der Wähler der Mittelschicht entbehren. Kampf gegen die Demokratie lief unter dem Schlagwort: Kampf gegen die „Judenrepublik“. Das spiegelte sich auch in den Grundsätzen der DNVP von 1920:

Nur ein starkes deutsches Volkstum, das Art und Wesen bewußt wahrt und sich von fremdem Einfluß freihält, kann die zuverlässige Grundlage eines starken deutschen Staates sein. Deshalb kämpfen wir gegen jeden zersetzenden, undeutschen Geist, mag er von jüdischen oder anderen Kreisen ausgehen. Wir wenden uns nachdrücklich gegen die seit der Revolution immer verhängnisvoller hervortretende Vorherrschaft des Judentums in Regierung und Öffentlichkeit. Der Zustrom Fremdstämmiger über unsere Grenzen ist zu unterbinden. (Zit. bei Liebe, W.: Die Deutschnationale Volkspartei. 1918—1924. Düsseldorf 1956, S. 115)

VIII. Staatliches und politisches Leben

1. *Justiz und Verwaltung*

Der Typ des Berufsbeamten. In Deutschland hatten Beamtenschaft und Militär seit der Zeit des Absolutismus eine bedeutende Rolle gespielt, die sie unangefochten bis ins 20. Jahrhundert beibehielten. Ihre an sich untergeordnete und unselbständige Stellung als verlängerter Arm des Herrschers war aufgewogen worden durch die höhere Würde ihres Auftrages.
Stolz, an der Macht teilzuhaben, bildete das deutsche Beamtentum nach dem Vorbild des preußischen ein eigenes Standesbewußtsein aus, das auf dem Amt und nicht auf materiellen Gütern beruhte, sowie ein ausgeprägtes Berufsethos, das der unparteiischen, selbstlosen Pflichterfüllung. Im Kaiserreich stand den einzelnen Bundesstaaten und vor allem Preußen ein politisch zuverlässiges, d. h. konservatives und fachlich qualifiziertes Beamtentum zur Verfügung.

Das Personal. Nach der Revolution lag die Staatsführung in den Händen von gewählten Politikern, die ihre Posten nach den Erfordernissen parlamentarischer Koalitionskompromisse von ihren Parteien zugeteilt bekamen. Die Beamtenschaft, der sie die Durchführung der von ihnen und dem Parlament festgelegten Politik anvertrauten, blieb aber die gleiche. Weder die Revolutionsregierung (der Rat der Volksbeauftragten) noch die Kabinette der Weimarer Republik im Reich und in den Ländern wagten es, auf das alte, fachlich geschulte und gut funktionierende Berufsbeamtentum zu verzichten. Ihm wurden von der Verfassung die „wohlerworbenen Rechte" garantiert, im Sinne der Demokratie aber zugleich die Freiheit der politischen Gesinnung und der freien Meinungsäußerung zugesichert. Für eine „Demokratisierung" der Bürokratie und Justiz, wie sie durch die Arbeiter- und Soldatenräte angebahnt erschien, also die Öffnung des Zugangs zu allen Ämtern, gab es nur Ansätze. Lediglich wurden etwas häufiger als bisher sogenannte „politische" Beamte eingesetzt, d. h. man besetzte mit verdienten Parteimitgliedern der jeweiligen Regierungskoalition Spitzenposten der Verwaltung (etwa Oberpräsidenten, Regierungspräsidenten, Landräte). Jedoch auch die meisten der jüngeren Leute, die in das Beamtenverhältnis eintraten, waren durch Elternhaus und Erziehung, in der höheren Laufbahn vor allem durch die studentischen Verbindungen, derart vom gleichen Geiste vorgeformt, daß sie sich anstandslos in den gegebenen Rahmen einfügten.

Die Verwaltungsbeamten und die Republik. Die Bürokratie, die sich weiterhin gerade gegenüber den mitunter schnell wechselnden Regierungen als der ruhende Pol und als die eigentliche Vertreterin der überparteilich gedachten Staatsidee betrachtete, suchte bewußt und unbewußt den Obrigkeitsstaat – in republikanischem Gewande – zu erhalten. Es herrschte hier eine betont kühle und unbeteiligte Einstellung gegenüber der parlamentarischen Demokratie. Ohne genügende parlamentarische Aufsicht, oft mehr von der Ministerialbürokratie als von den Ministern selbst geleitet, konnten die Behörden ein gewisses Eigenleben entwickeln, das genug Spielraum für verwaltungstechnische Umdeutung des Willens des Gesetzgebers, ja zuweilen für „bürokratische Sabotage" ließ.

Justiz und Politik. Nur in der Justiz wurden diese Möglichkeiten, den Willen des Gesetzgebers zu korrigieren, auch einer breiten Öffentlichkeit bekannt. Es waren die politischen Prozesse, in denen deutlich wurde, daß das Bild der Richter von Gesellschaft und Staat nicht ganz mit dem sich in der Verfassung spiegelnden übereinstimmte. Beispiele waren Fehlurteile in den Beleidigungsprozessen gegen bedeutende republikanische Politiker (Erzberger, Ebert), die unterschiedliche Beurteilung politischer Straftaten der Gesetzesbrecher von „links" und „rechts" mit regelmäßiger Verharmlosung der Verfehlungen „nationaler" Angeklagter, z. B. in den Fememordprozessen sowie bei der sinnwidrigen Anwendung von Amnestieerlassen nur für „nationale" Häftlinge, ebenfalls beim Vorgehen gegen liberale und pazifistische Publizisten mit dem Hochverrats-Paragraphen (der Fall Carl v. Ossietzky).
Bis zu ihrem Ende hatte die Weimarer Republik eine Beamtenschaft, auf die sie wohl in der treuen Erfüllung der Dienstobliegenheiten, nicht aber im Eintreten für den demokratischen Staatsgedanken rechnen konnte. Eine Veränderung des Staates in Richtung auf ein Ausschalten parlamentarischer und parteipolitischer Einflüsse mußte den Beamten willkommen sein.

2. *Die Reichswehr*

a) Die Reichswehr in der Verfassung

Die Stellung der bewaffneten Streitkräfte wurde durch das Wehrgesetz von 1921 festgelegt.
Über die Inhaber der obersten Befehlsgewalt, den Reichspräsidenten (als Oberbefehlshaber Repräsentant des Staates) und den ihm untergeordneten Reichswehrminister (den eigentlichen Träger der Befehlsgewalt) unterstanden Heer und Marine eindeutig der politischen Führung. Verantwortlich war allein der Reichswehrminister, sowohl gegenüber dem Regierungschef als auch gegenüber dem Reichstag, auf dessen Vertrauen er für seine Amtsführung angewiesen war. So konnte das Parlament eine indirekte Kontrolle über die Streitkräfte ausüben.
„An der Spitze des Reichsheeres steht ein General als Chef der Heeresleitung, an der Spitze der Reichsmarine ein Admiral als Chef der Marineleitung", sagte das Wehrgesetz über die obersten militärischen Führer. Sie hatten – genauso wie die obersten Beamten – keinerlei eigene Autorität oder Selbständigkeit, sondern waren nur die höchsten militärischen Gehilfen und fachmännischen Berater ihres Befehlshabers, des Reichswehrministers. Die allgemeinen Direktiven der politischen Führung waren von ihnen in konkrete militärische Anweisungen und Befehle umzuwandeln.
Darüber hinaus war jeder Soldat durch den Eid verpflichtet:

> Ich schwöre Treue der Verfassung des Deutschen Reiches und meines Heimatstaates und gelobe, als tapferer Soldat mein Vaterland und seine gesetzmäßigen Einrichtungen jederzeit zu schützen und dem Reichspräsidenten und meinen Vorgesetzten Gehorsam zu leisten.

Um diese unbedingte Loyalität der Reichswehr voll zu sichern, verbot das Wehrgesetz allen Soldaten jede parteipolitische Betätigung in und außer Dienst und untersagte ihnen sogar, an Wahlen teilzunehmen.

b) Die Reichswehr in der Verfassungswirklichkeit

Das Problem der Demokratisierung. Das Wehrgesetz leitete aber keinen Neuaufbau ein, denn eine „vorläufige Reichswehr" gab es schon seit Anfang 1919. Das Zweckbündnis zwischen der OHL und Ebert vom November 1918 hatte die Sonderstellung der Streitkräfte bewahrt, und die Notwendigkeit der Anwendung militärischer Gewalt in den nachrevolutionären Machtkämpfen entschied über ihren Charakter: Ohne den Versuch der Aufstellung republikanischer Kampfverbände hatte sich die Regierung auf jene Reste der alten Armee verlassen, die sich ihr freiwillig zur Verfügung stellten. Der Geist dieser Truppe konnte nicht anders als monarchistisch und revanchistisch sein. So ergab sich die Frage, ob ein politisch so orientiertes Heer allmählich in ein verläßlicheres Instrument der Republik umgebildet werden konnte, ob die Reichswehr zu „republikanisieren" und zu „demokratisieren" sei.

Die Parteien und die Reichswehr. Noske, der erste Reichswehrminister, hatte die Absicht gehabt, die Reichswehr mit republiktreuen Offizieren und Mannschaften zu durchsetzen. Nach seinem Sturz haben die bürgerlichen Regierungsparteien keinen Versuch gemacht, ihre parlamentarische Kontrolle in ähnlichem Sinne zu benutzen. Ihnen fehlte jede militärpolitische Konzeption. Die seit 1920 in die Opposition zurückgewiesene SPD war mit ihren noch aus der Kampfzeit stammenden „Volksbewaffnungs"-Ideen nicht vorbereitet, Vorschläge für die Demokratisierung einer Truppe aus Berufssoldaten zu machen. In sozialdemokratischen Äußerungen zur Wehrpolitik schwangen meist viel Mißtrauen und Feindseligkeit mit.

Erst 1929 rang sich die SPD zu einer konkreten wehrpolitischen Stellungnahme durch. Mit Bekenntnissen zur Abrüstung war bei den Militärs freilich wenig Gegenliebe zu erwarten, und auch die Hauptforderungen mußten den Angehörigen der Reichswehr feindselig genug klingen:

1. Kontrolle des Reichstages über alle Angelegenheiten der Reichswehr und über alle Verträge und Abmachungen der Heeresverwaltung....
4. Gesetzliche Bestimmung zur Sicherung unparteiischer Rekrutierung.
5. Beseitigung des Bildungsprivilegs für das Offizierskorps und gesetzliche Festlegung eines Mindestkontingents für den aus dem Mannschaftsstand zu entnehmenden Offiziersersatz...
7. Schutz der Rechte der Soldaten durch eine von ihnen gewählte Personalvertretung.
8. Demokratisierung des Disziplinarrechts und des Militärstrafrechts.
9. Republikanische Lehrkräfte und Lehrbücher beim Unterricht. (Jahrbuch der Deutschen Sozialdemokratie für das Jahr 1929, Berlin, S. 521/22)

Die Reichswehr vergalt die Feindschaft mit Feindschaft. Schon eine Beteiligung der SPD an der Regierung wurde ziemlich allgemein als Verhängnis für die Reichswehr und daher auch als ein nationales Unglück angesehen. Wie anders wirkte das Verständnis der Rechtsparteien, besonders der Deutschnationalen Volkspartei: Dort hatte man Sinn für Tradition, dort hielt man die Ehre der alten Armee hoch; dort trat man für Wiedererweckung der Wehrfreudigkeit im Volke und für die Wiederaufrüstung ein.

Das Versagen des Reichswehrministers. Wesentlich für Existenz und Stellung der Reichswehr waren Persönlichkeit und militärpolitische Anschauungen des jeweiligen Reichswehrministers. Nach dem Sturz Noskes im Jahre 1920 hatte dieses Amt Otto

Geßler (DDP) bis 1928 inne. Seine Pflicht sah Geßler darin, den Generalen zu helfen, die Reichswehr zu einem militärtechnisch möglichst vollkommenen Instrument zu entwickeln. Ihm war es selbstverständlich, daß man dabei nur „auf guten moralischen Traditionen der alten Armee aufbauen konnte und sie in der jungen Reichswehr lebendig erhalten wollte". Der Reichswehrminister hatte dafür zu sorgen, daß der „Hader der Parteien" die Reichswehr dabei nicht störte und daß sie von „unsachlichen Einflüssen" freigehalten wurde.

Der Minister war also als Kugelfang zwischen Parlament und Wehrmacht gestellt. (Geßler, O.: Reichswehrpolitik in der Weimarer Zeit. Stuttgart 1958, S. 137)

Die Rolle der Selbstbescheidung war Geßler also nicht aufgenötigt worden, sondern sie entsprach seiner Überzeugung und auch der nahezu aller bürgerlichen Politiker. Hinzu kam, daß der Minister dem Einfluß und dem Eindruck einer starken Persönlichkeit ausgesetzt war: der des Chefs der Heeresleitung, des Generals von Seeckt.

c) Die Reichswehr in der Ära Seeckt

Herkommen und militärische Laufbahn. Hans von Seeckt (geb. 1866 in Schleswig), Sohn eines preußischen Generals, trat 1885 als Fahnenjunker in das Kaiser Alexander Garde Grenadier Regiment Nr. 1 in Berlin ein, wo er nicht nur zu einem Muster an preußischer Korrektheit, sondern auch zu einem „Mann von Welt" ausgebildet wurde. Die Schule des Generalstabes tat ein übriges, um Seeckt über das Niveau des durchschnittlichen Offiziers hinauszuheben. Im Weltkrieg im Osten, auf dem Balkan und in der Türkei in Generalstabsstellungen bewährt, glaubte er, nach der Revolution seinen Widerwillen gegen die neuen Machthaber in Berlin überwinden zu müssen, um für Deutschland im Dienst zu bleiben, sicher aber auch, um seine Karriere nicht abzubrechen. 1919 wurde er der letzte Chef des großen Generalstabes und anschließend als Chef des sogenannten Truppenamtes im Reichswehrministerium der erste Leiter des getarnten Generalstabes der Reichswehr. Seine militärische Laufbahn erreichte schnell ihren Gipfel, als er nach dem Kapp-Putsch, viele dienstältere Generale überspringend, zum Chef der Heeresleitung ernannt wurde.

Charakter und politische Anschauungen. Dem feingliedrigen Mann mit der maskenhaften Starre im kantigen und knochigen Gesicht war es gelungen, sein Wesen mit vielen auseinanderstrebenden Charakteranlagen und Begabungen durch „Haltung" und Einengung auf das ihm bestimmte Feld zu zügeln. Selbstbewußt bis zur Eitelkeit und erfüllt mit Menschenverachtung, ließ Seeckt nie andere Meinungen als die seinen gelten. Es war schwierig, mit ihm umzugehen, zumal niemand recht wußte, was sich hinter seiner schweigenden Unnahbarkeit verbarg. Für die große Mehrzahl der Offiziere und Mannschaften verkörperte Seeckt, so wie er sich gab, freilich die besten Tugenden altpreußischer Tradition.

Er vertrat einen völlig in sich ruhenden, ganz sicheren Typ in seinen Ideen, in seiner Haltung, im Auftreten und selbst im Äußeren seiner Erscheinung.... Wir hatten den Eindruck, daß er all unsere Sorgen kenne und teile und daß er gerade für die beunruhigten und suchenden jüngeren Offiziere eine Zuflucht sei... Nach all den Kämpfen gegen eigene Volksgenossen, nach all der Unsicherheit rettete er uns in die reine Sachlichkeit des Dienstes und die klaren Verhältnisse, wie sie zu Zeiten der Monarchie bestanden hatten. Es muß betont werden, daß die durch die Anknüpfung an die alte Tradition erweckten Gefühlswerte vielfach in einem höheren Grade bestimmend für uns waren als alles Dienstliche und Sachliche. (Choltitz, D. v.: Soldat unter Soldaten. Zürich 1951, S. 17 f)

So urteilte aus der Rückschau einer der damals jungen Offiziere.

In seinen politischen Anschauungen war Seeckt trotz seiner Weltläufigkeit der konservative Gardeoffizier geblieben. Nie verlor er die Geringschätzung für die „Zivilisten", und den Parlamentarismus hielt er für den Krebsschaden der Zeit. Trotzdem mußte er versuchen, sich mit einer Republik zu arrangieren. Das gelang ihm recht gut, denn niemand verlangte von ihm und seinesgleichen, daß er sich innerlich umstellte. Durch sein Beispiel zeigte er, wie es einem Gegner der Demokratie möglich war, einem demokratischen Staate zu dienen:

Es sind mir Zweifel vorgelegt worden, ob der von den Angehörigen des Heeres verlangte Eid mit unseren Auffassungen und unserer Vergangenheit vereinbar sei. Ich kann diese Zweifel nicht teilen. Für den, der sich entschlossen hat, zum Wohl des Vaterlandes auch unter der republikanischen Staatsform im Heer zu dienen, ist der Eid auf die Verfassung die logische Folge. (Entwurf eines Erlasses an die Generalstabsoffiziere, 1919. Zit. bei Rabenau, F. v.: Seeckt. Aus seinem Leben. 1918—36, Leipzig 1940, S. 199)

Den Verfassungsfeiern blieb Seeckt stets fern, er befand sich dann auf Dienstreise. Gewiß dachte Seeckt an die Wiederherstellung der Monarchie. Als aber die Republik auch aus der schweren Krise des Jahres 1923 unversehrt hervorging, fand er sich wohl damit ab, das selbst nicht mehr zu erleben. Aber einen anderen Tag glaubte er vielleicht erleben zu können, die Befreiung Deutschlands von den Bedingungen des Versailler Vertrages und die Abrechnung mit dem Feind. Der Feind, das war ihm eigentlich nur Frankreich, denn England bewunderte er, und Rußland wollte er zum Bundesgenossen. Mit diesen Auffassungen und mit seiner starken Abneigung gegenüber Polen, dessen Daseinsberechtigung er nicht anerkennen wollte, geriet er in scharfen Gegensatz zu Stresemann und dessen Politik. Als Außenminister gelang es Stresemann indes, Seeckts Einfluß auf die Außenpolitik in engen Grenzen zu halten. So mußte der General sich auf den Aufbau der Reichswehr beschränken.

Die Grundlagen der Stellung Seeckts. Voraussetzung für den Aufbau des Reichsheeres war, daß es allein dem Kommando des Chefs der Heeresleitung gehorchte. Geßler ließ es zu, daß eine einzige Verordnung in diesem Sinne ausgelegt wurde:

Der Chef der Heeresleitung vertritt den Reichswehrminister in Ausübung der Kommandogewalt. Die Oberbefehlshaber der Gruppen und die Divisionskommandeure sind ihm unterstellt. (Verordnung vom Juni 1923. Zit. nach Carsten, F. L.: Reichswehr und Politik 1918 bis 1933. Köln/Berlin 1964, S. 125)

Seeckts Bestrebungen: Bewahrung der Tradition. Schon die Zeitgenossen sprachen daher von der Reichswehr als von einer „Schöpfung" Seeckts. Ihm verdankte vor allem das Heer der Republik, daß in seinen Einheiten Tradition und Geist der alten Armee ungebrochen fortlebten, äußerlich etwa im Tragen des feldgrauen Rocks, der alten Rangabzeichen und des Stahlhelms, im Zeigen der alten Fahnen und Spielen der Militärmärsche. Wichtiger als die fachliche Ausbildung erschien ihm, die eiserne Disziplin, den bedingungslosen Gehorsam, durch formalen Drill wiederherzustellen und bei der Auswahl der Offiziersanwärter nach den „bewährten" Methoden (Wahl durch das Offizierskorps) zu verfahren. Womöglich am wichtigsten dünkte Seeckt und mit ihm den meisten Offizieren und Politikern, daß dem Deutschen Reich sein vielbewundertes „militärisches Gehirn", der Generalstab, in getarnter Form erhalten blieb.

„Unpolitischer" Charakter der Reichswehr. Wohl hatte auch das alte Heer sich außerhalb des Streites der Parteien gehalten und es als seine Aufgabe aufgefaßt, die Stütze des Staates zu sein; dabei aber hatte seine persönliche Treue dem Obersten Kriegsherrn gegolten. Das Reichsheer indes sollte sich — so wollte es Seeckt — lediglich dem abstrakten Staatsgedanken, ungeachtet der Staatsform, verpflichtet fühlen.

Herkunft des Offizierskorps 1912—1934

Stand des Vaters	Demeter 1912	1913	Woertz 1926	1927	Sauer 1921–1934
1. Aktive und inaktive Offiziere . . .	24,56 (290)	23,74 (279)	44,34 (94)	49,24 (97)	34,93 (22)
2. Höhere Beamte, Geistliche, Rechtsanwälte, Zivil- und Militärärzte, Professoren	39,88 (471)	39,06 (459)	41,51 (88)	34,01 (67)	36,50 (23)
3. Gutsbesitzer	7,87 (93)	9,12 (107)	4,73 (10)	4,57 (9)	4,76 (3)
4. Gutspächter	1,69 (20)	2,38 (28)	0,94 (2)	1,52 (3)	1,59 (1)
5. Kaufleute und Fabrikbesitzer	15,41 (182)	15,57 (183)	6,13 (13)	7,11 (14)	9,52 (6)
6. Subalternbeamte und Unteroffiziere	4,74 (56)	4,17 (49)	1,41 (3)	0,51 (1)	7,94 (5)
7. Sonstige Private	5,85 (69)	5,96 (70)	0,94 (2)	3,04 (6)	4,76 (3)
	1181	1175	212	197	63

Anteil der Adligen in den Waffengattungen

Waffe	1920 v. insges.	1920 % adlig	1926 v. insges.	1926 % adlig	1932 v. insges.	1932 % adlig
Stäbe	770	26,4	767	21,8	722	19,3
Infanterie	1692	17,6	1480	17,6	1481	17,3
Kavallerie	520	50,4	567	45,0	613	47,3
Artillerie	544	12,5	551	10,7	588	12,8
Pioniere	112	4,5	76	3,9	82	6,1
Nachrichtentruppen	88	5,7	75	5,3	87	10,3
Kraftfahrer	112	10,7	70	15,7	86	9,2
Fahrtruppen	133	6,1	92	7,6	78	5,1
Sanitätstruppen	—	—	61	13,1	63	12,7
Gesamtoffizierskorps	3971	21,7	3739	20,5	3800	23,8

(nach Demeter, K.: Das deutsche Offizierskorps in Gesellschaft und Staat 1650–1945. Frankfurt/Main 1962, S. 53 und 56)

Nicht zum Staat im Staat soll das Heer werden, sondern im Staat dienend aufgehen und selbst zum reinsten Abbild des Staates werden ... Das Heer dient dem Staat, nur dem Staat, denn es ist der Staat. (Seeckt: Gedanken eines Soldaten. Berlin 1929, S. 113, 116)

Aus diesen und ähnlichen unanschaulichen Wendungen las der Durchschnittssoldat nur heraus, daß sein Dienst nicht der besonderen Staatsform Republik galt. In einem konnten Seeckt und seine Offiziere des Beifalls von allen Seiten gewiß sein:

Mit allen Kräften soll die politische Betätigung jeder Art dem Heere ferngehalten werden. Politische Kämpfe innerhalb der Reichswehr vertragen sich weder mit dem Geist der Kameradschaft noch mit der Disziplin und können die militärische Ausbildung nur schädigen. (Erlaß Seeckts v. 18. 4. 1920. Zit. nach Rabenau, F. v.: Seeckt. Aus seinem Leben. 1918—36. Leipzig 1940, S. 239)

Niemand nahm daran Anstoß, daß die Reichswehrführung auch Politisierung nannte, was nur irgendeinen Anflug von republikanischen oder demokratischen Gedanken hatte. Wenn aber Offiziere oder Mannschaften herabsetzend über Politiker und Institutionen der Republik urteilten, wenn auch im Dienstverkehr von „schwarz-rot-Mostrich" oder vom „Pleitegeier" (Reichsadler im Wappen) gesprochen wurde, wenn in vielen Unterkünften und Kasinos nur Bilder vom Kaiser und von Fürstlichkeiten hingen, dann erklärte man das als unpolitische Kundgebung von vielleicht etwas übersteigerter Vaterlandsliebe. Groener hatte 1919 geäußert:

Die Offiziere müssen wieder gehorchen lernen und von der verflixten Politik die Finger lassen, Politik dürfen nur wenige treiben und diese zäh und verschwiegen — nicht nach der Art W. II. [Wilhelms II.]. (Aus den unveröffentlichten Tagebüchern Groeners. Zit. nach Carsten, F. L.: Reichswehr und Politik 1918—1933. Köln/Berlin 1964, S. 55)

So hatte Seeckt Politik gemacht: gegen die Republik in der Ruhrkrise gewirkt, auf Ostorientierung der Außenpolitik gedrängt und zäh und konsequent gegen Stresemanns Kurs (vgl. IV B 6, V 3 f) gearbeitet. Seeckt glaubte, die Interessen der Reichswehr und damit die des Staates zu vertreten.
Kaderheer und Vorbereitung der Wiederaufrüstung. Seeckt sah in der Reichswehr nicht die Polizeitruppe, als die sie im Text des Versailler Vertrages betrachtet wurde. Die Reichswehr sollte ausgebildet werden als Kern eines schnell zu schaffenden Millionenheeres der allgemeinen Wehrpflicht – Instrument der Revanche für 1918.
Dies verstieß gegen den Wortlaut und den Sinn des Versailler Vertrages, und alles, was die Reichswehr zur Erreichung ihrer Ziele brauchte, hatte sie sich illegal und im geheimen zu verschaffen. Darum wurden Waffenverstecke angelegt, darum Rüstungsaufträge des Auslandes (Kanonen, Flugzeuge, U-Boote) auch für die eigenen Rüstungspläne ausgenutzt, darum gingen deutsche Flieger und Panzerspezialisten nach Sowjetrußland, wo sie ihre eigenen Schulen aufbauten. Vor allem aber vergrößerte die Reichswehr durch den geheimen Grenzschutz, besonders in den Ostprovinzen, ständig ihren Mannschaftsbestand an wenigstens oberflächlich ausgebildeten Reservisten.
Diese Umgehung des Friedensvertrages konnte das Reichswehrministerium freilich unmöglich allein vornehmen. Vielmehr wurde die Reichswehr dabei voll gedeckt von allen Regierungen der Weimarer Republik. Nicht jeder beteiligte Politiker hat wohl die letzten Absichten der Militärs geahnt oder ihre Ansichten voll geteilt, aber trotz Erfüllungs- und Versöhnungspolitik schien es den meisten von ihnen selbstverständlich, die Landesverteidigung zu unterstützen, und zwar auch dort, wo in Einzelmaßnahmen die Schwelle zur Illegalität überschritten wurde.

d) Die Reichswehr in der Ära Groener - Schleicher

Seeckts Sturz. Seeckt betrieb ab 1924 seine Kandidatur für das Amt des Reichspräsidenten, das 1925 frei werden sollte. Aber Eberts plötzlicher Tod im Jahre 1925 und die Wahl eines Rivalen, den an Popularität zu übertreffen er niemals imstande gewesen wäre, nämlich Hindenburgs, machten diese Pläne zunichte. Nun fühlte sich die Reichswehr an Hindenburg persönlich gebunden. Als 1926 der Chef der Heeresleitung in Überschätzung seiner Unentbehrlichkeit einen „Taktfehler" beging, indem er eigenmächtig die Teilnahme eines Hohenzollernprinzen an Reichswehrmanövern zuließ, tat Geßler nichts, um den ihm unbequemen Mann zu halten. Seeckt mußte seinen Abschied nehmen.
Das Übergewicht des Reichswehrministeriums. Bald zeigte es sich, daß mit seinem Abgang eine Ära der Geschichte der Reichswehr zu Ende gegangen war. Nach ihm wurde die Kompetenz des Chefs der Heeresleitung eingeschränkt. Es war jetzt die

neugeschaffene *Wehrmachtabteilung*, die später zum *Ministeramt* im Reichswehrministerium umgeformt wurde, in der die Entscheidungen über die neue Richtung der Reichswehrpolitik fielen. Der Mann, der als Leiter dieser Abteilung es verstand, alle Fäden in die Hand zu bekommen und damit auch den Reichswehrminister zu lenken begann, war Oberst von Schleicher.

Schleicher und seine Anschauungen. Kurt von Schleicher (geb. 1882) entstammte wie Seeckt einer Soldatenfamilie und hatte auch in der Garde gedient sowie dem Generalstab angehört. In und nach dem Kriege hatte er sich ausschließlich mit politischen, organisatorischen und wirtschaftlichen Fragen zu beschäftigen. Dieser „Schreibtischoffizier“, wie ihn mancher Kamerad verächtlich nannte, hatte früh entdeckt, daß die Beschränkung auf das eigentlich militärische Feld ein grundsätzlicher Fehler in der Einstellung des Offizierskorps gewesen war. Wie nur wenige deutsche Generalstäbler bemühte er sich, eine Gesamtsicht der bestimmenden Faktoren des öffentlichen Lebens zu gewinnen. Darum zeigte Schleicher sich bereit, nach 1918 die nachrevolutionären Regierungen zu unterstützen und die Notwendigkeit der Parlamentarisierung und Demokratisierung Deutschlands anzuerkennen.

Groeners Absichten. Nach dem Rücktritt Seeckts hatten Schleicher und seine Gesinnungsfreunde freie Bahn, um die in ihrem Sinne notwendigen Korrekturen an der Schöpfung Seeckts vornehmen zu können. Die Wendung begann schon unter Geßler, sie wurde gutgeheißen und unterstützt von dessen Nachfolger Wilhelm Groener, der 1928 noch einmal ins politische Leben zurückkehrte. Mit Hindenburg als Reichspräsidenten und Groener als Reichswehrminister war die Kombination der letzten Obersten Heeresleitung wieder gegeben, die schon in den Anfängen der Republik dem Heere die Bahn gewiesen hatte. Groener war wie früher überzeugt, daß es möglich sei, das Alte, die Armee und ihren Geist, mit dem Neuen, der demokratischen Republik, zu versöhnen. Er versuchte immer wieder, die Soldaten der Reichswehr davon zu überzeugen:

Wenn heute auf diesem Hause neben der Kriegsflagge Schwarz-weiß-rot die neue Reichsflagge weht, Schwarz-rot-gold, so soll das bedeuten, daß die beiden zusammengehören, daß nicht ein Gegensatz besteht, daß nicht daraus geschlossen werden kann, die Wehrmacht ist etwas anderes als das Reich, ist etwa ein Staat im Staate. Die Wehrmacht ist nichts als ein Teil, ein wichtiger Teil des ganzen Volkes und ist das Machtinstrument der Deutschen Republik, an dem von keiner Seite gerüttelt werden darf. Wenn die Flaggen oben friedlich zusammen wehen, so bedeutet das die Verbindung der Vergangenheit mit der Zukunft ... (Rede vom 3. Juli 1929 bei der Besichtigung der Marineschule Mürwik. Zit. bei Carsten, F. L.: Reichswehr und Politik 1918—1933. Köln/Berlin 1964, S. 324)

Die politische Aufgabe der Reichswehr (Das Konzept Schleichers). Schleicher ging davon aus, daß die Reichswehr aus ihrer Neutralität heraustreten müsse, um das Ihre dazu beizutragen, die Republik zu stärken und zu stabilisieren.

Nicht Republik oder Monarchie ist jetzt die Frage, sondern, wie soll diese Republik aussehen? Und da liegt es doch wirklich auf der Hand, daß sie nur nach unseren Wünschen ausgebaut werden kann, wenn wir freudig und unermüdlich an diesem Bau mitarbeiten. Haben wir uns erst zu diesem Gedanken durchgerungen, dann werden wir uns auch nicht mehr so ängstlich um das Wort „Republik“ herumdrücken oder uns scheu umsehen, ob's auch niemand gehört hat. Unsere Einstellung zum Staat wird dadurch freier, positiver und ehrlicher. (Aus der Niederschrift von grundsätzlichen Ausführungen, 1926. Zit. nach Vogelsang, T.: Reichswehr, Staat und NSDAP. Stuttgart 1962, S. 410)

Die Reichswehr trat aus der Loge des scheinbar unbeteiligten Zuschauers in die Arena der politischen Kämpfe und beanspruchte das Amt des Schiedsrichters, um die Regel vorzuschreiben:

Am besten, wenn der Regierungskurs nach rechts geht, nach dem alten guten Grundsatz, daß man im Gewinn am ehesten abgeben kann. Wie ich überhaupt auch [als] die beste Rechswehrpolitik ansehe, daß bei zu starkem Ausschlagen des Regierungspendels nach rechts oder links ganz unmerklich die entgegengesetzte Schulter belastet werden muß. (Zit. bei Vogelsang, T.: a. a. O., S. 412)

Die Truppen und der neue Kurs. Die unteren Instanzen der Reichswehr gingen aber kaum auf den neuen Kurs des Reichswehrministeriums ein. Die meisten Offiziere und Soldaten verstanden die Absichten Groeners und Schleichers nicht oder nur mangelhaft. Alle Erlasse und Ermahnungen, die aus dem Reichswehrministerium an die Einheiten gingen, halfen wenig, die Haltung zur Republik zu ändern. Sie wurden mit Kopfschütteln und Achselzucken aufgenommen und als schlimme Anzeichen einer allzu großen Nachgiebigkeit „gegen Links“ bewertet. Unruhe und Widerspruch regten sich vor allem in den Reihen der jungen Offiziere, denen die republikfreundlichen Bestrebungen wie ein Verrat an der „nationalen Sendung“ der Reichswehr erschienen. Aber auch der alte Neutralitätskurs behagte ihnen nicht, und abschätzig urteilten sie über Vorgesetzte und Kameraden, denen die Abwicklung des Dienstes und die Vervollkommnung der militärtechnischen Qualität über alles ging. Sie wehrten sich gegen die „Verbeamtung und Verspießerung“, die ihnen als größtes Übel erschien. Am Ende der ruhigen Jahre der Weimarer Republik gab es sowohl an der Spitze wie an der Basis der Reichswehr starke Tendenzen, die wünschten, daß die Reichswehr sich in der Politik Gehör verschaffen und an der Gestaltung des Schicksals der Nation mitwirken sollte, Tendenzen, die einander zuwiderliefen.

3. *Reich und Länder*

Der Kompromiß von Weimar zwischen Unitarismus und Föderalismus. Beamtenschaft und Heer, die Instrumente des Obrigkeitsstaates, hatte die Republik ihrem Charakter nach beinahe unverändert übernommen. Noch eine andere Erbschaft der Geschichte war auf sie gekommen: die Teilung des Staates in einzelne, einst unabhängige Territorien. Selbst die Revolution hatte die ehemaligen Bundesstaaten des Kaiserreiches nicht ausgelöscht, sondern die Königreiche, Großherzogtümer, Fürstentümer und dergleichen nur in ebenso viele Republiken verwandelt. Die Tradition war stark genug gewesen, um auch in Weimar den Weg zum Einheitsstaat zu verlegen, aber nicht so stark, um einen echten Föderalismus durchzusetzen.

Der Kompromiß zwischen Unitarismus und Föderalismus, dem die Verfassung Dauer verleihen sollte, wurde wie kein anderer der an Kompromissen reichen Schöpfung als Übergangszustand angesehen. Solange die Republik existierte, ging die Auseinandersetzung darum, ob weiter fortgeschritten werden müsse zum Einheitsstaat oder zurück zum Bundesstaat.

Der Föderalismus in der Defensive. Der Föderalismus mußte in der Defensive kämpfen, denn das Verfassungsrecht begünstigte die allmähliche Minderung der Länderhoheit. Schon 1920 verloren die Länder den stärksten Rückhalt aus der Vorkriegszeit, ihre Verfügung über die Finanzen. Erzberger, damals Reichsfinanzminister, führte die Reform des Steuerwesens durch, indem er die Eintreibung der Steuern den Länderverwaltungen entzog und eine eigene Finanzverwaltung des Reiches aufbaute. Das Reich, bisher „Kostgänger der Länder", konnte nun den Ländern zuteilen, was ihnen zustehen sollte. Gegenüber dieser Abhängigkeit bedeuteten die Länderverwaltungen z. B. im Polizei-, Justiz- und Schulwesen nicht mehr sehr viel.

Länder, in denen das Bewußtsein der Eigenart und staatlichen Sonderexistenz noch sehr ausgeprägt war, wie z. B. Bayern, wehrten sich gegen weitere unitarische Tendenzen.

In Jahren heftiger Auseinandersetzungen mit der Berliner Reichszentrale ging Bayern bis an die Grenze und über die Grenze des verfassungsmäßig Erlaubten (Streit um das Republikschutzgesetz 1922, um die Selbstschutzorganisationen, die Inpflichtnahme der Reichswehr 1923). Dann, in ruhigeren Jahren nach 1924, beschränkte man sich auf beiden Seiten auf Denkschriften, Gutachten und Verhandlungen. Die Anhänger des Föderalismus – unter ihnen weiter an erster Stelle die bayerische Regierung unter dem Ministerpräsidenten Heinrich Held – hatten allmählich eingesehen, daß für eine umfassende Verfassungsänderung zur Stärkung des Föderalismus im Reichstag nicht die erforderliche Zweidrittelmehrheit zustande zu bringen sein würde.

Das Problem der Reichsreform. Auch nördlich des Mains gab es Leute, die den Einheitsstaat ablehnten, und zwar weil in ihm die „schöpferische Kraft des preußischen Staatsgedankens" verlorengehen würde. So dachten z. B. die Deutschnationalen, und sie wollten den Dualismus von Reich und Preußen dadurch überwinden,

daß der Reichspräsident zugleich preußischer Staatspräsident wird. Dann können die Ämter des Reichskanzlers und des preußischen Ministerpräsidenten in einer Hand vereinigt werden. (Entschließung der DNVP vom 9. 12. 1927. Zit. nach: Ursachen und Folgen, Bd. VIII, S. 114)

Aus ganz anderen Motiven wurde der Bestand Preußens von Sozialdemokraten verteidigt. Preußen war eine feste Stütze für die Weimarer Koalition geworden. Der langjährige preußische Ministerpräsident (1920–1933) Otto Braun trat als eifrigster Verfechter der Einheitsstaatsidee auf. Er schlug vor, die Länder immer weiter ihrer Eigenstaatlichkeit zu entkleiden und sie vollends zu Verwaltungsorganen herabzudrücken.

Auf der Länderkonferenz von 1928 prallten die Gegensätze aufeinander. Man setzte einen Verfassungsausschuß ein, der einen Entwurf für die angeregte Reichsreform ausarbeiten sollte. Die Arbeiten dieses Ausschusses beanspruchten mehrere Jahre und kamen wegen der Vorlage immer neuer Abänderungsvorschläge von den Vertretern der Länder nie recht vom Fleck. Schließlich wurden 1930 der Öffentlichkeit gewisse Beschlüsse vorgelegt, die aber nicht für alle Beteiligten verbindlich waren. Die Debatten über die Reichsreform, die lange Zeit recht viele Deutsche interessiert hatten, schliefen ein, als sich die Fragen der Wirtschaftskrise und ihrer Überwindung in den Vordergrund schoben. Der Eindruck, den die ergebnislose Diskussion hinterließ, war wenig günstig. Die Verfassung, ohnehin nicht zu den „Heiligtümern" der Deutschen gezählt, wurde nun noch allgemeiner für ein allzu unvollkommenes Gebilde gehalten.

Preußen in der Weimarer Republik. Von allen deutschen Ländern hatte sich Preußen nach 1918 am meisten gewandelt. Dieses Land, in dem von den 67 883 000 Einwohnern Deutschlands allein 42 364 000 lebten, war vor dem Kriege dem In- und Ausland der

Inbegriff von Reaktion, Bürokratismus und Militarismus gewesen. In der Weimarer Republik sprach man hingegen vom „roten" Preußen, weil es von 1918 bis 1932 mit nur kurzen Unterbrechungen sozialdemokratische Ministerpräsidenten, Paul Hirsch (bis 1920) und Otto Braun (bis 1932) und sozialdemokratische Innenminister, Carl Severing (1920–1926 und 1930–1932) und Albert Grzesinski (1926–1930) hatte. Die preußische Regierung war eine Koalitionsregierung von SPD, Zentrum und Demokratischer Partei. Die Innenminister Severing und Grzesinski nutzten alle Möglichkeiten, die ihnen das Republikschutzgesetz bot, zum energischen Vorgehen gegen jede staatsfeindliche Tätigkeit. Schon der Verdacht, daß Kommunisten oder Nationalisten etwas gegen die Staatsordnung im Schilde führten, genügte für die preußische Regierung, um Hausdurchsuchungen, Verhaftungen und Verbote zu veranlassen. Die preußische Polizei war deswegen bei den Feinden der Republik gehaßt und gefürchtet. Beim Aufbau der sogenannten Schutzpolizei, des militärähnlich in Kasernen zusammengefaßten Teils der Polizei von 50 000 Mann, hatte Severing darauf Wert gelegt, ein schlagkräftiges Instrument zur Bekämpfung innerer Unruhen zu schaffen.
Da Preußen ein starkes Bollwerk der Republik war, liefen die Feinde dieser Politik dagegen Sturm. Aber alle Versuche, die Weimarer Koalition in Preußen zu sprengen, scheiterten.
Miniaturländer. Preußen hatte drei Fünftel der Einwohnerzahl Deutschlands, Sachsen und Bayern zusammen ein weiteres Fünftel, und die übrigen 15 Länder teilten sich das letzte Fünftel, waren aber vertreten in 15 Parlamenten und wurden regiert von 38 Ministern und 42 regierenden Senatoren. Die kleinsten Länder (Mecklenburg-Schwerin, Oldenburg, Braunschweig, Anhalt, Bremen, Lippe, Lübeck, Mecklenburg-Strelitz, Waldeck, Schaumburg-Lippe) hatten zusammen nur 2,8 Millionen Einwohner — aber 19 Minister, 26 Senatoren und zehn Parlamente. Das waren Mißverhältnisse, die zur Kritik an der bestehenden Aufteilung des Reiches, aber auch an der Übersteigerung des parlamentarischen Prinzips herausforderten.

4. Die Parteien

Die Weimarer Republik ist – meist abschätzig, aber durchaus zutreffend – als „Parteienstaat" bezeichnet worden, denn die Entscheidungen über die Tätigkeit und die personelle Besetzung der Staatsorgane lag fast ausschließlich bei den Parteien. Wer an dem Modell eines Staates über den Parteien oder an der – auch in der Verfassung aufrechterhaltenen – Fiktion des nur seinem Gewissen verantwortlichen Volksvertreters festhielt, fand darin einen Schaden. Überhaupt herrschte in Deutschland die Meinung vor, Parteien seien ein Übel – und nicht einmal ein notwendiges, waren sie doch im pseudoparlamentarischen Kaiserreich entbehrlich erschienen. Den Parteien selbst wiederum fiel es schwer, sich in ihre neue Rolle als mitverantwortliche Träger des Staates hineinzufinden und Gewohnheiten aus der Zeit des Obrigkeitsstaates abzulegen. Wie in vielem trat auch in der Geschichte der deutschen Parteien 1918 kein Bruch ein (s. I 2 e f). Das äußere Bild der Parteien blieb unverändert, wenn auch teils die Namen wechselten. (S. Tafel 5 im Anhang)

a) Die Kommunistische Partei

Einen solchen neuen Parteinamen trug die Kommunistische Partei Deutschlands, doch nach ihrer Zielsetzung handelte es sich um den radikalen Flügel der Vorkriegssozialdemokratie. Aus den Intellektuellengruppen und revolutionären Arbeiterzirkeln des Spartakusbundes hervorgegangen, hatte sie durch den Übergang der linken USPD 1920 den Status einer Massenpartei mit zunächst 360 000 Mitgliedern erreicht. Sie war ihrer Zusammensetzung nach eine reine Klassenpartei der Arbeiter, allerdings wechselte ihr Mitgliederbestand (überwiegend gelernte Arbeiter) sehr stark. Nach den mißglückten Aufstandsversuchen der Jahre 1919 bis 1923 trat ein Rückgang ein, von dem sich die Partei nur sehr langsam erholte. (1924: 150 000; 1927: 140 000; 1930: ca. 200 000) Auch bei der Wählerschaft verhielt es sich ähnlich.

Die „Partei neuen Typs“. Ihre radikalen Ziele: Weltrevolution, Diktatur des Proletariats, klassenlose Gesellschaft, hatten die Kommunisten unverändert bewahrt. Doch trotz aller Beteuerungen der KPD, die einzige echte Erbin der alten Sozialdemokratie zu sein, hatte die Partei neue Züge angenommen, die sich aus den Erfahrungen der Oktober-Revolution in Rußland und aus der engen Verbindung mit der Zentrale des Kommunismus in Moskau, der Kommunistischen Internationale (Komintern), ergaben. Das betraf vor allem die Organisation. Es war die Schwäche der Kommunisten in den ersten Nachkriegsjahren gewesen, daß ihnen bei ihren revolutionären Versuchen ein gut funktionierendes Instrument zur Führung der Massen gefehlt hatte; dieses Versäumnis suchten sie nach 1923 — das russische Beispiel nachahmend — zu korrigieren. Unter der Parole „Bolschewisierung der Partei“ bemühte man sich, den Parteiapparat militärisch auf Befehl und Gehorsam auszurichten. Das unverhältnismäßige große mittlere Funktionärskorps mußten den Weisungen weniger Spitzenfunktionäre (Zentralkomitee, Polit-Büro) ohne Diskussion folgen. Widerspruch oder Opposition gegen die „Parteilinie“ wurden nicht geduldet und mit Parteiausschluß geahndet. Die untersten Einheiten der Organisation waren Betriebs- und Straßenzellen. Einer der führenden Kommunisten, Heinz Neumann, zeichnete das Wunschbild des echten kommunistischen Genossen:

Berufskommunist ist derjenige, der in erster Linie Kommunist, dann nochmals Kommunist, nochmals Kommunist und erst in letzter Linie Gewerkschafter, Genossenschafter, Unionist, Familienvater, Sportler oder Naturfreund ist. Berufsrevolutionär ist derjenige, dessen Beruf die Parteimitgliedschaft ist und nicht der „Beruf“, den die kapitalistische Gesellschaft ihm zuweist. Er arbeitet im Betriebe nur, um die materielle Möglichkeit zu haben, für die Partei zu arbeiten. (Neumann, H.: Was ist Bolschewismus? Hamburg 1925, S. 83)

Allein die Wirklichkeit sah anders aus. Es gelang der KPD niemals ganz, eine „Partei neuen Typs“ zu werden. Wie sollte auch der durchschnittliche Genosse sich als Berufsrevolutionär bewähren, wenn ihm gar keine revolutionären Aufgaben gestellt wurden? Unter den Funktionären war der Typ des pflichteifrigen und betriebsamen „Parteibeamten“ verbreitet, der sich eher mit seinen „Beförderungschancen“ als mit den Aussichten der Weltrevolution beschäftigte. Gleichwohl wurde gerade von ihm das abstrakte und anonyme Gebilde der „Partei“ mit schier religiöser Inbrunst verehrt.

Die „Parteilinie“. Besonders neuartig war es, daß seit der Mitte der zwanziger Jahre alle Änderungen der Parteilinie für die deutsche Partei in Moskau festgelegt wurden.

Allerdings erst 1925/26 hatte – nach vielen Richtungskämpfen und Parteisäuberungen – die sowjetische Parteiführung über die Komintern auch den letzten Rest von Selbständigkeit der KPD ausgerottet. Der erste Vorsitzende, Ernst Thälmann (seit 1925), war ehrlich überzeugt, der Sache der Arbeiterschaft am besten zu dienen, wenn er blindlings den Anweisungen folgte, die er aus dem „Vaterland aller Werktätigen" erhielt. Mit Thälmann hatte die Partei zum erstenmal einen Arbeiter an ihre Spitze gestellt. Bei sehr bescheidenen organisatorischen und rhetorischen Fähigkeiten war er wegen seiner kameradschaftlich-proletarischen Umgangsformen und wegen seines eifernden und mutigen Eintretens für seine Sache bei der Arbeiterschaft, auch der nichtkommunistischen, sehr beliebt.

Die Notwendigkeit einer neuen Taktik ergab sich nicht nur aus den Lehren der Nachkriegsjahre, sondern auch aus den Interessen der Sowjetunion. Stalin, der in dieser Zeit begann, seine dominierende Rolle in der sowjetischen Parteiführung zu spielen, brauchte für seinen „Sozialismus in einem Lande", der forcierten Industrialisierung und Kollektivierung, eine lange Ruhepause ohne außenpolitische Verwicklungen und ohne Verpflichtungen zur Unterstützung revolutionärer Bestrebungen. Die KPD hatte sich, mit Verzicht auf revolutionäre Bestrebungen, ihre „Massenbasis" zu verschaffen. Stalin erläuterte die neue Taktik 1926:

Worin besteht die Aufgabe der Kommunistischen Partei Deutschlands? Sie besteht darin, sich den Weg zu den sozialdemokratisch eingestellten Arbeitermassen, die sich in dem Labyrinth der sozialdemokratischen Wirrnis verirrt haben, zu bahnen und auf diese Weise die Mehrheit der Arbeiterklasse für die Kommunistische Partei zu gewinnen. (Aus einer Rede Stalins vor der deutschen Kommission des VI. erweiterten Plenums des Exekutivkomitees der Kommunistischen Internationale [8. 3. 1926]. Zit. nach Stalin, J.: Werke, Bd. VIII. Berlin 1952, S. 98 f)

Die Arbeiter, die sozialdemokratische Parteigenossen oder Wähler waren, sollten gewonnen werden, indem man sie von ihrer Parteiführung, die man abwechselnd Sozialchauvinisten, Arbeiterverräter oder Sozialfaschisten schalt, zu trennen trachtete. Jedoch konnte die KPD bis 1930 keine nennenswerten Einbrüche in die geschlossene Front der SPD erreichen. Was viele deutsche Arbeiter von vornherein abstieß, war die Hörigkeit gegenüber einer ausländischen Macht.

Die KPD – eine Gefahr für den Staat? Von der KPD drohte der deutschen Republik keine unmittelbare Gefahr. Die radikale Opposition und Obstruktion im Reichstag erschwerte allerdings das Funktionieren des Parlamentarismus. Außerdem stand die KPD dauernd unter aufmerksamer Kontrolle der Polizei, die nur darauf wartete, illegale Umtriebe entdecken zu können. Die KPD war aber zu jener Zeit in ihre organisatorische und agitatorische Kleinarbeit vertieft und erlaubte sich keine Rückfälle in ihre konspirative Vergangenheit.

b) Die Sozialdemokratische Partei

Trotz aller Spaltungen (s. Tafel 5 im Anhang) und trotz der gezielten Abwerbungsversuche der KPD hielt die Mehrheit der sozialistischen Arbeiter – dank einer straffen Parteidisziplin – fest zur Mehrheitssozialdemokratie. Den hohen Mitgliederbestand der Nachkriegszeit (1923: 1 261 000) konnte die Partei allerdings in den folgenden Jahren nicht wieder erreichen; nach erheblichen Verlusten (niedrigster Stand 1926:

806 000) gewann sie bis 1931 annähernd ihre Stärke der Vorkriegszeit wieder (1 037 000). Die Zusammensetzung hatte sich nur leicht zugunsten der bürgerlichen Mitglieder (bis auf etwa 1/3 der Gesamtpartei) geändert. Die Wahlergebnisse lagen in der Regel zwischen 25 und 28 %. Die Fluktuation bei der Mitgliederschaft war bei der SPD am geringsten von allen deutschen Parteien.

Organisation und Führung der SPD. Daß die SPD an Größe und Stabilität den weitaus stärksten Machtfaktor des politischen Lebens der Weimarer Republik ausmachte, verdankte sie ihrer in Jahrzehnten aufgebauten und festgefügten Organisation. Ihr Rückgrat stellte die Parteibürokratie in Stärke von etwa 10 000 meist hauptamtlich beschäftigten Funktionären dar. Aus ihr ergänzte sich – unter der Voraussetzung jahrelanger Bewährung in unteren Parteiämtern – die Parteiführung (Vorstand, Parlamentsfraktionen). Entsprechend dieser Auslese bestand sie aus einer Anzahl tüchtiger Kommunalpolitiker, Partei- und Gewerkschaftssekretäre, Männer und Frauen von großer administrativer Erfahrung, parlamentarischer Gewandtheit und ungemeinem Wirklichkeitssinn. Volksführer mit begeisternder Redegabe oder überragende Persönlichkeiten von staatsmännischem Format waren in der Regel nicht darunter. Ein Sitz im Vorstand galt wegen der Gepflogenheit ständiger Wiederwahl auf Lebenszeit, wie etwa für die Nachfolger Eberts im Parteivorsitz Hermann Müller (bis 1931) und Otto Wels (bis zum Parteiverbot 1933 und im Exil).

Politische Praxis und marxistische Ideologie. Die im Krieg angebahnte Versöhnung mit dem bestehenden Staat war nach der Umwandlung der Monarchie in eine demokratisch-parlamentarische Republik vollendet. Den neuen Staat trug die Sozialdemokratie in voller Verantwortung mit:

Die demokratische Republik ist der günstigste Boden für den Befreiungskampf der Arbeiterklasse und damit für die Verwirklichung des Sozialismus. Deshalb schützt die Sozialdemokratische Partei die Republik und tritt für ihren Ausbau ein. (Heidelberger Programm der Vereinigten Sozialdemokratischen Partei. In: Sozialdemokratischer Parteitag 1925 in Heidelberg. Berlin 1925, S. 5)

Die Verbundenheit mit dem Schicksal der Republik äußerte sich in vielfältiger Weise: In den Gemeinden, in den Ländern und im Reich beteiligten sich sozialdemokratische Politiker an der Exekutive; in der Opposition stützte die Partei mitunter Minderheitskabinette durch Tolerierungspolitik in staatspolitischem Interesse, sie leistete konstruktive Mitarbeit bei allen Lösungsversuchen politischer und sozialer Probleme. Wenn die SPD auch ausdrücklich den Weg der Reformen im Rahmen der Verfassung eingeschlagen hatte und die Umgestaltung der Gesellschaftsordnung durch Revolution verwarf, so verzichtete sie dennoch keineswegs auf die Zukunftsideale eines sozialistischen Wirtschaftssystems und einer pazifistischen Internationale, wie das neue Programm von 1925 zeigte. Der frühere Zwiespalt zwischen Theorie und Praxis war so auch in der neuen Epoche der Parteigeschichte bestehen geblieben.

Politik und Werbung in gewohnten Bahnen. Erst recht bewegte sich die Parteiarbeit im alten Geleise. Die Sozialpolitik wurde wie schon im Kaiserreich als Terrain für die parlamentarische und agitatorische Betätigung bevorzugt. Hier hatte man vertrauten Boden unter den Füßen. Vor allem dem Einfluß der Gewerkschaften war es zuzuschreiben, daß die Partei nahezu gleichbedeutend mit der wirtschaftlichen und sozialen Interessenvertretung der Arbeiterschaft auf politischer Ebene wurde. In Umkehrung des früheren Verhältnisses konnte die Partei als verlängerter Arm der Gewerkschaften angesehen werden. Für Außen- und Wehrpolitik bestand – traditionell bedingt – bei weitem kein so starkes Engagement und keine Konzeption. – Wie gewohnt, widmete die Partei ihre größte Aufmerksamkeit den Vorbereitungen und Durchführungen der Wahlen, wollte man doch durch den Stimmzettel die Macht erobern. Zu diesen ziemlich seltenen Zeiten propagandistischer Aktivität wurde die in den Kampfzeiten des 19. Jahrhunderts erprobte und seither nie geänderte Werbemaschinerie auf Hochtouren gebracht: Broschüren, Flugblätter wurden in hohen Auflagen gedruckt, Versammlungen in dichter Folge abgehalten. Aber ob in Schrift oder Wort: Die Sozialdemokratie verließ sich auf die Wirkung vernünftiger Beweisführung, auf den Eindruck sachlicher Information; sie wollte überzeugen durch Aufklärung.

Das Problem der Stagnation. Mit diesen Methoden gewann die Partei immerhin von 1924 bis 1928 etwa 3 Millionen der seit 1920 verlorenen 5 Millionen Wähler zurück; doch über ein knappes Drittel aller Wahlberechtigten kam sie nie hinaus.

Den „zähen Kampf“ um Millionen vermeintlicher Klassengenossen – vornehmlich die Angestellten – führte die SPD weiter so, daß sie ihnen ihr „verkehrtes Bewußtsein“ vorhielt. Gerade sie wollten aber nicht Proletarier sein. Ansätze zu einem Überspringen der Klassenschranken waren freilich auch in der SPD vorhanden, wie das Agrarprogramm von 1927 zeigte, in dem die SPD versprach, für Bodenreform, bäuerliche Siedlung und überhaupt für den kleinen und mittleren Landwirt einzutreten. Diese Abkehr von der jahrzehntelangen Verteidigung des Großbetriebes und der Forderung nach allgemeiner Verstaatlichung des Grund und Bodens blieb aber bei den mißtrauischen Bauern wirkungslos, weil auch ihnen weiter als Endziel die klassenlose Gesellschaft angeboten wurde, unter der sie sich alles andere als ihr Ideal vorstellten.

Überhaupt war es für die SPD wenig aussichtsreich, nur die materiellen Belange zu betonen. Ohne auch die nationalen Gefühlsbedürfnisse zu sättigen, ohne das offene Bekenntnis zu einer selbstbewußten und revisionistischen Außenpolitik, war dem Vorurteil weiter Volkskreise gegen den unnationalen und alliiertenfreundlichen Charakter der SPD nicht beizukommen. Ohne Berücksichtigung des auf Emotionalität, auf hohe Menschheitsideale, auf Revolution und Tat gestimmten Wesens der damaligen Jugend wurde die SPD vor allem ihre Nachwuchssorgen nicht los. Die Überalterung der Mitgliederschaft deutete auf die überaus geringe Anziehungskraft der Partei bei der Jugend hin (1930: 8 % unter 25 Jahren, dagegen 9 % über 60 Jahre).

Die Partei war nach dem Abschwören ihrer revolutionären Bestrebungen verhältnismäßig konservativ geworden (s. o. Zitat aus dem Heidelberger Programm von 1925). Sie hatte mit der demokratischen Staatsform erreicht, was sie erreichen wollte, und sie wollte dieses Erreichte sichern. Was es vor allem zu bewahren galt, war der Zusammenhalt der Partei, die großartige Organisation. Ihre Unversehrtheit war für untere und höhere Funktionäre zum Selbstzweck geworden. Nicht Kühnheit, sondern Vorsicht – nicht Angriff, sondern Verteidigung – nicht Experiment, sondern Routine waren darum die Kennzeichen der Sozialdemokratischen Partei.

c) Das Zentrum

Mitgliederschaft, Führungswechsel. Die politischen Kräfte im deutschen Katholizismus hatten beim Sprung von der Monarchie zur Republik eine noch größere Stabilität bewiesen als die sozialistische Arbeiterbewegung. An der Zusammensetzung des Zentrums änderte sich wenig, nur daß sich – parallel zu den allgemeinen gesellschaftlichen Verschiebungen – der Arbeitnehmerflügel (Arbeiter, Angestellte, Beamte) verstärkte. Aus der Führung der Partei wurde das aristokratisch-bürgerliche Element ganz herausgedrängt. Statt dessen gewannen die christlichen Gewerkschaften an Einfluß. Kennzeichnend dafür war die Zuwahl des Gewerkschaftsvorsitzenden Adam Stegerwald 1920 in den Vorstand der Partei. Parteivorsitzende waren Karl Trimborn (1917–1920) und Wilhelm Marx (1920–1928), als Juristen Angehörige der an der Führung stark beteiligten Gruppe der geistigen Berufe. (In der Mitgliederschaft: Rechtsanwälte, Lehrer, Gelehrte, höhere Beamte, Geistliche = 18,2 %)

Das Zentrum und die Republik. Obwohl ohne republikanische Überlieferung und auch aus religiösen Gründen an die monarchische Staatsform gebunden, gelang dem Zentrum der Übergang in die veränderten Verhältnisse ziemlich glatt. Die Revolution wurde zwar einhellig als ungerechtfertigter Aufstand gegen die rechtmäßige Ordnung verurteilt, doch spielte das Zentrum bald seine Rolle als staatstragende und staatserhaltende Partei weiter:

Die Zentrumspartei ist ihrem Wesen nach eine Verfassungspartei. Ihre grundsätzliche Einstellung zum Staats- und Autoritätsbegriff ermöglicht ihr die Bejahung jeder Staatsform, in welcher dieser Begriff seine Verwirklichung finden kann ... Darum bekennt sich die Zentrumspartei zur deutschen Republik, die in der Weimarer Verfassung festgelegt ist und deren Schutz und Durchdringung mit christlichem Geiste sie als ihre Aufgabe und Pflicht betrachtet. (Entschließung des 4. Reichsparteitages in Kassel 1925. Zit. in: Neun Jahre Zentrumspolitik. Leistung und Aufgabe. Hrsg. vom Reichsgeneralsekretariat der Deutschen Zentrumspartei. Berlin 1928, S. 17)

Während ein Teil der Zentrumsanhänger, besonders der rechte Flügel, diesem Kurs nur unter großen inneren Vorbehalten folgte, bewies die Partei ihren Willen zur Mitarbeit dadurch, daß Politiker aus ihren Reihen fast in keinem Kabinett fehlten (von 20 Kabinetten von 1919 bis 1933 neun unter Zentrumskanzlern). Sowohl antikapitalistisch wie antisozialistisch eingestellt, vermochte sie doch oder gerade deswegen sich sowohl mit der Linken als auch mit der Rechten zu verständigen. So wirkte das Zentrum als ausgleichender Faktor und erleichterte durch seine Bereitschaft zu Kompromissen die in der Weimarer Republik immer sehr schwierige Regierungsbildung.

Die Rechts-Orientierung seit 1925. Auf die Dauer konnte der linke Flügel, der unter der Führung Joseph Wirths stand, sich nicht durchsetzen. Wirth trat für enge Zusammenarbeit mit der SPD und für den entschlossenen Kampf gegen die Feinde der Republik – vornehmlich die von rechts – ein. Hier schieden sich die Geister. Selbst der Gewerkschaftsführer Adam Stegerwald war nicht für das Zusammengehen mit der Sozialdemokratie, sondern befürwortete „die Einbeziehung des politisch rechtsstehenden Volksteils in die Verantwortung im Staat“. Bei einem Bündnis mit den Deutschnationalen war der Einfluß der christlichen Gewerkschaften eher gesichert als bei einem solchen mit der SPD, wobei unweigerlich die Freien Gewerkschaften dominieren würden. Wirth widersprach mit Leidenschaft:

Herr Stegerwald, das habe ich vermißt in Ihren Ausführungen, daß Sie nicht einmal den Mut haben, diesen elementar irrenden, von rechts kommenden Kräften zu sagen, was sie sind: die Zerstörer des deutschen Volkes und diese Kräfte bändigen Sie nicht, Herr Stegerwald! (Offizieller Bericht des 4. Reichsparteitages der Deutschen Zentrumspartei. Kassel, Berlin 1925)

Tatsächlich begann das Zentrum ab 1925, sich den Ideen und Zielen der nationalen Opposition anzugleichen. Der „westlichen" Demokratie hatte eigentlich nie die Liebe der Partei gehört. Viel größere Anziehungskraft ging aus von dem Begriff der Volksgemeinschaft. Erinnerungen an ständische Ordnungsvorstellungen und die stark antimarxistischen und antiliberalen Traditionen ließen die Hoffnung entstehen, daß es möglich sei, in einer Gesellschaft außerhalb des Parlaments und über die Parteien hinweg zu dem ersehnten Ausgleich in Politik und Wirtschaft zu kommen. Die vielfältigen Erfahrungen mit dem Parteienstaat hatten zudem Führung und Anhängerschaft des Zentrums nicht für die parlamentarisch-demokratische Führungsweise eingenommen. Immer unverhüllter zeigte sich in der Partei das Streben, die Bedeutung von Autorität und Ordnung gegenüber der Freiheit zu betonen. Das Zentrum war bereit, andere, womöglich bessere Ordnungen anzuerkennen, wenn sie sich nur „organisch" entwickelten und nicht durch Umsturz etablierten.

Die Bayerische Volkspartei. Die BVP war 1918 gegründet worden, weil ein sozialdemokratisch geführtes Reich der Eigenstaatlichkeit Bayerns und den kirchen- und kulturpolitischen Belangen des Katholizismus nicht genügend Schutz zu bieten schien. Auch ein starker anti-gewerkschaftlicher Affekt spielte mit. Georg Heim, der Gründer der Partei, wollte lieber den Anschluß Bayerns an Österreich als an Preußen. Die Arbeitsgemeinschaft mit dem Zentrum wurde von der BVP schon 1920 gekündigt, weil sie dem Zentrum das Zusammengehen mit der SPD in Preußen und die mangelhafte Unterstützung ihres Föderalismus vorwarf. Seit dieser Zeit wirkte die kleine BVP-Reichstagsfraktion (1920—1928: zwischen 16 und 22 Mitglieder) im Reichstag genauso starr obstruktiv und oppositionell wie die ausgesprochenen Rechtsparteien. Mit der zunehmenden Rechtsentwicklung im Zentrum kam es wieder zu einer Annäherung der beiden Parteien und zu einer Zusammenarbeit im Reichstage, nicht aber zu einer organisatorischen Verbindung. Die Bayerische Volkspartei hatte einen zu hohen Preis genannt, den das Zentrum nicht bezahlen wollte: den Ausschluß Wirths und mit ihm des ganzen linken Flügels des Zentrums.

d) Die Demokratische Partei

Wieder – wie schon so oft – war 1918 der Versuch, Nationalliberale und Fortschrittler zu einer großen liberalen Mittelpartei zusammenzuschließen, mißglückt. Die Deutsche Demokratische Partei nahm die Tradition des Linksliberalismus auf, und in der Geburtsstunde der Republik waren es vor allem Mitglieder aus ihren Reihen, Hugo Preuß, Friedrich Naumann, Max Weber, die Gestalt und Gehalt des neuen Staates durch ihren Anteil an der Ausarbeitung der Verfassung maßgeblich bestimmten. Zu jener Zeit mit ihren 75 Mandaten drittstärkste Partei in der Nationalversammlung, schien sie berufen, die republikanische Staatspartei zu werden. Um sie konnte sich scharen, wer die staatliche Ordnung bejahte, wie sie war.

Die Deutsche Demokratische Partei steht auf dem Boden der Weimarer Verfassung; zu ihrem Schutz und zu ihrer Durchführung ist sie berufen. Voraussetzung des Erfolges ist die Erziehung des Volkes zur staatsbürgerlichen Gesinnung. Das Verhältnis des einzelnen zur Gesamtheit bestimmt sich durch den Gedanken der staatsbürgerlichen Pflicht. (Aus dem Programm der DDP vom 15. 12. 1919. Zit. nach: Ursachen und Folgen, Bd. III, S. 180)

Von 1920 bis 1930 fanden aber immer weniger Deutsche ihre politische Heimat in der DDP. Die Partei konnte sich nicht an die veränderten Bedingungen für die parteipolitische Arbeit anpassen, denn sie war ihrer sozialen Struktur nach eine Honoratiorenpartei und versuchte zu spät, sich zu einer Massenpartei umzubilden (vgl. XIV 3 a). Auch entging sie nicht der Gefahr, selbstzufrieden auf das Erreichte hinzuweisen, ohne sich um die Weiterentwicklung des Programms zu kümmern.
Dem Gros der ehemaligen Anhänger, die zum verarmten Mittelstand gehörten, genügte es nicht mehr, daß die DDP ihre staatstragende Funktion durch ständige Beteiligung an der Regierung bewies und so gut es ging versuchte, die auseinanderstrebenden Einzelinteressen zu berücksichtigen. Die Demokratie, zu der sich die DDP bekannte, war den meisten etwas zu formalistisch, sie vermißten einen Inhalt, den die einen sich mehr sozial, andere national dachten. Darum wanderten viele ab, nach links die wenigsten, die meisten nach rechts. Etwa wie die offene Klage einiger ausscheidender Reichstagsmitglieder mögen die lauten oder stillen Einwände der Millionen geklungen haben, die sich von der DDP abwandten und damit die Partei allmählich zu einer bedeutungslosen Splittergruppe machten:

Nach außen trat ein übertriebener, für berechtigte nationale Empfindungen oft verständnisloser und sie nicht selten verletzender Pazifismus, nach innen ein abstrakter Dogmatismus und die Hinneigung zu einer einseitigen Konsumentenpolitik in den Vordergrund und entfremdete der Partei in stets steigendem Maße alle die Elemente, die sich von der Grundlage einer geschichtlich und wirtschaftlich bodenständige Politik nicht abdrängen lassen wollten. (Nach: Deutsche Allgemeine Zeitung, Nr. 500, 23. 10. 1923)

e) Die Deutsche Volkspartei

Die Erbschaft der Nationalliberalen Partei. Die Deutsche Volkspartei sammelte einen größeren Teil des Bürgertums als die Deutsche Demokratische Partei. Als Gründung Gustav Stresemanns war sie Erbin der Tradition der Nationalliberalen. In ihrer Führung herrschten nach wie vor industrielle Unternehmer und Akademiker vor (von den 217 Aufsichtsratsmandaten der Reichstagsabgeordneten hatte die DVP 77, auf 10 Mitglieder verteilt). Breitere Volksschichten, besonders im alten und neuen Mittelstand, wurden angesprochen durch die Betonung des Machtstaatsgedankens, der Außenpolitik, überhaupt des „Nationalen". Zunächst unterschied sich die Partei darum kaum von den Deutschnationalen. Auch sie war eindeutig antirepublikanisch, antisozialistisch, ja antidemokratisch. Es war die Leistung Stresemanns, daß die Partei, die 1919 noch gegen die Annahme der Verfassung gestimmt hatte, allmählich zu einer positiveren Haltung zu dem bestehenden Staat gelangte.
Zwischen Mitarbeit und Opposition. Der rechte Flügel konnte wohl für gewisse Ziele der Außenpolitik gewonnen werden, weil sie den wirtschaftlichen Interessen der Großindustrie entsprachen, kaum aber für eine bewußte Förderung parlamentarisch-demokratischer Regierungsweise und gar nicht für einen Ausgleich mit der Sozialdemokratie.

Die gesamte Deutsche Volkspartei strebte im Grunde nach den politischen und sozialen Verhältnissen vor 1914 zurück. Allerdings brauchte es für viele kein Monarch mehr zu sein, der den Staat repräsentierte und leitete, aber die Parteien und das Parlament sollten es noch weniger tun:

Die Fehlerquelle liegt klar zu Tage, falsche Machtverteilung unter den obersten Organen des Reichs, zwischen Reichstag und Reichspräsident... Wo das höchste Staatswohl gebietet, Regierungskrisen zu vermeiden, muß der Präsident vom Mehrheitswillen des Reichstags unabhängig sein. (Kahl, W., MdR: Grundfragen der Verfassung. In: Deutscher Aufbau. Nationalliberale Arbeit der Deutschen Volkspartei. Hrsg. von Kempkes, A. Berlin 1927, S. 29)

Solche Tendenzen zur Wiederbelebung des Obrigkeitsstaates verbanden sich mit weit verbreiteten Bestrebungen, gesellschaftliche Konflikte harmonisch aufzulösen:

Ziel deutscher Innenpolitik muß die Volksgemeinschaft sein. Sie setzt den Ausgleich der politischen und gesellschaftlichen Gegensätze und die Zusammenfassung aller Kräfte zur Erreichung äußerer Freiheit sowie innerer Ordnung und Gerechtigkeit voraus. Sie bedeutet deshalb im Grunde dasselbe wie nationale Einheit. (Erklärung der DVP-Reichstagsfraktion durch Dr. Scholz, den Fraktionsvorsitzenden, am 12. 1. 1924. Ebenda, S. 40)

Es fiel Stresemann außerordentlich schwer, seine Partei für Jahre hinaus in die Verantwortung für die Regierung der Republik zu zwingen. Immer wieder drängte die Mehrheit die Partei in die staatsfeindliche Opposition, immer wieder drohte die Abspaltung des rechten Flügels. Doch auch Stresemann hatte eine Waffe einzusetzen: seine eigene Person und seine Leistungen. Solange er lebte, warb die DVP für sich bei den bürgerlichen Wählern nicht mit sachlichen Argumenten, sondern appellierte nur an das Vertrauen in die staatsmännischen Fähigkeiten ihres Spitzenkandidaten: „Was geh'n denn dich die andern an, d u wählst wie Gustav Stresemann."

f) Die Deutschnationale Volkspartei

Bestandteile und Mitgliederschaft. Die Deutschnationale Volkspartei war eine Sammlungsbewegung aller ehemals rechtsstehenden Kräfte — etwa nach dem Muster der Vaterlandspartei von 1917. Der Umsturz hatte die Deutschkonservativen, die Reichspartei, die Alldeutschen, Christlichsozialen, Völkischen und einige Nationalliberale zusammengeführt, wobei die Führung immer noch bei den Konservativen blieb. Auch die soziale Zusammensetzung der Mitglieder- und Wählerschaft war außerordentlich vielschichtig: Immer noch spielte das agrarische Element Ostdeutschlands seine große Rolle, aber auch der industrielle Westen wurde mehr und mehr maßgebend. Die Partei ruhte insgesamt auf dem Unterbau national eingestellter Angehöriger der ländlichen und jetzt auch der städtischen Mittelschicht. Die Unterstützung durch die christlichen Gewerkschaften, besonders aber den Deutsch-Nationalen Handlungsgehilfenverband (vgl. VI 4 b), verbreiterte die Basis. Sehr eng waren auch die Verbindungen zu den evangelischen Kirchen, die aus ihrer traditionellen Einstellung zum protestantischen Fürstentum stark monarchistisch fühlten und leidenschaftlich gegen Revolution und Republik eiferten. Besonderen Anklang fanden die Parteilosungen bei den bürgerlichen Frauen, die jetzt zum erstenmal wählen durften.

Dem Charakter nach eine moderne Massenpartei, fehlte der DNVP doch das einheitliche und tragfähige organisatorische Gerüst. Die Landesverbände blieben ziemlich unabhängig von der Reichsleitung und zeigten zum Teil politisch ganz unterschiedliche Tendenzen, je nachdem, welche Interessengruppen oder Verbände sie beherrschten.

Antidemokratischer Charakter. Zunächst herrschte Übereinstimmung darin, daß man zurück wollte zum monarchischen Obrigkeitsstaat, zurück zur Vorherrschaft Preußens, zurück zu den Grenzen von 1914. Aber auch die Ansprüche der Wilhelminischen Weltpolitik wurden nicht aufgegeben:

Die indogermanische Welt blutet seit dem Kriege aus so vielen gemeinsam empfundenen Wunden, und Deutschlands Heldentum der Kriegszeit – vor dem inneren Zusammensinken – steht in der befreundeten und in der feindlichen Welt so hoch da – trotz aller Ächtung und Selbstächtung —, daß man diesem Volk auf die Dauer seinen „Platz an der Sonne“ nicht verweigern kann, wenn es sich nur erst wieder auf sich selbst besonnen hat ...

[Die deutsche Frage] ist durch den Krieg nicht gelöst, sondern eigentlich erst aufgeworfen. Wir dürfen uns – als Angehörige eines „Volkes Gottes“ – der inneren Zuversicht hingeben, daß Gesundheit und Zukunft der europäischen Welt von unserer Gesundung abhängen. Unser Schicksal liegt in unserer Hand. Der Weg ist klar. Wir müssen ihn nur wollen. (Hugenberg, A.: Streiflichter aus Vergangenheit und Gegenwart. Berlin 1927, S. 19)

Parlamentarische Praxis. In der Parteiführung setzte sich aber zunächst eine gemäßigte Gruppe durch, deren Plan es war, die Restauration ohne Bruch mit der bestehenden Verfassung durch den Willen der Mehrheit des Volkes herbeizuführen. Überwindung der Demokratie und des Parlamentarismus mit den Mitteln der Demokratie und des Parlaments wurde zur Taktik unter den Parteivorsitzenden Oskar Hergt (1920 bis 1926) und Kuno Graf von Westarp (bis 1928).

Die Gefahr der Spaltung. Zwischen legaler Opposition sowie Tolerierung demokratischer Gesinnung und absoluter Ablehnung der bestehenden Ordnung wurde die DNVP fortwährend hin- und hergerissen. Die radikalen völkischen Elemente hatten sich schon 1922 von ihr losgesagt und in der Deutschvölkischen Freiheitspartei ihre eigene parlamentarische Vertretung geschaffen. Aber auch in den ruhigen Jahren der Republik stand die DNVP ständig unter der Drohung der Parteispaltung. Allmählich schien es jedoch, als würde die Partei das Gesicht einer staatsbejahenden Opposition annehmen, umgewandelt in eine demokratische Partei konservativer Prägung. Noch war aber über den Charakter der DNVP nicht entschieden, denn sie hatte weiter einen hartnäckig und radikal republikfeindlichen Flügel, für den es zum Kampf gegen das System „bis aufs Messer“ keine Alternative gab. Sein Exponent war Alfred Hugenberg:

Keine Regierungsform hat so kurze Beine wie die „Ochlokratie“, die Massenherrschaft, die wir heute in Deutschland haben. Sich mit ihr versöhnen wollen, heißt eine Ehe mit einem Sterbenden eingehen. Mit den Leuten paktieren, die mit ihr paktieren, heißt um einer aussichtslosen Sache willen vor der Geschichte die Mitschuld auf sich nehmen, die Mitschuld an dem einen, um das allein es sich handelt: ob Deutschland Deutschland bleibt, ob der Welt zu ihrem Heile dies Volk erhalten bleibt, oder ob es verkommt und hinabsinkt in niedere Sphären. (Hugenberg, a. a. O., S. 44 f)

5. *Die Bünde*

Parteien und Bünde. Den Parteien entstand nach 1918 eine beachtliche Konkurrenz. Der Zulauf zu andersartigen politischen Vereinigungen, meist Bünde genannt, schien anzuzeigen, daß der Raum für politische Betätigung in den Parteien zu knapp war, ja vielleicht sogar, daß der konventionelle Parteityp der Zeit nicht mehr entsprach.

Wesen und Ziele der Bünde. Die Bezeichnung „Bund" wies auf die Patenschaft der Jugendbewegung hin. Kriegs- und Freikorpserlebnisse waren weitere Voraussetzungen gewesen, um kleine Gruppen entstehen zu lassen, die, in Opposition gegen die Ideen und Lebensformen der bürgerlichen Gesellschaft, eine Übereinstimmung weniger Menschen pflegten und feierten. Die Bünde waren als Gegenkräfte zu den Parteien gedacht. Man bekannte, überdrüssig des „Gezänks" und der „Zwietracht", angewidert von der „Bonzenwirtschaft" der Parteifunktionäre und abgestoßen von der unpersönlichen und bürokratischen Natur der politischen Großorganisation zu sein.

Wählen ist heute Ausdruck mechanischer Zusammenfassung, ist Gewaltherrschaft der Verantwortungslosen, ist alles, nur keine Demokratie. Vom Wählen lebt aber die Partei, die seelenlose Maschine, die das Leben unlebendig macht, Geist und Seele ertötet, die Minderwertigkeit an die Spitze trägt. Nichts verdient so sehr den baldigen Untergang als die Partei. (Jung, E. J.: Die Herrschaft der Minderwertigen, ihr Zerfall und ihre Ablösung durch ein neues Reich. Berlin 1929, S. 246)

Politisch war auch die Idee, daß durch das „bündische" Prinzip der Parteienstaat überwunden werden könne, daß der Bund mit seiner Ordnung von Führer und Gefolgschaft das Modell für den Staat der Zukunft sein müsse. Die Gedanken kreisten ziemlich übereinstimmend in fast allen Bünden um die Auslese eines Führers und einer Elite, um die Ablösung der „pluralistischen", „chaotischen" Einrichtung des Gemeinwesens durch einen militärisch-autoritären Aufbau der Gemeinschaft und des Staates, um das Suchen nach einer „Weltanschauung", die Geborgenheit vor Lebensängsten und Zweifeln versprach.
Aus der unübersehbaren Fülle von Bünden und Orden entwickelten sich einige sogar zu Großorganisationen. Der „Jungdeutsche Orden" (50 000 Mitglieder) war aus den Freikorps hervorgegangen, entwickelte aber schließlich republikfreundliche Tendenzen (vgl. XIV 3a); der „Stahlhelm, Bund der Frontsoldaten" (1 Mill. Mitglieder) hingegen radikalisierte sich und übernahm die Aufgabe einer Schutztruppe der Deutschnationalen; das „Reichsbanner Schwarz-Rot-Gold" (3,5 Mill. Mitglieder), als überparteiliche Abwehrformation gegen die Vaterländischen Verbände zum Schutz der Republik gegründet, rekrutierte sich schließlich zum größten Teil aus der Arbeiterschaft; der „Rotfrontkämpferbund" (150 000 Mitglieder), die militante Kampforganisation der KPD, wurde 1929 unter dem Republikschutzgesetz verboten, entwickelte aber noch eine lebhafte illegale Tätigkeit.

IX. Geistiges und kulturelles Leben

A) Die geistigen Tendenzen der Vorkriegszeit

1. Die dominierenden Tendenzen

In den Wissenschaften. Vom Jahrzehnt nach dem Weltkriege hatte man damals den Eindruck eines großen Umbruchs im Geistesleben. Die Wandlung war zwar schon im letzten Viertel des 19. Jahrhunderts eingetreten, jedoch dominierten im ganzen noch die Tendenzen, die diesem Jahrhundert sein Gepräge gaben:

Der bedeutendste Einfluß ging noch von der klassischen Naturwissenschaft aus. Als unumstößlich galten ihre Grundannahmen, daß es letzte unzerstörbare körperliche Einheiten gebe, daß die Natur nach den Prinzipien der Mechanik beschreibbar sei, daß alles Geschehen streng kausal determiniert sei. Der *Positivismus*, das Bestreben, diese Denkart in allen anderen Wissenschaften geltend zu machen, ließ als Gegenstände menschlicher Erkenntnis nur das den Sinnen Gegebene, die sogenannten positiven Tatsachen, gelten. Folglich galt eine Beschäftigung mit Ideen, Normen und dergleichen, besonders aber mit metaphysischen Fragen, als unwissenschaftlich, ja eigentlich überhaupt als sinnlos. Aus dieser schon von den Rationalisten und Empiristen des 18. Jahrhunderts vorbereiteten Geisteshaltung ergab sich eine betonte Hinwendung zum rein Diesseitigen, zum Stofflichen, zum Menschen als Gesellschaftswesen. Weit verbreitete sich darum die Ansicht, daß alles aus der Materie – der Geist etwa aus der Gehirnsubstanz – ableitbar sei. Dieser *Materialismus* fand Stützen auch in den Evolutions- und Selektionstheorien des *Darwinismus*, durch die eine Sicht der Welt als Schöpfung und des Menschen als höheren Wesens zur Legende entwertet wurde. Die Deutung der Menschheitsgeschichte mit Hilfe zoologischer Kategorien, Auslese und Rasse, führte über den Wissenschaftsbereich hinaus zur Begründung von „Weltanschauungen" (Sozialdarwinismus, Rassismus). Alles, Völker, Menschen und ihre Einrichtungen, ja sogar die Anschauungen über Gut und Böse seien dem Gesetz des Daseinskampfes zu unterwerfen.

In Religion und Kunst. Die katholische Kirche setzte allen diesen Geistesströmungen, von ihr „Modernismus" genannt, nach wie vor Widerstand entgegen. In der evangelischen Kirche hingegen suchten Vertreter der *liberalen Theologie* Wahrheit und Eigenart des Christentums gegenüber den Angriffen von Naturwissenschaftlern durch Abgrenzung der Bereiche und durch Aufgabe von Dogmen zu retten. Im „Kulturprotestantismus" wurde das Christentum als eine Religion neben anderen – ohne Anspruch auf absolute Wahrheit – betrachtet.

Ausdruck dieser Zeitanschauungen waren in der bildenden Kunst, der Musik und der Literatur *Realismus* und *Naturalismus*. Ihr Ziel war es, den Menschen als Produkt der Umstände und der Umwelt darzustellen und sich der Wirklichkeit genau anzunähern, sei es durch die gleichsam photographische Wiedergabe der Natur und des Menschen in Bild und Skulptur, sei es durch die getreue Verwendung der Alltagssprache und durch detaillierte Beschreibungen in der Literatur, sei es durch Umsetzung typischer Geräusche, wie des Straßenlärms, in Tonqualitäten, in der Musik.

2. *Die überdeckten Tendenzen*

Krise der klassischen Naturwissenschaft. An der Schwelle des 20. Jahrhunderts war die Geltung aller dieser Lehren und Schulen nicht mehr unumstritten. So setzten vor und stärker noch nach der Jahrhundertwende vereinzelte Angriffe gegen die klassische Naturwissenschaft ein. Max Plancks *Quantentheorie* (1900) und Albert Einsteins *Relativitätstheorie* (1905) stellten die Grundauffassungen der klassischen Naturwissenschaft in Frage, da in ihnen nachgewiesen wurde, daß die Gesetze der Mechanik in atomaren Bereichen nicht gelten und daß die Materie eine Form der Energie und damit in diese umwandelbar sei. Während erst das naturwissenschaftliche Weltbild von den Massen akzeptiert wurde, – popularisiert durch Werke wie Ernst Haeckels „Welträtsel" (1899) – begannen die Fachleute bereits einzusehen, daß sie vom inneren Wesen der Materie nichts wüßten, daß die letzten Gesetze keine der strengen Kausalität, sondern der Wahrscheinlichkeit sein dürften und daß das kausale Weltmodell nicht zur Erklärung aller bekannten Phänomene ausreiche.

Marxismus und Tiefenpsychologie. Noch stärkere Impulse gingen um die Jahrhundertwende von *Karl Marx* und *Sigmund Freud* aus, die allerdings erst im 20. Jahrhundert zu ihrer eigent-

lichen Wirkung kamen. Marx entthronte die Ideen, die nach bisheriger Auffassung den Geschichtsprozeß gestalteten, indem er die ökonomischen Antriebskräfte der gesellschaftlichen Entwicklung bloßlegte und die soziale Abhängigkeit der Ideen behauptete. Die Ideen gerieten so in den Verdacht von Ideologien, die die soziale Realität verdecken. Der Mensch sei abhängig von seinen gesellschaftlichen und wirtschaftlichen Bedingungen. – Freud relativierte die geltende Moral, indem er den in ihr zu Wort kommenden bewußten Menschen in Frage stellte und die unbewußten Antriebe der menschlichen Psyche untersuchte. Er stellte den Zusammenhang zwischen unserer Moral und unseren Trieben her und wies darauf hin, daß die Triebe umgewandelt werden müssen in sozial brauchbare Betätigungsweisen. Er stellte die bisherige Vorstellung von der leitenden Stellung der Vernunft in Frage und fand die Quelle der Lebensenergie im Unbewußten, in den Trieben. Die letzte Konsequenz aus diesem Denkansatz zog Freud in seiner Kulturtheorie: Der Sexualtrieb könne von seiner Erfüllung auf andere Ziele abgelenkt, „sublimiert“ werden. Alle Kultur sei Ergebnis der Sublimierung der Libido. Freud war lange verfemt wegen dieser Umwertung des Geschlechtlichen. Sein Behandlungsverfahren bei Fehlentwicklungen der Triebentwicklung, Verdrängungen und Neurosen, heilte durch Bewußtmachen des falschen Verhaltens (Psychoanalyse).
Auch in ganz anderer Weise wurde die Herrschaft der Vernunft in Frage gestellt, wurden die von den Naturwissenschaften postulierten objektiven Wahrheiten von der Warte eines neuen Subjektivismus bezweifelt:

Romantische Unterströmung. In Deutschland vor allem wirkte die Romantik mit ihrer organisch-historischen Weltschau intensiv weiter. Der sich daraus ergebende Hang zur Beschäftigung mit dem geheimnisvoll Tiefen und dem volkstümlich Heimatlichen wurde oft als wertvollstes deutsches Geistesgut empfunden und der „rationalistischen Verflachung“ des Westens entgegengestellt.

Irrationalismus. Gegen die Einseitigkeiten der herrschenden Lehren, vor allem des Positivismus und des Materialismus, wandte sich die *Lebensphilosophie,* deren Bahnbrecher in Deutschland Friedrich Nietzsche gewesen war. In seiner Analyse des Gesellschaftszustandes blieb er noch dem positivistischen Geist seines Jahrhunderts verhaftet; in den Folgerungen, die er daraus zog, ging er jedoch den Weg des Subjektivismus und Irrationalismus. Es war Nietzsches „Entdeckung“, daß es kein Wertzentrum, ja daß es eigentlich keine absolute „Wahrheit“ im alten Sinne in der Geschichte mehr gebe. Er sah, daß die alten Werte ihre Geltung mehr und mehr verloren, und nannte diesen Verlust der „Wahrheit“ Nihilismus:

Was bedeutet Nihilismus? – Daß die obersten Werthe sich entwerthen. Es fehlt das Ziel. Es fehlt die Antwort auf das „Wozu?“
Der radikale Nihilismus ist die Überzeugung einer absoluten Unhaltbarkeit des Daseins, wenn es sich um die höchsten Werthe, die man anerkennt, handelt; hinzugerechnet die Einsicht, daß wir nicht das geringste Recht haben, ein Jenseits oder ein An-Sich der Dinge anzusetzen, das „göttlich“, das leibhafte Moral wäre. (Nietzsche, F.: Der Wille zur Macht. Leipzig 1919, S. 12)

Der Mensch muß sich in dieser Situation selbst zum Herrn seines Schicksals machen und den „Willen zur Macht“ bejahen. Nietzsche sah die Entwicklung des Menschen im abendländischen Kulturkreis als Verfall der Lebenskraft, hervorgerufen durch das Christentum, dessen „Mitleidsethik“ und „Entselbstungsmoral“, durch den Erkenntnisdrang sokratischen Wesens, die Rationalität und schließlich durch aufklärerische Gleichheitsideale und sozialistische Forderungen nach dem „allgemeinen grünen Weide-Glück der Herde“. Er wollte über den Nihilismus hinausgelangen durch eine „Umwertung aller Werte“: uneingeschränkte Bejahung des Kreatürlichen, des Instinkthaften, der vitalen Triebe. Nietzsche sah sich als Prophet einer kleinen Elite von „Übermenschen“ — Raubtieren, die zu ihren Instinkten ja sagen —, den zukünftigen Gestaltern der Geschicke der Menschheit:

Dem Menschen die Zukunft des Menschen als seinen Willen, als abhängig von einem Menschenwillen zu lehren und große Wagnisse und Gesammt-Versuche von Zucht und Züchtung vorzubereiten, um damit jener schauerlichen Herrschaft des Unsinns und Zufalls, die bisher „Geschichte“ hieß, ein Ende zu machen — der Unsinn der „größten Zahl“ ist nur seine letzte Form —: dazu wird irgendwann einmal eine neue Art von Philosophen und Befehlshabern nöthig sein, an deren Bilde sich alles, was auf Erden an verborgenen, furchtbaren und wohlwollenden Geistern dagewesen ist, blaß und verzwergt ausnehmen möchte. (Nietzsche, F.: Jenseits von Gut und Böse. Vorspiel einer Philosophie der Zukunft. In: Nietzsches Werke, Bd. 7, Stuttgart 1921, S. 137/38)

Nietzsches Ideen erlebten ihre Auferstehung nach der Jahrhundertwende, besonders in dem Teil der Jugend, der sich gegen die unlebendigen Traditionen eines satten und selbstgefälligen Bürgertums auflehnte. Er fand sich in der *Jugendbewegung* zusammen, einer geistigen Bewegung in neuen, naturnahen Formen. Deren Bünde erstrebten zunächst nur Kameradschaft und Gemeinschaft, frei von bürgerlichen Konventionen, wollten aber bald, aus Unbehagen an der modernen Zivilisation, zu den „Quellen des Lebens“ vorstoßen, die „innere Dämonie der Dinge“ erfahren und nach „Lebensganzheit“ streben (vgl. VII 3).

Ein großer Einfluß auf die akademische Jugend, und zwar in ähnlicher Richtung, ging von *Wilhelm Dilthey* und seinen Schülern aus. Ihre Lehren trugen ebenfalls das Gepräge der Lebensphilosophie. Dilthey entwickelte die Theorie, daß nicht rationales Erkennen, sondern erlebendes Innesein zum Verstehen des Lebens führe. Dieser Irrationalismus war auch kennzeichnend für seine radikal relativistische Weltanschauungslehre:

Die Weltanschauungen sind nicht Erzeugnisse des Denkens. Sie entstehen nicht aus dem bloßen Willen des Erkennens. Jede echte Weltanschauung ist eine Intuition, die aus dem Darinnensein im Leben entsteht. (Dilthey, W.: Gesammelte Schriften. Leipzig-Berlin 1914, Bd. 8, S. 36)

Parallel zum Irrationalismus, sich manchmal mit ihm berührend, lief die Wiederbelebung der *Metaphysik*. Philosophen wie *Edmund Husserl*, der Begründer der Phänomenologie, und *Max Scheler* begannen wieder, sich mit den alten Fragen der Philosophie nach dem Wesen und nach dem Sein zu beschäftigen.

Kunst- und Kulturrevolution. Fast unbemerkt begann auch in den Künsten die Ablösung vom 19. Jahrhundert. Die Umschlagstelle war der *Impressionismus.* Wenn man die Natur genau betrachtete, löste sie sich immer mehr auf in Einzelheiten (Lichteinfall, Farbton etc.); was blieb, war der subjektive Eindruck, den der Mensch von der Sache hatte. Der Naturalismus schlug um in den Subjektivismus. Als reiner Ausdruck des Subjektivismus in der Kunst entwickelte sich der *Expressionismus:* Der Künstler hatte die Empfindung, daß die Wirklichkeit nicht mehr faßbar ist; erfahrbar sei nur noch das subjektive künstlerische Ich. Aus ihm heraus gestaltete er: Widerspiegelungen einer labilen, zerfallenden Welt. Da die Welt nicht mehr als ein zusammenhängender Kosmos zu erleben war, konnten die Künstler auch nicht mehr irgendeine objektive Realität darstellen. Wenn solche Künstler überhaupt noch schaffen wollten, blieb ihnen nur, entweder ihr Unvermögen der Welterfahrung und -schilderung darzulegen oder nur noch subjektive Perspektiven zu geben oder gar jeden Inhalt abzuwerfen, nichts mehr „darstellen“ zu wollen, sondern allein Formen zu geben, Material anzuordnen, wobei die Veränderung der künstlerischen Formen und Techniken oft denkbar radikal war.

Alle diese Möglichkeiten sind ausprobiert, ja durchprobiert worden und haben zu den verschiedensten Richtungen geführt, in denen versucht wurde, die gegenständliche Welt, die sich auflöste, abzubilden: Symbolismus, Fauvismus, Kubismus, Futurismus, Expressionismus, Dadaismus.

Deutsche Maler und Bildhauer, wie etwa Emil Nolde, Franz Marc, Paula Modersohn-Becker, Karl Schmidt-Rottluff, Ernst Barlach, besonders die Künstlergemeinschaften *Brücke* und *Blauer Reiter* schufen ihre Werke aus diesem neuen Bewußtsein heraus. In der Musik brachen Komponisten wie Joseph M. Hauer, Arnold Schönberg mit der klassischen Harmonielehre, um für ihre Bewußtseinslage den adäquaten — atonalen — Ausdruck zu finden. In der Literatur geschah ähnliches: Der logische Aufbau der Sprache wurde sehr oft zerbrochen, als „neue Wirklichkeiten“ wurden Träume, Visionen, Ekstasen, Phantasien, Rauschzustände gezeigt, so von Georg Trakl, Georg Heym, Else Lasker-Schüler, Gustav Meyrink, Franz Kafka. Um 1910 erreichte die Kunstrevolution einen gewissen Höhepunkt, als das erste ungegenständliche Bild gemalt wurde (Wassily Kandinsky) und als Schönberg, dadurch angeregt, absolute Musik komponierte, der nichts Irdisch-Sinnliches anhaften sollte.

Aber auch eine gewisse Rückbezüglichkeit war überdeckten Tendenzen des 19. Jahrhunderts eigen; der Rückgriff auf den Humanismus z. B. in einem Teil der expressionistischen Literatur, das „Oh-Mensch“-Pathos, das die Menschlichkeit in der neuen rationalen Maschinenwelt suchte. Im Protest gegen industrielle Zivilisation verschlossen sich andere gegen die etablierten geistigen Mächte, vor allem gegen Realismus und Naturalismus, um sich dem Ursprünglichen, dem Mythisch-Magischen, dem Vitalen und Kreatürlichen wieder zuzuwenden, dabei etwa Anregungen von der Kunst der Primitiven, von der Folklore, vom Infantilen aufnehmend.

B) Geistiges Leben im Deutschland der zwanziger Jahre

1. *Die Auswirkungen des Weltkrieges*

Brechung der Tendenzen. Erst durch den Weltkrieg wurde es offenkundig, daß das 19. Jahrhundert zu Ende gegangen war. Die Katastrophe wirkte im Geistigen wie ein Prisma: Die Entwicklung wurde vielfältig gebrochen. Dominierende und überdeckte, parallele und gegenläufige Tendenzen überlagerten sich, schlugen in ihr Gegenteil um, berührten sich und kombinierten sich neu. Alle diese Anzeichen äußerster Labilität im Geistigen erweckten den Eindruck ungemeiner Lebendigkeit und Fruchtbarkeit, ja einer kulturellen Blüte, besonders in Deutschland. Indem der Krieg die Lösung von Konventionen begünstigte, erleichterte er den bisher verborgenen Tendenzen ihren Durchbruch in die Öffentlichkeit. Es wurde allenthalben gefragt, welche Güter den Verfall überstanden hätten und ob es überhaupt noch etwas Dauerndes geben könne. Nach der Antwort auf diese Fragen lassen sich einige typische Haltungen ausmachen, die Denker und Künstler während der zwanziger Jahre in Deutschland einnahmen.

2. *Auffinden „ewiger Werte“*

Zuflucht im Christlichen, Kosmischen, Antikischen. Die Philosophen und Künstler, die glaubten, die Antwort auf die Veränderungen der Welt im Aufsuchen vermeintlich ewiger Werte zu finden, wandten sich rückwärts und trachteten danach, die verlorengegangene harmonische Ausgeglichenheit von Mensch und Welt wiederherzustellen. Sie setzten fast ungebrochen die Linie von Romantik, Volkstum und Lebensphilosophie aus dem 19. Jahrhundert fort.

Max Scheler veröffentlichte kurz nach dem Kriege zwei Sammlungen von Abhandlungen: „Vom Umsturz der Werte“ (1919) und „Vom Ewigen im Menschen“ (1921). Diese Titel waren bezeichnend für die Situation der Zeit. Symptomatisch war auch bei Scheler und anderen, z. B. den Schriftstellern Konrad Weiß und Gertrud von le Fort, die Verbindung von religiösem Gehalt und vitalistisch-irrationalem Gedankengut. Scheler wurde deswegen der „katholische Nietzsche“ genannt.

Parallele, wenn auch dem Christentum feindliche Bestrebungen fanden den Halt im Seelisch-Innerlichen, das irgendwie mit dem kosmischen Leben verbunden gedacht wurde. Spürbaren Anklang in der Bildungsschicht fanden Lehren des Lebensphilosophen Ludwig Klages, dessen Hauptwerk bezeichnenderweise „Der Geist als Widersacher der Seele" (1929–32) hieß. Er ging aus von dem Gedanken:

Wo immer lebendiger Leib, da ist auch Seele; wo immer Seele, da ist auch lebendiger Leib. Die Seele ist der Sinn des Leibes, das Bild des Leibes die Erscheinung der Seele. Was immer erscheint, das hat einen Sinn, und jeder Sinn offenbart sich, indem er erscheint. Der Sinn wird erlebt innerlich, die Erscheinung äußerlich. (Klages, L.: Vom kosmogonischen Eros. München ^{2}1926, S. 63)

Aber diese Einheit von Leben, Seele und Körper ist nach Klages dermaleinst „auf der Schwelle der ‚Weltgeschichte'" gespalten worden durch „eine außerraumzeitliche (akosmische) Macht namens Geist", die darauf gerichtet ist, „die Lebenszelle zu töten". Klages griff scharf den Geist der Wissenschaftlichkeit, die Vernunft, die Erkenntnis an und riet als einzige Rettung vor dem Untergang der Menschheit die Rückkehr zum unbewußt-ursprünglichen Leben an. Der biologische Akzent der Lebensphilosophie war bei ihm zum Haß gegen das lebensfremde „Weltjudentum" zugespitzt.

Wegen seines Antisemitismus hatte sich Klages vor dem Weltkriege aus dem Kreise um Stefan George lösen müssen, der im übrigen mit ihm und seinen Anhängern in der Verehrung heidnisch-mythischer Urkräfte übereinstimmte. Er versuchte im Gestalten, im Formprinzip den Halt zu finden, der verlorengegangen war. Nach dem Kriege empfanden sich „Meister und Jünger" als Kern einer Elite des „Neuen Reiches", das — aus antikischem Geiste erneuert — seine Sendung erfüllen werde:

Der Sänger aber sorgt in trauer-läuften
Dass nicht das mark verfault der keim erstickt.
Er schürt die heilige glut die über-springt
Und sich die leiber formt er holt aus büchern
Der ahnen die verheissung die nicht trügt
Dass die erkoren sind zum höchsten ziel
Zuerst durch tiefe öden ziehn dass einst
Des erdteils herz die welt erretten soll . . .

(George, S.: Der Dichter in Zeiten der Wirren. In: Drei Gesänge. Berlin 1921)

Diese Ausmündung ins Nationalistische kannte Rainer Maria Rilke nicht. Er vollendete 1922 die bedeutendste Manifestation seines ganz persönlichen Mythos vom „Weltinnenraum", die „Duineser Elegien". In seinen Dichtungen suchte er in allem Sinnlichen die Seele, in allem Äußeren das Innere, in allem Sagbaren das Unsagbare. Auch ihm ging es letztlich um den Versuch, die Weltsituation zu begreifen und zu fragen, wie in ihr Kunst noch möglich sei.

Rückkehr zu den „Quellen des Deutschtums". Weit populärer als George und Rilke, ja geradezu volkstümlich, waren Maler, Bildhauer und Schriftsteller aus der Tradition der Heimatkunst. Eignete dieser Richtung im 19. Jahrhundert ein selbstgenügsam-idyllischer Zug, so wurden ihre Vertreter nach dem Erlebnis der Industrialisierung und der Niederlage im Weltkriege in ihren Werken ausgesprochen bekenntnishaft-kämpferisch. Sie schickten sich an, gegenüber der „zersetzenden Asphaltkunst" „letzte Werte" bewahren zu helfen: das Bodenständig-Heimatliche, das Deutsche. In diesen Vorstellungen von „ewiger Volkheit“ mischten sich auf eigentümliche Weise biologisch motivierter Materialismus (Rasse, Vererbung) mit irrationaler Seelen-, Schollen- und Blutmystik. Weniger irrational war die noch realistische und naturalistische Darstellungsweise. Nach der Manier von Hans Thoma und Wilhelm Leibl stellten unzählige Epigonen gemütvoll-farbige Gemälde von Landschaften und erdverbundenen Menschen her. Die nichtrealistischen Kunstrichtungen und die moderne Architektur wurden als lebens- und artfeindlich verworfen:

Materialismus, Merkantilismus, Korruption sind die Wurzeln des modernen Bauens; Barbarei, Vernichtung und Versklavung des Mittelstandes, Diktatur der internationalen Hochfinanz sind die Früchte. Dieses alles sind die Folgen eines Entseelungsvorganges, eines Loslösungsvorganges von Blut, Boden und Nation. (Senger, A. v.: Die Brandfackel Moskaus. Zürich 1931, S. 28)

Fremdartig und darum verderbenbringend seien die modernen Bauformen und die modernen Baumittel wie Glas, Beton und Kunststoff. Der „deutsche Kalkstein“ sollte das Grundelement des Bauens sein, das „orientalische Flachdach“ wurde zugunsten des „nordischen Steildachs“ verworfen.
Als kerndeutsch galten Volkslied und Volkstanz, und als unverrückbarer Maßstab für deutsches „Musikempfinden“ galten klassischer und romantischer Stil.
Schriftsteller wie Johst, Blunck, Vesper, Miegel, Waggerl, Wiechert, Kolbenheyer, Grimm feierten Großtaten der Deutschen, ehrten heroische Einzelne und priesen mütterliche und kriegerische Tugenden. Mit Vorliebe wurde von ihnen der „Entwurzelung durch die Großstadt“ die bäuerliche Daseinsform entgegengestellt.

In den Städten sehen sie gerade noch, daß alles mit Erde aufhört. Aber daß alles mit Erde und Land anfängt, das ist für sie wie ausgestrichen, und der Mensch scheint ihnen allmächtig und wie ein Zauberer aus dem Nichts. (Grimm, H.: Volk ohne Raum. München 1926, S. 1254)

Rückkehr zur agrarisch bestimmten Lebensweise könnte allein die Heilung von der „Überfremdung“ bringen. Dem viel zu stark industrialisierten deutschen Volk – im Titel eines der wirkungsvollsten Romane von Hans Grimm als „Volk ohne Raum“ (1926) bezeichnet – hülfe nur noch die Eroberung fremden Bodens:

Welches Recht ist das, daß die anderen – wer von ihnen es will – als Bauern auf Bauernland leben können und daß die Deutschen, wenn sie deutsch bleiben wollen, sich seit Jahren in Werkstätten vermehren müssen? ... Ist das Menschenrecht oder ist das Gottesrecht oder nur faules, gemeines, ererbtes Unrecht? (Ebenda, S. 1261)

Einer Auseinandersetzung mit den Problemen der industrialisierten Gesellschaft wichen „volkhafte“ Schriftsteller nicht nur aus; sie verteufelten die Industrie geradezu. Demgegenüber verherrlichten sie den Krieg. In den Kriegsdarstellungen von bildender Kunst und Literatur wie den Romanen der Hans Zöberlein („Der Glaube an Deutschland“, 1931), Werner Beumelburg („Gruppe Bosemüller“, 1930), Franz Schauwecker („Aufbruch der Nation“, 1930), Ernst Jünger („In Stahlgewittern“, 1920) ging es nicht um die Auseinandersetzung mit dem einmaligen historisch-politisch bedingten Ereignis, sondern um die Darbietung des Fronterlebnisses. Der Krieg wurde als eine Naturerscheinung hingenommen, der Gehalt des Erlebens war – nicht anders als in den Bauernromanen – der Durchbruch zum Elementaren, Kreatürlichen:

Das Blut, das im maschinenhaften Treiben seiner steinernen Gerüste, der Städte, kühl und regelmäßig die Adern durchfloß, schäumt auf, und das Urgestein, das lange Zeiten kalt und starr in verborgenen Tiefen geruht, zerschmilzt wieder in weiße Glut ... So ist der Aufschrei, den solcher Anprall mit dem des Feindes vermischt, ein Schrei, der sich Herzen entringt, vor denen die Grenzen der Ewigkeit schimmern. Es ist ein Schrei, im Flusse der Kultur längst vergessen, ein Schrei aus Erkennen, Grauen und Blutdurst. (Jünger, E.: Der Kampf als inneres Erlebnis. Berlin 1925, S. 6 und 8)

Die Heimat- und Kriegsliteratur formte die politische Gedankenwelt ihres nach Millionen zählenden Leserkreises mit. Gegenüber dem ewigen Wert des Deutschtums und den allzeit gültigen Daseinsformen des Bauern und Kriegers mußte die Wirklichkeit des 20. Jahrhunderts geradezu als verkehrte Welt erscheinen.

3. *Rückbesinnung auf die abendländische Tradition*

Lehren aus der Niederlage. Eine Gruppe von Wissenschaftlern und Künstlern glaubte, der Weltveränderung am besten begegnen zu können durch Aufsuchen der Werte aus Humanismus, Liberalismus und dem Erbe der Französischen Revolution, die im Deutschland des 19. Jahrhunderts zur Bedeutungslosigkeit verurteilt gewesen waren. Die große Belastungsprobe des Krieges hatten die westeuropäischen Demokratien weit besser ertragen als die osteuropäischen autoritären Monarchien. Das überraschte in Deutschland, weil man sich hier in dem auf idealistisch-romantischen Lehren basierenden Machtstaat gegenüber den westlichen Feindnationen mit ihren aus dem Naturrecht abgeleiteten liberalen und demokratischen Idealen weit überlegen gefühlt hatte. Während die Mehrzahl der deutschen Intellektuellen fortfuhr, die Sonderart des deutschen gegenüber dem „rückständigen“ und „niederen“ westlichen Geist zu verteidigen, begannen einige Gelehrte und Künstler umzudenken und für eine Angleichung an die gesamteuropäische Entwicklung zu werben. Das hätte für die Deutschen bedeutet, daß auch sie das Erbe der Aufklärung antreten müßten, das sie seit mehr als einem Jahrhundert ausgeschlagen hatten. Dazu bereit waren u. a. der Historiker Friedrich Meinecke, der Theologe Ernst Troeltsch, der Soziologe Max Weber, der Politiker Friedrich Naumann, der Schriftsteller Thomas Mann, alles konservativ gesinnte Männer, eben noch Nationalisten und Monarchisten, die nach 1918 als „Vernunftrepublikaner“ für den neuen Staat eintraten.
Thomas Mann als Beispiel. Am meisten Aufsehen erregte die Wandlung Thomas Manns. Während des Krieges hatte er die „Betrachtungen eines Unpolitischen“ (1918) geschrieben, in denen er sich – bissig genug – zum Anwalt der „deutschen Sache“ machte:

Ich will nicht die Parlaments- und Parteiwirtschaft, welche die Verpestung des gesamten nationalen Lebens mit Politik bewirkt ... Ich will nicht Politik. Ich will Sachlichkeit, Ordnung und Anstand. ... Der deutsche Geist war konservativ von je und wird es bleiben, sofern er nämlich er selbst bleibt und nicht demokratisch, das heißt abgeschafft wird.

Diese Ausfälle, in denen er den Typ des westlich orientierten „Zivilisationsliteraten“ bekämpfte – richteten sich gegen Thomas Manns Bruder. Dieser, Heinrich Mann, war neben Rilke und Hugo von Hofmannsthal einer der wenigen deutschsprachigen Autoren gewesen, die sich schon vor dem Kriege ausdrücklich dem lateinisch-romanischen

Kulturkreise verbunden gefühlt hatten. Heinrich Mann war mit seinen bissigen Satiren („Professor Unrat“, 1905; „Der Untertan“, 1914) einer der schärfsten Kritiker des Wilhelminismus gewesen; im Kriege richtete er scharfe Anklagen gegen die herrschenden Gewalten seines Landes.

Fünf Jahre nach dem Zusammenbruch des Kaiserreiches schon hielt Thomas Mann eine Ansprache „Von deutscher Republik“, in der er für den Staat von Weimar warb:

> Jugend und Bürgertum, euer Widerstand gegen die Republik, die Demokratie ist Wortscheu, ja, ihr bockt und scheut vor diesen Worten wie unruhige Pferde ... Aber es sind Worte, Relativitäten, zeitbestimmte Formeln, notwendige Werkzeuge, und zu glauben, es müsse landfremder Humbug sein, was sie bedeuten, ist nichts als Kinderei. Die Republik — als ob das nicht immer noch Deutschland wäre! Die Demokratie, als ob das nicht heimlichere Heimat sein könnte als irgendein strahlendes, rasselndes, fuchtelndes Empire! (Mann, Th.: Gesammelte Werke, Band 12. Berlin 1956, S. 504)

Sowenig wie die Zuhörer verstanden, warum der Redner jetzt so anders sprach, so wenig begriffen die meisten Leser des Romans „Der Zauberberg“ (1924), daß es sich bei dem hier geschilderten Kampf zwischen Leben und Tod, zwischen Krankheit und Gesundheit auch um den Kampf zwischen dem klaren und humanen Liberalismus und einem mythischen, inhumanen Vitalismus handelte. Die Entscheidung des Helden, Hans Castorps, zwischen diesen Möglichkeiten blieb im Ungewissen – Gleichnis dafür, wie es um die Deutschen in den zwanziger Jahren stand. Der Dichter hatte, als er den Gehalt erklärte, eindeutig gewählt:

> Deutschland steht zwischen Ost und West als das Land der Mitte. Die Möglichkeit der höheren Synthese muß immer gewahrt bleiben.... Doch ich lege heute für meine Person das Gewicht ganz bewußt mehr auf die westliche Seite. (Berliner Börsen-Curier vom 30. 10. 1925. Interview)

Es war bedeutungsvoll, daß die deutschen Geisteswissenschaften, vornehmlich Philosophie und Geschichte, nicht der Führung einiger ihrer besten Geister folgten, daß die westeuropäische Tradition weiterhin der Mehrzahl der Gebildeten als etwas Fremdes und Feindliches erschien. Auch das Engagement von Schriftstellern wie den Brüdern Mann, Hugo von Hofmannsthal, René Schickele, Leonhard Frank, Lion Feuchtwanger hatte keine weittragende Wirkung.

4. Mustern, Lichten und Abstoßen des Ideenbestandes

Daß eine Weltkrise angebrochen war, erkannten nicht nur hochempfindliche einzelne, sondern nachdenkliche Menschen allenthalben. Unter ihnen begann eine Abrechnung mit Normen, Denkweisen und Verhaltensmustern, insbesondere denen des 19. Jahrhunderts. Das Abwerfen von Ballast konnte mitunter bis zur Entleerung führen.

Neue Ansätze in Philosophie und Religion. Eine rigorose Reduktion lag schon vor, wenn in der Philosophie nur noch im Sein und in der Existenz des Menschen die einzigen unbezweifelbaren Gegebenheiten aufgesucht wurden. Zu dieser *Existenzphilosophie* hatte sowohl die Wiederentdeckung des Dänen Sören Kierkegaard als auch der Einfluß von Phänomenologie, Lebensphilosophie und metaphysischer Strömung beigetragen. Einer ihrer deutschen Begründer, Martin Heidegger, schrieb 1927 im Vorspruch zu seinem Werk „Sein und Zeit“:

Haben wie heute eine Antwort auf die Frage nach dem, was wir mit dem Wort Seiend eigentlich meinen? Keineswegs. Und so gilt es denn, die Frage nach dem Sinn von Sein erneut zu stellen. Sind wir denn heute auch nur in der Verlegenheit, den Ausdruck „Sein" nicht zu verstehen? Keineswegs. Und so gilt es denn vordem, allererst wieder ein Verständnis für den Sinn dieser Frage zu wecken. (Heidegger, M.: Sein und Zeit. Tübingen 1927, S. 1)

Karl Jaspers (Philosophie. 3 Bände: Philosophische Weltorientierung, Existenzerhellung, Metaphysik. 1932) bemühte sich mehr um die Erhellung der menschlichen Existenz. Bei beiden Philosophen findet sich erneut eine bezeichnende Mischung von irrational-erlebnishaften Ansätzen und rationaler Methode, deren Ergebnisse waren: Es kann kein gültiges Weltbild, keine endgültige Wahrheit, keine objektive Wertwelt mehr geben. Der Mensch ist nicht von irgendwoher bestimmt, sein Wesen ist vielmehr reine Subjektivität. Er erfaßt die Wirklichkeit in der Angst, mit der er seiner Endlichkeit und der Brüchigkeit seiner Stellung in der Welt gewahr wird (Heidegger), oder in Grenzsituationen wie Leiden, Kampf, Schuld, Tod (Jaspers). Er hat dies Dasein auf sich zu nehmen und ihm in freier Entscheidung seinen jeweiligen Sinn zu geben.
Der Sinn der Existenz war – nach Kierkegaard – auch durch den „Salto mortale in den christlichen Glauben" zu gewinnen. Auf die Existenzphilosophie konnte sich der protestantische Schweizer Theologe Karl Barth bei seiner Auseinandersetzung mit dem liberalen Kulturprotestantismus berufen. Er lehnte es ab, durch dessen Konzessionen an den Zeitgeist Millionen von nominellen Christen bei der Kirche zu halten. Viel wichtiger war ihm und anderen Geistlichen die Besinnung auf die Essenz des Christentums. Der Mensch könne Gott nicht durch Erkenntnis – sei es auf dem Wege der Vernunft oder des Gefühls –, sondern nur durch Gottes Offenbarung nahekommen. Durch eben diese Offenbarung wird selbst die Kirche in Frage gestellt:

Sofern sich unter dem Gesichtspunkt menschlicher Pragmatik gegenüberstehen hier die Heilsbotschaft von Christus als das Eine, dort das Menschenwerk der Kirche als das Andere, ist zweifellos die Kirche der Ort, wo die Feindschaft des Menschen gegen Gott offenkundig wird, wo seine Gleichgültigkeit, sein Mißverständnis, sein Widerstand ihre sublimste und auch wieder ihre naivste Form gewinnen, wo der tote Punkt zwischen zwei Welten sichtbar wird, an dem es auch für den gewaltigsten Ansturm gegenüberstehender, noch so groß gedachter Gotteskräfte kein Vorwärts mehr geben kann. (Barth, K.: Der Römerbrief. Zürich [2]1922. S. 403)

In der katholischen Kirche machte sich ebenfalls ein starker Erneuerungswille bemerkbar; im deutschen Sprachbereich als liturgische Bewegung (Romano Guardini) und Rückkehr zu den biblischen Quellen und denen der Kirchenväter. Den Zugang zu den echten Quellen des jüdischen Glaubens suchte Martin Buber durch Erneuerung der jüdischen Mystik (Die chassidischen Bücher, 1928) freizulegen.
Spiegelung des Weltzustandes. An der Bestandsaufnahme beteiligten sich auch Künstler, indem sie Ausschnitte aus der gesamten Wirklichkeit oder an einzelnen Erscheinungen die Brüchigkeit des Ganzen zeigten. Darin und in den Kunstmitteln bestand Verwandtschaft zum Naturalismus, doch selten noch deutete man an, wie zu bessern sei, viel eher ließ man erkennen, daß der Mensch die Verhältnisse als Fatum hinnehmen müsse. Gerhart Hauptmann hatte eigentlich von jeher nichts anderes getan. Jetzt, von der Republik hoch geehrt, versuchte er sich in allen möglichen Stilen, blieb aber seiner tragischen Sicht des Lebens und seinen naturalistischen Anfängen treu. Gleich ihm benutzten viele Schriftsteller gerade die Bühne, um die Zerrissenheit der menschlichen

Existenz zu schildern. Der Einfluß der Lehren Freuds machte sich in einer vollkommenen Sexualisierung mancher dieser Werke geltend. (Beispiel: Ferdinand Bruckner: Krankheit der Jugend [1924], Die Verbrecher [1926/27])
Mit den Mitteln des Naturalismus wurde auch zumeist das stärkste Erlebnis der Verformung und Verrätselung des menschlichen Daseins gestaltet: der Krieg. Für Autoren wie Erich Maria Remarque („Im Westen nichts Neues", 1928), Ludwig Renn („Krieg", 1928), Arnold Zweig („Der Streit um den Sergeanten Grischa", 1927) war der Krieg nicht wie für die Künder des „Fronterlebnisses" ein Durchbruch zu den elementaren Gründen des Daseins, waren die Millionen Toten keine „Opfer für die Unsterblichkeit des deutschen Volkes" gewesen. Sie zeigten den Krieg als barbarisches, sinnloses Morden.
Von diesen Darstellungen hoben sich andere ab, bei denen nicht mehr versucht wurde, die Wirklichkeit des 20. Jahrhunderts allein durch Nachahmung abzuschildern. In der Malerei z. B. setzte Max Beckmann den Gemälden, die das soziale und moralische Elend der Nachkriegszeit kraß naturalistisch abbildeten, seine Weise des „magischen Realismus" entgegen. Seine Werke waren sowohl Welt- als Selbstdarstellung. Einige Äußerungen Beckmanns erläutern seine Absichten:

Mein Traum ist die Vorstellung von Raum, den optischen Eindruck von der Welt der Gegenstände durch eine transzendentale Arithmetik meines Innern zu verändern.... Natur ist ein Chaos, und unsere Aufgabe und Pflicht ist es, dieses Chaos zu ordnen und zu vollenden.... Zur Selbstdarstellung drängen alle objektiven Geister. (Zit. nach Haftmann, W.: Malerei im 20. Jahrhundert. München 1954, S. 318/19)

Carl Hofer benutzte wie Beckmann seinen Pinsel, um das Ungenügen der Welt und sein Leiden daran sichtbar zu machen.
Alban Berg gelang es sogar, das Taumeln des Menschen in einer Welt, die er nicht versteht, in einer so konventionellen Kunstform wie der Oper vorzuführen. Die Musik seines „Wozzek" (1921), in der noch das Kriegserlebnis nachklang, wurde von der Musikkritik nicht verstanden. Man meinte, es gebe in ihr

... nicht die Spur einer Melodie. Es gibt nur Brocken, Fetzen, Schluchzer und Rülpser. (Zit. nach Gradenwitz, P.: Wege zur Musik der Gegenwart. Stuttgart 1963, S. 150)

Unterstützung erhielten die Musiker bei ihren Versuchen, das Lebensgefühl der zwanziger Jahre und überhaupt des modernen Menschen wiederzugeben, durch den Einbruch der Jazzmusik mit ihren mechanischen Rhythmen, ihren grellen Klangeffekten. Die jungen Musiker nach dem Weltkrieg waren fasziniert von den Jazzklängen und arbeiteten sie in ihre Partituren ein.
In der Literatur reichte die naturalistische Methode auch nicht mehr, um die empfundene Sinnentleerung des Daseins, die Degradierung des Menschen, das Ausgeliefertsein an überindividuelle Mächte adäquat darzustellen. Alfred Döblin gelang es in seinem Roman „Berlin Alexanderplatz" (1929) zum ersten und einzigen Mal in der deutschen Literaturgeschichte, nicht nur von der Entwicklung eines einzelnen zu berichten, sondern eine Großstadt als Handlungsträger mitspielen zu lassen. Mit seiner Mischung von Berolinismen, Jargon, eingeblendeten Informationen aus Zeitung, Statistik, Schlagertexten, Wetterdienst und Fahrplan, medizinischen Fachbegriffen, mit seinen der Filmtechnik entlehnten Schnitten, dem Ineinander von „innerem Monolog", biblischen

Parallelen, Kommentaren eines anonymen Beobachters brachte es Döblin fertig, eine solche Nähe zur Wirklichkeit herzustellen, wie es dem reinen Naturalismus nie gelungen war. Ähnliche Wirkungen gingen von den frühen Stücken Bertolt Brechts aus. Als Brecht seinen „Baal“ (1918), seine „Trommeln in der Nacht“ (1919), sein „Im Dickicht der Städte“ (bis 1924) und das „Lustspiel“ „Mann ist Mann“ (1924/26) schrieb, war er noch der radikale Pazifist und Anarchist, der die Fratze der bürgerlichen Gesellschaft spiegelte. Für Brecht war auch der Mensch schon nicht mehr die letzte sichere Größe. Nach ihm sind die Menschen auswechselbar, ja man kann sie selbst „ummontieren“. Er zeigte das am Beispiel des Packers Gay in „Mann ist Mann“, der, zum Soldaten gemacht, automatisch zum Ungeheuer wird. Es heißt in dem Stück:

Herr Bertolt Brecht behauptet: Mann ist Mann.
Und das ist etwas, was jeder behaupten kann.
Aber Herr Bertolt Brecht beweist auch dann,
Daß man mit einem Mann beliebig viel machen kann.
Hier wird heute abend ein Mensch wie ein Auto ummontiert
Ohne daß er irgend etwas dabei verliert.
(Zit. nach Esslin, M.: Brecht. Das Paradox des politischen Dichters. Frankfurt a. M./Bonn 1962, S. 343)

Dichtung als Experimentierfeld. Noch gewissenhafter Bilanz zogen Schriftsteller, die sich nicht mit Einzeleinsichten begnügten, sondern eine totale Weltsicht boten. Im Gegensatz zum 19. Jahrhundert handelte es sich bei ihnen nicht mehr um Erklärung, Deutung durch das Wort, durch Symbole oder Allegorien. Die Welt war ihnen ganz und gar unerklärlich geworden; der Mensch stand ihr, aber auch sich selber in absoluter Fremdheit gegenüber. Franz Kafka hatte schon vor dem Weltkrieg diesen Zustand charakterisiert:

Was soll dann mit mir geschehen, soll ich dann aus der Welt herausgeworfen werden? ... Man fürchtet manches. Daß vielleicht die Körperlichkeit entschwindet, ... daß es vielleicht gut wäre, in die Kirche zu gehen und schreiend zu beten, um angeschaut zu werden und Körper zu bekommen ... Ist es nicht dieses Fieber, diese Seekrankheit auf festem Land, eine Art Aussatz? ... Ich hoffe von Ihnen zu erfahren, wie es sich mit den Dingen eigentlich verhält, die um mich wie ein Schneefall versinken, während vor anderen schon ein kleines Schnapsglas auf dem Tisch fest wie ein Denkmal steht. (Kafka, F.: Beschreibung eines Kampfes. In: Die Erzählungen. Frankfurt .a M. 1961, S. 207 ff)

Das Quälende seiner Schöpfungen besteht darin, daß seine poetischen Bilder nicht mehr für etwas hinter ihnen stehen, daß sie keinen „tieferen Sinn“ mehr ergeben, sondern, genau wie die Welt insgesamt, auf nichts als auf sich selbst bezogen sind. In einer nüchtern-realistischen Sprache gibt Kafka ein Bild der völlig verrätselten Welt und trifft damit den Kern des Entfremdungsprozesses des modernen Menschen, der den Bürokratien, den Gerichtsbehörden, den Banken, den Großhotels und dergleichen so gegenübersteht wie die Helden in seinen Romanen („Der Prozeß“, 1914/15; „Das Schloß“, 1921/22) und Erzählungen. Wie er sah Robert Musil nur noch Zusammenhanglosigkeiten, und auch Musil hat sein Verzweiflungsgefühl in sein Werk „Der Mann ohne Eigenschaften“ (Teil I: 1930; Teil II: 1933) einfließen lassen. Der Dritte in jener Gruppe von illusionslosen Analytikern ihrer Epoche war ebenfalls ein Österreicher: Hermann Broch. In dem Romanzyklus „Die Schlafwandler“ (1928–1931) bestimmten des Philosophen Gedanken über den „Wertzerfall" Personen und Handlungen:

Gleich Fremden stehen sie nebeneinander, das ökonomische Wertgebiet eines „Geschäftemachens an sich" neben einem künstlerischen des l'art pour l'art, ein militärisches Wertgebiet neben einem technischen oder einem sportlichen, jedes autonom, jedes „an sich", ein jedes in seiner Autonomie „entfesselt", ein jedes bemüht, mit aller Radikalität seiner Logik die letzten Konsequenzen zu ziehen und die eigenen Rekorde zu brechen. (Broch, H.: Die Schlafwandler. In: Gesammelte Werke, Band II. Zürich 1952, S. 477)

Gingen diese Autoren in der künstlerischen Verwirklichung ihrer Ideen verschiedene Wege, so war ihnen jedoch dabei gemeinsam: Ihre Figuren sollten stellvertretend die Möglichkeiten menschlichen Lebens ausprobieren (Musils „Möglichkeitsmensch"), sollten gewissermaßen Test- oder Experimentierpersonen sein, die mit den gefährlichen Zuständen ganz anders – nämlich frei von Suggestionen und Illusionen – als der wirkliche Mensch konfrontiert werden konnten.

Der Mensch als Experimentiergegenstand. Gegenüber Kafka, dessen Hauptwerke erst nach seinem Tode bekannt wurden und einiges Aufsehen erregten, blieben Musil und Broch weitgehend unbekannt. Nicht so einige Schriftsteller, die als vollkommene Nihilisten in der Nachfolge Nietzsches standen. Keiner von ihnen hat so in die Breite gewirkt wie Oswald Spengler, der 1918 sein Buch *Der Untergang des Abendlandes* veröffentlichte. Wer es las, fand eine Deutung der Weltgeschichte, nach der die Kulturen aufwachsen, blühen und verwelken „in einer erhabenen Zwecklosigkeit... wie Blumen auf dem Felde". Wer es nicht las, spürte, durch den Titel erleuchtet, wohin man ging:

Und deshalb sind alle Institutionen, sie mögen noch so peinlich aufrecht erhalten werden, von nun an ohne Sinn und Gewicht. Bedeutung hat nur die ganz persönliche Gewalt, welche der Cäsar oder an seiner Stelle irgend jemand durch seine Fähigkeiten ausübt. Es ist die Heimkehr aus einer formvollendeten Welt ins Primitive, ins Kosmisch-Geschichtslose. Biologische Zeiträume nehmen wieder den Platz historischer Epochen ein. (Spengler, O.: Der Untergang des Abendlandes. Bd. II. München 1950, S. 538)

Ein anderer, doch mit Spengler verwandter Typ war Ernst Jünger, der ehemalige Stoßtruppführer und Pour-le-mérite-Träger. Spengler lehnte er als reinen Literaten ab, denn für ihn ging es in der entwerteten und entgötterten Welt nicht um Denken, sondern um Handeln, und zwar um Handeln allein um des Handelns willen. Nach dem Zerbrechen der bürgerlichen Welt müßten neue Menschentypen hervorgebracht werden: der „Krieger", der „Arbeiter" (1932). Ihre „Gestalt" entwarf Jünger und meinte zu ihrem Dasein angesichts des Nichts:

Nicht anders als mit Ergriffenheit kann man den Menschen betrachten, wie er inmitten chaotischer Zonen an der Stählung der Waffen und Herzen beschäftigt ist, und wie er auf den Ausweg des Glückes zu verzichten weiß. (Jünger, E.: Der Arbeiter. Herrschaft und Gestalt. Hamburg 1932, S. 292)

In Jüngers Evangelium der kämpferischen Tat fand die desorientierte Kriegs- und Nachkriegsjugend der Mittelschicht ihr Lebensgefühl wieder.

Die Untergangsstimmung und der Ekel vor der Spätzivilisation hatten eine Stimme in der Lyrik des jungen Arztes Gottfried Benn. Er richtete wütende Angriffe gegen den

„Mittelmenschen, der bon und propre leben will", und empfahl als einzige Möglichkeit, die Aufgabe des Lebenmüssens zu bestehen, einen stoischen Nihilismus: Leiden und Leiden überwinden ohne Trost vom Diesseits oder Jenseits. Den Untergang stellte sich Benn, nicht ohne Lust an diesem Untergang, als Rückkehr zur Frühe des Menschen vor:

Das Leben, das aus den Schlünden stammt, sich eine Weile organisiert, um im Inferno zu verschwinden, das Leben wird seinen Rachen aufreißen gegen diese Zivilisationshorden ... Der Tag wird kommen, wo die Mont Pelées diese fruchtbaren Siedlungen mit ihrer Lava ersticken und die Ozeane diesen Meliorisationsmodder ohne Gebrüll überfluten werden – o schöner Tag der Reue der Natur, wenn auf einer Eisscholle zwei Tranherden mit Grätenkeilen wieder um die Seehundsstellen boxen, o Heimkehr der Schöpfung, wenn gelackte Doppelhorden ihre Lippenpflöcke salben und unter Hakenschnabelmasken das Opfer bringen im Schrei des Totemtiers. (Benn, G.: Zur Problematik des Dichterischen. 1930. In: Essays. Wiesbaden 1951, S. 176 f)

Wenige Feinde der westeuropäischen Zivilisation bemerkten damals, daß sie in diesem „Asphaltliteraten" einen Verbündeten hatten.

Im Gegensatz zu den drei Epikern aus Österreich, die auch überzeugt waren, daß keine tragende Basis mehr vorhanden, daß der neuzeitliche Mensch keine eindeutig feststellbare Größe mehr sei, begnügten sich Literaten vom Typ Spenglers, Jüngers und Benns nicht damit, erfundene Menschen den Krisenzonen auszusetzen, sondern meinten, daß eine Katastrophe alles noch Bestehende wegfegen würde und müsse, um Platz zu machen für die von ihnen erdachten Menschentypen des Kriegers, des Arbeiters, des Künstlers. Ihre Gedankenexperimente forderten schließlich lebendige Menschen als Material.

Neue Sachlichkeit, abstrakte Malerei, absolute Musik. Eine weitere Antwort auf die Frage, wie Kunst bestehen könne in einem Zeitalter ohne allgemeinverbindliche Normen, war die Trennung von allem Inhaltlichen, weil es stets zu sehr von Ideologien bestimmt gewesen sei. Man dürfe nur solchen Gesetzen folgen, die dem Material innewohnten. Unter dem Einfluß naturwissenschaftlichen Denkens und mit der Faszination durch die Technik gingen Architekten, Bildhauer, Maler und auch Schriftsteller so weit, daß sie dem künstlerischen Schaffen die Besonderheit des schöpferischen Aktes abstritten, daß die Erprobung des Materials und das Experimentieren gleich geachtet wurden jeder anderen menschlichen Arbeit. Diese Prinzipien einer „neuen Sachlichkeit" lagen der Gründung des *Bauhauses* (zuerst in Weimar, ab 1925 in Dessau) zugrunde. In dem Aufruf zur Gründung des Bauhauses von 1919 erklärte der Architekt Walter Gropius:

Architekten, Maler und Bildhauer müssen die vielgliedrige Gestalt des Baues in seiner Gesamtheit und in seinen Teilen wieder erkennen und begreifen lernen, dann werden sich von selbst ihre Werke wieder mit architektonischem Geist füllen, den sie in der Salonkunst verloren.
Architekten, Bildhauer, Maler, wir alle müssen zum Handwerk zurück. Denn es gibt keine „Kunst von Beruf". Es gibt keinen Wesensunterschied zwischen dem Künstler und dem Handwerker. Der Künstler ist eine Steigerung des Handwerkers. (Zit. nach: Bauhaus 1919–1928. Hrsg.: Gropius, W. und J., 4. Bd. Stuttgart 1955, S. 16)

Die neue Idee des Bauhauses lag in der praktischen Verbindung von Kunst und Technik, beides einander ergänzend. Nun konnte sich in der Architektur und in der industriellen Formgebung der Gedanke Bahn brechen, daß das Material, die Proportionen und nicht mehr das Ornament die Schönheit bedingten. Anregungen des Jugendstils aufnehmend, wollte man z. B. Fabriken nicht mehr mit Fassaden nach gotischen Kathe-

dralen oder Renaissanceschlössern versehen, sondern ihrer Funktion entsprechend bauen. Gleichfalls wurde erprobt, wie unter den Bedingungen der Großstadt die Menschen am vernünftigsten, bequemsten und gesündesten wohnten. Dank der großzügigen Wohnungsbaupolitik der Gemeinden konnten Architekten des Bauhauses ihre nach langem Experimentieren ausgereiften Lösungen an manchen Orten verwirklichen. (Frankfurt a. M.: Siedlung Bruchfeldstraße, Ernst May; Berlin: Siedlungen in Britz und Zehlendorf, Bruno Taut; Siemensstadt, Martin Wagner, Walter Gropius u. a.; Stuttgart: Weißenhofsiedlung, verschiedene Architekten)
Am Bauhaus haben außer den bedeutendsten Architekten der Zeit (Mies van der Rohe, Marcel Breuer, Moholy-Nagy, Joseph Albers, Herbert Bayer) so bekannte Maler wie Paul Klee, Wassily Kandinsky, Lyonel Feininger, Oskar Schlemmer, Georg Muche als Lehrer gewirkt. Sie alle waren, wenn auch auf unterschiedlichen Wegen, bei der ungegenständlichen Malerei angelangt. In einer einmaligen Kombination von rationalem Konstruktivismus und irrationalem Ausdruckswillen berührten sich ihre Absichten mit denen der literarischen Experimentatoren. Im Mittelpunkt ihres Bemühens standen nur die Mittel der Malerei: Farbe und Form. Sie allein sollten gesetzgebend sein, nicht eine doch niemals aus sich verständliche Gegenstandswelt. Die Wirklichkeit wollten diese Künstler nicht bearbeiten, sondern eine solche erst schaffen:

In dieser ausgeformten Gestalt ist sie [die Welt] nicht die einzige aller Welten! ... So besieht er [der Künstler] sich die Dinge, die ihm die Natur geformt vor Augen führt mit durchdringendem Blick ... Er erlaubt sich dann auch den Gedanken, daß die Schöpfung heute kaum schon abgeschlossen sein könnte, und dehnt damit jenes weltschöpferische Tun von rückwärts nach vorwärts. Der Genesis Dauer verleihend. (Klee, P.: Über die moderne Kunst. Rede anläßlich der Eröffnung einer Ausstellung moderner Kunst 1924. Bern 1949, S. 43)

Die „neue Sachlichkeit" drang als Formprinzip auch in die Literatur ein. Der junge Brecht trat bezeichnenderweise damals öffentlich für den „Gebrauchswert" der Lyrik ein:

Lyrik muß zweifelsohne etwas sein, was man ohne weiteres auf den Gebrauchswert untersuchen können muß ... Alle großen Gedichte haben den Wert von Dokumenten. In ihnen ist die Sprechweise des Verfassers enthalten, eines wichtigen Menschen. (Das Votum Bert Brechts. Kurzer Bericht über 400 junge Lyriker. In: Die literarische Welt, 4. 2. 1927)

Kunst als Antikunst. Am weitesten mit ihrem Experimentieren ging die Literaten- und Künstlergruppe, die für sich 1916 den Namen *Dada* erfand. Sie wollte ein Affront sein gegen die Verharmloser und Ausgleicher. In den Materialschlachten des Weltkrieges sei das expressionistische Pathos des „Oh-Mensch"-Schreis untergegangen. Für die Dadaisten blieb nichts mehr übrig als das Experiment um des Experiments willen, das reine, zweckfreie Spiel. Gespielt werden konnte mit allem: mit Dingen, Dingfragmenten, mit Ideen, Werten, mit Worten und Sätzen oder mit Buchstaben und Lauten. Die schockierenden Produktionen – etwa ein Flaschentrockner als Kunstgegenstand oder ein Gedicht aus Buchstaben („Alphabet von hinten", Kurt Schwitters) – hatten eingestandenermaßen den reinen Unsinn zum Inhalt. Damit wollten die Dadaisten andeuten, daß die Zeitverhältnisse nicht einmal mehr die Kunst erlaubten, daß auch die schärfsten Anklagen nur „stinkende Verlogenheit" seien. Nach der Revolution der menschlichen Lebensverhältnisse sei die alte Kunst tot. Vorläufig dürfe man sich nur die Karikatur, den Spaß mit den alten Gehalten und Formen, das Höhnen und den makabren Scherz erlauben. „Was wir zelebrieren, ist eine Buffonade und eine Totenmesse zugleich." (Hugo Ball)

5. Hoffnung auf die Zukunft

Utopismus. Die Konsequenz der völligen Verwerfung des bestehenden Gesamtzustandes der Menschheit brauchte jedoch nicht, wie bei den Dadaisten, in Unkunst oder, wie bei den konsequenten Nihilisten, in der Lust am Untergange zu bestehen. Der Untergang einer Wertwelt mochte geradezu die Entstehung einer anderen beschleunigen. Gedanken wie diese waren weit verbreitet im Deutschland der zwanziger Jahre. Man glaubte geradezu, die Wehen der Geburt eines neuen Weltzeitalters zu erleben. Im politischen Bereich fanatisierte ein Glaube an Utopien wie das „Dritte Reich" oder die klassenlose Gesellschaft die Anhänger rechts- und linksextremistischer Richtungen.

Sozialkritik und Satire. Unausgesprochen lag die Hoffnung auf einen Umschlag in gute und gerechte Lebensumstände schon dem Schaffen der von Dada, von den Primitiven, aber auch vom Naturalismus und der neuen Sachlichkeit beeinflußten sozialkritischen Zeichner und Maler wie George Grosz und Otto Dix zugrunde. Ihr aggressiver Stil, ihr Demaskieren der Nutznießer des Nachkriegselends, ihr beinahe behagliches Zeigen der Krankheitsherde (Grosz: „Spießerspiegel", „Der Geist der herrschenden Klasse"; Dix: „Der Krieg") sollten nachweisen, wie wenig daran gelegen war, wenn diese verderbte Welt unterging. Eine ebenso scharfe Waffe im Kampf um die Zukunft führten die Karikaturisten und die literarischen Satiriker. Sie hielten ihrer Zeit einen Spiegel vor, und zwar einen Zerrspiegel, um ihre Zeitgenossen zu schockieren und aufzurütteln. Ihre Zeitkritik war keineswegs Selbstzweck, sie stellten sie vielmehr in den Dienst humanistisch-pazifistischer Ideale und demokratisch-sozialistischer Ideen. In München gruppierte sich eine Anzahl solcher Satiriker um den *Simplicissimus* (Th. Th. Heine, Karl Arnold, Eduard Thöny); andere (Klabund, Erich Kästner, Ringelnatz, Walter Mehring) wurden weithin bekannt durch ihre boshaften, witzigen, aber auch melancholischen Beiträge in den vielen Zeitschriften der politisch engagierten Intellektuellen. Eine solche Zeitschrift war die Berliner *„Weltbühne"*, die von Siegfried Jacobsohn, später von Carl von Ossietzky herausgegeben wurde. Der berühmteste Mitarbeiter dieses Blattes war Kurt Tucholsky, der mit beißend scharfem Witz Mißstände und Schwächen anprangerte, wo er sie fand.

Um den neuen Menschen. Wie Satiriker aller Zeiten trieb diese Kritiker der deutschen Gesellschaft ihr empfindliches Gewissen; sie waren Moralisten, allerdings mit einem noch nicht formulierten Wertsystem. Deshalb hat man sie damals als nur destruktiv abgetan. Eine viel stärkere Ausprägung beinahe eschatologischer Erwartung war eines der Kennzeichen des in den zwanziger Jahren stark nachwirkenden *Expressionismus.* Ein großer Teil der Expressionisten war nicht, wie der Begriff andeutet, vorwiegend an ästhetischen Fragen interessiert. Viel dringlicher als die Beschäftigung mit der Form erschien ihnen der Durchbruch zu einer neuen Gemeinschaft und die Hervorbringung des neuen Menschen.

Nach dem Weltkrieg hatte die Bewegung im Schöpferischen ihren Höhepunkt schon überschritten, wirkte aber erst dann in die Breite. Unverkennbar war der aktivistische, idealistische Zug des Expressionismus:

Darin offenbart sich ja die neue Kunst; daß sie die empirische Wirklichkeit der geistigen unterwirft, allen Lärm und Schein der Erde den Ideen unterstellt, die nur unserem Willen entstammen. (Kayser, R.: Literatur in Berlin. In: Das junge Deutschland. 1918, S. 41)

Gerade die Kunst, besonders die Literatur sollte nicht nur Spiel und Schein sein, Unterhaltung für Müßiggänger, sondern aktive Kraft bei der Umwandlung der Zustände:

Das psychologische Zeitalter ist vorüber, und das politische begann. Wir werden nicht musisch sein, wir werden moralisch sein; nicht betrachten, sondern bewirken; Redner, Lehrer, Aufklärer, Aufwiegler, Bündegründer, Gesetzgeber, Priester, Religionsstifter werden wir sein, wir werden Literaten sein. Untätiger Tiefsinn sank im Kurse: er sinke weiter; Geist ist Ziel. Man schimpfe uns fortan nicht mehr „Intellektuelle“; Willentliche wollen wir heißen. (Hiller, K.: Der Aufbruch zum Paradies. Berlin 1922. These 156)

Beispielhaft für den Überschwang und die Größe der Hoffnung sowie für den Gebrauch der Sprache ist Franz Werfel, etwa in seinem Gedicht „Verheißung“:

Es stampft dahin, das alte Menschentier,
die Stirn kommandostumpf, die Lippe stier!
Aus himmellosen Pfützen-Augen glotzen
drei gelbe Gierden und ein trübes Trotzen.
Vom Grabe ist der Felsen weggewälzt.
Der Gott ist fort. Ein Quastenschächer stelzt,
und lehrt mit krächzenden und frechen Blicken
das hohe Wort zu knechten und zu knicken!
Der Gott ist fort. Im Hinterhalt der Welt
wird er Musik. Schon stampft er auf und schnellt
in unser Herz den Schlag von seinen Zeiten,
in unsere Schritte spannt er ein sein Schreiten.
In unsere Sehnen greift ein Sänger-Krampf.
Groß fallen wir in Dithyramben-Dampf.
Wir werden unter weisen Eichen wallen.
Lichtherrscher alle Hand in Hand mit allen.

(Lyrik des expressionistischen Jahrzehnts. Wiesbaden 1955, S. 98)

Wie Werfel verkündeten Leonhard Frank, Johannes R. Becher, Walter Hasenclever das Evangelium vom neuen Menschen. Seine eindrucksvollste dichterische Gestaltung fand das Bekenntnis wohl in dem Drama von Georg Kaiser „Die Bürger von Calais“, das schon 1917 uraufgeführt wurde, aber erst in der Epoche nach dem Weltkriege seine Wirkung entfalten konnte und zu den meistgespielten Theaterstücken der zwanziger Jahre gehörte. Die reinste Verkörperung des neuen Gemeinschaftsgefühls stellt die Hauptfigur, Saint-Pierre, dar, der sich selber opfert, um seine Mitbürger zu läutern. Von ihm sagt sein Vater:

Von allen Tiefen das siebenmal silberne Leuchten — der ungeheure Tag der Tage ist draußen! — — ... Er kündigte von ihm — und pries von ihm — und harrte mit frohem Übermute der Glocke, die zu einem Fest schwang — — ... Meine blinden Augen sind gut, um es nicht mehr zu verlieren: — ich habe den neuen Menschen gesehen — in dieser Nacht ist er geboren! (Kaiser, G.: Die Bürger von Calais. Bamberg und Wiesbaden 1960, S. 77/78)

Kunst im Dienste utopischer Ideologien. Aller Überschwang der Gefühle, alle Anstrengung des Glaubens und Hoffens konnte die Wirklichkeit nicht allein und sofort verändern. Innere Läuterung, Zuwendung zu den Menschen reichten nicht aus, um die

Wirklichkeit der industriellen Zivilisation und die Herrschaftsverhältnisse des 20. Jahrhunderts zu beeinflussen, geschweige denn zu formen. Mitte der zwanziger Jahre resignierten deshalb viele expressionistische Schriftsteller und wandten sich vor allem ästhetischen Formproblemen zu. Andere hingegen suchten sich mehr mit den Kräften der Tageswirklichkeit einzulassen. Warum nicht Anschluß an Gemeinschaften und politische Richtungen suchen, die auch gegen die Gegenwart aufbegehrten, spürbar antibürgerlich eingestellt schienen und gleichfalls einen „neuen Menschen" hervorbringen wollten? Nicht wenige der Künstler glaubten ihre Bestrebungen im Kommunismus und auch, wie z. B. Hanns Johst, in den völkischen Gruppen, vor allem im Nationalsozialismus, wiederzufinden. Auch da war der Wille zur radikalen Umgestaltung der Wirklichkeit, die brüderliche Gemeinschaft der Gleichgesinnten, das hohe Ziel der Erlösung der Menschheit von ihren Übeln.

Der Kommunismus hatte schon immer stark auf Intellektuelle gewirkt, die die Selbstentfremdung des Menschen aufheben wollten. Zu ihnen gehörten der Schriftsteller Ernst Toller, der Philosoph Ernst Bloch („Der Geist der Utopie", 1918), der Regisseur Erwin Piscator, der Journalist Egon Erwin Kisch, die Schriftsteller Johannes R. Becher, Anna Seghers, Bertolt Brecht. Brecht gehörte zur Richtung der „Neuen Sachlichkeit" und wandte sich – ähnlich wie die Bauhaus-Gruppe – den neuen Materialien, den neuen gesellschaftlichen Zuständen zu. Er hate schon in seiner „Dreigroschenoper" (1928) seine Nähe zu marxistischen Gedankengängen erkennen lassen:

Wer möchte nicht in Fried und Eintracht leben?
Doch die Verhältnisse, die sind nicht so!
(Bertolt Brechts Dreigroschenbuch. Frankfurt a. M. 1960, S. 31)

Das Stück wurde zu einem der größten Bühnenerfolge der zwanziger Jahre, und das bürgerliche Publikum applaudierte entzückt der Verhöhnung seiner eigenen Mentalität. Die „Rote Fahne" jedoch kritisierte das Werk wegen „mangelnder gesellschaftlicher Konkretheit". Brecht, fasziniert von der Dialektik des Marxismus und von den Möglichkeiten, sie als provozierendes künstlerisches Stilmittel auf der Bühne zu gebrauchen, bekannte sich wenig später entschieden zum Marxismus. Er schrieb fortan keine Stücke mehr, die nur die Ungerechtigkeiten und Widersprüche im kapitalistischen System aufdeckten, sondern ersann „Lehrstücke" („Das Badener Lehrstück vom Einverständnis", 1929; „Die Maßnahme", 1930), in denen er so extreme Meinungen wagte wie die, daß zur Aufrechterhaltung der Parteidisziplin im äußersten Notfall auch ein Mord gerechtfertigt sei:

Welche Niedrigkeit begingest du nicht, um
Die Niedrigkeit auszutilgen?
Könntest du die Welt endlich verändern, wofür
Wärest du dir zu gut?
Wer bist du?
Versinke in Schmutz
Umarme den Schlächter, aber
Ändere die Welt: sie braucht es!

(Brecht, B.: Die Maßnahme. In: Versuche. Heft 4, 1930. Zit. nach: Versuche, Heft 1–12. Berlin/Frankfurt a. M. 1959, S. 340)

Brecht erregte aber gerade mit diesem Stück bei der KPD Anstoß und erntete überhaupt von ihr wenig Dank.

6. Die Wirkung der modernen Kunst

Wer neue Ideen hatte oder neue Formen fand, war jedoch zu jener Zeit nicht repräsentativ für die geistige Haltung der Deutschen. Unkonventionelle Schöpfungen erregten zwar meist großes Aufsehen, oft verbunden mit Skandalen; wirklich beschäftigt war mit den Werken nur ein kleiner Kreis von Kennern. Klee hatte resignierend gesagt: „Uns trägt kein Volk". Dem Durchschnittszeitgenossen leuchtete die Formel „unschön, unbegreiflich = undeutsch" sehr ein, konnte er sich doch endlich erklären, warum er sich mit den neuen geistigen und künstlerischen Strömungen nicht zu befreunden vermochte. Sie wurden nicht verstanden als Ausdruck des Ringens um Bewußtwerdung und Selbstverständnis des Menschen im Industriezeitalter, ja, die Notwendigkeit einer solchen Neuorientierung wurde überhaupt nicht gesehen. Die Menschen begriffen nicht die Tragweite der umwälzenden technischen, sozialen und politischen Wandlungen, die in ihrem Jahrhundert vor sich gingen und die veränderte Lebensformen, gesellschaftliche Umwandlungen und die Fragwürdigkeit überkommener Wertvorstellungen bedingten. Sie konnten nicht sehen, warum schöpferische Menschen danach trachteten, die gewaltigen Veränderungen geistig zu verarbeiten und die Weiterentwicklung zu erspüren.

7. Die Massenmedien

a) Der Rundfunk

Zu einem bevorzugten Mittel der Unterhaltung und Belehrung entwickelte sich gegen Ende der zwanziger Jahre der Rundfunk. Als erste deutsche Gesellschaft nahm 1923 die Funkstunde AG in Berlin ihren Betrieb auf. Bald danach wurden die Rundfunkgesellschaften staatlicher Oberhoheit und Kontrolle, ausgeübt durch die Reichspost, unterstellt. 1926, als die Hörerzahl bereits über der Million lag, bekam Hans Bredow, Staatssekretär im Reichspostministerium, als Rundfunkkommissar den Auftrag, den Rundfunk aus dem Streit der Parteien herauszuhalten. Das Programm trug darum einen ausgesprochen *unpolitischen Charakter*. Übertragungen aus dem Reichstag ließ dieser nicht zu, und die Ausstrahlung von Erklärungen der Regierung und Opposition hielt man für „unzweckmäßig und undurchführbar". Einzige Ausnahme war die Rede des Reichskanzlers Brüning im Februar 1932, zu der keine Erlaubnis vom Reichstag eingeholt worden ist. Die Kanzler von Papen und von Schleicher, die nicht im Parlament auftreten konnten (vgl. XV), bedienten sich schon öfter der Übermittlung ihrer Ansichten an die Hörer.

In der Entwicklungszeit des Rundfunks wurde der kulturelle Auftrag sehr ernst genommen. Philharmonische Konzerte überwogen, und die unterrichtenden Wortsendungen erreichten zumeist Hochschulniveau. Beim Unterhaltungsteil führte die Freude am Experimentieren sehr bald zur Entdeckung des „Funkischen", das u. a. eine neue Gattung des Wortkunstwerks entstehen ließ, das Hörspiel.

b) Der Film

Der Filmzuschauer wurde seinem Alltag enthoben und in eine völlig andere Welt versetzt. Gerade weil die Filmindustrie privatwirtschaftlich organisiert blieb, mußte sie sich weitgehend dem Publikumsgeschmack anpassen. Zunächst herrschte deswegen auf der Leinwand die Freude an der Bewegung vor, und als die Technik sich vervollkommnete, diente der Großteil der Filme allein der Unterhaltung und Zerstreuung. Mit den Mitteln des Realismus ließ sich der Kinobesucher gern in den Zustand des Traumes von einem besseren, heitereren und reicheren Leben versetzen. Außerdem wurden die Filmhelden und -heldinnen für viele Menschen gesellschaftliche und allgemein menschliche Leitbilder.

Zuweilen wurde auch versucht, Gesinnungen zu suggerieren. Das geschah ziemlich regelmäßig in den Ufa-Wochenschauen, die das Weltgeschehen in der Sicht der Rechten vorführten; bei den Spielfilmen waren jedoch ausgesprochene Tendenzfilme wie der pazifistische „Im Westen nichts Neues“ und die militaristisch-patriotische „Fridericus“-Serie die Ausnahme.

Versuche, sich von den Regeln der Bühne zu lösen und eine eigene Filmkunst zu entwickeln, führten zur bedachten Ausnutzung vieler Möglichkeiten der Technik, wie Schnitt, Rückblende, Überblendung u. dgl. So kamen schon früh Filme zustande, die expressionistische Stilelemente aufnahmen, etwa „Das Kabinett des Dr. Caligari“ (1919; Robert Wiene) und „Die Nibelungen“ (1924; Fritz Lang). Um Seelenanalyse bemühten sich Regisseure wie F. W. Murnau mit dem Mittel der „entfesselten Kamera“. In seinem „Letzten Mann“ (1924) ließ Murnau beispielsweise mit umgeschnallter Kamera Rollschuh laufen, um den Eindruck des Träumens zu erwecken. Zur Besonderheit der Filmkunst gehörte vor allem die Verwendung des menschlichen Gesichts in Großaufnahme, wie sie etwa G. W. Pabst in „Die Büchse der Pandora“ (1928) gelang. Auch nach der Einführung des Tonfilms Anfang der dreißiger Jahre, was zunächst einen gewissen Niveauverlust durch Annäherung an das Operettengenre und Überflutung mit Unterhaltungsfilmen aus den USA zu Folge hatte, konnte der deutsche Film noch beachtliche Leistungen aufweisen, die internationale Anerkennung fanden: „Der blaue Engel“ (1930; J. von Sternberg), „M“ (1931; Fritz Lang), „Der träumende Mund“ (1932; P. Czinner).

c) Die Presse

Wandlungen im deutschen Zeitungswesen. Den ersten Platz unter den Informationsmitteln behauptete immer noch die Presse. Ein Viertel der deutschen Tageszeitungen mit einer täglichen Auflage von mehr als vier Millionen war partei- oder interessenpolitisch gebunden *(Parteipresse)*. Ihre Wirkung über den Kreis der jeweiligen Parteimitglieder hinaus war unterschiedlich, im ganzen wohl aber recht beschränkt.

Wer politisch interessiert war, griff lieber zu den Blättern, die nicht das Sprachrohr einer bestimmten Partei bildeten, sondern die nur auf eine ungefähre politische Richtung festzulegen waren *(Richtungspresse)*. Besonders die Mittelschichten verlangten nach einer solchen „überparteilichen“ Art der Publizistik. Unter diesen Blättern waren es die Veteranen des deutschen Zeitungswesens wie etwa die Vossische, die Kölnische, die Frankfurter Zeitung, die den Rang von Weltblättern erreicht hatten und zu bewahren suchten. Aber weil sie die geistige Auseinandersetzung erstrebten und dem Ideal huldigten, daß erst aus der publizistischen Diskussion eine öffentliche Meinung hervorgehen solle, wurden sie allmählich zu unrentablen Unternehmen. Denn den Bildungsbürger des 19. Jahrhunderts, der die Muße zu dieser Auseinandersetzung hatte, gab es kaum noch. Die Mehrzahl der Zeitungsleser aus dem verarmten Mittelstand war aus Mangel an Zeit oder Interesse bereit, fertige Urteile zu übernehmen. Unter diesen Umständen gehörte die Zukunft den Massenblättern, die sich in Aufmachung und Inhalt auf den neuen Lesertyp einstellten. Meist machten die großen Verlagshäuser ihr Geschäft mit den Massenpublikationen, um die von ihnen außerdem betreuten ranghöheren Blätter halten zu können.

Wählerzahlen und Auflageziffern der Zeitungen (Sommer 1932)

Zentrum und BVP	5,7 Mill. Wähler	Auflage der Parteizeitungen	2,4 Mill.
SPD	7,9 Mill. Wähler	Auflage der Parteizeitungen	1,1 Mill.
KPD	5,2 Mill. Wähler	Auflage der Parteizeitungen	0,5 Mill.
Staatspartei	0,4 Mill. Wähler	Auflage der lib.-demokr. Ztgn.	1,5 Mill.
DVP	0,4 Mill. Wähler	Auflage der nat.-lib. Zeitungen	1,5–2 Mill.
Andere Parteien	1,0 Mill. Wähler	kein eigener Zeitungstyp	
DNVP	2,1 Mill. Wähler	Auflage der Hugenbergpresse	2–3 Mill.
NSDAP	13,7 Mill. Wähler	Auflage der Parteizeitungen	0,6 Mill.
Nichtwähler	7,1 Mill.	Auflage der richtungsfreien Ztgn.	4–5 Mill.
Stimmberechtigte	44,0 Mill.	Auflage aller Zeitungen tägl. rund	15 Mill.

(nach Aretin, K. O. Freiherr von und Fauth, G.: Die Machtergreifung. Bayerische Landeszentrale für Heimatdienst. München 1959, S. 58)

Außerdem gab es den Typ des Zeitungslesers, der von seinem Blatt lediglich Spannung oder Entspannung, Erbauung, Rührung oder Nervenkitzel erwartete. In den Großstädten griff er regelmäßig nach den Mittags- oder Abendblättern *(Boulevardpresse)*, die in ihren fetten Balkenschlagzeilen Verbrechen, Skandale und Sensationen meldeten. In den Kleinstädten und auf dem Lande hing man an seinem *Lokalblatt* (Generalanzeigerpresse), das wohl auch aus den Hauptstädten berichtete, aber sich mit größerer Ausführlichkeit der Schilderung lokaler Ereignisse zuwandte.

In der Boulevardpresse trat Politik lediglich hervor, wenn sie in das Zwielicht des Kriminellen und Skandalösen geriet. Einfachen Gemütern wurde damit anschaulich bestätigt, daß die Politik ein schmutziges Geschäft sei, das entweder den Charakter verderbe oder nur verderbte Charaktere anziehe. Die Presse vom Generalanzeigertyp bezeichnete sich als parteipolitisch neutral, d. h. sie war „gut bürgerlich“: national und antimarxistisch. Sie war es auf indirekte Weise: in der Art der Berichterstattung und Kommentierung.

Für Interessierte blieb es kein Geheimnis, daß sich auch im Pressewesen die Konzentration wirtschaftlicher Macht vollzogen hatte *(Pressekonzerne)*. Vor allem drei große Konzerne standen sich gegenüber, die – jeder auf seine Weise – öffentliche Meinung machten: die Verlagshäuser Mosse, Ullstein und der Hugenberg-Konzern.

Der Hugenberg-Konzern. Von Mosse und Ullstein war bekannt, daß sie die Republik unterstützten und sich bemühten, demokratische Grundsätze zu pflegen. Hugenbergs

Persönlichkeit und sein Wirken blieben – obwohl er sich als deutschnationaler Politiker und dann als Vorsitzender der DNVP immer im Licht des öffentlichen Lebens bewegte – während der ganzen Zeit der Weimarer Republik im dunkeln.

Alfred Hugenberg, Herkommen und Lebensweg. Hugenberg, 1865 geboren, entstammte einer wohlhabenden hannoverschen Familie. Als Jurist und Nationalökonom stieg er im Staatsdienst bis zum Geheimen Finanzrat auf. 1907 trat er eine leitende Stellung in der Privatwirtschaft an, und 1909 holte ihn die Firma Fried. Krupp in ihr Direktorium, dessen Vorsitz er übernahm. In dieser Eigenschaft leitete er die Verteilung der Spenden der Ruhrindustrie. Die Gelder, bisher von einzelnen Firmen planlos und wahllos vergeben, sollten künftig nur noch den Interessen der Schwerindustrie — etwa durch publizistische Beeinflussung der Öffentlichkeit — dienen. Allmählich entstand aus dieser Tätigkeit ein Pressekonzern, dessen Leitung sich Hugenberg nach seinem Ausscheiden aus der Firma Krupp (1919) ausschließlich widmete.

Politische Auffassungen. Hugenberg stellte seine Arbeit unter die Devise: „Der nationale Gedanke und die Wiederdurchsetzung des Persönlichkeitsgedankens in Kultur und Wirtschaft." Unter dem „Persönlichkeitsgedanken" verstand er kaum mehr als ungehinderte Ausübung politischer und wirtschaftlicher Macht durch die frühere Oberschicht. Ganz gewiß setzte er – Alldeutscher seit Begründung des Vereins und Annexionist bis zur letzten Kriegsstunde – den „nationalen Gedanken" mit obrigkeitsstaatlichen und imperialistischen Vorstellungen gleich. Starke Sympathien brachte er wie alle seine Verbandsfreunde den völkischen Lehren, besonders den Rassentheorien, entgegen. Ein Monarchist alter Prägung war er jedenfalls nicht:

Auf eine weite Strecke hat sein Genie Mussolini schon vor uns ähnliche Wege wandeln lassen. Aus dem blutgedüngten Acker Mitteleuropas will eine neue Zukunft der Menschheit aufsteigen... Aber die Grundlage kann nur die Nation und der preußische Pflichtgedanke sein. (Hugenberg, A.: Die soziale Frage in Deutschland. Berlin 1932, S. 5)

Hugenberg wollte nicht nur Diener von Wirtschaftsinteressen in der Politik sein, sondern strebte – ganz im Einklang mit der Hauptströmung des deutschen Nachkriegsnationalismus – nach einem starken Staat.

Charakter. Die Stärke dieses kleinen unscheinbaren Mannes mit der Bürstenfrisur und dem Feldwebelschnauzbart lag in seinem Organisationstalent, seiner Beherrschung finanzieller Strategie und seinem sicheren Gespür für zukunftsträchtige publizistische Mittel. Wenn Hugenberg sich als Redner oder Schriftsteller äußerte, vermochte er wegen seiner kühlen und leidenschaftslosen Art und seiner bald trockenen, bald pathetisch-umständlichen Ausdrucksweise nicht zu fesseln oder gar mitzureißen. Im Grunde scheute er die Masse.

Wesen und Aufbau des Hugenberg-Konzerns. Die Grundlage des konsequent durchdachten Komplexes von Unternehmen, dem man gewöhnlich seinen Namen beilegte, blieben die erwähnten Gelder und die vielverzweigten Verbindungen der Ruhrindustrie. Der Konzern war nicht auf Gewinn ausgerichtet, wie aus dem ersten Paragraphen der Satzung hervorging:

Der Zweck des Vereins ist nicht auf Gewinn seiner Mitglieder gerichtet, sondern gemeinnützig. Der Ertrag soll ausschließlich dazu dienen, von Jahr zu Jahr, ohne Eingehung von dauernden Verpflichtungen gemeinnützige im Sinne der Vereinsaufgaben liegende Zwecke zu unterstützen. Eine Verteilung von Gewinn ist also ausgeschlossen. (Bernhard, L.: Der „Hugenberg-Konzern". Psychologie und Technik einer Großorganisation der Presse. Berlin 1928, S. 99)

Mit dieser Bestimmung war der Konzern den Konkurrenten überlegen. Hugenberg, der keinen Anteil an dem Betriebsvermögen hatte, wirkte als Vertrauensmann einer Dachgesellschaft, der „Wirtschaftsvereinigung zur Förderung der geistigen Wiederaufbaukräfte". Damit entsprach er genau dem Typ des modernen Unternehmers, des Managers.

Die Methoden des Konzerns. Den Kern des Konzerns machte das schon 1916 erworbene Verlagsunternehmen Scherl AG aus, von dem Druckerzeugnisse mit eindeutig nationalem und republikfeindlichem Tenor wie der „Berliner Lokal-Anzeiger", „Der Tag", die Illustrierte „Die Woche", vaterländische Romane und Erlebnisbücher vom Kriege herausgegeben wurden. Ein anderes Glied des Konzerns, die „Vera Verlagsanstalt GmbH", bezeichnete es als ihr Geschäft, kleinere Blätter und Verlage fachmännisch zu beraten. Einer ihrer Ratschläge mochte darin bestanden haben, sich mit der „Allgemeinen Anzeigen AG" (Ala) zu verbinden, die dem Vertragspartner einen kapitalkräftigen Kundenkreis – die großindustriellen Gönner des Konzerns – bei Anzeigenaufträgen garantierte. Oft war die wirtschaftliche Grundlage auch dann noch nicht fest genug. Dann empfahl die Vera ihren Klienten weiter an die „Mutuum Darlehen AG", die auf die Vergabe von Krediten an Verlage spezialisiert war. Dabei konnte es geschehen, daß die Beteiligung der „Mutuum" immer größer wurde, so daß der Verlag schließlich in die Hand des Hugenberg-Konzerns überging. Besonders die Inflationszeit war günstig für solche Manöver gewesen. Hugenberg hat dies nie abgestritten:

> Wenn ich Inflationsgewinne gemacht habe, so hat sich das so vollzogen, daß ich für eine Organisation, an deren Spitze zwölf nationale Männer stehen und das Leitmotiv abgeben dafür, wie diese Organisation arbeiten soll und will, schwach werdende nationale Blätter, auch andere Blätter, die bis dahin den nationalen Kurs nicht eingehalten hatten, erworben habe, um sie entweder der nationalen Sache zuzuführen oder aber sie in dem nationalen Geleise zu erhalten und sie nicht an die großen antinationalen Pressemächten fallenzulassen. (Hugenberg im November 1927 auf dem Parteitag der DNVP. Zit. bei Mendelssohn, P. de: Zeitungsstadt Berlin. Menschen und Mächte in der Geschichte der deutschen Presse. Berlin 1959, S. 277)

Der „nationale Kurs" wurde für die meist unbefangenen und unkritischen Leser manchmal gar nicht deutlich. Dafür sorgten vor allem zwei Einrichtungen: die „Telegraphen Union" (TU) und die „Wirtschaftsstelle der Provinzpresse" (Wipro). Die TU, eine Großorganisation, die in Deutschland nicht ihresgleichen hatte, verkaufte für die Zeitungen, die sich keinen eigenen Nachrichtendienst und keine Korrespondenz in den deutschen und ausländischen Hauptstädten leisten konnten – und das war die überwiegende Mehrzahl der Zeitungen –, Nachrichten und Korrespondenzberichte. Vermittelten schon die Nachrichten unter dem Deckmantel der Objektivität ein bestimmtes Bild der Ereignisse, indem gestrichen, zurechtgestutzt und gemischt wurde, so waren die Korrespondenzberichte eindeutig tendenziös.

Wer nur den Nachrichtendienst der TU bezog, lag schon ungefähr auf „nationalem Kurs"; ganz ausgeliefert an die Meinungsmacher des Hugenberg-Konzerns hatte sich der Herausgeber einer Provinzzeitung, der Abonnent der „Wipro" geworden war. Die „Wipro" versandte einen der drei großen deutschen Materndienste und wurde wegen ihres niedrigen Preises vom größten Teil der Provinzpresse bezogen. Sie verschickte bereits gesetzte und in Pappstreifen eingeprägte Spalten, die in der Provinzdruckerei nur noch von einer Metallgießmaschine ausgegossen und in fertige Druckspalten verwandelt zu werden brauchten. Damit verbilligten sich die Herstellungskosten außerordentlich, und erst auf diese Weise warf das Unternehmen einen beachtlichen Gewinn ab. Das Ergebnis war, daß die kleinen Zeitungen nur noch Zwei-Mann-Betriebe zu sein brauchten: Der Verleger und ein Setzer genügten. Der Verleger war zugleich sein eigener Redakteur, der den lokalen Teil schrieb, der dann gesetzt, gematert und gegossen werden mußte. Alles andere, Nachrichten, Leitartikel, Plaudereien, Marktberichte, Kurszettel, Fortsetzungsroman, Sportbericht, Witze, Rätsel usw. wurden von den Materndiensten der Hauptstadt geliefert. Die Provinz genoß also in den meisten Teilen Deutschlands die gleiche geistige Kost.

Einen wichtigen Stein in sein Gebäude fügte Hugenberg ein, indem er 1927 für die Wirtschaftsvereinigung die „Universum Film AG" (Ufa) erwarb, die kurz vor dem Zusammenbruch stand. Hugenberg änderte zunächst nichts an der Programmzusammensetzung und sorgte dafür, daß das Unternehmen wirtschaftlich rentabel wurde.

8. Schule und Schulpolitik

Die Verfassung räumte dem Reich im Art. 10 lediglich ein, „... im Wege der Gesetzgebung Grundsätze aufzustellen für: ... das Schulwesen einschließlich des Hochschulwesens ...". Trotz verschiedener Anläufe ist ein *Reichsschulgesetz* jedoch nie zustande gekommen, weil die Vertreter der Reichsregierung mit Parteien und Ländern keine Einigung wegen des Streits um die konfessionellen Bekenntnisschulen erzielten. 1920 wurde aber immerhin das *Grundschulgesetz* erlassen, nach dem die ersten vier Jahre der Volksschule von den Kindern in der Regel gemeinsam ohne Rücksicht auf den sozialen Status der Eltern durchlaufen werden mußten.

Eine 1920 einberufene *Reichsschulkonferenz*, auf der Vertreter aller Lehrergattungen und sämtlicher Varianten der schon vor dem Kriege recht lebendigen Reformpädagogik um einen Ausgleich der Meinungen rangen, endete enttäuschend; denn die duale Schulorganisation (Volksschule — Höhere Schule) wurde faktisch trotz aller Empfehlungen zur Reform nicht verändert. — Für die radikalste Umgestaltung der Schule kämpfte der „Bund entschiedener Schulreformer" (gegründet 1919). Paul Oestreich, Fritz Karsen, Anna Siemsen u. a. schlugen die Einheitsschule vor, die „alle, aber auch alle Kinder des Volkes auf eine Bildungsstufe" heben sollte. Diese Ideen, verbunden mit dem Gedanken der „Produktionsschule" (Erziehung durch produktive Arbeit) hatten deutlich sozialistische Akzente.

In *Preußen* widmete sich das Kultusministerium (Minister 1921 und von 1925 bis 1930: Carl Heinrich Becker) vor allem der Reform der Höheren Schule. Maßgeblich dafür war der Ministerialrat Hans Richert mit seinen 1925 in Kraft tretenden Lehrplanrichtlinien. Seine Absicht war, die bisher vorwiegend am antiken Kulturkreis orientierten humanistischen Bildungsideale durch das Leitbild der „deutschen Bildung" zu ersetzen. Kernfächer der Deutschen Oberschule, des reinsten Repräsentanten dieses neuen Bildungsideals, waren Deutsch, Geschichte, Erdkunde, Kunst, Religion, die das deutsche Bildungsgut überliefern sollten. Die Verbindung von nationalem Ethos und Weltbürgertum fand in der Gymnasiallehrerschaft ein starkes Echo.

Carl Heinrich Becker ist vor allem die Gründung der Pädagogischen Akademien zu verdanken, womit der Grund für die Hochschulausbildung der Volksschullehrerschaft gelegt wurde.

Vierter Teil
Festigung und neue Erschütterung (1924—1930)

X. Die Außenpolitik Stresemanns (1924–1928)

1. Gustav Stresemann und die Grundlagen seiner Politik

Lebensweg und politische Anschauungen. Gustav Stresemann wurde 1878 in Berlin geboren. Sein Vater betrieb dort in einem Arbeiterviertel eine Gastwirtschaft und einen Flaschenbierhandel. Die Eltern konnten dem Sohn das Studium ermöglichen. Stresemann wählte als Fach die politische Ökonomie (Wirtschaftswissenschaft), deren Doktorgrad er 1900 erwarb. Der junge Volkswirtschaftler stieg rasch zum Syndikus des „Bundes der Industriellen" auf und betätigte sich früh in der Politik.

Er schloß sich der Nationalliberalen Partei an und wurde schon als Achtundzwanzigjähriger Mitglied des Reichstages. Als glühenden Monarchisten und eifrigen Anhänger des deutschen Imperialismus bedrückten ihn Niederlage und Revolution schwer.

In innenpolitischer Hinsicht hatte er sich stets von denen unterschieden, die gleich ihm für Deutschlands Weltmachtstellung und für Annexionen nach dem Kriege eingetreten waren. Er hatte Verständnis für soziale Fragen, war als Vertreter der mittleren Industrie gegen Monopoltendenzen in der Schwerindustrie und für die Abwandlung der Verfassung im parlamentarischen Sinne eingetreten. Es fiel ihm daher etwas leichter als manchem anderen seiner Gesinnungsfreunde, im politischen Leben der Republik tätig zu sein, wenn er auch den Zusammenbruch des alten Reiches nie ganz verwand.

Es gelang ihm 1918/19, den Kern der Nationalliberalen sowohl vor dem Aufgehen in der neuen Rechten (DNVP) als auch in der bürgerlichen Linken (DDP) zu bewahren und ihn unter dem Namen der Deutschen Volkspartei zu seiner Hausmacht auszugestalten. Anders als die meisten seiner Parteigenossen strebte Stresemann bald danach, aus der Opposition herauszukommen: Er wollte endlich regieren. Stresemann, der Vernunftrepublikaner, machte seine DVP wider ihren Willen zu einer staatstragenden Partei.

Nach seiner kurzen Kanzlerschaft (1923) behielt Stresemann den Posten des Reichsaußenministers. Er behielt ihn für sechs Jahre bis zu seinem Tode (1929). Während dieser Zeit wurde er zum „heimlichen Reichskanzler" und dem Ausland gegenüber zum Repräsentanten des neuen deutschen Staates.

Charakter. Wer Stresemann nach seinem Äußeren beurteilen wollte, täuschte sich leicht. Seine gedrungene Gestalt, sein runder, stiernackiger Schädel, das großflächige, breite Gesicht mit den groben Zügen entsprach nicht seinem Inneren. Er war sehr empfindsam und gefühlvoll, mitunter sogar sentimental. Sein Wesen hatte aber noch eine andere Seite: Er besaß einen wachen, scharfen Verstand, der ganz auf das Wirkliche und Praktische gerichtet war, und einen eminenten Drang nach tätigem Leben. Es konnte nicht ausbleiben, daß manchmal von den beiden hervorstechenden Charakterzügen gegensätzliche Impulse ausgingen. Doch meist überwand der Realist und Tatmensch — wenn auch nicht selten bedauernd — den Gefühlsmenschen und Träumer. Nur, wenn er sprach, trug ihn zuweilen die innere Bewegung fort, und er wurde pathetisch. Aber das rührte damals die Menschen besonders an und begründete einen großen Teil seines Erfolges in der Politik. Er, der jeden offenen Konflikt scheute und es liebte, mit seiner

Umwelt in Übereinstimmung zu sein, war geradezu prädestiniert für den Posten des Außenministers in Deutschlands schwieriger Lage. Er war immer bereit zu Kompromissen.

Außenpolitische Ziele. Stresemanns Außenpolitik wird auch heute noch sehr unterschiedlich beurteilt. Es wird von Stresemann behauptet, daß er nie etwas anderes als Monarchist und Nationalist gewesen sei. Seine Versöhnungspolitik sei nur zeitweilige Aushilfe gewesen, Vorstufe zur Wiederherstellung der Großmachtstellung Deutschlands. Er habe das Reich wieder stark machen wollen, um es ihm zu ermöglichen, das Entrissene nötigenfalls mit Gewalt zurückzuholen.

Es gibt Äußerungen Stresemanns, die in diesem Sinne verstanden werden können:

Wir erleben den ganzen Jammer der Außenpolitik eines waffenlosen Volkes. Wir haben nichts zu tun mit einem Pazifismus, der sich einer solchen Waffenlosigkeit rühmt. Wir empfinden im Gegensatz zu solchem Pazifismus tiefste Scham darüber, daß uns die Entwaffnung aufgezwungen wurde. (Rede vor dem Parteitag der DVP 1924. Stresemann, G.: Vermächtnis. Bd. I. Berlin 1932, S. 375)

Ich hoffe und glaube, daß, wenn es dahin kommt — und ich glaube, daß letzten Endes immer diese großen Fragen durch das Schwert entschieden werden — dieser Zeitpunkt möglichst lange hinausgeschoben werden möge. Ich kann mir daraus nur den Untergang unseres Volkes ersehen, solange wir das Schwert dazu eben nicht haben. Wenn man daran denkt, daß wieder einmal eine Zeit kommt, in der das deutsche Volk selber wieder stark genug ist, um eine bedeutendere Rolle zu spielen, dann müssen Sie erst dem deutschen Volke die Grundlage geben! Dann erst können Sie auf die Zukunft hoffen. (Stresemann, G. Zit. nach Zimmermann, L.: Deutsche Außenpolitik in der Ära der Weimarer Republik. Göttingen 1958, S. 267)

Dagegen wird eingewandt, Stresemann habe 1923 sein Damaskus erlebt und sich danach binnen kurzem zum Europäer und zum Republikaner gewandelt. Seine Absicht sei es gewesen, Deutschland als gleichberechtigten Partner eng mit den westeuropäischen Staaten zu verbinden. Eine Rückkehr zu Methoden der Machtpolitik habe ihm ganz ferngelegen. Darüber hinaus sehen ihn viele als Verfechter der Europa-Idee an, d. h. des Zusammenschlusses der europäischen Staaten zu einem Bunde.

Auch ein solches Urteil kann durch Zitate gestützt werden:

Wir wissen, daß wir Machtpolitik nicht treiben können, aber wir wollen in der Politik der Friedenssicherung unseren eigenen Weg gehen. (Vermächtnis, Bd. II, a. a. O., S. 542)

Die Erhaltung des Friedens und die darauf gerichteten Bestrebungen sind nicht Weichheit, sind nicht Schwäche, sie sind realpolitische Erkenntnis unserer eigenen nationalen Interessen. (Stresemann, G.: Vermächtnis, Bd. III, a. a. O., S. 487)

Ich komme zu der Frage, die in der Debatte dieser Tage erörtert worden ist. Das war die Neugestaltung der Staatenverhältnisse in Europa ... Es gibt sehr viele, die jede Erörterung eines solchen Gedankens von vornherein abgelehnt haben. Das sind jene Pränumerandopessimisten, die jeden Gedanken zur Unfruchtbarkeit bestimmen, wenn er nicht in das allgemeine normale Denken hineinfällt; sie sprechen von der Romantik, die mit diesem Gedanken verbunden sei, von der Unmöglichkeit, ihn aus der Theorie irgendwie in die Wirklichkeit zu übersetzen. Diese prinzipielle Skepsis möchte ich meinerseits zurückweisen ... Weshalb sollte der Gedanke, das, was die europäischen Staaten einigen kann, zusammenzufassen, von vornherein unmöglich sein? (Rede vor dem Völkerbund, 1929. Stresemann, G.: Vermächtnis, Bd. III, a. a. O., S. 577)

Heute, da die Forschung noch im Fluß ist, scheint sicher zu sein, daß die extremen Einschätzungen nicht haltbar sind. Stresemanns Nationalismus hat sich gewandelt. Die Erfahrungen und jahrelangen Unterhandlungen, das ständige Abschätzen der eigenen deutschen Möglichkeiten schliffen die letzten Reste illusionären Weltmachtstrebens ab. Auf keinen Fall sind ihm kriegerische Absichten zuzuschreiben. Andererseits war Stresemann noch zu sehr Kind des 19. Jahrhunderts, als daß ein politisch vereinigtes Europa zu seinen Herzenswünschen gezählt hätte. Er konnte noch nicht aus der Sphäre nationalstaatlichen Denkens hinaustreten.

Stresemann mußte mit seiner Politik wieder da ansetzen, wo 1923 die Erfüllungspolitik unterbrochen worden war (s. IV B 7 und V 5 c). Wie fast alle Außenminister vor ihm war er gezwungen, zuerst an die Interessen der Alliierten zu denken, um zu versuchen, die deutschen möglichst mit ihnen zu vereinbaren. Stresemann konnte nicht aus einer Machtstellung operieren, sondern nur den guten Willen Deutschlands anbieten, sich in die neue Ordnung einzufügen. Zunächst kam es darauf an, Vertrauen zu erwerben, zu warten, bis sich eine günstige Gelegenheit bot, die eigenen Wünsche zur Sprache zu bringen, immer wieder auf die Gemeinsamkeit der Interessen aller europäischen Mächte hinzuweisen, die auch die Existenz eines gesunden und starken Deutschland einschlossen.

2. *Reparationen und Dawes-Plan*

Bedingungen des Dawes-Abkommens. Nach dem Ruhrkampf stand in der internationalen Politik sogleich wieder die Reparationsfrage zur Debatte. Der Sachverständigenausschuß (vgl. V c), in dem der Amerikaner Charles G. Dawes den Vorsitz hatte, übergab im April 1924 sein Gutachten der Reparationskommission. Dieses Gutachten wurde der Gegenstand der Beratungen zwischen den europäischen Kabinetten. In ihm wurde empfohlen, die Höhe des normalen Jahresbetrages, den Deutschland zu leisten hätte, auf 2,5 Milliarden Mark festzusetzen. Doch erst in den Jahren 1928/29 würde Deutschland diesen vollen Betrag aufzubringen haben. Bis dahin, so glaubte man, hätte sich Deutschland wieder erholt. Vor diesem Zeitpunkt waren ansteigende Jahreszahlungen (von 1 bis 1,75 Milliarden Mark) vorgesehen.

Die Schonfrist bis 1928 wäre nutzlos gewesen, wenn die Kommission nicht konkrete Vorschläge gemacht hätte, wie das Geld überhaupt aufzubringen war. Die Sachverständigen wollten, daß zunächst ein Viertel, dann immer etwa die Hälfte der Jahreszahlungen aus dem Haushalt bestritten werden. Für den Rest sollten u. a. Steuern und Zölle verpfändet werden. Die wichtigste Einnahmequelle stellte aber die Reichsbahn dar, die, wenn sie nach kaufmännischen Gesichtspunkten geleitet wurde, einen bedeutenden Überschuß herauswirtschaften konnte. Deshalb sah der Plan die Ablösung der Reichsbahn aus der staatlichen Kontrolle und ihre Neuorganisation als selbständige Gesellschaft vor. Die Kontrolle über die Ausführung des Planes — und damit praktisch über die gesamte deutsche Wirtschaft — wurde in die Hände eines Reparationsagenten gelegt.

Dawes-Plan und Ruhrbesetzung. In London fiel im August 1924 die Entscheidung über die Annahme des Planes. Stresemanns Ansicht war, daß Deutschland seiner wirtschaftlichen Zwangslage wegen (vgl. V) sich unbedingt einverstanden erklären müsse. Er rechnete nicht damit, daß die deutsche Wirtschaft lange Zeit den Kapitalabfluß ertragen würde. In einigen Jahren würde man darum sicherlich ein günstigeres Abkommen mit niedrigeren Sätzen treffen können. Nicht ausgeschlossen schien es ihm, daß später einmal — unter noch nicht voraussagbaren günstigen Umständen — ein großer Teil der Reparationszahlungen überhaupt erlassen werden würde.
Stresemann bemühte sich, für die Zustimmung Deutschlands einen Preis auszuhandeln: die Räumung des Ruhrgebiets. Die englische Regierung, damals unter James R. Mac Donald von der Labour-Partei, stand ihm dabei tatkräftig bei. Hauptsächlich deshalb gab der französische Ministerpräsident Edouard Herriot nach: Die Räumung des Ruhrgebietes nach Jahr und Tag wurde versprochen, die letzten Truppen verließen es am 31. 7. 1925. Stresemann wollte einen sichtbaren Erfolg, der die Öffentlichkeit in Deutschland mit den harten Bedingungen des Dawes-Planes ausgesöhnt hätte. Zu

mehr als einer Geste verstanden sich die Franzosen aber nicht. Nur Dortmund und einige kleinere Bezirke am Rande des Ruhrgebietes wurden sofort geräumt.

Der Kampf um den Dawes-Plan in Deutschland. Der Dawes-Plan war in Deutschland das beherrschende politische Thema des Jahres 1924. Im Mai sollte ein neuer Reichstag gewählt werden, der dann über die Ratifizierung zu entscheiden hätte. Der Wahlkampf wurde von allen Parteien so geführt, als ginge es um eine Volksabstimmung über den Plan der Sachverständigen. Für die Opposition von ganz rechts und ganz links war es verhältnismäßig einfach, mit ihrer Verurteilung des Abkommens Anklang zu finden. Da die Sachverständigen immer noch keine Endsumme oder eine zeitliche Begrenzung der Reparationen festgelegt hatten, erschreckte man das Volk mit dem Schlagwort der dauernden Versklavung. Da zur Kontrolle und Sicherung der Zahlungen der deutsche Staat und die deutsche Wirtschaft Einschränkungen der Souveränität und Eingriffe des Auslandes in Kauf nehmen mußten, klagte man über die Verwandlung des Reiches in eine „Reparationskolonie". Die Deutschnationalen kämpften unter der Parole: „Gegen ein neues Versailles!", die Deutschvölkische Freiheitspartei unterstellte der eigenen Regierung sogar Landesverrat, die Kommunisten wollten in dem Abkommen nur eine Auslieferung des deutschen Proletariats an das internationale Kapital sehen. Der Ausgang der Wahl war günstig für die Parteien, die den Dawes-Plan ablehnten. Die DNVP vergrößerte ihren Stimmenanteil von 15,0 auf 19,5 %, die KPD von 2,0 auf 12,5 %, die Deutschvölkischen kamen auf 6,5 %.

Die Regierung Marx konnte trotzdem bei der Abstimmung im Reichstage auf eine Mehrheit von DDP, Zentrum, DVP und SPD rechnen. Allerdings erforderte die Annahme des Gesetzes über die Reichsbahn als verfassungsändernd die Zweidrittelmehrheit. Dafür reichten die Stimmen der Befürworter des Planes nicht. Damit schien schon vor der Abstimmung das Schicksal des Abkommens besiegelt. Doch es kam anders. Die Fraktionsführung der DNVP sah sich plötzlich dem massiven Druck von Mitgliedern aus Kreisen der Industrie, der Landwirtschaft (Reichslandbund) und des Deutschnationalen Handlungsgehilfenverbandes ausgesetzt. Die wirtschaftlichen Vorteile des Planes, die vornehmlich in der zu erwartenden hohen Auslandsanleihe, in den Aussichten auf Absatzmöglichkeiten im Auslande bestanden, sprachen für die Zustimmung zum Londoner Abkommen. Es blieb bis zur letzten Abstimmung über das Eisenbahngesetz ungewiß, wie die einzelnen Abgeordneten der DNVP sich verhalten würden. Dann, am 29. 8., beim namentlichen Aufruf, gab ein großer Teil der Deutschnationalen weiße Ja-Karten ab. Mit 314 Stimmen (294 erforderlich) wurde das Gesetz durchgebracht. Das Dawes-Abkommen war damit gerettet.

Das erste Mal hatte die DNVP gezeigt, daß sie keine Oppositionspartei aus einem Guß war. 48 ihrer Reichtagsabgeordneten hatten mit Ja gestimmt, 52 mit Nein. War das ein Anzeichen, daß sich die starre Haltung der Partei ändern, daß sie ihr unentwegtes Neinsagen aufgeben würde? Nach der offiziellen Verlautbarung vom 21. Oktober schien dies nicht zuzutreffen:

> Unsere Partei bleibt, wie sie war: monarchisch und völkisch, christlich und sozial. Unsere Ziele bleiben wie unser Name: deutsch und national. Unsere ruhmreichen Farben bleiben Schwarz-Weiß-Rot, unser Wille fester denn je: ein Deutschland zu schaffen, frei von Judenherrschaft und Franzosenherrschaft, frei von parlamentarischem Klüngel und demokratischer Kapitalherrschaft. (Nationale Rundschau, 22. 10. 1924)

Hinter diesen Beteuerungen verbarg sich die tiefe Spaltung, die durch die Partei ging. Regierungsbeteiligung oder Fortsetzung der Isolierung, diese Frage stand in allen Partei-Debatten obenan (vgl. VIII 4 f).

Die beste Rechtfertigung für den Dawes-Plan, den Beweis für die Vernünftigkeit der Überlegungen der Sachverständigen, lieferte der schnelle Aufschwung der deutschen Volkswirtschaft (vgl. VI 2 und XI 1). Für die deutsche Außenpolitik hatte das Abkommen, wie Stresemann vor dem Reichstag sagte, noch eine andere Bedeutung:

Von Versailles bis nach London war ein weiter Weg der Demütigungen und der größten Schwierigkeiten. Ich bin überzeugt: London ist nicht der Schluß, London kann der Anfang sein, der Anfang einer Entwicklung, von der Mac Donald gesagt hat, daß sie das Ende der nationalen Isolierung, den Anfang eines Zusammenwirkens der Völker auf gleichberechtigter Basis zeigt. Nehmen Sie diese Grundlage, damit Sie künftigen deutschen Regierungen die Möglichkeit geben, Deutschland auf dieser Grundlage einer guten Zukunft entgegenzuführen. (Rede Stresemanns vom 23. 8. 1924. Ursachen und Folgen, Bd. VI, S. 109/10)

3. *Deutschland zwischen West und Ost*

a) Sicherheitsfrage, Vertrag von Locarno und Völkerbund

Das französische Sicherheitsbedürfnis. Die vorläufige Regelung der Reparationsfrage hatte wohl Beruhigung nach der Ruhrkrise gebracht, aber keineswegs die Entspannung im Verhältnis zwischen Frankreich und Deutschland. Herriot hatte vor der Londoner Konferenz bei einem Zusammentreffen mit Mac Donald diesem Frankreichs Sorge anvertraut:

General Nollets Meinung ist, daß Deutschland mit den 100 000 Mann, die ihm der Vertrag von Versailles läßt, das wiederholen wird, womit Preußen Erfolg gegenüber Napoleon gehabt hat. Was werden wir tun, wenn in zehn oder fünfzehn Jahren der Völkerbund uns keine militärische Schutzorganisation gegeben hat und wenn Deutschland, selbst ein republikanisches Deutschland, sich von seinen Verpflichtungen mit Gewalt zu befreien sucht? ... ich versichere Ihnen, daß ich auf die Sicherheit Frankreichs, das außerstande sein würde, einen neuen Krieg zu ertragen, nicht verzichten kann. (Herriot, E.: Jadis. D'une guerre à l'autre, 1914—1936. Paris 1952, S. 142 f. Übersetzung vom Verf.)

Die englische Regierung, auch die auf Mac Donald folgende unter dem konservativen Stanley Baldwin, konnte Frankreichs Sicherheitsverlangen durchaus verstehen, war aber einem Garantiepakt, wie er 1919 von Lloyd George versprochen worden war, immer noch abgeneigt. Ein Versuch, über den Völkerbund durch den Entwurf eines gegenseitigen Beistandspaktes zu einem funktionierenden System der kollektiven Sicherheit zu kommen, scheiterte wiederum an englischen Vorbehalten. England, vor allem seine Dominions, wollten sich nicht durch Zwang zu automatischen Sanktionen gegen Aggressoren in Streitfragen oder sogar in Kriege verwickeln lassen, die sie nichts angingen. Auch war England abgeneigt, sich als Schutzmacht für die Grenzen des Versailler Paktes einsetzen zu lassen, vor allem für die in Osteuropa, deren Revisionsbedürftigkeit es inzwischen erkannt hatte.

Die deutsche „Friedensoffensive“. Anfang 1924 war daher die Sicherheitsfrage wieder so offen wie eh und je. In diesem Augenblick ergriff Stresemann die Initiative. Er ließ sich nicht durch die aufgebrachte Stimmung über das Hinausschieben des in Versailles für 1925 festgesetzten Räumungstermins für die Kölner Besatzungszone beeinflussen, das mit ungenügender Abrüstung motiviert wurde. Er wußte, daß Mißtrauen und nicht Schikane der Grund für diese Handlungsweise war, und machte deswegen am 9. Februar 1925 Vorschläge, um dieses Mißtrauen zu zerstreuen:

Deutschland könnte sich zum Beispiel mit einem Pakt einverstanden erklären, wodurch sich die am Rhein interessierten Mächte, vor allem England, Frankreich, Italien und Deutschland, feierlich für eine näher zu vereinbarende längere Periode zu treuen Händen der Regierung der Vereinigten Staaten von Amerika verpflichten, keinen Krieg gegeneinander zu führen... Für Deutschland wäre außerdem auch ein Pakt annehmbar, der ausdrücklich den gegenwärtigen Besitzstand am Rhein garantiert. (Ursachen und Folgen, Bd. VI, S. 334/5)

Die deutsche Friedensoffensive erregte in allen Hauptstädten Europas großes Aufsehen. Stresemanns Vorschlag schien der Quadratur des Zirkels in der Sicherheitsfrage nahezukommen. Frankreich konnte erleichtert sein, wenn sein potentieller Angreifer sich selber vertraglich band, England war es möglich, einem Vertrag beizutreten, der die Garantien regional begrenzte. Daß England nun endlich sich verpflichtete, Frankreichs Grenzen zu verteidigen, mußte wieder Frankreich sehr befriedigen. Welchen Gewinn aber hatte Deutschland von einem solchen Abkommen? Stresemann entwickelte darüber seine Gedanken vor Pressevertretern:

Der Inbegriff der europäischen Politik nach dieser Seite ist die Frage, wohin die Rheinlande gehören; sie wäre dahin entschieden, daß die Rheinlande deutscher Besitz sind. Selbstverständlich würde der Abschluß eines solchen Vertrages, an dem die Hauptmächte Europas, vielleicht der Welt, wenn die Vereinigten Staaten hinzutreten, beteiligt wären und der erklären würde, daß hiermit die Sicherheit Europas festgesetzt würde, die logische Folge haben, daß eine gewisse Sicherheit nicht mehr durch ein zehnjähriges Verbleiben im Rheinlande verstärkt zu werden brauchte. Damit würde eine Verkürzung der Besetzung der Rheinlande gegeben sein. (7. 3. 1925. Stresemann, G.: Vermächtnis, Bd. II, a. a. O. S. 68 ff)

Der englische Außenminister Austen Chamberlain reagierte sehr positiv auf den deutschen Vorschlag, mußte aber doch noch französische Bedenken beschwichtigen. Die englische Regierung sagte den Franzosen zu, daß man ihnen keinerlei Zugeständnisse hinsichtlich der Rheinlandbesetzung, geschweige denn die Räumung des Rheinlandes abverlangen würde. In einem anderen wichtigen Punkte blieb sie aber unbeugsam, und dies war die Frage der deutschen Ostgrenzen. Frankreich befürchtete nämlich, daß Deutschland die ausdrückliche Garantie der Westgrenzen so auslegen könnte, daß es nun freie Hand in Mittel- und Osteuropa bekäme. Daher trat es dafür ein, daß seine Bündnispartner, Polen und die Tschechoslowakei, durch ähnliche Abmachungen über ihre Grenzen vor den Deutschen geschützt würden. England widersetzte sich jedoch abermals jedem Versuch, in die Verhältnisse der osteuropäischen Spannungszone verwickelt zu werden. Chamberlain genügte es, wenn Deutschland — wie Stresemann vorschlug — ausdrücklich versicherte, daß es bei Streitigkeiten mit seinen östlichen Nachbarn auf gewaltsame Mittel verzichten wolle und statt dessen sich einem Schiedsgerichtsverfahren zu unterwerfen bereit sei.

Der französische Außenminister, Aristide Briand, empfahl schließlich seiner Regierung, auf das Anerbieten Deutschlands einzugehen. Er gab zu bedenken, daß eine Ablehnung das Reich in die Arme Sowjetrußlands treiben könne. Deutschland müsse die Hoffnung gelassen werden, daß es sein Ziel der Revision des Friedensvertrages am besten an der Seite der Westmächte erreichen würde. Im Sommer lud Frankreich im Namen der Alliierten zu einer Konferenz in den Schweizer Kurort Locarno ein.

Die Verträge von Locarno. Am 5. Oktober 1925 trat die Konferenz zum ersten Male zusammen. Vertreten waren außer Frankreich durch Briand, England durch Chamberlain, Deutschland durch Reichskanzler Luther und Außenminister Stresemann auch Italien, die Tschechoslowakei, Polen und Belgien durch ihre Außenminister. Die Verhandlungen wurden mit Herzlichkeit geführt. Wenn sich auch manchmal recht lebhafte Streitgespräche entspannen, so überbrückte der Wille zum Kompromiß und zur Verständigung die zutage tretenden Gegensätze. Wie nicht anders zu erwarten, wurden noch einmal das Problem der deutschen Ostgrenzen und die Kriegsschuldfrage aufgerollt, jedoch nicht mehr in der feindseligen Atmosphäre der Nachkriegsepoche. Gegen die spätere Aufnahme Deutschlands in den Völkerbund wurden von keiner Seite Einwände erhoben. Am 16. Oktober endete das Treffen mit dem Abschluß mehrerer Verträge. Die wichtigsten Klauseln des Vertrages zwischen Deutschland, Belgien, Frankreich, Großbritannien und Italien lauteten:

Art. 1. Die Hohen Vertragschließenden Teile garantieren, jeder für sich und insgesamt, in der in den folgenden Artikeln bestimmten Weise die Aufrechterhaltung des sich aus den Grenzen zwischen Deutschland und Belgien und zwischen Deutschland und Frankreich ergebenden territorialen Status quo, die Unverletzlichkeit dieser Grenzen, wie sie durch den in Versailles am 28. Juni 1919 unterzeichneten Friedensvertrag oder in dessen Ausführung festgesetzt sind, sowie die Beobachtung der Bestimmungen der Artikel 42 und 43 des bezeichneten Vertrages über die demilitarisierte Zone.
Art. 2. Deutschland und Belgien und ebenso Deutschland und Frankreich verpflichten sich gegenseitig, in keinem Falle zu einem Angriff oder zu einem Einfall oder zum Kriege gegeneinander zu schreiten ...
(Das Schlußprotokoll von Locarno und seine Anlagen. Berlin 1926, S. 5 ff)

Der eigentliche Pakt wurde ergänzt durch Schiedsverträge zwischen Deutschland und Polen sowie der Tschechoslowakei. Darin sagten sich die Staaten zu, ihre Streitigkeiten in Zukunft durch Schiedsgerichte regeln zu wollen. Allerdings stand in beiden Verträgen eine wichtige Einschränkung:

Diese Bestimmung findet keine Anwendung auf Streitfragen, die aus Tatsachen entsprungen sind, die zeitlich vor diesem Abkommen liegen und der Vergangenheit angehören. (Ebenda)

Deutschland hatte noch einmal den Versailler Vertrag ausdrücklich anerkannt. Neu war, daß eine Verletzung der deutschen Westgrenze — im Gegensatz zur Ostgrenze — das Eingreifen der Signatarmächte zur Folge haben mußte (Art. 4). Damit verzichtete Frankreich auf endgültige Festsetzung am Rhein.
In Locarno war es gelungen, zum erstenmal nach dem Kriege den Beziehungen zwischen Siegern und Besiegten wieder den Charakter der Partnerschaft zu geben. In die internationale Politik schien ein neuer Geist eingezogen zu sein. Man nannte ihn damals den „Geist von Locarno“. Nur wenn in diesem Geiste weitergearbeitet wurde, behielt der Vertrag seinen Wert. Er war die Grundlage für die Versöhnung zwischen den Staaten diesseits und jenseits des Rheins, nicht aber die Versöhnung selbst.
Die nächsten Ereignisse schienen darauf hinzudeuten, daß der Geist von Locarno auch weiter wirksam war. Im Januar 1926 wurde die Kölner Zone des Rheinlandes geräumt. Dem deutschen Außenminister genügte dies freilich noch längst nicht. Er war recht unzufrieden darüber, daß Frankreich noch zögerte, einen Strich unter die gesamte Besatzungspolitik zu machen. Stresemann hatte sich geirrt, als er erwartete, daß Frankreich nach Locarno auf die Anwesenheit seiner Truppen am Rhein verzichten werde. Nicht im ersten Anlauf waren die Hürden zu nehmen, das lernte er nun.

Das Echo in Deutschland. Stresemanns Politik wurde in Deutschland zunächst nur von wenigen verstanden. Es sah so aus, als ob Locarno bei vielen Deutschen einen ähnlichen Klang bekommen sollte wie Versailles. Hatte Stresemann nicht im Namen Deutschlands endgültig auf Elsaß-Lothringen, ja indirekt sogar auf Westpreußen, Posen und Oberschlesien verzichtet? Hatte er nicht die Ohnmacht des Reichs verewigt? So faßten es jedenfalls die nationalen Kreise auf. Die Deutschnationalen brachen sofort ihren ersten Versuch ab, sich an der Regierung zu beteiligen, und ließen ihre Minister zurücktreten. Auch in seiner eigenen Partei gelang es Stresemann nur mit Mühe, sich durchzusetzen. Die Zustimmung des Reichstages zu den Sicherheitsverträgen erlangte er nur durch das Gewicht der sozialdemokratischen Stimmen. Populärer wurde der Vertrag nur sehr allmählich.
Die Aufnahme Deutschlands in den Völkerbund. Auch die Aufnahme Deutschlands in den Völkerbund, die in Locarno verabredet worden war, erweckte im deutschen Volke durchaus nicht Enthusiasmus. Der Bund war in Deutschland unbeliebt geworden, weil man sich von Wilson getäuscht und betrogen fühlte. Völlig in Verruf geriet die Genfer Organisation wegen der als Unrecht empfundenen Regelung der Oberschlesien-Frage. Nur pazifistische Kreise in der Sozialdemokratischen und Demokratischen Partei setzten ihre Propaganda für den Grundsatz der kollektiven Sicherheit fort. Die deutsche Regierung zeigte sich sehr reserviert, weil sich die Vereinigten Staaten und die Sowjet-Union von Genf fernhielten. Erst als während der Verhandlungen über den Dawes-Plan und später über die Locarno-Verträge die Alliierten zu drängen begannen, stellte sich Stresemann auf ihre Wünsche ein. Die Engländer und Franzosen sahen in der Mitgliedschaft Deutschlands im Völkerbund eine nicht zu unterschätzende Zusatzgarantie für den Friedensvertrag und befürchteten außerdem, daß, falls Deutschland dem Völkerbund fernbliebe, der Locarno-Sicherheitspakt sich gewissermaßen zu einem Konkurrenzunternehmen zu der Friedensorganisation entwickeln könnte.
Stresemann ließ im Februar 1926 den Aufnahmeantrag stellen, hatte an ihn jedoch bereits im Herbst 1924 einige Bedingungen geknüpft:

Sie [die deutsche Regierung] muß deshalb bei Stellung ihres Zulassungsantrages die Gewißheit haben, daß Deutschland alsbald nach seinem Eintritt einen ständigen Ratsitz erhält ... Solange die gegenwärtige sich aus der Entwaffnung Deutschlands ergebende Ungleichheit des militärischen Rüstungsstandes andauert, ist Deutschland im Gegensatz zu anderen Mitgliedern des Völkerbundes völlig außerstand gesetzt, auf Grund des Artikels 16 an irgendeiner Bundesexekution teilzunehmen. (Deutschland und der Völkerbund. Hrsg. von der Deutschen Liga für Völkerbund. Berlin 1926. S. 175)

Deutschland mußte darauf bestehen, einen ständigen Sitz im Rat zugeteilt zu bekommen, da sich darin äußerlich seine Gleichberechtigung mit den Großmächten ausdrückte. Nach einigen Schwierigkeiten war der Weg frei für eine Regelung des deutschen Beitritts. Am 10. September 1926 wurde Stresemann mit der deutschen Delegation in den Saal der Vollversammlung gerufen und mit starkem Beifall empfangen. In seiner Rede würdigte er die Bedeutung der Stunde.
Das Treffen von Thoiry. In der Hochstimmung des Augenblicks glaubte sich Stresemann seinem ersten großen Ziel, der Räumung des Rheinlandes, aber auch seinem Endziel, der Überprüfung der Versailler Vertragsbestimmungen, sehr nahe. Beglückt

über die Herzlichkeit Briands, den er seit Locarno als seinen Freund betrachtete, hielt er die Gelegenheit für gekommen, das deutsch-französische Verhältnis von allen Belastungen zu befreien. Die beiden Staatsmänner verabredeten ein Treffen in Thoiry, einem kleinen Ort bei Genf, um, unbehelligt von Protokollverpflichtungen und ungestört durch Journalisten, ihre Gedanken über die Annäherung zwischen ihren Nationen auszutauschen. Stresemann fand bei Briand Verständnis für seine Ansicht, daß sich die beiden Nachbarvölker erst aussöhnen könnten, wenn die leidige Rheinland-Frage bereinigt sei. Wesentlich skeptischer als sein deutscher Gesprächspartner beurteilte der französische Außenminister die Möglichkeit eines beschleunigten Abzuges der französischen Truppen. Briand war gebunden durch Poincaré (seit 1926 wieder Regierungschef), der sich nur an die Paragraphen des Friedensvertrages klammerte. Er konnte es sich auch nicht erlauben, die öffentliche Meinung seines Landes unbeachtet zu lassen, die sich weigerte, die Verständigung mit Deutschland durch große Zugeständnisse zu erkaufen. Dessen eingedenk legten sich die beiden Staatsmänner ein Projekt zurecht, das wie ein gutes Geschäft für beide Teile aussah. Frankreich sollte sich zur schnellen Räumung des Rheinlandes entschließen, während Deutschland durch eine große finanzielle Hilfsaktion aus dem Erlös vom Verkauf von Reichsbahnobligationen im Werte von 1,5 bis 2 Milliarden Goldmark den von der Entwertung bedrohten Franc stützen würde.

Enttäuschung nach Thoiry. Thoiry wurde jedoch nicht zu einem weiteren Meilenstein auf dem Wege zur deutsch-französischen Verständigung. Das große Projekt scheiterte an finanztechnischen Schwierigkeiten, vor allem aber am Widerstand der USA und Englands. Von amerikanischer Seite wurde eingewandt, daß es auf eine amerikanische Finanzierung Frankreichs hinauslaufen würde, da nur der amerikanische Kapitalmarkt Obligationen in der gedachten Größenordnung aufnehmen könne. Dazu sei man aber angesichts der französischen Inflation und der ungeklärten Einstellung Frankreichs in der Frage seiner Kriegsschulden an die USA nicht bereit. Stresemann erkannte, daß die Aussöhnung mit Frankreich nicht die Entfremdung zu den Vereinigten Staaten nach sich ziehen dürfe. Ende 1926 schon hatten sich beide Seiten recht weit vom Thoiry-Plan entfernt. Poincaré gelang es danach sehr schnell, den Franc auch ohne ausländische Hilfe zu stabilisieren. Damit schwand für Frankreich jeder Anreiz zu einem Tauschgeschäft mit Deutschland.

Durch die Aufnahme in den Völkerbund hatte sich also Deutschlands Lage nicht verbessert. Stresemann stand ohne den greifbaren Erfolg da, der gerade in der Räumungsfrage in Deutschland erwartet worden war. Da er selbst große Hoffnungen erweckt hatte, war die Enttäuschung umso herber. Es blieb nicht aus, daß man nun den Eintritt in den Völkerbund bedauerte und Stresemann zum Illusionspolitiker stempelte. Dem Außenminister wurde es schwer, sich der Angriffe zu erwehren. Er versuchte, die Lehre, die er selbst erhalten hatte, an das deutsche Volk weiterzugeben:

Ich warne davor, zu glauben, daß das alles so schnell geht, es wäre beinahe gegen die Natur der politischen Entwicklung, wenn hier nicht Rückschläge eintreten würden. Sie sind eingetreten, ... Daneben sind alle politischen Leidenschaften entzündet worden, und in allen Ländern geht dieser Kampf um den Gedanken eines Locarno, das mehr ist als ein reines Traktat, nämlich eines Locarno des Geistes, der dahin geht, die Staaten in Europa zusammen- und nicht gegeneinander zu führen, gegen diejenigen, die sich in diese Gedankengänge nicht hineinversetzen können. Deshalb brauchen wir nicht pessimistisch für die Zukunft zu sein. (Rede Stresemanns vom 23. März 1927. In: Verhandlungen des Reichstages, Bd. 392, Stenographische Berichte, S. 9882)

b) Die Beziehungen zur UdSSR und zu Polen

Rußland und Deutschland bis Locarno. Als 1925 Deutschlands Sicherheitsangebot an die Westmächte hinausging, legte Moskau das als endgültige Absage an die Rapallo-Politik aus. Es wurde befürchtet, daß Deutschland ins Lager der Westmächte abwandere und sich bald als Instrument rußlandfeindlicher Politik gebrauchen lassen werde. Besonders in einer Aufnahme Deutschlands in den Völkerbund sah Sowjetrußland eine Spitze gegen sich, faßte es doch diese Institution als eine kapitalistische Verschwörung gegen den Kommunismus auf. Bedeuteten die Verträge von Locarno, bedeutete der Eintritt Deutschlands in den Völkerbund wirklich eine Wende im Verhältnis des Reiches zur Sowjet-Union?
Die deutsch-sowjetischen Beziehungen hatten sich seit dem Abschluß des Vertrages von Rapallo keineswegs befriedigend weiterentwickelt. Das lag an der zweigleisigen sowjetischen Außenpolitik. Moskau pflegte einerseits den offiziellen Kontakt mit der deutschen Republik, förderte den Handel und ließ seine Rote Armee mit der Reichswehr zusammenarbeiten. Auf der anderen Seite traf es über die Komintern z. B. während der Krise des Jahres 1923 Vorbereitungen zum revolutionären Umsturz in Deutschland. In den Jahren 1924/25 hatten sich deshalb die Beziehungen zwischen den beiden Staaten erheblich abgekühlt. Die diplomatische Aktivität, die der Konferenz von Locarno voranging, wurde von Moskau aus mit Besorgnis beobachtet. Als dann Stresemann sich zur Abreise nach Locarno vorbereitete, fand sich der sowjetische Außenkommissar Georgij W. Tschitscherin in Berlin ein und suchte in vielstündigen Unterredungen vergeblich den deutschen Außenminister von seinem Vorhaben abzubringen.
Stresemanns Einstellung zur Sowjet-Union. Stresemann stand der Sowjet-Union zurückhaltend gegenüber. Der Gedanke der Schicksalsgemeinschaft, mit Gefühl und Geschichtserinnerung beladen, bedeutete ihm nichts mehr. Vor allem aus seiner Abneigung gegen den Kommunismus nährten sich seine Bedenken gegenüber allen sowjetischen Annäherungsversuchen. Das geht aus Äußerungen wie dieser hervor:

Eine Ehe einzugehen mit dem kommunistischen Rußland, hieße sich mit dem Mörder des eigenen Volkes ins Bett legen. Schließlich kann auf die Dauer nicht die Fiktion aufrechterhalten werden, daß es eine russische Regierung gibt, die eine deutschfreundliche Politik treibt, und eine Dritte Internationale, die sich bemüht, Deutschland zu unterminieren. (Aufzeichnung aus Stresemanns Nachlaß. Zit. nach Gatzke, H. W.: Von Rapallo nach Berlin. Stresemann und die deutsche Rußlandpolitik. In: Vierteljahrshefte für Zeitgeschichte, 1956, Heft 1, S. 12)

Die Haltung Deutschlands gegenüber der Sowjet-Union sollte aber auch nicht feindlich sein. Stresemann erwartete wie viele zu jener Zeit, daß die russische Revolution allmählich „versanden“ würde. Mit einem Rußland, dessen Staat und Wirtschaft nach den Maßstäben der übrigen Welt normale Züge angenommen, dessen Innen- und Außenpolitik sich gemäßigt hätten, würde es sich leben lassen. Zur Angleichung Rußlands an den Westen war vor allem über die wirtschaftliche Zusammenarbeit zu kommen.

Entstehung und Abschluß des Vertrages von Berlin. Stresemann suchte Tschitscherin klarzumachen, daß es für Deutschland keine Option zwischen West und Ost gebe, daß es seine Politik sei, zu beiden Seiten gute Beziehungen aufrechtzuerhalten. In seinen Aufzeichnungen über die Gespräche heißt es:

Kein Mensch in Deutschland denke daran, Kriege für andere zu führen, nachdem wir nicht einmal in der Lage seien, für unsere vitalsten Lebensinteressen Kriege für uns selbst führen zu können. Ich glaubte im Gegenteil, daß wir bei Aufrechterhaltung unserer freundschaftlichen Beziehungen Rußland sehr nützen könnten, indem wir unsere Stimme in die Waagschale werfen könnten, wenn etwa im Völkerbund zu entscheiden wäre, ob man Rußland für den Angreifer erklären und eine etwaige Weltkoalition gegen Rußland ins Leben rufen wolle. (Zit. nach Bernhard, H.: Gustav Stresemann. Tatsachen und Legenden. In: Aus Politik und Zeitgeschichte. Beilage 41/59 zur Wochenzeitung „Das Parlament“, Bonn 1959, S. 541)

Tschitscherin verschloß sich nicht den deutschen Argumenten. Er reiste aus Berlin recht beruhigt ab.
Wie ernst es Stresemann mit seiner Neutralität gegenüber Rußland war, ging aus seinen Verhandlungen in Locarno über Deutschlands Eintritt in den Völkerbund hervor. Er erreichte, daß der Artikel 16 der Völkerbundsatzung, aus dem unter Umständen eine Verpflichtung zum Vorgehen gegen die Sowjet-Union abzuleiten war, eine für Deutschland ganz unverbindliche Auslegung erfuhr. („... in einem Maße, das mit seiner militärischen Lage verträglich ist und das seiner geographischen Lage Rechnung trägt.“)
Nach dem Abschluß des Vertrages von Locarno liefen die deutsch-sowjetischen Verhandlungen weiter. Die Sowjets wünschten, daß die Neutralität im Falle einer kriegerischen Verwicklung auch ausdrücklich vertraglich geregelt würde. Sie legten Wert darauf, den Neutralitätsbegriff möglichst weit zu halten. Das Ergebnis der Verhandlungen war der Berliner Vertrag vom 24. 4. 1926. Seine wichtigsten Klauseln lauteten:

Art. 2. Sollte einer der vertragschließenden Teile trotz friedlichen Verhaltens von einer dritten Macht oder von mehreren dritten Mächten angegriffen werden, so wird der andere vertragschließende Teil während der ganzen Dauer des Konfliktes Neutralität beobachten. (Ursachen und Folgen, Bd. VI, S. 645)

Es wurde auch ausgemacht, daß beide Teile sich niemals einem wirtschaftlichen oder finanziellen Boykott gegen den anderen anschließen würden.
Zusammenhang von Locarno-Vertrag und Berliner Vertrag. Der Berliner Vertrag fand in Deutschland starken Anklang, mehr als der Locarno-Pakt. Er wurde mißverstanden als Neuauflage des Rückversicherungsvertrages. Jedoch war er lediglich ein Teil der umfassenden Gleichgewichtspolitik Stresemanns. Durch die Verträge von Locarno und Berlin, die weder reine West- noch Ostorientierung zur Folge hatten, konnte Deutschland seine machtpolitische Schwäche einigermaßen ausgleichen und eine ziemlich selbständige Position zwischen Ost und West einnehmen. Es war nicht gezwungen, sich von der einen Seite gegen die andere gebrauchen zu lassen. Vor allem verhinderten Locarno und Berlin die Wiederholung der Vorkriegsmisere der deutschen Diplomatie. Französisch-englische und französisch-russische Allianzen mit ausdrücklicher Spitze gegen Deutschland waren im Augenblick unmöglich. Außerdem bekam Deutschland die Hände frei, um ungestört von europäischen Spannungen seine Revisionspolitik zu betreiben.

Deutschland und Polen. Sehr viel schlechter als die deutsch-russischen Beziehungen hatte sich das deutsch-polnische Verhältnis nach dem Kriege gestaltet. Polen, von dessen Einwohnern ein Drittel nichtpolnischen Nationalitäten zugehörte, hatte begonnen, eine sehr intensive Polonisierungspolitik gegenüber seinen Minderheiten zu treiben, die oft gegen den vom Völkerbund garantierten Minderheitenschutzvertrag verstieß. Die Deutschen bildeten eine besonders selbstbewußte Minderheit, die solchen Bestrebungen Widerstand entgegensetzte. Allerdings hatten bis 1923 schon 500 000 von ihnen — freiwillig oder unfreiwillig — die abgetretenen Gebiete verlassen. Von 1921 bis 1931 sank die Zahl der Deutschen in Polen von 1 059 000 (3,9 %) auf 741 000 (2,3 %). Private nationalistische Vereine führten von sich aus den Boykott deutscher Kaufleute und Gewerbetreibender und ähnliche Aktionen durch. Die Haltung der polnischen Regierung und Bevölkerung war die Reaktion auf die besonders am Ende der Wilhelminischen Ära sehr vorangetriebenen Germanisierungsbestrebungen der preußischen Regierung. Viele Polen betrachteten ihre deutschen Mitbürger mit Mißtrauen, denn diese, die vor 1919 die politisch und sozial führende Schicht gewesen waren, hatten sich noch keineswegs mit der veränderten Lage, in der sie als Minderheit dem polnischen Staatsvolk gegenüberstanden, abgefunden.

Die Polen mißtrauten ihren Mitbürgern deutscher Abstammung ebenso wie der Haltung des Nachbarvolkes überhaupt. Sie hatten Grund dazu, denn in der Ablehnung des Status quo im Osten waren sich sogar die Rechte und Linke in Deutschland einig. Die Gewaltsamkeit der Grenzziehung, die als bitteres Unrecht empfundene Abtrennung Danzigs und Ostoberschlesiens, der „Korridor", der Ostpreußen vom Reich abtrennte, blieben unvergessen. Der Osten galt als eine offene Wunde. Man konnte sich auch nicht daran gewöhnen, daß Polen über Deutsche herrschten. Hier wirkte ein jahrhundertealtes Vorurteil gegenüber den Polen, die von vielen Deutschen als faul, dumm und verwahrlost angesehen wurden. Kaum jemand in Deutschland gab sich die Mühe, Verständnis für das Schicksal des polnischen Volkes aufzubringen und die Rückschrittlichkeit mancher Gebiete aus den geschichtlichen und sozialen Bedingungen des osteuropäischen Raumes zu erklären. Die Vernichtung der staatlichen Existenz Polens im 18. Jahrhundert wurde nicht als ein Unrecht angesehen. Man rechtfertigte vielmehr das Vorgehen der Teilungsmächte mit dem Hinweis auf die angeblich bewiesene Unfähigkeit der Polen, eine sichere Staatsordnung aufrechtzuerhalten. Polen für seinen „Übermut" zu bestrafen und es wieder als Staat auszulöschen, das wäre durchaus nach dem Sinn vieler Deutscher in jenen Jahren gewesen. Kein Wunder, daß eine deutsch-sowjetische Entente sehr populär war.

Stresemanns Politik gegenüber Polen. Stresemann hatte mit Erfolg zu verhindern gewußt, daß es zu einem „Ost-Locarno" kam. Der Abschluß des Locarno-Paktes war eine schwere Niederlage für Polen, denn nun gab es in Europa Grenzen von zweierlei Wert. Da die deutsch-polnische Grenze offenbar nicht zu den feierlich garantierten gehörte, ließ das den Schluß zu, daß Deutschlands Ansprüche auf eine Berichtigung zu seinen Gunsten anerkannt wurden. Man wußte sowohl in Berlin als in Warschau, daß England nichts gegen diese Auslegung des Locarno-Paktes einzuwenden hatte, daß es dem deutschen Anspruch durchaus wohlwollend gegenüberstand. Stresemanns Politik in der Frage der Ostgrenzen ging von einigen festen Grundlagen aus:

Die Mitwirkung Englands ist eine unerläßliche Voraussetzung für eine Lösung auf friedlichem Wege, und nur eine solche kommt für uns in Betracht ...
Nur ein uneingeschränkter Wiedergewinn der Souveränität über die in Rede stehenden Gebiete kann uns befriedigen ...
Eine Beseitigung des Korridors durch Krieg ist unmöglich ... Eine Lösung ist deshalb nur denkbar durch die Fortsetzung der Locarnopolitik. (Zit. nach Zimmermann, L.: Deutsche Außenpolitik in der Ära der Weimarer Republik. Göttingen 1958, S. 339 f)

Das Nahziel war und blieb die Räumung des Rheinlandes, die Wiederherstellung der vollen Souveränität im Westen, als Fernziel hatte sich Stresemann die Aufgabe gestellt, Deutschland im Osten etwa in den Grenzen von 1914 wiederherzustellen.
Wie dachte er sich nun aber eine „Lösung auf friedlichem Wege"? Daß Polen freiwillig seine Erwerbungen herausgeben würde, hat er nie geglaubt. Aber auch er war tief davon überzeugt, daß der polnische Staat seine vielfältigen Probleme nicht zu lösen imstande sein würde:

Eine friedliche Lösung der polnischen Grenzfrage, die unseren Forderungen wirklich gerecht wird, wird nicht zu erreichen sein, ohne daß die wirtschaftliche und finanzielle Notlage Polens den äußersten Grad erreicht und den gesamten polnischen Staatskörper in einen Zustand der Ohnmacht gebracht hat. Zit. nach Höltje, Ch.: Die Weimarer Republik und das Ostlocarno-Problem 1919—1934. Würzburg 1958, S. 254)

Ein Mittel, um die wirtschaftliche Krise auf die Spitze zu treiben, fand die deutsche Außenpolitik in dem jahrelangen Zollkrieg, der den polnischen Waren den für sie so wichtigen deutschen Markt sperrte. Aber Stresemann täuschte sich. Polen geriet zwar in große Gefahr, durchlebte 1924 bis 1926 eine heftige wirtschaftliche und politische Krise, während die übrige Welt im Zeichen eines Aufschwunges stand, aber Frankreich rettete seinen Bündnispartner durch finanzielle Unterstützung. 1926 übernahm Marschall Josef Pilsudski nach einem Staatsstreich wieder die Macht. Ihm gelang es, durch Stärkung der Staatsautorität eine verhältnismäßig stabile Ordnung zu schaffen. Der polnische Diktator erreichte sogar die Entspannung mit der Sowjet-Union. 1932 schlossen Polen und die UdSSR einen Nichtangriffspakt.
Stresemann versuchte zugleich ein anderes Mittel, um die friedliche Revision der Ostgrenze vorzubereiten. Wegen der Polonisierungspolitik richteten die betroffenen Minderheiten, besonders die deutsche, ständig Klagen an den Völkerbund, um Polen zur genauen Beachtung des Minderheitenschutzvertrages zu zwingen. Stresemann nahm diese Klagen auf und machte sich im Völkerbundsrat zum Fürsprecher der Beschwerdeführenden. Er wollte auf diese Weise die Weltöffentlichkeit immer wieder auf die Untragbarkeit der Verhältnisse aufmerksam machen. Stresemann stand vor Augen, daß die Polonisierungspolitik, wenn sie Erfolg hatte, die Aussichten Deutschlands schmälerte, die Ostgebiete dereinst wiederzuerlangen. Nur wenn sich eine starke deutsche Volksgruppe erhielt, gab es überhaupt eine Grundlage für den deutschen Revisionsanspruch.
Die Aussichten auf Revision der deutschen Ostgrenze. Polen selber kam den deutschen Wünschen nicht einen Schritt entgegen. Die Aufgabe seiner wertvollsten Landesteile, besonders seines Zuganges zur Ostsee, hätte die Grundlagen des neuen Staates gefährdet und das empfindliche Nationalgefühl der Polen aufs tiefste verwundet. Aber auch die anderen europäischen Staaten waren zu sehr an der Aufrechterhaltung des

status quo interessiert, als daß sie die Überprüfung des gesamten Versailler Systems für angebracht hielten. Selbst England verstand unter Revision der Ostgrenze nur Milderung der härtesten Bedingungen und kleinere Grenzberichtigungen, allenfalls die Rückgabe Danzigs.

4. 1927—1928: Hoffnungen und Realitäten

Frankreichs Zögern bei der Räumung des Rheinlandes. Daß das Fernziel, die Wiederherstellung der alten Grenzen im Osten, nicht näherrückte, hat Stresemann nicht so geschmerzt wie die Erfahrung, daß auch sein Nahziel, die vorzeitige Räumung des Rheinlandes, noch nicht erreichbar war. Die Staatsmänner waren ihren Völkern voraus gewesen, als diese annahmen, daß die Annäherung Deutschlands und Frankreichs sich in großen Sprüngen vollziehen könnte. Briand sah bald, daß er die Franzosen nur Schritt für Schritt zur Versöhnung mit dem ehemaligen Gegner bewegen könne. Er wußte, mit welchen gemischten Gefühlen seine Landsleute die Erholung Deutschlands beobachteten, die einerseits die prompte Bezahlung der Reparationen verbürgte, andererseits aber die Wiederkehr der Gefahr für den Frieden befürchten ließ.
Schwerer wurde es Stresemann, sich mit seinem Traum vom freien und starken Deutschland immer wieder den Widrigkeiten und Hemmungen der Wirklichkeit auszusetzen. Wenn Briand Stresemann von seinen Schwierigkeiten mit dem Nationalismus im eigenen Lande berichtete und ihn wieder einmal hinsichtlich des Abzuges der französischen Besatzung auf später vertröstete, brauste dieser mitunter auf:

> Warten, warten, ... das sagen Sie mir immer wieder von neuem, Herr Briand ... Es gibt auch ein Warten, das zu lange dauert. Das deutsche Volk wartet schon so lange mit steigender Ungeduld auf das Ende der Besatzungszeit, daß wir uns um die moralischen Früchte einer solchen Geste Frankreichs bringen, wenn sie noch länger ausbleibt. (Zit. nach Schmidt, P.: Statist auf diplomatischer Bühne, 1923—45. Bonn 1950, S. 143)

Stillstand in der deutschen Revisionspolitik. Stresemann war höchst ungeduldig, weil er noch viele andere Forderungen durchsetzen wollte: Verminderung der Höhe der Reparationen, Angleichung der Rüstung Deutschlands an den Stand der übrigen Staaten, Rückgabe der Ostgebiete. Außerdem brauchte er Erfolge, mit denen er seinen Gegnern gegenübertreten konnte, um zu beweisen, daß er sich mit seiner Taktik der Revision durch Verhandlungen nicht getäuscht hatte und nicht getäuscht worden sei.
In den kommenden Jahren jedoch, bis Ende 1928, stagnierte die Entwicklung. Die deutsche Außenpolitik konnte keine bedeutsamen Erfolge erzielen. Sehr viele Deutsche wurden des Wartens müde und gaben die Hoffnung auf, daß auf dem Verhandlungswege für Deutschland überhaupt noch eine Chance bestand, die Vertragsbedingungen zu mildern. Immer mehr Anklang fand die Behauptung der Nationalen Opposition, daß man die Ketten von Versailles zerbrechen müsse. Diese Stimmung, die sich in lärmenden nationalen Kundgebungen mit militärischem Gepränge und in drohenden Artikeln der Rechtspresse äußerte, wurde jenseits des Rheins wiederum mit Empfindlichkeit vermerkt. Die Abneigung, Zugeständnisse zu machen angesichts des Willens zur Revanche, erschien durchaus gerechtfertigt.

In einer Art Kettenreaktion löste die mißtrauische Haltung der Franzosen wiederum in Deutschland nationalistische Ausbrüche aus. Dabei wurde von den Deutschen übersehen, daß einzelne Verbesserungen zu verzeichnen waren, die bewiesen, daß langsam Terrain gewonnen und nicht verloren wurde: Seit 1926 beteiligte sich Deutschland an der zivilen Luftfahrt, die Zahl der Besatzungstruppen war sehr vermindert worden, der Abschluß der Entwaffnung erreicht, 1927 die Militärkontrolle aufgehoben und die französischen Truppen aus dem Saargebiet zurückgezogen worden.

Stresemanns Rolle im Völkerbund. Stresemann legte in diesen Jahren des Wartens das Schwergewicht seiner Tätigkeit auf die Völkerbundspolitik. Es war sein Grundsatz, daß bei allen wichtigen Entscheidungen und Aktionen Deutschland maßgebend beteiligt sein müsse. Tatsächlich übernahm die deutsche Delegation mehr und mehr die Rolle des ehrlichen Maklers, des um völlige Unparteilichkeit bemühten Schlichters internationaler Streitfragen. Das gab dem Reich, dem der Ruf der Aggressivität und der Verachtung des Rechts anhing, ein ganz neues Gesicht. Es gelang Stresemann, das Ansehen Deutschlands zu heben, indem er den Beweis führte, daß es sich in das System der kollektiven Sicherheit einzuordnen verstand und daß die Weltfriedensordnung in ihm eine ihrer zuverlässigsten Stützen fand. Eindrucksvoller Höhepunkt dieser Politik war der Abschluß des sogenannten *Kellogg-Paktes* (27. 8. 1928), an dessen Zustandekommen Stresemann an hervorragender Stelle mitgewirkt hatte. In diesem Pakt, der auf die Initiative des amerikanischen Secretary of State Frank B. Kellogg zurückzuführen war, wurde die Ächtung des Krieges ausgesprochen. An die Stelle der bewaffneten Auseinandersetzung sollte das Mittel der Schiedsgerichtsbarkeit treten. Insgesamt 60 Nationen (auch die UdSSR) haben durch ihren Beitritt diesem Prinzip zugestimmt. Allerdings sah der Vertrag nicht vor, wie Friedensstörer zur Einhaltung der neuen internationalen Regel gezwungen werden konnten.

Aussichten und Erwartungen. Stresemann sammelte so ein Kapital an Vertrauen und Achtung an. In diesen Jahren war Deutschland allmählich wieder zu einem wichtigen Faktor der Weltpolitik geworden. Noch waren es „moralische Eroberungen", die es machte, doch diese konnten die Grundlagen für die spätere Angleichung an die Machtpositionen der europäischen Nationen werden. Einmal, das war zu hoffen, mußte es offenkundig werden, daß die Zwangsordnung von Versailles Deutschland nur behinderte, seine Aufgabe als vollgültiges Glied der europäischen Staatengesellschaft zu erfüllen. Wenn das zutraf, brauchte Deutschland keine Fesseln mehr zu zerbrechen.

XI. Sozial- und Innenpolitik

1. Der Aufschwung der Wirtschaft

Verwendung der Auslandskredite. Stresemanns Außenpolitik und die Währungsreform hatten die Voraussetzungen auch für eine neue Phase der inneren Entwicklung Deutschlands geschaffen. Nach der Ordnung der Reparationszahlungen durch den Dawes-Plan konnte Deutschland Anschluß an die Weltkonjunktur finden (vgl. VI 2

und X 2). Die Wiederbelebung der Wirtschaft war nicht zuletzt auf die Bereitwilligkeit ausländischer Geldgeber zurückzuführen, Anleihen zu geben (vgl. Tafel 6 im Anhang). Kurzfristige Kredite mit hohen Zinsen nutzten den deutschen Unternehmen jedoch wenig, da das geborgte Geld nicht gleich Gewinne einbringen konnte. Die deutschen Banken, die die Transaktionen vermittelten, gaben die Kapitalien daher als langfristige Kredite weiter. Sie ließen sich mehr als üblich auf gewagte Spekulationen ein, steckten etwa das geliehene Geld in solche Unternehmungen, deren Produktionsgüter ihrer Neuheit wegen große Gewinne verhießen (Flugzeug-, Rundfunkindustrie). Dabei war ein Risiko in Kauf zu nehmen, denn ob zu wenig, genug oder zu viel von diesen Gütern hergestellt wurde, konnte noch niemand voraussehen.
Nicht nur die Privatwirtschaft nahm zu jener Zeit den Auslandskredit in Anspruch, sondern auch die öffentliche Hand. Ein Fünftel der Anleihen verwandten das Reich, die Länder und Gemeinden für ihre gemeinnützigen Einrichtungen, wie Verkehrswesen, Reichspost, Reichsbahn, Heer, Polizei, Verwaltung, Gas-, Wasser- und Elektrizitätswirtschaft und für Wohlfahrts- und Fürsorgetätigkeit. Nicht selten verließen sich die Stadtväter, wenn sie Auslandskredite aufnahmen, darauf, daß die öffentlichen Betriebe die erforderlichen Überschüsse abwerfen würden, ohne dies kaufmännisch exakt nachzuprüfen. Das riß mit der Zeit ansehnliche Lücken in die Haushalte.
Ungünstig für die deutsche Finanzpolitik wirkte es sich aus, daß die Reparationen nie aus echten Exportüberschüssen gezahlt wurden. Solange die Bestände an Gold und Devisen bei der Notenbank ständig durch die Auslandsanleihen ergänzt wurden, brauchte man sich noch nicht zu ängstigen. Gefahr drohte erst, wenn die Zufuhr einmal spärlicher wurde und Deutschland genötigt war, aus eigenem zu zahlen. Dann konnte das Weiterlaufen der Reparationszahlungen zur Bedrohung für die deutsche Volkswirtschaft werden.
Echte Konjunktur oder Scheinkonjunktur. Jedoch soll über diesen Schwierigkeiten nicht vergessen werden, daß Krisenfestigkeit über längere Zeiträume in der Wirtschaft sowieso selten ist und daß für die Weltwirtschaft gegenseitige Abhängigkeiten und Verpflichtungen, wie sie sich in den zwanziger Jahren ergaben, geradezu typisch sind. Es ist daher auch nicht sinnvoll, abschätzig von einer Scheinblüte oder von „Konjunktur auf Borg“ zu sprechen. Geborgt mußte bei der Lage der Dinge auf jeden Fall werden, es war nur die Frage, ob im Ausland oder im Inland. Das Mittel einer großen Inlandsverschuldung schied allerdings für die maßgebenden Volkswirtschaftler aus Furcht vor einer neuen Inflation aus.

2. *Sozialpolitik*

Gesteigerte sozialpolitische Aktivität von 1918—1923. Mit der Verbesserung der Wirtschaftslage hob sich auch der Lebensstandard in den unteren Schichten der Bevölkerung. Ihre Stellung in der Gesellschaft konnte sich im Vergleich zur Vorkriegszeit verbessern. Die Revolution hatte darüber entschieden, daß die ihnen im Kriege zugestandene Verbesserung der Arbeitsbedingungen und Sicherung der Lebensvorsorge nicht wieder genommen, sondern erweitert wurden. Die Koalitionsfreiheit aller am Wirtschaftsprozeß Beteiligten war von den Unternehmern freiwillig schon am 15. November 1918 anerkannt und dann durch die Verfassung (Art. 159) ausdrücklich garantiert worden. Auf dieser Grundlage konnten die Gewerkschaften in allen Gewerbezweigen als berufene Vertreter der Arbeitnehmer auftreten, wodurch es allgemein zur Ablösung des Einzelarbeitsvertrages durch den Kollektivarbeitsvertrag kam. Nach jahrzehntelangen Kämpfen hatten es die Arbeiter auch endlich durchgesetzt, daß der Rat der Volksbeauftragten die *Arbeitszeit* durch Verordnung regelte, und zwar — wie von ihnen immer wieder verlangt — mit Beschränkung auf grundsätzlich acht Stunden Arbeitsdauer am Tage (1918/19). Von gleich großer Bedeutung war, daß die Einrichtungen, die seit dem Kriegshilfsdienstgesetz von 1916 zur Schlichtung von Streitigkeiten über den Arbeitsvertrag zwischen Arbeitgebern und Arbeitnehmern bestanden, zu ständigen *Schlichtungsausschüssen* ausgestaltet wurden (1918—1923). Der Grundstein zu einem ganz neuen Betriebs- und Arbeitsverfassungsrecht, das den Grundsatz der Mitbestimmung der Arbeitnehmer verwirklichen mochte, schien durch die Bestimmungen der Verfassung über die *Wirtschaftsräte* (Art. 165) und durch das *Betriebsrätegesetz* von 1920 gelegt.

Verteidigung der Errungenschaften nach 1923. Das Tempo des sozialpolitischen Fortschritts verlangsamte sich freilich nach der Inflation. Die Machtposition der Unternehmerschaft begann sich wieder zu festigen, und die Gewerkschaften verloren an Einfluß, weil sich ihre Kassen geleert und ein großer Teil ihrer Mitglieder sich verlaufen hatte. Die beabsichtigte Weiterentwicklung der einzelnen Gesetze und Verordnungen und ihr Einbau in ein umfassendes Arbeitsrecht unterblieb. Statt dessen wurde das bisher Erreichte von den Arbeitgebern als äußerste Konzession betrachtet und mußte von den Gewerkschaften sogar gegen nicht seltene Angriffe verteidigt werden.

Ein Anzeichen der veränderten Machtlage war es, daß im Reichstag kein Gesetz zum Schutze der Arbeitszeit zustande kam, daß es vielmehr den Unternehmern möglich war, mit dem Hinweis auf die besonders nach dem Ruhrkampf notwendige Erhöhung der Arbeitsproduktivität 1923 eine Verordnung durchzusetzen, die eine Verlängerung des Arbeitstages erlaubte. Die Gewerkschaften mußten nun ihren Kampf um den Achtstundentag fortsetzen, jetzt zu seiner Wiederherstellung. Sie erreichten 1927 wenigstens, daß durch Einführung von Mehrarbeitszuschlägen das Überstundenwesen eingedämmt wurde.

Wie das Arbeitsrecht blieb das System der Wirtschaftsräte, das die Verfassung begründet hatte, ein Torso. Der sogenannte Vorläufige Reichswirtschaftsrat war nur in der Lage, Gutachten abzugeben und Erhebungen zu veranstalten. Aber auch die Betriebsräte wurden von ihrer eigentlichen Aufgabe, der Mitbestimmung, abgedrängt. Immerhin stärkten sie durch ihre Einschaltung bei Entlassungen und bei sozialen Betriebsmaßnahmen die Stellung der Belegschaft gegenüber den Unternehmern. Sonst aber konnten die Unternehmer alle Versuche abwehren, der Belegschaft und den Gewerkschaften, etwa über die Einsicht des Betriebsrats in die gesetzlichen Bilanzen, einen Einfluß auf die Betriebsleitung zu geben.

Besser bewährte sich das Schlichtungswesen. Die Schlichtungsausschüsse bestanden paritätisch aus Beisitzern der Arbeitgeber und Arbeitnehmer, die Vorsitzenden wurden von der obersten Landesbehörde bestellt. Diese Vorsitzenden waren 1923 mit der Befugnis ausgerüstet worden, ihre Schiedssprüche — wenn keine Einigung erreicht wurde — als verbindlich zu erklären. Die *Zwangsschlichtung* — nach 1923 fast die

Regel — wurde ein Mittel staatlicher Lohnpolitik. Die Unternehmerschaft fügte sich nur widerwillig diesem Eingriff des Staates in die von ihr als Prinzip verteidigte Autonomie des Wirtschaftslebens. Solange die Konjunktur andauerte, nahm man es hin, daß die Lohnkurve nach dem Tiefstand des Lohnniveaus um 1924 durch die staatlichen Schiedssprüche sich immer mehr anhob.

Schaffung der Arbeitslosenversicherung. Auf dem traditionellen Boden der Sozialpolitik, dem Versicherungswesen, kämpften die Arbeitnehmer und ihre Interessenvertretungen am erfolgreichsten. Die Beiträge der Kranken-, Unfall- und Invalidenversicherungen wurden heraufgesetzt und ihre Leistungen erhöht. Den krönenden Abschluß fand das Versicherungswerk im Jahre 1927 in der Einführung der Arbeitslosenversicherung. Deutschland hatte damals als eines der ersten Länder der Welt entschieden, daß die Hilfe für unverschuldet in Erwerbslosigkeit Geratene nicht der privaten oder karitativen Almosenverteilung überlassen bleiben dürfe, sondern eine Verpflichtung für die gesamte Gesellschaft darstelle. Der Unterstützungsanspruch war gebunden an Arbeitsfähigkeit, Arbeitswilligkeit und unfreiwillige Arbeitslosigkeit. Der einheitliche Höchstbetrag, der von Arbeitgebern und Arbeitnehmern je zur Hälfte getragen wurde, betrug 3 % des Grundlohnes. Die der Reichsanstalt für Arbeitsvermittlung und Arbeitslosenversicherung zufließenden Mittel reichten aus, um maximal 800 000 Hauptunterstützungsempfänger zu versorgen.

Um die „Grenzen der Sozialpolitik". Da die Sozialdemokraten, deren besonderes Anliegen die Sozialpolitik gewesen war und blieb, nur in den ersten Jahren der Republik an den Reichsregierungen beteiligt waren, fielen die meisten Neuerungen in diese Zeit. Daß aber auch in den späteren Jahren — unter den verschiedenen bürgerlichen Koalitionen — die sozialpolitische Aktivität nicht aufhörte, muß dem Drängen der jeweiligen Arbeitnehmerflügel der bürgerlichen Parteien zugeschrieben werden. Vor allem der linke Flügel des Zentrums ergriff sehr oft die Initiative. Die Kontinuität der Sozialpolitik unter Kontrolle des Staates war gewahrt durch die acht Jahre lange Amtsführung (1920—28) des Reichsarbeitsministers Heinrich Brauns (Zentrum). Aber gerade um diese Funktion des Staates wurde in der ganzen Zeit der Weimarer Republik heftig gestritten. Den einen, vor allem den Gewerkschaften und der SPD, hatte der Staat noch zu wenig Einfluß, den anderen, besonders den Unternehmern, zu viel. Für sie war es selbstverständlich, daß der Wirtschaftspolitik vor der Sozialpolitik der Vorrang gebühre. Viele Unternehmer meinten, daß die „Grenzen der Sozialpolitik" schon überschritten seien, daß man wieder zurück müsse vom Tarifvertrag zu Werksvereinbarungen oder Einzelarbeitsverträgen, zurück zur Austragung von Arbeitsstreitigkeiten ohne Eingriff des Staates, zurück zu geringeren Leistungen in der Sozialversicherung. Vor allem aber hatten sich nicht alle Arbeitgeber daran gewöhnt, mit den Gewerkschaften als gleichberechtigten Partnern zu verhandeln. Während die Linke immer noch hoffen konnte, durch Vergrößerung ihrer Anhängerschaft den Sieg durch die Parteien im Parlament davonzutragen, waren Teile der Unternehmerschaft geneigt, ihre Erwartung mehr auf Bestrebungen zu setzen, die die Regierung vom Einfluß der Parteien und des Parlaments freihalten wollten. Dem Zurück in der Sozialpolitik entsprach sehr oft auch ein Zurück in der allgemeinen Politik, ein Zurück zu den Verhältnissen vor 1914.

3. *Die inneren Verhältnisse (1924—1928)*

Abschwächung der Radikalisierung. Während sich die Wirtschaft allmählich erholte, ließ auch die politische Hochspannung nach, in der Deutschland seit Ende des Krieges gelebt hatte. Das drückte sich aus in der Abkehr von den radikalen Flügelparteien auf der Rechten und Linken (s. Tafel 16 im Anhang). Die Wahl zum Reichstag am 7. Dezember 1924 stand schon ganz im Zeichen des beginnenden Wirtschaftsaufschwungs. Nur noch 2 709 100 (8,9 %) stimmten für die Kommunisten und 907 000 (2,9 %) für die Nationalsozialisten, mit ihren 14 Mandaten jetzt eine bedeutungslose Splittergruppe.

Mitarbeit der DNVP in der Regierung. Immerhin behielt die Deutschnationale Volkspartei ihre beachtliche Stärke (6 205 800 = 20,4 %, zweitstärkste Fraktion im Reichstag; vgl. VIII f). Sie beteiligte sich 1925 an einer Regierungskoalition (DDP, Zentrum, BVP, DVP, DNVP), verließ sie jedoch im gleichen Jahr wieder aus Protest gegen den Locarno-Pakt und den Eintritt in den Völkerbund. 1927 trat sie wieder in die Regierung ein, nachdem sie sich auch mit Stresemanns Außenpolitik einigermaßen abgefunden hatte und blieb darin bis zum Ende der Legislaturperiode 1928 (s. Tafel 17 im Anhang). Die „nationale Opposition" stellte in den ruhigen Jahren jedenfalls keinen einheitlich republikfeindlichen Block mehr dar.

Schwäche des Parlamentarismus. Weil es so viele Parteien gab, reichte für die Regierungsbildung eine Zweiparteienverbindung nicht aus, oft war auch die Dreierkoalition nicht hinreichend, um die Mehrheit im Parlament zu sichern. Die Koalitionsverhandlungen, die Vorbereitungen für die Regierungsbildung gehörten zu den umständlichsten Prozeduren im damaligen politischen Spiel. Am Beispiel des dritten Reichstages, der verhältnismäßig lange zusammenblieb (vom 7. Dez. 1924 bis 31. März 1928), zeigte sich, welche Schwierigkeiten bei der Koalitionsbildung Parteien und Regierungen auch in normalen, ruhigen Zeiten zu überwinden hatten (s. Tafel 16 im Anhang). Insgesamt 493 Abgeordnete saßen damals im Reichstag. Zur einfachen Mehrheit gehörten also 247 Stimmen. Die extreme Linke und Rechte zur Regierungsbildung heranzuziehen, brauchte nicht versucht zu werden. Die SPD bildete mit 131 Mandaten die stärkste Fraktion. Die Kluft zwischen SPD und DNVP war zu groß, als daß auch nur der Gedanke aufkommen konnte, sich zusammenzutun. Die Weimarer Koalition hätte zusammen 232 Stimmen ergeben, also noch nicht die Mehrheit. Eine Unterstützung durch die 19 Abgeordneten der Bayerischen Volkspartei hätte genügt, aber die Bayern waren für ein Zusammengehen mit den antiföderalistischen und als antichristlich verschrieenen Sozialisten nicht zu gewinnen. Überhaupt hatten sich die Gründer des Weimarer Staates wegen der wirtschaftlichen und sozialen Spannungen zwischen Arbeiterschaft und bürgerlichen Kreisen einander ziemlich entfremdet. Da auch die betont nationale und kapitalistische DVP nicht unter ein gemeinsames Dach mit der SPD zu bringen war, schied die SPD für eine Regierungsbildung also aus.

Von allen Kombinationen blieb nur eine Koalition der bürgerlichen Mittelparteien durchführbar. Freilich verfügten auch Zentrum, DDP, DVP und BVP, selbst wenn sie alle Splittergruppen der Mitte und Rechten einbezogen, nicht über die notwendige Stimmenmehrheit. Die Basis mußte erweitert werden, und zwar nach rechts. Die Deutschnationalen, die erklärten Gegner des Parlamentarismus, wurden ge-

braucht, um eben diesen Parlamentarismus funktionsfähig zu halten. Natürlich bestanden in einer solchen Koalition höchste Spannungen, und die Tätigkeit der Regierung war mit allen möglichen Vorbehalten, Einschränkungen und Rücksichten belastet.
Die Mitwirkung der Rechten war überhaupt ein Ausnahmefall und hat sich nur zweimal (1925/26 und 1927/28) ereignet (s. Tabelle 21 im Anhang). In der Regel reicht es nur zu sogenannten *Minderheitskabinetten,* in denen Angehörige der bürgerlichen Mittelparteien und parteilich unabhängige Fachminister saßen. Ihre Arbeitsfähigkeit dauerte so lange, wie andere Parteien sie tolerierten, d. h. von Fall zu Fall für ihre Gesetzesvorlagen stimmten und es unterließen, einen Mißtrauensantrag einzubringen. Solche Tolerierungspolitik betrieb vor allem die SPD, um das parlamentarische System nicht noch mehr zu gefährden. Von den 11 Kabinetten von 1920 bis 1928 waren acht Minderheitskabinette, von den insgesamt 21 der Weimarer Republik vierzehn. In den vier Jahren von 1924 bis 1928 lösten sich vier Kabinette ab, von denen zwei länger als ein Jahr im Amt waren. Die Reichskanzler waren Hans Luther (1925—26), der als parteilos galt, seiner Gesinnung nach aber zur DVP neigte, und Wilhelm Marx 1926—28), der Vorsitzende der Zentrumspartei.
Aus allen diesen Bedingungen erklärte sich der dauernde Regierungswechsel und auch die häufig notwendig werdenden Auflösungen des Reichstages. Von acht Reichstagen der gesamten Epoche der Weimarer Republik hat genaugenommen überhaupt keiner seine Legislaturperiode nicht vor der Zeit abbrechen müssen. Der Reichstag, den die Schöpfer der Verfassung zum zentralen Organ der Demokratie bestimmt hatten, konnte auch unter den normalen Verhältnissen der „guten Jahre" seinen Aufgaben nur unter großen Schwierigkeiten nachkommen. Die Folge war, daß wichtige Fragen unentschieden blieben und notwendige Gesetzgebung unterblieb. Wenn Regierungen, wie die mit Luther, schon an geringfügigen Anlässen, wie z. B. dem Streit über die Flaggenfarben der deutschen Missionen im Auslande, zu Bruch gingen, wenn jede Regierungsbildung von wochenlangen Krisen begleitet wurde, dann hatten solche gewichtigen Probleme wie die Reichsreform und das Reichsschulgesetz (vgl. IX 7) keine Aussicht auf Lösungen.

4. *Der Wechsel im Reichspräsidentenamt*

a) Eberts Tod

Unter diesen Umständen erwartete man in Deutschland umso mehr vom Träger des höchsten Amtes der Republik, dem Reichspräsidenten, daß er der Regierungsführung Stetigkeit und Eindeutigkeit verleihe. Es war daher von größter Bedeutung für das Schicksal der Weimarer Republik, daß im Jahre 1925 ein Wechsel im Amt des Reichspräsidenten stattfinden mußte.
Der Magdeburger Beleidigungsprozeß. Eberts Amtszeit lief im Jahre 1925 ab. Ob er noch einmal kandidieren würde, war fraglich, da sein Ruf durch Anwürfe nationaler Kreise sehr gelitten hatte. Der Redakteur eines kleinen Blattes hatte 1924 in einem Artikel den Reichspräsidenten wegen seiner Teilnahme am Munitionsarbeiterstreik

1918 des Landesverrats bezichtigt. Das Magdeburger Gericht, das über Eberts Beleidigungsklage verhandelte, entschied:

Der Angeklagte [der Redakteur Rothardt] wird wegen öffentlicher Beleidigung zu einer Gefängnisstrafe von drei Monaten verurteilt ... Als Beleidigung nimmt das Gericht zunächst die Anrede „Fritze" an. Diese Anrede braucht nicht immer beleidigend zu sein, wenn sie von Freunden oder Bekannten gebraucht wird. Von einem Fremden, einem politischen Gegner wirkt sie beleidigend. Weiter sieht das Gericht eine formale Beleidigung in dem Ausdruck „Man hat zu Ihrer Begrüßung die rote Badehose hinausgehängt" und ferner „Beweisen Sie doch, daß Sie kein Landesverräter sind." ... Daß der politische Massenstreik, der auch die Rüstungsindustrie umfaßt, zur Zeit des Weltkrieges objektiv Landesverrat ist, kann nicht bezweifelt werden ... Hiernach konnte die Verurteilung des Angeklagten nach § 189 nicht erfolgen. Dagegen war er gemäß § 185 wegen formaler Beleidigung zu bestrafen. (Aus: Deutsche Allgemeine Zeitung, Nr. 604, 23. 12. 1924)

Wer von nun an Ebert beleidigen wollte, brauchte nur den Text des Gerichtsurteils zu veröffentlichen — und blieb straffrei. Der Generalstaatsanwalt legte Berufung gegen das Urteil ein und erreichte seine Aufhebung.

Eberts Tod. Der Prozeß und seine Begleitumstände hatten Ebert tief getroffen. Der Undank brach die ohnehin schon geschwächten Lebenskräfte des einst so robusten Mannes. Um vor einem Reichstagsausschuß wegen anderer Anwürfe in einem Bestechungsskandal seine Unschuld zu beweisen, verschob der Reichspräsident den schon längst fälligen Krankenhausaufenthalt. Seinem Freunde Noske, der ihn beschwor, seine Blinddarmreizung nicht zu leicht zu nehmen, entgegnete er:

Es geht nicht, ich muß um meine Ehre kämpfen, oder nein — um die Ehre des Staatsoberhauptes ... Ich kann nicht mehr. Du verstehst mich. Dich hetzen sie ja auch. Wie einen Galgenvogel verunglimpfen sie mich. Daß sie sich nicht schämen, in ihrer moralischen Verlotterung, sie, die für eine sittliche Erneuerung Deutschlands zu kämpfen vorgeben, das ist mein Schmerz, diese Schmutzflut, die mich umbrandet. (Zit. nach Besson, W.: Friedrich Ebert. Verdienst und Grenze. Göttingen 1963, S. 91)

Noch am selben Tage brach Ebert zusammen. Die Ärzte konnten ihn nicht mehr retten. Am 28. Februar 1925 starb der erste Präsident der deutschen Republik.

Ebert hatte sich in den langen Krisenjahren als Hüter der Verfassung bewährt. Darüber hinaus war seine Person als Staatsoberhaupt des Deutschen Reiches symbolhaft gewesen. Das hatte er schon bei seinem Amtsantritt empfunden:

Ich bekenne ..., daß ich ein Sohn des Arbeiterstandes bin, ... Sie haben damit den ungeheuren Wandel anerkannt, der sich in unserem Staatswesen vollzogen hat, und zugleich auch die gewaltige Bedeutung der Arbeiterklasse für die Aufgaben der Zukunft. (Ebert, F.: Schriften, Aufzeichnungen, Reden. Band II, Dresden 1926, S. 157)

b) Die Reichspräsidentenwahl

Das Gesetz zur Reichspräsidentenwahl bestimmte, daß im ersten Wahlgang der Kandidat gewählt sei, der mehr als die Hälfte der abgegebenen gültigen Stimmen erhielt. Wie zu erwarten, erreichte bei diesem ersten Wahlgang keiner der Bewerber die Mehrheit der Stimmen.

Für den zweiten Wahlgang — bei dem es genügte, die meisten Stimmen auf einen

Kandidaten zu vereinigen — bildeten die Parteien der Weimarer Koalition einen „Volksblock", dessen Kandidat der Zentrumsvorsitzende Wilhelm Marx war. Aller Voraussicht nach mußte dadurch sein Sieg so gut wie sicher sein. Die Gegner im sogenannten „Reichsblock" (DNVP und DVP) erkannten ihre geringen Aussichten. In dieser Verlegenheit kam einigen deutschnationalen Gutsbesitzern und ehemaligen Offizieren der rettende Gedanke. Sie schlugen einen Mann vor, den die meisten Deutschen immer noch ehrfürchtig hochachteten: Hindenburg.

Der damals siebenundsiebzigjährige Feldmarschall lebte wieder — wie schon vor 1914 — als Pensionär in Hannover. Er war bereit, der Kandidat des Reichsblocks zu werden. Mit der Kandidatur Hindenburgs verbanden manche Konservative große Hoffnung. Hindenburg als Reichspräsident in Berlin, das lag schon auf dem halben Wege zwischen dem Weimar der Nationalversammlung und der „Verzichtpolitiker" und dem Potsdam der Preußenkönige.

Hindenburgs Erfolg. Am 26. April 1925 wurde Hindenburg mit 14 655 766 Stimmen zum zweiten Reichspräsidenten der deutschen Republik gewählt. Seine Gegenkandidaten Marx und Thälmann erhielten 13 751 615 bzw. 1 931 151 Stimmen.

Warum hatten so viele Deutsche Paul von Hindenburg ihre Stimme gegeben? Im zweiten Wahlgang waren 3,5 Millionen Stimmen mehr als beim ersten abgegeben worden. An der Wahl hatten sich viele beteiligt, die sonst nie wählten, völlig unpolitische Menschen also, von denen sich der größte Teil rein gefühlsmäßig für den Mann entschied, dem sie wie keinem anderen immer noch vertrauten. Die Kommunisten wollten den ausgesprochen bürgerlichen Kandidaten Marx nicht unterstützen und sorgten daher indirekt dafür, daß der Kandidat der Rechten siegte. Die Entscheidung der katholischen und föderalistischen Bayerischen Volkspartei für den evangelischen, preußischen Monarchisten gegen den katholischen, rheinischen Republikaner, verschaffte Hindenburg den Vorsprung von etwa 900 000 Stimmen.

Entscheidend war gewesen, daß in den sieben Jahren nach der Revolution kein republikanischer Politiker so allgemein populär geworden war, daß er mit dem Sieger von Tannenberg wetteifern konnte. Bei vielen war die Stimmabgabe für Hindenburg lediglich ein Votum gegen die Republik, bei vielen anderen aber nur für ein Deutschland der Ehre, des Ruhmes, des Glanzes. Einiges von alledem, schmerzlich vermißt in den traurigen und düsteren Jahren nach der Niederlage, wollte man wieder zurückerhalten. Die Republik und ihre Vertreter waren als zu „zivil" und zu nüchtern empfunden worden.

Der „Mythos Hindenburg". Die vierzehn Millionen hatten am 26. April nicht den Menschen Hindenburg gewählt, sondern den Hindenburg der Legende.

Der deutsche Nationalcharakter liebt das patriarchalische Vorbild. Der Glaube will sich an einer Persönlichkeit emporranken, der man Rettungskräfte mystischer Art zuschreibt ... Hindenburg aber trägt in seinem Wesen die Fundamente, auf die sich Ehrfurcht und Zutrauen, Bewunderung und gemütvolle Liebe gründen ... Dazu muß die Natur den Menschen begnaden. Eine solche Erscheinung läßt sich niemals ganz ausdeuten ... Er wird einfach als der gute Geist empfunden. Vor ihm schweigen die Zweifelsüchte, die Rechthabereien und die Wirrungen der Intrigen. Er ist das Ufer für den Schwimmer. (Schultze-Pfälzer, G.: Von Spa nach Weimar. Zürich 1929, S. 32)

So schrieb der damalige Wahlleiter Hindenburgs.

Hindenburgs Lebensweg. Hindenburgs Leben war reich an überraschenden Wendungen. Als

Sohn eines Majors wurde Paul von Beneckendorff und von Hindenburg 1847 in Posen geboren. Er erhielt von seinem 12. Lebensjahre an die Erziehung des preußischen Kadettenkorps, machte als junger Gardeoffizier die siegreichen Kriege von 1866 und 1870/71 mit. Dem strebsamen Bataillonsadjutanten eröffnete sich bald die Generalstabskarriere, die ihn zu hohen militärischen Würden emportrug. Nach der Beförderung zum Kommandierenden General eines Armeekorps hatte 1911 eine erfolgreiche Laufbahn ihr Ende genommen, die aber durchaus nichts Ungewöhnliches aufwies.

Mit dem Kriegsausbruch begann für den Siebenundsechzigjährigen geradezu ein neues Leben. Nach dem Sieg bei Tannenberg durfte er der berühmteste und gefeiertste Deutsche seiner Zeit sein. Daß der Krieg verloren wurde, schadete dem Ruf des Feldherrn nicht.

Charakter. 1925 eröffnete sich für den Greis noch einmal ein neuer, ganz anderer Lebensabschnitt. Auch als Reichspräsident wirkte Hindenburg ungemein imposant. Seiner stattlichen Größe und massigen Figur stand die ordensübersäte Uniform ebenso wie das feierliche Schwarz des Zivilrockes. Er bewegte sich bedächtig, fast schwerfällig. Seinem stark phlegmatischen Temperament verdankte er eine beispiellose Gemütsruhe und Gelassenheit.

Trotz aller körperlichen und geistigen Schwerbeweglichkeit eignete ihm ein gewisses diplomatisches Geschick, sich auf Wendungen der Ereignisse und andere Menschen einzustellen. Darum war er, der sich gern anpaßte und andere Meinungen aufnahm, bei einigem Geschick leicht zu beeinflussen. Er lieh jedem, der ihm dienstlich unterstellt war, seine Autorität und ließ ihn selbständig handeln, solange der Gehilfe oder Berater nicht zuviel Widerspruch hervorrief und solange es diesem gelang, den Marschall durch ununterbrochenen, möglichst persönlichen Kontakt von fremden Einflüssen abzuschirmen. Hindenburg war sich wohl bewußt, daß man in ihm die integere, über allem Parteien- und Gruppenstreit erhabene Führergestalt sah, und er bemühte sich, übrigens mit erstaunlichem Erfolg, in Worten und Gesten dem Bilde zu entsprechen, das sich das deutsche Volk von ihm machte.

Anschauungen. Es gehörte zu seiner Legende, daß er seinem Handeln die Werte zugrunde legte, die er oft und oft verkündete: Treue, Ehre und vor allem Pflicht. Aber in entscheidenden Augenblicken brachte er der Treue oder der Ehre nicht seine Stellung oder Person zum Opfer. Er hatte sich überraschend leicht von Ludendorff trennen können, brachte es über sich, Wilhelm II. zu verlassen, verleugnete den Dank, den er Erzberger nach Compiègne ausgesprochen hatte, und sollte auch in seiner Präsidentenzeit Beispiele genug dafür geben, daß er Treue nur in einem sehr formalen Sinn verstand. Bis auf seinen Anteil am Geschick des Kaisers hatte er dabei ein gutes Gewissen. Dazu verhalfen ihm sein Unvermögen, sich menschlich eng zu binden — was Ludendorff einmal „Herzenskälte“ genannt hat —, und das Bewußtsein, immer der Pflicht gehorcht zu haben, die der alte Militär wohl als den höchsten Wert anerkannte.

Auch in der Politik fand sich Hindenburg mit Hilfe der vertrauten militärischen Begriffe und Wertvorstellungen zurecht. Wie in der Armee Disziplin und Gehorsam das Ganze zusammenhielten, so sollte auch das Volk allgemein im Dienst am Vaterlande den höchsten Lebenszweck finden. Das war ganz unpolitisch gedacht, und Hindenburg hat auch nie ein Hehl daraus gemacht, daß er nichts von Politik verstehe. Parteien hielt er für gänzlich überflüssig und vermißte die „herzhafte Tat“ bei der Führung der parlamentarischen Regierung, wie er auch nie den Nutzen des Kompromisses einsehen konnte.

Hindenburgs Ziel war letzten Endes das Wiedergewinnen der alten Größe Deutschlands. Da ihm Vaterland und Armee nahezu identisch waren, galt seine Sorge vor allem der Wiederherstellung der Wehrhoheit und der Wiedererweckung des Wehrwillens.

Wo hatte der Gleichheitsgedanke und Einheitssinn des Volkes eine durchgreifendere Vertretung gefunden als in der alle gleichmachenden Schule unseres großen, vaterländischen Heeres?... Die Überzeugung von der Notwendigkeit, ja von dem Segen der Unterordnung des einzelnen unter das Wohl des Ganzen war dem deutschen Heere und durch dieses auch dem deutschen

Volke zum vollen Bewußtsein gekommen ... Es liegt in dem Gange der Ereignisse, daß man mit der Auflösung der alten Armee neue Wege zur Erziehung des Volkes und seiner Wehrkraft fordert. Ich verbleibe dem gegenüber fest auf dem Boden der alten, bewährten Grundsätze. (Hindenburg, P. von: Aus meinem Leben. Leipzig 1920, S. 65 f)

Mit der Existenz der Republik hatte sich Hindenburg halbwegs abgefunden, aber sein Traum blieb es, daß einst der Kaiser wieder in sein Reich einziehen könne. Er glaubte, seinem Vaterland und seinem König es schuldig zu sein, seine Person für die „nationale Sammlung" einzusetzen, die den Parteien nicht gelang, ohne die aber die Ziele, die ihm wichtig waren, nicht zu erreichen waren.

Mein Ziel ist, Deutschland zur Einigkeit zu führen. Nur auf der Grundlage der Einigkeit werden wir zur inneren Ruhe gelangen, die dem Lande als Erstes notwendig ist, um sich zu erholen und wieder entfalten zu können. Meine Aufgabe wird sein, Frieden zu stiften im Lande selbst, die Parteien zu versöhnen, die Länder zu einigen zu einem großen Vaterlandsbewußtsein. (Vogel, H.: Erlebnisse und Gespräche mit Hindenburg. Berlin 1935, S. 8)

„Die Parteien zu versöhnen", Hindenburg glaubte ehrlich, daß er das könne, und er glaubte auch, daß er, der Monarchist, der adlige Offizier, der Ehrenvorsitzende des „Stahlhelm", das höchste Amt der Republik wirklich unparteiisch ausüben könne.

c) Hindenburgs Rolle als Reichspräsident

Hindenburg dachte an Restauration, nicht aber an Umsturz. Diejenigen unter den Befürwortern von Hindenburgs Präsidentschaft, die zuversichtlich erwarteten, daß Hindenburg einen scharfen Rechtskurs steuern und die demokratischen Politiker unter Druck setzen würde, sollten sich sehr täuschen. Der neue Reichspräsident fühlte sich an seinen Eid auf die Verfassung stets gebunden, etwas anderes kam ihm als gläubigem Christen gar nicht in den Sinn. Gleichwohl faßte er die Verfassung eher als eine militärische Dienstvorschrift auf, die die Technik des Regierens und Gesetzemachens darlegte, und weniger als Mittelpunkt des staatlichen und politischen Lebens. „Ist ja gar nicht so schlimm!" soll er nach ihrem eingehenden Studium gesagt haben.

Wenn auch Hindenburg die Verfassung nicht verletzen wollte, so begann doch mit seiner Präsidentenschaft ein *stiller Verfassungswandel,* der die Gewichte im staatlichen Mechanismus der noch ungefestigten Demokratie sehr verschob. Der Reichstag war dazu ausersehen gewesen, als Vertretung des Volkes die wichtigste Rolle zu spielen. Mit der Zeit — als die Mehrheitsverhältnisse immer labil blieben, die Kabinette sich schnell ablösten und die Gesetzgebungsarbeit vernachlässigt wurde — büßte er sehr an Macht und Bedeutung ein. Dafür gewann das Amt und mit ihm die Person des Reichspräsidenten ständig an Ansehen und Einfluß. Der Präsident wirkte „überparteilich", indem er sich bemühen mußte, die häufigen Regierungskrisen zu überwinden. Seine Stellung und seine lange Amtszeit gaben ihm so viel Autorität, wie sie niemand sonst im Staate besaß. Während die Parteien und das Parlament immer unbeliebter wurden, gewann Hindenburg als ruhender Pol in dem verwirrenden Wechsel weiteres Ansehen. Starken Rückhalt fand er in der Reichswehr, deren Oberkommandierender er als Reichspräsident geworden war. Zwar hatten die Soldaten ihren Eid auf die Verfassung geschworen, doch ihre Treue gehörte jetzt wieder mehr der Person, und zwar nicht dem Reichspräsidenten, sondern dem ehemaligen Generalfeldmarschall.

In keiner der beinahe regelmäßig wiederkehrenden Regierungskrisen hatte sich Hindenburg persönlich so engagiert wie im Februar 1927. Sein Kanzlerkandidat war Wilhelm Marx, der ehemalige Rivale bei der Reichspräsidentenwahl, den er sehr schätzte und an den er sich gewöhnt hatte. Vor allem lag ihm am Herzen, seine Gesinnungsfreunde, die Deutschnationalen, in die Regierung zu bringen. Die Regierungskoalition, die dann entstand, befriedigte ihn außerordentlich. Zu Hindenburgs Verdruß brach sie aber auseinander. Viel früher, als er gehofft hatte, mußte der Reichspräsident den Reichstag auflösen und für den 20. Mai 1928 Neuwahlen ausschreiben.

5. Der Parlamentarismus in der Prüfung

a) Die Reichstagswahl von 1928

Am 20. Mai 1928 wählten die Deutschen nach vier Jahren wieder einen Reichstag (s. Tafel 16 im Anhang). Es gab einen starken Linksruck, der nach so langen Jahren bürgerlicher Alleinherrschaft nicht überraschte. Gewinner der Wahl war eindeutig die SPD. Sie erhielt einen Zuwachs von 1 272 000 Stimmen. Für die Kommunisten hatte sich ihre Mäßigung ausgezahlt. Sie gewannen 555 700 Stimmen.

Zersetzung der Mitte. Wer aufmerksam das Wahlergebnis prüfte, dem konnte nicht entgehen, daß die bürgerliche Mitte stark in Bewegung gekommen war. Viele Wähler orientierten sich mehr nach ihren wirtschaftlichen Interessen und waren vom Bürgerblock zu den kleinen Splitterparteien der Rechten und der Mitte abgeschwenkt. Diese eigentlich unpolitischen Standes- und Interessenparteien (Wirtschaftspartei, Deutsches Landvolk, Deutsche Bauernpartei usw.) profitierten von der Enttäuschung der bürgerlichen Schichten. Ihre leicht begreifbaren Programme schienen Gewähr für einen gradlinigen Kurs zu bieten. Auffällig war besonders die Schrumpfung der DDP (auf 4,8 %) und der DVP (auf 8,7 %). Diese Parteien begannen allmählich zu Splitterparteien abzusinken. Demgegenüber hatten die kleineren Parteien insgesamt 14,5 % erreichen können.

Konservative Wandlung im Zentrum. Das Zentrum — an gleichbleibende Wählerzahlen gewöhnt — erlebte bei der Wahl die Überraschung, daß es 400 000 Stimmen und 8 Mandate verlor. Da der Rückgang besonders in den industriellen Hochburgen der Partei in Westfalen, im Rheinland und in Schlesien fühlbar war, ließ sich vermuten, daß bei der katholischen Arbeiterschaft die Hemmung nachließ, sich mit den sozialen und wirtschaftlichen Forderungen der Sozialdemokratie zu identifizieren. Es begannen daher unter den führenden Männern des Zentrums lebhafte Auseinandersetzungen, wie der Gefahr weiteren Substanzverlustes zu begegnen sei. Das Ergebnis der Selbstbesinnung des Zentrums war die ausdrückliche Orientierung nach der konservativen Tradition des Katholizismus, die noch 1928 ihren sichtbaren Ausdruck in der Wahl des Prälaten Ludwig Kaas zum ersten Vorsitzenden fand. Zugleich setzte eine Aktivierung des religiösen Geistes ein, nicht zuletzt bewirkt durch die Massenorganisation „Katholische Aktion". Das Staatsideal der Partei war nicht mehr der demokratische Parteienstaat, sondern wieder eine Ordnung mit stark autoritären Zügen. Bei der Generalversammlung der deutschen Katholiken im Jahre 1929 erntete Kaas großen Beifall, als er ausrief:

Niemals ist der Ruf nach einem Führertum großen Stils lebendiger und ungeduldiger durch die deutsche Volksseele gegangen als in den Tagen, wo die vaterländische und kulturelle Not uns allen die Seele bedrückt. (Zit. nach Morsey, R.: Die Deutsche Zentrumspartei. In: Das Ende der Parteien. Hrsg. von Matthias, E. und Morsey, R. Düsseldorf 1960, S. 291)

Alles dies war ein Spiegelbild der politischen Richtungslosigkeit und Unruhe des Bürgertums.

Schwächung und Krise auf der Rechten. Für die extreme Rechte war das Wahlergebnis eine eindeutige Niederlage. Die *Nationalsozialisten* blieben im Reichstag weiterhin bedeutungslos (12 Mandate statt 14). Noch hatten sie in Norddeutschland kaum Fuß gefaßt. (Weser-Ems: 5,2 %, Braunschweig und Chemnitz-Zwickau je 4,4 %, Schleswig-Holstein 4 % waren in Norddeutschland die stärksten Wahlkreise für die NSDAP.) Die Hochburg der Partei blieb Bayern (Franken 8,1 %, Oberbayern-Schwaben 6,2 %), aber auch dort gehörte sie nicht mehr zu den maßgebenden Faktoren des politischen Lebens.

Die *Deutschnationalen* verloren 1 824 200 Stimmen und 30 Mandate. Zündeten die nationalistischen Parolen allmählich nicht mehr? Wurde der Monarchismus unpopulär? Einige Deutschnationale, voran Hugenberg, gaben dem Kurs der letzten Jahre schuld an dem Erdrutsch. Man sei nicht radikal genug aufgetreten, habe sich sogar an der Regierung beteiligt und damit das „System" gestützt. Hugenberg schlug vor, das Steuer jetzt vollständig herumzuwerfen, und gab die Losung aus: *„Block statt Brei"*. Er meinte damit: Zusammenschluß aller Nationalgesinnten, Zusammenarbeit mit allen vaterländischen Kräften beim unversöhnlichen Kampf gegen die Republik:

Im Brei werden wir untergehen, mit dem Block ist Sieg und Wiederaufbau eine Kleinigkeit. Denn Gesundheit, Vernunft und wahre Liebe zum Volke sind auf unserer Seite. Wir werden ein Block sein, wenn die eiserne Klammer der Weltanschauung uns zusammenschließt und in ihrer Umarmung alles, was weich und flüssig ist, zum Felsen gerinnen und zusammenwachsen läßt. Wer uns auf diesem Wege dazu hindern könnte, muß beiseite treten oder sich einschmelzen lassen. (Berliner Lokal-Anzeiger, 26. und 28. 8. 1928)

Gegenüber Hugenberg hielt der gemäßigte Flügel fest an der nuancierten Umwandlung der einst ganz reaktionären Partei, und jüngere Leute stellten das Ideal der Monarchie zur Diskussion.

Damit begann eine innere Auseinandersetzung in der DNVP, die mit Vehemenz geführt wurde und die Partei für Jahre hinaus in eine Krise stürzte. Im Jahre 1928 wurde Alfred Hugenberg Parteivorsitzender und blieb so vorerst Sieger. Mit ihm triumphierte die reaktionäre Richtung des Alldeutschtums. Er stieß die Partei zurück in die konzessionslose Opposition gegen die Weimarer Republik.

b) Die Große Koalition und ihre Probleme

Entstehung und Belastungen der Großen Koalition. Während das gesamte Mittelfeld der deutschen Parteien in Bewegung geriet, mußte eine neue Regierung gebildet werden. Auf die Rechte war seit Hugenbergs Agitation nicht mehr zu rechnen, die bürgerlichen Parteien hätten sich am liebsten auch für eine Weile aus der Verantwortung zurückgezogen.

Ohne die SPD konnte nicht mehr regiert werden. Der Gedanke der Großen Koalition

tauchte auf, wurde aber allgemein mit Unlust aufgenommen. Bei den Verhandlungen mit Hermann Müller (SPD), der von dem Reichspräsidenten mit der Regierungsbildung beauftragt worden war, machten vor allem DVP und Zentrum Vorbehalte und stellten schwer erfüllbare Bedingungen, so daß das ganze Vorhaben steckenblieb. Jetzt war es Stresemann, der half, aus der Sackgasse herauszukommen. Ihn, der die DVP nach rechts und links beweglich halten wollte, verdroß es, wie sich seine Parteifreunde in ihren Antisozialismus verrannten. Von Bühlerhöhe aus, wo der Schwerkranke zur Kur lag, verhandelte er, ohne Parteivorstand und Fraktion zu verständigen, mit Hermann Müller. Der Parteivorsitzende drohte mit dem Austritt aus seiner Partei. Was aber war die DVP ohne Stresemann? Darum fügten sich die aufgebrachten Fraktionskollegen und Vorstandsmitglieder widerwillig darein, zwei ihrer Parteifreunde unter einem sozialdemokratischen Kanzler amtieren zu sehen. Auch das Zentrum entschied sich nur zögernd, in die Große Koalition einzutreten.
Nach einem Versuch im Jahre 1928 mit einem Kabinett der Persönlichkeiten, in dem zwar Minister aus den Parteien SPD, Zentrum, DDP und DVP saßen, an das sich aber die Fraktionen nicht gebunden fühlten, wurde Anfang 1929 eine echte Große Koalition gebildet (s. Tafel 17 im Anhang). Den Parteien war ihre Zustimmung mühsam abgerungen worden. Die Bewegungsfreiheit der Regierung war von Anfang an sehr eingeengt worden. Alles Wichtige, was sie unternehmen wollte, artete sogleich in eine Kraftprobe mit den einzelnen Oppositionsflügeln in den Koalitionsparteien aus.

Die Probleme der Regierung. Mit dem Streit um eine Frage des Wehretats begannen die Schwierigkeiten. Noch der vorherige Reichstag hatte sich mit der Regierungsvorlage über den geplanten Bau eines Panzerkreuzers A auseinandersetzen müssen, des ersten einer Reihe von vier. Der Bau aller Schiffe sollte etwa 100 Millionen RM kosten. Die erste Rate war noch vom alten Reichstag bewilligt worden. Die neue Regierung der Großen Koalition gedachte, den Beschluß des früheren Kabinetts auszuführen. Die sozialdemokratischen Minister, die ihre Koalitionspartner nicht verärgern wollten, stimmten nicht ausdrücklich gegen die Baupläne. Nun hatte aber die SPD 1928 ihren Wahlkampf mit der Parole „Kinderspeisung statt Panzerkreuzer!" geführt. Darum entrüsteten sich Fraktion und Partei über das Verhalten der eigenen Genossen, das wie ein Verrat an den Wählern aussah. Schließlich wurden die sozialdemokratischen Minister und mit ihnen der Kanzler von ihrer Fraktion gezwungen, gegen ihre eigene Vorlage zu stimmen. Zwar bewilligte der Reichstag das Panzerschiff mit den Stimmen der Mitte und der Rechten, aber der Vorgang beleuchtete die Verlegenheiten, in die die Parteistrategie die Parlamentarier bringen konnte.

Young-Plan und Rheinland-Räumung. Nach diesem nicht gerade ermutigenden Vorspiel wandte sich die Regierung den anstehenden Fragen der Innen- und Außenpolitik zu. Die Zeit war gekommen, um die immer noch schwebende Reparationsfrage endgültig zu regeln. Deutschland erlebte einen Wirtschaftsaufschwung und hatte 4 Jahre lang die Bedingungen des Dawes-Planes regelmäßig erfüllt. Eine endgültige Lösung würde im Interesse aller liegen. Sie mußte besonders die Verschuldung der Alliierten gegenüber den Vereinigten Staaten berücksichtigen. Stresemann hegte zunächst Bedenken, weil er den Dawes-Plan mit seinen Schutzbestimmungen im Augenblick noch für vorteilhaft hielt. Ihm erschien die vorzeitige Räumung des Rheinlandes dringlicher.

Für die alliierten Staatsmänner jedoch, besonders für den wieder ins Amt des Ministerpräsidenten zurückgekehrten Poincaré, war eine Räumung des Rheinlandes vor Abgeltung der Reparationsschulden immer noch nicht akzeptabel. Stresemann stellte schließlich seine Bedenken zurück, weil er hoffte, durch Zugeständnisse in der Reparationsfrage seinem Nahziel, der Rheinland-Räumung, näherzukommen. Der Reichsbankpräsident Hjalmar Schacht unterstützte ihn darin:

Es ist jetzt der psychologische Moment gekommen, um aufs Ganze zu gehen. Wichtiger fast als die auszuhandelnde Summe ist die Wiedererlangung unserer absoluten außenpolitischen Freiheit. (Aus einem Brief Schachts an Stresemann, 20. 9. 1928, zit. nach Zimmermann, L.: Deutsche Außenpolitik in der Ära der Weimarer Republik. Göttingen 1958, S. 364)

Aus allen komplizierten Verhandlungen schälte sich allmählich ein Kompromiß heraus mit den Merkmalen eines Tauschgeschäftes. Deutschland nahm feste Reparationszahlungen auf sich und ließ die Laufzeit des Planes mit den Zahlungsverpflichtungen der Alliierten an die USA koppeln. Dafür erkaufte es sich von den Alliierten die *Räumung des besetzten Gebietes* zu einem sehr frühen Termin, nämlich *1930* — fünf Jahre vor der vertraglich vorgesehenen Übergabe.
Am 11. Februar trat eine neue Kommission zur Regelung der Reparationsfrage unter dem Vorsitz des amerikanischen Bankiers Owen D. Young in Paris zusammen und erstattete am 7. Juni 1929 ihren Bericht, der zusammen mit deutschen Sachverständigen, unter ihnen Schacht, ausgearbeitet worden war. Danach lief die Angelegenheit nicht mehr so glatt. England erhob Einwände, Frankreich hatte Bedenken, so daß neue Konferenzen und schwierige Verhandlungen nötig waren, um das Werk zu einem Abschluß zu bringen. Erst Anfang Mai 1930 konnte das Abkommen in Kraft treten. Diese Verzögerung entwertete den *Young-Plan,* da die Weltwirtschaftskrise begonnen hatte und die Durchführung der Bestimmungen bald unmöglich machte.

Die Hauptbedingungen des Young-Planes (offizielle Bezeichnung: Neuer Plan) waren: Zahlung von zwei Milliarden Mark jährlich, verteilt auf 59 Jahre. Insgesamt sollten 116 Milliarden Mark aufgebracht werden. Alle Kontrollen über die deutsche Wirtschaft fielen fort. Die Reparationskommission stellte ihre Tätigkeit ein. Deutschland konnte bei wirtschaftlicher Notlage ein Moratorium (Zahlungsstillstand und -aufschub) beantragen, über das alle Gläubiger entschieden.

Die Reaktionen in Deutschland. Wie immer auch die wirtschaftliche Bedeutung des „Neuen Planes" eingeschätzt werden mag, Stresemann hatte für Deutschland große politische Zugeständnisse ausgehandelt. Das Reich wurde frei von fremden Kontrollen, und alle ausländischen Soldaten verließen den deutschen Boden. Mußten nicht die Nationalisten besonders dankbar für diesen Erfolg des Außenministers sein? Aber Stresemann erntete von dieser Seite keinen Dank. Die Anklagen gegen die „Schmach am Rhein" hörten einfach auf, die Befreiung wurde als Selbstverständlichkeit quittiert. Statt Beifall hörte Stresemann in seiner Heimat einen Chor des Hasses. Der Vorsitzende des Alldeutschen Verbandes, Justizrat Claß, forderte z. B.:

Alle diese Leute wie Hilferding und Stresemann sollten vor einen politischen Staatsgerichtshof gestellt werden ... Stresemann ist der Inbegriff aller gefährlichen Kräfte im Volke, seine seelische Entartung ist offenbar abgeleitet aus seiner politischen Entartung. (Schultheß' Europäischer Geschichtskalender, 1929, S. 164)

Gegen den Young-Plan wurde von der Rechten unter der Leitung Hugenbergs eine wütende Kampagne geführt, die in einem allerdings erfolglosen Volksbegehren gegen den Plan ihren Höhepunkt fand (vgl. XII B 2 b).

c) Der Bruch der Großen Koalition

Stresemanns Tod. In der Außenpolitik und besonders in der Reparationsfrage war sich die Große Koalition einig gewesen. Wer hätte auch eine brauchbare Alternative aufzuzeigen vermocht? Stresemann stand, nachdem er ein wichtiges Kapitel deutscher Nachkriegsgeschichte zum Abschluß gebracht hatte, vor neuen, schweren Aufgaben in der Außen- und Innenpolitik. Er war aber schon seit Monaten vom Tode gezeichnet und hatte an die Verhandlungen und Kämpfe der Jahre 1928 und 1929 seine letzten Kräfte gewandt. Ein chronisches Nierenleiden und die Folgen eines Schlaganfalles setzten ihm derart zu, daß er im Juli 1929 zusammenbrach. Aber auch danach schleppte er sich weiter, die drängenden Fragen der Politik ließen ihm keine Ruhe. Am 9. September sprach er noch einmal vor dem Völkerbund in Genf:

> Mich dünkt, daß das weite Gebiet der Siege der Menschheit über die Natur genügend Möglichkeiten gibt zum Heroismus, auch zur Hingabe des Lebens für große Ideen, und daß hier ein enormes Gebiet ist, auf dem in Zukunft vielleicht einmal das ewige Rätsel des Verhältnisses des Menschen zum All weiterdurchforscht und weitergebracht wird, um dann der Menschheit selbst die größten Dienste zu leisten. (Stresemann, G.: Vermächtnis. Hrsg. von Bernhard, H., Bd. III, Berlin 1933, S. 580)

Von Genf eilte Stresemann nach Berlin, gejagt von der Sorge um den Halt der Großen Koalition. Mit letzter Kraft erreichte er es noch einmal, seine Fraktionskollegen zu bestimmen, bei einer Abstimmung über die Sozialpolitik sich nicht gegen die Regierung zu stellen, sondern wenigstens Stimmenthaltung zu üben. Am nächsten Morgen, dem 3. Oktober 1929, erlitt Stresemann einen neuen Schlaganfall. Er kam nicht mehr zum Bewußtsein und starb.

Beim Ableben Stresemanns trug das Kabinett der Großen Koalition deutlich auch schon hippokratische Züge. Es bleibt eine offene Frage, ob ein lebender und gesunder Stresemann es vermocht hätte, die auseinanderstrebenden Parteien auch weiterhin in der Regierung zusammenzuhalten. Bisher war die Außenpolitik der Kitt gewesen. Nachdem die Durchführung des Young-Planes gesichert war, entfiel auch die Notwendigkeit, bei allen auftretenden Konflikten auf den Bestand der Koalition Rücksicht zu nehmen.

Der Streit um die Sozialpolitik. Unter dem Eindruck der nachlassenden Konjunktur hatten sich die Interessenstandpunkte des linken und rechten Flügels der Koalition (SPD und DVP) zunehmend verhärtet (vgl. XII B 1 b). Der einen Seite war die Wirtschaftlichkeit der Unternehmen, die Erleichterung der Wettbewerbsfähigkeit durch Senkung der Kosten der wichtigste Gesichtspunkt, während es der anderen Seite um die Erhaltung der sozialen Leistungen, um die Sicherung der Arbeitnehmer vor unverschuldeter Not ging. Eine ganze Zeit hatte man mit Kompromissen die Gegensätze überbrücken können. Die SPD nahm es hin, daß die Unternehmer ihr Programm der Senkung direkter Steuern bei Erhöhung indirekter Steuern (Bier, Tabak) großenteils durchsetzten. Die DVP ließ es zu, daß der Beitrag zur Arbeitslosenunterstützung für Arbeitgeber und -nehmer zugleich von 3 % auf 3 ½ % erhöht wurde. Auf diese Weise rettete sich das Kabinett über den Winter 1929/30.

Die Arbeitslosenversicherung und das Ende der Großen Koalition. Im Frühjahr 1930 jedoch kam es zu weiteren Auseinandersetzungen. Die Arbeitslosenversicherung bereitete Schwierigkeiten, denn wegen der unerwartet hohen Arbeitslosigkeit hatte sie ihr Defizit nicht ganz decken können. 70 Millionen standen letztlich noch offen, und diese Summe sollte durch eine nochmalige Beitragserhöhung von je einem Achtel Prozent für Arbeitgeber und Arbeitnehmer aufgebracht werden. Die Minister aus den verschiedenen Parteien fanden diesen Ausweg annehmbar, aber die Fraktionen sträubten sich nun entschieden. Die DVP erklärte kategorisch, daß die Beitragserhöhung auf 3 ½ % ihr letztes Wort gewesen sei, und die SPD erhöhte ihre Forderung auf 4 %. Zuletzt mußte über einen Kompromißvorschlag Brünings, des Fraktionsvorsitzenden des Zentrums, entschieden werden, durch den die Frage praktisch auf später vertagt wurde. Da die DVP den Vorschlag annahm, hatte die SPD das letzte Wort. Die Meinungen in der Fraktion waren sehr geteilt. Einigen erschien es absurd, die Regierung wegen eines Achtelprozents untergehen zu lassen. Aber die Gewerkschaftsvertreter machten daraus eine Grundsatzfrage. Es ging ihnen nicht um die Arbeitslosenversicherung allein. Sie war ihnen nur ein Prüfstein für die allgemeine Haltung der Arbeitgeber zur Sozialpolitik; und diese Haltung war eindeutig ablehnend. Sollte man den Sieg der gegnerischen Auffassung auch noch durch die Mitarbeit in der Regierung vollenden helfen? Man war in weiten Kreisen der Partei überhaupt recht unglücklich über die vielen Zugeständnisse, die man im Laufe der Regierungsbeteiligung hatte machen müssen, und glaubte, daß die neugewonnenen Wähler schon enttäuscht waren über die wenig feste Haltung. Noch weiteres Nachgeben, und dazu noch auf dem Felde der Sozialpolitik, würde wieder einmal der KPD zugute kommen, die das Paktieren mit dem Klassenfeind als Dummheit und Verrat brandmarkte.

Am 27. März 1930 verwarf die Mehrheit der SPD-Fraktion den Kompromißvorschlag des Zentrums. Am Nachmittag des gleichen Tages trat die Regierung Müller zurück. Die Große Koalition war zerbrochen. Der Vorstand der SPD erklärte am nächsten Tage:

> Die Sozialdemokratische Partei hat ihren Einfluß in der Koalitionsregierung benutzt, um die sozialreaktionären Pläne der Unternehmerverbände abzuwehren. Sie hat damit in voller Einmütigkeit mit den Gewerkschaften wahr gemacht, was sie auf ihrem Parteitag in Magdeburg feierlich versprochen hat: „An die Arbeitslosenversicherung läßt die Sozialdemokratie nicht rütteln!" Den Kampf, den die Sozialdemokratie in der Regierung geführt hat, wird sie außerhalb der Regierung fortsetzen. (Ursachen und Folgen, Bd. VII, S. 658)

d) Eine Regierungsbildung neuen Stils

Regierungskrise oder Staatskrise? Das fortwährende Kriseln in der Großen Koalition war von der deutschen Öffentlichkeit mit lebhaftem Unbehagen verfolgt worden. War eine solche Regierungsweise überhaupt ernsten Belastungen gewachsen? Überzeugt, daß Parlamentarismus und Demokratie versagt hätten, suchte man von der Mitte bis zur Rechten nach besseren Stützen für eine dauerhafte und energische Re-

gierungstätigkeit. Weit verbreitet war die Anschauung, daß außerordentlichen Situationen nur mit außerordentlichen Mitteln zu begegnen sei.
Während der fortschreitenden Lähmung der Großen Koalition fanden sich Männer zusammen, um Folgerungen aus diesen Erwägungen für die Zukunft zu ziehen: Heinrich Brüning, Fraktionsführer des Zentrums, Gottfried Treviranus, einer der deutschnationalen Rebellen (vgl. XI 5 a), und General Kurt von Schleicher, als Chef des Ministeramtes im Reichswehrministerium der Sprecher der Reichswehr in politischen Fragen. Die Einmischung der Reichswehr in die Politik war wohl verfassungsmäßig nicht gestattet und im demokratischen Staate sonst nicht gebräuchlich, erschien in Deutschland jedoch nicht ungewöhnlich (vgl. III 1 b, III 2, IV B 6, V 3 f). Schleicher war sich mit seinen Gesprächspartnern einig, daß die neue Regierung ohne parlamentarische Bindung, lediglich vom Vertrauen des Reichspräsidenten getragen sein solle.

Das Modell eines „Hindenburg-Kabinetts". Eine Front von den Demokraten bis zur DNVP sollte eine Störung durch das Parlament verhindern. Von Hugenberg verlangte man eher Tolerierung als Mitarbeit. Im Hintergrunde stand die Erwartung, daß sich aus den Auflösungserscheinungen bei den Deutschnationalen eine „Staatstragende Rechte" herauskristallisieren würde, der gegenüber würde dem radikalen Hugenberg-Flügel nur noch der Charakter einer bedeutungslosen Minderheit bleiben. Die geistigen Väter dieses neuartigen Experiments kennzeichneten es als „Hindenburg-Kabinett". Schleicher übernahm es, dem Reichspräsidenten den Plan schmackhaft zu machen, was auch ohne große Mühe gelang, denn auch der alte Herr war der permanenten Krise müde und sehnte sich danach, die SPD aus der Regierung loszuwerden und wieder in Fühlung mit seinen Gesinnungsgenossen von rechts zu kommen. Mitte Januar standen schon die Richtlinien der zukünftigen Regierung fest, deren Chef Brüning werden sollte:

a) antiparlamentarisch, also ohne Koalitionsverhandlungen und Vereinbarungen,
b) antimarxistisch; auch nach seiner [Hindenburgs] Ansicht sei es schon um der Wirtschaft und der Finanzen willen durchaus erforderlich, zum mindesten auf einige Zeit hinaus, den sozialdemokratischen Einfluß auszuschalten,
c) Wandlung in Preußen ... Meißner glaubte, daß gegebenenfalls das Zentrum jetzt bereit sei, auch in Preußen Wandel zu schaffen, ...

(Niederschrift des Grafen Westarp über eine Unterredung mit Hindenburg am 15. 1. 1930. Zit. nach Vogelsang, T.: Reichswehr, Staat und NSDAP. Beiträge zur deutschen Geschichte 1930 bis 1932. Stuttgart 1962, S. 70)

Als die Große Koalition fiel, waren die Vorarbeiten so weit gediehen, daß das neue Kabinett schon vorgestellt werden konnte (s. Tafel 21 im Anhang). Am 30. März erhielt Brüning seine Ernennungsurkunde, und am 1. April gab er dem Reichstag seine Regierungserklärung ab. Brüning, der die Bedingungen des „Hindenburg-Kabinetts" angenommen hatte, erhielt vom Reichspräsidenten die Vollmacht, den Reichstag notfalls aufzulösen, wenn sich keine Vertrauensbasis für das Kabinett ergab. Er wußte auch, daß ihm die Möglichkeit, die Hermann Müller versagt worden war, eingeräumt werden würde, nämlich mit Hilfe des Art. 48 der Reichsverfassung zu regieren.
Das Zustandekommen des Kabinetts Brünings zeigte, wie außerparlamentarische

Kräfte das Parlament beiseite gedrängt hatten und die Regierungsbildung außerhalb des von der Verfassung vorgeschriebenen Rahmens vornahmen. Es leitete ganz neue Entwicklungen ein.

XII. Die Weltwirtschaftskrise

A) Der Ausbruch der Wirtschaftskrise

Der Umschlag von der Konjunktur zur Krise. Die Nachkriegsprosperität fand in der ganzen Welt um 1929/30 ihr Ende. Ihr folgte die schwerste Depression in der Geschichte der modernen Wirtschaft, gekennzeichnet durch weltweite Ausbreitung, durch die Tiefe des Absturzes und die Dauer ihres Verlaufs sowie durch das Ausbleiben der Erholung der Wirtschaft aus eigener Kraft. Die Not — gipfelnd in einer Dauer- und Massenarbeitslosigkeit ohnegleichen — löste überall eine Vertrauenskrise des kapitalistischen Wirtschaftssystems aus und führte zu schweren Erschütterungen der sozialen und politischen Verhältnisse. Mit dem Einbruch der Weltwirtschaftskrise änderte sich auch die weltpolitische Atmosphäre: Auf eine Zeit der Beruhigung, der internationalen Zusammenarbeit und Verständigung folgten viele Jahre zunehmender Spannungen und Konflikte.

Ursachen und Folgen der Krise in den USA. Die Ursachen der „Großen Krise" sind bis heute nicht genügend erhellt. So ist z. B. umstritten, ob die Auslösung der Krise, nämlich der Zusammenbruch der amerikanischen Volkswirtschaft, mehr auf die labile Wirtschafts- und Finanzlage der europäischen Staaten — indirekt also noch auf den Weltkrieg und die Kriegsfolgen — oder hauptsächlich auf gewisse unheilvolle Erscheinungen in den USA selbst zurückzuführen ist. Nicht unbedenklich war der schrankenlose Optimismus, den dort die Hochkonjunktur erweckte; man meinte, es werde dem Aufschwung überhaupt keine Abwärtsbewegung folgen. Deshalb sah niemand in der *Spekulationswut* weiter Teile der amerikanischen Bevölkerung einen Schaden. Die Hoffnung, schnell reich zu werden, und die leichte Möglichkeit, Aktienpapiere auf Kredit zu kaufen, verführte zu waghalsigen Operationen und ließ die Kurse zu schwindelnden Höhen emporschnellen. Dabei mußte sich die Differenz zwischen der tatsächlichen Ertragslage der Unternehmen und dem Kurswert ihrer Papiere zusehends vergrößern, und das um so mehr, weil seit etwa 1927 die Investitionstätigkeit der Wirtschaft allgemein und damit auch die Nachfragefreudigkeit nachließen. Worauf auch immer die Scheu der Unternehmer vor weiterer Ausdehnung des Produktionsvolumens zurückzuführen sein mochte — sei es der Wunsch, Schulden zu tilgen, oder die Angst vor „Überinvestitionen" und Überproduktion —, die Börse, Barometer der Wirtschaft, reagierte. Die Berichtigung der Werte begann mit einem sensationellen *Kurssturz* — nicht selten von 90 % — am 24. und 29. Oktober 1929 an der New Yorker Effektenbörse. Daß aber diese Wertberichtigung das Signal zum Einsturz des amerikanischen Finanzsystems gab, hing eng mit verschiedenen Strukturschwächen der amerikanischen Wirtschaft zusammen, so z. B. der Vielzahl von kleinen Banken und dem Fehlen staatlicher Regulativkräfte. Die riesigen Verluste durch die nicht aufhörenden Kursstürze an der Börse hatten den Abzug von Depositen bei den Banken und neue Aktienverkäufe zur Folge. Schließlich führten der Drang aller Schuldner, Geld in die Hand zu bekommen, um ihre Verpflichtungen zu erfüllen, vor allem aber der durch den Schock hervorgerufene Sturm des Publikums auf die Geldinstitute zu Zahlungseinstellungen der Banken und zu einer Reihe von Bankerotten. Begleiterscheinung der immer fühlbareren Geldknappheit (Illiquidität) war ein allgemeines Fallen der Preise, das unausweichlich zur Einschränkung der Produktion, zu Lohnkürzungen und Entlassungen von Arbeitskräften zwang. Die Arbeitslosigkeit wiederum bewirkte ein Nachlassen der Kaufkraft, und dadurch drehte sich die Spirale weiter mit wachsender Beschleunigung nach unten: neuer Preisverfall, Rückgang der Produktion, Entlassung von Arbeitskräften; im Jahr 1929 gab es in den USA 1,550 Millionen Arbeitslose, 1930 bereits 4,340 Millionen, bis 1931 verdoppelte sich ihre Zahl auf 8,020 Millionen, und 1932 waren es 12,060 Millionen.

Auswirkungen der Krise auf die Welt. In diese Wirtschaftskatastrophe wurde wegen der zentralen Stellung der Vereinigten Staaten nahezu die ganze übrige Welt hineingezogen. Die Schwierigkeiten setzten ein, als der Zustrom von Anleihen und Investitionsgeldern, auf den Europa angewiesen war, versiegte; sie wurden bald unüberwindlich, als die Amerikaner begannen, ihre Kredite abzuziehen, zugleich aber weiter auf der Begleichung der Schulden bestanden. Der Finanzkreislauf der Weltwirtschaft war gestört. Erschwerend trat hinzu, daß die Vereinigten Staaten ihre Zolltarife erhöhten und damit den Import radikal unterbanden. Zu ähnlichen Maßnahmen sahen sich über kurz oder lang die meisten anderen Länder gezwungen, was sich verheerend für Staaten auswirkte, die von ihrem Export abhängig waren. In zunehmendem Maße schlossen sich die Volkswirtschaften voneinander ab und brachten damit den weltwirtschaftlichen Ausgleichs- und Austauschmechanismus zum Stillstand. Die Krise war zwar weltweit, die Versuche zu ihrer Überwindung hingegen waren regional und national begrenzt und darum auch nur von mäßigem Erfolg.

Der Mangel an kaufkräftiger Nachfrage und der Sturz der Weltmarktpreise hatte bald in den meisten Ländern die gleichen Folgen wie in den USA: Ein großer Teil des völlig intakten Produktionsapparats blieb ungenutzt — Fabriken wurden stillgelegt, Ackerflächen nicht mehr bebaut —, während Millionen arbeitswilliger Menschen zu Untätigkeit und Hunger verurteilt waren. Dieser Widersinn, der das Versagen des gesamten Wirtschaftsmechanismus' anzeigte, rief allenthalben den Staat als Nothelfer auf den Plan. Der Staat mußte ordnend und regulierend eingreifen, was von den Unternehmern nur als Übergangslösung bis zum erwarteten neuen Konjunkturanstieg, von vielen Sozialisten und anderen antikapitalistischen Gruppen (vgl. XII B 1 d) aber als endgültige Abkehr von den Prinzipien der freien Wirtschaft gedacht war. Da alle staatlichen Maßnahmen lange Zeit wirkungslos blieben und unter Umständen die Krise sogar noch verschärften, wuchs die Ungeduld und Verzweiflung bei der Bevölkerung in allen Weltgegenden, die sich einem unverständlich harten Schicksal ausgesetzt sah. Infolgedessen konnte die Gefahr drohen, daß die wirtschaftliche Depression in eine politische Revolution umschlug. In den Demokratien hing die weitere Entwicklung davon ab, ob die Mehrheit der Bevölkerung ihr Vertrauen zur bestehenden politischen Ordnung auch unter den Bedingungen der Wirtschaftskrise behielt, in Gemeinwesen mit langer demokratischer Tradition, vor allem in den USA und Großbritannien, ließen sich nur verhältnismäßig wenige Menschen davon überzeugen, daß die Wirtschaftskrise nicht allein mit wirtschaftlichen Methoden und sozialen Reformen zu bekämpfen sei.

B) Die Auswirkungen der Krise auf Deutschland

1. *Wirtschaftliche Folgen*

a) Der Verlauf der Krise

Das Vorstadium: Das Ende der Konjunktur. Unter den Ländern mit ungefestigter demokratischer Tradition traf die Weltwirtschaftskrise das Deutsche Reich zweifellos am stärksten. Es war mit seiner hochindustrialisierten, auf Export und Kredite angewiesenen Wirtschaft außerordentlich verwundbar.
Seit 1928 begann die Konjunktur in Deutschland nachzulassen. Der Rückgang der Investitionstätigkeit war z. T. auf die Vorsicht der Unternehmer zurückzuführen, die Rücklagen für die Zukunft bildeten. Sie reagierten damit auf die merkliche Verringerung der Nachfrage, die mit einer größeren Neigung zum Sparen in der Bevölkerung einherging. Noch wuchs allerdings bis 1929 die Zahl der Beschäftigten und das Volkseinkommen. Die Lage schien wegen der guten Exportchancen und dem dadurch gegebenen Anreiz zu weiteren Investitionen nicht unbedingt Grund zu ernsten Sorgen zu geben.
Anders stand es um die *Landwirtschaft*. Deren Sonder- und Dauerkrise spitzte sich im selben Zeitraum katastrophal zu. 1928 und 1929, als die Schweine- und Roggenpreise rapide sanken, wurde für viele bäuerliche Betriebe, besonders klein- und mittelbäuerliche, die angesammelte Schuldenlast untragbar. Die Zahl der Zwangsvollstreckungen nahm außerordentlich zu. Als Hauptübel neben den hohen Zinsen wurde das Steigen der Gemeindeabgaben und Landessteuern empfunden. In besonders betroffenen Gebieten, wie Schleswig-Holstein, ergriff die Bauernschaft schon 1928 eine Panik, die sich in Widerstand gegen die Staatsgewalt umsetzte (s. XII B 2 b). Erst jetzt schuf sich die Landwirtschaft eine einigermaßen einheitliche Spitzenorganisation, die *„Grüne Front“*. Sie hatte zwar einen überparteilichen, unpolitischen Anstrich, geriet aber alsbald in das republikfeindliche Fahrwasser des Reichslandbundes. Graf Kalckreuth, der Vorsitzende des Landbundes, war durchaus berechtigt zu sagen, daß die Politik der „Grünen Front“ stets zu neunzig Prozent Landbund-Politik gewesen sei.
Das 1. Stadium der Wirtschaftskrise: der Anstoß von außen. 1929/30, als die Preise für landwirtschaftliche Produkte weiter fielen, befand sich ein großer Teil des Landes schon mitten in der Depression, während die Städte noch ganz ungefährdet erschienen. Das änderte sich 1930. Erst dieses Jahr war auch für die gesamte deutsche Wirtschaft ein echtes Krisenjahr, denn nun wirkten sich das Aufhören der leichten Verfügbarkeit amerikanischer Kapitalien und die Schwierigkeit im Export aus. Schrumpfende Produktion, fallende Einkommen, steigende Arbeitslosigkeit, das waren wie in aller Welt die Anzeichen des Rückgangs. Von 1,892 Millionen (1929) war die Zahl der Arbeitslosen auf 3,076 Millionen (1930) angestiegen. Dieser Sprung ging nicht zuletzt auf die Gepflogenheit der Kartelle zurück, die an ihren hohen Preisen festhielten und als Ausgleich ihre Produktion übermäßig einschränkten und große Personalentlassungen vornahmen. Überhaupt verzerrte sich durch das Verhalten der Kartelle und Monopole der Preisspiegel erheblich. Es setzte ein schonungsloser Machtkampf der organi-

sierten und konzentrierten Wirtschaft gegen die in freier Konkurrenz verbliebenen Unternehmer ein, wobei es den Kartellen und Konzernen gelang, Preise durchzusetzen, die sonst schon niemand mehr zu fordern wagte.

Das 2. Stadium: der Bankenkrach. 1931 traf Deutschland die Depression mit voller Wucht. Seit Ende 1930 waren in zunehmendem Maße die kurzfristigen ausländischen Anleihen abgezogen worden (vgl. XIV 3 a). Die Banken wurden nun das Opfer ihrer risikoreichen Kredit- und Investitionspolitik (vgl. XI 1). Ausgangspunkt der Katastrophe war der Zusammenbruch der Österreichischen Creditanstalt, dem am 11. Juli der der Darmstädter und Nationalbank (Danat) folgte. Mit ungemeiner Geschwindigkeit setzte sich das Erdbeben in der Finanzwelt fort und führte zwei Tage nach dem allgemeinen Schalterschluß zu einem Zusammenbruch des gesamten deutschen Bankwesens. Der Staat war gezwungen, die Garantien für die Großbanken zu übernehmen, was aber noch nicht ausreichte, weil sofort eine Panik bei den Bankkunden einsetzte und ein Sturm auf die Institute begann. Vorübergehend mußten alle Banken, Sparkassen und Börsen geschlossen werden (Bankfeiertage vom 13. bis 15. Juli). Danach wurde der Zahlungsverkehr durch staatlichen Eingriff nur noch begrenzt (zur Auszahlung von Löhnen, Sozialleistungen und Steuern) wieder aufgenommen. Seit dieser Zeit übernahm der Staat recht eigentlich die Leitung der Wirtschaft und mußte mit seinen gesamten Geld- und Kreditreserven in die Bresche springen, um das völlige Chaos abzuwenden.

Das 3. Stadium: der Höhepunkt. 4,520 Millionen Arbeitslose waren 1931 bei den Arbeitsämtern gemeldet. Als sich die Depression bis 1932, als 5,575 Millionen Arbeitslose gezählt wurden, fortsetzte, wurden auch die Großunternehmer von Existenzsorgen gepackt. Auch für sie schien nun die Wirtschaft ihren Sinn gründlich zu verfehlen, da die ganze Welt im Überfluß nichtabsetzbarer Güter aller Art zu ersticken drohte.

Entwicklung der Arbeitslosigkeit in Deutschland (Zahl der Arbeitslosen in Millionen)

	Januar	Juli		Januar	Juli	
1928	1,862	1,012	1931	4,887	3,990	
1929	2,850	1,251	1932	6,042	5,392	Höchststand
1930	3,218	2,765	1933	6,014		Februar 1932: 6,128

(Gebhardt, B.: Handbuch der Deutschen Geschichte, Bd. IV. Stuttgart 1960. [Für die Zeit vor 1928 liegen keine genauen Angaben vor.] Zit. nach Tormin, W.: Die Weimarer Republik. Hannover 1962, S. 278)

Die Agrarkrise verschärfte sich unter dem Einfluß der allgemeinen Verschlechterung der Lebensbedingungen. Da die deutsche Landwirtschaft fast ausschließlich auf den Binnenmarkt angewiesen war, spürte sie den Kaufkraftschwund sofort und mußte wegen des leicht verderblichen Charakters der Ware die Preise schnell senken, um überhaupt verkaufen zu können.

b) Die Verschärfung des Kampfes zwischen Kapital und Arbeit

Abbau des Schlichtungswesens. Der Arbeitsfriede war in den Jahren der Wirtschaftsblüte weitaus seltener als früher durch Streiks und Aussperrungen gestört worden. Arbeitgeber und Arbeitnehmer unterwarfen sich im Streitfall dem Schiedsspruch eines staatlichen Schlichters (vgl. XI 2). Beim Abflauen der Konjunktur hielten die Unternehmer den fortgesetzten Zug zu höheren Löhnen für bedenklich. Den Anfang mit einer entschiedenen Weigerung, die Löhne aufzubessern, machte die Metallindustrie im Ruhrgebiet. Der im November 1928 beginnende Lohnkampf, in dessen vierwöchigem Verlauf etwa 250 000 Arbeitern gekündigt wurde, bekam eine besondere Bedeutung, weil er verbunden war mit einem Angriff der Unternehmer auf das staatliche Schlichtungsverfahren.

Streiks und Aussperrungen 1925—32
Erfolg für Arbeitnehmer

	ja:	nein:	Gesamt:		ja:	nein:	Gesamt:
1925	1200	530	1730	1929	175	143	435
1926	245	113	358	1930	182	181	356
1927	640	213	853	1931	292	296	478
1928	534	209	743	1932	316	341	657

(nach: Aretin, K. O. Freiherr von und Fauth, G.: Die Machtergreifung. Bayerische Landeszentrale für Heimatdienst. München 1959, S. 118)

Es kam zu einem Prozeß um die Schlichtung vor dem Reichsarbeitsgericht, in dem eindeutig die Unternehmer siegten. Künftig konnte der Staat nicht mehr ohne weiteres Löhne als verbindlich festsetzen. Ohne Einmischung des Staates hatten es die Unternehmer von nun an erheblich leichter, Lohnbewegungen in ihrem Sinne zu beeinflussen.

Ebenso erfolgreich waren die Unternehmer bei der Ablehnung neuer Soziallasten. Ihr Druck auf die bürgerlichen Parteien in der Frage der Arbeitslosenversicherung trug nicht wenig zur Sprengung der Großen Koalition bei (vgl. XI 5 c).

Das Krisenprogramm der Unternehmer. Schon als der Absatz zu stocken begann, hatte die Unternehmerschaft also vorgesorgt, um die kommenden Auseinandersetzungen zu bestehen. Der Reichsverband der Deutschen Industrie gab an der Schwelle des ersten Krisenjahres (1929/30) die gewünschte Richtung der Wirtschaftspolitik an:

Ausgangspunkt für alle Maßnahmen der Wirtschafts-, Finanz- und Sozialpolitik ist unter den für die deutsche Wirtschaft gegebenen Umständen die Förderung der Kapitalbildung. Sie ist die Voraussetzung für die Steigerung der Produktion und liegt daher im Interesse aller Schichten des deutschen Volkes ... Die deutsche Wirtschaft muß von allen unwirtschaftlichen Hemmungen befreit werden. Die Vorbelastung der Produktion durch Steuern ist auf das unumgänglich notwendige Maß zurückzudämmen. (Veröffentlichungen des Reichsverbandes der Deutschen Industrie, Nr. 49, Dezember 1929. Berlin 1929, S. 11 f)

Als das Unglück hereinbrach, machten viele Unternehmer den Staat dafür mitverantwortlich. Falsch sei die gesamte Sozial- und Finanzpolitik gewesen, die der Wirtschaft die nötigen Kapitalien entzogen hätte, was sich nun beim Mangel an Rücklagen bitter räche. Falsch seien auch die „uferlosen, unproduktiven Ausgaben" der öffentlichen Hand für „Luxusaufträge", etwa für Grünanlagen und Sportplätze gewesen.

Die meisten Wirtschaftsführer, Bankiers und Wirtschaftswissenschaftler hielten an dem klassischen Rezept der Krisenüberwindung fest: Kostensenkungen und -auflokkerungen auf jede nur erdenkliche Weise. Dem Staat fiel dabei die Aufgabe zu, alles zu vermeiden, was die Selbsthilfe und Selbstheilung beeinträchtigen könnte. Er sollte den schnellen Lohnabbau nicht durch Schiedssprüche gegenläufiger Tendenz aufhalten, alle

seine Ausgaben erheblich einschränken, um die Wirtschaft von seinen Ansprüchen — in Form von Abgaben und Steuern — soweit es irgend anging, zu befreien. Die Befürworter einer solchen *Deflationspolitik* waren überzeugt, daß die augenblickliche Depression ihren tiefsten Punkt erreichen und sich dann der Umschwung nach oben von selbst — gleichsam automatisch — ergeben würde.
Nach diesen Grundsätzen richtete sich das Handeln der Unternehmer im einzelnen Betrieb wie in der Volkswirtschaft. Sie glaubten, ihren Beitrag zur allgemeinen Rettung zu leisten, wenn sie Entlassungen und Lohnabbau durchsetzten. Sie meinten aber auch, ihren ganzen Einfluß und ihre Macht aufbieten zu müssen, um die Staatsführung auf ihre Seite zu bekommen und sie vom Gewerkschaftseinfluß freizuhalten.
Das Krisenprogramm der Freien Gewerkschaften. Die Arbeitnehmerverbände jedoch zeigten sich nicht einverstanden mit dieser Deflationspolitik. Am entschiedensten wandten sich die Freien Gewerkschaften gegen Lohnkürzungen und Schmälerung der Sozialleistungen. Hielte man vielmehr das Lohn- und Gehaltniveau, dann sei kein Sinken der Kaufkraft zu befürchten, dann brauche auch die Produktion nicht eingeschränkt zu werden. Arbeitszeitverkürzungen mochten gleichfalls dabei helfen. Die Freien Gewerkschaften schlossen sich schließlich den wenigen Sachverständigen an, die vorschlugen, der Staat möge selbst als Unternehmer auftreten und die Investitionen vornehmen, zu denen die private Wirtschaft offenbar nicht mehr in der Lage war:

Der Kongreß richtet an die Reichsregierung die Forderung, unverzüglich Anordnungen zur Inangriffnahme öffentlicher Arbeiten und zur Vergebung öffentlicher Aufträge sowie zur Förderung geeigneter Privataufträge zu treffen in einem Umfange, daß eine fühlbare Entlastung des Arbeitsmarktes eintritt. Zu diesem Zweck müssen solche zusätzlichen Arbeiten in Gang gebracht werden, die wirtschaftlich nützlich sind, und von deren Kostenaufwand ein möglichst großer Teil auf die Löhne entfällt. In erster Linie kommen hierfür in Betracht Straßenerhaltung und Straßenbau, landwirtschaftliche Meliorationen und Siedlungen, Hochwasserschutz, Kleinwohnungsbau und Unterhaltung des vorhandenen Wohnraumes, Aufträge der Reichsbahn und der Reichspost. (Protokoll der Verhandlungen des Außerordentlichen Kongresses der Gewerkschaften Deutschlands. 5. Bundestag des ADGB, 13. 4. 1932. Berlin 1932, S. 18)

Für alle diese Vorhaben hätte das Einkommen des Staates nicht ausgereicht, so daß nichts anderes übriggeblieben wäre, als Schulden zu machen. Das Echo auf solche Pläne war wenig freundlich, denn *Staatsschulden* — das bedeutete Vermehrung des Notenumlaufs, und das mußte wieder zur Inflation führen. „Hände weg von der Währung!" hieß es allgemein, eingedenk der schlimmen Erfahrungen der jüngsten Vergangenheit.
Schwindende Macht der Arbeitnehmer-Organisationen. Die Arbeitnehmerverbände verloren während der Krise an Boden. Wie sollten sie sich erfolgreich durchsetzen, wenn immer weniger Mitgliederbeiträge einliefen und sie dennoch immer mehr Arbeitslose, Streikende und Ausgesperrte zu unterstützen hatten? Ihre Waffe, der Streik, war angesichts der Millionen Arbeitsloser — Arbeitswillige um jeden Lohn — stumpf geworden. Ihr Auftreten schwankte zwischen Verständigungswillen und Protest: Zeigten sie sich gegenüber den wirtschaftspolitischen Argumenten der Arbeitgeber aufgeschlossen, dann wurden sie von der kommunistischen Gewerkschaftsopposition als „Kapitalistenknechte" denunziert, griffen sie die Unternehmer an oder setzten sie sich

ausdrücklich für die Lenkung der Wirtschaft durch den Staat ein, dann verdächtigte das bürgerlich-nationale Lager sie als „Bolschewiken". In ihrer Bewegungsfreiheit aus allen diesen Gründen gehemmt, waren die Gewerkschaften außerstande, den Arbeitnehmern zureichenden Schutz in den mit aller Schärfe geführten Kämpfen zwischen Kapital und Arbeit zu bieten.

c) Die Lage der Bevölkerung

Die Selbständigen. Alle „Rettungsprogramme" erwiesen sich angesichts der Dauer der Wirtschaftskrise als Stückwerk, und daher breitete sich zunehmende Ratlosigkeit aus. Ein Verhängnis schien über alle hereingebrochen, und in den Kreis der Betroffenen wurden von Tag zu Tag mehr Menschen hineingezogen. Die kleinen und mittleren Selbständigen konnten sich am schwindenden Umsatz ziemlich genau ausrechnen, wann es mit ihrem Unternehmen zu Ende gehen würde — wenn sie nicht schon wußten, daß sie ruiniert waren. Die nächste Station — darüber gab es keine Täuschung — würde für viele ein Platz in der Reihe der Bittsteller bei der städtischen Wohlfahrtsfürsorge sein, denn Vermögen hatten sie seit der Inflation schwerlich ansammeln können. Nicht einmal die Arbeitslosenversicherung konnten sie — als Nichtversicherte — in Anspruch nehmen.

Die Arbeitnehmer. Die beschäftigten Arbeiter und Angestellten hatten zwar mit ihren Stellungen nichts an Eigentum verloren, wären jedoch gleichfalls der Not ausgeliefert worden. Deswegen ließen sie sich viel gefallen, begehrten nur hinter dem Rücken ihres Chefs auf, wenn ihnen Abzüge und Mehr- oder Kurzarbeit zugemutet wurden. Mit Angst vor der Entlassung traten sie ihre Arbeit an, mit Angst vor dem nächsten Tag gingen sie nach Hause.

Wenn jemand das längst Gefürchtete traf, dann hieß es „stempeln gehen". Als *Arbeitsloser* wurde er eine Nummer in den Listen des Arbeitsamtes, der, wenn aufgerufen, gegen einen Stempel auf seinen Arbeitslosenausweis seine Unterstützung entgegennehmen durfte. Stundenlange Wartezeiten vertrieben sich die Schicksalsgenossen — in den Städten eine vieltausendköpfige Versammlung — mit Kartenspielen, Erfahrungsaustausch über Eß- und Schlafgelegenheiten und mit Politisieren. Die Sätze der Unterstützung waren bis Juni 1932 so bemessen, daß die meisten Arbeitslosen gerade an der Grenze des Existenzminimums lebten. Nach Ablauf von 6½ Monaten mußten die Arbeitslosen, um weiter Unterstützung zu beziehen, immer wieder ihre Bedürftigkeit nachweisen. Diese „Krisenfürsorge" dauerte höchstens bis zu einem Jahr. Nach der Kürzung durch die Papen-Regierung im Juni 1932 (vgl. XV A) war das Existenzminimum nicht mehr gewährleistet:

Beispiel für eine Familie mit 2 Erwachsenen und einem Kind: Unterstützung monatlich 51 RM, davon 32,50 RM für Miete, Beleuchtung, Heizung, blieben 18,50 RM für Ernährung. Nahrungsmittel für 18,50 RM nach den damaligen Preisen: 45 Pfd Brot für 6 RM, 1 Ztr. Kartoffeln für 2,50 RM, 9 Pfd. Margarine für 3 RM, 15 l Milch für 4,50 RM, 20 Pfd. Kohl für 2 RM, 10 Heringe, Salz und Zucker für 1 RM. Tägliche Ration pro Kopf: ½ Brot, ca. 1 Pfd. Kartoffeln, 100 g Kohl, 50 g Margarine, dreimal im Monat 1 Hering, für das Kind extra 1 Hering und täglich ½ l Milch.

Wer keine Krisenunterstützung mehr bekam, fiel — wie alle Armen und Alten, die nicht Mitglieder der Sozialversicherung geworden waren — der örtlichen Wohlfahrt zur Last. Die Beträge, die gezahlt wurden, richteten sich nach der Höhe des Gemeindeeinkommens. So konnte es vorkommen, daß, wenn die Kassen leer waren, vielleicht 3 Mark in der Woche für eine Familie gezahlt wurden. Im Reichsdurchschnitt lagen die Sätze etwa bei 30—40 RM pro Monat und Familie. Die Empfänger von Wohlfahrtsunterstützung vegetierten meist nur. Oft aus der Wohnung gewiesen, im Freien oder in Wartesälen nächtigend, sich von Gratisspeisungen und z. T. auch von Abfall nährend und in Lumpen gehüllt, hofften sie nur auf ein Wunder, und viele lernten an Wunder glauben. Es gab aber damals auch Menschen, die nicht von der öffentlichen Wohlfahrt unterstützt wurden, weil entweder die Gemeinde zu arm war oder weil sie sich aus Schamgefühl nicht an die Wohlfahrt wenden wollten. Wenn sich niemand ihrer annahm, starben sie, bettelten oder stahlen.

Wie verteilte sich nun die Not? Darüber einige Zahlen aus einer Rede vom Gewerkschaftskongreß im Januar 1932:

Am 1. März 1932 waren 6 128 000 Arbeitslose eingetragen. Die Zahl der tatsächlichen Arbeitslosen darf um rund 600 000 höher geschätzt werden. Von den gemeldeten Arbeitslosen wurden 30,2 Prozent in der Versicherung unterstützt, 27,3 Prozent in der Krisenfürsorge, 29,9 Prozent als Wohlfahrtserwerbslose, und 12,6 Prozent erhielten überhaupt keine Unterstützung. Nach einer Aufstellung vom 15. Februar 1932 waren 3,5 Millionen Unterstützte in der Versicherung und Krisenfürsorge. Von diesen waren 1,4 Millionen bis zu 13 Wochen arbeitslos, 474 000 über 13 bis 20 Wochen, 631 000 über 20 bis 33 Wochen, ebensoviel, 631 000, über 33 bis 46 Wochen und 381 000 über 46 bis 59 Wochen. Unterstützte Wohlfahrtserwerbslose wurden 1 833 000 gezählt. Diese sind bis auf geringe Ausnahmen bereits mehr als 59 Wochen arbeitslos. Leider gibt es keine Statistik über die Dauer der Arbeitslosigkeit der Wohlfahrtserwerbslosen. Ein erheblicher Teil davon dürfte jedoch bereits seit zwei oder mehr Jahren völlig arbeitslos sein. (Ursachen und Folgen, Bd. VIII, S. 10)

Arbeitslosenzentren waren Berlin, die Fabrikstädte Thüringens und Sachsens, die Stahl- und Kohlenreviere an der Ruhr und in Westfalen, die schlesischen Bergwerke. Ganz trostlos sah es in Sachsen und Thüringen aus, wo etwa 2/3 der Fabriken stillgelegt waren und zwischen 50—80 % der arbeitenden Bevölkerung „feiern“ mußten; in manchen Orten hatten schon 90 % keine Arbeit, und zwar jahrelang (s. Tabelle 18 im Anhang).

d) Antikapitalistische Strömungen

Ende des Kapitalismus? Kaum jemand unter den Millionenmassen der Arbeitslosen oder von der Arbeitslosigkeit Bedrohten glaubte noch daran, daß eine Wirtschaft, die so vollkommen versagt hatte, je wieder geheilt werden, geschweige denn sich selber heilen könne. „Das Ende des Kapitalismus“ war gekommen, so verstand man das sonst schlechthin Unbegreifliche. Eine Rückkehr zu den früheren Zuständen schien beinahe undenkbar.

Der durchschnittliche Arbeiter war ohnehin in der Regel Gegner des Kapitalismus gewesen. Antikapitalistische Regungen gab es jedoch schon seit langem in der Mittelschicht, allerdings waren sie mehr gegen den Hochkapitalismus als gegen den Kapitalismus überhaupt gerichtet. Dieses Heimweh nach vorindustriellen Wirtschaftsweisen verspürten nichtselbständige Angehörige des „Mittelstandes“ weniger, in ihnen war statt dessen eine „antikapitalistische Sehnsucht“ lebendig, über das „verrottende“ und „vom Todeskampf geschüttelte“ System zu ganz anderen Ordnungen vorzudringen. Es gab viele Entwürfe für eine nachkapitalistische Wirtschaft von nichtsozialistischen Wirtschaftsdenkern, doch keiner hatte die Geschlossenheit des marxistischen Lehrgebäudes.

Autarkie und staatliche Planwirtschaft. Der Zusammenbruch der Weltwirtschaft — so wurde von nationalen Wirtschaftstheoretikern behauptet — würde auch ihr Ende sein. Fortan würden sich die einzelnen Volkswirtschaften als abgeschlossene und auch voneinander unabhängige Gebilde gegenüberstehen. Das Ziel für jede dieser Einheiten müßte es sein, die größtmögliche Annäherung an das Ideal der Selbstversorgung zu erreichen. Von einer damit verbundenen „Reagrarisierung“ versprach man sich zweifache Vorteile: Wehrwirtschaftliche Gesichtspunkte — geweckt durch die Erfahrungen der englischen Wirtschaftsblockade im Weltkrieg — spielten eine ebenso große Rolle wie sozialpolitische Erwägungen, die aus den „Schrecken des überwiegenden Industriestaates“ aufstiegen: der Zug zur „Entseelung“, „Entwurzelung“, „Verstädterung“ sollte aufgehalten werden.

Eine solche Autarkie ließ sich nur denken, wenn man eine Instanz vorsah, die den gesamten Außenhandel regelte, den Verbrauch der Bevölkerung vorschrieb, überhaupt die gesamten Produktivkräfte kommandierte; und das konnte nur der Staat sein. Mit der zentralistisch-bürokratischen Gesamtplanung wurde jedoch die „korporative“, „organische“, „volkstümliche“ Neuordnung der Gesellschaft — etwa im Sinne berufsständischer Gliederung — für durchaus vereinbar gehalten. Nur das private Gewinnstreben würde in einer solchen Ordnung sich nicht mehr ohne Rücksicht auf das „Gemeinwohl“ durchsetzen können. Aber auch die Maßstäbe der Wirtschaftlichkeit und der freien Preisbildung wurden verworfen. Es komme nicht darauf an, ob etwas billig produziert werde, sondern daß dies im eigenen Lande geschehe:

Ein Volk soll sich von den Erzeugnissen der Scholle ernähren, auf der es lebt; dies ist ein kategorisches Postulat, und zwar ein ökonomisches, politisches und moralisches. Es ist völlig unbeachtlich, was anderswo in der Welt die landwirtschaftlichen Produkte kosten: das deutsche Volk muß sich von deutschem Brot nähren, und wenn es dreimal so teuer ist wie argentinisches. Nur verbohrte Ideologen, die in luftleerem Raum Hirngespinste weben, können an diesem Grundgesetz des Lebens einer Volksgemeinschaft vorübergehen. (Friedlaender-Prechtl, R.: Wirtschaftswende. Leipzig 1931, S. 225)

Diese hier in Umrissen skizzierte Wirtschaftsordnung war jedoch ihren Vorkämpfern nie Selbstzweck; sie fand ihre Rechtfertigung erst aus nicht ökonomischen Motiven:

Ein nationales Deutschland, das seine Unabhängigkeit und Freiheit anstrebt, kann niemals kapitalistisch fundiert sein. Ein kapitalistisches Deutschland wird niemals zugleich die nationale Selbständigkeit anstreben können. Nationalismus und Kapitalismus lassen sich nur bei einem siegreichen Volk miteinander in Einklang bringen. (Deutschlands neue Einkreisung. In: Die Tat, 22. Jg. 1930/31, S. 766)

2. *Die politischen Auswirkungen der Wirtschaftskrise*

a) Das Unbehagen an der Demokratie

Meist spielten bei den Versuchen, die Krise zu deuten und sie zu überwinden, wirtschaftliche Gesichtspunkte eine untergeordnete Rolle. Der Zusammenbruch der Wirtschaft stellte sich dem deutschen Volke dar als ein Symptom — und beileibe nicht das wichtigste — der viel umfassenderen Erkrankung, die Volk und Staat, Geist und Kultur befallen habe (vgl. auch IX). Tatsächlich traf für Deutschland die Krise der kapitalistischen Wirtschaft mit einer Vertrauenskrise des demokratischen Staatsgedankens und der parlamentarischen Regierungsform zusammen, und das ergab ihr Gewicht.

Demokratische Kritik an den politischen Verhältnissen. An den politischen Zuständen der Weimarer Republik wurde weit mehr getadelt als gelobt. Viele maßen die Wirklichkeit am liberalen oder radikal-demokratischen Ideal. Sie fanden, daß besonders die Parteien und Interessengruppen zur Entartung beigetragen hätten, da sie es dem einzelnen Abgeordneten nicht mehr erlaubten, „Volksbote", d. h. Beauftragter des allgemeinen Volkswillens, zu sein. Überparteiliche Gegenkräfte gegen das vermeintlich schädliche Treiben der Vertreter von Sonderinteressen wurden gesucht, und man fand sie entweder im Amt des Reichspräsidenten, in den Ländern oder in neu zu errichtenden zweiten Kammern (z. B. Ständeparlament, Wirtschaftsrat).

Andere Kritiker meinten, nicht Verfassungsänderungen könnten Deutschland zu einer Demokratie machen, sondern gerade die Zurückdrängung solcher Formalien. Nicht auf die Gestalt komme es an, sondern auf den Gehalt.

Was uns fehlt, ist die wahre demokratische Gesinnung, die über alle Stände und Klassen hinweg uns erst zu einer Nation machen kann. Und was uns not tut, ist eine Aristokratie in Bürgertum und Arbeiterschaft, die unser Volk zu dieser demokratischen Gesinnung erzieht. (Glum, F.: Das geheime Deutschland. Die Aristokratie der demokratischen Gesinnung. Berlin 1930, S. 18)

Aber von einer solchen „Demokratie der Gesinnung" waren die Deutschen weit entfernt. Nicht eine breite und machtvolle Volksbewegung hatte in Deutschland dem demokratischen Gedanken zum Siege verholfen, sondern die Umstände beim Sturz der Monarchie. Es hatte beim Wechsel der Herrschaftsform in großen Teilen der Bevölkerung keinen drängenden Wunsch nach politischer Mitbestimmung gegeben, eher das Bestreben, um jeden Preis — auch um den der Übernahme des Regierungssystems der Sieger — zu einem glimpflichen Frieden zu kommen. Selbst Gewöhnung hatte die Bindung an die neue politische Ordnung bisher nicht sehr viel enger werden lassen. Im Lager der demokratisch Gesonnenen mochte man hoffen, daß im Laufe der Zeit auch die vielen, die sich noch mit dem Obrigkeitsstaat verbunden fühlten, für die Demokratie gewonnen werden könnten:

Wir alle tragen irgendwo in einem Winkel unserer Seele immer noch das alte Vorstellungsbild, Staat sei eine fremde, dritte, von unserm eigenen Leben abgezogene Angelegenheit, vor der man sich drücken oder gegen die man von unten her mit Fäusten heraufdrohen müsse. Die letzte Konsequenz des Gedankens, daß wir der Staat sind, ist allgemein noch nicht gezogen. Der Staat ist auch heute noch nicht aufgenommen in lebendige Volksmitte, aber der Verschmelzungsprozeß von Volksgeist und Staatsidee, für den Weimar und die demokratisch-republikanische Gestaltung unseres Staatswesens die Grundlage schufen, ist im Fluß, und sein Fortschreiten ist unverkennbar. (Prof. Dr. Erik Nölting auf einer Kundgebung des Reichsbanners in Leipzig am 13. 8. 1927. Das Reichsbanner, Nr. 17, 1. 9. 1927, Beilage)

Antidemokratische Kritik. Die Chancen für eine solche Versöhnung zwischen altem und neuem Staatsgedanken waren aber auch in der zweiten Hälfte der zwanziger Jahre nicht günstig. Wie in der Innenpolitik die Leistungen des Staates — besonders in der Sozialpolitik — kaum anerkannt wurden, so auch in der Außenpolitik. Die Fortschritte, die Stresemanns Politik gebracht hatte, zählten nicht, weil der große Erfolg in der Revision des Versailler Vertrages — entweder die Rückgabe der verlorenen Gebiete oder die Einstellung der Reparationszahlungen — noch nicht erreicht war.

Gegen die Korruption. Sehr großen Schaden richteten verschiedene Korruptionsaffären an. Man war nur allzu bereit, die ungeliebte Demokratie als den günstigsten Boden für Bestechung, Günstlingswirtschaft, Betrug und dergleichen anzusehen. Aus den mit so viel Geräusch herausgestellten Einzelfällen wurden vielfach verallgemeinernde Schlüsse gezogen.

Gegen Parteien und Parlamentarismus. Schließlich erreichte die Abneigung gegen die Parteien, ihre „Verbonzung", ihren Opportunismus, ihre „Zersetzungsarbeit", ihren „Kuhhandel", einen hohen Grad. Die Zahl derer, die glaubte, daß die Nation ohne die Parteien „politisch zu organisieren" sei, war groß, und gern wurde der Partei die „Bewegung" als höhere, die Spaltung überwindende Form gegenübergestellt. Gab es keine Parteien mehr, dann würde endlich der Staat aus seinem Schattendasein erlöst und in seine Rechte treten können, als „wirklicher Staat", als „starker Staat".

Wir wollen einen starken Staat, der für Wert gegen Unwert Partei ergreifen und dadurch die Herrschaft der Besten verwirklichen soll. Einen Nachtwächterstaat, der sich von allen so lange ohrfeigen läßt, bis er in Anarchie verfällt, lehnen wir ebenso ab wie den Parteienstaat, der nicht nach Charakter, sittlichen und kulturellen Werten, sondern zugunsten der Clique Partei ergreift, die ihn eben regiert. Der moderne Volksstaat ... wird sehr wohl Partei ergreifen, aber nicht zugunsten einer Partei, sondern namens der Volksgemeinschaft zugunsten der für sie wertvollen Bürger, im Sinne der Durchsetzung des Qualitätsgedankens. (Prinz Rohan, K. A.: Umbruch der Zeit. Gesammelte Aufsätze. Berlin 1930, S. 179)

Ebenso wie die Parteien glaubte man den Parlamentarismus entbehren zu können. Hatte er nicht zu allen Zeiten die „Herrschaft der Minderwertigen" begünstigt, war er nicht ein Stück „Fremdgeist"?

Die Lebensformen der Zivilisation sind nicht von uns geschaffen, wir haben sie übernommen. Der nicht in sie hineingeborene deutsche Mensch fühlt ihre Fremdheit. Er trägt den Widerstand gegen sie in sich. Es ist der Widerstand gegen die Entseelung des Lebens, in welcher der Deutsche die Gefahr der Auflösung und des Verfalls der Gemeinschaft wittert. (Winnig, A.: Das Reich als Republik. 1918—1928. Stuttgart und Berlin 1928, S. 338)

Der Parlamentarismus galt als veraltet und den politischen Realitäten nicht mehr entsprechend. Die Demokratie, in Deutschland meist mit Parteienherrschaft und Parlamentarismus gleichgesetzt, hatte hier nur noch wenige Anhänger. Wenn man die Demokratie treffen wollte, sprach man vom „System" und meinte damit die vorgestellte Summe von Entartungserscheinungen, Mißwirtschaft und egoistischer Interessenpolitik.

Der Wunsch „Das System muß weg!" wurde gerade gegen Ende der zwanziger Jahre immer allgemeiner. Gleichzeitig damit befreundete man sich — gerade auch in den geistig führenden Teilen der bürgerlichen Mittelschicht — mit autoritären Staatsmodellen. Sehr viele Sympathien wurden dem italienischen Faschismus entgegengebracht, und die Errichtung der Diktatur hatte selbst bei Humanisten und gläubigen Christen mehr Verlockendes als Schreckendes.

b) Antidemokratische Aktionen vor der Wirtschaftskrise

Schon vor der Wirtschaftskrise hatte es einen Wechsel im politischen Klima gegeben, für den sich alle bürgerlichen Parteien von den Demokraten bis zu den Deutschnationalen empfindlich zeigten. Die Begriffe Republik, Demokratie, Verfassung wurden nicht mehr gern gebraucht, um so häufiger und mit viel mehr Wärme: Volk, Nation, Vaterland, Reich, Gemeinschaft. Symptomatisch waren für diese Orientierung nach rechts die Veränderungen, die sich in der Zentrumspartei vollzogen, und die Bewegungen in der Wählerschaft der Mittelschicht (vgl. XI 5 a).

Die Kampagne Hugenbergs gegen den Young-Plan. Wie erbittert die Feindschaft zur demokratischen Staatsordnung bereits war, offenbarte sich an zwei Gelegenheiten, bei denen das politische Leben durch schwere Angriffe auf die Republik gestört wurde. Der eine ging von dem Vorsitzenden der DNVP, Hugenberg, aus, der die Schlußregelung der Reparationsfrage durch den Young-Plan zum Anlaß einer großangelegten Kampagne gegen das „System" machte (vgl. XI 5 b). Bei seinem Sturm sammelte er alle „nationalbewußten Menschen". Der Unterstützung der gesamten „nationalen Opposition" konnte er sich versichern, indem er großzügig Geld sowie seine publizistischen Machtmittel zur Verfügung stellte. In seinem Sinne war die Entschließung des „Stahlhelm" vom Sommer 1929:

Wirtschaftlich führt der Young-Plan unbedingt zur Verelendung der deutschen Massen, seelisch vernichtet der Young-Plan die Grundlagen der christlichen Gesittung und Staatsgesinnung, weil er das deutsche Volk vor sich selbst und der Welt unehrlich macht. So muß Deutschland zum Bolschewismus treiben. (Der Stahlhelm, 11. Jg., 1929, Nr. 23, 9. 6. 1929)

Etwas anderes faßten die Nationalsozialisten ihre „Volksgenossen" an:

Du kaufst Deinem Kinde für ein paar Mark ein Christgeschenk — und bringst es in der Zukunft um das väterliche Geschäft, oder um den eigenen Hof.
Du kaufst Deinem Kinde für ein paar Mark ein Christgeschenk — und verpflichtest es, in seinem Leben viele Tausende an Mark im Schweiße der Arbeit abzahlen zu müssen.
Weil Du erbärmlicher und pflichtvergessener Tropf Dich nur um *Deine* Gegenwart und nicht um die *Zukunft Deines Kindes* kümmerst!
(Aus einem Plakat der NSDAP, Dez. 1929. Zit. nach Tormin W. [Hrsg.]: Die Weimarer Republik. Hannover 1962, S. 173)

Der Millionär Hugenberg gab die Parole aus:

Lieber zusammen mit dem gesamten Volk eine Zeitlang, bis die Stunde der Freiheit kommt, Proletarier sein, als gegen unser Volk Fronvögte und Nutznießer auswärtigen Kapitals. (Zit. nach Eyck, E.: Geschichte der Weimarer Republik. Bd. II. Erlenbach-Zürich 1956, S. 260)

Ein „Reichsausschuß gegen den Young-Plan", den Hugenberg, Franz Seldte, Erster Bundesführer des Stahlhelm, und Hitler leiteten, eröffnete den Propaganda-Feldzug zur Durchsetzung eines Volksbegehrens gegen den Plan. Nur mit der Behauptung, daß von nun an das deutsche Volk für sechs Jahrzehnte, also für Generationen, an die Kette der Reparationen geschmiedet würde, verwirrte man viele. Die Regierung wies darauf hin, daß der Vertrag das kleinere Übel darstelle. Ende Dezember 1929 wurde der *Volksentscheid* über das sogenannte *„Freiheitsgesetz"* durchgeführt, das den für den Abschluß des Young-Abkommens Verantwortlichen Zuchthausstrafen androhte. Nach der Anzahl der für das Gesetz abgegebenen Stimmen (5 800 000 = 13,8 % der Wahlberechtigten) war der Volksentscheid eine Niederlage seiner Urheber, denn nicht einmal die Hälfte der eigenen Anhänger hatte sich dafür entschieden. Doch das Unheil lag mehr in der Verschärfung des politischen Kampfstils und in der im Volk auf jeden Fall erzeugten Unruhe und Unsicherheit.

Die erste Spaltung der DNVP. Die Agitation gegen den Young-Plan hatte eine von Hugenberg nicht beabsichtigte Nebenwirkung: Sie führte zur Spaltung seiner Partei. Dem gemäßigten Flügel war Hugenbergs Demagogie, die sogar den Reichspräsidenten mit Zuchthaus bedrohte, zu hemmungslos und außerdem die Bundesgenossenschaft eines Hitler, Winkelpolitikers und Putschisten, unerträglich. Zwölf Abgeordnete sagten sich von ihrer Fraktion los, aber einige Gegner des Parteivorsitzenden versuchten, durch ihr Verbleiben die vollständige Spaltung noch zu verhindern. Im Lande bremste Hugenbergs gut funktionierende Partei- und Pressemaschine die Austrittsbewegung aus der Partei.

Der Widerstand der Bauern gegen den Staat. Zur selben Zeit, als Hugenberg und Hitler die Republik mit propagandistischem Trommelfeuer belegten, stieß eine ganze Bevölkerungsgruppe ziemlich einhellig gegen das „System" vor: die Bauernschaft. In Schleswig-Holstein kam es im Januar 1928 zu Massendemonstrationen, die sich gegen die Steuer- und Kreditpolitik der Regierung wandten. Als keine Änderung einzutreten schien und sich die Zwangsversteigerungen weiter mehrten, griff man zur Selbsthilfe. Steuerstreiks einzelner Bauern und Gemeinden waren der Anfang, dann verhinderten die Bauern Zwangsvollstreckungen, indem sie entweder die Beamten am Vollzug ihrer Aufträge hinderten oder die Auktionen boykottierten. Es kam ständig zu Zusammenstößen zwischen Polizei und Bauern, die Rädelsführer und andere Widersetzliche wurden verhaftet, aber dennoch breitete sich die *Landvolkbewegung* auf Oldenburg, Sachsen, Thüringen, Pommern, Ostpreußen, Hannover und Schlesien aus. Der passive Widerstand, der sich auch gegen die eigenen Berufsorganisationen, die in den Augen der Bauern nicht weniger als die Behörden diskreditiert waren, richtete, genügte einigen besonders aufgebrachten Bauern sehr bald nicht mehr. Unter Mithilfe früherer Terrorspezialisten aus den Freikorps unternahmen sie Gewalttaten, verübten Bombenanschläge auf Finanz- und Landratsämter. Die Unruhen dauerten bis Anfang des Jahres 1930 an. Schließlich wurden die Behörden durch Entgegenkommen im Finanziellen und nachdrückliche Verfolgung der Bombenleger wieder Herr der Lage. Aus der Landvolkbewegung wurde kein „Bauernkrieg", die Schuldnerrevolte brach zusammen.

Die Stimmung unter der Bauernschaft war aber gerade wegen der Nutzlosigkeit der Aktionen erbitterter denn je. Die Erkenntnis brach sich Bahn, daß das Land nicht isoliert und ohne Unterstützung der Städte, vor allem aber nicht ohne eine festgefügte politische Kampforganisation ihre Ziele durchsetzen könnte. Seit jener Zeit war für die NSDAP, die beides bot, der Boden bei der Landbevölkerung vorbereitet.

c) Der Übergang zur Staatskrise unter dem Einfluß der Wirtschaftskrise

Politische Radikalisierung der Arbeiterschaft. Arbeiter, die eine völlige Umwälzung herbeiwünschten, wurden fast ausnahmslos Kommunisten. Sie verstanden nicht, warum die SPD sich immer noch gemäßigt zeigte und den Deflationsexperimenten der Ära Brüning Beistand leistete (vgl. XIV 3 c), die so offensichtlich die Interessen der Arbeiter vernachlässigten. In ihrer Verzweiflung schien vielen die einzige Hoffnung in der Umwandlung Deutschlands nach dem Muster der Sowjet-Union zu liegen. Überdies schlugen die Kommunisten in ihrer Propaganda viel Kapital aus der Tatsache, daß die UdSSR das einzige Land der Erde war, das nicht von der Weltwirtschaftskrise berührt wurde. Aber bei vielen Arbeitern war die Anhänglichkeit an „ihre" Partei, die SPD, so groß, daß allein das genügte, sie von der äußersten Radikalisierung abzuhalten.

Politische Radikalisierung der Mittelschicht. Die Bauernschaft war mit ihrem Protest gegen den Staat den anderen Gruppen des „Mittelstandes" nur vorangegangen. Solange man in Geschäft und Beruf nicht größere Schwierigkeiten hatte, wurde das „System" gerade noch hingenommen. Das änderte sich schon etwa 1929, als die ersten Anzeichen kommender wirtschaftlicher Rückschläge auszumachen waren.

Die Wirtschaftskrise war der Funke auf all den angesammelten Zündstoff, den Ärger, die Unlust und das Mißvergnügen über die politischen Verhältnisse. Je mehr während der Verschärfung der Krise die Verzweiflung anwuchs, desto bedenkenloser wurden auch sonst leidlich verständige Bürger, desto ungestümer die Hoffnung, daß es nur der Vernichtung der bestehenden Ordnung bedürfe, um die Besserung herbeizuführen.

Die Wirtschaftskrise ließ also die antidemokratischen und antirepublikanischen Gefühle und Stimmungen nicht erst entstehen, sondern steigerte sie zu einer solchen Vehemenz, daß darüber der Staat ins Wanken geriet.

Steigerung des Nationalismus. Die Mittelschicht antwortete auf die wirtschaftliche Bedrängnis mit einem Ausbruch nationalistischer Leidenschaften. Es war zu spüren, wie eine „nationale Welle" durchs Volk lief; und dieser Vorgang galt — auch der bürgerlichen Mitte — als durchaus gesunde und erfreuliche Erscheinung. Zur Erhitzung und Überhitzung des Nationalgefühls trug hauptsächlich die Art bei, wie Ursprung und Bedeutung des wirtschaftlichen Zusammenbruchs aus der Nachkriegsentwicklung Deutschlands abgeleitet wurden. Viel plausibler als alle wirtschaftswissenschaftlichen Thesen und Mutmaßungen war es doch, das ganze Elend schon mit der unverdienten Niederlage Deutschlands und mit seinem Fall von der Höhe der Weltmacht beginnen zu lassen. Jetzt keimte die Saat der Hugenbergschen Kampagne gegen den Young-Plan. Nun brauchte die Rechte nur zu erinnern: Wir haben damals vorausgesagt, was jetzt eingetroffen ist: Deutschland ist zugrunde gerichtet.

Und wie stellte man sich das Ende der Krise vor? Es würde kommen, sobald Deutschland sicht weigerte, die „Tribute" zu zahlen, Wohlhabenheit und Zufriedenheit würden zurückkehren, wenn die nationale Unabhängigkeit wiedererlangt, die frühere Macht des Reiches wiederhergestellt wäre. Das ließe sich aber mit der Republik, die sich immer wieder dem Diktat der Sieger gebeugt habe und die lediglich in Interessenkonflikte verstrickt sei, niemals erreichen. „Das System muß weg!", und ein einiges

Volk mit einer starken Regierung müßte — nach Ächtung aller volksfeindlichen antinationalen Kräfte — an seine Stelle treten und seine gesammelte Kraft auf das wichtigste Ziel richten: die Befreiung Deutschlands.

Angst vor dem Bolschewismus. Die nationale Begeisterung glich einer Flucht nach vorn. Sie wurde angestachelt durch das Gefühl einer unerklärlichen Bedrohung durch feindselige, dunkle Mäche. Zum Inbegriff der lebensfeindlichsten Gefahr wurde für den großen Teil des „Mittelstandes" der Bolschewismus.

In der großen Krise erreichte die Furcht vor dem Bolschewismus ihren Höhepunkt und trug nicht wenig zur Radikalisierung der Mittelschicht bei. Unter Bolschewismus wurde aber weniger die Theorie Marx' oder Lenins und die Praxis des Kommunismus in Rußland verstanden — davon wußte man überhaupt nicht viel. Bolschewismus — das war das „Aufbegehren des Untermenschentums", die Herrschaft des Verbrecherischen.

In solchen chaotischen Entladungen aber wird das Untermenschliche (mit jenem Chaotischen verwandt, aber nicht identisch) stets die Oberhand zu gewinnen wissen. Denn das Chaos ist sein Element. Da Chaos aber auf die Dauer in der menschlichen Gesellschaft nicht lebensfähig ist, strebt das Untermenschentum nach Stabilisierung seiner Herrschaft in einer neuen „Ordnung". Im kleinen des privatwirtschaftlichen Lebens geschieht das z. B. in der „Unterwelt" von Chicago. Im ganz großen der politischen Gestaltung geschieht es im Bolschewismus als Staatslegalisierung der Unterwelt; ... (Gründel, G.: Die Sendung der jungen Generation. München 1932, S. 251)

Bolschewismus — das war das Chaos, die Umkehrung des bürgerlichen Ideals der Ruhe und Ordnung. Die Unterlegenen, also die Bourgeois, würden ausgerottet und versklavt, ein Wüten menschlicher Gemeinheit, Brutalität und Mordlust entbunden werden.

Die Gefahr der Bolschewisierung Deutschlands wurde damals als ungeheuer groß angesehen, denn im Bürgertum galt jeder Arbeiter — vor allem jeder sozialdemokratische Arbeiter — als potentieller Kommunist. Es schien der natürliche Gang der Entwicklung zu sein, daß schließlich die Millionen der SPD-Wähler bei Fortdauer der Krise immer schneller zur KPD übergingen. Daß die deutschen Kommunisten — von der Zentrale des Weltbolschewismus in Moskau gelenkt — nur auf den günstigsten Augenblick warteten, mit dem Massaker zu beginnen, darüber bestand im Bürgertum kein Zweifel.

Zunahme des Antisemitismus. Gleichzeitig mit der Steigerung der Bolschewistenfurcht verbreitete und verstärkte sich auch der Antisemitismus in Deutschland. Für einfache Gemüter stellte er längst die Deutung aller Fährnisse und Nöte des Lebens bereit: Alljuda ist schuld. Auch die Große Krise paßte in das antisemitische Konzept: Eine allgemeine Verschwörung des Finanzjudentums war im Gange, um die Ehrlichen, die Ungeschickten an den Bettelstab zu bringen. Alle Juden arbeiteten Hand in Hand; und in Deutschland — so wurde behauptet — hatten sie alle Fäden in der Hand: in der Regierung, in den Parteien, in der Wirtschaft, in der Kultur. Auch im russischen Bolschewismus glaubte man „Judenherrschaft" am Werk und konstruierte so eine umfassende „jüdische Weltverschwörung". Der Bolschewismus wurde in Deutschland als Ausgeburt jüdischen Vernichtungswillens aufgefaßt, jüdisch und bolschewistisch bedeuteten für nicht wenige dasselbe: Fäulnis, Zersetzung, Chaos, kurz das Dämonische, das Böse schlechthin. Vom Ende der zwanziger Jahre zieht sich nun eine Kette von Ausschreitungen gegen jüdische Friedhöfe und Gotteshäuser, gegen einzelne und Gruppen, die für ihr wirkliches oder vermeintliches Judentum gezüchtigt wurden. Anfang 1930 z. B. wurden allein in Berlin 8 Juden erschlagen, später 78 verletzt. Am 2. 5. 1931 verprügelten Studenten der Berliner Universität ihre jüdischen Kommilitonen und verletzten viele von ihnen schwer. Der Judenhaß war in Deutschland so lebendig wie nie zuvor in der neueren Geschichte.

Fünfter Teil
Die Zerstörung der Republik (1930—1933)

XIII. Der Aufstieg des Nationalsozialismus

1. *Adolf Hitler*

Lebensweg. Adolf Hitler wurde 1889 in Braunau am Inn geboren. Den größten Teil seiner Jugend verbrachte er in und um Linz an der Donau. Sein Vater, ursprünglich Dorfschuster, hatte den Beruf gewechselt und war in der mittleren Beamtenlaufbahn zum Zolloberofficial aufgestiegen. Die Eltern lebten mit den Kindern — außer Adolf noch eine Schwester und zwei Halbgeschwister — in gesicherten Verhältnissen; das Gehalt des Vaters, später seine Pension und Einkünfte aus verschiedenen Erbschaften standen zur Verfügung. Zur großen Enttäuschung des Vaters versagte sein jüngster Sohn, Adolf, schon in der ersten Klasse der höheren Schule, was seine Lehrer weniger auf fehlende Begabung als auf mangelnden Fleiß zurückführten. Auch ein Wechsel der Schule änderte nichts daran, daß Hitler ein schlechter Schüler blieb. 1905, zwei Jahre nach seines Vaters Tode, fand seine Schulzeit ihr Ende. Der junge Hitler nahm sich vor, Kunstmaler oder Architekt zu werden, und suchte sich in den nächsten Jahren selbst für diese Berufe auszubilden. Im Jahre 1907 fuhr der Achtzehnjährige nach Wien, um ein Studium an der Akademie für bildende Künste zu beginnen. Er bestand jedoch die Aufnahmeprüfung nicht, und für den Besuch einer Bauschule fehlte ihm die Voraussetzung, die Matura (Abitur). Hitler ließ seine Angehörigen in dem Glauben, er habe Erfolg gehabt. Als seine Mutter Ende 1907 starb, siedelte er endgültig nach Wien über. Im nächsten Jahr bewarb er sich noch einmal bei der Akademie um Aufnahme, wurde jedoch diesmal zur Prüfung gar nicht erst zugelassen.
Auch nach dieser Erfahrung meinte Hitler, daß es ihm doch einmal glücken würde, Baumeister zu werden. Er kam mit seiner Waisenrente und seinem Anteil am Erbe ganz gut aus. Ende 1909 suchte er für vier Wochen Unterkunft in einem Obdachlosenasyl, wohl um sich den Nachforschungen der Musterungsbehörden zu entziehen, und wohnte dann drei Jahre in einem Männerheim, einer preiswerten Massenherberge. Er verbesserte seine Rente durch den Verkauf seiner Aquarelle auf Postkarten und andere gelegentliche Malaufträge. Im Frühjahr 1913 siedelte der Vierundzwanzigjährige nach München über, um sich der Gestellungspflicht zum österreichischen Wehrdienst endgültig zu entziehen. Sein Leben in München verlief in ähnlichen Bahnen wie das in Wien; er zeichnete, debattierte und las sehr viel. Aus diesem Dasein riß ihn der Ausbruch des Weltkrieges. Angesteckt von der allgemeinen Begeisterung, meldete er sich nun freiwillig zum Kriegsdienst bei einem bayerischen Infanterie-Regiment. Er blieb bis zum Ende des Krieges an der Westfront, wurde verwundet und mehrfach ausgezeichnet. 1918 erhielt er das Eiserne Kreuz 1. Klasse, für einen Angehörigen des Mannschaftsstandes eine ungewöhnliche Anerkennung der Tapferkeit. Den Zusammenbruch erlebte der Gefreite Hitler in einem Lazarett in Pasewalk, in dem er wegen der Folgen einer schweren Gasvergiftung lag, die sich als zeitweilige Blindheit äußerte. Völlig ausgeheilt, kehrte er nach München zurück und blieb vorerst bei der Truppe.
Eintritt in die Politik. Nach der Niederwerfung der Räteherrschaft in München richtete das Bayerische Reichswehrgruppenkommando in München im Juni 1919 eine Aufklärungsabteilung

ein, die zur Aufgabe hatte, unzuverlässige, d. h. sozialistisch eingestellte Mannschaften herauszufinden und auf die Soldaten „positiv“, d. h. in vaterländischem Sinne, einzuwirken. Auch zu den Parteien und Gruppen, die dem Wehrgedanken aufgeschlossen zu sein schienen, sollten Verbindungen hergestellt werden. Vertrauensmänner aus dem Mannschaftsstande und Bildungsoffiziere, die versprachen, für diese dem alten Heer fremden Aufgaben geeignet zu sein, wurden ausgewählt. Einer dieser Vertrauensmänner war Adolf Hitler. Schon bei seinem ersten Auftrag, aus Rußland heimgekehrte Kriegsgefangene „aufzuklären“, tat er sich hervor. Einer seiner Kameraden berichtete:

Letzterer [Hitler] namentlich entpuppte sich als hervorragender und temperamentvoller Redner und fesselte die Aufmerksamkeit der ganzen Zuhörer für seine Ausführungen. (Kanonier Hans Knoden. Lager Lechfeld, 24. 8. 1919. Zit. nach Deuerlein, E.: Hitlers Eintritt in die Politik und die Reichswehr. Vierteljahreshefte für Zeitgeschichte, 7. Jg. 1959, S. 200)

In dieser Zeit erlebte Hitler, daß er Erfolg haben konnte:
Bot sich mir doch jetzt mit einem Male die Gelegenheit, vor einer größeren Zuhörerschaft zu sprechen, und was ich früher immer, ohne es zu wissen, aus dem reinen Gefühl heraus einfach angenommen hatte, traf nun ein: ich konnte „reden“. (Hitler, A.: Mein Kampf. München … [572]1940, S. 235)
Beauftragt, mit einer der zahllosen vaterländischen Gruppen, der *Deutschen Arbeiter-Partei,* Verbindung aufzunehmen, beteiligte Hitler sich am 12. 9. 1919 an einer Versammlung der Partei. In der Diskussion ergriff er das Wort und beeindruckte die etwa vierzig Versammelten, in der Mehrzahl Arbeiter, Handwerker, kleine Geschäftsleute. Obwohl Hitler den kleinen Verein ziemlich geringschätzig beurteilte, sträubte er sich nicht, als man ihn ohne sein Wissen als Parteimitglied Nr. 55 aufnahm und ihn als Siebenten für den Parteiausschuß bestimmte. Erst jetzt begann er, sich ganz der Politik zu widmen, blieb aber vorläufig, bis Februar 1920, noch Angehöriger der Reichswehr. Er führte der kleinen Partei auch eine große Zahl seiner Kameraden zu.
In seiner Eigenschaft als Werbeobmann gelang es Hitler, den Charakter der DAP in kurzer Zeit von Grund auf zu verändern. Er wagte sehr bald den Sprung in die Öffentlichkeit und veranstaltete Großversammlungen. Am 24. 2. 1920 verkündete er in einer solchen Massenversammlung das Parteiprogramm. Von diesem Tage an nannte sich die Partei *Nationalsozialistische Deutsche Arbeiter-Partei.* 1921, als er sich unentbehrlich wußte, erzwang Hitler mit seiner Austrittsdrohung seine Wahl zum 1. Vorsitzenden.
Charakter. Hitlers Wesensart war weitgehend bestimmt durch einen Mangel an Selbstkontrolle. Er hatte es nicht gelernt, sein ungestümes Temperament zu zügeln, und reagierte oft jähzornig. Unfähig zu stetiger Tätigkeit, überließ er sich seinen rasch wechselnden Launen und Stimmungen und konnte unvermittelt von heller Begeisterung in dumpfe Apathie fallen.
Er hatte seit seiner Kindheit eine starke Neigung, sich in Wunschträumen zu verlieren. Seine Einbildungskraft war so stark, daß er zeitweise hinter seinen Plänen, Ideen und Projekten die Wirklichkeit vergaß. Er hat selbst später gesagt, daß er in seiner Wiener Zeit in der Phantasie in Palästen lebte. Nie mehr vermochte er sich ganz an die Realitäten des Lebens zu gewöhnen; immer blieb für ihn die Grenze zwischen Möglichem und Unmöglichem fließend.
Wenn das Mißverhältnis zwischen Traum und Wirklichkeit ihn verzagen ließ, richtete er sich am Gefühl seiner eigenen Überlegenheit auf. Sein gesamtes Denken und Handeln war derart ichbezogen, daß er sich unfähig zu engen menschlichen Beziehungen erwies. Er brauchte nur jemanden, dem er von sich und seinen Ideen erzählen konnte, andere Individualitäten, andere Meinungen interessierten ihn nicht. Widerspruch irritierte ihn, Kritik beantwortete er mit Beschimpfungen. Überzeugt von dem hervorragenden Wert seiner Person, verachtete er die anderen.
Diese Eigenheiten trugen hauptsächlich dazu bei, daß Hitler sich mit einem Dasein am Rande der bürgerlichen Gesellschaft begnügte. Seine Schwächen hinderten ihn aber nicht am Aufstieg

als Berufspolitiker in der wirren deutschen Nachkriegszeit. Als Führer seiner Partei brauchte er sich nicht einer geregelten Arbeit zu unterwerfen. Alle Energie konzentrierte er auf seine Reden, nach denen er körperlich und geistig verausgabt war. Zum Erfolg des Auftretens Hitlers trug bei, daß er erfüllt war von Zukunftsvisionen und unerschütterlich an sie glaubte. Wenn er in seiner Phantasie schon mitten im „Dritten Reich" lebte, so galt er nun nicht als Träumer, sondern als Idealist und Prophet. Als Politiker konnte Hitler unaufhörlich Bestätigung für sein Selbstgefühl suchen, konnte sich in Szene setzen, seine nicht geringen schauspielerischen Gaben bewußt ausnutzen. Es trug zur Erhöhung der von ihm ausgehenden Faszination bei, daß er glaubte, auserwählt zu sein, eine Sendung für sein Volk zu erfüllen.

Bei allem Fanatismus und bei aller monomanischen Besessenheit besaß Hitler genug Intelligenz, um günstige Situationen zu erfassen und auszunutzen. Unkritisch gegenüber sich selbst, hatte er einen scharfen Blick für die Blößen anderer, die er sich schlau zunutze machte. Vor allem aber verblüffte Hitler durch sein erstaunliches, wenn auch ungeordnetes Tatsachengedächtnis und durch seine Fähigkeit, Gedanken, Situationen, Verhältnisse, seien sie auf den ersten Blick auch noch so verwickelt, auf einen einfachen Sachverhalt zu reduzieren.

Anschauungen. Hitlers Interesse hatte zunächst vornehmlich der Kunst gegolten; später las er viel und wahllos, und zwar um

... im Buche das ... Wertvolle vom Wertlosen zu sondern, das eine dann im Kopfe zu behalten für immer, das andere, wenn möglich, gar nicht zu sehen, ... Sowie das auf solche Weise Gewonnene seine sinngemäße Eingliederung in das immer schon irgendwie vorhandene Bild, das sich die Vorstellung von dieser oder jener Sache geschaffen hat, findet, wird es entweder korrigierend oder ergänzend wirken, ... (Hitler, A.: Mein Kampf, München [572]1940, S. 36/37)

So — er nannte es „die Kunst des richtigen Lesens" — baute er sich eine „Weltanschauung" zusammen, die ihm die Ursache seiner Benachteiligung aus dem Wesen der Welt und der Geschichte erklärte. Der Grund war gelegt worden in seiner Jugend, die vom *österreichisch-alldeutschen Nationalismus* geprägt war. Dieser Nationalismus war im Vielvölkerstaat besonders kämpferisch, weil sich das deutsche Staatsvolk von den Selbständigkeitsbestrebungen der slawischen Majorität bedroht sah. Daher empfand Hitler ebenso wie viele Deutsch-Österreicher *Haß auf die Sozialdemokratie,* die das als minderwertig empfundene slawische Element als gleichberechtigt behandelte.

Was mich am meisten abstieß, war ihre feindselige Stellung gegenüber dem Kampf um die Erhaltung des Deutschtums, das jämmerliche Buhlen um die Gunst der slawischen „Genossen", die diese Liebeswerbung, sofern sie mit praktischen Zugeständnissen verbunden war, wohl entgegennahm, ... (Hitler, A.: Mein Kampf. A. a. O. S. 39 f)

Seine Vorurteile gegen die Slawen fand er bestätigt in *Rassen-Lehren,* wie sie in dieser Zeit in ganz Europa verbreitet waren. Solche Vorstellungen konnte er z. B. der Winkelzeitschrift „Ostara" entnehmen, in der die Geschichte als Kampf der Herrenrassen (Heldlinge, Asinge, Arioheroiker) gegen die Minderrassen (Äfflinge, Schrättlinge, Tschandalen) interpretiert wurde.

Durch die Zertretung und Ausrottung des Ur- und Untermenschen steht die höhere, heldische Rasse aus dem Grabe der Rassenmischung und Rassenentartung auf und steigt auf zum Gottmenschentum, zur Unsterblichkeit und Göttlichkeit in Keim und Rasse. (Zit. nach Daim, W.: Der Mann, der Hitler die Ideen gab. München 1958, S. 187)

Wie viele seiner Zeitgenossen verband Hitler mit den pseudowissenschaftlichen Rassenlehren auch Gedanken des *Sozialdarwinismus.* Daß der „Kampf ums Dasein" die Auslese der Stärksten besorge, gehörte zum Fundament seiner „Weltanschauung".

Wer leben will, der kämpfe also, und wer nicht streiten will in dieser Welt des ewigen Ringens, verdient das Leben nicht. (Hitler, A.: Mein Kampf. A. a. O. S. 317)

Geschlossen wurde seine Weltsicht, als er auf einen Gegner traf, dem er als Person begegnen konnte:

Als ich einmal so durch die innere Stadt strich, stieß ich plötzlich auf eine Erscheinung in langem Kaftan mit schwarzen Locken. Ist dies auch ein Jude? war mein erster Gedanke. So sahen sie freilich in Linz nicht aus. Ich beobachtete den Mann verstohlen und vorsichtig, allein je länger ich in dieses fremde Gesicht starrte und forschend Zug um Zug prüfte, um so mehr wandelte sich in meinem Gehirn die erste Frage zu einer anderen Fassung: Ist dies auch ein Deutscher? Wie immer in solchen Fällen, begann ich nun zu versuchen, mir die Zweifel durch Bücher zu beheben. Ich kaufte mir damals um wenige Heller die ersten antisemitischen Broschüren meines Lebens. (Mein Kampf, S. 59/60)

Ob die Wurzeln von Hitlers Judenhaß in persönlichen Erlebnissen oder in dem besonders in Wien verbreiteten *Antisemitismus* zu suchen sind, ist ungewiß. Seine ziellose Existenz war besonders dazu angetan, ihn für die antisemitischen Vorurteile des Mittelstandes anfällig zu machen (vgl. VII 4 b).

Für Hitlers Ansichten war auch das *Kriegserlebnis* von Bedeutung. Stets hat er seine Soldatenzeit als ersten Höhepunkt seines Lebens betrachtet. Der menschenscheue Sonderling konnte nun seinem Leben einen Sinn geben, der Heimatlose fand eine Heimat: die Kaserne, die Kompanie. Die Armee mit ihrer klaren und einfachen Gliederung, ihren streng geregelten menschlichen Beziehungen zwischen Vorgesetzten und Untergebenen, ihren Werten: Disziplin, Gehorsam, Tapferkeit, wurde Hitler zur besten Ordnung, zum Vorbild jeder menschlichen Ordnung. Da Hitler ein begeisterter Soldat gewesen war, traf ihn die Niederlage 1918 umso schwerer.

2. *Die Wandlungen im Charakter der NSDAP 1919—1925*

In den Jahren 1919 bis 1923 entwickelte sich die NSDAP unter dem Einfluß Hitlers und seit 1921 unter seiner Leitung aus einem der unzähligen völkisch-alldeutschen Zirkel zu einer Partei mit einem ansehnlichen Massenanhang. Sie war indes damals nicht mehr als eine der vielen nationalen Gruppen, und ihre Parteitruppe, die Sturmabteilungen, unterschied sich nicht von den anderen Wehrverbänden. Hitler und seine Leute erfreuten sich der Gunst der bayerischen Behörden, der Reichswehr und auch der bürgerlich-nationalen und katholischen Politiker. Die Idee der Nationalsozialisten, die Arbeiter an den nationalen Gedanken heranzuführen, erschien allen Gegnern des Umsturzes von 1918 höchst förderungswürdig. Wie die meisten Vaterländischen Verbände richteten sich die Nationalsozialisten nur auf die nationale Gegenrevolution ein, verzichteten auf jede Beteiligung am parlamentarischen Leben und vernachlässigten den Aufbau der Parteiorganisation zugunsten der militärischen Ausbildung der SA. Als Hitler aus der ihm zugedachten Rolle des Trommlers fiel und seinen stärkeren Verbündeten das Gesetz des Handelns vorschreiben wollte, wurde er von ihnen sofort in seine Schranken gewiesen (vgl. V 4 b).

Die Partei nach der Neugründung (1925). Der verunglückte Putsch vom 8./9. November 1923 schien das Ende der NSDAP und auch das Ende der politischen Laufbahn Hitlers zu sein. Während seiner Haft zerfiel die Bewegung in verschiedene sich befehdende Gruppen. Den Aufenthalt in dem Gefängnis Landsberg am Lech benutzte Hitler, um über seine bisherige Laufbahn Rechenschaft abzulegen. Er arbeitete den ersten Band seines Buches „Mein Kampf" aus, der eine entstellte Lebensgeschichte und einen Bericht über die Frühzeit der Partei enthielt. Zwei Monate nach seiner Entlassung gründete er — noch immer überzeugt, eine geschichtliche Mission erfüllen zu müssen — die NSDAP aufs neue (27. Februar 1925).

Wenn auch nicht in den Zielen — das Programm von 1920 wurde nun für unabänderlich erklärt —, so doch im Wesen war es eine neue Partei, die nach 1925 entstand. Die NSDAP hielt es für taktisch klug, sich nach dem Debakel vor der Feldherrnhalle den Ruf einer streng *legalen politischen Kraft* zu erwerben; die SA war ihres Charakters als eines Wehrverbandes zu entkleiden, die Bewegung hatte sich einen Halt an einer bürokratischen Organisation zu verschaffen. Nicht mehr in einem kurzen Sturmlauf würden die Nationalsozialisten zum Ziel kommen, sondern nach einem langen Marsch, auf dem es galt, Wähler mitzuziehen. Zum erstenmal standen die Nationalsozialisten auf eigenen Füßen. Anstelle staatlicher Unterstützung waren nun Schwierigkeiten und Einschränkungen zu gewärtigen. Aber auch ein großer Teil der früheren Mitglieder und Anhänger sagte sich von der neuen Partei los. Ludendorff und viele der Völkischen verdachten es Hitler, daß er nicht antiklerikal genug auftrat, Röhm (Führer der Sturmabteilungen) und die nationalrevolutionären Freikorpsleute verhöhnten die Wandlung, die ihnen als Irrweg in ehrbare Bürgerlichkeit erschien. Hitler nahm das Zusammenschmelzen der Partei in Kauf; Ende 1925 gab es immerhin noch 27 117 Mitglieder.

3. *Die Weltanschauung des Nationalsozialismus*

Hitler galt nach 1923 den Völkischen als Zersplitterer der Gesamtbewegung, weil er sich nicht einordnen wollte. Er selbst spottete über „bezopfte völkische Theoretiker" und „völkische Wanderscholaren", doch die „weltanschauliche Grundlage" der NSDAP war und blieb das nationalistische *völkische Ideengut,* das freilich niemals zu einem dogmatisch und verbindlich festgelegten Lehrgebäude verfestigt wurde (vgl. IV A 1). Nur einige wenige allgemeine Vorstellungen hatten genauere Konturen.

Sozialdarwinismus. Alles Leben — so wurde nach vulgarisierten Theorien des Biologen Charles Darwin behauptet — habe sich nach den Naturgesetzen zu richten. Die Natur besorge durch den „Kampf ums Dasein" eine Auslese unter den Geschöpfen und damit ihre Höherentwicklung. Die „natürliche Auslese" seien diejenigen, die sich im Lebenskampf als die Starken und Tüchtigen durchsetzten, sowohl im Einzel- als auch im Völkerleben. Was als schwach und lebensuntüchtig zugrunde gehe, habe dieses Schicksal verdient. Tendenzen zu einer humanen Sozialordnung mußten den Verfechtern des Sozialdarwinismus als ganz und gar „unnatürlich" erscheinen: Hier sollte ja das schwache Element geschützt, also das „minderwertige" gefördert werden.

Rassentheorie. Diese „eherne" Notwendigkeit des Kampfes war für Hitler und also für die NSDAP oberstes Gesetz:

> Am Ende siegt ewig nur die Sucht der Selbsterhaltung. Unter ihr schmilzt die sogenannte Humanität als Ausdruck einer Mischung von Dummheit, Feigheit und eingebildetem Besserwissen wie Schnee in der Märzensonne. Im ewigen Kampfe ist die Menschheit groß geworden — im ewigen Frieden geht sie zugrunde. (Mein Kampf, S. 148 f)

Dieser ewige Kampf wurde auch als Kampf der Rassen aufgefaßt. So hatten schon Schriftsteller wie *Graf Arthur Gobineau* und *Houston Stewart Chamberlain* die Weltgeschichte gedeutet, indem sie den Begriff der Rasse nicht wie die wissenschaftliche Biologie im Sinne der Verschiedenartigkeit, sondern im Sinne der Verschiedenwertigkeit benutzten. Die Rasse, der man sich selbst zurechnete, die sogenannte „arische" — ein der Sprachwissenschaft entnommener Begriff — wurde, sofern sie „rein" war, zur einzigen kulturbegründenden erklärt. „Niedere" Rassen hatten nach Hitler den „höheren" zur Verfügung zu stehen:

So war für die Bildung höherer Kulturen das Vorhandensein niederer Menschen eine der wesentlichsten Voraussetzungen, indem nur sie den Mangel technischer Hilfsmittel, ohne die aber eine höhere Entwicklung gar nicht denkbar ist, zu ersetzen vermochten. Sicher fußte die erste Kultur der Menschheit weniger auf dem gezähmten Tier als vielmehr auf der Verwendung niederer Menschen. (Mein Kampf, S. 323)

Aber immer wieder sei es geschehen, daß der Arier sich mit tiefer stehenden Rassen vermischt habe — Beginn für das Sterben seiner Kultur.

Antisemitismus. Hauptverderber des reinen „Arierblutes" war für die Nationalsozialisten wie für alle Völkischen die jüdische „Rasse". Der Antisemitismus war der Kern der nationalsozialistischen „Weltanschauung" (vgl. VII 4 b). Der Jude, der angeblich alles ersann und verwandte, was man als bedrohlich für das eigene Volk ansah — Zins, Bankgeschäft, Börse, Materialismus, Freimaurerei, Aktiengesellschaft, freie Presse, Parlamentarismus, Demokratie, Pazifismus, moderne Kunst —, war die Verkörperung des Bösen schlechthin. Bedrohlich waren den Nationalsozialisten wie vielen anderen Deutschen auch Marxismus, Bolschewismus und die Gewerkschaften, also wurden auch sie als verbrecherische Erfindungen jüdischen Geistes erklärt, bestimmt, den Juden die Weltherrschaft zu bringen. Daraus folgerte Hitler:

Siegt der Jude mit Hilfe seines marxistischen Glaubensbekenntnisses über die Völker dieser Welt, dann wird seine Krone der Totentanz der Menschheit sein, dann wird dieser Planet wieder wie einst vor Jahrmillionen menschenleer durch den Äther ziehen. Die ewige Natur rächt unerbittlich die Übertretung ihrer Gebote. So glaube ich heute im Sinne des allmächtigen Schöpfers zu handeln: Indem ich mich des Juden erwehre, kämpfe ich für das Werk des Herrn. (Mein Kampf, S. 69 f)

4. *Die Ziele des Nationalsozialismus*

Der neue Mensch. Aus dieser „Weltanschauung" und dem vieldeutigen Parteiprogramm ergaben sich die Hauptziele der NSDAP. Die Partei erhob den Anspruch, nicht nur die politischen Probleme der Zeit bewältigen zu können, sondern darüber hinaus Deutschland eine kulturelle Wiedergeburt zu bringen. Der Nationalsozialismus würde eine neue Reformation einleiten.

Wir wollen mit dieser Freiheit mehr als ein neues System: Wir wollen den neuen Menschen schaffen, der sich unter den von uns erkämpften Bedingungen einer besseren Weltanschauung zur Zukunft entwickeln kann. (Goebbels, J.: Der Nazi-Sozi. Fragen und Antworten für den Nationalsozialisten. München 1929, S. 23)

Wie aber sollte der neue Mensch aussehen? Er mußte vor allem „rassereiner Arier" sein, von kämpferischer Gesinnung, selbstlos, gehorsam und treu. Um die Auslese der „Rassereinen" nicht dem Zufall zu überlassen, würde ein nationalsozialistischer Staat verschiedene Maßnahmen treffen. Vor allem sollten diejenigen, die nicht „deutschen Blutes" waren, also die Juden, keine Staatsbürger mehr sein und ausgewiesen werden können (Parteiprogramm, Punkte 4—8). Hitler sprach schon in seinem Buch von der

Pflicht des Staates zur *„Rassenhygiene"*, worunter er die Sterilisation Kranker und erblich Belasteter sowie die Förderung des Kinderreichtums der Gesunden verstand. Nach dem Rassenprinzip mußte es, wie unter den Völkern, auch unter den Menschen eines Volkes zu einer Stufung kommen:

Eine Weltanschauung, die sich bestrebt, unter Ablehnung des demokratischen Massengedankens, dem besten Volk, also den höchsten Menschen, diese Erde zu geben, muß logischerweise auch innerhalb dieses Volkes wieder dem gleichen aristokratischen Prinzip gehorchen und den besten Köpfen die Führung und den höchsten Einfluß im betreffenden Volke sichern. (Mein Kampf, S. 493)

Der neue Mensch sollte ganz im Einklang mit der Zeitströmung des *Irrationalismus* nicht von der Ratio geleitet werden, sondern aus mythisch-blutsmäßigen Urgründen leben. Der Begriff „Intellektueller" wurde als Schimpfwort gebraucht. „Die besten Köpfe" aber stießen zur NSDAP, denn nur arisch-germanische Menschen waren nach nationalsozialistischer Auffassung selbstlos genug, sich in den Dienst einer noch erfolglosen Bewegung zu stellen und „fanatisch" zu glauben, daß es kein höheres Gebot mehr geben könne als das Wohl ihres Volkes.

Der neue Staat. Für immer sollte die deutsche *Volksgemeinschaft* keine Parteien mehr kennen, sondern nur noch Deutsche. In ihr würde es keine Bindungen an Klassen mehr geben und darum auch keine Konflikte. Ebenso im Sinne des Neuen Nationalismus (vgl. IV A 1) war es auch, die beiden gegensätzlichen großen Strömungen Nationalismus und Sozialismus zu versöhnen. Im Nationalsozialismus würden alle Unterschiede eingeebnet sein:

Wir erkennen keine Klassen an. Für uns gibt es in Deutschland nicht Proletariat und nicht Bourgeoisie, die Begriffe, die Sie trennen, die sind bei uns die einenden. Sie sagen, Sozialismus muß der Feind der Bourgeoisie sein, Nationalismus muß der Gegner des Proletariats sein, und ich sage Ihnen: Sozialismus ist in seiner reinsten Form grenzenlose Hingabe für die Existenz und Zukunft eines Volkes, ist die Lehre des Bejahens der Wege, die ein Volk in die Zukunft zu führen vermögen. Wenn aber Sozialismus nichts anderes ist, als die Lehre, ein Volk zu einer großen Zukunft zu führen, dann ist dieser Sozialismus zugleich reinster Nationalismus, denn Nationalismus ist ... grenzenlose fanatische Hingabe für das Glück eines Volkes, nicht für eine Klasse (Hitler-Rede in Dresden am 18. 9. 1928. Archiv des Instituts für Zeitgeschichte, München, Fa 88, Fasz. 56)

Der Sozialismus-Begriff Hitlers hatte nichts gemein mit dem Sozialismus Marxscher Prägung. Vielmehr entsprach er allgemeinmenschlichen Bedürfnissen nach Harmonie und Eintracht.

Volksgemeinschaft würde sich ergeben nach Heilung der Schäden, d. h. nach Abschaffung des Parlamentarismus und der Parteien, nach Aussonderung der Marxisten und Juden; und damit würden alle Energien freigesetzt werden für den neuen Staat. Wie dieser Staat im einzelnen aussehen sollte, darüber wurden keine genauen Angaben gemacht, aber es konnte kaum ein Zweifel daran bestehen, daß die *Diktatur* angestrebt wurde. Das Vorbild war die Armee:

Der Grundsatz, der das preußische Heer seinerzeit zum wundervollsten Instrument des deutschen Volkes machte, hat in übertragenem Sinne dereinst der Grundsatz des Aufbaus unserer ganzen Staatsverfassung zu sein: Autorität jedes Führers nach unten und Verantwortung nach oben. (Mein Kampf, S. 501)

Mit Hilfe der totalen Mobilmachung, der Militarisierung der Volksgemeinschaft, sollten sowohl die innen- wie außenpolitischen Probleme Deutschlands gelöst werden.

Die neue Politik. In den außenpolitischen Zielen der NSDAP spiegeln sich Gedanken der geopolitischen Schule der Geographie (Karl Haushofer). Damit griff die NSDAP weit hinaus über die Revisionswünsche der anderen deutschen Nationalisten, ja selbst über die groß- und alldeutschen Forderungen ihrer eigenen Frühzeit. Hitler ging von der Voraussetzung aus, daß jedes Volk einen bestimmten Lebensraum brauche, dessen Größe sich nach der Volkszahl richten müsse. Weil sich nach seiner Meinung ein Volk allein von den Erzeugnissen seines Bodens ernähren müsse und seine natürliche Vermehrung nicht einschränken dürfe, stellte er fest, daß Deutschlands Lebensraum viel zu klein sei. Daraus folgte für ihn, daß das richtige Verhältnis zwischen Bodenfläche und Volkszahl wiederhergestellt werden müsse:

Dazu allerdings braucht ein Volk Waffen. Denn Bodenerwerb ist immer mit Machteinsatz verbunden. (Hitlers zweites Buch. Ein Dokument aus dem Jahr 1928. Stuttgart 1961, S. 62)

Und daher definierte Hitler:

Politik ist die Kunst der Durchführung des Lebenskampfes eines Volkes um sein irdisches Dasein ... Außenpolitik ist die Kunst, einem Volke den jeweils notwendigen Lebensraum in Größe und Güte zu sichern ... Innenpolitik ist die Kunst, einem Volke den dafür notwendigen Machteinsatz in Form seines Rassenwertes und seiner Zahl zu erhalten. (Hitlers zweites Buch, a. a. O. S. 62)

Lebensraum in genügendem Umfange gebe es für Deutschland aber nur im Osten. Rußland vor allem sei das geeignete Objekt der Raumpolitik. Des Erfolges könne man sicher sein, denn die germanische Herrenschicht sei dort durch die Revolution ausgerottet. Die Slawen, als niedrige Rasse unfähig zur Staatsbildung, und die jüdischen Bolschewistenführer, nur begabt zur Destruktion, würden Rußland zu Machtlosigkeit verurteilen. Für diese Art von Raumpolitik gab es nicht eine Skala von Möglichkeiten, ja nicht einmal eine Alternative:

Nein, das deutsche Volk ist heute von einer Meute beutegieriger Feinde innen und außen überfallen. Die Fortdauer dieses Zustandes ist unser Tod. Jede Möglichkeit, ihn zu brechen, muß ergriffen werden und, wenn ihr Resultat tausendmal ebenfalls Schwächen oder bedenkliche Seiten an sich haben wird. Und jede solche Möglichkeit muß dabei durchgefochten werden mit äußerster Energie. (Hitlers zweites Buch, a. a. O. S. 76)

Für die Weise, wie der Nationalsozialismus für die Zukunft Deutschlands sorgen wollte, war die Wirtschaftsform völlig nebensächlich. Die Wirtschaft war eigentlich nach Auffassung Hitlers nur „eines der vielen Hilfsmittel" des Staates zur „Art erhaltung". Von den wirtschaftlichen Theorien über *„Brechung* der *Zinsknechtschaft"* des Dilettanten Gottfried Feder sowie von den Programmforderungen nach Sozialisierung der Großbetriebe und Enteignung des Großgrundbesitzes — einst Ausweis des sozialistischen Charakters der Partei — war man mittlerweile still abgerückt. Eine Erläuterung des Programmpunkts 17 (Enteignung) aus dem Jahre 1928 deutete auf die durchaus nicht antikapitalistische Tendenz der NSDAP hin:

Gegenüber den verlogenen Auslegungen des Punktes 17 des Programms der NSDAP von seiten unserer Gegner ist folgende Feststellung notwendig: Da die NSDAP auf dem Boden des Privateigentums steht, ergibt sich von selbst, daß der Passus „Unentgeltliche Enteignung" nur auf die Schaffung gesetzlicher Möglichkeiten Bezug hat, Boden, der auf unrechtmäßige Weise erworben wurde oder nicht nach den Gesichtspunkten des Volkswohles verwaltet wird, wenn nötig zu enteignen. Dies richtet sich demgemäß in erster Linie gegen die jüdischen Grundspekulationsgesellschaften. (Zit. nach Maser, W.: Die Frühgeschichte der NSDAP. Hitlers Weg bis 1924. Frankfurt a. M./Bonn 1965, S. 470)

5. Die Methoden

Nationalsozialismus war jedoch nicht allein das Gemisch aus sozialdarwinistischen, völkischen, alldeutschen, ultranationalistischen und geopolitischen Lehren, Nationalsozialismus war zugleich auch ein besonderes Verfahren beim Ringen um politische Macht.

Jede Weltanschauung, sie mag tausendmal richtig und von höchstem Nutzen für die Menschheit sein, wird so lange für die praktische Ausgestaltung eines Völkerlebens ohne Bedeutung bleiben, als ihre Grundsätze nicht zum Panier einer Kampfbewegung geworden sind, die ihrerseits wieder so lange Partei sein wird, als sich ihr Wirken nicht im Siege ihrer Ideen vollendet hat und ihre Parteidogmen die neuen Staatsgrundsätze der Gemeinschaft eines Volkes bilden. (Mein Kampf, S. 418)

Die eigentliche Leistung Hitlers und seiner Helfer bestand auch keineswegs im Bemühen um die weitere Ausformung der Ideen, ebensowenig wie im Versuch, Antworten auf die realen Probleme der deutschen Zeitsituation zu geben, sondern in der Ausbildung, Erprobung und Vervollkommnung von Methoden zur erfolgreichen Führung des politischen Kampfes.

a) Die Organisation

Bewegung in der Theorie — Autoritäre Partei in der Praxis. Die Nationalsozialisten bevorzugten für ihren Zusammenschluß den Ausdruck „Bewegung", um sich von dem herkömmlichen Typus der Partei deutlich abzuheben. Nicht Teil eines Ganzen, nicht Interessenvertretung einer Gruppe wollte die NSDAP sein, sondern grundsätzlich Sachwalter des gesamten Volkes. Als eine solche allumfassende Bewegung erhob sie auch den Anspruch, allein über die beste Einrichtung des öffentlichen — und nicht nur des öffentlichen — Lebens bestimmen zu können.

Denn die Weltanschauung ist unduldsam und kann sich mit der Rolle einer „Partei neben anderen" nicht begnügen, sondern fordert gebieterisch ihre eigene, ausschließliche und restlose Anerkennung sowie die vollkommene Umstellung des gesamten öffentlichen Lebens nach ihren Anschauungen. Sie kann also das gleichzeitige Weiterbestehen einer Vertretung des früheren Zustandes nicht dulden. (Mein Kampf, S. 506)

Ganz im Gegensatz zu den landläufigen Vorstellungen von einer Bewegung als eines lose zusammenhängenden und von Massenimpulsen getragenen Gebildes hatte die NSDAP eine geschlossene, straff durchorganisierte Gestalt und wurde von einer zentralen Autorität gelenkt. Hitler, beeindruckt vom Aufbau der katholischen Kirche, der deutschen Sozialdemokratie und der preußischen Armee, sah — ganz im Gegensatz zu den Völkischen — mit wachsender Erfahrung gerade in der festen Organisation die wichtigste Voraussetzung des politischen Sieges.

Wohl ist die Idee das Wertvollste und Fundamentale, aber die Einheit der Idee wird garantiert durch die Einheit der Organisation und Anerkennung einer Autorität. (Rede Hitlers am 12. 6. 1925 in Plauen. Archiv des Instituts für Zeitgeschichte, München, Fa 88, Fasz. 59)

Der Zentrale in München standen alle übrigen Parteiinstanzen (z. B. Gaue, Ortsgruppen) und Mitglieder in absoluter Abhängigkeit gegenüber. Nur bei ihr gab es eine politische Willensbildung, nur sie fällte Entscheidungen, legte Strategie und Taktik der Parteiarbeit fest. Die höheren Führer der einander untergeordneten Teile der Gesamtpartei wurden von der Spitze aus ein- und abgesetzt und waren letzten Endes nur ihr verantwortlich.
Die Masse der Mitglieder hatte also keinerlei Möglichkeit, eigene Initiative zu entfalten; ihre Tätigkeit für die Partei bestand nur darin, Befehle zu empfangen und auszuführen. Höchste Tugend des Nationalsozialisten war, Disziplin zu halten und zu gehorchen.

Wollen wir aber einen Machtfaktor schaffen, dann brauchen wir Einheit, Autorität und Drill. Wir dürfen uns niemals leiten lassen von dem Gedanken, etwa ein Heer von Politikern zu schaffen, sondern ein Heer von Soldaten der neuen Weltanschauung. (Ebenda)

Kaderpartei und Massenanhang. So große Anstrengungen die Nationalsozialisten machten, die Massen an sich heranzuziehen, so wenig Wert legten sie darauf, ihre Partei zu einer Volkspartei mit einem großen Teil nur zahlender Mitglieder anschwellen zu lassen. Am Beispiel der Faschisten und Bolschewiki hatten sie gelernt, was eine entschlossene, wenn auch verhältnismäßig kleine Gruppe von Menschen erreichen konnte.

Die Anhängerschaft wurzelt nur in der Erkenntnis, die Mitgliedschaft in dem Mute, das Erkannte selbst zu vertreten und weiterzuverbreiten.
Die Erkenntnis in ihrer passiven Form entspricht der Majorität der Menschheit, die träge und feige ist. Die Mitgliedschaft bedingt aktivistische Gesinnung und entspricht damit nur der Minorität der Menschen ...
Daraus ergibt sich, daß die Zahl der Anhänger nicht groß genug sein kann, die Zahl der Mitglieder aber leichter zu groß als zu klein wird. (Mein Kampf, S. 652 u. 653)

Der kämpferischste Teil der Mitgliederschaft sollten die *Sturmabteilungen* (SA) sein. Sie waren nach militärischem Muster formiert und einheitlich mit Braunhemd, Rangabzeichen, Koppeln, Schulterriemen und Schaftstiefeln uniformiert, jedoch hatte Hitler nicht im Sinn, damit eine Art Wehrverband aufzubauen, und deshalb war Bewaffnung streng untersagt. Die SA war der politischen Führung eindeutig untergeordnet, erhielt ihre Aufgaben von ihr gestellt, war aber in ihrer Ausführung sowie überhaupt im Dienst selbständig. Diese „Hunderttausendmanngarde", diese „Faust der Bewegung", wie Hitler sie bezeichnete, trat überall in Erscheinung, wo die Nationalsozialisten ihren Gegnern persönlich gegenüberstanden: Sie schützte und „reinigte" die Versammlungen und Kundgebungen, sie sprengte „feindliche" Veranstaltungen, sie bildete Kern und Vorhut der Demonstrationszüge. Besonders die Straßendemonstration galt, wie auch bei anderen Parteien, als Ausweis für die politische Bedeutung der Partei und als Mittel, um Gegner und Neutrale zu beeindrucken und einzuschüchtern.

Wir haben dem Marxismus beizubringen, daß der künftige Herr der Straße der Nationalsozialismus ist, genau so, wie er einst der Herr des Staates sein wird. (Hitler an den Obersten

SA-Führer, Hauptmann von Pfeffer, 1926. Zit. nach Bennecke, H.: Hitler und die SA. München und Wien 1962, S. 238)

Daneben sollte der Dienst in der SA auch noch andere nach Auffassung der Partei günstige Ergebnisse haben:

Die Aufgabe des jungen Deutschen von heute ist nicht, große politische Reden zu halten, überhaupt nicht zum politischen General erzogen zu werden. Zunächst muß er vielmehr lernen, Soldat der großen Bewegung zu sein und dann werden langsam herauswachsen und aus den tausenden von Soldaten kommen einzelne Führer. Aus den Soldaten kann man sie erst auslesen. Wenn mancher sagt, Sie dressieren ein neues militärisches Instrument, nein, wir dressieren dem deutschen Volk seine zukünftigen Staatsbürger, weil diese zukünftigen Staatsbürger keine disziplinlosen Straßenstrolche sein können, sondern weil die zukünftigen Staatsbürger wieder Vorbilder und Beispiele deutscher Manneszucht und Disziplin sein müssen.
... Kleinigkeiten, eitler Tand, Kleidungsunterschiede sogar, Berufsunterschiede, Elternunterschiede, der Blick auf den eigenen Reichtum oder die Armut des anderen, das sind die Dinge, die heute den Unterschied ausmachen. Da kommt das braune Hemd und das zieht der Junge an und damit wird einer dem anderen gleich. Aus der zerfetzten und atomisierten Masse Volk formen wir heraus ein neues Corps der Gemeinsamkeit, der Brüderlichkeit, des Zusammenhalts, ein Corps, in dem nicht der eine das, und der andere das ist, der eine Arbeitnehmersohn [gemeint: „Arbeitgebersohn“] und der andere Prolet, nein ein Corps, in dem jeder kämpft für des heiligen deutschen Reiches Wiederauferstehung. (Rede Hitlers bei einem Werbe-Abend der SA am 6. 7. 28 im Bürgerbräukeller in München. — Archiv des Instituts für Zeitgeschichte, München, Fa 88, Fasz. 56)

Führerprinzip und Führerkult. Zur Lenkung des gesamten vielgliedrigen Parteiapparats mit seiner Vielzahl von Organisationen (z. B. SA, SS, Hitler-Jugend, NS-Frauenschaft, NS-Betriebszellenorganisation, NS-Lehrerbund) stand der Münchener Zentrale eine ausgefächerte Ämterbürokratie zur Verfügung. Doch nicht sie stellte den letzten Bezugspunkt der Loyalität aller Mitglieder dar, auch ihre Autorität war nur abgeleitet von einer höheren, der des Parteivorsitzenden, des Führers. Das sogenannte Führerprinzip, die Beseelung der abstrakten, rationalen Großorganisation durch die persönliche Bindung, fand ihre äußerste Steigerung in der Darstellung und Auffassung des Verhältnisses des Mitgliedes zur Parteispitze als das von Gefolgschaft zum Führer. Der Zusammenhalt der gesamten Bewegung mit ihrer unbestimmten und lückenhaften Programmatik, ihrer sozial so überaus heterogenen Anhängerschaft und ihren z. T. einander widersprechenden Wünschen und Erwartungen, war gesichert durch die allen gemeinsame Anerkennung der Überlegenheit, ja Unfehlbarkeit Hitlers und seines sich daraus ergebenden absoluten Führungsanspruchs. Hitler selbst konnte seine unvergleichliche Stellung halten, indem er, persönliche Kontakte immer weiter einschränkend, seinen Lebensstil nach den Erwartungen seiner Verehrer einrichtete und indem er unvermeidliche Rivalitäten unter seinen Mitarbeitern nicht nur zuließ, sondern noch förderte, um einen gegen den anderen ausspielen zu können. Mit Bedacht zugelassene Kompetenzüberschneidungen und -unklarheiten in den einzelnen Ämtern gaben jeder Position ein Gegengewicht und verhinderten die Ausbildung von selbständigen Domänen von Unterführern, die durch ihre Machtanhäufung dem obersten Führer gefährlich werden konnten. Das Ergebnis war, daß alle einander zu übertreffen suchten, die größte Ergebenheit gegenüber Hitler zu bekunden und zu beweisen, um sich seiner Gunst zu versichern, die allein wirklichen Einfluß und Anteil an der Macht verhieß. Das führte schließlich zur Ausbildung eines

Führerkults mit bestimmten Riten — z. B. Einführung des Grußes „Heil Hitler" um 1930 —, der schon fast religiöse Züge trug. Einer, dem es besonders gut gelang, die Führergestalt in mythische Höhen zu erheben, war der Gauleiter (seit 1926) von Berlin, Joseph Goebbels:

Das Genie ist selbstschöpferisch allein durch die Gnade. Im Instinkt wurzelt die tiefste Kraft des wahrhaft großen Menschen. Er vermag manchmal nicht einmal zu sagen, warum alles so ist. Er begnügt sich damit: es ist so. Und dann ist es so. Was Fleiß und Wissen und Schulweisheit nicht zu lösen verstehen, das kündet Gott durch den Mund derer, die er auserwählt hat. Genie auf allen Gebieten menschlicher Wirksamkeit ist Berufung ... Wenn Hitler spricht, dann bricht von der magischen Wirkung seines Wortes aller Widerstand zusammen ... Über seiner mitreißenden menschlichen Gestalt sehen wir in diesem Mann die Gnade des Schicksals wirksam sein und klammern uns mit all unseren Hoffnungen an seine Idee und damit verbunden an jene schöpferische Kraft, die ihn und uns alle vorwärts treibt. (Goebbels, J.: Wenn Hitler spricht. 19. 11. 1928, aus: Der Angriff. Aufsätze aus der Kampfzeit. München 1935, S. 217 f)

b) Propaganda

Grundsätze der Massenbeeinflussung. Neben der Organisation war die Propaganda das wichtigste Mittel des Nationalsozialismus im politischen Kampf. Während die übrigen Parteien versuchten, durch ihre Werbung den einzelnen vom Wert der von ihnen verfochtenen Sache zu überzeugen, konzentrierten sich Hitler und seine Schüler darauf, Gefühle zu übertragen, bestimmte Stimmungen zu suggerieren.

Die Propaganda versucht eine Lehre dem ganzen Volke aufzuzwingen, ... (Mein Kampf, S. 652)

Darum wurde die Werbetätigkeit, von der Hitler häufig als einer Kunst sprach, in der NSDAP mit großer Sorgfalt und äußerster Folgerichtigkeit zu einer damals im politischen Leben nicht bekannten Vollendung ausgebildet. Grundsätzlich legte man es darauf an, Menschen als Teile einer Masse zu beeinflussen, in der ihre kritischen Fähigkeiten reduziert waren. Hitler hat an zahlreichen Stellen seines Buches „Mein Kampf" dargelegt, von welchen Voraussetzungen dabei auszugehen sei und welche Folgerungen daraus in der Praxis gezogen werden müßten:

Jede Propaganda hat volkstümlich zu sein und ihr geistiges Niveau einzustellen nach der Aufnahmefähigkeit des Beschränktesten unter denen, an die sie sich zu richten gedenkt. Damit wird ihre rein geistige Höhe umso tiefer zu stellen sein, je größer die zu erfassende Masse der Menschen sein soll. (Mein Kampf, S. 197)

Das Volk ist in seiner überwiegenden Mehrheit so feminin veranlagt und eingestellt, daß weniger nüchterne Überlegung, vielmehr gefühlsmäßige Empfindung sein Denken und Handeln bestimmt.

Diese Empfindung aber ist nicht kompliziert, sondern sehr einfach und geschlossen. Es gibt hierbei nicht viel Differenzierungen, sondern ein Positiv oder ein Negativ, Liebe oder Haß, Recht oder Unrecht, Wahrheit oder Lüge, niemals aber halb so und halb so oder teilweise usw. (Ebenda, S. 201)

Mittel der Massenbeeinflussung. Ein wichtiger Faktor bei der Bearbeitung der Massen war bei der NSDAP schon ihre auf werbende Wirkung berechnete Selbstdarstellung. In welcher Form sie auch auf sich und ihre Tätigkeit aufmerksam machte, durch ihre grellroten Plakate, durch ihre fortwährende Verwendung des Parteisymbols, des Hakenkreuzes, durch Fahnen, Standarten, Uniformen, durch den Gruß mit der aufgereckten Rechten, durch Sprech- und Liedchöre, durch die in Sechser- und Zwölferreihen marschierenden Kolonnen und ihre Musikkapellen, immer und überall wurden gefühlsmäßige Reaktionen herausgefordert. Symbolhaft und sinnfällig wurde in das Bewußtsein und Unterbewußtsein der Massen eingeprägt, als was die Partei gelten wollte: als die zu allem entschlossene, siegesbewußte, dynamische Kampftruppe für ein neues Lebens- und Staatsideal. Für den Anfang genügte es der Partei, wenn man sie überhaupt zur Kenntnis nahm, wenn man sich allein von ihren Losungen „Deutschland erwache!", „Juda verrecke!", „Gemeinnutz vor Eigennutz!", „Freiheit und Brot!" herausfordern oder einnehmen ließ.

Die bevorzugte Propagandawaffe der Nationalsozialisten waren die *Massenversammlungen.* Für diese entwickelten sie ihren eigenen Stil. Der Endzweck war, die kritische Selbstkontrolle der Teilnehmer herabzusetzen, ihre individuellen Regungen in den gefühlsmäßigen der Masse aufgehen zu lassen, sie ihres alltäglichen nüchternen Zustandes zu entheben und sie in einen Rausch von Begeisterung zu versetzen. Ein Publikum — einander fremd und gleichgültig — sollte in eine Gemeinde verwandelt werden. Der Vorbereitung diente das Erzeugen von Spannung durch verlängertes Warten, die Ausbreitung einer gewissen Hochstimmung durch Marschmusik, Aufmarsch von Fahnen und dergleichen. Viel zum Gelingen der Wirkung trug auch bei, daß alle störenden Einwirkungen ausgelöscht, Zwischenrufer, Mißfallen bekundende Teilnehmer von der SA sofort entfernt wurden. Fragen an die Redner durften nicht gestellt werden, Diskussionen gab es auf nationalsozialistischen Versammlungen nicht.

Höhepunkt eines solchen Abends war regelmäßig eine Rede, von der — auch nach der Auffassung der Partei — der Erfolg der Versammlung abhing. Keinem anderen Propagandamittel widmete die NSDAP so viel Aufmerksamkeit wie der Rede. Die Parteipresse mit ihrem Hauptorgan, dem „Völkischen Beobachter", hatte keine so große Bedeutung. Wer reden konnte, war zur Führung berufen.

Hitler als Redner. Das Vorbild aller nationalsozialistischen Redner war Hitler, keinem gelang es wie ihm, die Massen in ihren Bann zu ziehen. Dabei beruhte die Wirkung seiner Reden nicht so sehr auf ihrem Inhalt. Er erging sich in Beschimpfungen des „Systems" und seiner Repräsentanten („jämmerliche Auswürflinge", „Novemberverbrecher", „Strohköpfe", „Lumpen"), zeichnete ein Bild Deutschlands „in seiner tiefsten Erniedrigung", vereinfachte die politische Situation durch Gegenüberstellung immer nur zweier Lager (Bürgerliche — Sozialisten; Arier — Juden; Schwächlinge — Helden), trug die Deutung der Geschichte von der Warte seiner „Weltanschauung" vor, suchte durch „Wissen" von historischen Beispielen, Zahlen, technischen Details zu imponieren. Dabei vermied er es, sich auf konkrete Zeitfragen einzulassen („diese ganz kleinen Mätzchen des Alltags"), und erörterte lieber die „großen Zusammenhänge". Auf den Höhepunkten seiner Reden, besonders gegen den Schluß, löste er sich mit Vorliebe ganz von der Wirklichkeit und schwelgte in Zukunftsvisionen, Visionen einer schönen, glanzvollen Zukunft, einer Zeit, in der die Klassen versöhnt, das Reich stark, der Materialismus durch den Idealismus besiegt sein würde. Es gab Augenblicke, in denen Hitler seine Zuhörer in Ekstase zu versetzen vermochte. Das geschah zuweilen, wenn er ihre verborgenen und zurückgestauten Haßgefühle weckte, wenn er den sonst gebändigten Drang zur Angriffslust und Zerstörung entfesselte. Noch heftiger aber rührte er die Leidenschaften auf, wenn er zur Liebe zum „heiligen Vaterland", zur Hingabe, zu Entbehrungen und Opfern aufrief.

Es waren nicht die Worte oder ihr Sinn allein, die Hitlers Wirkung ausmachten, es war vor allem die Art, wie er seine eigene Besessenheit auf seine Zuhörer übertrug. Im Wechsel von stockendem Redefluß zu jagendem Tempo, im jähen Umschlag von verhaltener Energie zu wilden Temperamentsausbrüchen, im Übergang von monotonem Flüstern zu metallischem Dröhnen und heiserem Schreien riß Hitler seine Hörer mit sich. Sein Auftreten als Redner hatte eine gewisse fiebrige Dramatik an sich, die als Ausdruck ganz ursprünglicher Leidenschaft, als Ausbruch persönlicher Ergriffenheit wirkte und sich deswegen den meisten Zuhörern mitteilte. Der Eindruck täuschte; Hitler hatte sich immer besser in der Hand, als man vermutete, denn sein Fanatismus verband sich mit Berechnung. Otto Strasser, erst Anhänger, dann Gegner, urteilte:

Wie eine empfindliche Membrane hat dieser Mann es mit einer Intuition, die durch keine rationalen Fähigkeiten ersetzt werden könnte, verstanden, sich zum Sprecher der geheimsten Wünsche, der peinlichsten Instinkte, der Leiden und inneren Unruhe eines Volkes zu machen ... Adolf Hitler betritt einen Saal. Er prüft die Atmosphäre ... einige Minuten lang tastet er, sucht er, paßt er sich an ... Dann plötzlich bricht er los ... Seine Rede schnellt wie ein Pfeil von der Sehne des Bogens, er trifft jeden einzelnen an seiner verwundbaren Stelle, er legt das Unterbewußtsein der Masse frei. Er sagt, was das Herz seiner Zuhörer zu hören wünscht. (Strasser, O.: Hitler und ich. Konstanz 1948, S. 85 ff)

Hitler brauchte die Massen, um reden zu können. Vor einem kleinen Kreis war er eher einsilbig, befangen, langweilig.

6. Die Mitgliederschaft

Wer entschloß sich, der NSDAP beizutreten?

Psychologische Motive. Der Nationalsozialismus konnte sehr viel bedeuten für Menschen ohne feste religiöse oder soziale Bindungen. Die Idee und der Kampf für die Idee gaben dann dem Dasein einen neuen Sinn. Wie keine andere Partei vermochte es die NSDAP, alle im Alltag schlummernden seelischen und körperlichen Energien zu wecken und für sich zu beanspruchen, weil sie die ganze Person ergriff. Viele Menschen blieben in ihren meist untergeordneten beruflichen und sozialen Stellungen unbeachtet, waren auswechselbar und zählten kaum; in der Partei und für die Partei aber hatten sie Bedeutung und wurden anerkannt. Sei es als Redner, als Unterführer, ja sei es als einfacher Beitragskassierer oder SA-Mann in der Marschkolonne, immer und überall waren dem einzelnen Aufgaben gestellt, die er in dem Bewußtsein erfüllte, einen gewichtigen Beitrag für die Bewegung, für den Führer, ja für Deutschland zu leisten. Diese Befriedigung, gesteigert durch die Aussicht auf „Beförderung" in einer aufsteigenden Rangordnung, war so stark, daß die Mitglieder auch unter fühlbaren Entbehrungen Zeit und Geld opferten.

Die bedingungslose Unterordnung unter einen fremden Willen fiel selten schwer. Es gab in Deutschland genug anlehnungsbedürftige Naturen, die dankbar waren, daß man sie der Mühe des wägenden Denkens, der Qual der Entscheidung enthob. Wer wenig geübt oder gewandt im Gebrauch seiner rationalen Fähigkeiten war, wer sich mit Halbbildung begnügt hatte oder begnügen mußte, wer sich aus Gewohnheit oder Bequemlichkeit in seinem Denken und Handeln lieber auf Autoritäten verließ, für den war eine Partei wie geschaffen, die Glaube, Gefühl und Gehorsam über alles stellte. Was einem Staatsbürger in einem demokratischen Staatswesen als Mangel verdacht wurde, bedeutete für den nationalsozialistischen Gefolgsmann gerade eine Tugend. Außerdem bot die NSDAP ein Ventil für Unlust- und Aggressionsgefühle. Alle die im bürgerlichen Leben mehr oder weniger erfolgreich unterdrückten Strebungen wie Gewaltsamkeit, Zerstörungslust, Haß, Neid, Vorurteile, wurden durch die NSDAP sanktioniert, wenn sie nur dem Gegner galten.

Soziale Motive. Bei aller Vielfältigkeit der Zusammensetzung der Partei überwog in ihr von jeher der Anteil der Mittelschicht. Den Kern bildeten neben den vom Krieg aus der Bahn Geworfenen viele Menschen von kleinbürgerlichem Status, die aus den verschiedensten Gründen, etwa abgebrochene Ausbildung, häufiger Berufswechsel, geringe Aufstiegs- und Entfaltungschancen hatten. Unter ihnen waren besonders viele kleine Geschäftsleute, untere und mittlere Angestellte und Volksschullehrer. Es gelang der Partei auch in zunehmendem Maße, Leute aus der oberen Mittelschicht zu gewinnen, die eine höhere Schule oder eine Hochschule besucht hatten und häufig nicht in entsprechenden Berufen untergekommen waren. Verhältnismäßig groß war die Zahl der Nationalsozialisten unter der akademischen Jugend, wie denn überhaupt der Anteil junger Mitglieder bemerkenswert hoch war.

Die soziale Schichtung der NSDAP (in Prozenten)

a) Vergleich der Sozialgliederung der NSDAP und der Gesellschaft 1930

Berufsgruppe	NSDAP	Gesellschaft	Gesellschaft = 100
Arbeiter	28,1	45,9	61,2
Angestellte	25,6	12,0	213,5
Selbständige	20,7	9,0	230,0
Beamte	8,3	5,1	162,7
Beamte	6,6	4,2	157,1
Lehrer	1,7	0,9	188,8
Bauern	14,0	10,6	132,0
Sonstige	3,3	17,4	18,9
	100,0	100,0	

b) Sozialstruktur der NSDAP 1930 und 1933

Berufsgruppe	1930	1933	1930 = 100
Arbeiter	26,3	32,5	123,6
Angestellte	24,4	20,6	84,4
Selbständige	18,9	17,3	91,5
Beamte	7,7	6,5	84,4
Bauern	13,2	12,5	94,7
Sonstige	3,4	3,7	108,9
Rentner	1,9	1,6	84,3
Hausfrauen	3,6	4,1	114,0
Studenten	1,0	1,2	120,0

(nach Hofer, W.: Der Nationalsozialismus. Dokumente. Fischer Bücherei 172. Frankfurt/Main 1962, S. 23)

Gegen die ursprünglichen Absichten war also die NSDAP nicht zu einer Arbeiterpartei, sondern ausgeprägt zu einer Partei des „Mittelstandes" geworden. Zum erstenmal in der deutschen Geschichte hatten sich beträchtliche Teile dieser in sich so ungleichartigen Millionenmasse von einer politischen Partei nicht nur sammeln, sondern politisch aktivieren lassen. Nach Weltkrieg, Revolution und Inflation, als die alten politischen und sozialen Ordnungen zerbrachen, als weder Werte der nationalen Tradition noch materielle Reserven mehr Halt und Sicherheit gaben, trieb es sie zur Politik. Daß die Wahl für die NSDAP ausfiel, lag hauptsächlich in ihrer besonderen Mentalität (vgl. VII 2 c). Der Glaube an vollkommene Lösungen in der Politik verband sich mit der Überzeugung, daß alle Widerstände mit Gewaltanwendung zu überwinden seien. Wer und was nicht in das Konzept paßte, mußte als Feind vernichtet werden. Wer Politik in einem solchen Lichte sah, dem konnten nur extreme Weltanschauungsparteien gefallen. Wen die Kommunisten abstießen, befriedigten die Nationalsozialisten: Sie waren national und versprachen die Wiederherstellung der deutschen Großmachtstellung, sie wollten die Klassen aufheben und die Volksgemeinschaft verwirklichen, sie bekämpften das Böse in Gestalt des Juden und des bolschewistischen Untermenschen, sie würden einen neuen deutschen Menschen schaffen. Daß die Nationalsozialisten — einmal im Besitz der Macht — energisch und rücksichtslos vorgehen würden, das war nicht der letzte der Vorzüge in den Augen der Mitglieder der Partei.

7. Die Entwicklung der NSDAP 1925 bis 1929

Von der Anonymität zur Publizität. Wer in den Jahren 1925 bis 1929 als Mitglied zur NSDAP stieß, mußte wissen, daß er sich einer unbedeutenden Splittergruppe anschloß. Auch die allmählich ansteigende Kurve der Mitgliederzahl konnte über die offensichtliche Bedeutungslosigkeit der Bewegung kaum hinwegtäuschen. Selbst wenn die offizielle Parteistatistik 1929 etwa 175 000 eingeschriebene Mitglieder auswies, so blieb die effektive Stärke der Partei doch sicher — unter Berücksichtigung der außerordentlich starken Fluktuation — dahinter weit zurück und machte nach Schätzungen etwa die Hälfte der angegebenen Zahl aus. Ferner verteilten sich die Einflußgebiete des Nationalsozialismus sehr ungleich über die gesamte Fläche des Deutschen Reiches. Die „Keimzelle der Bewegung" — Bayern, dann Süddeutschland allgemein — vergrößerte sich nur noch geringfügig; das Schwergewicht in der Entwicklung war nunmehr nach Norddeutschland verlegt. Aber auch dort fand die Partei zunächst kaum in den Großstädten Anklang, schon mehr in den kleinen und mittleren Städten. Industrielandschaften und Gebiete mit vorwiegend katholischer Bevölkerung erwiesen sich als besonders unergiebig für die nationalsozialistische Werbetätigkeit.

Von 1929 an erhielt die NSDAP einen spürbaren Aufschwung. Erst um diese Zeit wurden Hitler und seine Partei weiten Kreisen des nationalgesinnten Bürgertums bekannt, weil Hugenberg bei seinem Bestreben, die zersplitterten Kräfte der Rechten zu sammeln, die NSDAP an seinen Young-Ausschuß heranzog (vgl. XII 2 b) und ihr mit seinen bedeutenden publizistischen Mitteln eine öffentliche Bühne verschaffte. Erst jetzt wirkte sich die Aufhebung des Redeverbots für Hitler — zuletzt in Preußen 1928 — voll aus. Der Zustrom der Massen begann, was sich in den Wahlerfolgen in Ländern und Kommunen anzeigte. Während im Jahre 1928 die NSDAP bei der Reichstagswahl nur 810 000 Stimmen und 12 Mandate gewann, konnte sie 1929 in

Koburg schon die Mehrheit der Stadtratssitze erringen und in Baden und Thüringen ihre Stimmenzahl verdreifachen. Zu Beginn des Jahres 1930 gab es bereits einen nationalsozialistischen Minister: Wilhelm Frick übernahm das Innen- und Volksbildungsressort in einer Thüringer Koalitionsregierung mit dem Landbund und der Wirtschaftspartei. In dieser Zeit begannen die Nationalsozialisten, gerade auf dem Lande ebenbürtige Konkurrenten der bürgerlich-nationalen Parteien sowie der Interessenvertretungen um die Gunst der Landwirte zu werden. Die Agrarkrise und die nationale Agitation der Berufsverbände hatten den Boden gut vorbereitet (vgl. VI 4 a und XII B 2 b).

NSDAP und Reichswehr. Am schwersten ins Gewicht fiel jedoch, daß der Nationalsozialismus bereits in der Reichswehr Fuß zu fassen begann. Bis 1930 drang darüber nichts in die Öffentlichkeit hinaus, aber bei den älteren Offizieren und der Reichswehrführung war es kein Geheimnis, daß gerade die Leutnantsjahrgänge ziemlich unverhohlen mit der dynamischen und wehrfreudigen Gruppe der Nationalsozialisten zu sympathisieren anfingen. Die größte Gefahr sah man darin, daß die nationalsozialistische Agitation die Geschlossenheit der Truppe zersetzen und die Zwietracht des politischen Lebens auf die Reichswehr übertragen könne.

Die Befürchtungen in dieser Hinsicht schienen wegen der Affäre Scheringer/Ludin nur allzu begründet zu sein. Ende 1929 wurde entdeckt, daß sich drei Leutnants, Richard Scheringer, Hans Ludin und Hans Friedrich Wendt, bereits mit der NSDAP in Verbindung gesetzt und dabei folgendes Angebot gemacht hatten:

In kürzester Zeit kann man erreichen, daß Teile der Reichswehr Gewehr bei Fuß stehen, sobald die NSDAP gegen den Young-Plan oder zur Übernahme der Macht im Reich gewaltsam vorgeht. Einzelne Formationen werden sich sogar der Bewegung anschließen... Wir sind entschlossen, das Offizierskorps zu revolutionieren, soweit es noch nicht verkalkt ist, und wenn wir ins Zuchthaus müssen. (Scheringer, R.: Das große Los unter Soldaten, Bauern und Rebellen. Hamburg 1959, S. 194 f)

Das Reichswehrministerium ließ sofort eine Untersuchung einleiten, die schließlich im nächsten Jahr in einem Prozeß vor dem Reichsgericht unter der Anklage des Landesverrats ausmündete. Wenn auch vom Reichswehrminister Groener und seinem Gehilfen Schleicher versucht wurde, durch scharfe Verordnungen weiteren Vorfällen dieser Art vorzubeugen, so konnte man sich seitdem nicht mehr gegen die Einsicht sperren, daß es bei den unteren Dienstgraden „knisterte".

8. Probleme der Partei

Legaler oder revolutionärer Kurs? Beim Prozeß gegen die drei Reichswehroffiziere im September 1930 wurde Hitler als Zeuge die Gelegenheit gegeben, noch einmal die Absichten seiner Partei darzulegen:

Ich habe meine ideellen Ziele unter keinen Umständen mit ungesetzlichen Mitteln erstreben wollen. Ich habe auch niemals jemanden in einem solchen Sinne instruiert. Ich habe in allen Fällen, wenn es zu Übertretungen gekommen ist, augenblicklich durchgegriffen, und ich habe eine ganze Anzahl zum Teil alter, verdienter Parteigenossen aus der Bewegung ausgeschlossen, weil sie solche Anordnungen übertreten haben... Wenn die Bewegung in ihrem legalen Kampf siegt, wird ein deutscher Staatsgerichtshof kommen, und der November von 1918 wird seine Sühne finden, und es werden auch Köpfe rollen. (Ursachen und Folgen, Bd. VII, S. 530 f)

Freilich, nicht alle Nationalsozialisten nahmen Hitlers Bekenntnis zur Legalität ernst. Vor allem in der SA hielt man es für ausgemacht, daß mit der Anwendung von Gewalt nicht bis nach der Übernahme der Regierung gewartet werden müsse.

Koalition oder Isolierung? Eine weitere Schwierigkeit lag in der Frage einer möglichen Regierungsbeteiligung. Konnte man erwarten, daß die Nationalsozialisten jemals durch Gewinn von über 50 % der Wählerstimmen an die Macht kamen? Oder mußte bedacht werden, ob, mit wem und unter welchen Bedingungen man Koalitionen eingehen sollte? Hitler versuchte zunächst nur Bündnisse mit anderen politischen Kräften für begrenzte Zwecke (vgl. XII B 2 b). Bei dieser Gelegenheit, noch mehr aber bei der Beteiligung an Länderregierungen und Kommunalverwaltungen, entstand in der Öffentlichkeit der Eindruck, daß sich die NSDAP durch die parlamentarische Arbeit und durch die Regierungspraxis in Koalitionskabinetten entradikalisieren und schließlich in eine parlamentarische Oppositionspartei verwandeln würde.

Mehr Nationalismus oder mehr Sozialismus? In der Partei gab es einen linken Flügel, der die sozialen Forderungen des Parteiprogramms ernst nahm. Er gruppierte sich um die Brüder Gregor und Otto Strasser. Gregor — von Beruf Apotheker, im Kriege Oberleutnant — hatte die Organisation in Norddeutschland selbständig aufgebaut, und Hitler mußte ihn lange gewähren lassen, weil er durch die Redeverbote in seiner Bewegungsfreiheit eingeschränkt war. Die Strassers wollten die Partei auf ein wirtschafts- und sozialpolitisches Reformprogramm festlegen, dessen Forderungen — Verstaatlichung von Schwerindustrie und Grundbesitz, Beteiligung der Arbeiter an den Unternehmen, ständischer Verfassungsaufbau — sozialrevolutionär klangen. Otto Strasser wurde 1930 aus der Partei ausgeschlossen; mit ihm verließen nur wenige die Partei. Gregor Strasser, als Organisationsleiter ungleich wichtiger als sein Bruder, brachte es nicht über sich, die Partei zu spalten.

Hitler — in wirtschaftlichen Fragen nicht festgelegt — machte fortwährend erhebliche Anstrengungen, Anerkennung und Unterstützung von den führenden Kreisen der Industrie und Landwirtschaft zu erlangen. Die Beziehungen der NSDAP zur Großindustrie haben inzwischen sowohl zur Legendenbildung als zu wissenschaftlichen Kontroversen geführt. Jedenfalls ist die Interpretation des Nationalsozialismus als Werkzeug des Monopolkapitalismus nicht aufrechtzuerhalten. Zwar unterstützten Teile der Großindustrie — zumeist seit den Septemberwahlen 1930 — die Partei oder einzelne Führer, wie etwa Göring; der Hauptanteil der Gelder in der Größenordnung von einigen Hunderttausenden floß den konservativen Rivalen zu. Die Zurückhaltung gegenüber dem Werben der Gruppe um Hitler war bedingt durch die Furcht vor solchen radikalen wirtschaftspolitischen Experimenten, wie sie der linke Flügel ständig propagierte. Die Gründe für jene, die wie Friedrich Flick, Emil Kirdorf, Fritz Thyssen oder die IG Farben AG, für kürzere oder längere Zeit auch der NSDAP Geldmittel zur Verfügung stellten, war komplex. Sicher wollten alle von ihnen das Ende der parlamentarischen Demokratie, aber nicht unbedingt danach die volle Machtübernahme durch die Nationalsozialisten; sie haben sicher Papens „Neuen Staat“ (XV 5) vor dem „Dritten Reich“ bevorzugt. Jedoch meinten sie auf dem Wege über Geldspenden auch an die NSDAP Einfluß auf den Charakter der Bewegung zu gewinnen und den „gemäßigten Elementen“ zum Übergewicht zu verhelfen; außerdem spielte die Rückversicherung im Falle der Machtübernahme eine gewisse Rolle. Insgesamt viel größere

Zuwendungen dürften der NSDAP von kleinen und mittelgroßen Unternehmern gemacht worden sein, denn diese waren in ihrer Existenz bei labilen wirtschaftlichen Zuständen und angesichts der Konzentrationsbewegungen in der Wirtschaft (VI 3 b) weit eher gefährdet als Großindustrielle. Aufschlüsse über die Höhe der Summen dürften von der Forschung kaum zu erwarten sein, da der Reichsschatzmeister der NSDAP, Franz Xaver Schwarz, alle Unterlagen in den letzten Wochen der Dauer des nationalsozialistischen Regimes vernichtet hat.
Bei allen diesen Spannungen mußte Hitler seine ganze Anziehungskraft aufbieten, um den Zusammenhalt der Partei zu erreichen und zu sichern; nicht durch Übereinstimmungen in sachlichen Programmen, sondern allein durch die Verpflichtung zu unwandelbarer Treue zu seiner Person:

Und somit proklamiere ich jetzt für mich und meine Nachfolger in der Führung der Nationalsozialistischen Deutschen Arbeiterpartei den Anspruch auf politische Unfehlbarkeit. Ich hoffe, daß sich die Welt daran so schnell und widerspruchslos gewöhnt, wie sie sich an den Anspruch des Heiligen Vaters gewöhnt hat. (Krebs, A.: Tendenzen und Gestalten der NSDAP. Erinnerungen an die Frühzeit der Partei. Stuttgart 1959, S. 139)

XIV. Die Ära Brüning

1. Heinrich Brüning

Mit dem fünfundvierzigjährigen Reichstagsabgeordneten Heinrich Brüning (geb. 1885 in Münster) übernahm 1930 ein Angehöriger der Kriegsgeneration die Regierung. Als Sohn begüterter Eltern konnte er eine umfassende Bildung erwerben — von der Philosophie und Literatur über die Geschichte bis zur Staatswissenschaft und Volkswirtschaft — und zum Dr. phil. promovieren. Für den feinsinnigen jungen Mann bedeutete der Kriegsdienst als Leutnant der Reserve die große seelische und charakterliche Bewährungsprobe.
Nach der Revolution entschloß sich Brüning, weiterhin „Dienst" zu tun, Dienst für die Allgemeinheit. Er fühlte sich berufen zum Politiker. Vom Privatsekretär Adam Stegerwalds stieg er 1921 auf zum Geschäftsführer des Allgemeinen Deutschen Gewerkschaftsbundes und wurde schon 1924 in den Reichstag gewählt. Der Zentrums-Abgeordnete, bald als einer der bedeutendsten Finanz- und Steuerexperten des Reichstages ausgewiesen, rückte binnen weniger Jahre in die Führungsgruppe seiner Partei vor. 1929 wurden seine überragenden Fähigkeiten mit der Übergabe des Fraktionsvorsitzes anerkannt. Hindenburg gegenüber, in dem Brüning noch den früheren höchsten Vorgesetzten verehrte, entwickelte er ein Gefühl innerer Bindung. Darum war es für ihn unmöglich abzulehnen, als er zum Kanzler eines „Hindenburg-Kabinetts" ausersehen wurde:

Dem Appell des Herrn Reichspräsidenten an mein soldatisches Pflichtgefühl konnte ich mich aber letzten Endes nicht entziehen. (Zit. bei Beer, R. R.: Heinrich Brüning. Berlin 1931, S. 54)

Politische Anschauungen. Der kultivierte, hochgescheite Katholik und der geistig undifferenzierte Protestant verstanden sich erstaunlich gut, denn sie stimmten in vielem überein. Hindenburg mußte es sympathisch sein, daß auch „sein" Kanzler sich allein dem Staat verantwortlich fühlte. Obwohl Mitglied des Zentrums, verachtete Brüning die Interessenpolitik der Parteien. Stets dachte er an die „Gesamtheit"; so lag ihm besonders an einer Sammlung der Parteien, an einer, wie er meinte, geschlossenen und somit nationalen Politik. Brüning fand, daß der Hauptwiderstand gegen diese Bestrebungen von der Sozialdemokratie ausgehe. Da er auf dem rechten Flügel seiner Partei stand, schaute er nach Kräften rechts vom Zentrum aus, mit denen sich eine überparteiliche nationale Sammlung ins Werk setzen ließ. Mit folgenden Anschauungen stand Brüning ohnehin nicht weit von den Ideen des neuen Nationalismus:

Wir erstreben den sozialen Volksstaat. In diesem Volksstaate wird man dem Börsenkapital ganz gründlich zu Leibe rücken. Wir erstreben den sozialen Ausgleich, um zu verhüten, daß eines Tages die Erbitterung weitester Kreise zu einer gewaltsamen Explosion führt. Wir wollen die deutsche Volksgemeinschaft und die Zurücksetzung aller persönlichen und Gruppeninteressen hinter dem Wohl des gesamten Volkes. (Aus einem Artikel Brünings vom 4. 7. 1923 in: Der Deutsche. Zit. nach Nobel, A.: Brüning. Leipzig 1932, S. 30)

Wie viele seiner Landsleute sah Brüning in der westeuropäischen Demokratie nicht das beste Muster für die deutsche Regierungsweise. Seine Vorstellungen von „organischer Demokratie" stellte eine zeitgemäße Abwandlung des preußisch-deutschen Staatsgedankens dar:

Das Erlebnis des Krieges stärkt bei denen, die die großen und zugleich schrecklichen Ereignisse mitgemacht haben, ... allgemein die Erfahrung und die Erkenntnis, daß die großen Geschicke in der Welt nur durch Opfer, Selbstlosigkeit und freiwillige Disziplin zu bewältigen sind ... Ein solches Erlebnis ist, soweit es stark bewußt wurde und damit erst das Leben dauernd bestimmen konnte, nur bei verhältnismäßig wenigen. Dieser Einwand ist zum Teil richtig, aber dieses aristokratische Erlebnis ist nicht auf Schichten, Stände und Berufe beschränkt; es ist vielmehr ein Erlebnis aller derjenigen, die im einfachsten menschlichen und seelischen Sinne eine Elite darstellen. (Zit. nach Beer, R. R.: Heinrich Brüning. Berlin 1931, S. 27 f)

Brüning zählte sich dieser Elite zu; und es deutet vieles darauf hin, daß er — ohne es jemals auszusprechen — sich sogar berufen fühlte, Führer seines Volkes zu sein.
Politischer Stil. Seine Auffassung dieses Führeramtes ergab sich aus seinem Charakter: Ohnehin zurückhaltend, leise und wenig lebhaft, bildete Brüning die Tugend der Bescheidenheit bis zur Selbstentäußerung aus. Seiner Besessenheit von der Politik kam seine Neigung zum asketischen Lebensstil entgegen.
Brüning liebte es, es schwer zu haben und es sich schwer zu machen. Dazu trugen sein alles überschattender Ernst, seine pessimistische Grundstimmung und seine nie besiegbare Skepsis bei. Er mußte sein Selbstvertrauen immer aufs neue erkämpfen, ebenso wie sein Vertrauen auf das Vermögen der Vernunft, sich gegen Trägheit und Böswilligkeit durchzusetzen. Darum war er kein Mann des schnellen Entschlusses, sondern ein großer Zauderer.
Brüning hielt, weil er die großen Worte mied, so gut wie nichts von Massenkundgebungen und Volksreden. Wenn er reden mußte, suchte er bei den Anzusprechenden Verständnis zu gewinnen durch schmucklose Darstellung der Wirklichkeit, wie er sie sah, und durch nüchterne Erläuterung seiner Handlungsweise.

2. *Brünings Anfänge und Ziele*

Behandlung des Reichstages. Brüning setzte als Reichskanzler fort, was Müller begonnen hatte: die Ordnung der Finanzen unter den sich immer mehr erschwerenden Bedingungen der Wirtschaftskrise herzustellen. Allerdings gab er gleich dem Reichstag zu verstehen, daß seine Regierung von seiten der Parteien keinen Einfluß auf ihre Arbeit wünschte:

Das neue Reichskabinett ist entsprechend dem mir vom Herrn Reichspräsidenten erteilten Auftrag an keine Koalition gebunden ... Es wird der letzte Versuch sein, die Lösung mit diesem

Reichstage durchzuführen. Einen Aufschub der lebensnotwendigen Arbeiten kann niemand verantworten. Die Stunde fordert schnelles Handeln. (Aus der Regierungserklärung Brünings vom 1. 4. 1930. Verhandlungen des Reichstages, Stenographische Berichte, Bd. 427, S. 4728)

Wenig später wurde er noch deutlicher und warnte:

Ich habe ... festgestellt ..., daß von dem letzten Mittel der Verfassung, dem Mittel des Artikels 48 erst dann und nur dann Gebrauch gemacht werden wird, wenn die Regierung keine Hoffnung mehr hat, daß das Parlament und die Parteien ihre Mission selbst erfüllen. (Ebenda, S. 4769)

Über die ersten Schwierigkeiten kam der Kanzler gut hinweg. Aber im Juni, als die Regierung angesichts der sprunghaft ansteigenden Ausgaben für die Arbeitslosenunterstützung den Haushalt durch drastische Steuererhöhungen wieder auszugleichen suchte, machte der Reichstag Schwierigkeiten.

Beginn der Notverordnungspraxis. Namentlich die SPD wandte sich gegen zwei der vorgeschlagenen Aushilfen: die Beschränkung der Leistungen der Arbeitslosenversicherung bei Anheben der Beiträge auf 4½ % und eine ungestaffelte Kopfsteuer, die sogenannte Bürgersteuer. Gleichwohl ließ die Fraktion den Kanzler wissen, daß man zu Unterhandlungen über Abänderungen der Deckungsvorlagen bereit sei. Doch als Brüning nicht darauf einging und andeutete, sie durch Notverordnungen in Kraft setzen zu lassen, legten es die Sozialdemokraten auf eine Kraftprobe an. Am 16. Juli erreichten sie zusammen mit den Kommunisten, Nationalsozialisten und dem Hugenbergflügel der DNVP die Ablehnung der Deckungsvorlagen (256 gegen 193 Stimmen). Noch am selben Abend wurden die zu Verordnungen umgewandelten Gesetzentwürfe vom Reichspräsidenten unterschrieben und unter Berufung auf den Artikel 48 der Reichsverfassung verkündet. Sofort schlug die SPD zurück und brachte den Antrag ein, die Verordnungen außer Kraft zu setzen. In der entscheidenden Sitzung, am 18. Juli, fragte der Sprecher der SPD, Otto Landsberg:

Glaubt die Reichsregierung wirklich den Stein der Weisen zu besitzen? Kann sie sich dafür stark machen, daß es nur auf dem Wege geht, den sie eingeschlagen hat? In der Politik — das ist eines der unverbrüchlichsten Gesetze der Wissenschaft der Politik — geht es immer auch anders. (Verhandlungen des Reichstages. Stenographische Berichte, Bd. 428, S. 6501)

Der Reichsfinanzminister Hermann Dietrich (Staatspartei) antwortete:

Entscheidend ist heute nicht, wie wir zum Ziele kommen, sondern entscheidend ist heute, daß wir zum Ziele kommen. Entscheidend ist, daß wir den Notwendigkeiten, die der Staat von uns verlangt, gerecht werden ... Es muß Schluß gemacht werden mit der Interessenpolitik, die ein Arbeiten unmöglich macht, damit Staatspolitik gemacht werden kann. Die Frage ist jetzt nachgerade die, ob wir Deutsche ein Haufen von Interessenten oder ein Staatsvolk sind. (Verhandlungen des Reichstages, Stenographische Berichte, Bd. 428, S. 6513 ff)

Der Reichtag hob am selben Tag mit knapper Mehrheit die Notverordnungen auf. Brüning jedoch entnahm der bereitliegenden „roten Mappe“ sogleich die Verordnung des Reichspräsidenten und verlas ihren Text:

Berlin, den 18. Juli 1930
Nachdem der Reichstag heute beschlossen hat, zu verlangen, daß meine auf Grund des Artikels 48 der Reichsverfassung erlassenen Verordnungen vom 16. Juli außer Kraft gesetzt werden, löse ich auf Grund von Artikel 25 der Reichsverfassung den Reichstag auf.

Der Reichspräsident: von Hindenburg
Der Reichskanzler: Dr. Brüning

(Reichsgesetzblatt, Jg. 1930, Teil I, Nr. 30)

3. *Innenpolitik in der Ära Brüning*

a) Die Septemberwahlen von 1930 und ihre Folgen

Die Wahlaussichten. Die Reichstagswahlen wurden zum spätestmöglichen Termin, zum 14. September, ausgeschrieben. Inzwischen setzte die Regierung an Stelle der aufgehobenen Notverordnungen eine neue, noch weitergehende, in Kraft. Sie nutzte die Frist bis zu den Wahlen, um ihr Sanierungsprogramm in die Wege zu leiten. Brüning rechnete damit, eine Mehrheit zu gewinnen, mit deren Unterstützung er sich einer parlamentarischen Opposition erwehren könnte. Auf einer Wahlversammlung behauptete der Kanzler:

> Die Einsicht für unsere Ziele ist dank der Presse im deutschen Volk gewaltig im Wachsen. Für die letzte Form unseres Parlamentarismus brachte das deutsche Volk keine Sympathie mehr auf. (Deutsche Allgemeine Zeitung, Nr. 421, 10. 9. 1930)

Daß die Sympathien für den Parlamentarismus schwanden, hatten schon die Ergebnisse der letzten Wahlen in den Ländern bewiesen. Für die Reichstagswahlen wurden daher allgemein weitere Gewinne der radikalen Flügelparteien, KPD und NSDAP, erwartet. Brüning glaubte das in Kauf nehmen zu sollen. Welche Aussicht hatten die politischen Kräfte, auf die er sich stützen wollte?

Der Termin der Wahlen war für die Parteien der bürgerlichen Mitte denkbar ungünstig. Da ihre Wähler von der nationalen Welle erfaßt wurden, gerieten DDP, DVP und sogar die DNVP in einen Prozeß der Auflösung und Umschmelzung; die Mitte war ungeeignet, sich zur Verteidigung der Republik zu sammeln. Dafür zeugte auch die Gründung der *Staatspartei,* einer Fusion von DDP und Jungdeutschem Orden, welche „. . . die Schäden des gegenwärtigen parteiistischen Systems zu beseitigen" wünschte und damit zu verstehen gab, daß es nicht der bestehende Staat war, für den sie eintrat.

Nicht besser stand es um die „arbeitsfähige Rechte", auf die besonders Brüning seine Hoffnungen setzte. Die DNVP spaltete sich erneut. Zwar separierten sich die Gegner des Hugenberg-Kurses von der DNVP und scharten sich um Kuno Graf von Westarp und Gottfried Treviranus in der neuen *Konservativen Volkspartei,* doch brachte es diese Partei zwischen Juli und September weder zuwege, sich fest zu organisieren, noch den Wählern ein eindeutiges Gesicht zu zeigen. Da es Hugenberg gelang, den Kern der DNVP-Organisation zu retten, fehlten den „Abtrünnigen" vor allem die propagandistischen Möglichkeiten des Hugenberg-Konzerns. Der Landbund verhielt sich, zur Enttäuschung Brünings, neutral, um nach den Wahlen die Interessen der Landwirtschaft mit oder gegen die Regierung Brüning durchsetzen zu können.

Der Wahlausgang (s. Tafel 23 im Anhang). Der Wahlkampf unterschied sich von allen bisherigen. Die Radikalen von rechts und links steigerten mit ihren emotionsgeladenen Appellen und utopischen Zukunftsbildern die Unruhe ungeheuer. Gewinner waren darum Kommunisten und Nationalsozialisten. Sie machten dem „System" überhaupt keine Zugeständnisse und propagierten Sozialismus und Nationalismus fanatisch und revolutionär. Einigermaßen behaupten konnten sich nur die Parteien, die über einen aus weltanschaulichen oder sozialen Gründen fest eingeschworenen Stamm verfügten, die Sozialdemokraten und das Zentrum. Der Zerfall der Mitte und der Rechten dagegen trat in ein entscheidendes Stadium.

Der Erfolg der Nationalsozialisten und Kommunisten wies nach, wie tief das Vertrauen in die bestehende Ordnung erschüttert war, wie stark die Mißstimmung um sich gegriffen hatte.

Die NSDAP konnte vornehmlich jene Teile der Mittelschicht für sich mobilisieren, die sich mit der marxistischen Opposition nicht identifizieren wollten, die wegen ihrer ungefestigten wirtschaftlichen Lage und wegen ihrer teilweise genuinen politischen Labilität besonders anfällig für den nationalen Radikalismus in Krisenzeiten waren. Auch gelang es den Nationalsozialisten, viele bäuerliche Wähler an sich zu ziehen (vgl. VII 2 c und XII 2 b).

Bedeutenden Zuzug erhielt die nationalsozialistische Bewegung ferner von den eigentlichen „Unpolitischen" und den jungen Wählern, die auf nichts festgelegt waren und sich deshalb am meisten von der Propaganda beeindrucken ließen. Aufgestört durch die Verschlechterung der wirtschaftlichen Lage, waren über drei Millionen mehr Menschen zu den Wahlurnen gegangen; Menschen, die sich sonst vom politischen Getriebe aus Mangel an Urteilsfähigkeit oder aus Trägheit ferngehalten hatten. Die jungen Leute, in der Mehrzahl allenfalls mit dem Buchstaben der Verfassung vertraut, ließen sich wohl vor allem vom Schwung und von der dynamischen Aktivität der Nationalsozialisten beeindrucken. Sie, die angesichts der um sich greifenden Arbeitslosigkeit wenig Gutes zu erwarten hatten, lockte die Vorstellung eines „Dritten Reiches", mit dem ein neues Zeitalter anbrechen sollte. Die Nationalsozialisten hatten sich andererseits mit allen Kräften bemüht, ihre Chancen wahrzunehmen. Ihre Propaganda, nun nicht mehr durch Verbote oder Redeeinschränkungen behindert, konnte das jahrelang in kleinem Rahmen Erprobte mit Erfolg in großem Kreise anwenden. Die Vehemenz und Massierung der nationalsozialistischen Veranstaltungen, die überlegte Anwendung technischer Mittel war einzigartig. Das Flugzeug z. B. trug Hitler kreuz und quer durch Deutschland, und Tag für Tag sprach er drei- bis viermal auf Massenkundgebungen. Gegenüber den Ausbrüchen seines Temperaments wirkten die rechthaberischen Ansprachen Hugenbergs geradezu altväterisch und erschien Brünings stille und zurückhaltende Darbietung seiner Sanierungspläne hoffnungslos weltfremd und gelehrtenhaft.

Zum erstenmal verfügte die NSDAP auch über einen Wahlfonds, mit dem sie ihre Werbemaschine pausenlos in Bewegung halten konnte. Ihr Stil der Agitation war sehr kostspielig, was nicht allein durch die Beiträge ihrer Mitglieder finanziert wurde. Zweifellos sind ihnen diesmal namhafte Summen zugeflossen. Von einigen Großindustriellen wie Emil Kirdorf, Fritz Thyssen und anderen ist bekannt, daß sie nicht unbedeutende Beträge beisteuerten.

Nicht ganz so sensationell wie das Heraufschnellen der für die Nationalsozialisten abgegebenen Stimmen von 810 100 auf 6 409 600 war der Zuwachs bei den Kommunisten. Immerhin gewannen sie rund 1 300 000 Stimmen, und ihre Reichstagsfraktion vergrößerte sich auf 77 Abgeordnete. Viele der arbeitslosen Arbeiter ließen sich offenbar durch die Not wiederum radikalisieren. Ein gut Teil der Wähler mochte von der SPD hinübergewechselt sein, aus Protest gegen deren Zickzackkurs unter dem Kabinett Müller.

Folgen der Wahl. Der Wahlausgang setzte die politische Krise fort. Im Reichstag saßen jetzt zu zwei Fünfteln Abgeordnete, die sich offen mehr oder weniger als Staatsfeinde bekannten (NSDAP, DNVP, KPD = 39,1%). Nur eine Kombination von der

gemäßigten Linken bis zur gemäßigten Rechten (SPD, Staatspartei, Zentrum, BVP, DVP, Wirtschaftspartei, Splittergruppen der gemäßigten Rechten) hätte eine Basis für eine parlamentarisch gesicherte Regierung ergeben (= 56,1%). Es war aber weiterhin ganz unwahrscheinlich, daß eine Verständigung über eine solche Verbindung zustande kommen würde. Der Graben zwischen den Sozialisten und den Bürgerlichen und gar den Nationalen unter ihnen war zu breit. Die neue Regierung, gleich welcher Zusammensetzung, mußte wieder ein Minderheitskabinett sein und versuchen, mit wechselnden Mehrheiten oder mit Tolerierungen zu operieren, während das Land immer weiter in den Strudel der Weltwirtschaftskrise hineingezogen wurde.
Denn nicht zuletzt der Ausgang dieser Wahl bewirkte, daß die ausländischen Geldgeber über die plötzlich zutage getretene Labilität der inneren Verhältnisse in Deutschland erschraken und überstürzt ihre kurzfristigen Kredite zurückzogen. Die Reichsregierung sah sich plötzlich neuen unerhörten Geldanforderungen gegenüber: Vor allem Länder und Gemeinden benötigten schnelle Kapitalhilfen, um dem Bankerott zu entgehen.

b) Die Grundlagen der Regierung Brüning

Die Tolerierung des Minderheitskabinetts durch die SPD. In dieser Lage konnte die Regierung Brüning nicht an Rücktritt oder weitläufige Koalitionsverhandlungen denken. Brüning hatte feststellen müssen, daß außer Zentrum, DVP und Staatspartei nur unbedeutende Teile der Rechten (Volkskonservative, Wirtschaftspartei) sich ihm zur Verfügung stellten. Die Wirtschaftspartei sprang schon im Dezember 1930 ab, die DVP ein Jahr später. Brüning und Hindenburg waren daher mehr denn je überzeugt, daß man den einmal eingeschlagenen Weg der Notverordnungen weiter gehen müsse.
Eine Minderheitsregierung, die mit Notverordnungen regieren wollte, konnte sich auf die Dauer nicht gegen den Willen der Sozialdemokraten halten. Hindenburg, Brüning und Schleicher, die sich weiterhin um die Erweiterung der Regierungsbasis nach rechts bemühten und auf Bündnisvorschläge von sozialdemokratischer Seite nicht ernsthaft eingingen, hatten das Glück, daß die Sozialdemokratie ihre Haltung zur Regierung Brüning gründlich überprüfte. Es wäre für die SPD ein leichtes gewesen, sein Kabinett zu stürzen. Aus den Reihen der Partei wurden nicht wenige Stimmen vernehmbar:

... man müsse die Rechte zur Regierung kommen lassen, damit sie sich einschließlich der Nationalsozialisten abwirtschafte. (Braun, O.: Von Weimar zu Hitler. New York 1940, S. 308)

Aber andere gaben zu bedenken:

Stand nicht die Sozialdemokratie den anderen Oppositionsparteien viel feindlicher gegenüber als dem Kabinett Brüning? Sollten wir Brüning zwingen, sich mit den Nationalsozialisten zu verbinden? (Keil, W.: Erlebnisse eines Sozialdemokraten. Bd. 2. Stuttgart 1948, S. 397)

Angesichts der Tatsache, daß eine „große Koalition der Vernünftigen", wie sie Otto Braun vorgeschlagen hatte, nicht zu realisieren war, setzte sich die Auffassung in der SPD-Fraktion durch, daß man die Erhaltung der Demokratie und die Sicherung der Verfassung über die Vertretung der Interessen der Arbeiterklasse stellen müsse. So entschloß sich die SPD resignierend für das „kleinere Übel", für die Tolerierung eines nur noch halbparlamentarischen Präsidialkabinetts. Als der am 13. Oktober 1930 zusammengetretene Reichstag fünf Tage darauf über die Aufhebung neuer Notverordnungen sowie über zwölf nationalsozialistische, deutschnationale und kommunistische Mißtrauensanträge abstimmte, rettete die SPD die Regierung, indem sie sich an allen diesen Aktionen der Opposition nicht beteiligte. Diesen Tolerierungskurs hat die SPD trotz mancher Reibungen mit dem Kanzler bis zum Ende der Ära Brüning beibehalten.

Die Ausschaltung des Reichstages. Ein großes Maß an Selbstverleugnung mußte die SPD ferner aufbringen, als sie bei der Selbstausschaltung des Parlaments mitwirkte. Mehrmals gab der Reichstag dem Drängen der Regierung nach und vertagte sich für längere Zeit, manchmal ein Vierteljahr, manchmal ein halbes Jahr. Er überließ damit der Regierung vollständig die Initiative und trat meistens nur zusammen, wenn dem Buchstaben der Verfassung Genüge getan werden sollte und die Aufhebungsanträge der Opposition gegen die Notverordnungen zur Abstimmung standen. Von einer parlamentarischen Regierungsweise konnte daher keine Rede mehr sein. Es fiel schwer, eine Bezeichnung für jenen eigenartigen Schwebezustand zu finden, denn es gab kein Vorbild für das neuartige „System des Parlamentarismus mit Artikel 48“. Auf jeden Fall waren autoritäre Züge nicht zu verkennen, und es stellte sich die Frage — da ja an dem Übergangscharakter einer solchen Regierungspraxis kein Zweifel bestehen konnte —, ob sie sich noch weiter, bis etwa zur Diktatur nach Außerkraftsetzen der Verfassung, verstärken würden, oder ob es möglich wäre, die Funktionen des Parlamentes voll wiederherzustellen.

Das Vertrauen des Reichspräsidenten. Je mehr sich die Regierung aus der Abhängigkeit des Parlaments löste, desto enger band sie sich an außerparlamentarische Instanzen. Brüning hatte schon gleich nach seiner Amtsübernahme diese Entwicklung mit einer gewissen Genugtuung vermerkt:

> Je unfruchtbarer das Parlament ist, je uneiniger die Parteien werden, desto stärker wird automatisch die Stellung des Reichspräsidenten, der Reichspräsident hält sich streng an die Verfassung. Das ist noch nie in Frage gestellt worden. Aber die Verfassung gibt dem Reichspräsidenten Mittel, die angewendet werden können, wenn das Parlament versagt, um das Parlament und die Demokratie zu sanieren. (Brüning am 6. 4. 1930 auf einer Tagung des Reichsausschusses des Zentrums. Nach Schultheß' Europäischer Geschichtskalender. 130, S. 102 — dort in indirekter Rede)

Das Kabinett Brüning regierte also — den Artikel 48 extensiv auslegend und das Recht zur Auflösung des Reichstages unbedenklich handhabend — im Namen des Reichspräsidenten, erhielt ihr Mandat von ihm und war faktisch nur noch ihm verantwortlich. Man hat daher das Kabinett nach dem 14. September 1930 als eine *Präsidialregierung* bezeichnet. Hindenburg vertraute der Integrität und dem Sachverstand Brünings. Vom Grade seiner Beeinflußbarkeit freilich hing dieses Vertrauen ab, denn Brüning war nur einer seiner Ratgeber. Ständig umgaben den „alten Herrn“ sein Sohn Oskar von Hindenburg, der — Oberst in der Reichswehr — zu persönlichen Adjutantendiensten an seine Seite abkommandiert war, und Staatssekretär Otto Meißner, seit Ebert Chef des Büros des Reichspräsidenten, ein opportunistischer Beamter, der sich verpflichtet fühlte, die verfassungsmäßigen Rechte des Reichspräsidenten zu wahren und über das seelische und körperliche Wohlbefinden seines Vorgesetzten zu wachen. Sie übernahmen es, die Maßnahmen des Kanzlers in die Sprache zu über-

setzen, die Hindenburg verstand, ja zuweilen sogar in die militärische Vorstellungswelt einzupassen, in der er lebte. Zur weiteren Umgebung des Reichspräsidenten darf man die Exponenten der Reichswehr zählen: Groener und Schleicher. Anders als im Verhältnis zu Brüning, von dem ihn die soziale und berufliche Sphäre trennte, fühlte sich Hindenburg mit diesen „kameradschaftlich verbunden". Was aber noch mehr ins Gewicht fiel: Beide galten ihm als die Vertrauensleute des für ihn wichtigsten Trägers der Staatsgewalt. Alle drei Soldaten waren tief davon überzeugt, daß nur bei der Reichswehr eigenes und staatliches Interesse völlig übereinstimmten, woraus namentlich Schleicher das Recht und die Pflicht ableitete, das Schicksal des Reiches zu beeinflussen.
Die Eintracht Meißners, Groeners und Schleichers beruhte auf ihrer Überzeugung, daß Brüning die Ziele und Absichten, die sie mit der Präsidialregierung verfolgten, erfolgreich würde durchsetzen können. Doch hatte diese seit der neuen Legislaturperiode in der Sicht der „Paten" einen Mangel; denn Brüning konnte sich auf die Dauer nicht mehr bis zur letzten Konsequenz von den Sozialdemokraten distanzieren, er durfte sich nicht mehr — wollte er sich ihre Tolerierung erhalten — kämpferisch „antimarxistisch" geben. Aus diesem Grunde jedoch glückte ihm der Anschluß nach rechts nicht, blieb die DNVP in Opposition und bröckelten von der regierungsfreundlichen gemäßigten Rechten immer größere Teile ab. Für Hindenburg war es schmerzlich zu erleben, daß man ihn gerade in denjenigen Kreisen, an deren Beifall ihm am meisten lag, so sehr mißverstand, daß die Nationalgesinnten seine Unterstützung und Parteinahme für Brüning mit dem Schutz des Weimarer Systems gleichsetzten. Die Ausfälle des Stahlhelms, die Vorwürfe der Deutschnationalen, die den Präsidenten unaufhörlich drängten, die „marxistische Diktatur" in Preußen zu beseitigen, die zahlreichen Klagen ostelbischer Großagrarier, daß Brüning zu nachgiebig gegenüber den „Roten" sei und sich nicht getraue, genug für die Landwirtschaft zu tun, wurden zu einer Quelle ständigen Ärgers und fortgesetzten Unbehagens für den stockkonservativen Hindenburg. Immer wieder mußten ihn Brüning und Schleicher beruhigen und ihm versprechen, daß das Paktieren mit den Sozialdemokraten nur als vorübergehende Aushilfsmaßnahme gedacht sei und zu gegebener Zeit durch eine solide Verankerung der Regierung bei den vaterländisch Gesinnten ersetzt werden würde.

c) Wirtschaftspolitische Maßnahmen

Beschränkung der Staatsausgaben. Brüning meinte, die Rechte werde ihn von dem Zusammenspiel mit der Linken erlösen, wenn sich die Früchte seiner Sanierungspolitik zeigten. Je mehr die Selbststeuerung des Wirtschaftsprozesses in den Jahren 1930 und 1931 versagte, desto nachdrücklicher mußte der Staat seine Regulierung übernehmen. Er hatte sich nach Meinung Brünings und fast aller Wirtschaftsexperten unter allen Umständen davor zu hüten, Schulden zu machen oder der Wirtschaft das fehlende Geld in Form von neugeschöpftem Geld zuzuführen. Aus Inflationsfurcht beschränkte sich die Tätigkeit der Regierung auf die gewissenhafte Ausbalancierung des Haushalts. Die Einnahmen gingen zurück, also mußten die Ausgaben radikal beschnitten werden. Voraussetzung dafür waren Einsparungen auf allen Gebieten, Steuersenkungen, Leistungsabbau der Sozialversicherungen, Gehaltskürzungen für die öffentlich Bediensteten, schließlich sogar Entlassungen von Beamten. Daß diese Maßnahmen die Arbeitslosigkeit erhöhten, daß sie die Kaufkraft herabsetzten und so wiederum die Einnahmen des Staates schmälerten und die Ausbreitung des Massenelends beschleunigten, glaubte man auf der Regierungsseite in Kauf nehmen zu müssen, denn einmal würde der Tiefpunkt der Krise erreicht sein, und danach würde das Kapital sich wieder vermehren.

Druck auf Preise und Löhne. Brüning und die Unternehmerschaft waren überzeugt, daß ein Aufschwung der Wirtschaft bei Erfolgen im Auslandsgeschäft eintreten werde. Die deutschen Waren müßten allerdings billiger als alle anderen exportiert werden können, damit sie einen Vorsprung vor den haltlos fallenden internationalen Preisen bekämen. Um die Gestehungskosten drastisch zu verringern, sorgte der Staat für die Entlastung der Produzenten und Kaufleute von den direkten Steuern, wirkten die staatlichen Schlichter unermüdlich auf die Senkung des Lohnniveaus hin und nahm die Regierung die Inlandspreise unter ihre Kontrolle, damit Preise und Löhne in einem einigermaßen erträglichen Verhältnis blieben. Es wollte freilich nicht glücken, die Konkurrenten auf den Weltmärkten zu unterbieten. Besonders die amerikanischen Preise fielen noch schneller als die deutschen.

Förderung der Landwirtschaft. Einer besonderen Hilfe der Regierung erfreute sich seit längerem die Landwirtschaft (vgl. VI 3 c). Die Maßnahmen zielten nicht darauf, ihre Wettbewerbsfähigkeit zu erhöhen, sondern auf die Erhaltung des Eigentums und die Garantie hoher Preise durch Erhöhung der Einfuhrzölle. Diese Politik übernahm die Regierung Brüning. Seit seinem Regierungsantritt wurde der Kanzler gedrängt, noch mehr zu tun, vor allem für die vor der Zwangsversteigerung stehenden großen Güter im Osten. Brüning war dazu bereit, weil Hindenburg die Hilfe für den Osten als Herzensangelegenheit und „Gewissenspflicht“ empfand. Im Kabinett vertrat der Präsident des Reichslandbundes, der frühere Deutschnationale Martin Schiele, als Reichsernährungsminister die agrarischen Interessen. So kam durch eine Reihe von immer wieder ergänzten und erweiterten Verordnungen seit Ende 1930 die sogenannte *Osthilfe* zustande, die schließlich alle Provinzen östlich der Elbe bedachte. Etwa eine bis zwei Milliarden Mark wurden als Zuschüsse vergeben zum Zwecke der Entschuldung, zur Befriedung der Gläubiger oder zur Erleichterung der Bewirtschaftung. Wegen dieser einseitigen Bevorzugung eines Wirtschaftszweiges wurde der Kanzler in der Öffentlichkeit heftig kritisiert. Die Landwirte jedoch waren nie zufriedenzustellen.

Notmaßnahmen auf kurze Sicht. Bevor sich zeigen konnte, ob die aus Spar-, Förderungs- und Hilfsmaßnahmen so widersprüchlich zusammengesetzte Wirtschafts- und Sozialpolitik Brünings zur Sanierung der deutschen Wirtschaft führen könnte, brachen neue Katastrophen herein. Besonders der Bankenkrach im Sommer 1931 ließ die auf lange Sicht angelegte Planung der Regierung zurücktreten gegenüber einer kurzfristigen Politik der Aushilfen, bei der sich die große Linie immer mehr verlor (vgl. XII B 1 a). Brüning konnte nicht verborgen bleiben, daß seine Deflationsmaßnahmen die Not eher noch verschärften und die Zahl der Arbeitslosen vergrößerte. Dennoch hielt er wenig von Plänen aus den Ministerien, die vorsahen, der Arbeitslosigkeit und der verminderten Produktivität der Industrie durch aktive Arbeitsbeschaffung, durch Notstandsarbeiten (z. B. Bau von Autobahnen, freiwilligen Arbeitsdienst) von Staats wegen zu begegnen. Von der Krise wurden nun immer größere Bereiche der Wirtschaft nachdrücklich erfaßt. Darum meinte die Unternehmerschaft, daß ein völlig diktatorisches

Regime, das die inneren Gegner das Kapitals — von den Kommunisten bis zu den Gewerkschaften — unterdrückte und nach außen nicht mehr mit Bitten, sondern mit Forderungen nach Aufhebung der Reparations- und Abrüstungsbestimmungen auftrat, die letzte Rettung bedeuten könnte.

d) Die Behandlung der NSDAP

Die Verlegenheit der Notverordnungspraxis, den Widerwillen gegen die letzten Reste demokratischer Regierungsweise, die Verzweiflung über das Chaos der Wirtschaft, die Erhitzung nationaler Gefühle wußten von allen politischen Gruppen die Nationalsozialisten am besten für ihre Zwecke auszunutzen. Für die Regierung stellte sich jetzt die Frage: Bestand Aussicht, die Nationalsozialisten in irgendeiner Form zur Mitarbeit heranzuziehen, oder waren sie als Staatsfeinde mit allen Mitteln zu unterdrücken?

Die nationale Rechte und die NSDAP. Die geringsten Skrupel gegen ein Zusammengehen mit den Nationalsozialisten hatten bisher die Deutschnationalen und die ihnen nahestehenden Verbände als Führer der nationalen Opposition gehabt. Den Höhepunkt, aber auch zugleich den vorläufigen Abschluß der Bestrebungen Hugenbergs, die „Nationale Opposition" doch noch zu einem festen Block unter seiner Führung zusammenzuschmieden, stellte die große Heerschau der nationalen Gegner der Republik am 11. Oktober 1931 in Bad Harzburg dar. Außer NSDAP und DNVP hatten sich Vertreter vom Stahlhelm, vom Reichslandbund, von der DVP, der Wirtschaftspartei, von den Alldeutschen, von der Großindustrie eingefunden. Hinzu kamen eine große Zahl von Generalen und Admiralen, von Hochadligen und Angehörigen ehemals regierender Fürstenhäuser. Großes Aufsehen erregte das Auftreten des ehemaligen Reichsbankpräsidenten, Dr. Hjalmar Schacht, der in einer Rede die Wirtschaftspolitik der Regierung scharf angriff und im Namen der Wirtschaft „die Rettung von diesem System" forderte. Aber so einig und unbezwingbar sich die *Harzburger Front* auch darstellte, Hitler behandelte seine Partner sehr wenig zuvorkommend und ließ keinen Zweifel, daß es für ihn nur eine Art der „Nationalen Front" gab, nämlich die nationalsozialistisch geführte.

Bis zur Präsidentenwahl hielt die „Nationale Front" bei gemeinsamen Aktionen notdürftig zusammen, dann aber brach sie auseinander. Seit dieser Zeit kämpften die Deutschnationalen auch gegen ihre gefährlichen Konkurrenten im eigenen Lager. Weil nach den Septemberwahlen die Gewichte sich durch den großen Stimmenzuwachs der NSDAP verschoben hatten, gingen viele deutschnationale Anhänger und Wähler zur NSDAP als der offensichtlich viel umfassenderen und dynamischeren nationalen Sammlungsbewegung über. Je mehr sich die Massenbasis des Nationalsozialismus verbreiterte, desto stärker wurden die Sympathien für diese Bewegung in den Kreisen der Großindustrie, des Großgrundbesitzes und der Hocharistokratie, von der diese Kreise sich bisher distanziert hatten. Sie suchten sich zu vergewissern, ob zu hoffen stand, daß die NSDAP die eigenen politischen und wirtschaftlichen Wünsche erfüllen würde. Da die Nationalsozialisten auch industriefreundliche, christliche und monarchistische Töne anschlagen konnten, schienen sie in zunehmendem Maße respektabel und förderungswürdig zu werden (vgl. XIII 8).

Welchen Erfolg ihre Taktik hatte, zeigte sich am deutlichsten bei ihrem Einbruch in die traditionelle Domäne der Deutschnationalen: die Landwirtschaft und ihre Interessenvertretungen. Nach dem Gewinn unter den ländlichen Wählern am 14. September 1930, den die nationalsozialistische Führung in einem solchen Umfange nicht erwartet hatte, baute R. Walther Darré, ein Diplom-Landwirt und Verfasser des Buches „Das Bauerntum als Lebensquell der Nordischen Rasse" (München 1929), einen „agrarpolitischen Apparat" auf, mit dem es sehr schnell gelang, noch mehr Anhänger auf dem Lande zu gewinnen und Einfluß auf die landwirtschaftlichen Organisationen zu nehmen. Hitler wies Mitte 1931 außerdem das Ziel, den größten agrarischen Interessenverband, den Reichslandbund (vgl. VI 4 a), zu unterwandern:

Nun steht die große Organisation des Landbundes im Kampf um die Scholle. Wir erkennen ohne weiteres die unbedingte Notwendigkeit einer starken wirtschaftspolitischen Organisation des Bauerntums an und fordern von unseren Parteigenossen, die Landwirte sind: Tretet ein in den Landbund! Unbedingt wertvolle Kräfte arbeiten in dieser großen Organisation, die auch im Dritten Reich gute Mitarbeit werden leisten können, wenn sie an richtiger Stelle eingesetzt werden. (Zit. nach: Gies, H.: NSDAP und landwirtschaftliche Organisationen in der Endphase der Weimarer Republik. In: Vierteljahrshefte für Zeitgeschichte. 15. Jg., 1967, S. 362)

Nachdem die Nationalsozialisten innerhalb der Landbünde beträchtlich an Boden gewonnen hatten, konnte Darré dazu übergehen, auch die Verbandsspitze unter die Kontrolle der NSDAP zu bringen. Er drohte Anfang November in einem Gespräch mit Direktor Kriegsheim vom RLB:

Die Reichsleitung sehe sich über kurz oder lang nicht mehr in der Lage, die rebellierenden Bauern davon abzuhalten, eine Landbundorganisation fallen zu lassen oder zu sprengen, welche ihnen nicht den gewünschten Einfluß in der Führung zubilligt. (A. a. O. S. 367)

Darauf wurde im Dezember 1931 vom Bundesvorstand des RLB der Stellvertreter Darrés, Werner Willikens, in das Präsidium des RLB aufgenommen. Seit dieser Zeit konnten die Nationalsozialisten den Reichslandbund immer wirksamer als Instrument ihrer eigenen Politik gebrauchen.

Die Linke und die NSDAP. Die Kommunisten erklärten unumwunden die neue Bewegung für den verlängerten Arm des Kapitalismus. Aber nach wie vor nahmen sie diesen „Nationalfaschismus" als Gegner nicht so ernst wie den „Sozialfaschismus", die alte Rivalin Sozialdemokratie. Nur von einer Einheitsfront der klassenbewußten Arbeiterschaft unter Führung der KPD werde die NSDAP als letztes Instrument der Ausbeuterklasse unwirksam gemacht werden können. Darum war es nur folgerecht, daß die KPD sich darauf konzentrierte, den Tolerierungskurs der SPD-Führung mit dem Klassenfeind zu „entlarven".

Die *Sozialdemokratie* war ziemlich bewegungsunfähig geworden und konnte nur noch ihre Politik des „Kleineren Übels" verteidigen, die Tolerierung des Präsidialkabinetts als Rettung vor dem Faschismus, den sie als den gefährlichsten Feind erkannte. Außerdem vertraute sie auf die noch intakte Weimarer Koalition in Preußen. Um die Kraft des Widerstandes gegen die Extremisten zusammenzufassen und um der Reichsregierung einen festen Rückhalt zu geben, schlug der preußische Ministerpräsident Braun vor, die Ämter des preußischen Ministerpräsidenten und des Vizekanzlers in Personalunion zu verbinden. Diese Lösung des schon lange diskutierten Reichsreformproblems hätte in abgewandelter Form die Große Koalition von 1928 bis 1930 wieder ins Leben gerufen. Aber Brüning wagte nicht, das Vertrauen des Reichspräsidenten aufs Spiel zu setzen, und meinte, sich die Verlagerung nach rechts nicht durch ein offenes Bündnis mit der SPD verbauen zu dürfen. Immerhin fanden Braun und Brüning ein einigermaßen befriedigendes Verhältnis, das auf dem Bewußtsein beruhte, letztlich aufeinander angewiesen zu sein.

Während die SPD-Führung weitgehend in Entschlußlosigkeit verharrte, kam in den Reihen der sozialdemokratischen Mitgliederschaft der Gedanke auf, gegenüber den Terrordrohungen der Nationalsozialisten und Kommunisten im Rahmen des Reichsbanners Schwarz-Rot-Gold eine militante Organisation aufzustellen. Sie ist dann 1931 als *„Schutzformation"* (Schufo) in der Öffentlichkeit aufgetreten, umfaßte zunächst um 160 000 Mann und wuchs bis zum Frühjahr 1932 auf etwa 250 000 an. Auch die Gewerkschaften und Arbeitersportorganisationen wurden mitgerissen und gründeten — als Antwort auf die Harzburger Front — die *„Eiserne Front"*, die militärische Ausbildung erhielt. Diese Regungen des Widerstandes gegen den Radikalismus fanden Zustimmung bei den Arbeitern. Es war eine Warnung, als der Bundesvorsitzende des Reichsbanners auf einer Massenkundgebung im Berliner Lustgarten am 22. 2. 1931 ausrief:

Hakenkreuz und Sowjetstern erleben heute ihren schwarzen Tag. Ein Bürgerkriegserfolg unserer Gegner ist von heute ab unmöglich. Wir stehen bereit, jedem Ruf der legalen Staatsgewalt zu folgen als Helfer der legalen Machtmittel des Staates. (Zit. nach Horkenbach, C.: Das Deutsche Reich von 1918 bis heute. Jg. 1931, Berlin o. J., S. 69)

Zentrum, katholische Kirche und die NSDAP. Im Zentrum wollte man sich zwar an die Rechte anlehnen, schloß aber zunächst eine parlamentarische Verbindung mit den Nationalsozialisten aus. Prälat Kaas meinte Anfang 1931:

Wenn uns nicht die Verantwortung hielte, würden wir aus pädagogischen Gründen den Nationalsozialisten Platz machen, damit das deutsche Volk ihre blutige Ignoranz erkenne. Aber das Experiment scheint uns gewagt, denn ich glaube nicht, daß es nachher noch etwas zu retten gäbe. (Schultheß' Europäischer Geschichtskalender, 1931, S. 5)

In seiner reservierten Haltung gegenüber der neuen Massenbewegung wurde das Zentrum durch den katholischen hohen Klerus unterstützt. Es gab aber auch starke Strömungen, besonders vom Vatikan aus, gegen die Verbindung des Zentrums mit der SPD in Preußen, wie überhaupt gegen jede Linkspolitik. Allmählich, und zwar je mehr die Schwierigkeiten des Kabinetts Brüning wuchsen, erwog man im Zentrum, ob es nicht möglich sein könnte, die ungebärdigen Nationalsozialisten, gegen deren nationalistische Ziele selbst die Kirche nichts einzuwenden hatte, zur Verantwortung für den Staat zu erziehen. Offiziell äußerte sich der Vorsitzende Kaas so, daß der Partei alle Wege offenblieben:

Nach unserer Auffassung gilt es, wenn irgendwann so jetzt, das Auseinanderbrechen des Volkes in zwei gleich starke, den gegenseitigen Vernichtungskampf proklamierende Lager unter allen Umständen zu verhindern. Wenn irgendwann, so ist jetzt Volkssammlung die Forderung der Stunde und nicht Volksentzweiung. (Tagung des Reichsausschusses des Zentrums am 5. 11. 1931. Schultheß' Europäischer Geschichtskalender, 1931, S. 246)

Die Präsidialregierung und die NSDAP. „Sammlung" über die Parteigrenzen hinweg, wie sie dem Prälaten Kaas vorschwebte, das war zu jener Zeit ein geläufiger

Begriff, nur stellte sich jede Richtung etwas anderes darunter vor. Hindenburg beispielsweise hatte nie etwas anderes erstrebt, als daß sich hinter ihm der „nationalgesinnte" Teil des Volkes, der nach seiner Auffassung die Mehrheit bildete, zusammenfinden solle. Er lehnte es ab, Nationalsozialisten mit der Regierung zu betrauen, da ihm ihr geräuschvolles, großsprecherisches Auftreten, ihre demagogischen Methoden, ihr Fanatismus und ihre revolutionäre Phraseologie zuwider waren. Am liebsten wäre ihm gewesen, Hitler hätte sich bereit gefunden, Brüning zu tolerieren.

Nicht alle Ratgeber des alten Herrn blieben so bedenklich wie er. Vor allem in der *Reichswehrführung* zeichnete sich ein Wandel in der Einschätzung der Nationalsozialisten ab. Der Prozeß vor dem Reichsgericht im Herbst 1930 gegen die jungen Offiziere, die in Beziehung zu den Nationalsozialisten gestanden hatten (vgl. XIII 8), und die leidenschaftlichen Auseinandersetzungen darüber im Offizierskorps hatten gezeigt, daß die Reichswehr durch eine Vertrauenskrise ging. Ein scharfes Vorgehen gegen die neue nationale Bewegung konnte die Reichswehr auseinanderbrechen.

Aber auch andere Gesichtspunkte spielten eine Rolle bei der Änderung des Verhaltens der Reichswehrführung zu den Nationalsozialisten. Wenn die Regierung ihre Basis weiter nach rechts verlagern wollte, mußte sie in irgendeiner Weise zu einem Modus vivendi mit den Nationalsozialisten kommen. Die Aussichten schienen jetzt besser als vorher, denn Hitler hatte vor dem Reichsgericht in Leipzig seinen Legalitätseid (vgl. XIII 8) und ein offenes Bekenntnis zur Reichswehr abgegeben:

[Ich war] ... immer der Ansicht, daß jeder Versuch, die Reichswehr zu zersetzen, Wahnsinn wäre. Keiner von uns hat das geringste Interesse an solcher Zersetzung. Wenn wir zur Macht gekommen sind, werden wir dafür sorgen, daß aus der jetzigen Reichswehr die große deutsche Volksarmee hervorgeht. (Frankfurter Zeitung, 26. 9. 1930: Hitler vor Gericht)

Dieser Geist der Wehrfreudigkeit mußte gepflegt, die guten Kräfte in der SA mußten für die Reichswehr erhalten werden. Ihre sozialrevolutionären Teile dagegen durften nach Schleicher nicht die Oberhand gewinnen:

Bei dem sozialen Teil des Programms [der NSDAP] ist irgendwelcher Optimismus durchaus fehl am Ort! Der Ansicht, daß die sozialistischen Forderungen der Nazi „nicht ernst gemeint" seien, muß man durchaus entgegentreten. Sie sind doch ernst gemeint, und ihr Kern ist kaum etwas anderes als „reiner Kommunismus". (Niederschrift von Generalmajor Curt Liebmann vom 25. 10. 1930. Zitiert nach: Vierteljahrshefte für Zeitgeschichte, 2. Jg., 1954, S. 406)

Das Problem sah die Reichswehrführung darin, wie die NSDAP an den Staat herangebracht werden konnte.

Schleicher suchte zu erkunden, welche Chancen dafür bestanden, die NSDAP mit allen erforderlichen Sicherungen in eine „starke nationale Rechtsregierung" einzubauen und sie dadurch zu zähmen. Er nahm engen Kontakt vor allem zu dem Stabschef der SA, Ernst Röhm, auf und verhandelte auch seit Ende 1931 wiederholt mit Hitler selbst. Das Ergebnis war durchaus zufriedenstellend, und so kam es zu einem stillen Burgfrieden zwischen Reichswehr und NSDAP. In einer Befehlshaberbesprechung im Januar 1932 sagte Schleicher über die Nationalsozialisten:

Sie haben sich loyal gezeigt. Deshalb auch äußerlich Verhältnis geändert; dazu Nazi aus Betrieben nicht mehr entfernen, Nazi darf in L[andes] Sch[utz] eintreten, Eintritt in Heer zurückgestellt; bisher nicht geglückt aus innenpol[itischen] Gründen. Volle Legalisierung d[er]

Nazi wird in absehbarer Zeit kommen ... In Nazi 2 Strömungen: Mitarbeit u. Revolutionär; ... Für W[ehrmacht] wichtig, in verständiges Verhältnis mit Nazi zu kommen. (Handschriftliche Aufzeichnungen des Generalmajors Liebmann. Zit. nach: Vierteljahrshefte für Zeitgeschichte, 2. Jg., 1954, S. 416 f)

Groener gab in derselben Besprechung ein Porträt Hitlers:

Sympathischer Eindruck, bescheidener, ordentlicher Mensch, der Bestes will. Im Auftreten Typ des strebsamen Autodidakten. Minister hat klar zum Ausdruck gebracht, daß er legale Bestrebungen Hitlers mit allen Mitteln stützen wird, andererseits wird gegen Unruhestifter aus Nazikreisen weiter bekämpfend vorgegangen werden ... Absicht und Ziele Hitlers sind gut, ist aber Schwarmgeist, glühend, vielseitig. Minister hat ihm voll zugestimmt, seine Absichten zum Guten des Reiches fördern zu helfen. (Zit. nach Carsten, F. L.: Reichswehr und Politik 1918 bis 1933. Köln/Berlin 1964, S. 371)

Die Sondierungen Schleichers bei Röhm und Hitler erfolgten mit Wissen des Reichskanzlers, der ja wie sie eine „Öffnung nach rechts" beabsichtigte. Brünings Urteil über die Nationalsozialisten hat man sich nicht allzu verschieden von dem Schleichers und Groeners vorzustellen. In Gesprächen mit Hitler hat Brüning versucht, dem Führer der NSDAP klarzumachen, wie er die Regierung besonders in der Außenpolitik unterstützen könne, indem die NSDAP die Rolle einer konstruktiven nationalen Opposition spiele. Brüning äußerte sich noch 1932 über Hitler „eher lobend" und meinte, daß er „mehr Mäßigung [zeige] als sein Ruf erwarten lasse". (Matthias/Morsey: Das Ende der Parteien 1933, Düsseldorf 1960, S. 303). Allerdings zögerte er, die Nationalsozialisten schon bald in ein Präsidialkabinett einzubeziehen, denn noch waren ihre Forderungen — Aufnahme von 3 Mitgliedern — ihm zu hoch. Brüning stimmte mit allen Mitgliedern seines Kabinetts im Dezember 1930 überein, als er meinte, daß man

jetzt noch nicht zu der Frage der Legalität oder Illegalität der NSDAP endgültig Stellung nehmen könne. Auf jeden Fall müsse die Reichsregierung sich davor hüten, dieselben falschen Methoden gegen die Nationalsozialisten anzuwenden, welche in der Vorkriegszeit gegen die Sozialdemokraten angewandt worden seien. (Protokoll der Ministerbesprechung vom 19. 12. 1930 Zit. nach Vogelsang, T.: Reichswehr, Staat und NSDAP. Beiträge zur deutschen Geschichte 1930—1932. Stuttgart 1962, S. 99)

Aus allen diesen Erwägungen und Meinungen bei den für die Führung des Reiches maßgebenden Männern ergab sich für die ganze Zeit der Ära Brüning eine sehr weitgehende Schonung der NSDAP. Selbst üble Ausschreitungen wurden von seiten der Regierung den Nationalsozialisten nicht schwer angerechnet. Noch sah die Reichsregierung keinen Anlaß zu ernster Beunruhigung, schob man doch, wie auch sonst schon, die zahlreichen unerfreulichen Vorkommnisse auf das Schuldkonto jener unzuverlässigen und verantwortungslosen Elemente in der NSDAP, von denen sich die Partei befreien müsse.

e) Die Wiederwahl Hindenburgs

Um die Kandidatur Hindenburgs. Brüning wollte es auch deshalb nicht auf einen Bruch mit den Nationalsozialisten ankommen lassen, weil er glaubte, ihre Unterstützung nötig zu haben für die Verlängerung der Amtszeit Hindenburgs, die 1932 ablief, denn weit mehr noch als zu Beginn seiner Kanzlerschaft war Brüning mittlerweile auf die Fortdauer des Zusammenspiels der Persönlichkeiten an der Reichsspitze angewiesen, hatte er sich doch auf Drängen des Reichspräsidenten im Oktober 1931 zu einer Regierungsumbildung bereitgefunden, die ihn ganz von der Gunst des alten Herrn abhängig machte. (S. Tafel 21 im Anhang.) Um ein Kabinett „ohne parteimäßige Bindung" zu bekommen, trennte sich Brüning von zwei Ministern aus seiner eigenen Partei (Wirth und von Guérard) sowie einem Exponenten der DVP (Curtius) und nahm als Interessenvertreter der Großindustrie das Vorstandsmitglied der IG-Farben, Hermann Warmbold, als Wirtschaftsminister in sein Kabinett auf. Da die Verlagerung nach rechts sich immer noch nicht realisieren ließ, mußten Brüning das Außenministerium und Groener das Innenministerium mit übernehmen.

Brünings Hoffnung, Nationalsozialisten und Deutschnationale für eine gesetzliche Verlängerung der Amtszeit des Reichspräsidenten zu gewinnen, ging fehl. Und bei einer Präsidentenwahl wollten Hitler und Hugenberg in Hindenburg nur dann ihren Kandidaten sehen, wenn dieser sich eindeutig mit der „Nationalen Opposition" identifizierte, Brüning fallenließ und offen gegen das „System" auftrat.

Wessen Kandidat sollte nun aber Hindenburg sein? Der Reichspräsident wollte sich keinesfalls nur einer politischen Partei zur Verfügung stellen. Als er am 16. Februar 1932 gegenüber dem betont parteilosen Hindenburg-Ausschuß, der 3 Millionen Unterschriften gesammelt hatte, seine Bereitschaft erklärte, die Kandidatur anzunehmen, war er noch der Überzeugung, daß hinter dieser Aufforderung auch die nationale Rechte stand. Umso schmerzlicher war es für Hindenburg, als er beobachten mußte, daß er für seine Gesinnungsgenossen der Exponent der Linken, der Verteidiger des „Systems" geworden war. Erbittert mußte er erleben, daß Deutschnationale und Stahlhelm ihren eigenen Kandidaten, Duesterberg, aufstellten. Noch mehr traf es ihn, daß Konservative, ja sogar der Reichslandbund (vgl. XIV d) und Angehörige der ehemaligen Fürstenhäuser, unter ihnen der deutsche Kronprinz, die Kandidatur Hitlers unterstützten. Brüning wußte, daß er der Stein des Anstoßes war, und bot deshalb Hindenburg wiederholt seinen Rücktritt an. Der wehrte mit Tränen in den Augen ab:

Lieber guter Freund, das dürfen Sie mir nicht antun! (Zit. nach Vogelsang, T.: Reichswehr, Staat und NSDAP. Beiträge zur deutschen Geschichte 1930—1932. Stuttgart 1962, S. 151)

Doch je näher der Wahltag kam, je hitziger der Wahlkampf wurde und je mehr er Verdächtigungen der übelsten Art ausgesetzt war, desto mehr wurde er aus seiner persönlichen Ruhe aufgestört, und sein Verhältnis zu Brüning wurde einer argen Belastungsprobe ausgesetzt.

Die Kandidatur Hitlers. Hitler entschloß sich erst nach einigem Schwanken, die Präsidentenwahl zur Entscheidungsschlacht um den Sieg seiner Bewegung zu bestimmen. Das Selbstvertrauen der Nationalsozialisten war seit ihrem sensationellen Wahlsieg im September 1930 ungemein gewachsen. Die schnell um sich greifende wirtschaftliche Katastrophe führte ihnen immer neue Wählermassen zu, wie die Wahlen in den Ländern und Kommunen bewiesen. Die nationalsozialistische Propaganda verstand es, die paradoxe Situation der ehemaligen Hindenburg-Anhänger zu erfassen. Goebbels sagte im Reichstag:

Ich verwahre mich dagegen, wenn der nationalsozialistischen Bewegung der Vorwurf gemacht wird, sie habe Hindenburg im Stich gelassen. Nein, Hindenburg hat die Sache seiner ehemaligen Wähler im Stich gelassen. Wir haben ihn mit dem höchsten Amt der Republik betraut in dem Glauben, daß er wenigstens in den Grundsätzlichkeiten die Politik vertrete, die das nationale Deutschland erforderte. Er hat aber das Gegenteil von dem getan. Er hat sich eindeutig auf die Seite der Mitte, er hat sich eindeutig auf die Seite der Sozialdemokratie gestellt. Es gibt unter uns Nationalsozialisten ein Wort, das bisher immer noch seine Richtigkeit erwies: Sage mir, wer dich lobt, und ich sage dir, wer du bist! Gelobt von der Berliner Asphaltpresse, gelobt von der Partei der Deserteure ... (Rest der Rede ging im Tumult unter) (Verhandlungen des Reichstages, Stenographische Berichte, Bd. 446, S. 2245 ff)

Im Reichstag konnte Goebbels wegen seiner Verleumdungen noch zur Ordnung gerufen werden. In den Massenkundgebungen überall in Deutschland brauchten sich die Nationalsozialisten jedoch keine Hemmungen aufzuerlegen. Allerdings hätte Hitlers Kandidatur noch an einem nicht unwichtigen Umstand scheitern können: Der Führer der NSDAP war staatenlos und darum für das Amt des Reichspräsidenten nicht wählbar. Dieses Hindernis wurde aus dem Wege geräumt von der braunschweigischen Regierung, an der die Nationalsozialisten beteiligt waren. Sie ernannte Hitler zum Regierungsrat bei der Gesandtschaft in Berlin, ohne daß sie von ihm verlangte, seinen Dienst anzutreten, und damit war er nach dem Staatsangehörigkeitsgesetz eingebürgert.

Der Wahlkampf. Der Wahlkampf wurde mit einer beispiellosen Erbitterung geführt. Hinter Hindenburg sammelten sich in einer eigenartigen Verkehrung der Fronten alle politischen Kräfte, die den Bestand des Staates gefährdet und in dem Feldmarschall die Gewähr für die Bewahrung freiheitlicher und verfassungsmäßiger Zustände sahen. Die Sozialdemokraten hatten sich entschieden, ihn zu unterstützen, weil sie wußten, daß sie mit einem eigenen Kandidaten nicht gegen Hitler aufkommen würden:

Hitler statt Hindenburg, das bedeutet Chaos und Panik in Deutschland und ganz Europa, äußerste Verschärfung der Wirtschaftskrise und der Arbeitslosennot, höchste Gefahr blutiger Auseinandersetzungen im eigenen Volk und mit dem Ausland. Hitler statt Hindenburg, das bedeutet: Sieg des reaktionären Teils der Bourgeoisie über die fortgeschrittenen Teile des Bürgertums und über die Arbeiterklasse, Vernichtung aller staatsbürgerlichen Freiheiten, der Presse, der politischen, gewerkschaftlichen und Kulturorganisationen, verschärfte Ausbeutung und Lohnsklaverei. Gegen Hitler! Das ist die Losung des 13. März. (Wahlaufruf der SPD vom 27. 2. 1932. Zit. nach Tormin, W. [Hrsg.]: Die Weimarer Republik. Hannover 1962, S. 214)

Am stärksten setzte sich die Zentrumspartei für die Wiederwahl Hindenburgs ein. Ihre Wahlpropaganda beschränkte sich nicht auf die Abwehr der nationalsozialistischen Angriffe, sondern feierte, dem Vokabular der Zeit sich anpassend, Hindenburg als „Fels nationaler Sicherheit", als „Retter", als „Führer der deutschen Nation". Brüning stellte in diesen Wochen viele Regierungsgeschäfte zurück und arbeitete bis zur Erschöpfung im Wahlfeldzuge. Er erhob die „verehrungswürdige Gestalt" Hindenburgs weit über alle Anfeindungen:

Nicht diejenigen, die immer und immer wieder mit neuen Vorschlägen und wechselnden Plänen und mit tönenden Worten sich hinstellen können vor die Massen ... sind wirkliche Führer, sondern nur die von Gott gesandten Männer, wie der Reichspräsident, der in tiefer Gottesfurcht, in seiner Demut vor Gott, in allen entscheidenden Stunden in und nach dem Kriege den Mut hatte, durchzuhalten und die richtigen, aber schweren Entschlüsse zu treffen. (Aus einer Rede Brünings im Berliner Sportpalast am 11. 3. 1932, Zit. nach Schultheß' Europäischer Geschichtskalender, 1932, S. 59)

Die Kommunisten verbanden mit der Wahl nur taktische Zwecke:

Die Kommunistische Partei ... ist sich vollkommen der Tatsache bewußt, daß es ihr nicht möglich ist, unter der Herrschaft des Kapitalismus die Mehrheit der abgegebenen Stimmen nach den „Spielregeln" der bürgerlichen Verfassung auf ihren Kandidaten zu vereinigen.
Die Kommunistische Partei benutzt vielmehr die Präsidentschaftswahlen, um die Millionenmassen der Arbeiterschaft auf Grund ihrer Tageskämpfe für die bolschewistischen Ziele aufzurütteln ... (Die Rote Fahne, 15. Jg., Nr. 10, 13. 1. 1932)

Die KPD stellte als ihren Kandidaten Ernst Thälmann auf, den ersten Vorsitzenden der Partei.
Das Wahlergebnis vom 13. März (s. Tabelle 24 im Anhang) entschied noch nicht, wer Reichspräsident werden würde, denn keiner der Kandidaten hatte über 50 % der abgegebenen Stimmen auf sich vereinigen können. Ein zweiter Wahlgang mußte stattfinden, und die Bevölkerung wurde bis zum Wahltage, dem 10. April, erneut durch die Wahlpropaganda bis in die Tiefen aufgewühlt. Nochmals entfesselten vor allem die Nationalsozialisten eine wütende Agitation:

Jetzt geht es weiter, mit einer Erbitterung, mit einer Rücksichtslosigkeit, die Deutschland noch nicht erlebt haben soll ... Jetzt kommt zu unserer Liebe, die der Sinn unserer Mühen, die der Grund unseres Kämpfens ist, der Haß, der Haß gegen alles das, was gegen uns steht ... Jetzt wird kein Pardon mehr gegeben. (Gunter d'Alquen im „Völkischen Beobachter" v. 16. 3. 1932)

Sie erwarteten Millionen Stimmen, die sie von der „Reaktion" abziehen wollten, rechneten also mit nationalen und monarchistischen Wählern. Tatsächlich war auch der Stimmenzuwachs für Hitler größer als der für Hindenburg, aber Hindenburg hatte immer noch rund 6 Millionen Stimmen mehr. Zur Machtergreifung war es nicht gekommen.

4. Außenpolitik in der Ära Brüning

„Nationaler" Charakter der Außenpolitik. Brüning verlagerte seit dem Sommer 1931 das Schwergewicht seiner Tätigkeit auf die Außenpolitik. Er hielt es für unumgänglich notwendig, daß Deutschland — nachdem es seine Ausgaben auf ein Mindestmaß herabgesetzt hatte — Befreiung von den Lasten suchte, die ihm in Gestalt der Reparationen vom Ausland auferlegt worden waren. Am 10. Februar 1931 hatte Außenminister Curtius dazu im Reichstag ausgeführt:

Die Reichsregierung hat am Neujahrstage dem Reichspräsidenten gegenüber die Verantwortung übernommen, daß das deutsche Volk durch unerträgliche Lasten nicht seiner sozialen und sittlichen Grundlagen beraubt wird. (Schultheß' Europäischer Geschichtskalender, 1931, S. 43)

Mit der Notwendigkeit, durch Verhandlungen die finanziellen Lasten Deutschlands zu mildern, verband sich jedoch noch ein anderes Motiv: Die Regierung Brüning brauchte dringend Erfolge, und zwar, da sie in der Innenpolitik in absehbarer Zeit nicht zu erwarten waren, in der Außenpolitik. Diese Außenpolitik mußte aber national sein. Brüning, der Stresemanns Politik zum Vorwurf machte, sie sei „zu materialistisch" gewesen, wollte sich zum Verfechter der Sehnsucht nach einem starken Vaterland machen und dadurch die ihm so notwendige Unterstützung breiter Bevölkerungsschichten, vor allem auf der Rechten, gewinnen. Freilich neigte er in zunehmendem Maße dazu, je näher er sich den erstrebten außenpolitischen Erfolgen glaubte, die andrängenden innenpolitischen Fragen, wie die eindeutige Bestimmung seines Verhältnisses zur NSDAP und die ihm vom Reichspräsidenten und seiner Umgebung immer wieder empfohlene Öffnung der Regierung nach rechts, zu vertagen.

Die westlichen Großmächte und Deutschland. Noch immer war der Schlüssel für jede deutsche Außenpolitik das Verhältnis zu Frankreich. Die Welle des Nationalismus in Deutschland, die geringe Anerkennung für die Räumung des Rheinlandes im Jahre 1930 sowie der unvermittelt anmutende Übergang zu neuen Forderungen nach Entlastungen bei den Reparationszahlungen schienen nicht auf eine Verständigung mit den Kriegsgegnern, sondern auf Vorbereitung der Revanche hinzudeuten. Frankreichs Haltung versteifte sich darum; seine Neigung, dem sich gegen das Versailler System aufbäumenden Nachbarn weitere Zugeständnisse zu machen, war gering. Statt dessen versuchte man es in Paris noch einmal mit der Politik der starken Hand, indem man sich weigerte, Deutschland aus seinen Vertragsverpflichtungen zu entlassen.

England und die Vereinigten Staaten wirkten dagegen im allgemeinen ausgleichend und standen im großen und ganzen den deutschen Revisionswünschen nicht ablehnend gegenüber. Eine Entscheidung jedoch gedachten sie nur im Einvernehmen mit Frankreich zu treffen.

Das Projekt der Zollunion mit Österreich. Der erste Versuch der Regierung Brüning, nationale Politik zu treiben, bestand in der Herstellung enger wirtschaftlicher Beziehungen zu dem von der Wirtschaftskrise noch schlimmer heimgesuchten Österreich. Das Zusammengehörigkeitsgefühl war stark und die Empörung über das Anschlußverbot der Friedensverträge von 1919 in beiden Ländern noch frisch. Am 20. und 21. März 1931 wurde die Welt durch die Bekanntgabe des bevorstehenden Abschlusses einer Zollunion überrascht. Die Erregung über das deutsch-österreichische Abkommen war allgemein, und es verstärkte sich der Verdacht, daß es sich bei der Union um einen wohlüberlegten Schritt zu einem zukünftigen Anschluß Österreichs an Deutschland handele. Frankreich setzte Österreich unter Druck, indem es mit der Aufkündigung des Handelsvertrages drohte. Es erhielt Unterstützung von der Tschechoslowakei und von Italien, und auch England fand, daß die Abmachungen im Widerspruch mit den Friedensverträgen und den Genfer Protokollen von 1922 stünden. Österreich und Deutschland mußten schließlich im Herbst das Projekt fallenlassen. Das war eine eindeutige Niederlage der Regierung Brüning.

Das Ringen um das Ende der Reparationen. Schon im März 1931 hatte der Kanzler beschlossen, das schwierigste der außenpolitischen Probleme, die Reparationsfrage, anzupacken. Als Endziel die völlige Befreiung Deutschlands von den Reparationslasten ins Auge fassend, trat er am 5. Juni mit seinen Gedanken an die Öffentlichkeit:

> Die Einsetzung der letzten Kräfte und Reserven aller Bevölkerungskreise gibt der deutschen Regierung das Recht und macht es ihr dem eigenen Volke gegenüber zur Pflicht, vor der Welt auszusprechen: Die Grenze dessen, was wir unserem Volke an Entbehrungen aufzuerlegen vermögen, ist erreicht! Die Voraussetzungen, unter denen der neue Plan zustande gekommen ist, haben sich durch die Entwicklung, die die Welt genommen hat, als irrig erwiesen. Die Erleichterung, die der neue Plan nach der Absicht aller Beteiligten dem deutschen Volke bringen

sollte und fürs erste auch zu bringen versprach, hat er nicht gebracht. (Aus einem Aufruf der Reichsregierung aus Anlaß der Notverordnung vom 5. 6. 1931. Schultheß' Europäischer Geschichtskalender, 1931, S. 121)

Brüning fand in England und Amerika Verständnis für seine Ansichten.
Weil ein weltweites Chaos drohte, ergriff der amerikanische Präsident Herbert Hoover die Initiative. Er schlug am 20. 6. 1931 vor, für ein Jahr alle Zahlungen, die mit den Kriegs- und Reparationsschulden zusammenhingen, einzustellen (*Hoover-Moratorium*). Diese Verbindung von Schulden und Reparationen machte das Moratorium für die Alliierten annehmbar. So hatte die deutsche Regierung doch Zeit gewonnen, um im Herbst und Winter 1931/32 über die Abänderung oder gar Suspendierung des Young-Plans zu verhandeln. Sehr ermutigend für Deutschland war die Hilfe, die ihm inzwischen zuteil wurde: Die Reichsbank erhielt von der Banque de France, der Bank of England und der US Federal Reserve Bank einen Stützungskredit in Höhe von 420 Millionen Mark, und Deutschlands Kreditgläubiger ließen sich zu Stillhalteabkommen herbei, so daß im nächsten halben Jahr keine weiteren Kredite abgezogen wurden.
Geduldig verfolgte Brüning seine Revisionswünsche weiter. Er beeindruckte die Verhandlungspartner durch seine sachliche und bedachtsame Argumentationsweise und durch die Verbindung von bewiesener Selbsthilfe und vorsichtig vorgetragenen Revisionswünschen. Brüning wagte am 9. Januar 1932, unmißverständlich das Ende der Reparationen zu fordern, und meinte, der englischen und amerikanischen Unterstützung bei der für Mitte Januar 1932 anberaumten großen Reparations- und Wirtschaftskonferenz in Lausanne gewiß zu sein. Aber die französischen Bedenken trugen noch einmal den Sieg davon, und die Konferenz wurde auf Juni verschoben.
Das Problem der Abrüstung. Der deutliche Erfolg, der in der Reparationsfrage zu Beginn des Jahres 1932 noch nicht eingetreten war, schien sich in derselben Zeit bei einem anderen Revisionswunsch der deutschen Regierung anzubahnen, nämlich der Gleichberechtigung in der Rüstung. Über die schon im Versailler Vertrag vorgesehene allgemeine Abrüstung war in den Jahren 1926 bis 1930 im Rahmen einer vorbereitenden Abrüstungskommission des Völkerbundes eingehend debattiert worden. Dabei hatte sich diese allgemeine Abrüstung als Utopie herausgestellt. Deshalb war Deutschland, das als einziges abgerüstetes Land einen Rechtsanspruch aufgrund der Abrüstungsklausel (Artikel 159 des Versailler Vertrages) hätte anmelden können, in der Lage, auf Angleichung seiner Rüstung an die der anderen Mächte im Sinne einer Befreiung von den Rüstungsbeschränkungen des Versailler Vertrages zu bestehen. Es glaubte, für sich denselben Grad von Sicherheit verlangen zu dürfen, den auch andere Staaten für sich in Anspruch nahmen.
Gerade auf diesem Terrain, einem beliebten Exerzierfeld nationalistischer Revanchepolitiker, wäre ein Erfolg Brüning willkommen gewesen. Hätte er sich doch, wenn Deutschlands Gleichberechtigung wenigstens als moralisches Prinzip anerkannt worden wäre, als nationaler Politiker ausweisen können. Der Kanzler meinte außerdem, daß Fortschritte in der „Abrüstungsfrage" auch einem positiven Ausgang der Reparationsverhandlungen förderlich sein könnten.
Als die Abrüstungskonferenz in Genf am 2. Februar 1932 begann, trat Deutschland noch sehr vorsichtig auf. Die Reichswehrführung hatte sogar eine freiwillige Begrenzung angeboten: Sie sah lediglich eine Herabsetzung der Dienstzeit von 12 auf 6 Jahre

sowie eine symbolische Ausstattung mit bislang nicht erlaubten Waffen vor. Es ging also nicht um Aufrüstung, sondern nur um „juristische Gleichheit". Diese Vorschläge wurden Ende April 1932 von Brüning in einem informellen Treffen mit den angloamerikanischen Vertretern gemacht. Zu seiner großen Enttäuschung war der wichtigste Mann, der französische Regierungschef Tardieu, dem Meinungsaustausch ferngeblieben. Die Engländer und Amerikaner wollten ohne Anhören ihres französischen Partners keine Entscheidung treffen, und darum mußten die Deutschen ohne verbindliche Zusagen wieder in ihre Heimat zurückkehren. Jedoch meinte Brüning hinsichtlich des Ausganges der für Juni angesetzten allgemeinen Abrüstungskonferenz in Lausanne optimistisch sein zu können.

Im Frühjahr 1932 schienen also die Früchte der langen und nachdrücklichen außenpolitischen Bemühungen Brünings heranzureifen. Noch war nichts entschieden, aber insgesamt hatte sich doch die außenpolitische Stellung Deutschlands gebessert. Die Zeit schien für Deutschland zu arbeiten, das Ziel der Ablösung der Reparationszahlungen und der militärpolitischen und damit machtpolitischen Gleichberechtigung stand jedenfalls nicht mehr in nebelhafter Ferne.

5. *Das Ende der Ära Brüning*

a) Wachsende Schwierigkeiten im Innern

Brüning rechnete sicher damit, im Sommer 1932 fühlbare außenpolitische Erleichterungen für Deutschland herbeiführen zu können. Aber noch im Frühjahr 1932 wurde die Lage im Innern zunehmend unhaltbar. Die Zahl der *Arbeitslosen* schnellte auf etwa 6 Millionen herauf. Die Nationalsozialisten und Kommunisten lieferten sich blutige Straßenschlachten. Jeden Tag meldeten die Zeitungen neue Mordtaten, jeden Tag provozierten nationalsozialistische Sturmabteilungen neue Zusammenstöße. Viele Deutsche glaubten die Erklärungen, die ihnen die nationalsozialistische Propaganda für solche Zwischenfälle gab: daß die Kommunisten auf dem Wege waren, den Bürgerkrieg durch allgemeinen Terror vorzubereiten, und daß nur die Nationalsozialisten dem „Aufstand der Unterwelt" unter Einsatz ihres Lebens entgegentraten. Die Staatsgewalt schien wie gelähmt.

Die Straßenkrawalle gingen mit turbulenten Wahlkampagnen in den größeren deutschen Ländern, Preußen, Bayern und Württemberg, weiter. Überall wurden durch das Anschwellen der kommunistischen und nationalsozialistischen Wählerzahl die *Länderparlamente funktionsunfähig*. Besonders in Preußen war der Ausgang der Wahl bedeutungsvoll. Die staatstragenden Parteien hatten hier ihre vordem starke Position eingebüßt, jedoch scheiterten zunächst alle Versuche, eine neue Mehrheitsregierung zu bilden. Daher amtierte die frühere Regierung der Weimarer Koalition als geschäftsführendes Kabinett weiter, ohne freilich ihre alte Autorität und Legitimation politisch nutzen zu können.

In diesen Apriltagen trat die Entfremdung bei den tragenden Persönlichkeiten innerhalb der Reichsführung, die sich bereits bei der Vorbereitung der Präsidentenwahl angebahnt hatte, in ein kritisches Stadium. Hindenburg, Brüning, Groener und Schleicher waren sich nicht mehr einig in der Beurteilung der Situation und in der Wahl der Mittel. Hindenburg, beunruhigt darüber, daß ihn im März die „falschen Leute" gewählt hatten, bedrängte den Kanzler weiterhin, die Verlagerung seiner Regierung nach rechts vorzunehmen. Zudem kühlte sich sein Verhältnis zu Groener aus persönlichen Gründen erheblich ab. Auf der anderen Seite vernachlässigte der Kanzler gerade jetzt den ständigen Kontakt mit dem „alten Herrn", so daß dieser mehr noch als sonst auf die Ratschläge Schleichers und seines Sohnes angewiesen war.

b) Das SA-Verbot

Von der Länder- zur Reichsinitiative. Noch immer hielt sich im Reichswehr- und Innenministerium die Anschauung, daß man die Nationalsozialisten nicht durch Repressalien verärgern dürfe. Aber zugleich sah sich Groener einem massiven Druck der Länderregierungen ausgesetzt, die sich gegen den Terror der Nationalsozialisten wehren wollten. Man wurde in Berlin vorstellig und verlangte kategorisch das Verbot der SA: Falls die Reichsregierung nicht von sich aus das Verbot ausspräche, seien die Länder gezwungen, eigene Maßnahmen zu ergreifen. Der Druck war derart stark, daß Groener, wollte er nicht überspielt werden, keine andere Möglichkeit sah, als die Initiative der Länder zu der seinen zu machen. So entschloß er sich, zu einem Termin unmittelbar nach der Wiederwahl des Präsidenten, ein Verbot der SA im gesamten Reichsgebiet zu veranlassen.

Die Zustimmung Brünings war verhältnismäßig leicht zu erlangen. General von Schleicher hätte freilich vorsichtigere Methoden vorgezogen, um das „prachtvolle Menschenmaterial" innerhalb der SA nicht zu verlieren. Darüber kam es schließlich zu einem Zerwürfnis zwischen den einst so eng verbundenen beiden Militärs. Schleicher wurde zum Gegner des Verbots und beeinflußte Hindenburg in diesem Sinne. Dieser war ungehalten genug, daß er unmittelbar nach den Wahlen so schroff gegen Teile der Rechten vorgehen sollte. Er schlug vor, wenigstens auch das Reichsbanner und die Schutzformationen genau wie die SA zu behandeln. Nur mit Mühe konnten Brüning und Groener dem Reichspräsidenten begreiflich machen, daß mit einer staatsgefährdenden Organisation nicht zugleich eine staatsverteidigende verboten werden könne. Der Widerstand Hindenburgs wurde zwar durch die Rücktrittsandrohungen der beiden Männer überwunden, aber überzeugt war er immer noch nicht. Staatssekretär Meißner urteilte wenig später:

> Der Herr Reichspräsident hat schließlich unter dem Druck der starken persönlichen Darlegungen des Herrn Reichswehr- und Innenministers und des Herrn Reichskanzlers am 13. April diesem Drängen nachgegeben. (Zit. nach Vogelsang, T.: Reichswehr, Staat und NSDAP. Beiträge zur deutschen Geschichte 1930—1932. Stuttgart 1962, S. 461)

Widerwillig unterschrieb Hindenburg die „Verordnung zur Sicherung der Staatsautorität", deren § 1 lautete:

> Sämtliche militärähnlichen Organisationen der Nationalsozialistischen Deutschen Arbeiterpartei, insbesondere die Sturmabteilungen (SA), die Schutzstaffeln (SS), mit allen dazugehörigen Stäben und sonstigen Einrichtungen, einschließlich der SA-Beobachter, SA-Reserven, Motorstürme, Marinestürme, Reiterstürme, des Fliegerkorps, Kraftfahrkorps, Sanitätskorps, der Führerschulen, der SA-Kasernen und der Zeugmeistereien werden mit sofortiger Wirkung aufgelöst. (Reichsgesetzblatt, Jg. 1932, Teil I, Nr. 22, 13. April 1932, S. 175)

Rücktritt Groeners und Wendung Schleichers. Seit der Verhängung des SA-Verbots gelangte die Führungsspitze der Präsidialregierung nicht mehr recht zur Übereinstimmung. Das erste Opfer der Gegensätzlichkeiten wurde Groener, dem Schleicher im Namen der Reichswehr das Vertrauen aufkündigte und den Hindenburg nur allzu gerne als „nicht felddienstfähig" entfernt sah. Am 12. Mai erklärte Groener, er wolle als Reichswehrminister zurücktreten.

Aber auch Brünings Stellung war schwer erschüttert. Als erster wandte sich Schleicher von ihm ab. Mehr und mehr kam der General zur Überzeugung, daß allein noch Brüning dem alten Ziele, die Nationalsozialisten an die Regierung heranzuführen, im Wege stehe. In mehreren Unterredungen mit Hitler im April meinte er die Bedingungen gefunden zu haben, unter denen die Nationalsozialisten ein neugebildetes Kabinett tolerieren würden: Trennung von Brüning, Aufhebung des SA-Verbots und Neuwahl des Reichstages. Der Führer der Nationalsozialisten äußerte sich so, daß Schleicher ihn auf diese Lösung verpflichtet zu haben glaubte.

c) Die Abwendung Hindenburgs von Brüning

Für seine Ideen gewann Schleicher über Oskar von Hindenburg schließlich auch den Reichspräsidenten. Hindenburg, der nicht vergessen konnte, daß man ihn beim SA-Verbot unter Druck gesetzt hatte (was ihm noch nie zugemutet worden war), ließ sich nun leichter als früher für den Gedanken gewinnen, sich von Brüning zu trennen. Noch war er nicht bereit, Brüning ganz fallenzulassen, sondern dachte sich die angenehmste Lösung so, daß Brüning in einem umgebildeten Kabinett Außenminister bleiben könnte.

Den letzten Anstoß zur Auslösung der Vertrauenskrise gab eine Aktion der Großagrarier gegen das Siedlungsprogramm der Regierung. Es sollten im bisherigen Osthilfegebiet Güter, die nicht mehr „entschuldungsfähig" waren, vom Ostkommissar entweder auf normalem Wege oder durch Zwangsversteigerung erworben werden, um das Land an Siedler weiterzugeben. Als Hindenburg sich mit dem Entwurf beschäftigte, lagen ihm bereits die energischen Proteste des Schutzverbandes der Osthilfe-Gläubiger, des Reichslandbundes und der DNVP vor. Die Deutschnationalen bezeichneten das Vorhaben der Regierung als „vollendeten Bolschewismus", einige Briefschreiber warnten vor dem „Abgleiten in den Staatssozialismus". Hindenburg war, was die Interessen der ostelbischen Landwirtschaft anging, sehr empfindlich. Er wurde außerdem aufgebracht durch die Absicht des Kabinetts, die Bezüge der Kriegsbeschädigten und Kriegshinterbliebenen zu kürzen. Jetzt schienen alle schon oft gehörten Anschuldigungen seiner konservativen Freunde bestätigt, daß Brüning sich zu sehr von den Sozialdemokraten in Abhängigkeit hatte bringen lassen. Wenn er die Pläne des Kanzlers unterstützte, dann, so meinte er, wäre der Bruch mit seiner Vergangenheit für immer vollzogen, dann würde er nie mehr der Vertrauensmann der nationalen Teile des Volkes sein können.

Der Rücktritt Brünings. Am 29. Mai 1932 standen sich Hindenburg und Brüning zu der entscheidenden Aussprache gegenüber. Der Staatssekretär Pünder vermerkte in seinem Tagebuch, wie das Gespräch nach Angaben Brünings verlief:

Zunächst berichtete der Reichskanzler auf Wunsch des Herrn Reichspräsidenten über die gesamte politische Lage nach außen und innen. Dieser Vortrag nahm den längsten Teil der ganzen Aussprache ein. Auf Einzelheiten des Vortrages ging der alte Herr anscheinend überhaupt nicht ein, sondern zog unvermittelt ein Blatt Papier aus der Tasche, auf dem (anscheinend von seiner eigenen Hand) zwei Punkte notiert waren. Er sagte ungefähr, zunächst wollten sie also feststellen, was jetzt zu geschehen habe. Zunächst solle dies Kabinett überhaupt keine Notverordnung mehr vorlegen und zweitens sollte an der personellen Zusammensetzung dieses Kabinetts nichts mehr geändert werden. Als der Reichskanzler darauf erklärte, daß damit also ganz deutlich die von ihm für nötig gehaltenen Garantien verweigert seien, soll der Reichspräsident wohl den Kopf in die Hand gestützt und mit Tränen in den Augen gesagt haben: „Ich muß jetzt endlich nach rechts gehen, die Zeitungen und das ganze Volk verlangen es. Aber Sie haben es ja immer abgelehnt." ...
Anknüpfend sagte der Reichskanzler noch, daß er nie gegen eine Rechtsentwicklung im Reiche gewesen wäre, er hätte sich bloß für seine Person die Teilnahme vorbehalten müssen. Einstweilen sei für ihn eine solche Beteiligung auch schon im Hinblick auf die Wähler des Reichspräsidenten ein Ding der Unmöglichkeit. Er sagte, die Treue und Dankbarkeit gegen diese Wählerschaften dürfe sich nicht schon nach wenigen Wochen in dieser Weise zeigen ... Die nicht sehr lange, etwa halbstündige Aussprache endete schließlich damit, daß sie formell morgen mittag fortgesetzt werden sollte, wobei der Reichspräsident so leichthin abschließend bemerkte: „Sie können mir dann ja das Demissionsgesuch des Kabinetts mitbringen". (Pünder, H.: Politik in der Reichskanzlei. Stuttgart 1961, S. 128 f)

Brüning, der schon vorher sehr niedergeschlagen über den Vertrauensschwund des Reichspräsidenten gewesen war, gab gleich auf und versuchte nicht mehr, den Reichspräsidenten umzustimmen. Er war zermürbt und müde. Am nächsten Tage reichte er bei der verabredeten Zusammenkunft mit Hindenburg seinen Rücktritt ein. Der Präsident dankte ihm für die Dienste und Mühen in schwerer Zeit und meinte abschließend, Brüning „müsse es doch verstehen, daß er jetzt ein Rechtskabinett bilden müsse. Die Zeit der Notverordnungen sei doch wohl vorbei, und das Volk wolle das nicht mehr." (Pünder, a. a. O., S. 130.) Nach wenigen Minuten endete die Besprechung. Hindenburg hatte den Rücktritt Brünings angenommen.
Der Reichskanzler hat nie daran gedacht, seine parlamentarischen Stützen — unter Einbeziehung der SPD — gegen den Reichspräsidenten zu mobilisieren. Trotz der tiefen Enttäuschung, die er erlebt hatte, sagte Brüning noch in der letzten Kabinettssitzung am 30. Mai:

Trotz allem ist Hindenburg der einzige Sammelpunkt, den das Volk noch hat. (Schlange-Schöningen, H.: Am Tage danach. Hamburg 1946, S. 73)

XV. Der Untergang der Republik

A) Das Kabinett Papen

1. Die Berufung Papens und die Politik der Vorleistungen

Das „Kabinett der Barone". Schon vor der Entlassung Brünings war Schleicher auf der Suche nach einem „neuen Mann" gewesen. Genügend „rechts" sollte er sein, aber möglichst auch Verbindungen zur Mitte haben. Diese Merkmale glaubte Schleicher bei seinem alten Bekannten Franz von Papen gefunden zu haben.

Dieser, ein westfälischer Adliger mit sehr guten Beziehungen zur Großindustrie, war bis 1918 Generalstabsoffizier und Militärattaché gewesen. Mit seiner ultrakonservativen Gesinnung stand er auf dem äußersten Flügel der Zentrumspartei, für die er sich in den Preußischen Landtag wählen ließ. Wohl hatte er sich wiederholt für eine deutsch-französische Verständigung eingesetzt, doch niemand hatte dem im persönlichen Verkehr charmanten Mittfünfziger eine große politische Karriere zugetraut. Schleicher meinte, in ihm einen lenksamen „Sprechminister" sehen zu können. Papen zögerte, die Berufung zum Reichskanzler anzunehmen, wohl seiner mangelnden Erfahrung wegen, bis Hindenburg ihn drängte:

Wie können Sie einen alten Mann, der trotz der Bürde seiner Jahre die Verantwortung für das Reich noch einmal übernommen hat, jetzt im Stiche lassen wollen, wo er Sie berufen will, eine für die Zukunft des Reiches entscheidende Frage zu lösen? Ich erwarte von Ihrem vaterländischen Pflichtgefühl, daß Sie sich meinem Rufe nicht versagen ... Ich will endlich von den Parteien unabhängige Männer um mich sehen, die nach bestem Wissen und Gewissen versuchen, das Land aus der entsetzlichen Krise zu befreien, in der es sich befindet ... Sie waren Soldat und haben im Kriege Ihre Pflicht getan. In Preußen kennen wir nur Gehorsam, wenn das Vaterland ruft! (Papen, F. v.: Der Wahrheit eine Gasse. München 1952, S. 189 f)

Rasch stellte sich heraus, daß der neue Kanzler nicht, wie erwartet, mit einer Duldung durch das Zentrum rechnen konnte. Die Partei — aufgebracht über die Behandlung Brünings — ging in Opposition und verdachte es ihrem Parteimitglied Papen schwer, daß es sich der „Kamarilla" um Hindenburg zur Verfügung stellte. Mit seinem freiwilligen Austritt kam Papen dem förmlichen Ausschluß aus der Partei zuvor. Seine Ministerkollegen stammten aus den Kreisen der alten konservativ-nationalen Führungsschicht; sieben von den elf Mitgliedern des Kabinetts waren Adlige. Es sollte ein Kabinett der „nationalen Konzentration" sein, wurde aber öfter als „Kabinett der Barone" bezeichnet. (S. Tafel 21 im Anhang.)

Auflösung des Reichstages und Aufhebung des SA-Verbots. Ohne Bedenken zahlte Papen den ersten Preis, den Schleicher mit Hitler für die Tolerierungspolitik ausgehandelt hatte: Am 4. Juni löste der Reichspräsident den Reichstag auf; die Neuwahlen wurden für den 31. Juli ausgeschrieben. Auf die keineswegs erprobte Loyalität Hitlers bauend, beunruhigte sich die Regierung nicht über die voraussehbare Vermehrung der NSDAP-Mandate.

Als zweite Vorleistung für die versprochene „Bindung der NSDAP an den Staat" war die Aufhebung des Verbots der SA und SS zugesichert worden. Mit einer „Verordnung gegen politische Ausschreitungen" vom 16. Juni wurden die einschlägigen Bestimmungen von sieben voraufgegangenen Notverordnungen — darunter auch das Verbot der SA — außer Kraft gesetzt und durch andere, wesentlich mildere Richtlinien ersetzt. Die Nationalsozialisten aber werteten die Maßnahme der Regierung auf ihre Weise:

Als Vorbote der kommenden Übernahme der Regierungsgewalt durch den Nationalsozialismus fällt heute das Ausnahmegesetz gegen SA und SS. (Völkischer Beobachter, Bayernausgabe, 17. 6. 1932)

Die Folge der Aufhebung des SA-Verbots war eine Steigerung der terroristischen Aktivität der „braunen Armee", die damit ihr Recht auf die „Beherrschung der Straße" durchsetzen wollte. Ganz offen verlangten die Nationalsozialisten, sich als Verfolgte von „Rotmord" (gemeint vor allem der illegale kommunistische Rotfrontkämpferbund) bezeichnend, der SA müsse das „Notwehrrecht" zugebilligt werden, also die Erlaubnis, politische Gegner, die sich den SA-Leuten entgegenstellten, zu verfolgen, kampfunfähig zu machen, ja sogar zu töten.

Gerade diese Verschärfung des politischen Kampfes hatten die meisten Länderregierungen vorausgesehen. Alle ihre Vorstellungen und Mahnungen gegenüber der Reichsregierung waren vergeblich gewesen. Nun versuchten sie, durch eigene Anordnungen und Vorkehrungen, den früheren Zustand im Bereich ihrer Zuständigkeit aufrechtzuerhalten. Daraus entwickelte sich ein Konflikt zwischen ihnen und der Reichsregierung, der die Länder jedoch schließlich unterlagen.

Der Wahlkampf auf dem Höhepunkt der Wirtschaftskrise. So waren die Nationalsozialisten durch nichts eingeengt, die ihnen in vieler Hinsicht günstige Situation für ihre Wahlkampfagitation auszunutzen. Die nationalsozialistischen Wahlredner brauchten keine Reformvorschläge zu machen; zum Enthusiasmus ihrer Zuhörer genügte die magische Vision eines „Dritten Reiches", das nichts mehr gemein haben sollte mit allen bekannten Formen des staatlichen und politischen Lebens, die als restlos verbraucht hingestellt wurden. Hitler steigerte sich in die Rolle des Heilsbringers hinein, indem er, ekstatisch und zur Ekstase anfeuernd, das „kommende Reich der Kraft und der Herrlichkeit" ankündigte. Die eigentliche Lösung dieses Wahlkampfes hieß daher nicht etwa „Für oder gegen Papen", sondern „Für oder gegen Hitler".

Je näher der Wahltag rückte, desto mehr verschärfte sich die Tonart der Wahlagitation in allen Parteien. Die Nationalsozialisten übten unbarmherzige Kritik an einigen Mitgliedern des Kabinetts und gaben damit deutlich die ohnehin niemals ernst gemeinte Tolerierung der Regierung auf. Zugleich hatten die blutigen Auseinandersetzungen zwischen den politischen Gegnern ein solches Ausmaß angenommen, daß der innere Friede gefährdet war. Bei der allgemeinen Bereitschaft zur Gewaltsamkeit ließ es sich nur schwer feststellen, wer im Einzelfalle angegriffen hatte. In den Monaten Juli und August 1932 allein wurden im politischen Kampf über 300 Menschen getötet und 1200 verletzt. Vierzehn Tage vor der Wahl kam es in Altona zu einem regelrechten Gefecht zwischen Kommunisten, Nationalsozialisten und Polizei, in dessen Verlauf 15 Personen getötet und etwa 70 teilweise schwer verletzt wurden. Die Reichsregierung mußte nun wieder auf die Bahn der Verbotspolitik zurücklenken, die sie mit der Aufhebung des SA-Verbots verlassen hatte. Schon am 18. Juli wurde ein allgemeines Demonstrationsverbot erlassen, das verschärfte Strafbestimmungen enthielt.

2. *Der 20. Juli 1932*

a) Die Lage in Preußen

Der Altonaer „Blutsonntag" konnte jenen Plänen der Reichsregierung nur nützlich sein, die auf ein Eingreifen in Preußen und auf die Übernahme der Regierungsgewalt in diesem Lande zielten.

Preußische Regierung ohne Rückhalt im Landtag. Die Weimarer Koalition in Preußen war seit den Reichstagswahlen von 1930 in verstärktem Maße die Zielscheibe von

Angriffen der nationalen Opposition gewesen. Die Landtagswahl vom 24. April 1932 brachte dann in Preußen das parlamentarische Leben insofern zum Erliegen, als nunmehr das größte deutsche Land, bisher die stabilste Stütze der Demokratie, eine Mehrheit der antidemokratischen Kräfte aufzuweisen hatte. Da aber Nationalsozialisten, Kommunisten und Deutschnationale zusammen die Regierung naturgemäß nicht übernehmen konnten und da vor allem Versuche, eine Koalition zwischen Nationalsozialisten und Zentrum zustande zu bringen, scheiterten, blieb die bisherige Regierung geschäftsführend im Amt. Ihre Autorität war aber erheblich gemindert, zumal der Ministerpräsident Otto Braun Krankheitsurlaub nahm, mit der Absicht, nicht mehr in sein Amt zurückzukehren. Nach der Ablösung Brünings durch Papen vermuteten die Mitglieder der geschäftsführenden preußischen Regierung, daß die Regierung Papen dem langgehegten Verlangen der nationalen Kreise nicht widerstehen würde, Preußen endlich „marxistenrein“ zu machen. Sie vermied es daher sorgfältig, irgendwelche Maßnahmen zu treffen, die in der Wilhelmstraße als Vorwand für ein Vorgehen gegen Preußen benutzt werden konnten.

Tatsächlich gewann im Kreise der Regierung Papen die Absicht Gestalt, Preußen durch das Reich mit Hilfe eines Reichskommissars verwalten zu lassen und damit zugleich de facto den Dualismus aufzuheben, der schon früher oft die Regierungen beschäftigt hatte. Aber es waren jetzt nicht mehr in erster Linie Gesichtspunkte einer Reichsreform maßgebend, sondern kurzfristige, taktisch bedingte Ziele drängten sich in den Vordergrund. Konnte nicht die Übernahme der Regierungsgewalt in Preußen der Reichsregierung endlich den nötigen Zuwachs an Macht und Ansehen verschaffen? Würden sich nicht Papen und seine Freunde durch einen beherzten Gewaltstreich als handlungsfreudige Staatsmänner ausweisen und damit die ständigen Anwürfe der radikalen Rechten, zu schwach gegenüber der „marxistischen Gefahr“ zu sein, abfangen?

b) Der „Preußenschlag“

Vorbereitung und Durchführung des Staatsstreiches. Mitte Juli war man bereit, den „Sprung nach Preußen“ zu wagen, wartete aber noch auf einen geeigneten „psychologischen Moment“. Dieser schien gekommen, als Meldungen von Gesprächen sozialdemokratischer und kommunistischer Politiker über eine Einheitsfront einliefen. Nun gelang es, Hindenburg eine Blankovollmacht für eine Verordnung über „Wiederherstellung der Sicherheit und Ordnung im Gebiet des Landes Preußen“ und über den Belagerungszustand abzunötigen. Das Material über die angebliche Zusammenarbeit zwischen KPD und SPD war äußerst dürftig; eine Gefahr für die Sicherheit und Ordnung lag eigentlich nur darin, daß Papen es den Ländern unmöglich gemacht hatte, energisch gegen die NSDAP vorzugehen.

Am Morgen des 20. Juli wurden die Mitglieder der preußischen Regierung in die Reichskanzlei gebeten. Dort verlas ihnen Papen die Verordnungen des Reichspräsidenten und teilte ihnen mit, daß der Ministerpräsident Braun und der Innenminister Severing ihrer Ämter enthoben seien, daß er — zum Reichskommissar für das Land Preußen bestellt — die Geschäfte des Ministerpräsidenten übernehmen und für den Posten des Innenministers einen Reichskommissar einsetzen werde. Die Unterhaltung verlief sehr erregt. Severing erklärte:

Er werde nur der Gewalt weichen oder dann gehen, wenn er durch eine ausdrückliche Anordnung des Reichspräsidenten oder durch einen Beschluß des Landtages abgesetzt werde.
Der Reichskanzler betonte, daß es den preußischen Ministern nicht verwehrt werden könne, den Staatsgerichtshof anzurufen. Der Staatsgerichtshof müsse dann über die Rechtmäßigkeit der erwähnten Verordnung des Reichspräsidenten vom 20. Juli d. Js. entscheiden. Ein Bürgerkrieg werde nur entstehen, wenn er von Minister Severing hervorgerufen werde infolge des Vorgehens der Reichsregierung.
... Er bat Minister Severing, keine Schwierigkeiten zu machen und sein Amt freiwillig zu verlassen. Wenn er jedoch nur der Gewalt weichen wolle, so könne er vielleicht angeben, was er unter Gewalt verstehe. Staatsminister Dr. Severing erklärte, er werde sich jetzt sofort in sein Amtszimmer begeben und dem Kommissar des Reichs erklären, er werde das Amtszimmer nur räumen, wenn er verhaftet werde. (Nach Morsey, R.: Zur Geschichte des „Preußenschlags" am 20. Juli 1932. In Vierteljahrshefte für Zeitgeschichte, 9. Jg., 1961, S. 437 f, Niederschrift eines Ministerialbeamten)

Nachdem man sich getrennt hatte, ließ Papen den Ausnahmezustand für Berlin und Brandenburg in Kraft treten. Dadurch wurde die preußische Polizei dem Wehrkreisbefehlshaber unterstellt. Nachdem der Polizeipräsident von Berlin, dessen Stellvertreter und der Kommandeur der Berliner Polizei verhaftet worden waren, räumte Severing abends sein Amtszimmer, als ihm die Eröffnung gemacht worden war, „... daß, wenn er nicht freiwillig sein Amtszimmer verlassen würde, er durch den anwesenden Polizeihauptmann dazu genötigt werden würde".
Zur Überraschung der Initiatoren des Staatsstreiches verlief ihr Unternehmen ohne Störungen. Am Abend konnte der Reichskanzler über den Rundfunk die Absichten der Reichsregierung darlegen:

... Weil man sich in maßgebenden politischen Kreisen nicht dazu entschließen kann, die politische und moralische Gleichsetzung von Kommunisten und Nationalsozialisten aufzugeben, ist jene unnatürliche Frontenbildung entstanden, die die staatsfeindlichen Kräfte des Kommunismus in eine Einheitsfront gegen die aufstrebende Bewegung der NSDAP einreiht ...
... Die Maßnahmen der Reichsregierung richten sich nicht gegen die Selbständigkeit des Landes Preußen. Sie beschränken sich bewußt darauf, die Grundlagen für die Herstellung eines ordnungsmäßigen Rechtszustandes zu schaffen. Diese Grundlage muß aber die Wiederherstellung einer Staatsautorität sein, die völlig frei von einer nur irgendwie gearteten Verbindung zur staatsfeindlichen Kommunistischen Partei ist ... (Ursachen und Folgen, Bd. VIII, S. 575 und 576)

Die Reaktionen der Linken und Rechten. Die demokratischen Kräfte hatten sich mit Gesten des Widerstandes gegen eine ungesetzlich vorgehende Staatsgewalt begnügt. Vom Parteivorstand der SPD war bereits vier Tage vor dem Staatsstreich festgelegt worden, daß auch gegenüber denjenigen, die die Legalität verletzten, die Rechtsgrundlage der Verfassung zu beachten sei. Die Chancen eines Widerstandes wurden als äußerst gering angesehen, denn die Polizei hätte wohl die Nichtbefolgung einer Anordnung Hindenburgs und besonders die Aufnahme des Kampfes mit der Reichswehr als Rebellion abgelehnt. Selbst der Generalstreik würde ohne die gewünschte Wirkung bleiben, denn mit Freuden hätten Millionen Arbeitsloser — vor allem solche, die der NSDAP anhingen — die von den Gewerkschaftsmitgliedern verlassenen Arbeitsplätze eingenommen. Auch vor einer Demonstration gegen das Vorgehen Papens schreckten alle Führer der SPD zurück; sie scheuten sich, die Verantwortung für Blutvergießen zu übernehmen. Sie wollten nicht „mutig auf Kosten der Genossen" sein, wie Severing es formulierte. Wohl war die Bereitschaft zur Inkaufnahme eines Bürgerkrieges in einigen Einheiten des Reichsbanners und der Eisernen Front vorhanden, aber die Mehrheit unter den Anhängern der demokratischen Parteien hatte ebenso wie die Parteiführer zunächst nicht das Gefühl, daß etwas Unabänderliches geschehen sei. Noch hegten sie die Hoffnung, daß es möglich sein werde, durch die Anrufung der Gerichte und durch den Stimmzettel die Niederlage zu vergelten.

Der Völkische Beobachter freilich jubelte über die „Liquidierung der Novemberherrschaft" und meinte: „Der Anfang ist gemacht, wir werden sie zu Ende führen." Den Angehörigen aller antidemokratischen Richtungen schien erwiesen, daß man bis an die äußerste Grenze des Legalen, ja sogar eine erhebliche Strecke darüber hinausgehen konnte, ohne daß andere Waffen als Proteste erhoben würden.

Folgen des Staatsstreiches. Papen schließlich sah sich vollends darin bestätigt, daß Politik machen Wagnisse eingehen hieß. Ungesäumt wurden nun die Spitzen der preußischen Verwaltung von Beamten mit republiktreuer Gesinnung gesäubert und „staatstreue", d. h. konservative oder zumindest „nationale" Personen an deren Spitze gesetzt. Die Rechte jedenfalls hielt die Entwicklung in Preußen für abgeschlossen und die Rückkehr zu dem alten „System" für geradezu unsinnig.

Bis zum 25. Oktober, als der von der preußischen Regierung angerufene Staatsgerichtshof sein Urteil verkündete, konnte die Regierung Papen ungestört Preußen zu einer neuen „Hausmacht" umzugestalten versuchen. Aber der Urteilsspruch des Staatsgerichtshofes war nicht das Ergebnis unvoreingenommener Rechtsfindung, sondern sehr stark von Rücksichten auf die Stellung Hindenburgs und der Reichsregierung beeinflußt worden. Das Gericht entschied, daß die Verordnung vom 20. Juli mit der Reichsverfassung vereinbar gewesen sei, beließ aber der alten Staatsregierung, deren Absetzung sie für nicht rechtens erklärte, die Befugnis, Preußen beim Reichstag, beim Reichsrat sowie bei den Ländern zu vertreten. So blieb die tatsächliche Macht in der Hand der Reichsregierung, und die geschäftsführende preußische Regierung, deren Kompetenz gleich darauf durch eine Verordnung des Reichspräsidenten festgelegt wurde, konnte hinfort nur noch ein Schattendasein führen.

3. *Politiker in der Sackgasse*

Um die Kombination mit der NSDAP. Der „Preußenschlag" hatte für die Regierung nicht den erwünschten positiven Einfluß auf das Wahlresultat. Die Wahl vom 31. Juli machte offenkundig, daß die Regierung Papen ihre Macht gegen den Willen des überwiegenden Teils der Bevölkerung ausübte. Für die Deutschnationalen, die man noch am ehesten als Regierungspartei ansprechen konnte, hatten nur 5,9% (= 2,19 Mill.) der Wähler gestimmt. Das Votum gegen das konservativ-autoritäre Experiment war aber keinesfalls mit einem Votum für die Demokratie gleichzusetzen. Über die Hälfte der abgegebenen Wahlzettel (57,5%) trugen ein Kreuz bei den drei antidemokratischen Parteien. Eine Koalition aller antidemokratischen Parteien war undenkbar, und die Rechte (NSDAP, DNVP und DVP) verfügte allein nicht über die Mehrheit im Reichstag (274 Mandate von 608). Das Parlament konnte nicht mehr normal funktionieren, da eine Mehrheit des Volkes sich gegen die parlamentarische Regierungsform gewandt hatte. (S. Tafel 23 im Anhang)

Die Regierung Papen sah sich nun der Frage gegenüber: In welcher Weise und in wel-

cher Form konnte die schon vor den Wahlen ins Auge gefaßte Zusammenarbeit mit der NSDAP bewerkstelligt werden? Drei Möglichkeiten wurden in der Wilhelmstraße immer wieder erwogen: (1.) Am bequemsten wäre es gewesen, wenn sich die Nationalsozialisten — am besten gemeinsam mit allen Parteien bis zum Zentrum — zur Tolerierung herbeigelassen hätten. Allerdings war zu erwarten, daß sie als stärkste Fraktion mehr verlangten, dann konnte man ihnen (2.) für Hitler den Posten des Vizekanzlers sowie einige Ministerien anbieten. Wenn die Nationalsozialisten jedoch gar forderten, (3.) die Führung der Regierung zu übernehmen, war man vorderhand um eine Lösung verlegen.
Für die meisten Nationalsozialisten kam damals wohl nur die letzte Lösung in Frage, denn sie genossen den Siegesrausch über den Ausgang der Wahl, die, indem sie die Zahl der Mandate mehr als verdoppelte, die NSDAP über Nacht zum stärksten politischen Faktor Deutschlands bestimmt hatte. Man glaubte, kurz vor dem Ziel zu stehen. Hitler, getragen von der allgemeinen Stimmung seiner Anhänger, gedrängt von seiner Umgebung, entschloß sich, aufs Ganze zu gehen. Joseph Goebbels schrieb in sein Tagebuch:

Der Führer besteht auf seiner Kanzlerschaft und auf dem preußischen Ministerpräsidentenposten; das Reichs- und preußische Innenministerium, ein neu zu gründendes Volkserziehungs- und Propagandaministerium, Landwirtschaft und Luftfahrt sollen uns überantwortet werden, ebenso die Justiz ... (6. 8. 1932)
... Anruf von Berlin. Dort rumort es. Vor allem auch in der eigenen Partei und SA ... Die SA verläßt ihre Arbeitsplätze, um sich bereit zu machen. Wenn es gut geht, dann ist alles in Ordnung. Geht es aber schlecht, dann gibt es einen furchtbaren Rückschlag. Wir überlegen mit dem Führer bis zum heranbrechenden Morgen. Die Probleme der Machtergreifung werden eingehend durchgesprochen ... (8. 8. 1932) (Goebbels, J.: Vom Kaiserhof zur Reichskanzlei. München 1934, S. 139 f)

Hitler wird nicht Kanzler (Der 13. August). Bei den folgenden Besprechungen mit Schleicher und Papen gelang es Hitler, seine Gesprächspartner im großen und ganzen für die Idee seiner Kanzlerschaft zu gewinnen. Er glaubte also, den Boden beim Reichspräsidenten gut vorbereitet zu finden, als er zu den entscheidenden Gesprächen, die für den 13. August festgesetzt waren, nach Berlin aufbrach. Schon vor seinem Zusammentreffen mit dem Reichspräsidenten überraschten ihn der Reichswehrminister und der Kanzler mit der Mitteilung, daß der „alte Herr“ fest geblieben sei und ihn nicht als Kanzler wünsche. Hindenburg hatte sich dagegen gewehrt, „seinen“ Kanzler, der ihm besser als alle früheren gefiel, gegen den ihm unsympathischen Hitler auszutauschen, dem er besonders wegen seines „Wortbruchs“ grollte; damit meinte er die Abwendung von der Tolerierungspolitik.
Nach dieser Hiobsbotschaft ließ sich Hitler nur widerwillig dazu bestimmen, zu der verabredeten Unterredung zu gehen. Er ahnte, was kommen würde.

Der Herr Reichspräsident eröffnete die Besprechung damit, daß er Herrn Hitler erklärte, er sei bereit, die nationalsozialistische Partei und ihren Führer Hitler an der Reichsregierung zu beteiligen, und würde ihre Mitarbeit willkommen heißen. Er richtete nunmehr an Herrn Hitler die Frage, ob er bereit sei, sich an der gegenwärtigen Regierung von Papen zu beteiligen. Herr Hitler erklärte, aus den Gründen, die er heute vormittag bereits dem Herrn Reichskanzler ausführlich dargelegt habe, käme für ihn eine Beteiligung und Mitarbeit an der bestehenden Regierung nicht in Frage. Bei der Bedeutung der nationalsozialistischen Bewegung müsse er die Führung einer Regierung und die Staatsführung in vollem Umfange für sich und seine Partei verlangen.

Der Herr Reichspräsident erklärte hierauf mit Bestimmheit, auf diese Forderung müsse er mit einem klaren, bestimmten „Nein“ antworten. Er könne es vor Gott, seinem Gewissen und dem Vaterlande nicht verantworten, einer Partei die gesamte Regierungsgewalt zu übertragen, noch dazu einer Partei, die einseitig gegen Andersdenkende eingestellt wäre. Es sprächen hiergegen auch eine Reihe anderer Gründe, die er nicht einzeln ausführen wolle, wie die Besorgnis vor größeren Unruhen, die Wirkung für das Ausland usw.
Herr Hitler wiederholte, daß für ihn jede andere Lösung ausgeschlossen wäre.
Der Herr Reichspräsident bemerkte hierauf: Sie werden also dann in Opposition gehen?
Hitler: Es bleibt mir jetzt nichts anderes übrig ...
(Aus der Aufzeichnung des Staatssekretärs Meißner vom 13. 8. 1932. Zit. nach Vogelsang, T.: Reichswehr, Staat und NSDAP. Beiträge zur deutschen Geschichte 1930—1932. Stuttgart 1962, S. 479)

Ratlosigkeit bei NSDAP und Regierung. Obwohl Hindenburg seinen Besucher beim Abschied als „alten Kameraden“ bezeichnete, erfüllte Hitler das Gefühl einer tiefen persönlichen Demütigung. Er glaubte, das Opfer einer Intrige Papens und Schleichers geworden zu sein, die ihm diese Abfuhr vor den Augen der Öffentlichkeit bereiten wollten. Auf sein Geheiß machte die Parteipropaganda sogleich eine Wendung und richtete ihre meisten Angriffe von nun ab gegen die „Reaktion“. In der NSDAP war man unangenehm überrascht darüber, daß der Kampf nun weitergehen sollte. Während die Kreise um Gregor Strasser dem Führer der Partei vorwarfen, daß er das Angebot Hindenburgs nicht angenommen habe, schimpfte man vor allem in der SA auf die politische Führung und ihren legalen Weg, der anscheinend doch nicht zur Machtergreifung führte:

Lange genug haben wir Gewehr bei Fuß gestanden — wir erwarten mit Sehnsucht das Signal zum Angriff! ... (Gruppenführer Dessau) Ich muß davor warnen, in nächster Zeit Hoffnungen zu erwecken, die ähnlich wie der 13. 3. und der 31. 7. starke Enttäuschungen im Gefolge haben ... (Untergruppe Magdeburg-Anhalt) Die Stimmung der SA ist flau nach der Hochspannung „100 Meter vor dem Ziel“, besonders unter den älteren Jahrgängen. Sie ist gut bei jenen Abteilungen der jüngeren Jahrgänge, wo die praktische Ausbildung dem soldatischen Bedürfnis der Jungmänner einigermaßen entspricht und ihr Sinn vom politischen Geschehen auf zweckentsprechende Schulung von Körper und Geist abgeleitet ist. (Obergruppe Ingolstadt) Die Masse der SA kann allerdings das immer erneute Hinausziehen der Endentscheidung nicht ganz verstehen. Sie drängt zum Losschlagen. Offener Kampf wäre ihr lieber als die ewige Wählerei, die letzten Endes doch zu nichts oder nur wenig führen kann. Schärfere Anspannung im Außendienst und im Wehrsport lenken nicht genügend ab ... (Untergruppe Hessen-Darmstadt) (Stimmungsberichte höherer SA-Führer vom Herbst 1932. Archiv des Instituts für Zeitgeschichte, München, MA 133)

Nach dem 13. August zeichnete sich in der nationalsozialistischen Bewegung der Beginn einer Krise ab. Nach außen allerdings drang vorerst kaum, daß die Geschlossenheit in Ziel und Taktik gefährdet war.
Ratlosigkeit zeigte sich auf der Seite der Regierung nicht weniger. Man war entsetzt über die „Maßlosigkeit“ der Ansprüche Hitlers und hatte erfahren müssen, daß man mit ihm Kompromisse nicht schließen konnte. Die Überzeugung, daß die Nationalsozialisten sich in der Regierungsverantwortung zähmen ließen, hatte einen ersten Stoß bekommen. Gegen ihren Willen wurde die Regierung durch die erneut verstärkte Terrortätigkeit der NSDAP zu schärferem Vorgehen gegen sie gezwungen. Schon am 9. August hatte Papen von Hindenburg zwei Notverordnungen erbitten müssen, die politische Gewalttaten mit schwersten Strafen belegten. Selbst die Todesstrafe sollte

nun nicht nur gegen überlegt handelnde Mörder angewandt werden, sondern auch gegen denjenigen,

der ohne Überlegung in der Leidenschaft des politischen Kampfes aus Zorn oder Haß einen tödlichen Angriff auf seinen Gegner unternimmt oder einen Polizeibeamten oder einen Angehörigen der Wehrmacht tötet. (Aus der begründenden amtlichen Mitteilung zu der Verordnung. Schultheß' Europäischer Geschichtskalender, 1932, S. 137)

Der Mordfall von Potempa. Genau 1½ Stunden nach Inkrafttreten der Notverordnung ereignete sich in Potempa (Oberschlesien) wieder eines der Verbrechen, die symptomatisch für die politische Situation in Deutschland geworden waren. In der Nacht zum 10. August drangen neun uniformierte SA-Männer in die Wohnung eines kommunistischen Bergmannes ein und trampelten ihn vor den Augen seiner Mutter zu Tode. Ein Sondergericht in Beuthen verurteilte fünf der Täter am 22. August zum Tode.
Das Urteil von Beuthen nahm die NSDAP zum Anlaß, einen Proteststurm zu entfesseln. Es wurde „in seiner blutigen Objektivität" als „Verbrechen am deutschen Volk" bezeichnet. Hitler richtete an die Täter ein Telegramm:

Meine Kameraden! Angesichts dieses ungeheuerlichsten Bluturteils fühle ich mich mit Euch in unbegrenzter Treue verbunden. Eure Freiheit ist von diesem Augenblick an eine Frage unserer Ehre, der Kampf gegen eine Regierung, unter der dies möglich war, unsere Pflicht. (Völkischer Beobachter vom 24. August 1932)

Hitler und die NSDAP identifizierten sich also mit den Mördern. Das taten einige nationale Gruppen und die bürgerliche Presse nicht, wiewohl sie sich für Begnadigung verwandten. Die Regierung Papen bewirkte dann auch im September die Umwandlung der Todesurteile in Zuchthausstrafen.
Koalitionsverhandlungen zwischen Zentrum und NSDAP. Der Eindruck der Mordtat von Potempa und des Verhaltens Hitlers darauf reichten jedoch nicht aus, um die Bewegung politisch zu isolieren. Zur selben Zeit versuchte das Zentrum auf seine Weise eine „Zähmung". Von August bis in den September unterhandelten nationalsozialistische Führer, Göring und auch Hitler, mit Zentrumspolitikern, unter ihnen auch Brüning, sehr eingehend über die Möglichkeiten des Zusammengehens. Die NSDAP ergriff die ausgestreckte Hand gern, da sie, nunmehr die Auflösung des Reichstages fürchtend, beweisen wollte, daß sich durchaus eine regierungsfähige Mehrheit erreichen ließ. Was sich das Zentrum von diesem überraschenden Bekenntnis zum Parlamentarismus durch dessen wütendste Feinde versprach, ist bis heute nicht ganz geklärt. Immerhin läßt sich feststellen, daß maßgebende Zentrumspolitiker damals bereit waren, zu prüfen, ob sich für ein parlamentarisches oder ein präsidiales Kabinett eine tragfähige Basis finden lasse. So schrieb etwa Brüning in einem Brief vom 31. 8.:

Diese Aussprache sollte der Feststellung dienen, ob überhaupt eine Möglichkeit zur Bildung einer verfassungsmäßigen Regierung vorhanden sei. Das zu versuchen, war für mich auch Gewissenspflicht. Heute wie früher fühle ich mich allen denen gegenüber, die den Reichspräsidenten gewählt haben, verpflichtet, alles daranzusetzen, die Autorität des Herrn Reichspräsidenten zu festigen und das Betreten eines nicht verfassungsmäßigen Weges abzuwenden ... In der Verurteilung der Beuthener Vorgänge stimme ich mit Ihnen völlig überein, ebenso in Verurteilung der Äußerungen des Herrn Hitler zu diesem Fall. Wenn Sie trotzdem Bedenken äußern, daß ich eine Aussprache mit Führern der Nationalsozialistischen Partei gehabt habe, so werden Sie inzwischen aus der Zeitung entnommen haben, daß auch die Reichsregierung nach diesen Äußerungen des Herrn Hitler es nicht ablehnt, mit ihm zu verhandeln ... (Brief Brünings an Paul Rohrbach, 31. 8. 1932. Zit. nach Schacht, H.: 76 Jahre meines Lebens. Bad Wörishofen 1953, S. 354 f)

Die Regierung beobachtete diese Fühlungnahme mit deutlichem Mißbehagen.

Reichstagsauflösung und weitere Notverordnungen. Das sichere Ende des Präsidialkabinetts und der autoritären Regierung würde es aber bedeuten, wenn das Parlament — der Verfassung entsprechend — den eben abgewiesenen Kanzler Hitler präsentierte. Es gab keinen anderen Ausweg mehr, als den Reichstag wieder aufzulösen. Papen erhielt von Hindenburg auch diesmal eine Blankovollmacht, und deshalb konnte er dem sich am 12. September versammelnden Reichstag in aller Ruhe gegenübertreten. Der neue Reichstagspräsident Hermann Göring veränderte jedoch, einem kommunistischen Antrag stattgebend, die Tagesordnung; er begann mit der Abstimmung über einen Mißtrauensantrag und über die Aufhebung aller Notverordnungen der Regierung. Schleunigst mußte die vergessene Auflösungsorder herbeigeholt werden. Göring ließ sich aber in der Prozedur der Abstimmung nicht stören, und so erlitt die Regierung eine in der Geschichte des Parlamentarismus beispiellose Niederlage: Bei 5 Enthaltungen sprachen 512 Abgeordnete gegen 42 ihr das Mißtrauen aus. Und dennoch: Die Regierung blieb im Amt, sie löste sogar den Reichstag auf, und zwar mit der verfassungsrechtlich höchst anfechtbaren Begründung:

... weil die Gefahr besteht, daß der Reichstag die Aufhebung meiner Notverordnung vom 4. September d. J. verlangt. (Zit. nach Hillgruber, A.: Die Auflösung der Weimarer Republik. Hannover 1960, S. 48)

Bis zum Datum der Neuwahl, dem 6. November 1932, hatte das Kabinett Papen wieder eine Atempause gewonnen.

Durch die beiden Reichstagsauflösungen konnte das Kabinett höchst unpopuläre Notmaßnahmen gegen den Widerspruch des größten Teils der Bevölkerung durchführen. Noch ganz im Einklang mit der Brüningschen Konzeption waren die ersten Notverordnungen vom 17. Juni gewesen, die eine drastische Verminderung der sozialen Leistungen — auch der Arbeitslosenunterstützungen und der Witwen- und Waisenrenten — und andere Sparmaßnahmen verfügten. Viel unbedenklicher als sein Vorgänger versuchte es Papen daneben aber auch mit dem anderen Mittel der Krisenbekämpfung. Die Arbeitsbeschaffung durch den Staat nahm ihren Anfang. Im Juli wurde der „Freiwillige Arbeitsdienst" ins Leben gerufen, und am 4. September sahen die neuen Notverordnungen nicht nur die üblichen Steuersenkungen für die private Wirtschaft vor, sondern auch Beschäftigungsprämien, Steuergutscheine und Aufwendungen für öffentliche Arbeiten in den kommenden Monaten im Werte von 3/4 Milliarden RM. Man ging von der diskreditierten Deflationspolitik zur staatlichen Ausgabenwirtschaft über.

4. Die Außenpolitik

Das Ende der Reparationen. Weil Papen sich mühsam der Schwierigkeiten im Innern erwehrte, machte er sich noch stärker als Brüning Hoffnung, durch außenpolitische Erfolge Prestige erringen zu können. Sein Programm war deshalb um einige Grade nationaler und umfassender: völlige Streichung der Reparationen, Löschung des Kriegsschuldartikels im Versailler Vertrag und Anerkennung der Gleichberechtigung für das Reich. Ganz anders als der bedenkliche, zögernde und vorsichtige Brüning schien sich Papen als Mann der schnellen Entschlüsse, weitausschauenden Projekte und unorthodoxen Einfälle zu gefallen.

Auf der *Reparationskonferenz in Lausanne* (16. Juni bis 9. Juli 1932) merkte jedoch der deutsche Reichskanzler bald, daß er seine Ziele zu weit gesteckt hatte. Von einem Aufhören der Reparationszahlungen ohne weitere Bedingungen und gar von einer Streichung des Kriegsschuldartikels konnte gar nicht die Rede sein. Frankreich verlangte eine Abschlagszahlung, und in unendlich zähen und schwierigen Verhandlungen rangen die Konferenzteilnehmer um die Höhe dieser Abschlagszahlung. Sie wurde auf 3 Milliarden festgesetzt. Daß damit im Prinzip in Lausanne das Ende der Reparationen erreicht und eine der wichtigsten Folgeerscheinungen des Versailler Vertragswerkes nach 12 Jahren revidiert worden war, ist jedoch nicht das Verdienst Papens, sondern das Werk vieler gewesen, in erster Linie das der englischen Staatsmänner und vor allem dasjenige Brünings.

Papen kehrte nach Deutschland nicht als Sieger heim. Er wurde von der nationalsozialistischen und kommunistischen Opposition als nachgiebiger Schwächling, dem die Alliierten wieder einen „Schuldschein" über Milliarden abgepreßt hatten, verhöhnt.

Der Weg zur militärischen Gleichberechtigung. Noch stärker als bei den Verhandlungen über die Reparationen war der innenpolitische Bezug bei der Frage der militärischen Gleichberechtigung Deutschlands gegeben. Hier wollte und „mußte" wohl auch die Reichsregierung den Nationalsozialisten den Rang ablaufen. Schleicher war es, der nun auf Härte in der Haltung auf der Abrüstungskonferenz in Genf drängte. Er forderte volle juristische und faktische Gleichberechtigung, um dann die Bedingungen für einen Ausbau der Reichswehr mit den Alliierten, vor allem mit Frankreich, einzeln aushandeln zu können. Als die Konferenz am 23. Juli 1932 in die Sommerferien ging, stellte der deutsche Vertreter ein Ultimatum: Wenn Deutschland nicht bis zum Wiederbeginn der Sitzungen als grundsätzlich gleichberechtigt anerkannt werde, würde es fortan den Sitzungen fernbleiben. Über diesen Schritt war man in Frankreich sehr aufgebracht. Aber trotz der Kritik, die an dem Vorgehen Deutschlands, das tatsächlich von den Herbstsitzungen fernblieb, auch in den USA, in Italien und England geübt wurde, zerrissen nicht alle Fäden. Vielmehr gelang es doch, zu einer Formel zu kommen, die allen Wünschen einigermaßen gerecht wurde:

> Die Regierungen des Vereinigten Königreiches, Frankreichs und Italiens haben erklärt, daß einer der Grundsätze, die die Konferenz leiten sollen, darin bestehen muß, Deutschland und den anderen durch Vertrag abgerüsteten Staaten die Gleichberechtigung zu gewähren in einem System, das allen Nationen Sicherheit bietet, und daß dieser Grundsatz in dem Abkommen, das die Beschlüsse der Abrüstungskonferenz enthält, verkörpert werden soll. (Material zur Gleichberechtigungsfrage. Weißbuch des Auswärtigen Amtes, Nr. 2, Berlin 1933, S. 5 f)

Diese Fünf-Mächte-Erklärung — auch die USA und Deutschland unterzeichneten — wurde am 11. Dezember 1932 formuliert. Es war die Aufgabe der Delegierten der beteiligten Länder, in der für Februar 1933 vorgesehenen Fortsetzung der Konferenz die Bedingungen festzulegen, unter denen sich in der Praxis die Gleichberechtigung Deutschlands verwirklichen lassen würde. Eine schrankenlose Aufrüstung hatte freilich damals niemand im Sinn, auch nicht der deutsche Wehrminister Schleicher.

5. Das Ende der Regierung Papen

Papens „Neuer Staat“. Wie in der Außenpolitik, so versuchte das Kabinett Papen auch in der Innenpolitik in einen Wettstreit mit den Nationalsozialisten zu treten. Die Gründung des Freiwilligen Arbeitsdienstes und des „Reichskuratoriums für Jugendertüchtigung“, einer Organisation zur körperlichen und wehrpolitischen Ausbildung, dienten diesem Ziel. Aber alle diese neuen Einrichtungen, die das Los besonders der jugendlichen Arbeitslosen bessern sollten, brauchten Zeit, um einen Umschwung der allgemeinen Stimmung herbeizuführen. Die Hauptfrage war und blieb, wie sich die Regierung gegenüber den mannigfaltigen Gegenströmungen und Gegenkräften, die in allen Lagern des politischen Lebens bestanden, behaupten konnte. Sehr früh entstand im Kabinett der Gedanke, über die Improvisation einer autoritären Regierung hinauszukommen und durch Änderung der Verfassung einen „Neuen Staat“ zu schaffen. Dieser neue Staat sollte in bezug auf die Herrschaftsverhältnisse und die soziale Hierarchie hinter das Umbruchjahr 1918 zurückgreifen. Unter einem Reichspräsidenten, der zugleich preußischer Staatspräsident sein sollte, würde eine nur ihm verantwortliche Regierung einem Parlament gegenüberstehen, dessen Einfluß durch das Kontrollrecht eines Oberhauses noch geringer werden mußte als der des kaiserlichen Reichstags. Außerdem war an die Umwandlung der Wahlen in öffentliche, ungleiche und indirekte gedacht. Wie aber ließe sich diese „Reichsreform“ durchsetzen? Hugenbergs DNVP würde sich zur Verfügung stellen, gewiß auch die frühere agrarisch-industrielle Oberschicht. Für eine legale Prozedur war das aber zu wenig. Es mußte ein neuer Staatsstreich, diesmal für das ganze Reich, ins Auge gefaßt werden. Für Papen und seinen Innenminister Freiherrn von Gayl, die sich im Herbst des Jahres 1932 innerlich immer mehr auf diese „letzte Möglichkeit“ einstellten, war darum das Ergebnis der Reichstagswahlen nur mehr von untergeordneter Bedeutung.

Die Reichstagswahlen vom 6. November 1932. In den Reichstagswahlkampf waren sowohl die Parteien als auch die Wähler ziemlich lustlos eingetreten. Für die meisten Deutschen war es das fünfte Mal im selben Jahre, daß sie zu den Wahlurnen gerufen wurden, und darum machte sich eine allgemeine Ermattung und Apathie geltend. Eine Entscheidung brachte auch das Ergebnis der Wahl vom 6. November nicht. Nach wie vor gab es keine neuen Koalitionsmöglichkeiten, nach wie vor hatten die antidemokratischen Parteien die absolute Mehrheit und erschwerten die parlamentarische Arbeit bis zur Bewegungsunfähigkeit. (S. Tafel 23 im Anhang.)

Zwei Erscheinungen jedoch schienen auf neue Entwicklungen zu deuten: Die Kommunisten hatten 677 000 Stimmen gewonnen, die Nationalsozialisten 2 Millionen verloren. Die Schlappe der NSDAP hatte mancherlei Gründe: die geringere Wahlbeteiligung, die Enttäuschung mancher Wähler über die starre Haltung Hitlers am 13. August, der Eindruck der Potempa-Affäre und gewiß auch der Zusammenarbeit der Nationalsozialisten mit den Kommunisten beim Berliner Verkehrsstreik Anfang November. Die DNVP hatte von der Ernüchterung bürgerlicher Wähler profitiert und ihre Mandatzahl von 39 auf 54 erhöhen können. Der Nimbus der unbesiegbaren, wie eine Lawine anschwellenden nationalsozialistischen Volksbewegung war zerstört.

Ebenso oft wie der Rückgang bei den Nationalsozialisten wurde das Erstarken der Komunisten öffentlich diskutiert. Die KPD-Führung gab sich jedenfalls siegesgewiß:

Das wichtigste Merkmal an dem ganzen Umschichtungsprozeß der Massen, wie er sich bei den Wahlen widerspiegelte, ist jedoch die Tatsache, daß die Kommunisten gewinnen, während die Sozialdemokratie und die Nationalsozialisten die Massen nicht zu halten und nicht länger für die Diktatur der Bourgeoisie einzuspannen vermögen. Der Rückgang der SPD schwächt keineswegs ihre Rolle als soziale Hauptstütze der Bourgeoisie ab – im Gegenteil, gerade weil die Hitlerpartei gegenwärtig Anhänger aus den Reihen der Werktätigen verliert, statt etwas tiefer in das Proletariat einzudringen, verstärkt sich die Bedeutung der SPD für die faschistische Politik des Finanzkapitals, weil sie noch über einen organisierten Arbeiteranhang verfügt. (Das Zentralkomitee der KPD zum Ergebnis der Wahlen vom 6. 9. 1932. Zit. nach Matthias/Morsey: Das Ende der Parteien 1933. Düsseldorf 1960, S. 724 f)

Die Wählerzahl der KPD war auf etwa eine Million an die der SPD herangerückt, und darin sah man einen Beweis für die Richtigkeit der Parteilinie.

Die KPD und der Nationalsozialismus. Für die Kommunisten gab es in ihrem Kampf keine Unterschiede zwischen den politischen Richtungen: Außerhalb der eigenen Reihen nahm man nur ein einziges Maskenspiel des Monopolkapitalismus wahr. Nachdem der „Brüningfaschismus“ erledigt war, mußte sich die Partei entscheiden, ob sie ihre Angriffe weiterhin in erster Linie gegen den „Sozialfaschismus“ (SPD) oder gegen den „Nationalfaschismus“ (NSDAP) richten wollte. Darüber kam es zu einer von vielen Richtungsstreitigkeiten in den höchsten Funktionärsgremien. Heinz Neumann, langjähriger zweiter Führer der Partei, suchte unter der Parole „Schlagt die Faschisten, wo ihr sie trefft!“ die Aggressionslust der Anhänger vornehmlich gegen die Nationalsozialisten zu lenken, die er als die gefährlichsten Feinde der Arbeiterschaft bezeichnete. Seinem Einfluß, besonders auf die illegalen Rot-Front-Kämpfer-Organisationen und die kommunistischen Jugendgruppen, war es zuzuschreiben, daß die Kommunisten sich nicht nur gegen die Überfälle der SA tatkräftig zur Wehr setzten und gleiches mit gleichem vergalten, sondern dazu übergingen, systematisch die Stützpunkte der Nationalsozialisten in den Arbeitervierteln, z. B. die Sturmlokale, zu „liquidieren“. Dieses Vorgehen fand niemals die Billigung der Gruppe um Thälmann, die unbeirrt an der von Moskau angeordneten „ultralinken Taktik“ festhielt. Dieser Begriff bezeichnete alle Aktionen, die sich gegen die Führung der SPD als Hauptfeindin der Arbeiterklasse richteten. Alle „Einheitsfront-Manöver“ der Sozialdemokraten sollten damit durchkreuzt werden.

Im Herbst 1932 wurde Neumann seiner Spitzenfunktionen entkleidet und sein Tun als „sektiererisch“ verurteilt. Ihm wurde vorgeworfen, die Bedeutung des Nationalsozialismus überschätzt zu haben. Die KPD-Führung untersagte sodann ganz entschieden den sogenannten „individuellen Terror“, der dem Klassenfeind nur Handhaben zur Unterdrückung und zum Verbot der Partei gebe. Das einzige Mittel des proletarischen Kampfes sollte der Massenstreik sein, der immer mehr politischen Charakter anzunehmen habe. Der Entwicklung zur fortlaufenden „Faschisierung“ des Bürgertums glaubte man gelassen zusehen zu können; auch ein Kabinett Hitler würde nur eine Übergangslösung sein. Die Wirtschaftskrise habe den Kapitalismus zerstört, und er werde auch durch den Faschismus nicht wiederhergestellt werden. Daher arbeite die Zeit für den Kommunismus und mache Deutschland reif zur Revolution. Thälmann prophezeite im September 1932: „Wir müssen und werden die Sieger sein!“

Die Kommunistenfurcht — Vorteil der NSDAP. Nach dem Wahlergebnis von 6. November fürchteten die bürgerlichen Kreise noch mehr als bisher einen Sieg der Kommunisten. Wenn die NSDAP weiterhin Anhänger verlor, konnte der Nutznießer vornehmlich die radikale Linke sein. War es zu verantworten, die NSDAP weiter von der Regierungsgewalt fernzuhalten, wenn dadurch die Arbeitslosen in ihrer Verzweiflung sich dem Bolschewismus in die Arme warfen? Stellte nicht diese Partei noch ein letztes Bollwerk gegen die „rote Flut" dar? Angesichts dieser Einstellung des deutschen Bürgertums gelang es den Nationalsozialisten überraschend schnell, den ungünstigen Eindruck der Wahl zu verwischen. Sie blieben nach wie vor von vielen Seiten umworben. So nahm das Zentrum wieder Verbindung zur NSDAP auf. Daher befand sich Hitler gegenüber der Regierung in einer günstigen Position und konnte — als man ein zweites Mal einer Koalition wegen an ihn herantrat — seine Bedingungen vom 13. August wiederholen. Auch diesmal war es allein Hindenburg, der ohne Schwanken Hitler als Kanzler ablehnte.

Papens Sturz durch die Reichswehr. Der Reichspräsident war entschlossen, „seinen Kanzler" Papen, der Mitte November mit dem Kabinett zurückgetreten war, noch einmal mit der Führung der Regierungsgeschäfte zu betrauen. Papen rechnete auch fest damit. Er hatte sich der Unterstützung des Reichspräsidenten für seinen Plan versichert, unter Ausrufung eines „Staatsnotstandes" und unter offener Verletzung der Verfassung den Reichstag noch vor seinem Zusammentritt auflösen und Neuwahlen erst nach sechs Monaten oder gar nicht mehr ausschreiben zu lassen. Die Weichen für den Staatsstreich waren gestellt. Jetzt aber widersetzte sich Schleicher. Er hatte den Kurs Papens, der ihm allmählich viel zu selbständig geworden war, seit dem Sommer mit wachsendem Mißbehagen beobachtet. Die Vorstellung, die Truppe, in der so mancher mit den Nationalsozialisten sympathisierte, in einem Bürgerkrieg „gegen $^9/_{10}$ des Volkes" verwenden zu müssen, wuchs sich für Schleicher zu einem Alptraum aus. Lieber wollte er selbst in die Bresche springen und noch einmal versuchen, die Nationalsozialisten zur Mitarbeit heranzuziehen, wenn nicht mit Hitler, dann mit anderen führenden Nationalsozialisten.

In der Kabinettssitzung vom 1. Dezember kam es dann zu einer dramatischen Wendung, als Schleicher und auch andere Minister ihre Bedenken gegen ein zweites Kabinett Papen aussprachen. Zu Schleichers Unterstützung berichtete ein Generalstabsoffizier über das Ergebnis eines sogenannten Kriegsspiels, in dem die Reichswehrführung festgestellt hatte, ob sie zusammen mit Polizei und Technischer Nothilfe einem zukünftigen Ausnahmezustand bei gleichzeitiger Bedrohung der Grenzen gewachsen sein würde:

Es habe sich aber bei sorgfältiger Abwägung gezeigt, daß die Ordnungskräfte des Reiches und der Länder in keiner Weise ausreichten, um die verfassungsmäßige Ordnung gegen Nationalsozialisten und Kommunisten aufrechtzuerhalten und die Grenzen zu schützen. Es sei daher die Pflicht des Reichswehrministers, die Zuflucht der Reichsregierung zum militärischen Ausnahmezustand zu verhindern. (Niederschrift des damaligen Oberstleutnants Ott vom 15. 12. 1947. Zit. nach Schüddekopf, O.-E.: Das Heer und die Republik. Quellen zur Politik der Reichswehrführung 1918—1933. Frankfurt a. M. 1955, S. 375)

Die Minister sprachen sich gegen Papen aus, und auch Hindenburg mußte sich schweren Herzens von ihm trennen. Mit Tränen in den Augen verabschiedete er den Kanzler:

Sie werden mich, lieber Papen, für einen Schuft halten, wenn ich jetzt meine Meinung ändere. Aber ich bin zu alt geworden, um am Ende meines Lebens noch die Verantwortung für einen Bürgerkrieg zu übernehmen. Dann müssen wir in Gottes Namen Herrn von Schleicher sein Glück versuchen lassen. (Papen, F. von: Der Wahrheit eine Gasse. München 1952, S. 240)

B) Das Kabinett Schleicher

1. *Schleichers Konzeption*

Kurt von Schleicher mußte sich nun als Reichskanzler bemühen, eine Entwicklung zu beschleunigen, die er lieber hätte erst weiter reifen lassen. (S. Tafel 21 im Anhang.)

Politische Beruhigung und staatliche Wirtschaftshilfe. Er hatte sich vorgenommen, die verhärteten Fronten aufzulockern, die allgemeine Feindschaft, die die Regierung unter Papen auf sich gezogen hatte, abzubauen. Es lag ihm daran, Vertrauen zu erwecken, um in einer entspannteren Atmosphäre mit einem Programm staatlicher Krisenbekämpfung in den nächsten Monaten Sympathien für den Staat zurückzugewinnen. „Arbeit beschaffen!", diesem einen Ziel sollten zunächst alle Maßnahmen der Reichsregierung dienen.

Sicher ist z. B. der Gesichtspunkt richtig, daß die Arbeitslosigkeit auf die Dauer nur durch die Wiederbelebung der Wirtschaft bekämpft werden kann. Aber Menschen, die der Verzweiflung nahe sind, kann man mit Auseinandersetzungen darüber nicht trösten, daß nach den Gesetzen wirtschaftlicher Vernunft auf jedes wirtschaftliche Tief ein Hoch zu folgen pflegte. Sie wollen alsbaldige tatsächliche Hilfe sehen. Deshalb muß man rechtzeitig Dämme einbauen, damit die Fluten nicht über uns weggegangen sind, bevor die wirtschaftliche Erholung sichtbar wird, auch wenn diese Dämme nicht hundertprozentig den strengsten Gesetzen der wirtschaftlichen Vernunft entsprechen. (Aus der programmatischen Rede Schleichers im Rundfunk am 15. 12. 1932. Ursachen und Folgen, Bd. VIII, S. 725)

Noch mehr also als Papen verließ Schleicher die Spar- und Deflationspolitik Brünings. Der Staat verpflichtete sich, großzügige Aufwendungen für eine Winterhilfe für alle Notleidenden, für Arbeitsbeschaffung, für den Freiwilligen Arbeitsdienst, für eine Siedlung auf dem Lande und für ein Notwerk für die Jugend zu machen. Gleichzeitig wurden die als Benachteiligung der wirtschaftlich Schwachen empfundenen Kürzungen der Sozialleistungen weitgehend aufgehoben.

Zähmung, Spaltung oder Bekämpfung der NSDAP. Verständnis für seine Absichten und Unterstützung seiner Regierung hoffte der neue Kanzler auch bei den politischen Parteien zu finden, ganz besonders aber bei den außerparlamentarischen Interessenverbänden, z. B. beim Deutschnationalen Handlungshilfenverband, bei den Christlichen, aber auch bei den Freien Gewerkschaften. Zu dieser Konstruktion seiner „Gewerkschaftsachse" war er bereits anläßlich früherer Sondierungen ermutigt worden.

Niemals nachgelassen hatte schließlich seine Zuversicht, die größte der politischen Gruppen, die Nationalsozialisten, zur Mitarbeit heranzuziehen. Er wußte, daß sein Versuch, den Konflikt, der unter Papen unausweichlich geworden war, zu vermeiden, letzten Endes immer noch davon abhing, „ob die Nationalsozialisten irgendwie zu fesseln oder zu mäßigen seien". Er glaubte, daß Gregor Strasser entweder Hitler überzeugen könnte, daß die Partei aus der Opposition in die staatserhaltende Verantwortung übergehen müsse oder daß es dem Reichsorganisationsleiter gelingen werde, den, wie er meinte, nichtrevolutionären, aufbauwilligen Flügel der NSDAP hinter sich zu

bringen, wenn er als Vizekanzler und preußischer Ministerpräsident an die Seite Schleichers treten würde.
Schleicher faßte aber auch als ultima ratio den „Kampf" ins Auge, wie aus erhaltenen Notizen eines Offiziers über seine Äußerungen bei einer Versammlung der Gruppen- und Wehrkreiskommandeure hervorgeht:

Im Laufe [des] Januar muß [sich] Frage klären, ob feste Mehrheit da. Sobald R. T. [Reichstag] einberufen, Frage an N. S.: „Spielst Du mit?" Wenn nicht, dann ist Kampf da. Auflösung d[es] R. T. u. dann auch in Preußen [legal möglich]. Chancen für Kampf? Moral[isches] Recht muß auf S[eite] d[er] Reg[ierung] sein, deshalb nicht wundern, wenn immer wieder versucht [wird], Nazi mit heranzuholen u. vor Verantwort[ung] z[u] stellen. Wenn Kampf, dann 2 Dinge klar: Front gegen Reg[ierung]. Nazi haben keine Aussicht; aber Zerschlagung liegt nicht im St[aats]-interesse. Anzustreben bleibt: Mitarbeit der Nazi unter Strasser unter Messiassegen H[itler]s. Kein Kampf mit Mückenstichen! (Verbote auf 3 Tage.) Sondern Best[immungen] u. Maßnahmen, wie Nazi sie auch exerzieren würden. Also keine Lockerung d[er] Zügel u. Nachsicht, sondern auf Hauen u. Stechen ... (Notizen des Generalleutnants Liebmann. Zit. in: Vierteljahrshefte für Zeitgeschichte, 2. Jg., 1954, S. 428)

2. *Die wirtschaftliche und politische Situation um die Jahreswende 1932/33*

Politische Entspannung und wirtschaftlicher Umschwung. Zunächst sah es so aus, als ob Schleicher ohne die Ultima ratio, die Verletzung der Verfassung durch Auflösung und lange Vertagung des Reichstages sowie durch gewaltsames Vorgehen gegen Angriffe der nationalsozialistischen Bewegung, auskommen könnte. Es schien, als ob mit einer Wiederbelebung parlamentarischer Arbeit Verhältnisse geschaffen werden könnten, wie sie unter Brüning bestanden hatten. Insgesamt war um die Jahreswende nach den katastrophenähnlich zugespitzten Zuständen des Sommers und Herbstes 1932 im politischen Leben Deutschlands ein gewisses Abklingen der überreizten Stimmung zu beobachten. Seit der Mitte des Jahres 1932 ließ sich in der wirtschaftlichen Entwicklung eine aufsteigende Tendenz nachweisen. Die industrielle Produktion war nicht mehr rückläufig, sondern nahm — wenn auch zunächst geringfügig — zu. Auch die Zahl der Arbeitslosen stieg nicht mehr an. In einem Zeitungsbericht über die Wirtschaftslage hieß es am 1. Januar 1933:

Die Kreditdeflation ist wohl endgültig überwunden; die Auflockerung am Kapitalmarkt ist fortgeschritten, der internationale Preisfall zum Stillstand gekommen. In der deutschen Schwerindustrie war in den vergangenen Monaten eine leichte Zunahme der Erzeugung zu beobachten, und gleichzeitig stieg der Kurs der Montanpapiere. (Kölnische Zeitung. Zit. nach: Ursachen und Folgen, Bd. VIII, S. 740)

Das Tief der großen Krise war zweifellos durchmessen. Vielerorts war eine Ernüchterung eingetreten. Außerdem nahm man wahr, daß „von oben" endlich etwas gegen die äußerste Not getan wurde.
Die Krise in der NSDAP. Die Beruhigung war nicht zuletzt auch auf das spürbare Nachlassen der Aktivität der Nationalsozialisten zurückzuführen. Die rückläufige Entwicklung, die mit der letzten Reichstagswahl eingesetzt hatte, konnte nicht aufgehalten werden, wie das Ergebnis der Gemeindewahlen in Thüringen Anfang Dezember zeigte, bei denen die NSDAP z. T. bis zu 40% der Stimmen einbüßte. Die Bewegungsmöglichkeit der Propaganda war eingeengt wie noch nie, denn die Partei steckte wegen der Ko-

sten der vielen Wahlkämpfe tief in Schulden, und die Zuwendungen aus Unternehmerkreisen flossen wieder spärlicher. Wegen der ausgebliebenen Erfolge und der Auseinandersetzungen über legale oder illegale Machtergreifung begannen sich besonders in der SA Demoralisierungserscheinungen zu zeigen, ganze SA-Stürme meuterten. Die Parteiführung befand sich in heftiger Auseinandersetzung über die Entscheidung Hitlers vom 13. August. Strasser warf Hitler vor, die Bewegung durch seine starre Haltung in den Abgrund zu ziehen. Der Fortgang der Krise ist deutlich aus Goebbels Eintragungen in sein Tagebuch abzulesen.

10. November 1932. Wieder in Berlin. Die anfänglich starke Stimmung in der Partei ist jetzt einer flauen Depression gewichen. Überall tauchen nun Ärger, Streit und Mißhelligkeiten auf ...
11. November 1932. Ich nehme einen Bericht über die Kassenlage der Berliner Organisation entgegen. Dieser ist ganz trostlos. Nur Ebbe, Schulden und Verpflichtungen, dazu die vollkommene Unmöglichkeit, nach dieser Niederlage irgendwo Geld in größerem Umfange aufzutreiben ...
8. Dezember 1932: In der Organisation herrscht schwere Depression. Die Geldsorgen machen jede zielbewußte Arbeit unmöglich.
Es laufen Gerüchte um, daß Strasser eine Palastrevolution plane. Wie sie im einzelnen verlaufen soll, konnte ich noch nicht erfahren ...
23. Dezember 1932. Das Jahr 1932 war eine ewige Pechsträhne. Man muß es in Scherben schlagen. Draußen geht der Weihnachtsfrieden durch die Straßen. Ich sitze ganz allein zu Hause und grüble über so vieles nach. Die Vergangenheit war schwer, und die Zukunft ist dunkel und trübe; alle Aussichten und Hoffnungen vollends entschwunden. (Aus Goebbels, J.: Vom Kaiserhof zur Reichskanzlei. München 1934, S. 200 ff)

In der Politik war die Partei seit Ende November 1932 nahezu manövrierunfähig. Sie hatte sich dem ehemaligen Bundesgenossen, der DNVP, durch ihre Attacken gegen Papen völlig entfremdet und war selbst durch die Gespräche mit dem Zentrum keineswegs aus ihrer Isolation herausgekommen. Was noch schwerer wog: Die Fronten hatten sich groteskerweise verschoben, die NSDAP fürchtete für den Bestand des Reichstags und mußte alles verhindern, was zur Auflösung und zu Neuwahlen führen konnte.

3. Schleichers Scheitern

Zurückhaltung der Freien Gewerkschaften und Fatalismus bei der SPD. Für die Regierung Schleicher hielt das freundliche Klima aber nicht stand, und sehr bald verdüsterte sich die politische Szene. Es stellte sich heraus, daß der Grund für die neue Regierung noch nicht tragfähig genug war. Während Schleicher bei den Parteien der Mitte, der Staatspartei und der DVP auf Entgegenkommen traf und auch das Zentrum zum Teil auf seine Pläne einging, brach die „Gewerkschaftsachse“ schon hinter den Christlichen Gewerkschaften ab. Die SPD-Führung setzte die Führung der Freien Gewerkschaften unter Druck und verhinderte eine Zusammenarbeit mit dem „reaktionären General“. Das Mißtrauen gegen den Mann, der als geistiger Vater der autoritären Regierungsweise galt, saß zu tief. Die SPD fürchtete, sie solle Handlangerdienste beim endgültigen Begräbnis der Demokratie und bei der Überleitung zum Faschismus leisten. Es war sogar die Auffassung verbreitet, man solle den General mit seinen Nöten allein lassen und sich nicht gegen die Kanzlerschaft Hitlers wehren.
Die Selbstisolierung Strassers. Lange hat Schleicher sich nicht eingestehen wollen, daß

sein größter Trumpf nicht stach. Strasser versagte völlig. Wohl kam es zum Ausbruch der Führungskrise. Aber seine eigene Stellung gegen die ganze NSDAP-Reichsführung in die Waagschale zu legen, die Parole zum Widerstand auszugeben und ihn durchzuhalten, dazu war Strasser nicht geschaffen. Er schrieb an Hitler am 8. Dezember einen Brief, in dem er seine Meinung noch einmal erklärte; zugleich legte er aber alle seine Parteiämter nieder und entzog sich den weiteren Auseinandersetzungen durch eine Erholungsreise nach dem Süden. Zunächst schien die Lage für Hitler äußerst ernst:

8. Dezember 1932: Die Inspekteure der Partei sind beim Führer versammelt. Alle sind in sehr gedrückter Stimmung. Der Unmut und die Empörung der gesamten Parteiführung richtet sich gegen Strasser und seinen Adjutanten, Oberleutnant Schultz.
Abends ist der Führer bei uns zu Hause. Es will keine rechte Stimmung aufkommen. Wir sind alle sehr deprimiert, vor allem im Hinblick darauf, daß nun die Gefahr besteht, daß die ganze Partei auseinanderfällt und alle unsere Arbeit umsonst getan ist ...
... Der Führer geht stundenlang mit langen Schritten im Hotelzimmer auf und ab. Man sieht es seinen Gesichtszügen an, daß es mächtig in ihm arbeitet. Er ist verbittert und durch diese Treulosigkeit aufs tiefste verwundet. Einmal bleibt er stehen und sagt nur: „Wenn die Partei einmal zerfällt, dann mache ich in drei Minuten mit der Pistole Schluß."
(Goebbels, J.: Vom Kaiserhof zur Reichskanzlei. München 1934, S. 218 ff.)

Hitler brauchte nicht zur Pistole zu greifen. Das stellte sich am nächsten Tage heraus. Da niemand ihm konsequent entgegenarbeitete, gelang es ihm, seine Autorität wieder zu sichern und den Parteiapparat in der Hand zu behalten.
Aber Schleicher blieb noch bis Mitte Januar optimistisch und glaubte, weiter auf Strassers Einfluß bauen zu können. Bald mußte sich der Reichskanzler jedoch mit dem Gedanken befreunden, auf den Kampfkurs umzulenken. Er fand jetzt aber kaum noch Unterstützung.

4. Die Gegenbewegungen gegen das Kabinett Schleicher

Das Abschwenken von Reichslandbund, Industrie und DNVP. Als die Regierung versuchte, mit ihrem stark sozialpolitisch akzentuierten Programm neue Partner zu finden, verlor sie die Freundschaft der bisherigen Gönner des autoritären Regimes. Der Reichslandbund beklagte, „daß die Berufung des Generals von Schleicher auf den Reichskanzlerposten die Wiederkehr des Parlamentarismus in Reinkultur" bedeute. Sehr bald erklärte er, der schon stark unter nationalsozialistischem Einfluß stand, das Kabinett Schleicher zum Feind der Landwirtschaft, weil es nicht genug für den Schutz der agrarischen Interessen tue und daher die Verelendung der Landwirtschaft dulde. Sehr empfindlich reagierte der Reichslandbund vor allem auf die Siedlungspläne der Regierung und auf die in Gang gebrachte Untersuchung von Unregelmäßigkeiten bei der Handhabung der Osthilfe. Wie bei vielen ähnlichen Gelegenheiten fanden die Agrarier die Unterstützung Hindenburgs, der die Regierung beauftragte, den Forderungen des Landbundes — besonders in der Frage des Vollstreckungsschutzes — zu entsprechen. Aber auch danach blieb die Landwirtschaft unversöhnt und arbeitete offen auf die Ablösung des Reichskanzlers hin.
Wie in der Landwirtschaft sahen manche leitende Männer der Industrie in der Regie-

rung Schleicher ein Hindernis für die unweigerlich zu bildende Regierung Hitler. Schon Mitte November hatten sich etwa 20 Großindustrielle, Bankiers und Großagrarier in gleichlautenden Briefen an den Reichspräsidenten gewandt:

Wir bekennen uns frei von jeder engen parteipolitischen Einstellung. Wir erkennen in der nationalen Bewegung, die durch unser Volk geht, den verheißungsvollen Beginn einer Zeit, die durch Überwindung des Klassengegensatzes die unerläßliche Grundlage für einen Wiederaufstieg der deutschen Wirtschaft erst schafft. Wir wissen, daß dieser Aufstieg noch viele Opfer erfordert. Wir glauben, daß diese Opfer nur dann willig gebracht werden können, wenn die größte Gruppe dieser nationalen Bewegung führend an der Regierung beteiligt wird ... (Ursachen und Folgen, Bd. VIII, S. 688)

Allerdings ist ein Wahlaufruf für die Regierung Papen überliefert, den 339 Vertreter der Privatwirtschaft, darunter sehr prominente, unterzeichnet hatten.
Die Verbindungsleute Hitlers zu den Großen der Wirtschaft, Hjalmar Schacht, Otto Dietrich und Walther Funk, waren bemüht gewesen, die Bedenken gegen die immer noch als zu sozialistisch angesehene Bewegung abzubauen. Bezeichnend war es, daß die Leitung des großen Stahlkonzerns, der Vereinigten Stahlwerke, der Generaldirektor Albert Vögler und dessen Bankier, Curt von Schröder, für die NSDAP gewonnen wurden. Nach Hitlers Trennung von Strasser war man im Kreise der Schwerindustrie über die „Gefährlichkeit" der Nationalsozialisten für die kapitalistischen Interessen beruhigter, während man Schleichers gewerkschaftsfreundliche und staatssozialistische Bestrebungen für höchst unerfreulich hielt. Gegen einen starken Staat, der die Arbeitnehmer im Zaum hielt und die Produktion durch großzügige Aufträge — vor allem für die Rüstung — wieder belebte, hatte man nichts einzuwenden. Papens Wirtschaftsprogramm, abgesichert durch eine große Volksbewegung, könnte endlich wieder „stabile Verhältnisse" schaffen!
Schleicher vermochte auch die Deutschnationalen nicht auf seiner Seite zu halten. Die Gründe für die Entfremdung waren ähnliche wie bei den — der Partei nahestehenden — agrarischen und industriellen Interessengruppen. Entscheidend wurde, daß Schleicher es ablehnte, Hugenberg mit den Wirtschafts- und Ernährungsressorts im Reich und in Preußen zu betrauen. Der General konnte bei seinen Versuchen der Anlehnung auch nach links den reaktionären Alldeutschen nicht gebrauchen.
Die Intrige Papens. Schleichers Optimismus begann erst zu weichen, als er sich auch im Rücken angegriffen fühlte. Es war sein ehemaliger Freund Papen, der in der Überzeugung lebte, für Deutschland eine hohe Mission erfüllen zu müssen. Er wollte seine Fähigkeiten als Staatsmann dadurch beweisen, daß er zuwege brachte, woran sich vor ihm so viele vergeblich versucht hatten: die Nationalsozialisten einzufangen, zu zähmen und für die konservative Erneuerung einzuspannen. Ohne Wissen Hindenburgs traf er sich bei ängstlich gehüteter Geheimhaltung mit Hitler am 4. Januar in Köln im Hause des Bankiers von Schröder, der sich als Mittelsmann angeboten hatte. Die bisherige Feindschaft schnell vergessend, fand man sich in der gemeinsamen Abneigung gegen Schleicher. Der Führer der Nationalsozialisten ließ keinen Zweifel, daß er nach wie vor erwarte, von Hindenburg als Regierungschef eingesetzt zu werden. Bei der Besetzung der übrigen Ämter war Hitler aber bereit, mit sich handeln zu lassen. Er war jetzt entschlossen, diese ihm unerwartet gebotene Chance auszunutzen, um seine eigenen Ziele zu erreichen.

Gegen den Willen der Beteiligten konnte die Geheimhaltung nicht gewahrt werden. Schleicher, von Papen nachträglich informiert, war zunächst beunruhigt. Aber er hatte bereits bei Hindenburg nicht mehr so viel Einfluß, daß er die nun eingeleitete weitere Fühlungnahme unterbinden konnte. Hindenburg war einverstanden, daß Papen seine Gespräche mit den Nationalsozialisten „persönlich und streng vertraulich", das heißt, ohne Wissen des Kanzlers, weiterführte. Offenbar traute der Reichspräsident dem Chef der Reichsregierung nicht mehr zu, daß er die Verbindung der nationalen Kräfte zustande brachte.

So zeigten sich die Nationalsozialisten in diesen Tagen wieder selbstbewußter. Bei der Landtagswahl am 15. Januar in dem Zwergstaat Lippe (Wahlberechtigte etwa 100 000) konnten sie Stimmen gewinnen, allerdings nicht mehr bis zur Höhe des Reichstagswahlergebnisses. Der unter Zusammenfassung des gesamten Propagandaapparates errungene Erfolg wurde bei Anhängern und Gegnern als Beweis dafür gewertet, daß die NSDAP ihr Tief überwunden habe.

Vor diesem Hintergrund spielten sich die weiteren, vertraulichen Sondierungen Papens ab. Schließlich mußte Schleicher eine Klärung herbeiführen. Er war um diese Zeit schon von seiner Täuschung abgekommen, mit der NSDAP oder mit einem Teil von ihr zusammenarbeiten zu können, und bereitete sich nunmehr auf den Zusammenstoß mit dem Reichstag vor. Am 23. Januar schlug er Hindenburg vor, den Reichstag aufzulösen und die Neuwahl über den verfassungsmäßigen Termin hinauszuschieben. Der Reichspräsident antwortete ausweichend, aber doch so, daß Schleicher erkennen mußte, daß Hindenburg nicht für den Verfassungsbruch zu haben war. Daß der Kanzler kaum noch das Vertrauen des Reichspräsidenten besaß, merkte er, als ihm nicht einmal, wie allen Leitern von Präsidialregierungen vor ihm, die Vollmacht zur „normalen" Auflösung des Reichstages fest zugesagt wurde. Damit war Schleicher eigentlich schon gescheitert, denn er hatte kaum noch Bewegungsfreiheit.

Schleichers Sturz. Inzwischen begann die Rechte, sich ohne sein Zutun zu sammeln. Papen und andere Mittelsmänner aus allen Lagen der Nationalen Opposition waren geschäftig, die Regierungsbeteiligung der Nationalsozialisten zu erreichen. Man war zwar von dem Wunsch ausgegangen, die NSDAP in ein Kabinett Papen „einzubauen", doch gewöhnte man sich in zunehmendem Maße auch an den Gedanken einer Kanzlerschaft Hitlers. Das galt für Papen, das galt aber auch schon für die Deutschnationalen, die immer bewußter danach strebten, die Harzburger Front neu zu gründen. Sie wurden auf die Nationalsozialisten zugetrieben durch die Befürchtung, daß ein Übereinkommen zwischen Hitler und Hindenburg ohne sie zustande kommen könnte.

Zu den Nationalsozialisten: Wir müssen uns die Tür zu ihnen offen halten. In politischen Fragen darf es keine Entscheidungen anderen gegenüber aus „sentiments" geben. Gefahr: Pakt Hindenburg—Hitler ohne uns und dann Wahl. (Informationsbrief Nr. 4 der Führung der DNVP vom 30. Dez. 1932. Zit. nach Ursachen und Folgen, Band VIII, S. 736)

Hugenberg meinte, sich mit Hitler arrangieren zu müssen, wenn er sein heißersehntes Ziel, die Durchführung seines Wirtschaftsprogramms, erreichen wollte. Der Stahlhelm hatte schon in geheimen Unterredungen Seldtes mit Hitler verstanden, den Anschluß an den Zug der Entwicklung zu finden. Am 26. Januar zog Hugenberg nach, aber zu einem festen Bündnis kam es noch nicht.

Aber an Hindenburgs Abneigung gegen Hitler konnten damals noch alle Pläne scheitern. Der Kandidat des Reichspräsidenten war nach wie vor Franz von Papen. Mit großer Hartnäckigkeit lehnte der „alte Herr" es ab, dem von ihm als „böhmischen Gefreiten" bezeichneten Führer der Nationalsozialisten die Regierungsgewalt auszuliefern. Er konnte zu einem Manne kein Vertrauen haben, von dessen Zuchtlosigkeit, Fanatismus und Verachtung herkömmlicher Ehrbegriffe er abgestoßen wurde.
Hindenburg muß sich gewundert haben, daß er allmählich mit seinem Urteil allein stand, Papen sprach für Hitler und war bereit, ihm den Reichskanzlerposten zu opfern, um mit ihm die tatsächliche Macht zu teilen. Meißner war für Hitler gewonnen, ja sogar sein Sohn, Oskar von Hindenburg. Der Kronprinz Wilhelm und manche anderen Angehörigen ehemals regierender Häuser hatten sich auf die Seite der Nationalsozialisten geschlagen. Um den 25. Januar sprach Hindenburg in Ostpreußen mit dem Befehlshaber des Wehrkreises I (Ostpreußen), dem Generalleutnant Werner von Blomberg, der ihm eine nationale Front unter Hitler als die für die Reichswehr beste Lösung darstellte. Hindenburg konnte nicht wissen, daß Blomberg durch seinen Chef des Stabes schon für den Nationalsozialismus gewonnen war und keineswegs so unparteiisch urteilte, wie er annahm. Bei diesen vielen massiven Einwirkungen von allen Seiten war es nur zu verständlich, daß Hindenburg unsicher zu werden begann.
Schleicher konnte, nachdem er keine konstruktive Politik mehr treiben durfte, nur noch versuchen, einen Aufschub zu bekommen, indem er um die Auflösungsordre für den am 31. Januar zum erstenmal wieder zusammentretenden Reichstag ersuchte. Er ging am 28. Januar zum Reichspräsidenten und unterbreitete ihm diese Bitte. Dieser versagte sie unter Hinweis auf „andere Möglichkeiten", die nun versucht werden müßten. Schleicher war damit das Vertrauen des Reichspräsidenten entzogen worden. Noch am selben Tage trat er mit seinem Kabinett zurück. Die Regierung war nur mehr geschäftsführend im Amt.

5. Die Entstehung des Kabinetts Hitler

28. Januar 1933. Nach dem Sturz Schleichers steigerte sich die Aktivität der verschiedenen Unterhändler, Vermittler, Politiker und Interessenvertreter. In ungezählten, kurz aufeinander folgenden Gesprächen wurde von morgens bis tief in die Nacht um die neue politische Konstellation verhandelt. Die beiden Zentren in diesem Gewirr von Kreuz- und Querverbindungen waren das Reichspräsidentenpalais und das Hotel Kaiserhof — nur einen Sprung von der Reichskanzlei gelegen —, in dem Hitler und seine Leute Quartier genommen hatten.
Am Nachmittag des 28. erteilte Hindenburg seinem „homo regius", Franz von Papen, den Auftrag, die Regierungsbildung vorzubereiten, freilich immer noch mit der Hoffnung, daß es jederzeit möglich sein werde, Hitler fallen zu lassen und Papen zu ernennen. Zu einer Kanzlerschaft Hitlers versicherte Papen sich zunächst der Zustimmung Hugenbergs, die dieser dann geben wollte, wenn er sein Wirtschaftsprogramm durchführen dürfe. Er war sich mit Papen einig, daß man „mit Hitler paktieren und seine Befugnisse möglichst einzuschränken versuchen" müsse. Von dieser Besprechung eilte Papen sogleich zum Kaiserhof, um die Bedingungen Hitlers entgegenzunehmen: Für sich verlangte dieser wieder den Posten des Reichskanzlers in einem Präsidialkabi-

nett, dazu für die NSDAP das Amt des Reichsinnenministers und das Reichskommissariat für Preußen. Diese Forderungen schienen ziemlich gemäßigt, konnte man doch für die Nationalsozialisten in der Reichsführung genug Gegengewichte einsetzen. Papen ließ vorsorglich aus einigen Mitgliedern des Kabinetts Schleicher und aus zuverlässigen Deutschnationalen eine Ministerliste aufstellen, mit der er selbst an die Spitze der Regierung treten konnte. Hindenburg, dem am Abend die Ergebnisse der Verhandlungen vorgetragen wurden, war sehr zufrieden mit dieser zweigleisigen Taktik. Er wollte aber schon jetzt für jeden denkbaren Fall seine Autorität noch fester verankern und eine der entscheidenden Sicherungen in der Konstruktion der Regierung der „nationalen Konzentration" anbringen: Das Reichswehrministerium mußte Schleicher entzogen werden und in die Hände eines absolut vertrauenswürdigen Soldaten übergehen. Hindenburg entschied sich für Blomberg, der ihm der Typ des gänzlich unpolitischen Offiziers zu sein schien.

Im Reichswehrministerium besprachen sich Schleicher und der Chef der Heeresleitung, Kurt Freiherr von Hammerstein. Sie waren nur auf Mutmaßungen angewiesen. Daher rechneten sie mit einer Wiederkehr der Regierung Papen, der gegenüber ihnen die „Lösung Hitler" als das kleinere Übel erschien, denn beide waren überzeugt, daß in diesem Falle wenigstens Schleicher an entscheidender Position, im Amte des Reichswehrministers, bleiben würde. Sie kamen überein, alle nur möglichen Anstrengungen zu machen, um ein Kabinett Papen zu hintertreiben.

29. Januar 1933. Am Morgen ließ Hindenburg durch Meißner nach Genf telegrafieren und Blomberg, der als militärischer Berater der deutschen Delegation bei den Abrüstungsverhandlungen fungierte, unverzüglich nach Berlin beordern.

In der Nacht war es Göring und Joachim von Ribbentrop gelungen, Hitler zu bewegen, auf das Reichskommissariat in Preußen zu verzichten. Dieser neue Beweis der Mäßigung verfehlte seinen Eindruck auf Papen nicht, der um 11 Uhr im Kaiserhof erschien. Vor den neuen Komplikationen, die sich durch die Forderung Hitlers auf Neuwahlen und ein umfassendes Ermächtigungsgesetz ergeben mußten, schreckte er nicht zurück.

Auch Hugenberg, den Papen anschließend aufsuchte, war über die neue Entwicklung einigermaßen befriedigt. Noch allerdings schwankte er und kämpfte mit dem Mißtrauen, das immer wieder in ihm aufstieg. Er stellte seine Vorbehalte gegen die unberechenbaren Konkurrenten zurück, als ihm Papen versprach, daß er die Ressorts für Wirtschaft und Landwirtschaft im Reich und in Preußen übernehmen solle. Mit Neuwahlen war er allerdings nicht einverstanden, mußte er doch eine noch weitere Verminderung der Anhängerschaft der DNVP befürchten. Allein, er trat auch nicht energisch gegen die neue Forderung der Nationalsozialisten auf, wohl um das Bündnis nicht in letzter Stunde zu gefährden.

Am Abend standen nur noch zwei — allerdings wesentliche — Entscheidungen aus: Hindenburg mußte sich ausdrücklich für Hitler erklären, und es war zwischen Hugenberg und Hitler die Angelegenheit der Reichstagswahlen zu regeln.

In dieser Lage schaltete sich Schleicher ein, um zu versuchen, die Nationalsozialisten von einer Verbindung mit Papen abzubringen. Durch einen Offizier ließ er Hitler vor seinen Verhandlungspartnern warnen, die es nicht ehrlich mit ihm meinten, und machte ihm ein Bündnisangebot. Die Nervosität im Kaiserhof war sehr groß. Zudem schwirr-

ten in diesen Tagen viele Gerüchte umher, und eines wurde — so unsinnig es war — immer wieder kolportiert: Schleicher wolle mit Hilfe der Reichswehr einen Putsch gegen Hindenburg unternehmen. Die Nationalsozialisten, die wußten, daß Schleicher „erledigt" war, waren gleichwohl irritiert über unkontrollierbare Machenschaften von dritter Seite, die noch in letzter Sekunde alles komplizieren und verwirren konnten. Sie übermittelten am Abend die alarmierenden Nachrichten an das Reichspräsidentenpalais. Hindenburg und seine Berater waren empört über das Vorgehen Schleichers. Zwar zweifelten sie nicht an der Treue der Reichswehr. Aber die Möglichkeit, daß es Schleicher gelang, durch eine seiner so gefürchteten Intrigen den mühsam „eingerahmten" Hitler wieder abspringen zu lassen, beschleunigte nun die Entscheidung Hindenburgs. Am Abend des 29. Januar war der Reichspräsident endgültig bereit, den Führer der Nationalsozialisten mit der Führung der Regierungsgeschäfte zu betrauen.
30. Januar 1933. Um 9.00 Uhr meldete sich der kurz vorher eingetroffene Blomberg bei Hindenburg und wurde sogleich für das Amt des Reichswehrministers vereidigt. Danach verständigte man vom Reichspräsidentenamt aus die für die Ministerposten vorgesehenen Herren, sich um 10.45 Uhr beim Staatssekretär Meißner einzufinden. Einige von ihnen, die vom Kabinett Schleicher übernommen wurden, wußten immer noch nicht, ob sie in ein Kabinett Papen oder Hitler eintreten sollten.
Als alle Mitglieder des Kabinetts im Arbeitszimmer Meißners versammelt waren, kam es plötzlich zu einem scharfen Wortwechsel zwischen Hitler und Hugenberg. Der Führer der Deutschnationalen lehnte ganz kategorisch seine Zustimmung zu Reichstagsneuwahlen ab. Die Bedeutung der Frage war klar: Hitler würde bis zu den Wahlen völlig freie Hand haben, und bei diesen bot sich ihm die Chance, mit staatlichen Machtmitteln das Ergebnis vom 6. November zu korrigieren. Hitler ging mit ausgestreckter Hand auf Hugenberg zu:

Herr Geheimrat, ich gebe Ihnen hiermit mein feierliches Ehrenwort, daß ich mich von keinem der hier anwesenden Herren jemals trennen werde, mögen die Wahlen ausfallen, wie sie wollen. (Zit. nach Dorpalen, A.: Hindenburg in der Geschichte der Weimarer Republik. Berlin/Frankfurt a. M. 1966, S. 416)

Hugenberg blieb ungerührt, selbst als Meißner erschien und darauf hinwies, daß es fünf Minuten über die Zeit sei, und als von Papen, schon reichlich nervös, ausrief:

Aber Herr Geheimrat! Wollen Sie die nationale Einigung, die nach so vielen schwierigen Verhandlungen endlich zustande kam, aufs Spiel setzen? Sie können doch nicht an dem feierlichen Ehrenwort eines deutschen Mannes zweifeln? (Ebenda)

Meißner erschien wiederum und mahnte:

Meine Herren, die Vereidigung durch den Herrn Reichspräsidenten war um 11 Uhr angesetzt. Es ist 11.15 Uhr. Sie können den Herrn Reichspräsidenten nicht länger warten lassen. (Duesterberg, T.: Der Stahlhelm und Hitler. Wolfenbüttel-Hannover 1949, S. 41)

Aus Rücksicht auf Hindenburg wurde die Auseinandersetzung abgebrochen. Hugenberg ließ sich damit besänftigen, daß die beiden Parteien und andere nationale Organisationen bei der Wahl als ein starker Block aller konservativen Elemente auftreten sollten. Die Mitglieder des neuen Kabinetts begaben sich durch die Gärten der Reichskanzlei zum Präsidenten. Über das Programm der Regierung war bisher noch nicht gesprochen worden. Die Vereidigung begann. Hitler und danach alle Mitglieder des Kabinetts leisteten den Eid auf die Verfassung. Dann hielt der neue Kanzler eine kurze Ansprache, die alle befriedigte. Hindenburg verabschiedete sein Kabinett mit den Worten: „Und nun, meine Herren, vorwärts mit Gott!"

Die „Einrahmung" Hitlers. (S. Tafel 21 im Anhang.) Hindenburg und die Gruppe um Papen und Hugenberg waren mehr oder weniger überzeugt, daß sie Hitler und der nationalsozialistischen Bewegung Zügel angelegt hätten, die ihnen nicht erlauben würden, auszubrechen und eine einseitige Parteidiktatur zu errichten. War nicht auch dieses Präsidialkabinett letzten Endes nur vom Vertrauen des Reichspräsidenten abhängig? Hatte nicht Hindenburg als Oberbefehlshaber der Reichswehr das wichtigste Machtinstrument des Staates fest in seiner Hand? Was war denn der Reichswehrminister anders als ein von allen Parteien unabhängiger Vertrauensmann des Präsidenten! Der Vizekanzler Franz von Papen, den viele als den heimlichen Kanzler ansahen, hatte die besondere Gunst des „alten" Herrn; ohne seine Gegenwart — so war es ausgemacht — durfte Hitler nicht Vortrag bei Hindenburg halten. Was bedeutete schon ein Nationalsozialist im Amte des Reichsinnenministers (Wilhelm Frick), wenn Papen Reichskommissar in Preußen blieb? Was konnte unter seiner Amtsführung der Minister ohne Portefeuille Hermann Göring als kommissarischer Minister des Innern in Preußen ausrichten, selbst wenn zu seinem Ressort die preußische Polizei gehörte? Die wichtigsten Reichsministerien waren in der Hand konservativer Männer: Außenminister blieb Konstantin Freiherr von Neurath, und Hugenberg hatte die ausschließliche Verantwortung für die Wirtschaftspolitik. Nicht der Stabschef der SA, sondern der Bundesführer des Stahlhelm, Franz Seldte, war als Arbeitsminister ins Reichskabinett eingetreten. Der Sicherungen schienen wahrlich genug zu sein. Papen meinte zu einigen Warnern, die ihm bedeuteten, daß er sich nun im Schlepptau Hitlers befände: „Sie irren sich, wir haben ihn uns engagiert."

Ganz anders empfanden die Nationalsozialisten, wie aus Goebbels Tagebuch hervorgeht:

Die große Entscheidung ist gefallen. Deutschland steht vor seiner historischen Wende ... Wir gehen gleich wieder an die Arbeit. Der Reichstag wird aufgelöst ... Nun liegt die Etappe des Kampfes um die Macht hinter uns; nun müssen wir weiterarbeiten, um die Macht zu behaupten ... (Goebbels, J.: Vom Kaiserhof zur Reichskanzlei, München 1934, S. 252 f)

Die Massen, die schon vom Morgen an die Wilhelmstraße und den Wilhelmplatz vor der Reichskanzlei voll Erwartung gefüllt hatten und ihrem „Führer" zujubelten, die Tausende von SA-Männern, die von sieben Uhr abends bis ein Uhr nachts mit Fackeln durch das Brandenburger Tor zogen, die Wilhelmstraße hinab, an Hitler und Hindenburg vorbei, die an den Fenstern der neuen Reichskanzlei standen, diese Massen waren wohl schwerlich der Meinung, daß nur eine nationale Koalitionsregierung eine andere abgelöst habe, für sie begann „die neue Zeit", das „Dritte Reich".

Tabellen und Diagramme

Quellennachweis

Deutsche Wirtschaftskunde. Statistisches Reichsamt. Berlin 1930, S. 102, 9,42	3, 4, 14
Grebing, H.: Geschichte der deutschen Parteien. Wiesbaden 1962	5
Winkler, H.-J.: Die Weimarer Demokratie. Berlin 1963, S. 20	7
Statistisches Jahrbuch für das Deutsche Reich, 52. Jg., 1933, S. 251 f., 273, 493	12, 18
Horkenbach, C.: Das Deutsche Reich von 1918 bis heute. Bd. I, Berlin 1930, S. 617, 624, Tabelle 27	9, 10, 11
Aretin, K. O. Freiherr von, und Fauth, G.: Die Machtergreifung. Bayerische Landeszentrale für Heimatdienst. München 1965, S. 117, 118, 112	12, 18, 19
Tormin, W.: Die Weimarer Republik. Hannover 1962, S. 268 und 274–277	15, 17
Ursachen und Folgen. Band III, Anlage I	16
Milatz, A.: Wähler und Wahlen in der Weimarer Republik. Schriftenreihe der Bundeszentrale für politische Bildung, Heft 66, Bonn 1965	Vorsatz
Saitzew, M. (Hrsg.): Die Arbeitslosigkeit der Gegenwart (Schriften des Vereins für Sozialpolitik 185/I). München und Leipzig 1932, S. 152	18
Wirtschaft und Statistik. Hrsg. v. Statistischen Reichsamt, 14. Jg., Berlin 1934, S. 21, 548, Sonderbeilage, S. 4 f.	18
Petzina, D.: Materialien zum sozialen und wirtschaftlichen Wandel in Deutschland seit dem Ende des 19. Jahrhunderts (In: Vierteljahrshefte für Zeitgeschichte, 17. Jg., 1969, 3. Heft, S. 308–338)	20, 21, 22, 23
Bry, G.: Wages in Germany 1871–1945. Princeton 1960, S. 465, 467	17

1 Zusammensetzung des Reichstages nach den Wahlen vom 12. Januar 1912

(Im Kriege fanden keine Reichstagswahlen statt)

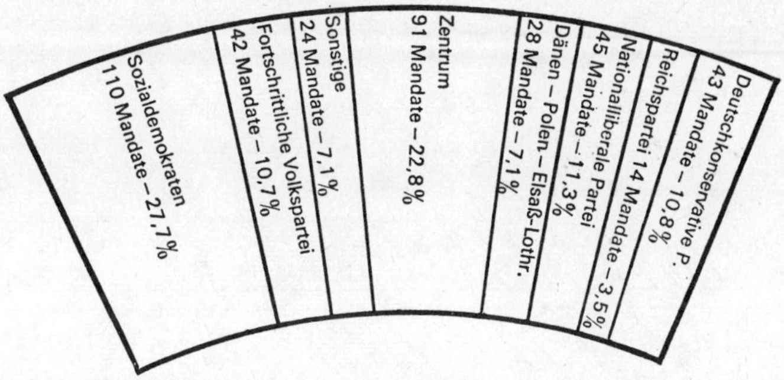

2 Die Verfassung des Deutschen Reiches 1919

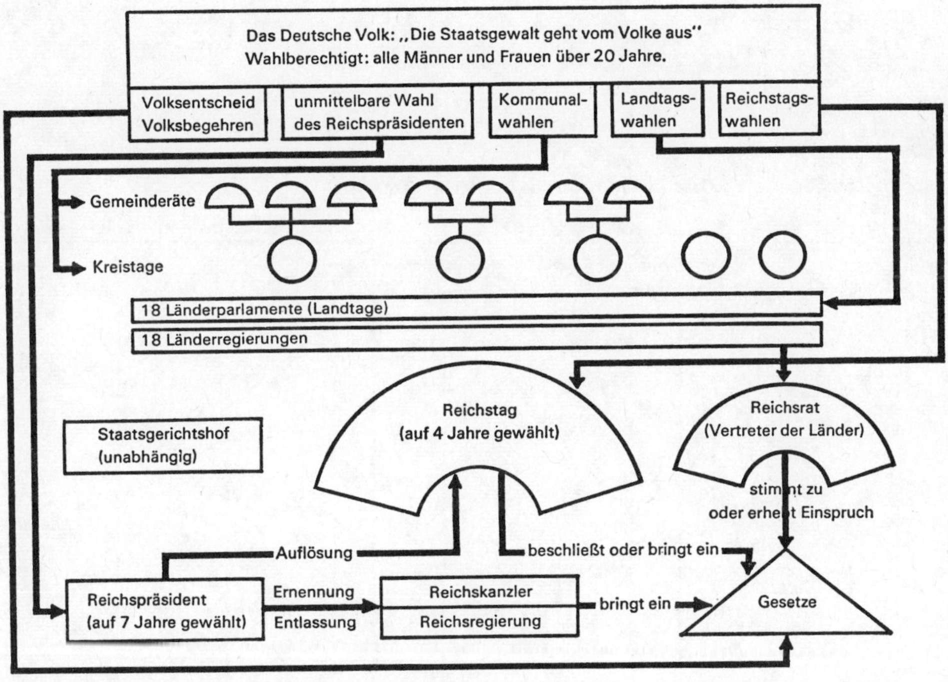

3 Die Vergrößerung der Betriebe von 1895–1925

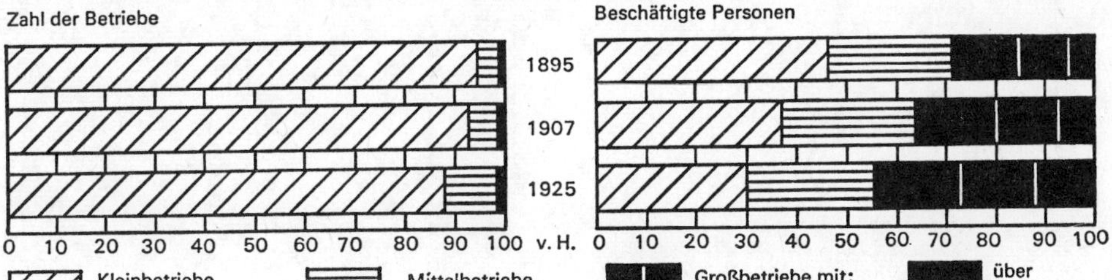

4 Die Verteilung der Bevölkerung auf Stadt und Land

Von der deutschen Bevölkerung wohnten:

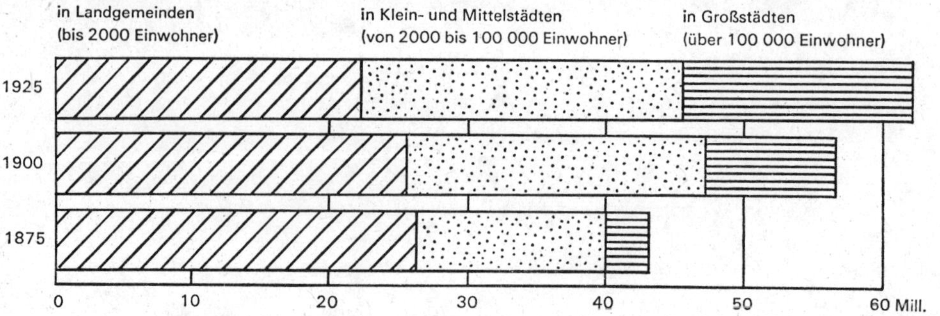

5 Parteientwicklungen 1914–1933 (außer bei Splittergruppen)

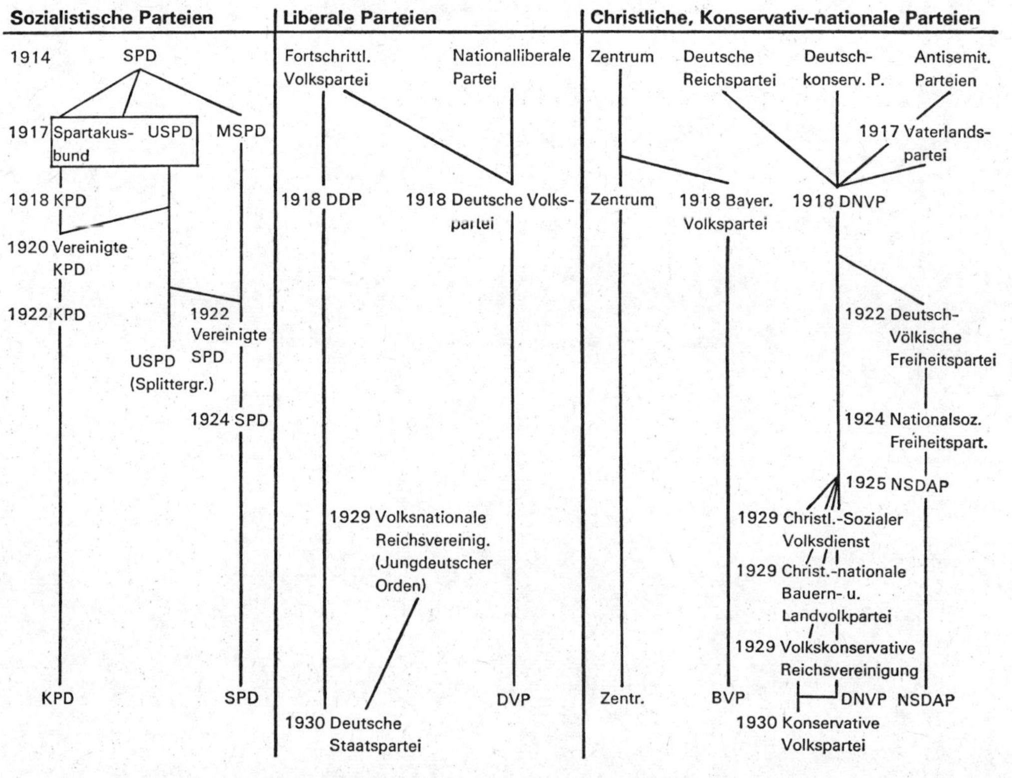

6 Internationaler Finanzkreislauf 1924–1931/32

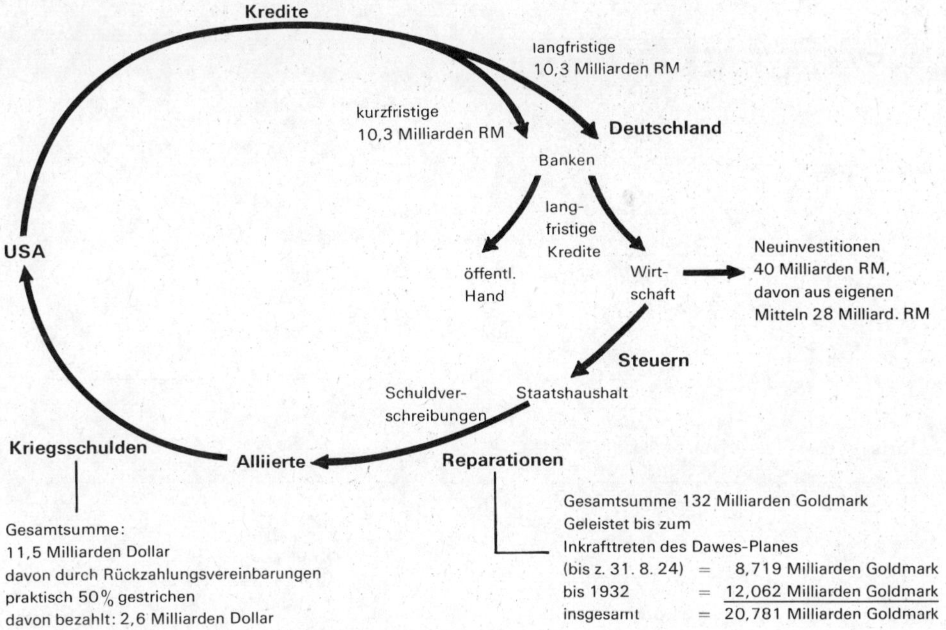

7 Staatsfeindliche und staatstragende Parteien 1919–1933

Vereinfachte Übersicht über den prozentualen Stimmanteil der Parteien bei den Reichstagswahlen

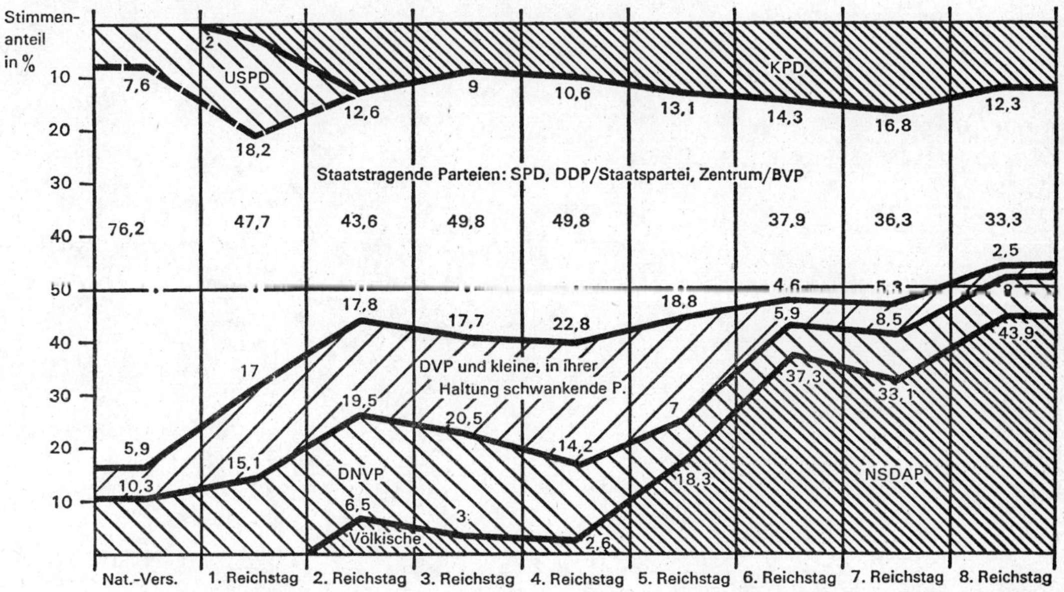

8 Veränderung der Mehrheitsverhältnisse von der Nationalversammlung 1919 zum 1. Reichstag 1920

	Parteien	Wahl zur Nationalversammlung	Reichstagswahl
Weimarer Koalition	SPD	37,9	21,7
	Zentrum	19,7	13,6
	DDP	18,5	8,2
		76,1	43,5
Opposition der Rechten	DNVP	10,3	15,0
	DVP	4,4	13,9
	Bayr. VP	–	4,1
		14,7	33,0
Opposition der Linken	USPD	7,6	18,8
	KPD	–	2,0
		7,6	20,8
Summe der rechten und linken Opposition		22,3	53,8

9 Gliederung der Gewerbebetriebe 1925

	Nicht landwirtschaftlich Gärtnerei, Tierzucht- und Hochseefischerei	Industrie und Handwerk	Handel und Verkehr[1]	Theater, Musik und Schaustellung	Gesundheitswesen	Summa
Gesamtzahl der Niederlassungen:	17 996	1 852 737	1 517 823	17 057	83 761	3 489 374
darunter Hausgewerbebetriebe:	32	294 604	487	–	–	295 123
Zahl der beschäftigten Personen:	62 081	12 704 135	5 476 682	110 654	396 031	18 749 583
davon weiblich:	15 599	2 898 212	1 727 633	38 971	177 437	4 857 852
Alleinbetriebe:	4 566	751 102	547 966	5 311	32 040	1 340 985
Kleinbetriebe (bis 5 Personen einschließlich Alleinbetriebe):	16 387	1 614 069	1 391 479	12 926	74 333	3 109 194
Zahl der darin beschäftigten Personen:	31 963	2 837 306	2 327 866	25 674	137 313	5 360 122
Mittelbetriebe (6–50 Personen):	1 516	205 909	117 407	3 878	8 371	337 081
Zahl der darin beschäftigten Personen:	16 303	2 898 609	1 458 022	50 583	114 359	4 537 876
Großbetriebe (über 50 Personen):	93	32 759	8 937	253	1 057	43 099
Zahl der darin beschäftigten Personen:	13 815	6 968 220	1 690 794	34 397	144 359	8 851 585

[1] Einschließlich Reichspost und Reichsbahn.

10 Wirtschaftszahlen für 1919 bis 1929

	Angaben für	1929	1928	1927	1926	1925	1924	1923	1922	1921	1920	1919	1913[2]
Gütererzeugung													
Steinkohlenförderung[1]	1 000 000 t	163	150	153	145	132	119	62	119	113	107	88	140
Braunkohlenförderung	1 000 000 t	174	165	150	139	139	124	118	137	123	111	93	87
Roheisen[1]	1 000 000 t	13,4	11,8	13	9,6	10	7,8	4,9	9,1	7,4	6	5,3	10,9
Rohstahl[1]	1 000 000 t	16,2	14,3	16,1	12,2	12	9,7	6,2	11,2	9,2	7,5	6,2	11,7
Kali (Reinkali)	1 000 000 t	5,1	5,2	4,7	4,1	5	3,4	3,9	5,4	4,1	5,1	4,4	5,8
Bautätigkeit													
a) Gebäude	in 1000	203	217	207	162	166	108	—	—	—	—	—	—
b) Wohngebäude	in 1000	131	137	131	98	89	54	54,8	74,6	66,8	43,4	21,4	—
c) Neuwohnungen	in 1000	339	307	284	199	164	95	100	124	108	76	35	—
Außenhandel													
a) Einfuhr (Reiner Warenverkehr)	in Milliarden RM.	13,45	14	14,23	10	12,36	9,08	6,15[3]	[3]	[3]	[3]	[3]	10,77
b) Ausfuhr (Reiner Warenverkehr)	in Milliarden RM.	13,48	12,28	10,8	10,42	9,29	6,55	6,1[3]	[3]	[3]	[3]	[3]	10,09
Preise													
Großhandelsindex	1913 = 100	137,2	140,0	137,6	134,4	141,8	137,3	[3]	[3]	[3]	[3]	[3]	100
Agrarstoffe	1913 = 100	130,2	134,3	137,8	129,3	133,0	119,6	[3]	[3]	[3]	[3]	[3]	100
Industrielle Rohstoffe und Halbwaren	1913 = 100	131,9	134,1	131,9	129,7	141,0	142,0	[3]	[3]	[3]	[3]	[3]	100
Industrielle Fertigwaren	1913 = 100	157,4	158,6	147,3	149,5	156,7	156,2	[3]	[3]	[3]	[3]	[3]	100
Index der Lebenshaltungskosten	1913/14 = 100	153,8	151,7	147,6	141,2	139,8	127,6	[3]	[3]	[3]	[3]	[3]	100
Lebenshaltungskosten ohne Wohnung	1913/14 = 100	160,8	158,3	155,8	151,6	154,5	146,4	[3]	[3]	[3]	[3]	[3]	100
Steinkohlen (Fett-Förderk. Rh.-Westf.)	Preise in RM. für 1 t im Jahresdurchschnitt	16,87	16,20	14,87	14,88	14,98	18,18	[3]	[3]	[3]	[3]	[3]	12,—
Stahlschrott (Essen)	Preise in RM. für 1 t im Jahresdurchschnitt	62,95	57,78	63,08	54,61	64,97	66,14	[3]	[3]	[3]	[3]	[3]	60,—
Roggen (Berlin)	Preise in RM. für 1 t im Jahresdurchschnitt	167,8	192,4	239,1	249	190	200	[3]	[3]	[3]	[3]	[3]	162,5
Geld- und Finanzwesen													
Geldumlauf	Jahresdurchschnitt in Millionen RM	5 965	5 843	5 451	4 910	4 468	3 085	[3]	[3]	[3]	[3]	[3]	—
Gold- und Deckungsdevisen	Millionen RM	2 601	2 499	2 130	2 011	1 474	636	[3]	[3]	[3]	[3]	[3]	—
Notenbankkredite	„	2 386	2 269	2 143	1 319	1 596	—	[3]	[3]	[3]	[3]	[3]	—
Sparkasseneinlagen: Stand Ende Dezember	„	9 016	6 990	4 839	3 182	1 694	595	[3]	[3]	[3]	[3]	[3]	19 689
Konkurse	Zahl	13 180	10 595	7 870	15 829	14 805	8 034	497	1 701	4 129	2 124	2 024	815
Vergleichsverfahren	Zahl	5 001	3 147	1 083	7 454	6 052	7 111	163	132	516	231	172	—

[1] Ohne Saargebiet – [2] Umgerechnet auf den Gebietsumfang von 1929 – [3] Infolge der Inflation keine genauen Zahlenangaben möglich.

11 Finanzwirtschaftlicher Gesamtüberblick über die Ausgaben des Reichs für die Rechnungsjahre 1913[1] und 1925 bis 1931

	1913[1] (Haushaltsrechnung)				1924 (Haushaltsrechnung)			
	Ausgaben insgesamt		Darunter: Gehälter und Vergütungen		Ausgaben insgesamt		Darunter: Gehälter und Vergütungen	
	in Mill. RM	in v. H. der Gesamtausgaben	in Mill. RM	in v. H. der Gesamtausgaben für Gehälter usw.	in Mill. RM	in v. H. der Gesamtausgaben	in Mill. RM	in v. H. der Gesamtausgaben für Gehälter usw.
I. Die Gesamtausgaben der Hoheitsverwaltungen (einschließlich der Steuerüberweisungen an die Länder)	2 378,5	100,0	359,8	100,0	7 664,6	100	518,3	100
II. Hiervon gehen an die Länder:								
1. als Steuerüberweisung .	—	—	—	—	2 770,4	36,2	—	—
2. für Zwecke polizeilichen Schutzes	—	—	—	—	185,7	2,4	—	—
1 u. 2 zusammen	—	—	—	—	2 956,1	38,6	—	—
Es verbleiben	2 378,5	100,0	359,8	100,0	4 708,5	61,4	518,3	100
III. Davon entfallen auf die Kriegslasten:								
1. Äußere Kriegslasten (einschließlich Sonderleistungen) betragen	—	—	—	—	1 358,1	17,7	—	—
2. Innere Kriegslasten (ausschließlich Kriegsversorgungen)								
3. Kriegsversorgung	—	—	—	—	606,2	7,9	18,4	3,5
	62,5	2,6	—	—	1 064,4	13,9	29,9	5,8
Kriegslasten insgesamt	62,5	2,6	—	—	3 029,7	39,5	48,3	9,3
Es verbleiben	2 316,0	97,4	359,8	100,0	1 678,8	21,9	470,0	90,7
IV. Davon entfallen:								
1. auf Finanz- und Steuerverwaltung	78,1	3,3	2,3	0,6	401,5	5,2	258,0	49,8
2. auf Schuldendienst	219,7	9,2	—	—	305,1	4,0	2,3	0,4
1 u. 2 zusammen	297,8	12,5	2,3	0,6	706,6	9,2	260,2	50,2
Bleibt für die Aufgaben des Reichs (ohne III u. IV)	2018,2	84,9	357,5	99,4	972,2	12,7	209,8	40,5
V. Davon gibt d. Reich aus:								
1. für die Wehrmacht	1 821,8	76,6	328,4	91,3	490,9	6,4	155,5	30,0
2. für soziale Zwecke:								
a) für Zuschüsse zur Sozialversicherung	54,2	2,3	—	—	129,7	1,7	—	—
b) für Erwerbslosenfürsorge	0,0	0,0	—	—	40,5	0,5	0,9	0,2
c) für sonstige soziale Zwecke (einschließlich Gesundheitswesen) ...	6,0	0,3	2,5	0,7	67,6	0,9	3,6	0,7
3. für das Wohnungswesen	3,4	0,1	—	—	14,3	0,2	—	—
4. für wirtschaftliche Zwecke:								
a) für Landwirtschaft, Gewerbe usw.	7,1	0,3	0,7	0,2	11,5	0,2	4,1	0,8
b) für Verkehr	52,6	2,2	1,7	0,5	124,1	1,6	6,2	1,2
5. für kulturelle Zwecke ..	4,1	0,2	1,0	0,3	14,0	0,2	3,0	0,6
6. für alle übrigen Verwaltungszweige (Oberste Reichsorgane, auswärtige Angelegenheiten, innere Verwaltung, Polizei, Rechtspflege, 1913: Kolonien)	69,0	2,9	23,2	6,4	79,6	1,0	36,5	7,0

[1] Nach dem Gebietsstand von 1925 (ohne Saargebiet).

1925 (Haushaltsrechnung)				1926 (Haushaltsrechnung)	1927 (Haushaltsrechnung)	1928 (Haushaltsrechnung)	1929 (Haushaltsplan)	1930 (Haushaltsplan)[2]				1931 (Haushaltsplan)[2]	
Ausgaben insgesamt		Darunter: Gehälter und Vergütungen		Ausgaben insgesamt	Ausgaben insgesamt	Ausgaben insgesamt	Ausgaben insgesamt	Ausgaben insgesamt		Darunter: Gehälter und Vergütungen		Ausgaben insgesamt	
in Mill. RM	in v. H. der Gesamtausgaben	in Mill. RM	in v. H. der Gesamtausgaben für Gehälter usw.	in Mill. RM	in Mill. RM	in Mill. RM	in Mill. RM	in Mill. RM	in v. H. der Gesamtausgaben	in Mill. RM	in v. H. der Gesamtausgaben für Gehälter usw.	in Mill. RM	in v. H. der Gesamtausgaben
7 903,9	100,0	612,6	100,0	9 182,5	10166,8	11788,3	11088,7	11574,3	100,0	804,8	100,0	10496,5	100,0
2 582,5	32,7	—	—	2 620,5	3 011,8	3 412,5	3 286,9	3 389,9	29,3	—	—	2 965,6	28,2
187,9	2,4	—	—	208,4	202,2	199,2	195,0	195,0	1,7	—	—	195,0	1,9
2 770,4	35,1	—	—	2 828,9	3 214,0	3 611,7	3 481,9	3 584,9	31,0	—	—	3 160,6	30,1
5 133,5	64,9	612,6	100,0	6 353,6	6 952,8	8 176,6	7 606,8	7 989,4	69,0	804,8	100,0	7 335,9	69,9
1 080,2	13,7	—	—	1 309,6	1 779,2	2 178,5	1 907,2	1 882,7	16,3	—	—	1 793,8	17,1
594,3	7,5	18,1	2,9	491,6	293,5	497,0	325,0	312,1	2,7	11,6	1,4	271,8	2,6
1 427,2	18,0	35,3	5,8	1 486,0	1 616,4	1 818,0	1 743,9	1 720,6	14,8	47,3	5,9	1 599,3	15,2
3 101,7	39,2	53,4	8,7	3 287,2	3 689,1	4 493,5	3 976,1	3 915,4	33,8	58,9	7,3	3 664,9	34,9
2 031,8	25,7	559,2	91,3	3 066,4	3 263,7	3 683,1	3 630,7	4 074,0	35,2	745,9	92,7	3 671,0	35,0
460,4	5,8	301,5	49,2	488,6	567,2	589,4	587,1	605,7	5,2	401,6	49,9	542,0	5,2
111,6	1,4	5,7	1,0	358,4	552,4	630,2	514,3	1 061,5	9,2	4,8	0,6	912,9	8,7
572,0	7,2	307,2	50,2	847,0	1 119,6	1 219,6	1 101,4	1 667,2	14,4	406,4	50,5	1 454,9	13,9
1 459,8	18,5	252,0	41,1	2 219,4	2 144,1	2 463,5	2 529,3	2 406,8	20,8	339,5	42,2	2 216,1	21,1
633,3	8,0	187,3	30,6	704,2	769,4	827,0	752,5	790,6	6,8	245,3	30,5	764,5	7,3
259,4	3,3	—	—	285,7	346,7	416,6	611,7	578,9	5,0	—	—	435,4	4,1
160,2	2,0	0,9	0,1	510,2	351,0	571,4	602,9	435,1	3,8	—	—	463,1	4,4
38,5	0,5	4,1	0,7	60,3	113,9	77,4	65,5	60,7	0,5	6,8	0,9	[3]	
21,1	0,3	—	—	160,7	69,4	38,1	23,5	14,7	0,1	—	—	5,2	0,1
34,9	0,4	4,5	0,7	153,3	101,1	134,6	115,7	145,4	1,3	5,9	0,7 }		
182,4	2,3	7,5	1,2	200,9	231,1	232,2	195,8	223,4	1,9	13,1	1,6 }	547,9	5,2
27,9	0,4	3,4	0,6	28,2	39,6	40,1	37,4	36,6	0,3	4,9	0,6 }		
102,1	1,3	44,3	7,2	115,9	121,9	126,1	124,3	121,4	1,1	63,5	7,9 }		

[2] Nach der Reichstagsvorlage. – [3] In 6 enthalten.

12 Volkseinkommen

Anteil der sozialen Gruppen am Volkseinkommen (umgerechnet in Kaufkraft von 1928)

a) in Millionen Mark

Jahr	Land- u. Forstw.	Handel u. Gewerbe	Lohn u. Gehalt	Kapital-vermögen	Miet- u. Pachteink.	Renten u. Pens.	Versch.	Volks-eink.
1913	8 600	14 000	31 400	8 700	1 300	2 100	3 200	69 300
1925	6 161	11 827	36 622	1 292	593	6 025	3 567	65 087
1926	6 262	11 617	37 403	1 679	685	7 646	2 140	67 332
1927	6 104	12 356	39 959	2 165	780	7 617	3 836	72 717
1928	5 816	12 187	42 621	2 784	836	8 433	2 696	75 373
1929	5 695	11 608	42 459	3 138	859	9 063	2 240	75 062
1930	5 355	10 247	40 783	3 347	927	10 313	1 288	72 260
1931	5 247	8 372	36 900	3 382	1 005	11 227	– 2 420*	63 713
1932	4 705	7 340	32 873	2 823	1 004	11 565	– 1 998*	58 312

b) in v. H. des Volkseinkommens

Jahr	Land- u. Forstw.	Handel u. Gewerbe	Lohn u. Gehalt	Kapital-vermögen	Miet- u. Pachteink.	Renten u. Pens.	Versch.	Volks-eink.
1913	12,5	20,1	45,3	12,5	2,0	3,0	4,6	100 %
1925	9,5	18,2	56,3	2,0	0,9	9,2	3,9	100 %
1926	9,3	17,3	55,5	2,5	1,0	11,4	3,0	100 %
1927	8,4	17,0	54,9	3,0	1,1	10,5	5,1	100 %
1928	7,7	16,2	56,5	3,7	1,1	11,2	4,6	100 %
1929	7,6	15,5	56,6	4,2	1,1	12,0	3,0	100 %
1930	7,4	14,2	56,4	4,6	1,3	14,3	1,8	100 %
1931	8,2	13,2	57,9	5,3	1,6	17,6	– 3,8*	100 %
1932	8,1	12,6	56,4	4,8	1,7	19,8	– 3,4*	100 %

* Ausgleich von Doppelzählungen

Volkseinkommen je Kopf der Bevölkerung

umgerechnet in Kaufkraft von 1928 unter Berücksichtigung des veränderten Altersaufbaus, d. h. je Vollperson nach Abzug der Reparationsleistungen

1913 =	1505 Mark =	100 % von 1913
1925	1262 RM	84 % von 1913
1926	1293 RM	86 % von 1913
1927	1381 RM	92 % von 1913
1928	1415 RM	94 % von 1913
1929	1389 RM	92 % von 1913
1930	1339 RM	89 % von 1913
1931	1180 RM	78 % von 1913
1932	1089 RM	72 % von 1913

Index der Lebenshaltungskosten

1913/14 =	100	1928 =	151,7
1924	127,6	1929	153,8
1925	139,8	1930	147,3
1926	141,2	1931	135,9
1927	147,6	1932	120,9

Stundenlöhne für Arbeiter der höchsten tarifmäßigen Altersstufe (in Rpf)
(Durchschnitt von 17 Gewerben)

Januar	1929	1930	1931	1932	1933
Facharbeiter	98,9	102,6	102,1	84,9	80,1
Hilfsarbeiter	77,5	80,6	80,2	66,9	63,0
angelernte Arb.	80,1	83,1	82,8	69,3	68,4
weibl. Facharb. u. Angelernte	61,8	64,4	64,6	53,5	52,2
weibl. Hilfsarb.	51,5	53,5	53,2	44,1	43,5

Durchschnittliche Lebensmittelpreise (Beispiel Frankfurt a. M.)

(in kg bzw. l)	1913	1929	1930	1931	1932	
Roggenbrot	27	43	44	43	40	Pf
Weizenmehl	38	52	59	60	54	Pf
Zucker	46	69	71	75	80	Pf
Kartoffeln	8	14	11	11	10	Pf
Rindfleisch	150	212	209	173	134	Pf
Schweinefleisch	186	298	278	205	169	Pf
Schweineschmalz	150	164	152	125	93	Pf
Vollmilch	24	30	29	27	23	Pf
Butter	270	448	390	343	299	Pf
Eier (1 St.)	8	17	15	12	10	Pf

13 Dollarnotierungen der Mark 1914 bis 1923 (im Monatsdurchschnitt)

Juli 1914	4.2	Januar 1921	64.9	Juli 1923	353 412.0
Januar 1919	8.9[1]	Juli 1921	76.7	August 1923	4 620 455.0
Juli 1919	14.0	Januar 1922	191.8	September 1923	98 860 000.0
Januar 1920	64.8	Juli 1922	493.2	Oktober 1923	25 260 208 000.0
Juli 1920	39.5	Januar 1923	17 972.0	15. Nov. 1923	4 200 000 000 000.0

[1] Berechnet auf Grund der Schweizer Kurse.

14 Zunahme der Zahl der Erwerbstätigen von 1907 bis 1925

Ein Vergleich der Zählungsergebnisse von 1907 und 1925 zeigt, daß der Anteil der Erwerbstätigen an der Gesamtbevölkerung auf Kosten der Gruppe der Angehörigen ohne Haupterwerb gestiegen ist.

Es entfielen:	1907		1925	
	Personen	v. H. der Gesamtzahl	Personen	v. H. der Gesamtzahl
auf hauptberuflich Erwerbstätige ..	25 156 000	45,7	32 009 000	51,3
berufslose Selbständige	3 078 000	5,6	3 844 000	6,2
Angehörige o. Haupterwerb ..	26 757 100	48,7	26 557 000	42,5
Gesamtbevölkerung	54 991 100	100,0	62 410 000	100,0

Von 1907 bis 1925 stieg

die Zahl der Gesamtbevölkerung .... um 13,5 vH,
die Zahl der hauptberuflich Erwerbstätigen .... um 27,2 vH.

15 Wachstum des realen Sozialprodukts (pro Jahr in %)

Zeitraum	insg. in %	je Einw. in %
1871/1890	2,5	1,5
1891/1913	3,3	2,0
1925/1938	3,1	2,4
1913/1938	1,5	0,9
1950/1968	6,2	5,2
1938/1968	3,5	2,5

16 Lebenshaltungskosten in Deutschland, Großbritannien, USA (1913 = 100)

Jahr	Deutschland	Großbritannien	USA	Jahr	Deutschland	Großbritannien	USA
1910	92	93	96	1928	152	166	173
1911	95	95	96	1929	154	164	173
1912	100	97	98	1930	148	157	169
1913	100	100	100	1931	136	144	154
1924	131	180	173	1932	121	142	138
1925	142	175	177	1933	118	141	135
1926	142	173	179	1934	121	141	135
1927	148	166	175				

17 Wöchentliche Reallöhne in Deutschland, Großbritannien, USA (1913 = 100)

Juli des Jahres	Deutschland (Einkommen)	Großbritannien (Tariflohn)	USA (Einkommen)	Juli des Jahres	Deutschland (Einkommen)	Großbritannien (Tariflohn)	USA (Einkommen)
1910	99	101	96	1928	108	102	131
1911	98	99	98	1929	110	103	132
1912	96	100	97	1930	105	106	125
1913	100	100	100	1931	100	115	123
1924	70	94	126	1932	94	114	112
1925	87	98	125	1933	98	113	116
1926	90	99	125	1934	102	113	124
1927	97	104	129				

18 Erwerbspersonen nach ihrer sozialen Stellung im Reich[a]) und in der BRD in v. H. aller Erwerbspersonen

Jahr	1 Selbständige[b])	2 Mithelfende Familienangehörige	3 zusammen 1 und 2	4 Angestellte Beamte	5 Arbeiter	6 Hausangest.	7 Alle Abhängigen 4 bis 6
1895	27,5 (23,4)	9,6 (9,0)	37,1 (32,4)	5,2 (10,7)	50,4 (49,7)	7,3 (7,2)	62,9 (67,6)
1907	22,0 (18,8)	15,6 (15,0)	37,6 (33,3)	7,5 (13,1)	49,2 (47,4)	5,7 (5,7)	62,4 (66,2)
1925	15,7	17,0	32,7	17,3	45,8	4,2	67,3
1933	16,2	16,5	32,7	17,4	46,1	3,8	67,3
1939	14,0	16,4	30,4	19,0	46,7	3,9	69,6
1950	14,6	13,8	28,4	21,1	50,5		71,6
1961	12,2	10,0	22,4	29,0	48,5		77,5
1967	11,1	7,7	18,8	33,0	48,2		81,2

a) Jeweiliger Gebietsstand; in Klammern für 1895 und 1907 auch die Angaben für Gebietsstand 1937. b) Einschl. leitende Angestellte.

19 Verteilung der Privateinkommen und unverteilte Gesellschaftsgewinne im Reich[a]) (Preise von 1928)

Jahr	Privateinkommen in Mrd. M	davon in % Selbständ. Einkommen	Einkommen aus Vermögen und Vermietung	Löhne u. Gehälter	Renten, Unterstützungen	Unverteilte Gesellschaftsgewinne abs. (Mrd. M)	% des Volkseink.
1913	66,1	38	15,1	47,7	3,2	1,8	2,6
1925	62,5	29	3,0	58,5	9,5	1,0	1,5
1928	72,7	24,8	4,9	58,7	11,5	1,3	1,7
1933	61,6	21,5	6,5	54,2	17,7	0,9	1,3
1936	76,3	25,5	5,9	56,3	12,3	2,3	2,9
1939	100,0	27,7	5,1	54,5	11,6	5,0	5,3
Veränd. 1925/39 in %	+51	+54	+170	+50	+93	+430	

a) Gebietsstand 1934; ab 1936 einschl. Saarland. Quelle: Statistische Jahrbücher für das Deutsche Reich 1934, 1939/40, 1941/42.

20 Einkommensschichtung im Reich bzw. der BRD

	1913			1928			1936			1950			1961		
% der Einkommensbezieher	10	40	50	10	40	50	10	40	50	10	40	50	10	40	50
% des Gesamteinkommens	40	36	24	37	38	25	39	43	18	34	46	20	38	40	22

21 Die wichtigsten Minister in den Regierungen der Weimarer Republik

Beginn	*Koalition*	*Reichskanzler*	*Vizekanzler*	*Äußeres*	*Inneres*	*Reichswehr*	*Wirtschaft*	*Finanzen*	*Ernährung*	*Arbeit*	*Justiz*
10. 11. 1918	SPD-USPD (Rat der Volksbeauftragten)	Ohne Ressorts: Ebert (SPD), Scheidemann (SPD), Landsberg (SPD), Haase (USPD), Dittmann (USPD), Barth (USPD)									
29. 12. 1918	SPD Rat der Volksbeauftragten	Ohne Ressorts: Ebert, Scheidemann, Landsberg, Wissell, Noske									
13. 2. 1919	SPD-Zentrum-DDP (Weimarer Koalition)	Scheidemann (SPD)	Schiffer (DDP) ab 30. 4. 1919: Dernburg (DDP)	Graf Brockdorff-Rantzau (parteilos)	Preuß (DDP)	Noske (SPD)	Wissell (SPD)	Schiffer (DDP) ab 19. 4. 1919: Dernburg (DDP)	Schmidt (SPD)	Bauer (SPD)	Landsberg (SPD)
21. 6. 1919	SPD-Zentrum ab Okt. 1919 auch DDP	Bauer (SPD)	Erzberger (Zentrum) ab 2. 10. 1919: Schiffer (DDP)	H. Müller (SPD)	David (SPD) ab 5. 10. 1919: Koch (DDP)	Noske (SPD)	Wissell (SPD) ab 15. 7. 1919: Schmidt (SPD)	Erzberger (Zentrum)	Schmidt (SPD)	Schlicke (SPD)	ab 2. 10. 1919: Schiffer (DDP)
27. 3. 1920	SPD-Zentrum-DDP	H. Müller (SPD)	Koch (DDP)	Köster (SPD)	Koch (DDP)	Geßler (DDP)	Schmidt (SPD)	Wirth (Zentrum)	Hermes (Zentrum)	Schlicke (SPD)	Blunck (DDP)
21. 6. 1920	Zentrum-DDP-DVP	Fehrenbach (Zentrum)	Heinze (DVP)	Simons (parteilos)	Koch (DDP)	Geßler (DDP)	Scholz (DVP)	Wirth (Zentrum)	Hermes (Zentrum)	Brauns (Zentrum)	Heinze (DVP)
10. 5. 1921	SPD-Zentrum-DDP	Wirth (Zentrum)	Bauer (SPD)	Rosen (parteilos)	Gradnauer (SPD)	Geßler (DDP)	Schmidt (SPD)	Wirth (Zentrum)	Hermes (Zentrum)	Brauns (Zentrum)	Schiffer (DDP)
26. 10. 1921	SPD-Zentrum-DDP	Wirth (Zentrum)	Bauer (SPD)	Wirth (Zentrum) 21. 1.–24. 6. 1922: Rathenau (DDP)	Köster (SPD)	Geßler (DDP)	Schmidt (SPD)	Hermes (Zentrum)	Hermes (Zentrum) ab 31. 3. 1922: Fehr (BVP)	Brauns (Zentrum)	Radbruch (SPD)
22. 11. 1922	DVP-Zentrum-DDP	Cuno (parteilos)	—	von Rosenberg (parteilos)	Oeser (DDP)	Geßler (DDP)	Becker (DVP)	Hermes (Zentrum)	Luther (parteilos)	Brauns (Zentrum)	Heinze (DVP)
13. 8. 1923	SPD-Zentrum-DDP-DVP (Große Koalition)	Stresemann (DVP)	Schmidt (SPD)	Stresemann (DVP)	Sollmann (SPD)	Geßler (DDP)	von Raumer (DVP)	Hilferding (SPD)	Luther (parteilos)	Brauns (Zentrum)	Radbruch (SPD)
6. 10. 1923	SPD (bis 3. 11. 1923)-Zentrum-DDP-DVP	Stresemann (DVP)	—	Stresemann (DVP)	Sollmann (SPD) ab 11. 11. 1923: Jarres (DVP)	Geßler (DDP)	Koeth (parteilos)	Luther (parteilos)	Graf v. Kanitz (parteilos)	Brauns (Zentrum)	Radbruch (SPD) bis 3. 11. 1923
30. 11. 1923	Zentrum-BVP-DVP-DDP	Marx (Zentrum)	Jarres (DVP)	Stresemann (DVP)	Jarres (DVP)	Geßler (DDP)	Hamm (DDP)	Luther (parteilos)	Graf v. Kanitz (parteilos)	Brauns (Zentrum)	Emminger (BVP) bis 15. 4. 1924

Die wichtigsten Minister in den Regierungen der Weimarer Republik

Beginn	*Koalition*	*Reichskanzler*	*Vizekanzler*	*Äußeres*	*Inneres*	*Reichswehr*	*Wirtschaft*	*Finanzen*	*Ernährung*	*Arbeit*	*Justiz*
3. 6. 1924	Zentrum-DDP-DVP	Marx (Zentrum)	Jarres (DVP)	Stresemann (DVP)	Jarres (DVP)	Geßler (DDP)	Hamm (DDP)	Luther (parteilos)	Graf v. Kanitz (parteilos)	Brauns (Zentrum)	—
15. 1. 1925	Zentrum-DDP-DVP-DNVP	Luther (parteilos)	—	Stresemann (DVP)	Schiele (DNVP) ab 26. 10. 1925: Geßler (DDP)	Geßler (DDP)	Neuhaus (DNVP) ab 26. 10. 1925: Krohne (DVP)	von Schlieben (DNVP) ab 26. 10. 1925: Luther (parteilos)	Graf v. Kanitz (parteilos)	Brauns (Zentrum)	Frenken (Zentrum) ab 21. 11. 1925: Luther (parteilos)
20. 1. 1926	Zentrum-BVP-DVP-DDP	Luther (parteilos)	—	Stresemann (DVP)	Külz (DDP)	Geßler (DDP)	Curtius (DVP)	Reinhold (DDP)	Haslinde (Zentrum)	Brauns (Zentrum)	Marx (Zentrum)
17. 5. 1926	Zentrum-DVP-DDP	Marx (Zentrum)	—	Stresemann (DVP)	Külz (DDP)	Geßler (DDP)	Curtius (DVP)	Reinhold (DDP)	Haslinde (Zentrum)	Brauns (Zentrum)	Marx (Zentrum) ab 16. 7. 1926: Bell (Zentrum)
29. 1. 1927	Zentrum-BVP-DVP-DNVP	Marx (Zentrum)	Hergt (DNVP)	Stresemann (DVP)	von Keudell (DNVP)	Geßler (DDP) ab 19. 1. 1928: Groener (parteilos)	Curtius (DVP)	Köhler (Zentrum)	Schiele (DNVP)	Brauns (Zentrum)	Hergt (DNVP)
29. 6. 1928	SPD-Zentrum-BVP-DDP-DVP	H. Müller (SPD)	—	Stresemann (DVP) ab 4. 10. 1929 Curtius (DVP	Severing (SPD)	Groener (parteilos)	Curtius (DVP) ab 23. 12. 1929: Schmidt (SPD)	Hilferding (SPD) ab 23. 12. 1929: Moldenhauer (DVP)	Dietrich (DDP)	Wissell (SPD)	Koch (DDP) ab 13. 4. 1929: v. Guérard (Zentrum)
30. 3. 1930	Präsidialkabinett	Brüning (Zentrum)	Dietrich (DDP)	Curtius (DVP)	Wirth (Zentrum)	Groener (parteilos)	Dietrich (DDP)	Moldenhauer (DVP) ab 26. 6. 1930: Dietrich (DDP)	Schiele (DNVP)	Stegerwald (Zentrum)	Bredt (Wirtschaftsp.)
9. 10. 1931	Präsidiales Fachkabinett	Brüning (Zentrum)	Dietrich (DDP)	Brüning (Zentrum)	Groener (parteilos)	Groener (parteilos)	Warmbold (parteilos)	Dietrich (DDP)	Schiele (Landvolk-Part.)	Stegerwald (Zentrum)	Joël (parteilos)
1. 6. 1932	Präsidialkabinett	von Papen (parteilos)	—	Frhr. v. Neurath (parteilos)	Frhr. v. Gayl (DNVP)	von Schleicher (parteilos)	Warmbold (parteilos)	Graf Schwerin-v. Krosigk (parteilos)	Frhr. v. Braun (DNVP)	Schäffer (parteilos)	Gürtner (DNVP)
3. 12. 1932	Präsidialkabinett	von Schleicher (parteilos)	—	Frhr. v. Neurath (parteilos)	Bracht (parteilos)	von Schleicher (parteilos)	Warmbold (parteilos)	Graf Schwerin-v. Krosigk (parteilos)	Frhr. v. Braun (DNVP)	Syrup (parteilos)	Gürtner (DNVP)
30. 1. 1933	NSDAP-DNVP	Hitler (NSDAP)	von Papen (parteilos)	Frhr. v. Neurath (parteilos)	Frick (NSDAP)	von Blomberg (parteilos)	Hugenberg (DNVP)	Graf Schwerin-v. Krosigk (parteilos)	Hugenberg (DNVP)	Seldte (Stahlhelm)	Gürtner (DNVP)

22 Die Arbeitslosen im Jahre 1932

a) Jahresdurchschnitt nach Arbeitsamtsbezirken

	insgesamt	v. H.
Ostpreußen	102 516	1,8
Schlesien	420 206	7,5
Brandenburg	802 448	14,3
Pommern	119 301	2,1
Nordmark	354 636	6,3
Niedersachsen	324 952	5,8
Westfalen	488 976	8,8
Rheinland	717 923	12,8
Hessen	320 153	5,7
Mitteldeutschland	493 354	8,8
Sachsen	689 131	12,3
Bayern und Pfalz	473 265	8,5
Südwestdeutschland	295 850	5,3
D. Reich Jahresdurchschnitt	5 602 711	100,0
Durchschnitt 1931	4 519 704	100,0

b) nach Ländern im Januar 1932

	Arbeits-lose	Ein-wohner*
Preußen	3 797 808	37 988 936
Bayern und Pfalz	539 911	7 479 605
Sachsen	714 005	4 994 281
Württemberg	136 395	2 580 235
Baden	192 155	2 312 462
Thüringen	167 733	1 607 339
Hessen	104 809	1 347 279
Hamburg	128 795	1 226 111
Meckl.-Schwerin	42 233	674 045
Oldenburg	33 024	545 172
Braunschweig	53 157	501 875
Anhalt	37 813	351 045
Bremen	42 586	352 300
Lippe	16 786	163 648
Lübeck	20 191	127 971
Mecklenburg-Strelitz	6 612	110 269
Schaumburg-Lippe	7 897	48 046
Deutsches Reich	6 041 910	62 410 619

* Volkszählung vom 16. 6. 1925

c) Jahresdurchschnitt in einigen Berufsgruppen

	insgesamt	v. H.
Landwirtschaftliche Berufe	222 830	4,0
Bergbau, Hüttenwesen	211 955	3,8
Metallindustrie	937 644	16,7
Chemische Industrie	27 184	0,5
Holzindustrie	289 589	5,2
Baugewerbe	500 923	8,9
Bauhilfsarbeiter	304 344	5,4
Bekleidungsgewerbe	230 997	4,1
Verkehrsgewerbe	307 344	5,5
Lohnarbeit wechselnder Art	846 073	15,1
Alle übrigen Lohnempfänger	1 086 346	19,4
Musiker, Schauspieler etc.	33 118	0,6
Gastwirtsgewerbe	92 962	1,7
Angestellte und Techniker	511 402	9,1
Sämtliche Berufsgruppen	5 602 711	100,0

d) Arbeitslage der Gewerkschaftsmitglieder (Jahresdurchschnitt in %)

	Arbeitslose	Kurz-arbeiter
1913	2,9	–
1921	2,9	5,4
1922	1,5	2,6
1923	9,7	26,3
1924	14,2	17,3
1925	6,9	8,2
1926	18,1	16,5
1927	8,8	3,5
1928	8,4	5,6
1929	13,1	7,5
1930	22,2	13,4
1931	34,2	19,8
1932	43,7	22,6

e) Die Arbeitslosen im Verhältnis zur gesamten Bevölkerung (Vergleich mit dem Ausland) 1932

	Ende Juni		Ende September	
	v. H. der Gesamtbevölkerung	v. H. der Erwerbstätigen	v. H. der Gesamtbevölkerung	v. H. der Erwerbstätigen
Deutsches Reich	8,4	16,3	7,8	15,2
Saargebiet	4,9	12,6	4,9	12,7
Danzig	7,6	15,9	7,5	15,6
Dänemark	2,3	5,6	3,4	8,1
Frankreich	2,7	5,2	3,0	5,6
Großbritannien	6,2	12,0	6,4	14,0
Niederlande	3,5	8,9	4,0	10,0
Österreich	5,8	10,6	6,1	11,1
Polen	0,8	1,6	1,2	2,4
Tschechoslowakei	4,0	9,0	4,1	9,4
Kanada	5,3	14,6	5,0	13,9
USA	9,2	23,3	8,8	22,3

23 Wahlen zur Nationalversammlung und zum Reichstag 1919 bis 1933[1]

		Wahl vom 19. 1. 1919		Wahl[2] vom 6. 6. 1920		Wahl vom 4. 5. 1924	
			%		%		%
Gesamtzahl der Bevölkerung	In Tausenden	63 052,0		59 198,8		59 198,8	
Stimmberechtigte	In Tausenden	36 766,5		35 949,8		38 375,0	
Gültige Stimmen	In Tausenden	30 400,3	82,68	28 196,3	78,43	29 281,8	76,30
Ungültige Stimmen	In Tausenden	124,5	0,34	267,2	0,74	427,6	1,11

Parteien	Stimmen *Mandate*	%	Stimmen *Mandate*	%	Stimmen *Mandate*	%
Deutschnationale Volkspartei	3 121,5 *44*[3]	10,3	4 249,1 *71*	15,0	5 696,5 *95*	19,5
Nationalsoz. Deutsche Arbeiterpartei	—		—		1 918,3 *32*	6,5
Deutsche Volkspartei	1 345,6 *19*	4,4	3 919,4 *65*	13,9	2 694,4 *45*	9,2
Deutschsoziale Partei	—		—		333,4 *4*	1,1
Deutsches Landvolk	—		—		—	
Deutsche Bauernpartei	—		—		—	
Landbund	—		—		574,9 *10*	1,9
Wirtschaftspartei	275,1 *4*	0,9	218,6 *4*	0,8	693,6 *10*	2,3
Deutsch-Hannoversche Partei	77,2 *1*	0,2	319,1 *5*	1,1	319,8 *5*	1,0
Zentrum	5 980,2 *91*	19,7	3 845,0 *64*	13,6	3 914,4 *65*	13,3
Bayerische Volkspartei	—		1 173,3 *21*	4,1	946,7 *16*	3,2
Christliche Volkspartei	—		65,3 *0*	0,2	—	
Deutsche Demokratische Partei[9]	5 641,8 *75*[10]	18,5	2 333,7 *39*	8,2	1 655,1 *28*	5,3
Sozialdemokratische Partei	11 509,1 *163*	37,9	6 104,4 *102*	21,7	6 008,9 *100*	23,9
Unabh. Sozialdemokratische Partei	2 317,3 *22*	7,6	5 046,8 *84*	17,8	235,1 *0*	0,7
Kommunistische Partei	—		589,5 *4*	2,0	3 693,3 *62*	12,5
Andere Parteien	132,5 *2*	0,5	332,1 *0*	1,6	597,4 *0*	0,7

[1] Nach: Statistisches Jahrbuch für das Deutsche Reich, Bd. 27 (1928) S. 579, Bd. 33 (1934) S. 302 – [2] Die Hauptwahl fand 1920 statt. 1921 und 1922 wurden in den Abstimmungsgebieten Ergänzungswahlen vorgenommen. – [3] Einschließlich Bayerische Mittelpartei, Nationalliberale Partei in Bayern, Württembergische Bürgerpartei, Württemberg. Bauern- und Weingärtnerbund. – [4] Der völkisch-nationale Block erhielt 304 000 Stimmen, die verlorengingen. – [5] Dazu kamen noch 5 Abgeordnete: Württembergischer Landbund (3) und Sächsisches Landvolk (2). – [6] Christlich-nationale Bauern- und Landvolkpartei.

Wahl vom 7. 12. 1924		Wahl vom 20. 5. 1928		Wahl vom 14. 9. 1930		Wahl vom 31. 7. 1932		Wahl vom 6. 11. 1932		Wahl vom 5. 3. 1933	
	%		%		%		%		%		%
59 198,8		62 410,6		62 410,6		62 410,6		62 410,6		62 410,6	
38 987,3		41 224,7		42 957,7		44 226,8		44 373,7		44 685,8	
30 290,1	77,70	30 753,3	74,60	34 970,9	81,41	36 882,4	83,39	35 471,8	79,93	39 343,3	88,04
414,9	1,06	412,5	1,00	254,9	0,59	279,7	0,63	287,3	0,64	311,7	0,69
Stimmen *Mandate*	%	Stimmen *Mandate*	%	Stimmen *Mandate*	%	Stimmen *Mandate*	%	Stimmen *Mandate*	%	Stimmen *Mandate*	%
6 205,8 *103*	20,4	4 381,6 *73*[5]	14,2	2 458,3 *41*	7,0	2 177,4 *37*	5,9	2 959,0 *52*	7,2	3 136,8 *52*	8,0
907,3 *14*	2,9	810,1 *12*[4]	2,6	6 409,6 *107*	18,3	13 745,8 *230*	37,2	11 737,0 *196*	33,0	17 277,2 *288*	43,9
3 049,1 *51*	10,6	2 679,7 *35*	8,7	1 578,2 *30*	4,5	436,0 *7*	1,1	661,8 *11*	1,7	432,3 *2*	1,0
159,1 *0*	0,5	—		—		—		—		—	
—		581,8[6] *10*	1,8	1 108,7 *19*	3,1	90,6 *1*	0,2	46,4 *0*	0,1	—	
—		481,3 *8*	1,5	339,6 *6*	0,8	137,1 *2*	0,3	149,0 *3*	0,4	114,0 *2*	0,3
499,4 *8*	1,6	199,5[7] *3*	0,6	194,0 *3*	0,5	96,9[7] *2*	0,2	105,2[7] *2*	0,2	83,8[7] *1*	0,2
1 005,4 *17*[8]	3,3	1 397,1 *23*	4,5	1 362,4 *23*	3,9	146,9 *2*	0,3	110,3 *1*	0,3	—	
262,7 *4*	0,8	195,6 *3*	0,6	144,3 *3*	0,4	46,9 *0*	0,1	64,0 *1*	0,1	47,7 *0*	0,1
4 118,9 *69*	13,5	3 712,2 *62*	11,9	4 127,9 *68*	11,7	4 589,3 *75*	12,4	4 230,6 *70*	11,9	4 424,9 *74*	11,2
1 134,0 *19*	3,7	945,6 *16*	3,9	1 059,1 *19*	3,0	1 192,7 *22*	3,2	1 094,6 *20*	2,9	1 073,6 *18*	2,7
—		—		—		—		—		—	
1 919,8 *32*	6,3	1 505,7 *25*	4,9	1 322,4 *20*[11]	3,7	371,8 *4*	1,0	336,5 *2*	0,9	334,2 *5*[12]	0,8
7 881,0 *131*	26,0	9 153,0 *153*	28,7	8 577,7 *143*	24,5	7 959,7 *133*	21,5	7 248,0 *121*	20,4	7 181,6 *120*[13]	18,3
98,8 *0*	0,3	—		—		—		—		—	
2 709,1 *45*	8,9	3 264,8 *54*	10,6	4 592,1 *77*	13,1	5 282,6 *89*	14,2	5 980,2 *100*	16,8	4 848,1 *81*[14]	12,3
339,7 *0*	1,2	1 445,3 *4*	5,5	1 696,6 *18*	5,5	608,7 *4*	2,4	749,2 *5*	4,1	389,1 *4*	1,2

[7] Württembergischer Bauern- und Weingärtnerbund. – [8] Einschließlich Bayerischer Bauernbund. – [9] Seit 1930 Deutsche Staatspartei. – [10] Einschließlich Deutsche Volkspartei in Bayern. – [11] Sechs Abgeordnete der Volksnationalen Vereinigung bildeten nach der Wahl eine eigene Fraktion. – [12] Gewählt durch Listen-Verbindung mit der Sozialdemokratischen Partei. – [13] Die Zuteilung von Sitzen wurde durch Verordnung vom 7. Juli 1933 unwirksam gemacht. – [14] Die Zuteilung von Sitzen wurde durch das Gesetz vom 13. März 1933 ungültig gemacht.

24 Reichspräsidentenwahl 1925

Erster Wahlgang am 29. 3. 1925

	in 1000	v. H.
Zahl der Stimmberechtigten	39 226,1	100
Wahlbeteiligung	27 016,8	68,9
Gesamtzahl der gültigen Stimmen	26 866,1	100
davon entfielen auf		
Jarres	10 416,6	38,8
Held	1 007,5	3,7
Ludendorff	285,8	1,1
Braun	7 802,5	29,0
Marx	3 887,7	14,5
Hellpach	1 568,4	5,8
Thälmann	1 871,8	7,0
zersplittert	25,8	0,1

Zweiter Wahlgang am 26. 4. 1925

	in 1000	v. H.
Zahl der Stimmberechtigten	39 414,3	100
Wahlbeteiligung	30 567,9	77,6
Gesamtzahl der gültigen Stimmen	30 351,8	100
davon entfielen auf		
v. Hindenburg	14 655,6	48,3
Marx	13 751,6	45,3
Thälmann	1 931,2	6,4
zersplittert	13,4	0,0

Nominierende Parteien 1. Wahlgang: Jarres: DNVP, DVP – Held: BVP – Ludendorff: NSDAP - Braun: SPD – Marx: Zentrum – Hellpach: DDP – Thälmann: KPD; 2. Wahlgang: Hindenburg: DNVP, DVP, NSDAP, BVP – Marx: Z, DP, SPD – Thälmann: KPD.

Reichspräsidentenwahl 1932

Erster Wahlgang am 13. 3. 1932

	in 1000	v. H.
Zahl der Stimmberechtigten	43 949,7	100
Wahlbeteiligung	37 890,5	86,2
Gesamtzahl der gültigen Stimmen	37 648,3	100
davon entfielen auf		
Duesterberg	2 557,7	6,8
v. Hindenburg	18 651,5	49,6
Hitler	11 339,5	30,1
Thälmann	4 983,3	13,2
Winter	111,4	0,3
zersplittert	4,9	0,0

Zweiter Wahlgang am 10. 4. 1932

	in 1000	v. H.
Zahl der Stimmberechtigten	44 064,0	100
Wahlbeteiligung	36 771,8	83,5
Gesamtzahl der gültigen Stimmen	36 490,8	100
davon entfielen auf		
v. Hindenburg	19 360,0	53,0
Hitler	13 418,5	36,8
Thälmann	3 706,8	10,2
zersplittert	5,5	0,0

Nominierende Parteien 1. Wahlgang: Jarres: DNVP, DVP – Held: BVP – Ludendorff: NSDAP – Braun: SPD – Marx: Zentrum – Hellpach: DDP – Thälmann: KPD; 2. Wahlgang: Hindenburg: DNVP, DVP, NSDAP, BVP – Marx: Z, DDP, SPD – Thälmann: KPD.

Literatur

Die hier vorgelegte Literaturauswahl beschränkt sich hauptsächlich auf Bücher, die etwa seit 1957/58 erschienen sind. Eingeschlossen wurden auch Nachdrucke älterer Werke sowie Neuauflagen. Für die Zeit davor liegen umfassende Bibliographien vor, besonders in den Handbüchern von K. D. Erdmann und A. Schwarz. (S. unten: A. 3.) Eine Besprechung von Darstellungen zur Weimarer Epoche aus der DDR gibt die Arbeit von Beck, R.: Die Geschichte der Weimarer Republik im Spiegel der sowjetzonalen Geschichtsschreibung. Bonn/Berlin 1965. Titel mit ausführlicher Bibliographie sind mit einem (*) versehen.

A) Werke zur gesamten Epoche

1. Quellensammlungen, Dokumente und dergleichen

Ursachen und Folgen. Vom deutschen Zusammenbruch 1918 und 1945 bis zur staatlichen Neuordnung Deutschlands in der Gegenwart. Eine Urkunden- und Dokumentensammlung zur Zeitgeschichte. Herausgeber und Bearbeiter: Dr. Herbert Michaelis und Dr. Ernst Schraepler unter Mitwirkung von Dr. Günter Scheel. 8 Bände, Berlin o. J.
Zitiert: Ursachen und Folgen.

Huber, E. R.: Dokumente zur deutschen Verfassungsgeschichte. Bd. 3: Dokumente der Novemberrevolution und der Weimarer Republik. Stuttgart 1966

Dokumente und Materialien zur Geschichte der deutschen Arbeiterbewegung. Hrsg. vom Institut fur Marxismus-Leninismus beim Zentralkomitee der Sozialistischen Einheitspartei Deutschlands. Reihe 2, Bd. 1 (Juli 1914 — Oktober 1917) Berlin (Ost) 1957; Bd. 2 (November 1917 — Dezember 1918) Berlin (Ost) 1968; Bd. 3 (Januar 1919 — Mai 1919) Berlin (Ost) 1958; Bd. 7, 1. Halbband (Februar 1919 — Dezember 1921), 2. Halbband (Januar 1922 — Dezember 1923) Berlin (Ost) 1966

Schultheß' Europäischer Geschichtskalender für die Jahre 1917 bis 1933. Neue Folge. München, verschiedene Jahre.
Zitiert: Schultheß' Europäischer Geschichtskalender 1917 ff

Akten der Reichskanzlei. Weimarer Republik. Hrsg. für die Historische Kommission bei der Bayerischen Akademie der Wissenschaften von Erdmann, K. D.:
Das Kabinett Scheidemann. 13. Februar bis 20. Juni 1919. Bearb. v. Schulze, H. Boppard 1971
Das Kabinett Müller I. 27. März bis 21. Juni 1920. Bearb. v. Vogt, M. Boppard 1971
Das Kabinett Fehrenbach. 25. Juni 1920 bis 4. Mai 1921. Bearb. v. Wulf, P. Boppard 1972
Das Kabinett Cuno. 22. November 1922 bis 12. August 1923. Bearb. v. Harbeck, K.-H. Boppard 1968
Das Kabinett Müller II. 28. Juni 1928 bis 27. März 1930. Bearb. v. Vogt, M. 2 Bde. Boppard 1970

2. Erinnerungen, Biographien u. dergl.

Brecht, A.: Aus nächster Nähe. Lebenserinnerungen. 1884—1927. Stuttgart 1966
Heuss, T.: Erinnerungen 1905—1933. Tübingen 1963 (Fischer-Buch 700)
Kessler, H. Graf: Gesichter und Erinnerungen. (Neuaufl.) Berlin 1962
Stolper, T.: Ein Leben in Brennpunkten unserer Zeit: Wien, Berlin, New York: Gustav Stolper 1888—1947. Tübingen 1960
Brüning, H.: Memoiren 1918—1934. Stuttgart 1970
Der Nachlaß des Reichskanzlers Wilhelm Marx. Bearb. v. Stehkämper, H. 4 Bde. Köln 1968

3. *Darstellungen*

(Handbücher)
Erdmann, K. D.: Die Zeit der Weltkriege. (Bruno Gebhardt: Handbuch der deutschen Geschichte. Band IV). Verbesserter Nachdruck, Stuttgart 1960 (*)
Schwarz, A.: Die Weimarer Republik. (Sonderdruck aus: Brandt-Meyer-Just: Handbuch der deutschen Geschichte. Band IV, Abschnitt 3) Konstanz 1958 (*)
(Allgemeine Darstellungen)
Rosenberg, A.: Entstehung der Weimarer Republik. Hrsg. von Kesten, K. ([1]1928) Frankfurt a. M. [10]1968
Rosenberg, A.: Geschichte der Weimarer Republik. Hrsg. von Kesten, K. ([1]1935) Frankfurt a. M. [9]1968
Eyck, E.: Geschichte der Weimarer Republik. 1. Bd. 4. Aufl., 2. Bd. 3. Aufl. Zürich/Stuttgart 1962
Tormin, W. (Hrsg.): Die Weimarer Republik. Hannover 1962
Conze, W.: Die Zeit Wilhelms II. und die Weimarer Republik. Deutsche Geschichte 1890—1933. Tübingen/Stuttgart 1964
Aretin, K. O. Freiherr von und Fauth, G.: Die Machtergreifung. Die Entwicklung Deutschlands zur totalitären Diktatur 1918—1934. München 1959
Buchheim, K.: Die Weimarer Republik. Grundlagen und politische Entwicklung. München 1960
Bracher, K. D.: Die Auflösung der Weimarer Republik. Eine Studie zum Problem des Machtverfalls in der Demokratie. 4. unveränd. Aufl. Villingen/Schwarzwald 1964 (*) (Spezialstudie, aber mit einem sehr ausführlichen Strukturteil)
Vermeil, E.: Germany in the Twentieth Century. A Political and Cultural History of the Weimar Republic and the Third Reich. New York 1956
Halperin, W.: Germany Tried Democracy. A Political History of the Reich from 1918 to 1933. Hamden, Connecticut 1963
(Taschenbücher)
Heiber, H.: Die Republik von Weimar. (dtv-Weltgeschichte des 20. Jahrhunderts. dtv-Band 4003) München 1966
Herzfeld, H.: Die Weimarer Republik. (Ullstein-Buch 3846) Frankfurt a. M. 1966
Ruge, W.: Deutschland von 1917 bis 1933. Von der Großen Sozialistischen Oktoberrevolution bis zum Ende der Weimarer Republik. Berlin (Ost) 1967
Badia, G.: Histoire de l'Allemagne contemporaine. Tom. I: 1917—1933. Paris 1971
Castellan, G.: L'Allemagne de Weimar 1918—1933. Paris 1969

4. *Aufsatzsammlungen*

Der Weg in die Diktatur. 10 Beiträge. (Eine Sendereihe im 3. Programm des Norddeutschen Rundfunks.) München 1962
Freudenfeld, B. (Hrsg.): Stationen der Deutschen Geschichte 1919—1945. Kongreß zur Zeitgeschichte München. Stuttgart 1962
Eschenburg, T.: Die improvisierte Demokratie. Gesammelte Aufsätze zur Weimarer Republik. München 1963
Bracher, K. D.: Deutschland zwischen Demokratie und Diktatur. Beiträge zur neuen Politik und Geschichte. Bern/München 1964
Hermens, F. A. und Schieder, T. (Hrsg): Staat, Wirtschaft und Politik in der Weimarer Republik. Festschrift für Heinrich Brüning. Berlin 1967

B) Werke zu Einzelfragen

Zu I: Das Jahr 1917

(Krieg und Revolution)

Herzfeld, H.: Der Erste Weltkrieg. (dtv-Weltgeschichte des 20. Jahrhunderts. dtv-Band 4001) München 1968

Schulz, G.: Revolution und Friedensschlüsse 1917—1920. (dtv-Weltgeschichte des 20. Jahrhunderts. dtv-Band 4002) München 1967

Deutschland im Ersten Weltkrieg. Januar 1915 bis Oktober 1917. Von einem Autorenkollektiv unter Leitung von Gutsche, W. Berlin (Ost) 1968

Deutschland im Ersten Weltkrieg. November 1917 bis November 1918. Von einem Autorenkollektiv unter Leitung von Petzold, J. Berlin (Ost) 1969

(Staatsspitze, Parteien)

Ritter, G.: Staatskunst und Kriegshandwerk. 3. Bd.: Die Tragödie der Staatskunst. Bethmann Hollweg als Kriegskanzler, 1914—1917. München 1964

Patemann, R.: Der Kampf um die preußische Wahlreform im Ersten Weltkrieg. Düsseldorf 1964

Molt, P.: Der Reichstag vor der improvisierten Revolution. Köln 1963

Nipperdey, T.: Die Organisation der deutschen Parteien vor 1918. Düsseldorf 1961

Matthias, E. und Morsey, R. (Hrsg.): Der Interfraktionelle Ausschuß 1917/18. 2 Teile. Düsseldorf 1959

Bermbach, U. O.: Vorformen parlamentarischer Kabinettsbildung in Deutschland. Der Interfraktionelle Ausschuß 1917/18 und die Parlamentarisierung der Reichsregierung. Köln/Opladen 1967

Matthias, E. und Pikart, E.: Die Reichstagsfraktion der deutschen Sozialdemokratie 1898 bis 1918. 2 Teile. Düsseldorf 1966

Roth, G.: The Social Democrats in Imperial Germany. Totowa 1963

Badia, G.: Le Spartakisme. Les dernières années de Rosa Luxembourg et de Karl Liebknecht 1914—1919. Paris 1967

(Innere Verhältnisse)

Feldman, G. D.: Army, Industry and Labor in Germany 1914—1918. New York 1966

Politik im Krieg 1914—1918. Studien zur Politik der deutschen herrschenden Klassen im ersten Weltkrieg. — Sammelband hrsg. v. der Arbeitsgemeinschaft „Erster Weltkrieg" im Institut für Geschichte an der Deutschen Akademie der Wissenschaften zu Berlin. Berlin (Ost) 1964

Weber, H.: Ludendorff und die Monopole. Deutsche Kriegspolitik 1916—1918. Berlin (Ost) 1966

Richter, W.: Gewerkschaften, Monopolkapital und Staat im 1. Weltkrieg und in der Novemberrevolution (1914—1919). Berlin (Ost) 1959

Roesler, K.: Die Finanzpolitik des Deutschen Reiches im Ersten Weltkrieg. Berlin 1967

Mehnert, G.: Evangelische Kirche und Politik 1917—1919. Die politischen Strömungen im deutschen Protestantismus von der Julikrise 1917 bis zum Herbst 1919. Düsseldorf 1959

Deist, W. (Hrsg.): Militär und Innenpolitik 1914—1918. Düsseldorf 1970

(Kriegszielfrage)

Fischer, F.: Griff nach der Weltmacht. Die Kriegszielpolitik des kaiserlichen Deutschland 1914—1918. Auf Grund d. 3. Aufl. neubearbeitete Sonderausg. Düsseldorf 1967

Lynar, E. W. Graf (Hrsg.): Deutsche Kriegsziele 1914—1918. Eine Diskussion. (Ullstein-Buch 616) Frankfurt a. M. 1964

Geiss, I.: Der polnische Grenzstreifen 1914—1918. Ein Beitrag zur deutschen Kriegszielpolitik im Ersten Weltkrieg. Lübeck/Hamburg 1960

Basler, W.: Deutschlands Annexionspolitik in Polen und im Baltikum 1914—1918. Berlin (Ost) 1962
Janßen, K.-H.: Macht und Verblendung. Kriegszielpolitik der deutschen Bundesstaaten 1914 bis 1918. Göttingen 1963
Conze, W.: Polnische Nation und deutsche Politik im 1. Weltkrieg. Köln/Graz 1958
Steglich, W.: Die Friedenspolitik der Mittelmächte 1917/18. Wiesbaden 1964
Schwabe, K.: Wissenschaft und Kriegsmoral. Die deutschen Hochschullehrer und die politischen Grundfragen des Ersten Weltkrieges. Göttingen 1968

Zu II: 1918: Kriegsende und Revolution

(Zusammenbruch)

Thaer, A. von: Generalstabsdienst an der Front und in der O.H.L. Aus Briefen und Tagebuchaufzeichnungen 1915—1919. Hrsg. v. Kaehler, S. A., Göttingen 1958
Ritter, G.: Staatskunst und Kriegshandwerk. 4. Bd.: Die Herrschaft des deutschen Militarismus und die Katastrophe von 1918. München 1968
Baumgart, W.: Deutsche Ostpolitik 1918. Von Brest-Litowsk bis zum Ende des Ersten Weltkriegs. München 1966
Bracher, K. D. und Wallwitz, A. Gräfin (Hrsg.): Panorama 1918. Ein Jahr im Spiegel der Presse. München 1968
Ay, K.-L.: Die Entstehung einer Revolution. Die Volksstimmung in Bayern während des 1. Weltkrieges. Berlin 1968

(Novemberrevolution)

Matthias, E. und Morsey, R. (Hrsg.): Die Regierung des Prinzen Max von Baden. Düsseldorf 1962 (*)
Prinz Max von Baden: Erinnerungen und Dokumente, neu hrsg. von Mann, G. und Burckhardt, A. mit einer Einleitung von Mann, G., Stuttgart 1968
Miller, S. und Ritter, G. A. (Hrsg.): Die deutsche Revolution 1918—1919. Dokumente. (Fischer-Buch 879) Frankfurt a. M. 1968
Vorwärts und nicht vergessen. Erlebnisberichte aktiver Teilnehmer der Novemberrevolution 1918/19. Hrsg. vom Institut für Marxismus-Leninismus beim ZK der SED. Berlin (Ost) 1958
Erinnerungen von Veteranen der deutschen Gewerkschaftsbewegung an die Novemberrevolution (1914—1920). Beiträge zur Geschichte der deutschen Gewerkschaftsbewegung, Bd. 1. Berlin (Ost) 1957
Troeltsch, E.: Spektator-Briefe. Aufsätze über die deutsche Revolution und die Weltpolitik 1918—22. Neudruck der Ausgabe von 1924. Aalen 1966
Meyer, K. W.: Karl Liebknecht. Man without a Country. Washington 1957
Nettl, P.: Rosa Luxemburg. Köln/Berlin 1968 (*)
Mishark, J. W.: The Road to Revolution. German Marxism and World War I 1914—1919. Detroit 1967
Ryder, A. J.: The German Revolution of 1918. A Study of German Socialism in War and Revolt. Cambridge 1967
Burdick, C. B. und Lutz, R. H. (Hrsg.): The Political Institutions of the German Revolution 1918—1919. New York/Washington/London 1966
Kolb, E.: Die Arbeiterräte in der deutschen Innenpolitik 1918—1919. Düsseldorf 1962 (*)
Oertzen, P. von: Betriebsräte in der Novemberrevolution. Eine politikwissenschaftliche Untersuchung über Ideengehalt und Struktur der betrieblichen und wirtschaftlichen Arbeiterräte in der deutschen Revolution 1918/1919. Düsseldorf 1963
Elben, W.: Das Problem der Kontinuität in der deutschen Revolution. Die Politik der Staatssekretäre und der militärischen Führung vom November 1918 bis Februar 1919. Düsseldorf 1965
Schreiner, A. (Hrsg.): Revolutionäre Ereignisse und Probleme in Deutschland während der Periode der Großen Sozialistischen Oktoberrevolution 1917/18. Berlin (Ost) 1957

Nimtz, W.: Die Novemberrevolution 1918 in Deutschland. Mit einem Dokumentenanhang. 2. überarb. und erweit. Aufl. Berlin (Ost) 1965
Miller, S. (Hrsg.), unter Mitwirkung von Potthoff, H.: Die Regierung der Volksbeauftragten 1918/19. 2 Bde. Düsseldorf 1969
Rürup, R.: Probleme der Revolution in Deutschland 1918/19. Wiesbaden 1968
Kolb, E. (Hrsg.): Vom Kaiserreich zur Weimarer Republik. Köln 1972

Zu III: 1919: Versailles und Weimar

(Ebert)

Nitzschke, V. und Weigt, P.: Friedrich Ebert. Unterlagen für den Unterricht in Politik und Zeitgeschichte. Berlin 1960
Kotowski, G.: Friedrich Ebert. Eine politische Biographie. Bd. 1: Der Aufstieg eines deutschen Arbeiterführers 1871—1917. Wiesbaden 1963
Besson, W.: Friedrich Ebert. Verdienst und Grenze. Göttingen/Berlin/Frankfurt a. M. 1963

(Nachrevolutionäre Machtkämpfe)

Hannover-Drück, E. und Hannover, H.: Der Mord an Rosa Luxemburg und Karl Liebknecht. Dokumentation eines politischen Verbrechens. (Edition Suhrkamp 233) Frankfurt a. M. 1967
Dorst, T. (Hrsg.): Die Münchener Räterepublik. Zeugnisse und Kommentar. (Edition Suhrkamp 178) Frankfurt a. M. 1966
Berthold, L. und Neef, H.: Militarismus und Opportunismus gegen die Novemberrevolution. Das Bündnis der rechten SPD-Führung mit der Obersten Heeresleitung November und Dezember 1918. Berlin (Ost) 1958
Waldmann, E.: Spartakus. Der Aufstand von 1919 und die Krise der deutschen sozialistischen Bewegung. Boppard a. Rh. 1967
Badia, G.: Les Spartakistes 1918. L'Allemagne en Révolution. Paris 1966
Mitchell, A.: Revolution in Bayern 1918/19. Die Eisner-Regierung und die Räterepublik. München 1967
Schultzendorff, W. von: Proletarier und Prätorianer. Bürgerkriegssituationen aus der Frühzeit der Weimarer Republik. Köln 1966
Quellen zur Geschichte der Rätebewegung in Deutschland 1918. 1. Bd.: Der Zentralrat der deutschen sozialistischen Republik 19. 12. 1918—8. 4. 1919. Vom ersten zum zweiten Rätekongreß. Bearb. v. Kolb, E. unter Mitwirkung von Rürup, R. Leiden 1968
Weber, H. (Hrsg.): Der Gründungsparteitag der KPD. Protokoll und Materialien. Frankfurt a. M. 1969
Schmolze, R. u. G. (Hrsg.): Kurt Eisner: Die halbe Macht den Räten. Ausgewählte Aufsätze und Reden. Köln 1969
Czisnik, U.: Gustav Noske. Ein sozialdemokratischer Staatsmann. Frankfurt a. M. 1969
Hirsch, H.: Rosa Luxemburg in Selbstzeugnissen und Bilddokumenten. Reinbek 1969 (Rowohlts Monographien 158)
Oeckel, H.: Die revolutionäre Volkswehr 1918/19. Die deutsche Arbeiterklasse im Kampf um die revolutionäre Volkswehr. Berlin (Ost) 1968
Könnemann, E.: Einwohnerwehren und Zeitfreiwilligenverbände. Ihre Funktion beim Aufbau eines neuen imperialistischen Militärsystems (November 1918 bis 1920) Berlin (Ost) 1971
Kluge, U.: Soldatenräte und Revolution. Studien zur Militärpolitik in Deutschland 1918/1919. Göttingen 1975
Krüger, G.: Die Brigade Ehrhardt. Hamburg 1971

(Versailles)

Wüest, E.: Der Vertrag von Versailles in Licht und Schatten der Kritik. Die Kontroverse um seine wirtschaftlichen Auswirkungen. Zürich 1962

Rößler, H. (Hrsg.): Ideologie und Machtpolitik 1919. Plan und Werk der Pariser Friedenskonferenzen 1919. Göttingen 1966
Von Versailles zum 2. Weltkrieg. Verträge zur Zeitgeschichte 1918—1939. (dtv-Band 334) München 1965
Walters, F. P.: A History of the League of Nations. London ²1960
Renouvin, P.: La traité de Versailles. Paris 1969

(Weimarer Verfassung)

Apelt, W.: Geschichte der Weimarer Verfassung. 2. unveränd. Aufl. München 1964
Bracher, K. D.: Die Entstehung der Weimarer Verfassung. Hannover 1963
Mommsen, W. J.: Max Weber und die deutsche Politik 1890—1920. Tübingen 1959
Oehme, W.: Die Weimarer Nationalversammlung 1919. Erinnerungen. Berlin (Ost) 1962
Winkler, H.-J.: Die Weimarer Demokratie. Eine politische Analyse der Verfassung und der Wirklichkeit. Berlin 1963
Pünder, H.: Der Reichspräsident in der Weimarer Republik. Frankfurt a. M./Bonn 1961
Der deutsche Föderalismus. Die Diktatur des Reichspräsidenten. Referate v. G. Anschütz, K. Bilfinger, C.Schmitt, E. Jacobi. Verhandlungen der Tagung der Deutschen Staatsrechtslehrer zu Jena am 14. und 15. April 1924. Nachdruck der Ausgabe von 1924. Berlin 1966
Leibholz, G.: Strukturprobleme der modernen Demokratie. Karlsruhe 1958
Leibholz, G.: Das Wesen der Repräsentation und der Gestaltwandel der Demokratie im 20. Jahrhundert. 2. erweiterte Aufl. Berlin 1960

Zu IV: Im Ringen um die Selbstbehauptung 1919—1922

(Die rechte Opposition)

Sontheimer, K.: Antidemokratisches Denken in der Weimarer Republik. Die politischen Ideen des deutschen Nationalismus zwischen 1918 und 1933. München 1962 (*)
Klemperer, K. von: Konservative Bewegungen zwischen Kaiserreich und Nationalsozialismus. München/Wien 1962
Knütter, H. H.: Ideologien des Rechtsradikalismus. Bonn 1961
Hoegner, W.: Der politische Radikalismus in Deutschland 1919—1933. München 1966
Schüddekopf, O.-E.: Linke Leute von rechts. Die nationalrevolutionären Minderheiten und der Kommunismus in der Weimarer Republik. Stuttgart 1960
Kruck, A.: Geschichte des Alldeutschen Verbandes 1890—1939. Wiesbaden 1959
Hertzmann, L.: DNVP: Right-Wing Opposition in the Weimar Republic 1918—1924. Lincoln 1963
Thimme, A.: Flucht in den Mythos. Die Deutschnationale Volkspartei und die Niederlage von 1918. Göttingen 1969
Lohalm, U.: Völkischer Radikalismus. Die Geschichte des Deutschvölkischen Schutz- und Trutz-Bundes. 1919—1923. Hamburg 1970
Plewnia, M.: Auf dem Weg zu Hitler. Der völkische Publizist Dietrich Eckart. Bremen 1970

(Kapp-Putsch, Revolten der Linken, Attentate)

Erger, J.: Der Kapp-Lüttwitz-Putsch. Düsseldorf 1967
Angress, W. T.: Stillborn Revolution. The Communist Bid for Power in Germany, 1921—1923. Princeton 1963 (*)
Epstein, K.: Matthias Erzberger und das Dilemma der deutschen Demokratie. Berlin/Frankfurt a. M. 1962
Kessler, H. Graf: Walther Rathenau. Sein Leben und sein Werk. Offsetnachdruck der ersten Ausgabe v. 1928. Wiesbaden 1962
Jasper, G.: Der Schutz der Republik. Studien zur staatlichen Sicherung der Demokratie in der Weimarer Republik 1922—1930. Tübingen 1963
Gumbel, E. J.: Vom Fememord zur Reichskanzlei. Heidelberg 1962

(Außenpolitik)

Zimmermann, L.: Deutsche Außenpolitik in der Ära der Weimarer Republik. Göttingen 1958
Vogelsang, T.: Die Außenpolitik der Weimarer Republik 1918—1933. Uelzen und Hannover 1959
Anderle, A.: Die deutsche Rapallo-Politik. Deutsch-sowjetische Beziehungen 1922—1929. Berlin (Ost) 1962
Orth, W.: Walther Rathenau und der Geist von Rapallo. Größe und Grenzen eines deutschen Bürgers. Berlin (Ost) 1962
Berglar, P.: Walther Rathenau. Seine Zeit. Sein Werk. Seine Persönlichkeit. Bremen 1970
Linke, H. G.: Deutsch-sowjetische Beziehungen bis Rapallo. Köln 1970

Zu V: Die große Krise — Das Jahr 1923

(Ruhrkampf und Inflation)

Luther, H.: Politiker ohne Partei. — Erinnerungen. Stuttgart 1960
Erdmann, K. D.: Adenauer in der Rheinlandpolitik nach dem Ersten Weltkrieg. Stuttgart 1966
Köller, H.: Kampfbündnis an der Seine, Ruhr und Spree. Der gemeinsame Kampf der KPF und KPD gegen die Ruhrbesetzung 1923. Berlin (Ost) 1963
Netzband, K.-B. und Widmaier, P.: Währungs- und Finanzpolitik der Ära Luther 1923—1925. Basel 1964
Laursen, K. und Pedersen, J.: The German Inflation 1918—1923. Amsterdam 1964
Favez, J.-C.: Le Reich devant l'occupation franco-belge de la Ruhr en 1923. Genf 1969
Bischof, E.: Rheinischer Separatismus 1918—1924. Hans Adam Dortens Rheinstaatbewegung. Bern 1969
Ringer, F. K. (Hrsg.): The German inflation of 1923. London 1969

(Rechts- und Linksaufstände)

Hoegner, W.: Der schwierige Außenseiter. Erinnerungen eines Abgeordneten, Emigranten und Ministerpräsidenten. München 1959
Hoegner, W.: Die verratene Republik. Geschichte der deutschen Gegenrevolution. München 1958
Buchrucker, E.: Die Ehre des Soldaten. Stollham 1953
Hofmann, H. H.: Der Hitlerputsch. Krisenjahre deutscher Geschichte 1920—1924. München 1961 (*)
Deuerlein, E. (Hrsg.): Der Hitler-Putsch. Bayerische Dokumente zum 8./9. November 1923. Stuttgart 1962
Angress, W. T.: Stillborn Revolution. The Communist Bid for Power in Germany 1921—1923. Princeton 1963 (*)
Habedank, H.: Zur Geschichte des Hamburger Aufstands 1923. Berlin (Ost) 1958
Fenske, H.: Konservativismus und Rechtsradikalismus in Bayern nach 1918. Bad Homburg v. d. H./Bern/Zürich 1969
Gordon, H. J. jr.: Hitlerputsch 1923. Machtkampf in Bayern 1923—1924. Frankfurt a. M. 1971

Zu VI: Wirtschaft

(Allgemeine Darstellungen der wirtschaftlichen Entwicklung)

Stolper, G., fortgeführt von Häuser, K. und Borchardt, K.: Deutsche Wirtschaft seit 1870. Tübingen 1964
Born, K. E. (Hrsg.): Moderne deutsche Wirtschaftsgeschichte. Köln/Berlin 1967
Fischer, W.: Deutsche Wirtschaftspolitik 1918—1945. Opladen [3]1968 (*)

Pritzkoleit, K.: Das kommandierte Wunder. Deutschlands Weg im zwanzigsten Jahrhundert. Wien/München/Basel 1959
Hoffmann, W. G. und Müller, H. J.: Das deutsche Volkseinkommen 1851—1957. Tübingen 1959
Bry, G.: Wages in Germany 1871—1945. Princeton 1960

(Industrie)

Wiedenfeld, K.: Zwischen Wirtschaft und Staat. Aus den Lebenserinnerungen. Berlin 1960
Klass, G. von: Hugo Stinnes. Tübingen 1958
Klass, G. von: Albert Vögler. Einer der Großen des Ruhrreviers. Tübingen 1957
Mühlen, N.: Die Krupps. Frankfurt a. M. 1960
Krengel, R.: Anlage und Anlagevermögen, Produktion und Beschäftigung der Industrie im Gebiet der Bundesrepublik von 1924 bis 1956. Berlin 1958
Gebhardt, G.: Ruhrbergbau. Geschichte, Aufbau und Verflechtung seiner Gesellschaften und Organisationen. Essen 1957
Treue, W.: Die Geschichte der Ilseder Hütte. Peine 1960
Fischer, W.: Herz des Reviers. 125 Jahre Wirtschaftsgeschichte des Industrie- und Handelskammerbezirks Essen-Mühlheim-Oberhausen. Essen 1965
Fischer, W.: Westfälisch-Anhaltische Sprengstoff Actien Gesellschaft. Die Geschichte eines Unternehmens 1891—1966. Berlin 1966
Thomas, G.: Geschichte der deutschen Wehr- und Rüstungswirtschaft 1918—1943/45. Hrsg. von Birkenfeld, W., Boppard a. Rh. 1966
Ter Meer, F.: Die I.G. Farben Industrie Aktiengesellschaft. Ihre Entstehung, Entwicklung und Bedeutung. Düsseldorf 1953
Siemens, G. von: Der Weg der Elektrotechnik. Geschichte des Hauses Siemens. 2. Bd.: Das Zeitalter der Weltkriege 1910—1945. Freiburg/München [2]1961

(Handel, Banken)

Tietz, G.: Hermann Tietz. Geschichte einer Familie und ihrer Warenhäuser. Stuttgart 1965
Stucken, R.: Deutsche Geld- und Kreditpolitik 1914—1963. [3]Tübingen 1964

(Landwirtschaft)

Finck von Finckenstein, H. W. Graf: Die Entwicklung der Landwirtschaft in Preußen und Deutschland 1800—1930. Würzburg 1960
Haushofer, H.: Die deutsche Landwirtschaft im technischen Zeitalter. Stuttgart 1963
Borcke-Stargordt, H. Graf von: Der ostdeutsche Landbau zwischen Fortschritt, Krise und Politik. Ein Beitrag zur Agrar- und Zeitgeschichte. Würzburg 1957
Wunderlich, F.: Farm Labor in Germany 1810—1945. Its Historical Development within the Framework of Agricultural and Social Policy. Princeton 1961 (*)
Boyens, F. W.: Die Geschichte der ländlichen Siedlung. Hrsg. von Lehnich, O., 2 Bde. Berlin/Bonn 1959/60
Buchta, B.: Die Junker und die Weimarer Republik. Charakter und Bedeutung der Osthilfe in den Jahren 1928—1933. Berlin (Ost) 1959
Burkhardt, J.: Bauern gegen Junker und Pastoren. Feudalreste in der mecklenburgischen Landwirtschaft nach 1918. Berlin (Ost) 1963
Hertz-Eichenrode, D.: Politik und Landwirtschaft in Ostpreußen 1919—1930. Untersuchungen eines Strukturproblems in der Weimarer Republik. Opladen 1969

(Interessenverbände)

Schorr, H.-J.: Adam Stegerwald. Gewerkschaftler und Politiker der ersten deutschen Republik. Ein Beitrag zur Geschichte der christlich-sozialen Bewegung in Deutschland. Recklinghausen 1966
Bach, O. (Hrsg.): Rudolf Wissell. Ein Leben für soziale Gerechtigkeit. Unter Mitarbeit von Dünnebacke, A. u. a. Berlin 1959

Varain, H. J.: Freie Gewerkschaften, Sozialdemokratie und Staat. Die Politik der Generalkommission unter der Führung Carl Legiens (1890—1920). Düsseldorf 1956
Hirsch-Weber, W.: Gewerkschaften in der Politik. Von der Massenstreikdebatte zum Kampf um das Mitbestimmungsrecht. Köln/Opladen 1959
Böhret, C.: Aktionen gegen die „kalte Sozialisierung" 1926—1930. Ein Beitrag zum Wirken ökonomischer Einflußverbände in der Weimarer Republik. Berlin 1966
Hamel, I.: Völkischer Verband und nationale Gewerkschaft. Der Deutschnationale Handlungsgehilfen-Verband 1893—1933. Frankfurt a. M. 1967

(Wirtschaft und Staat)

Facius, F.: Wirtschaft und Staat. Die Entwicklungen der staatlichen Wirtschaftsverwaltung in Deutschland vom 17. Jahrhundert bis 1945. Boppard a. Rh. 1959
Büsch, O.: Geschichte der Berliner Kommunalwirtschaft in der Weimarer Epoche. Berlin 1960
Winkler, H.-J.: Preußen als Unternehmer 1923—1932. Staatliche Erwerbsunternehmen im Spannungsfeld der Politik am Beispiel der Preussag, Hibernia und Veba. Berlin 1965
Waline, P.: Cinquante ans de rapports entre patrons et ouvriers en Allemagne. Tom. I: 1918 —1945. Paris 1968
Hartwich, H.-H.: Arbeitsmarkt, Verbände und Staat 1918—1933. Die öffentliche Bindung unternehmerischer Funktionen in der Weimarer Republik. Berlin 1967

Zu VII: Gesellschaft

(Sozialgeschichte)

Lütge, F.: Deutsche Sozial- und Wirtschaftsgeschichte. Ein Überblick. 2. wesentl. vermehrte u. verbess. Aufl. Berlin/Göttingen/Heidelberg 1960
Wehler, H. U. (Hrsg.): Moderne deutsche Sozialgeschichte. Köln/Berlin 1966
Böhme, H.: Prolegomena zu einer Sozial- und Wirtschaftsgeschichte Deutschlands im 19. und 20. Jahrhundert. (Edition Suhrkamp 253) Frankfurt a. M. 1968 (*)
Dahrendorf, R.: Gesellschaft und Demokratie in Deutschland. München 1965

(Die sozialen Schichten)

Geiger, T.: Die soziale Schichtung des deutschen Volkes. Soziographischer Versuch auf statistischer Grundlage. Reprograph. Nachdruck der Ausgabe von 1932. Darmstadt 1967
Zapf, W.: Wandlungen der deutschen Elite. Ein Zirkulationsmodell deutscher Führungsgruppen 1919—1961. München 1965 (*)
Liesebach, I.: Der Wandel der politischen Führungsschicht der deutschen Industrie von 1918 bis 1945. Hannover 1957
Kurucz, J.: Struktur und Funktion der Intelligenz während der Weimarer Republik. Köln 1967
Kracauer, S.: Die Angestellten. Eine Schrift vom Ende der Weimarer Republik. 3. unveränd. Aufl. Allensbach und Bonn 1959
Kuczynski, J.: Die Geschichte der Lage der Arbeiter unter dem Kapitalismus. Teil I, Bd. 5: Darstellung der Lage der Arbeiter in Deutschland von 1917/18 bis 1932/33. Berlin (Ost) 1966
Stoltenberg, G.: Politische Strömungen im schleswig-holsteinischen Landvolk 1918—1933. Ein Beitrag zur politischen Meinungsbildung in der Weimarer Republik. Düsseldorf 1962
Heberle, R.: Landbevölkerung und Nationalsozialismus. Eine soziologische Untersuchung der politischen Willensbildung in Schleswig-Holstein. Stuttgart 1963
Wulf, P.: Die politische Haltung des schleswig-holsteinischen Handwerks 1928—1932. Köln 1969
Lebovics, H.: Social Conservatism and the Middle Classes in Germany, 1914—1933. Princeton 1969
Winkler, H. A.: Mittelstand, Demokratie und Nationalsozialismus. Die politische Entwicklung von Handwerk und Kleinhandel in der Weimarer Republik. Köln 1972

(Die Jugend)

Kindt, W. (Hrsg.): Grundschriften der deutschen Jugendbewegung. Düsseldorf/Köln 1963
Helwig, W.: Die Blaue Blume des Wandervogels. Vom Aufstieg, Glanz und Sinn einer Jugendbewegung. Gütersloh 1960
Ziemer, G. und Wolf, H. (Hrsg.): Wandervogel und freideutsche Jugend. ²Bad Godesberg 1961
Paetel, K.-O.: Jugendbewegung und Politik. Randbemerkungen. Bad Godesberg 1961.
Raabe, Felix: Die Bündische Jugend. Ein Beitrag zur Geschichte der Weimarer Republik. Stuttgart 1961
Pross, H.: Jugend, Eros, Politik. Die Geschichte der deutschen Jugendverbände. Bern/München 1964
Bleuel, H. P. u. Klinnert, E.: Deutsche Studenten auf dem Weg ins Dritte Reich. Ideologien, Programme, Aktionen 1918—1935. Gütersloh 1967
Link, W.: Die Geschichte des Internationalen Jugend-Bundes IJB und des Internationalen Sozialistischen Kampf-Bundes ISK. Ein Beitrag zur Geschichte der Arbeiterbewegung in der Weimarer Republik und im Dritten Reich. Meisenheim a. Glan 1964
Klose, W.: Generation im Gleichschritt. Oldenburg 1964

(Juden und Antisemitismus)

Schwarzschild, L.: Die letzten Jahre vor Hitler. Aus dem „Tagebuch" 1929. 1933. Hrsg. v. Schwarzschild, V. Hamburg 1966
Straus, R.: Wir lebten in Deutschland. Erinnerungen einer deutschen Jüdin 1880—1933. Hrsg. v. Kreutzberger, M. ²·³Stuttgart 1962
Straus, R.: Die Juden in Wirtschaft und Gesellschaft. Untersuchungen zur Geschichte einer Minorität. Frankfurt a. M. 1964
Entscheidungsjahr 1932. Zur Judenfrage in der Endphase der Weimarer Republik. Ein Sammelband. Hrsg. v. Mosse, W. E. E. Tübingen 1965
Massing, P. W.: Vorgeschichte des politischen Antisemitismus. Frankfurt a. M. 1959
Reichmann, E. G.: Die Flucht in den Haß. Die Ursachen der deutschen Judenkatastrophe. Frankfurt o. J. (*)
Sorlin, P.: L'antisémitisme allemand. Paris 1969

Zu VIII: Staatliches und politisches Leben

(Justiz und Verwaltung)

Hannover, H. und Hannover-Drück, E.: Politische Justiz 1918—1933. (Fischer-Bücherei 770) Frankfurt a. M. 1966
Sinzheimer, H. und Fraenkel, E.: Die Justiz in der Weimarer Republik. Eine Chronik. Hrsg. v. Ramm, T., Neuwied 1968
Runge, W.: Politik und Beamtentum im Parteienstaat. Die Demokratisierung der politischen Beamten in Preußen zwischen 1918 und 1933. Stuttgart 1965

(Reichswehr)

Schüddekopf, O.-E.: Das Heer und die Republik. Quellen zur Politik der Reichswehrführung 1918—1933. Frankfurt a. M. 1955
Geßler, O.: Reichswehrpolitik in der Weimarer Zeit. Hrsg. von Sendtner, K., Stuttgart 1958
Meier-Welcker, H.: Seeckt. Frankfurt a. M. 1967
Vogelsang, T.: Kurt von Schleicher. Ein General als Politiker. Göttingen 1965
Craig, G. A.: Die preußisch-deutsche Armee 1640—1945. Staat im Staate. Düsseldorf 1960 (*)
Demeter, K.: Das deutsche Offizierskorps in Gesellschaft und Staat 1650—1945. 2. erweit. Aufl. Frankfurt a. M. 1962

Benoist-Méchin, J. Baron: Geschichte der deutschen Militärmacht 1918—1946. Bd. 1: Das Kaiserreich zerbricht, 1918—1919; Bd. 2: Jahre der Zwietracht, 1918—1925; Bd. 3: Auf dem Weg zur Macht, 1925—1937. Oldenburg 1965
Gordon, H. J.: Die Reichswehr und die Weimarer Republik 1919—1926. Frankfurt a. M. 1959 (*)
Carsten, F. L.: Reichswehr und Politik. Köln/Berlin 1964 (*)
Schmädecke, J.: Militärische Kommandogewalt und parlamentarische Demokratie. Zum Problem der Verantwortlichkeit des Reichswehrministers in der Weimarer Republik. Lübeck/Hamburg 1966
Caspar, G. A.: Die sozialdemokratische Partei und das deutsche Wehrproblem in den Jahren der Weimarer Republik. Berlin und Frankfurt a. M. 1959
Wohlfeil, R.: Die Reichwehr 1919—1933. Heer und Republik. (Handbuch zur deutschen Militärgeschichte, VI) Frankfurt a. M. 1969

(Reich und Länder, Verfassungsfragen)

Schulz, G.: Zwischen Demokratie und Diktatur. Verfassungspolitik und Reichsreform in der Weimarer Republik. Bd. 1: Die Periode der Konsolidierung und der Revision des Bismarckschen Staatsaufbaus 1919—1930. Berlin 1963
Haungs, P.: Reichspräsident und parlamentarische Kabinettsregierung. Eine Studie zum Regierungssystem der Weimarer Republik in den Jahren 1924 bis 1929. Köln 1968
Sprenger, H.: Heinrich Sahm. Kommunalpolitiker und Staatsmann. Köln 1969

(Parteien, Wahlen)

Neumann, S.: Die Parteien der Weimarer Republik. ^{2}Stuttgart 1968 (*)
Bergsträsser, W.: Geschichte der politischen Parteien. Hrsg. v. Mommsen, W., München/Wien ^{11}1965 (*)
Grebing, H.: Geschichte der deutschen Parteien. Wiesbaden 1962
Tormin, W.: Geschichte der deutschen Parteien seit 1848. Stuttgart/Berlin/Köln/Mainz 1966
Mommsen, W.: Deutsche Parteiprogramme. München ^{2}1964
Weber, H.: Von Rosa Luxemburg zu Walter Ulbricht. Wandlungen des deutschen Kommunis mus. Hannover 1961
Weber, H. (Hrsg.): Der deutsche Kommunismus. Dokumente. Berlin 1963
Weber, H.: Völker hört die Signale. Der deutsche Kommunismus 1916—1966. (dtv-Buch 405) München 1966
Hunt, R. N.: German Social Democracy 1918—1933. New Haven/London 1964
Morsey, R.: Die deutsche Zentrumspartei 1917—1923. Düsseldorf 1966
Thimme, R.: Stresemann und die Deutsche Volkspartei 1923—1925. Lübeck/Hamburg 1961
Hartenstein, W.: Die Anfänge der Deutschen Volkspartei 1918—1920. Düsseldorf 1962
Jonas, E.: Die Volkskonservativen 1928—1933. Entwicklung, Struktur, Standort und politische Zielsetzung. Düsseldorf 1965
Milatz, A.: Wähler und Wahlen in der Weimarer Republik. Bonn 1965
Franz, G.: Die politischen Wahlen in Niedersachsen 1867—1949. Bremen-Horn 1957
Wallner, E. M.: Die Reichs- und Bundestagswahlen im Landkreis Freiburg seit der Jahrhundertwende (1903—1961) Bühl, Baden 1966
Opitz, G.: Der Christlich-soziale Volksdienst. Versuch einer protestantischen Partei in der Weimarer Republik. Düsseldorf 1969
Weber, H.: Die Wandlung des deutschen Kommunismus. Die Stalinisierung der KPD in der Weimarer Republik. 2 Bde. Frankfurt a. M. 1969

(Bünde)

Berghahn, V. R.: Der Stahlhelm. Bund der Frontsoldaten 1918—1935. Düsseldorf 1966
Rohe, K.: Das Reichsbanner Schwarz Rot Gold. Ein Beitrag zur Geschichte und Struktur der politischen Kampfverbände zur Zeit der Weimarer Republik. 1966

Hornung, K.: Der Jungdeutsche Orden. Düsseldorf 1958
Dünow, H.: Der Rote Frontkämpferbund. Die revolutionäre Schutz- und Wehrorganisation des deutschen Proletariats in der Weimarer Republik. Berlin (Ost) 1958

Zu IX: Geistiges und kulturelles Leben

(Allgemeine Darstellungen zur geistigen Situation)

Bossenbrook, H.: Geschichte des deutschen Geistes. Gütersloh 1963
Plessner, H.: Die verspätete Nation. Stuttgart 1963
Lukacz, G.: Die Zerstörung der Vernunft. (Werke, Bd. 9) Neuwied 1962. (Teilabdruck daraus im Taschenbuch): Lukacz, G.: Von Nietzsche bis Hitler (Fischer-Buch 784)
Masur, G.: Propheten von gestern. Zur europäischen Kultur 1890—1914. Frankfurt a. M. 1965
Stern, F.: Kulturpessimismus als politische Gefahr. Stuttgart 1963

(Darstellungen der Epoche)

Richter, W.: Wissenschaft und Geist in der Weimarer Republik. Köln/Opladen 1958
Schoeps, H. J.: Zeitgeist der Weimarer Republik. Stuttgart 1968
Reinisch, L. (Hrsg.): Die Zeit ohne Eigenschaften. Eine Bilanz der zwanziger Jahre. (Vorträge und Diskussionen des Dritten Geisteswissenschaftlichen Kongresses, München 1960) Stuttgart 1961
Werner, B. E.: Die zwanziger Jahre von morgens bis mitternachts. München 1962
Behr, H.: Die goldenen Zwanziger Jahre. Das fesselnde Panorama einer entfesselten Zeit. Hamburg 1964
Gay, P.: Die Republik der Außenseiter. Geist und Kultur in der Weimarer Zeit 1918—1933. Frankfurt a. M. 1970

(Einzelfragen)

Berg, P.: Deutschland und Amerika 1918—1929. Über das deutsche Amerikabild der zwanziger Jahre. Lübeck 1963
Schallenberger, H.: Untersuchungen zum Geschichtsbild der Wilhelminischen Ära und der Weimarer Zeit. Eine vergleichende Schulbuchanalyse deutscher Schulgeschichtsbücher aus der Zeit von 1888 bis 1933. Ratingen 1964
Rühle, J.: Literatur und Revolution. Die Schriftsteller und der Kommunismus. Köln/Berlin 1960 (Knaur-Taschenbuch 10. München/Zürich 1963)
Geißler, R.: Dekadenz und Heroismus. Zeitroman und völkisch-nationalsozialistische Literaturkritik. Stuttgart 1964
Brenner, H.: Die Kunstpolitik des Nationalsozialismus (Rowohlts Deutsche Enzyklopädie 167/168) Reinbek 1963
Rühle, G.: Theater für die Republik 1917—1933. Im Spiegel der Kritik. Frankfurt a. M. 1968
Aktionen, Bekenntnisse, Perspektiven, Berichte und Dokumente vom Kampf um die Freiheit des literarischen Schaffens in der Weimarer Republik. Auswahl, Einleitung und Kommentar Albrecht, F. u. a. Berlin (Ost) 1966
Deak, I.: Weimar Germany's Leftwing Intellectuals. A Political History of the Weltbühne and its circle. Berkeley 1968

(Presse, Rundfunk, Film)

Weyrauch, W. (Hrsg.): Ausnahmezustand. Eine Anthologie aus „Weltbühne“ und „Tagebuch“. München 1966
Enseling, A.: Die Weltbühne. Organ der intellektuellen Linken. Münster/Westf. 1962
Mendelssohn, P. de: Zeitungsstadt Berlin. Menschen und Mächte in der Geschichte der deutschen Presse. Berlin 1959
Bausch, H.: Der Rundfunk im politischen Kräftespiel der Weimarer Republik 1923—1933. Tübingen 1956

Kracauer, S.: Von Caligari bis Hitler. Ein Beitrag zur Geschichte des deutschen Films (Rowohlts Deutsche Enzyklopädie 68) Hamburg 1958
Greuner, R.: Gegenspieler. Profile linksbürgerlicher Publizisten aus Kaiserreich und Weimarer Republik. Berlin (Ost) 1969
Guratzsch, D.: Macht durch Organisation. Die Grundlagen des Hugenbergschen Presseimperiums. Düsseldorf 1972

(Schule und Schulpolitik)

Wilhelm, T.: Pädagogik der Gegenwart. Stuttgart [4]1967
Grünthal, G.: Reichschulgesetz und Zentrumspartei in der Weimarer Republik. Düsseldorf 1968

Zu X: Die Außenpolitik Stresemanns (1924—1928)

Akten zur deutschen auswärtigen Politik 1918—1945. Aus den Archiven des Auswärtigen Amtes. Serie B, 1925—1933; Bd. 1,1 — Dezember 1925 — Juli 1926: Deutschlands Beziehungen zu Frankreich, Großbritannien, Belgien sowie deutsche Entwaffnung, Reparationen, Völkerbund und internationale Abrüstung. Göttingen 1966
Bd. 1,2. August bis Dezember 1926. Göttingen 1968
Bde. 2,1 und 2,2 — Dezember 1925 bis Juni 1926; Juni bis Dezember 1926. Deutschlands Beziehungen zur Sowjetunion, zu Polen, Danzig und den baltischen Staaten. Göttingen 1967
Bd. 3 — Dezember 1925 bis Dezember 1926. Deutschlands Beziehungen zu Süd- und Südosteuropa, Skandinavien, den Niederlanden und zu den außereuropäischen Staaten. Göttingen 1968

(Allgemeine Darstellungen zur Politik und Person Stresemanns)

Zimmermann, L.: Deutsche Außenpolitik in der Ära der Weimarer Republik. Göttingen 1958
Thimme, A.: Gustav Stresemann — Eine politische Biographie zur Geschichte der Weimarer Republik. Hannover/Frankfurt 1957
Turner, H. A.: Stresemann — Republikaner aus Vernunft. Berlin/Frankfurt a. M. 1968
Hirsch, F.: Gustav Stresemann. Patriot und Europäer. Göttingen 1964

(Beziehungen zu den Westmächten)

Gilbert, M.: Britain and Germany between the Wars. London 1964
Gottwald, R.: Die deutsch-amerikanischen Beziehungen in der Ära Stresemann. Berlin 1965
Duroselle, M.: Les rélations franco-allemandes de 1914 à 1939. 3 Bände. Paris 1967
Link, W.: Die amerikanische Stabilisierungspolitik in Deutschland 1921—32. Düsseldorf 1969

(Beziehungen zu den Oststaaten)

Kochan, Lionel: Rußland und die Weimarer Republik. Düsseldorf 1963
Rosenbaum, K.: Community of Fate. German-Soviet Diplomatic Relations 1922—1928. Syracuse, N. Y. 1965
Dyck, H. L.: Weimar Germany and Soviet Russia 1926—1933. A Study in Diplomatic Instability. London 1966
Puchert, B.: Der Wirtschaftskrieg des deutschen Imperialismus gegen Polen 1925—1934. Berlin (Ost) 1963
Brügel, J. W.: Tschechen und Deutsche 1918—1936. München 1967
Kellermann, V.: Schwarzer Adler, weißer Adler. Die Polenpolitik der Weimarer Republik. Köln 1970
Weingartner, T.: Stalin und der Aufstieg Hitlers. Die Deutschlandpolitik der Sowjetunion und der Kommunistischen Internationale 1929—34. Berlin 1970

Zu XI: Sozial- und Innenpolitik

Syrup, F.: Aus dem Nachlaß von Friedrich Syrup. Hundert Jahre staatliche Sozialpolitik 1839 bis 1939. Hrsg. von Scheuble, J., Stuttgart 1957
Schmidt-Hannover, O.: Umdenken oder Anarchie. Männer, Schicksale, Lehren. Göttingen 1959
Deuerlein, E. (Hrsg.): Der Reichstag. Aufsätze, Protokolle und Darstellungen der parlamentarischen Vertretung des deutschen Volkes 1871—1933. Bonn 1963
Lucas, F. J.: Hindenburg als Reichspräsident. Bonn 1959
Hubatsch, W.: Hindenburg und der Staat. Aus den Papieren des Generalfeldmarschalls und Reichspräsidenten von 1878 bis 1934. Göttingen 1966
Dorpalen, A.: Hindenburg in der Geschichte der Weimarer Republik. Berlin 1967 (*)
Besson, W.: Württemberg und die deutsche Staatskrise 1928—1933. Eine Studie zur Auflösung der Weimarer Republik. Stuttgart 1959
Stürmer, M.: Koalition und Opposition in der Weimarer Republik 1924—1928. Düsseldorf 1967
Wacker, W.: Der Bau des Panzerschiffes „A" und der Reichstag. Tübingen 1959

Zu XII: Die Weltwirtschaftskrise

Galbraith, J. K.: Der große Krach 1929. Stuttgart 1963
Lüke, R. E.: Von der Stabilisierung zur Krise. Zürich 1958
Kroll, G.: Von der Weltwirtschaftskrise zur Staatskonjunktur. Berlin 1958
Grotkopp, W.: Die große Krise. Lehren aus der Überwindung der Wirtschaftskrise 1929/32. Düsseldorf 1954 (*)
Predöhl, A.: Das Ende der Weltwirtschaftskrise. Eine Einführung in die Probleme der Weltwirtschaft (Rowohlts Deutsche Enzyklopädie, Bd. 161) Hamburg 1962
Born, K. E.: Die deutsche Bankenkrise 1931. Finanzen und Politik. München 1967
Conze, W. und Raupach, H. (Hrsg.): Die Staats- und Wirtschaftskrise des Deutschen Reiches 1929/33. Stuttgart 1967
Treue, W. (Hrsg.): Deutschland in der Weltwirtschaftskrise in Augenzeugenberichten. Düsseldorf 1967
Hock, W.: Deutscher Antikapitalismus. Der ideologische Kampf gegen die freie Wirtschaft im Zeichen der großen Krise. Frankfurt a. M. 1960 (*)
Paucker, A.: Der jüdische Abwehrkampf. Gegen Antisemitismus und Nationalsozialismus in den letzten Jahren der Weimarer Republik. Hamburg 1968

Zu XIII: Der Aufstieg des Nationalsozialismus

(Hitler)

Hitlers zweites Buch. Ein Dokument aus dem Jahr 1928. Eingeleitet und kommentiert von Weinberg, L., Stuttgart 1961
Domarus, M.: Hitlers Reden und Proklamationen 1932—1945. Kommentiert von einem deutschen Zeitgenossen. 1. Bd.: Triumph (1932—38). Neustadt a. d. Aisch 1962
Klöss, E.: Reden des Führers. Politik und Propaganda Adolf Hitlers 1922—1945. (dtv-Band 436) München 1967
Es spricht der Führer. Sieben exemplarische Hitler-Reden. Hrsg. und erläutert von Kotze, H. von und Krausnick, H. Gütersloh 1960
Jenks, W. A.: Vienna and the Young Hitler. New York 1960
Heiber, H.: Adolf Hitler. Eine Biographie. Berlin 1960
Gisevius, H. B.: Adolf Hitler. Versuch einer Deutung. München 1963 (Knaur-Taschenbuch 141)
Bullock, A.: Hitler — Eine Studie über Tyrannei. 1. Der Weg zur Macht (Fischer-Buch 583), Frankfurt a. M.(*)
Maser, W.: Hitlers „Mein Kampf". Entstehung, Aufbau, Stil, Änderungen, Quellen, Quellenwert, kommentierte Auszüge. München 1966
Lange, K.: Hitlers unbeachtete Maximen. Mein Kampf und die Öffentlichkeit. Stuttgart 1968

Burke, K.: Die Rhetorik in Hitlers „Mein Kampf" und andere Aufsätze. (Edition Suhrkamp 231) Frankfurt 1967
Calic, E.: Ohne Maske. Hitler-Breitling Geheimgespräche 1931. Frankfurt a. M. 1968
Jäckel, E.: Hitlers Weltanschauung. Entwurf einer Herrschaft. Tübingen 1969

(Nationalsozialismus, Wesen, Weltanschauung)

Broszat, M.: Der Nationalsozialismus. Weltanschauung, Programm, Wirklichkeit. Stuttgart 1960
Grebing, H.: Der Nationalsozialismus. Ursprung und Wesen. 15. völlig überarbeitete und erweiterte Auflage. München/Wien 1964 (*)
Maser, W.: Die Frühgeschichte der NSDAP. Hitlers Weg bis 1924. Frankfurt a. M. 1965
Nolte, E.: Der Faschismus in seiner Epoche. Die Action française, der italienische Faschismus, der Nationalsozialismus. München 1963
Faschismus-Nationalsozialismus. Ergebnisse und Referate der 6. italienisch-deutschen Historiker-Tagung in Trier. Braunschweig 1964
Nolte, E.: Die faschistischen Bewegungen. Die Krise des liberalen Systems und die Entwicklung der Faschismen. (dtv-Weltgeschichte des 20. Jahrhunderts. dtv-Band 4004) München 1966
Marcuse, H., Thalheimer, A. u. a.: Faschismus und Kapitalismus. Theorien über die sozialen Ursprünge und die Funktion des Faschismus. Hrsg. v. Abendroth, W., Frankfurt a. M. 1967

(Vorgeschichte und Geschichte der NSDAP)

Glum, F.: Der Nationalsozialismus. Werden und Vergehen. München 1962
Krebs, A.: Tendenzen und Gestalten der NSDAP. Erinnerungen an die Frühzeit der Partei. Stuttgart 1959
Jochmann, W.: Nationalsozialismus und Revolution. Ursprung und Geschichte der NSDAP in Hamburg 1922—1933. Dokumente. Frankfurt a. M. 1963
Heiber, H. (Hrsg.): Das Tagebuch von Joseph Goebbels 1925/26. Mit weiteren Dokumenten. Stuttgart [2]1961
Heiber, H.: Joseph Goebbels. Berlin 1962 (dtv-Band 271/72)
Schubert, G.: Anfänge nationalsozialistischer Außenpolitik. Köln 1963
Tyrell, A. (Hrsg.): Führer befiehl ... Selbstzeugnisse aus der „Kampfzeit" der NSDAP. Dokumentation und Analyse. Düsseldorf 1969
Orlow, D.: The History of the Nazi Party, 1919—1939. Pittsburgh 1969
Horn, W.: Führerideologie und Parteiorganisation in der NSDAP. Düsseldorf 1972

(Beziehungen zu anderen Gruppen der Gesellschaft)

Hallgarten, G. W. F.: Hitler, Reichswehr und Industrie. Zur Geschichte der Jahre 1918—1933. Frankfurt a. M. 1962
Sörgel, W.: Metallindustrie und Nationalsozialismus. Eine Untersuchung über Struktur und Funktion industrieller Organisationen in Deutschland 1929 bis 1939. Frankfurt a. M. 1965
Czichon, E.: Wer verhalf Hitler zur Macht: Zum Anteil der deutschen Industrie an der Zerstörung der Weimarer Republik. Köln 1967
Jochmann, W.: Im Kampf um die Macht. Hitlers Rede vor dem Hamburger Nationalklub von 1919. Frankfurt a. M. 1960
Müller, H. (Hrsg.): Katholische Kirche und Nationalsozialismus. Dokumente 1930—1935. München [1]1963. (dtv-Buch 328. München 1965)
Kele, M. H.: Nazis and workers. National socialist appeals to German labour, 1919—1933. London 1972
Turner, H. A.: Faschismus und Kapitalismus in Deutschland. Studien zum Verhältnis zwischen Nationalsozialismus und Wirtschaft. Göttingen 1972

(Einzelfragen)

Bennecke, H.: Hitler und die SA. München/Wien 1962
Kühnl, R.: Die nationalsozialistische Linke 1925—1930. Meisenheim a. Glan 1966
Balle, H.: Die propagandistische Auseinandersetzung der Nationalsozialisten mit der Weimarer Republik. Straubing 1963

Scheringer, R.: Das große Los unter Soldaten, Bauern, Rebellen. Hamburg 1959
Roloff, E.-A.: Bürgertum und Nationalsozialismus 1930—1933. Braunschweigs Weg ins Dritte Reich. Hannover 1961
Allen, W. S.: Das haben wir nicht gewollt. Die nationalsozialistische Machtergreifung in einer Kleinstadt 1930—1935. Gütersloh 1966
Lepsius, Rainer M.: Extremer Nationalismus. Strukturbedingungen vor der nationalsozialistischen Machtergreifung. Stuttgart 1966
Bucher, P.: Der Reichswehrprozeß. Der Hochverrat der Ulmer Reichswehroffiziere 1929/30. Boppard 1967

Zu XIV: Die Ära Brüning

(Brüning)

Pünder, H.: Politik in der Reichskanzlei. Aufzeichnungen aus den Jahren 1929—1932. Hrsg. v. Vogelsang, T., Stuttgart 1961
Heinrich Brüning. Ein deutscher Staatsmann im Urteil der Zeit. Reden und Aufsätze. Gesammelt von Vernekohl, W., Münster 1961
Treviranus, G. R.: Das Ende von Weimar. Heinrich Brüning und seine Zeit. Düsseldorf 1968

(Innenpolitik)

Saldern, A. v.: Hermann Dietrich. Ein Staatsmann der Weimarer Republik. Boppard a. Rh. 1966
Buchta, B.: Die Junker und die Weimarer Republik. Charakter und Bedeutung der Osthilfe in den Jahren 1928—1933. Berlin (Ost) 1959
Imig, W.: Streik bei Mansfeld 1930. Der Streik der Mansfeld-Arbeiter im Jahre 1930 und seine Unterdrückung mit Hilfe des Staatsapparates der Weimarer Republik. Berlin (Ost) 1958
Bracher, K. D.: Die Auflösung der Weimarer Republik. Eine Studie zum Problem des Machtverfalls in der Demokratie. 3. verbesserte und ergänzte Aufl. Villingen 1960 (Darin der 2. Teil: Stufen der Auflösung; d. i. die Darstellung der Kabinette Brüning, Papen, Schleicher) (*)
Vogelsang, T.: Reichswehr, Staat und NSDAP. Beiträge zur deutschen Geschichte 1930—1932. Stuttgart 1962

(Außenpolitik)

Helbich, W. J.: Die Reparationen in der Ära Brüning. Zur Bedeutung des Young-Plans für die deutsche Politik 1930 bis 1932. Berlin 1962

(Aufsatzsammlung)

Jasper, G. J. (Hrsg.): Von Weimar zu Hitler (1930—1933). Köln/Berlin 1968

Zu XV: Der Untergang der Republik

Hammerstein-Equord, K. Freiherr von: Spähtrupp. Stuttgart 1963
Papen, F. von: Vom Scheitern einer Demokratie. Mainz 1968
Danner, L.: Ordnungspolizei Hamburg. Hamburg 1958
Vogelsang, T.: Kurt von Schleicher. Ein General als Politiker. Göttingen 1965
Matthias, E. und Morsey, R.: Das Ende der Parteien 1933. Düsseldorf 1960
Meißner, H. O. und Schulze-Wilde, H.: Die Machtergreifung. Ein Bericht über die Technik des nationalsozialistischen Staatsstreichs. Stuttgart 1958
Wucher, A.: Die Fahne hoch. Das Ende der Republik und Hitlers Machtübernahme. Ein Dokumentarbericht. München 1963
Fraenkel, E.: Zur Soziologie der Klassenjustiz und Aufsätze zur Verfassungskrise 1931—32. [Neudruck] Darmstadt 1968
Junker, P.: Die Deutsche Zentrumspartei und Hitler 1932/33. Ein Beitrag zur Problematik des politischen Katholizismus in Deutschland. Stuttgart 1969

Personenregister

Sachregister

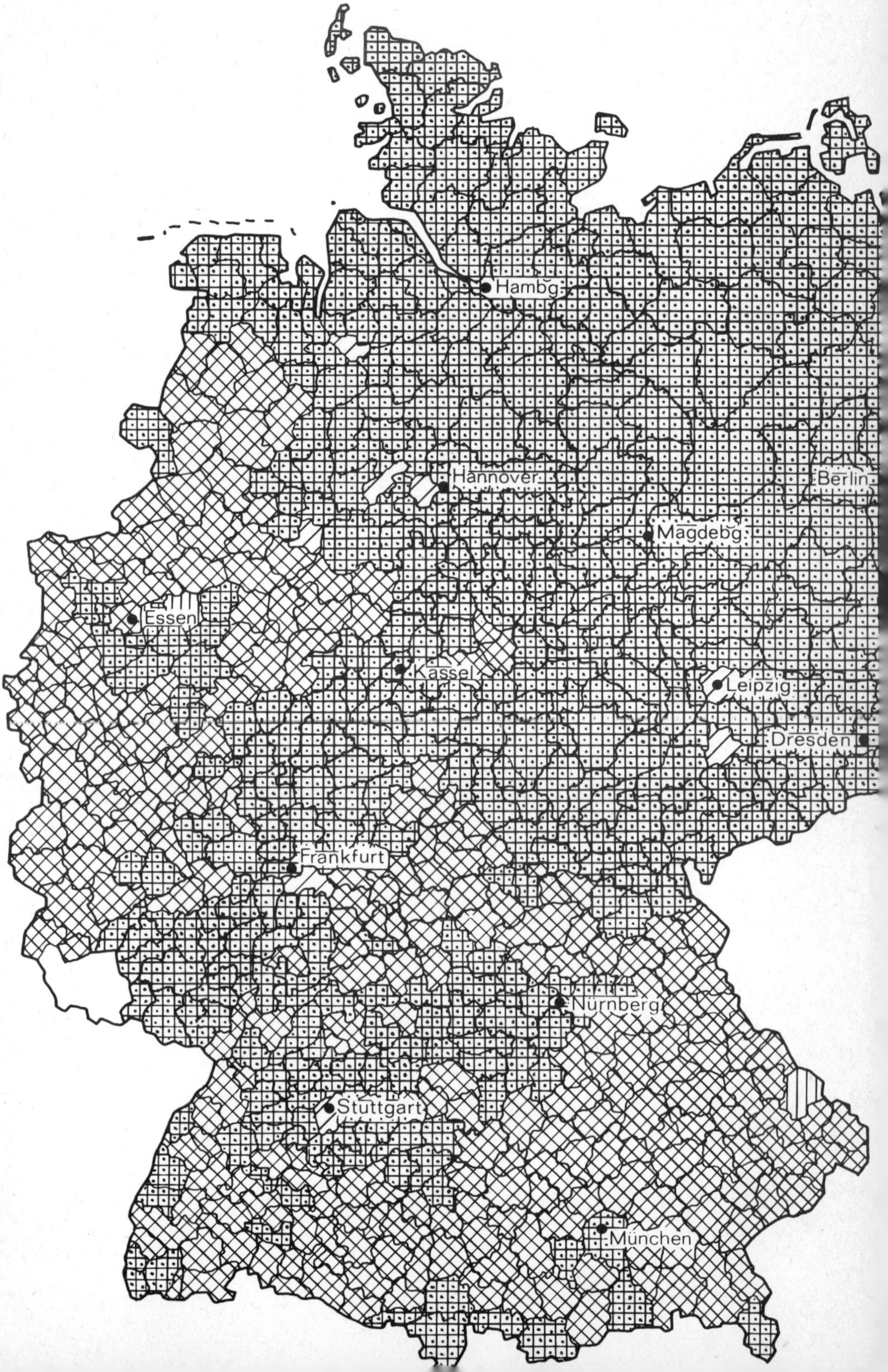
Hambg.
Berlin
Hannover
Magdebg.
Essen
Kassel
Leipzig
Dresden
Frankfurt
Nürnberg
Stuttgart
München

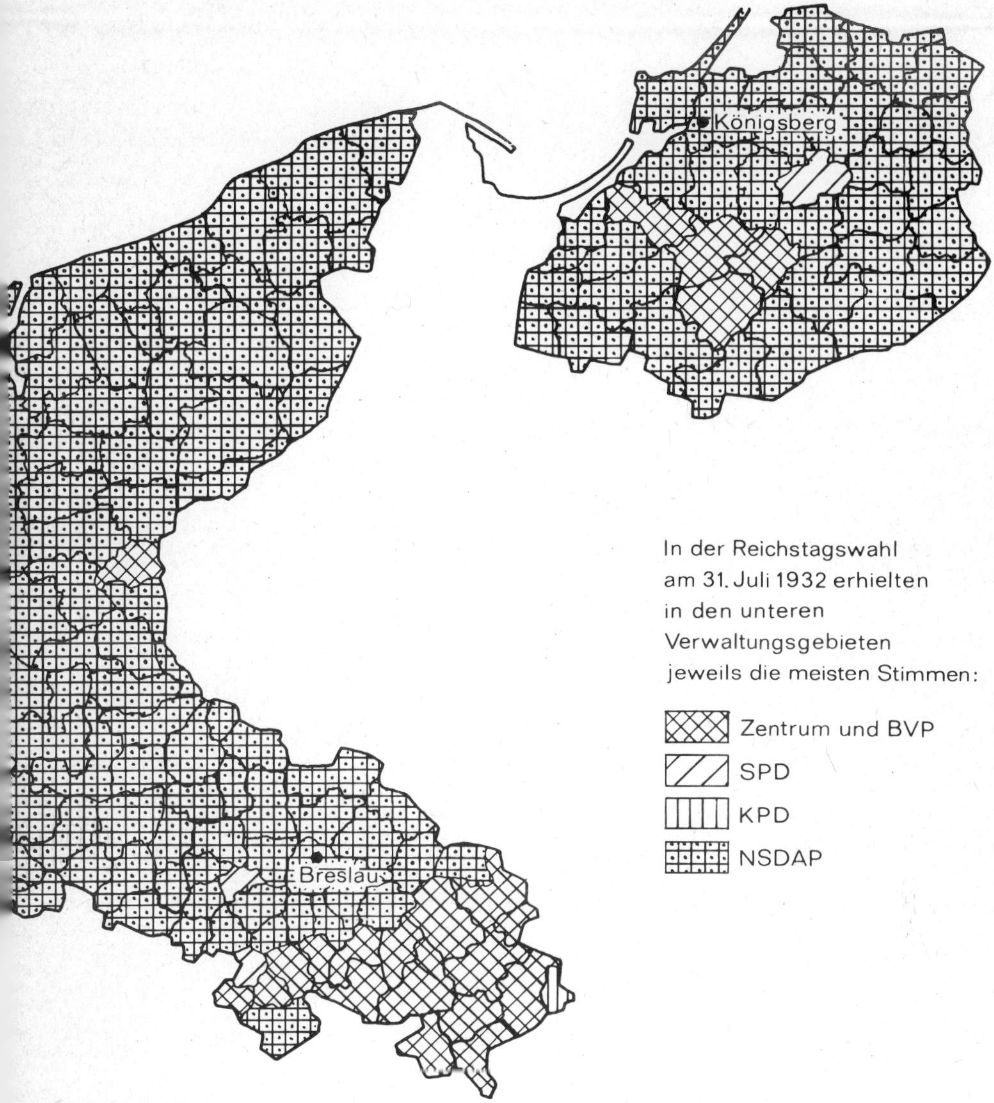

Die Reichstagswahl am 31. Juli 1932